宁乡年鉴

（2017）

中共宁乡市委
宁乡市人民政府 主办

宁乡市史志档案局 承办

方志出版社

图书在版编目（CIP）数据

宁乡年鉴．2017/宁乡市史志档案局编．——北京：方志出版社，2017．12
ISBN 978－7－5144－2814－8

Ⅰ．①宁…　Ⅱ．①宁…　Ⅲ．①宁乡市—2017—年鉴
Ⅳ．①Z526．44

中国版本图书馆 CIP 数据核字（2017）第 309269 号

宁乡年鉴（2017）

编　　者：宁乡市史志档案局
责任编辑：冯　松

出 版 人：冀祥德
出 版 者：方志出版社
地址　北京市朝阳区潘家园东里 9 号（国家方志馆 4 层）
邮编　100021
网址　http：//www.fzph.org
发　　行：方志出版社图书经销中心
电话（010）67110500
经　　销：各地新华书店
印　　刷：湖南天闻新华印务有限公司

开　　本：889×1194　1/16
印　　张：22.25
字　　数：818 千字
版　　次：2017 年 12 月第 1 版　2017 年 12 月第 1 次印刷
印　　数：0001～1000 册

ISBN　978－7－5144－2814－8　定价：180.00 元

编辑说明

一、《宁乡年鉴(2017)》坚持以马克思主义、毛泽东思想、邓小平理论、“三个代表”重要思想、科学发展观、习近平新时代中国特色社会主义思想为指导,坚持辩证唯物主义和历史唯物主义的立场、观点和方法。

二、《宁乡年鉴(2017)》记载2016年度宁乡县各乡、镇(街道),各单位,各行业的主要工作、重要事件,收录若干文献和统计资料,集中反映宁乡改革开放和经济社会发展的新情况。所载资料全面、系统、翔实、准确,是社会各界人士了解宁乡的权威性工具书。

三、《宁乡年鉴(2017)》采取部目、分目、条目的编辑体例,条目标题用黑体加【】表示。全书31个部目,依次是:特载、宁乡概况、大事记、中共宁乡县委、宁乡县人民代表大会常务委员会、宁乡县人民政府、政协宁乡县委员会、中共宁乡县纪律检查委员会、民主党派·工商联、社会团体、军事、法治、经济管理、城建·环保、农村经济、工业、园区经济、交通·邮政·通信、商贸服务业、旅游业、财政·税务、金融·保险·证券、科技·教育、文化、卫生·计划生育、社会生活、乡镇、人物、荣誉在册、文件选编、统计资料。书中插排彩色专版,图片由各相关单位和《今日宁乡》信息中心、县广播电视台、县史志档案局提供。

四、本卷年鉴所载资料,均由各乡镇(街道)和各单位专人撰写、领导审核,经年鉴编辑部编辑整理,最后由编委会定稿。统计资料由县统计局提供。

五、本卷年鉴各单位和各乡镇(街道)负责人名单,收录至2016年12月31日,有任免的分别予以注明。名单由各单位和各乡镇(街道)报送,年鉴编辑部初审,再经县委组织部审定。部队和驻宁单位一般收录由其提供的副职以上领导人员名单。

编　者

内陆开放高地

传奇之地 宁静之乡

2017 NING XING YEAR BOOK

2016年，宁乡县实现地区生产总值1098亿元，增长11%；一般公共预算收入65.58亿元，增长9%；规模工业增加值537亿元，增长13.3%；固定资产投资949亿元，县域基本竞争力居全国百强县第35位

3月18日，徐守盛、杜家毫等省领导赴宁乡开展义务植树活动

全国重点镇双凫铺

全国重点镇灰汤

全国重点镇花明楼

5月3日，中央农村工作小组副组长袁纯清到宁乡调研农民增收工作

2月23日，省委常委、市委书记易炼红调研宁乡经济社会发展情况

省委常委、省纪委书记傅奎到宁乡调研纪检一体化建设工作

寧鄉

内陆开放高地

传奇之地 宁静之乡

2017 NING XING YEAR BOOK

宁乡市民之家

9月30日，炭河里国家考古遗址公园对外开放

长沙大河西农产品物流中心

宁乡新地标--未来方舟

8月30日，省政协主席李微微一行深入沩山乡调研宗教工作

8月12日，国家工商总局原局长王众孚来宁乡调研

10月20日，全省危房改建观摩会在宁乡举行

3月8日，副省长戴道晋调研宁乡农业农村及美丽乡村建设

12月5日，县四大家领导调研重点项目

12月23日，市四大家领导对宁乡项目建设进行年终检阅

宁乡县人大十七届一次全会召开

10月30日，县委中心组（扩大）第十二次学习报告会

12月25日，宁乡召开全县党支部书记培训会

《宁乡历史文化丛书》首发式上领导专家合影

宋城·宁乡炭河里文化主题公园项目签约仪式

内陆开放高地

侍奇之地 宁静之乡

2017 NING XING YEAR BOOK

1月11日，金洲湖获批国家级湿地公园

寧鄉

第七届“廉政文化周”十名党员领导干部获表彰

“欢乐潇湘 品质长沙 大美宁乡”大型文艺汇演

实力园区建设大会上十快企业受表彰

“绿水青山我的家”文艺汇演

7月29日，国家科技部高新司副司长曹国英调研宁乡高新区

5月5日，捷克共和国农业部代表团考察宁乡经开区

6月1日，省委常委、市委书记易炼红调研宁乡经开区，与格力电器董事长董明珠交流

西线工业走廊

传奇之地 宁静之乡

2017 NING XING YEAR BOOK

寧鄉

国家级园区宁乡经开区

10月18日，长沙市委副书记、市长胡衡华来宁乡调研

8月15日，长沙市委副书记徐宏源带领市直部门在宁乡高新区调研

西线工业走廊

传奇之地 宁静之乡

2017 NING XING YEAR BOOK

位于宁乡高新区的“一园一中心”鸟瞰图

多家创客入驻宁乡经开区蓝月谷众创空间

全球首条PIP示范生产线在宁乡高新区的红宇新材投产

楚天科技新设备

杉杉新材料生产车间

2月24日至26日，2016中国食业家、农业家、商业家年会在宁乡经开区举行

1月9日，宁乡经开区举行“魅力蓝月谷·精彩十三五”重点项目集中签约仪式

9月28日，宁乡高新区举行项目集中签约仪式。7大项目在会上签约，总投资额达51亿元

10月14日，湖南康程护理用品有限公司与美国百乐颂公司全球战略合作暨康程婴童国际产业园签约仪式在宁乡经开区举行

首批全省飞地经济试点园区——宁乡金玉工业集中区

10月26日，宁乡经开区外向型企业协会成立

11月26日，广铁集团铁海联运项目落户宁乡经开区

12月19日，湖南粮食集团金健速冻食品项目投产

湖南省大学科技产业园

经开区创业大楼

玉屏山国际产业城

西线工业走廊

传奇之地 宁静之乡

2017 NING XING YEAR BOOK

11月5日，时代·奥特莱斯开业

10月10日，宁乡经开区第六届运动会开幕

11月23日，第4届中国（湖南·宁乡）锂电新能源产业国际高峰论坛（ABEC 2016，锂电“达沃斯”）在宁乡高新区开幕

6月25日，宁乡经开区举办蓝月谷工业旅游启动式暨加加食品工业园景点发布会

11月12日，特种粉末冶金及复合材料制备加工 第一届学术会议

10月18日，“逐梦蓝月谷，让梦想起飞”宁乡县2016年创业大赛决赛在宁乡经开区举行

县城沿江风光带夜景

全域旅游景区

传奇之地 宁静之乡

2017 NING XING YEAR BOOK

玉潭公园

9月30日，炭河里青铜博物馆对外开放

碧水蓝天

12月23日，首届汽车文化旅游节全国汽车场地越野赛现场

寧鄉

11月15日，中俄红色旅游交流系列活动在宁乡举行。图为俄罗斯游客参观炭河里青铜博物馆

2016年麦咭音乐嘉年华活动现场

全域旅游景区

传奇之地 宁静之乡

2017 NING XING YEAR BOOK

寧鄉

刘少奇故居

风光旖旎满关山

灰汤东鹜山景区

亲近自然的香山国家森林公园

双江口镇农耕文化园

沩山密印寺景区

迴龙山景区

古朴悠久的高氏宗祠

青羊湖风光

紫龙湖风光

坝塘乐安油菜花盛开

全域旅游景区

传奇之地 宁静之乡

2017 NING XING YEAR BOOK

俯瞰金洲

俯瞰横市

俯瞰沩山

俯瞰双江口

寧鄉

俯瞰资福

俯瞰夏铎铺

俯瞰巷子口

合兴村党支部带领党员发展草皮种植

朱良桥卫生院

沩山乡精准扶贫个性帮扶到田间

村级党建文化养老综合服务中心

黄桃产业扶贫让黄河村走上致富大道

寧鄉

群众幸福家园

传奇之地 宁静之乡

2017 NING XING YEAR BOOK

抗洪救灾突击队火线入党仪式

千手爱心大屋

千手爱心驿站工作人员搬运春节慰问物资

宁乡白马桥中学

白马桥汽车站创建“湖南省群众满意客运站”

提质改造后的宁乡火车站

群众幸福家园

传奇之地 宁静之乡

2017 NING XING YEAR BOOK

环境优美的廉租房小区

简欧风格的香山

群众办事一条龙服务的宁乡市民之家

提质改造的金洲大道

旭日东升时市民进行晨练

市民休闲的好去处——玉潭公园

“食安·大河西”杯广场舞决赛现场

8月19日，第三届“体彩杯”气排球赛在县文体中心举行

自行车游道

宁乡首届大型少儿红色情景歌舞剧《中国梦·少年梦》在加加集团大剧院开演

在青山绿水环绕中以四羊方尊为原型设计的炭河里青铜博物馆

横市镇向阳村

花明楼镇杨林桥村

群众幸福家园

传奇之地 宁静之乡

2017 NING XING YEAR BOOK

回龙铺镇沩河村

夏铎铺镇天马新村石仑关组

寧鄉

——美丽乡村剪影

菁华铺乡陈家桥村

坝塘镇万家塘组

宁乡市行

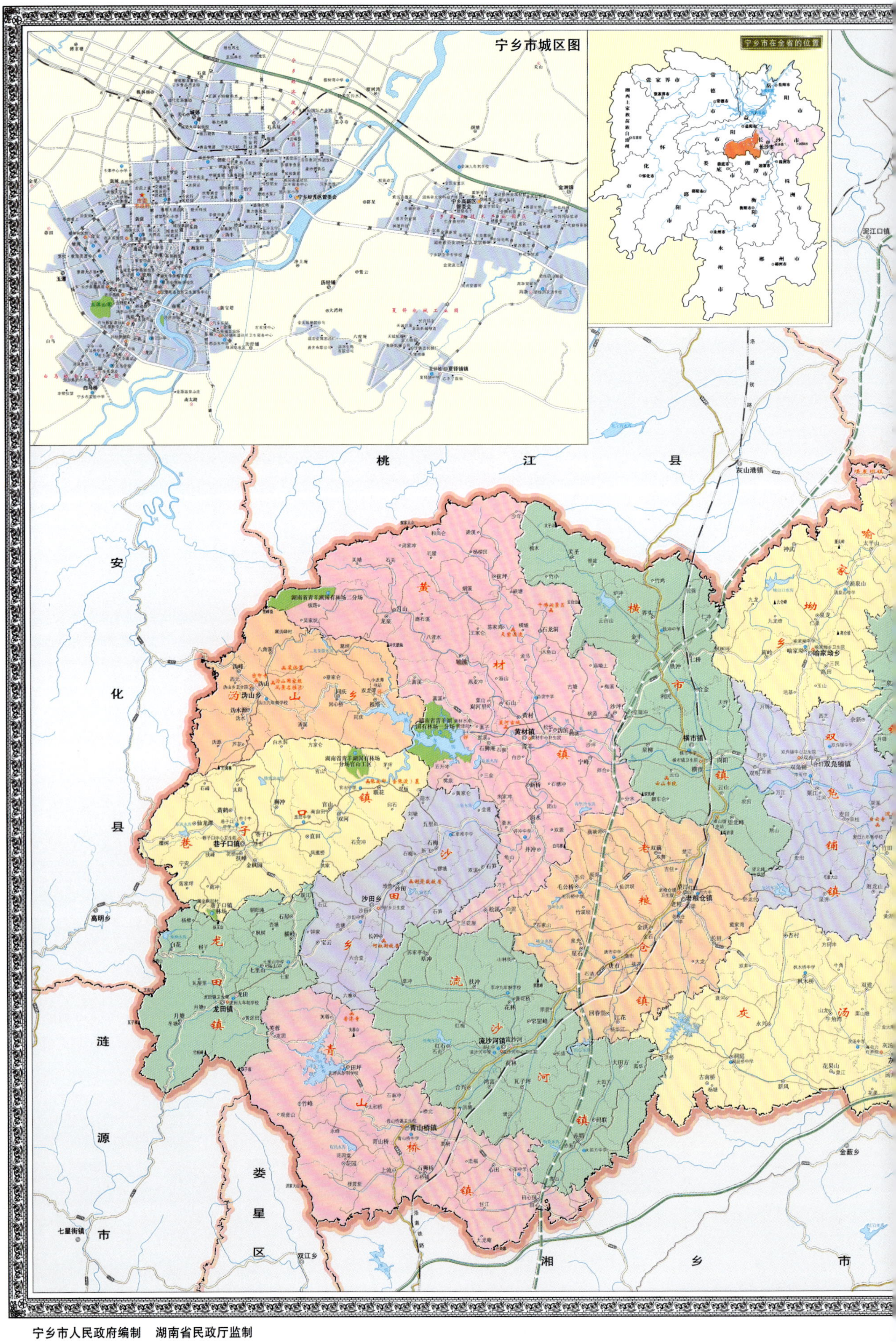

宁乡市人民政府编制　湖南省民政厅监制

政协宁乡县委员会

中共宁乡县纪律检查委员会

民主党派·工商联

社会团体

军　事

法　治

经济管理

城建·环保

农村经济

工　业

园区经济

交通·邮政·通信

商贸服务业

旅游业

财政·税务

金融·保险·证券

科技·教育

文　化

卫生·计划生育

社会生活

乡镇·街道

人 物

荣誉在册

文件选编

统计资料

特　　载

突出发展第一要务　强化党建第一责任
为建设更加富饶美丽幸福的安宁之乡而努力奋斗

——在中国共产党宁乡县第十二次代表大会上的报告

周　辉

（2016 年 8 月 17 日）

各位代表、同志们：

现在，我代表中国共产党宁乡县第十一届委员会向大会报告工作，请予审议。

一、过去五年的工作回顾

县第十一次党代会以来的五年，是宁乡应对重大挑战、经受重大考验、实现重大发展的五年。五年来，我们深入贯彻落实中央、省委和长沙市委决策部署，扎实抓好各项工作，保持了经济社会平稳发展、各项事业协调并进的良好态势，为全面建成小康社会奠定了坚实的基础。

我们以综合实力的不断增强，彰显了“一届接着一届干”的持续之效。面对严峻复杂的宏观环境，始终高举“兴工强县”大旗，矢志抓牢项目工程、招商引资“两个唯一”，全面推动实力园区、新型城镇、美丽乡村“三大建设”。县域生产总值由 489.6 亿元增至 1002.2 亿元，年均增长 13.7%，五年跨越五个百亿台阶；财政收入由 21 亿元增至 60.2 亿元，年均增长 23.4%；累计实现固投 3050 亿元，年均增长 25.3%。县域经济基本竞争力排名上升到全国百强第 39 位，五年前进 34 位。现代农业迈出坚实步伐。粮食、烟叶和花猪产业的优势地位进一步巩固，以农副产品加工为主题，申报建设全省首批特色县域经济重点县，进一步提升了农业的效益和附加值。工业加快转型升级。去年实现规模工业总产值 2015.4 亿元、规模工业增加值 490.5 亿元，为五年前的 3 倍、2.7 倍。一批商贸综合体、现代物流和专业市场加快建设，房地产业稳健发展，服务业增加值五年翻了一番。对外开放不断深化，各项改革稳步推进，特别是农村土地流转的“鹊山模式”、授权园区的体制机制创新和重点项目建设的并联审批、容缺审批改革，都得到了中央和省市的高度肯定，发展的动力活力更加强劲。

我们以载体平台的科学谋划，增强了“省会副中心”的承载功能。主动对接国家级湘江新区的发展，宁乡经开区、高新区和沩东新城成为其重要组团。积极参与中心城市产业分工，经开区、高新区都借势引进了一批重大产业项目，格力电器、杉杉新材等建成投产，湖粮集团、中大锂电谷的建设加快推进，“蓝月谷”树起了湖南食品饮料产业地域标识，“一园一中心”构筑了省会大学生的创业空间。华强文化产业园、香山教育城等将成为长沙文化产业和教育事业发展的一个重要板块。金玉工业集中区获批全省“飞地经济”试点园区，为承接产业转移又开拓了新的空间。各个园区和企业都与省会高校、科研机构进行了普遍的紧密合作，五年累计转化科技成果 860 项，建成 10 家国家级科技研发平台和一批省市技术研发中心，为创新发展注入了强劲动力。长韶娄高速竣工通车，岳宁大道、益娄高速加快建设，长沙南北横线建设宁乡段正式动工，基本形成了交通融城的大格局。

我们以城乡统筹的协调发展，进行了建设特色城镇群的生动实践。县城总体规划和控规完成修编。按照“1+5+N”的布局，加快特色城镇群建设。抓住县城这个龙头，完成了出入城口、农贸市场、背街小巷的改造提质，棚户区和城中村改造取得重大进展，同时新建了一批学校、医院、公园、站厕和停车场，实施最严城管和“百姓城管”，对违法建筑、广告乱象和渣土运输进行集中整治，成功创建省级园林城市，深入开展文明创建，县城的功能、形象和品位都有了较大幅度的提升。“五大片区”建设全面铺开，炭河古城、道林古镇、香山小镇、创意煤城、玉潭老街建设正在加快推进，花明楼、灰汤、沩山和关山古镇的品牌内涵进一步丰富，其他集镇的改造提质工作各有亮点，特别是管理水平又有新的加强。全域进行农村环境综合整治，梯次推进美丽乡村建设，农村面貌和公共服务显著改善。

我们以生态环境的大幅改观，树立了“绿水青山就是金山银山”的鲜明导向。把绿色理念贯穿发展始终，建立县环委会、乡镇环保站和环保执法联席机制，出台《关于加强自然生态保护的决定》，实施环境保护三年行动计划，沩江全流域水污染防治纳入国家项目库，形成了生态保护工作新格局。从群众意见反映最强烈的问题入手，对挖山洗沙、矿山开采、畜禽污染等破坏生态环境行为开展铁腕整治。共取缔非法砂场77个，关闭小瓦窑58座，161座水库退出投肥养鱼，整顿非煤矿山78家，黄材水库周边畜禽规模养殖全部退出，县内煤矿、小纸厂和“两塑”加工企业全部关闭。扎实推进环保基础建设，县城污水处理厂、沩东污水处理厂和20个乡镇污水处理厂建成运营，城乡生活污水处理率分别达90%、73.1%。实施全民植树、全民护水、全民清整三个“美丽宁乡”建设行动计划。创国家级生态乡镇13个，市级生态文明示范村297个，被确定为全国生态文明建设先行示范区。

我们以民本民生的持续改善，回应了人民群众对美好生活的殷切期待。累计民生支出220亿元，占财政总支出的76.6%。办好了省市交办的为民实事。突出抓农村危房改建、田间水利扩容提质、城市内涝治理、小区物业规范、基层医疗卫生机构标准化建设、农村路桥建设和学校建设，获批全国小型农田水利建设重点县，获评国家卫生县城、省安居工程先进县、全省首批教育强县。抓住省里支持煤矿关闭的政策契机，加强沉陷区治理，解决了4万多群众的生产生活困难。社会保障体系不断完善。实施阳光征拆，推行“房票”新政。想方设法筹集资金，彻底解决了拆迁新政实施以来被征地农民的社保“欠账”，补缴和补发达25.5亿元。城乡居民可支配收入年均增长11%以上，分别达到了33909元和21469元。大力推进精准扶贫“五个一批”工程，易地扶贫搬迁工作取得突破。四个“千手”爱心系列工程有效实施。法治、平安建设成效显著，没有发生一起食品药品和安全生产重大事故，群众安全感和满意度明显提升。

我们以从严治党的全面推进，凝聚了一心一意谋发展的强大合力。县委充分发挥领导核心作用，坚持抓发展与抓党建两手抓、两手硬，广泛调动全县上下心往一处想、劲往一处使的发展热情，为各项事业的全面进步提供了坚强的政治保障。认真开展党的群众路线教育实践活动、“三严三实”专题教育和“两学一做”学习教育，党员干部的党性修养不断提升、理想信念更加坚定。坚持在项目建设一线考察和识别干部，先后出台了“三评四查五找”办法、“狮子型”干部和团队评选办法，实施了干部素质提升“四五”工程，激励干部勇挑重担、积极作为。创新开展“讲道德、明是非、守纪律”集中教育。评选表彰首批376名社会贤达。启动实施基层党建“361”工程，基层基础进一步夯实。严格落实“两个责任”，更加严明纪律规矩，坚决执行改进作风各项规定，“四风”和不严不实问题整改成效明显。县域纪检监察工作一体化建设和党风廉政建设督导巡察工作率先开展，“廉政文化周”活动持续推进，惩防体系不断健全。坚决支持执纪执法机关严肃查处违纪违法案件，1173件违纪违法案件得到严肃处理。与此同时，县委积极支持人大、政府、政协履行职能，人民代表大会制度、政治协商制度、基层群众自治制度得到进一步坚持和完善，双拥、人武、统战、群团、老干部等各项工作取得新的成效。

五年来取得的成绩，归功于省委、长沙市委的正确领导，归功于历届县委打下的坚实基础，归功于全县各级党组织、广大共产党员和全县人民的共同奋斗，归功于全县各民主党派、工商联、人民团体、无党派人士、驻宁部队、驻宁单位、社会各界和离退休老领导、老同志的大力支持。在此，我谨代表中共宁乡县第十一届委员会，向全县广大党员干部群众，向所有积极参与、关心支持宁乡发展的同志们、朋友们，表示最衷心的感谢和最崇高的敬意！

在看到成绩的同时，我们也清醒认识到工作中存在不少差距和不足。转型创新发展任重道远，财政收入占经济总量比重不高。城市功能完善、精细管理任务依旧繁重，“面子”与“里子”还不配套。少数群众生活依然困难，民生改善还须更多努力。干部队伍执行力和创新力还需再提高，作风建设、党风廉政建设还需下更大力气。对此，我们必须采取有力的措施切实加以解决。

二、今后五年的奋斗目标和工作重点

以新常态的视野来看宁乡未来五年：既是应对各类风险挑战的攻坚阶段，更是机遇叠加大有作为的黄金阶段；既是顶住经济下行压力的筑底阶段，更是争先进位谋求跨越的赶超阶段；既是转型创新再造优势的奠基阶段，更是全面建成小康社会的决胜阶段。我们肩负的历史使命不容懈怠、面对的激烈竞争不容松劲、担当的民生期待不容回避。必须看清大背景、把握大方向，抢抓新机遇、增创新优势，负重奋进、勇往直前，万众一心、立志图强。

今后五年，县委工作的指导思想是：高举中国特色社会主义伟大旗帜，认真贯彻党的十八大和十八届三中、四中、五中全会精神，全面落实习近平总书记系列重要讲话精神，紧紧围绕“四个全面”战略布局，自觉践行“五大发展理念”，始终突出“发展第一要务”，切实强化“党建第一责任”，努力推动“三大建设”向广度深度高度发展，着力打造内陆开放高地、西线工业走廊、全域旅游景区和群众幸福家园，奋力谱写富饶美丽幸福新湖南和“四更长沙”的宁乡篇章。

我们的奋斗目标是：以稳住进好调优为总基调，全面完成“十三五”规划的各项目标任务，力争地区生产总值年均增长10%，总量突破1600亿元；规模工业增加值年均增长15%，总量突破1000亿元；财政收入年均增长10%，总量突破100亿元；固定资产投资年均增长12%，总量突破1300亿元；城乡居民收入分别增长10%、12%以上。与此同时，必须站在战略和全局的高度，准确把握目标取向，聚力实现三个“提升”：

——持续提升全面小康水平。从现已实现的程度来评估，宁乡可望今年率先全面建成小康社会。对于这个成绩，我们决不可自满，更不能止步。必须清醒看到，宁乡是一个人口大县，在人均生产总值和人均地方财力、园区工业占比、城乡居民收入等分项指标上，还存在很大的差距。始终把实现更高水平的全面小康作为最核心、最紧要的任务，在办实事、补短板，保基本、兜底线，抓协调、促共享上下功夫，尤其是认真落实“一个不少一户不落”的要求，坚决打赢新一轮扶贫攻坚战，切实解决示范点背后的代表性问题、平均数背后的满意度问题、达标值背后的获得感问题，让宁乡的全面小康有更大的代表性、更多的获得感、更高的满意度。

——大幅提升经济强县位次。炼红书记首次来宁调研就告诫我们，宁乡的经济不是足够大、不是足够强，仍然存在进一步做大做强的问题。而且还特别指出，这是个首要问题。在新一轮更为激烈的县域经济竞争中，如果不能找准增长点、积聚新动能、跑出加速度，宁乡就有可能“落伍”。这次报告征求意见时，不少同志提出，宁乡要在全国百强县榜单上，挺进前二十强、前十强。这是人民群众热切的期盼，更是党员干部应有的担当。不进则退，慢进也是退；有错是过，无为也是过。始终坚持以经济建设为中心不动摇，以加快发展为主题不动摇，以争先进位为目标不动摇，进一步做大总量、提高均量、改善质量，力争在全国百强的排名迈上一个新的台阶。

——显著提升品质宁乡内涵。宁乡正处在大投入大建设大发展的关键时期，能不能多留经典少留遗憾不留败笔？是不是在造就财富而不至于造成“包袱”？这是一道绕不开的“必答题”，品质宁乡才是唯一正确的答案。形象是内涵的反映，内涵是形象的根本。规划的每个片区、设计的每个项目、新上的每个工程，形象进度固然必保，品质内涵尤为重要。始终注重建设品质、环境品质、文化品质、产业品质和生活品质的同步提升，在优布局、高标准、强功能、创特色、好环境上下功夫，实现生产集约高效、生活方便舒适、生态山清水秀，努力把品质宁乡的价值体现在宜居宜业上、风貌体现在精致精美上、感受体现在人见人爱上。

为此，我们必须着重抓好以下四个方面的工作：

1. 围绕能量更大，优化发展布局，打造内陆开放高地。坚持从宁乡的区位交通条件出发，以向心集聚、向东发力、向深拓展来谋求向外突破，集聚更多的生产要素，汇聚更大的发展能量。

向心集聚，就是以开放通道为引领，形成交汇点，提升集聚力，构筑增长极。充分发挥宁乡“一部一带”的区位优势，积极推动和对接南北横线、益娄高速、长益扩容、长株潭外环、渝长厦高铁的建设，争取启动和提速与长沙主城联通的岳宁大道、轨道交通，金花、金唐、灰唐快速干线，军民两用机场和航空物流园，沩东综合客运枢纽等项目。大力疏通城区与乡镇之间的交通循环、补齐北部和西部地区的交通短板。深入推动“通道·枢纽·物流·产业”四大优势有效转换，以通道优势提升枢纽优势，以枢纽优势催生物流优势，以物流优势加速产业集聚，更加突出宁乡在省会中心城市带动湘中西发展格局中的桥头堡作用。

向东发力，就是以开放平台为支撑，积极深化“国家级湘江新区＋”的大融合。大力支持宁乡经开区建设以“一区五园”为主的开放型产业平台，积极推动宁乡高新区晋升国家级，建设“一园一中心”、金洲锂电谷等开放平台，加快启动金玉工业集中区与隆平产业园“飞地园区”共建工作，着力完善沩东新城的基础设施及配套功能。深入实施“互联网＋”行动，促进各产业借力互联网平台的开放发展。以中马国际食品产业园、与韩国居昌郡友好合作、湘品入俄、中储能全球总部落户等为契机，加快培育外向型产业和外贸自营企业，探索构建企业全球总部、区域总部的专业化服务体系和国际化商务环境。

向深拓展，就是以开放创新为抓手，把改革作为开放的最大推动力，全面破除阻碍开放的体制机制障碍。坚决打好供给侧结构性改革攻坚战，把经济发展的重心和资源、空间转移到发展新技术、新产业、新模式上来。稳步推进政府投融资体制改革，积极运用城市发展基金、资产证券化、公司债、专项债等融资方式，扩大政府与社会资本合作、政府购买服务的领域。深化行政审批制度改革和商事登记制度改革，营造公平竞争、平等准入的市场秩序，吸引各地的市场主体和优秀人才到宁乡来投资兴业。引导企业强化资本属性、优化资本结构，在风险投资、股权置换、合作基金、挂牌上市和发行企业债等方面取得更大进展，引入更多的外地合作主体。

2. 围绕实力更强，加快转型升级，打造西线工业走廊。清醒把握“只有企业强才有工业强、经济强、实力强”这个大逻辑，把着力点放在强企业上，以工业企业的加快集聚，实现这一走廊两厢“三区五镇”的融合发展，挺起我们这座城市的经济脊梁。

着力招大引强。坚持精力向招商集中、资源向招商倾斜、力量向招商整合，大力招引一批大投入、大体量的产业龙头项目，高科技、高产出的高新技术项目。综合运用专班招商、驻点招商、中介招商、委托招商、网络招商等办法，积极开展产业延链、补链、强链招商，切实抓好集群式项目满园扩园。经开、高新两大主体园区每年引进1到2个投资过50亿元、30个以上投资过亿元的工业项目，金玉工业集中区每年引进30个以上投资过亿元的工业项目，力争每年引进工业企业100家以上，限额以上工业性投入五年累计2000亿元以上。加强工业招商项目的动态管理，突出洽谈、签约、开工、竣工等关键环节，推动项目早落地、早建成、早投产、早达效。强化工业项目的用地保障，根据企业生命周期，合理确定用地年限、用地成本，积极探索租售并举、先租后转、可续可退的用地方式。

着力培优扶强。强化企业梯队培育，支持企业做大入“规”、股改上市、创新升“高”，力争五年新增规模企业400家以上、上市企业10家以上、高新企业100家以上，规模工业产值达3000亿元，高新产业产值达2000亿元。精准实施企业专才引进工程。继续加大装备升级财政补贴力度。用足用好国家专项建设基金、新兴产业投资基金、土地报批过桥资金以及中小企业转贷资金，采取融资租赁、设备抵押、知识产权质押和工业信贷投放考核等办法，降低企业融资成本，破解企业融资难题。更加重视企业家队伍建设，充分发挥功勋企业家的标杆作用，把做强做大的主体积极性充分激发出来。

着力集群做强。精心编制产业规划，切实加强关联企业的协作，推进行业协会和产业联盟建设，提升行业、产业、企业的整体实力。加快打造智能制造、绿色食品、储能材料、医药装备、新型建材等一批千亿、百亿级产业基地，推动纺织、服装、制鞋、珠宝、无纺布、妇孕婴童、保健品化妆品等轻工产业向时尚产业转型，形成成长性好、关联度高的企业集群。以新型建材工业化来推进建筑产业现代化，重点发展建筑产业总部经济。全力打造从创客空间到孵化加速、产业化的完备平台，培育1到2个创新型产业集群。以研发设计、现代物流、电子商务、服务外包等为主要内容，着力丰富“一园一中心”、玉屏山国际产业城、未来方舟、金玉创业、煤炭坝门业园等平台的生产服务功能，实现先进制造业与现代服务业互促并进。积极探索园区市场化、物业化管理模式和以区带园的体制机制，把主要精力用到招商引资、项目建设、企业帮促等中心工作上来。

3. 围绕城乡更美，注重统筹推进，打造全域旅游景区。把宁乡全域作为一个大景区来建设、运营和管理，以全域景区化提升城乡一体化、城镇特色化，促进旅游与城镇、文化、产业、生态、乡村建设的深度融合。

坚持规划引领。坚决按照“1＋5＋N”这张蓝图干到底，扎实推进独具楚沩风情的宁乡特色城镇群和美丽乡村建设，树立“传奇之地·宁静之乡”的品牌形象。积极推进沩江“十里画廊”、历史文化街区、旅游商贸综合体和海绵城市、智慧城市、园林城市等项目建设，持续实行最严格最有效的城市管理，努力把县城建成繁荣美丽尚文幸福的中等城市。积极破解项目建设融资难、运营主体招商难和旅游市场开发难，抓紧组建文旅集团、文旅基金，突出抓好“五大片区”建设，努力实现“一年成形、两年成品、三年成景”目标。其他乡镇要更加注重塑造乡土风貌、彰显地方特色，抓好集镇整治、完善旅游功能。积极发展园区工业旅游，加快形成精品旅游线路，推进旅游要素和服务全域覆盖。深度挖掘和物化名人、温泉、禅宗、戏曲、民俗、耕读等文化资源，塑造文化符号，讲好“宁乡故事”，唤回乡愁记忆，让每一个旅游景观都有根有魂、有个性有品位、有魅力有活力。

促进产业融合。把全域旅游作为一项重要的富民工程、扶贫工程、民生工程、小康工程来抓。以创建国家农村产业融合示范县为契机，以国家级农科园为龙头，特别注重发挥旅游的融合作用，让农业增效、农民增收、农村增色。按照景观标准建设一批农业园区、现代农庄、家庭农场，培育一批农业企业、合作组织、职业农民，引导发展乡村旅游、民宿经济、农耕体验，走出一条绿色的可持续农业现代化之路。扎实抓好沩江流域治理、河道山塘疏浚、农村路桥建设、农网扩容升级和饮水安全工程，引导建设资金更多向农村投入、基础设施加快向农村延伸、公共服务全面向农村覆盖，把农村建成当地农民的幸福家园、城市居民的休闲乐园。

保护青山绿水。青山绿水是最好的旅游景观。加快创建国家生态文明示范区，让自然之美与人文之美相得益彰。强化生态红线意识，提升生态空间的管控水平，顺应、保护和回归自然。突出环境基础设施建设和升级改造，不断提高城乡污水管网覆盖率、生活垃圾和污水集中处理率。加快发展循环经济，推进企业清洁生产，坚决落实节能减排目标责任制。保持环境执法高压态势，全面推行生态环境损害赔偿和责任追究制度。坚定不移、严格依法打好

“五大整治”攻坚战，深入开展大气、水、土壤污染防治专项行动。持续推进城市园林建设、城乡造绿复绿，让人民群众和广大游客共享好山好水好风光。

4. 围绕民生更爽，坚持以人为本，打造群众幸福家园。每年都要提高一点保障水平、办成一些好事实事、解决一批具体问题，让宁乡大家庭的每一个人，都感到很自豪很舒适很开心。

持续优化保障体系。深入实施就业优先战略，统筹推进高校毕业生、农村劳动力、被征地农民、城镇就业困难人员等重点群体就业，确保零就业家庭动态清零。健全增收长效机制，普遍提高城乡居民收入水平。强化精准扶贫、精准脱贫措施，有效解决相对贫困和返贫问题。加大社会保障力度，全面推进社会保险、社会救助、社会福利建设，逐步提高高龄老人津贴和最低生活保障标准。重视保障妇女儿童合法权益，支持发展公益事业、慈善事业和残疾人事业，切实抓好四个“千手”爱心工程。坚持计划生育基本国策，全面落实“二孩”政策。积极引导社会资本参与，健全养老服务体系，推进医养融合发展。创建老人友好型、儿童友好型城市。

大力兴办民生实事。积极回应民生关切，建立问需于民、“群众点菜”的为民实事办理机制。对符合村庄规划、受益面和施工面达到条件的农村公路，采取政府投料、群众投工的方式来建设，彻底解决普遍反映强烈的“烂路”问题。统筹实施保障性住房、城乡危旧房和棚户区改造，采取易地搬迁的办法彻底解决省定贫困户危房问题、零星棚改的办法彻底解决城市规控区群众住新房难问题、引导跨村跨乡到镇上集居的办法彻底解决边远地区群众享受公共服务难问题。以市民之家的建设为契机，加快推进“三集中三到位”和智慧政务建设，彻底解决群众头痛的“办事难”问题。深入推进医药卫生体制改革，提高三级医疗卫生服务水平，着力解决群众烦心的“看病难”、“看病贵”问题。抓好城区学校升级扩容、农村教育资源整合和教师业务能力建设，推动“学有所教”向“学有优教”转变，着力解决城区学校“大班额”、农村孩子进城读书难和进好学校难问题。

积极创新社会治理。全面深化平安宁乡建设，严厉打击各类违法犯罪活动，深化信访工作制度改革，全面落实安全生产责任，依法强化对食品药品安全、产品质量安全、网络安全等重点问题治理，确保政治安定、社会安稳、群众安心。切实增强法治意识，全面推进依法治县，确保各项工作都在法治的轨道上推进。常态化推进文明创建。继续选树一批可信可亲的社会贤达，支持他们更多地参与社会治理。推进城市管理向农村延伸，广泛开展“百姓城管”活动，带动群众积极参与基层治理。支持人大、政府、政协依法履职，充分发挥各民主党派、工商联和无党派人士的参政议政作用，扎实做好统战、老干部、关心下一代等工作，积极稳妥推进群团组织的改革创新，切实加强人武双拥和国防人防建设，不断完善基层民主制度，为推进改革发展、维护和谐稳定，达成最广泛的共识，激发最强大的力量。

三、全面从严加强党的建设

牢固树立“抓好党建是最大的政绩”理念，进一步强化管党治党意识，压实管党治党责任，坚持严字当头，做到真管真严、敢管敢严、长管长严，把全面从严治党贯穿党的建设全过程、改革发展各方面。

1. 强化思想政治建设，凝聚奋发有为的精神力量。始终以党的创新理论武装党员干部、教育人民群众，进一步提振广大党员干部干事创业的精气神，不断凝聚推动改革发展稳定的正能量。

抓好思想教育。不断完善党委（党组）中心组学习、县委周末专题读书会、党校培训和片区轮训等学习制度，把“两学一做”学习教育的要求，不折不扣地落实到每个支部、每个党员。认真学习党纪党规、重温党史党章，认真研读习近平总书记系列重要讲话，读原著、学原文、悟原理，准确深入领会讲话的丰富内涵和核心要义。引导党员干部从严对标“四讲四有”，更加坚定“四个自信”，奋力争当“四个自觉”的模范，坚决维护党中央权威，始终与习总书记和党中央保持高度一致。

提高思想境界。全县每一个共产党员，都应当牢记自己的政治身份，永远保持建党时中国共产党人的奋斗精神，永远保持对人民的赤子之心。只要是有利于发展、有利于人民的事，就带头用心去做，坚决做好，不谋一己之得失，而忧事业之兴衰。站在新的起点上，进一步解放思想、理清思路，正确看待当前宁乡发展的差距不足和后劲前景，善于打破传统思维定势，勇于跳出利益固化藩篱，切实把思想境界的提高体现在更高的目标定位与更强的信心决心上，体现在科学的工作举措与扎实的苦干实干上。

统一思想认识。加强县委常委会自身建设，完善各级党委议事和决策规则，严格执行民主集中制，不断提高决策的科学化民主化水平，确保思想上合心、工作上合力、行动上合拍。严肃党内生活，加强对基层党组织生活会的指导，坚持“三会一课”、谈心交心、民主评议党员等制度，引导党员开展批评与自我批评，在大是大非面前始终保持头脑清醒、立场坚定、态度鲜明。强化党委（党组）意识形态工作责任制，牢牢掌握意识形态领域的领导权主动权，最大限度凝聚全县推进改革发展的共识和力量。

2. 强化基层组织建设，筑牢本固基强的战斗堡垒。更加注重发挥政治功能和服务功能，统筹推进各领域党的基层组织建设全面进步、全面加强，创造力凝聚力战斗力全面提升。

扩大有效覆盖。创新完善各领域党组织设置，着力加强社区党组织服务社区居民这个薄弱环节，积极推进产业链、合作社、家庭农场、商业街区和众创空间等非公经济党组织建设。整合党群公共资源，以党建带群建、团建带队建，形成区域联动的党群“服务圈”。鼓励基层党组织找准基层党建工作与县委中心工作的结合点，不断创新工作方法，推进党组织从“有形覆盖”向“有效覆盖”转变，真正把组织优势转化为发展优势。注重挖掘典型、总结经验、探索创新，努力形成一批体现宁乡特色的基层党建品牌。

完善保障机制。深入实施基层党建“361”工程。建立稳定的基层经费投入机制和党内激励关怀机制，推动形成人往基层走、钱往基层投、政策往基层倾斜的良好局面。坚持三级联述联评联考，落实党组织书记领办党建重点工作制度，一级抓一级、层层抓落实。强化乡镇抓村责任，真正把镇街党委这个龙头挺起来。加强基层党建阵地规范化建设，管好用好网上党建平台，推进基层党建工作信息化。完善基层民主建设，规范党群议事、村务监督等制度，推进党务村务财务“三公开”。

建强班子队伍。抓住支村两委换届契机，努力建设党性强、能力强、自律强的村级班子。按照“双强”标准，选优培强基层党组织书记，加快建设一支高素质带头人队伍。分类进行党支部星级考评，拓展基层干部的发展空间，激发争先进位的内在动力。从严抓好党员队伍教育管理，加大不合格党员处置力度，始终保持党员队伍的纯洁性。加大“身边好党员”等先进典型培育和宣传力度，使广大党员学有榜样、行有标杆，在宁乡建设发展实践中起到示范引领作用。

3. 强化作风能力建设，培养务实担当的干部队伍。以从严从实从优的要求，选好用好管好干部，造就一支具有铁一般信仰、铁一般信念、铁一般纪律、铁一般担当的党员干部队伍。

坚持用人导向。按照“20 字”好干部标准和“六用六不用”的用人导向，让那些想为、敢为、勤为、善为并且有为的干部，及时得到提拔重用。进一步规范选人用人程序，严把政治关、作风关、能力关、廉洁关。健全经常性考察了解干部机制，注重经济发展的主阵地、项目推进的最前沿和为民造福的第一线，常态化考察干部，近距离识别干部，多维度锤炼干部。完善调整不适宜担任现职干部办法，让肯干的有奔头、慢干的受鞭策、不干的被淘汰。优化队伍结构，注重梯次配备，加强优秀青年人才和后备干部队伍的选调培养。

提升担当能力。担当不仅是一种魄力，更是一种能力。这些年来，我们突出“狮子型”干部队伍建设，干部的精气神都上来了，凝聚了强大的正能量，尤应注重与之相适的能力提升。深入推进干部素质提升工程、交流轮岗锻炼机制和年轻干部培养计划，让更多干部在实践中积累经验、增长才干。坚持“三个区分开来”，建立激励担当的容错机制、保护干部的纠错机制和防错机制，真心实意“为担当者担当”，让他们更加放心更加放胆地甩开膀子干。各级党员干部务必牢记责任重于泰山，经常想一想，面对任务能不能拿得下？经常想一想，面对矛盾能不能化得了？经常想一想，面对难题能不能解得决？时刻保持一种本领恐慌和永不服输的劲头，实现敢抓敢管与深学深谋、善做善成的有机统一。

锤炼务实作风。深入开展机关效能建设，加大乱作为、慢作为、不作为的整治力度，推动党员干部由“量力而行”“尽力而为”向“全力以赴”转变。广大党员干部要倍加珍惜干事创业的机会，始终保持满负荷快节奏高效率的工作状态，对定下的目标坚决贯彻，对布置的任务快速推进，对协调的事项抓紧落实，不找借口，不打折扣，不留后患。县级领导要真正成为改革发展和全县干部的“领头羊”，在抓好本职工作的同时，多到基层一线去，多到联系点上去，以“十联十到”的率先垂范，进一步带动和形成全县各级求实务实扎实干的浓厚氛围。

4. 强化党风廉政建设，营造风清气正的政治生态。始终保持清醒头脑，坚定信心决心，坚决打赢党风廉政建设和反腐败斗争这场硬仗，以实实在在的成效取信于民。

从严落实“两个责任”。加强“两个责任”的清单化管理，把党风廉政建设责任制纳入经济社会发展和党的建设总体布局，列入领导班子、领导干部目标管理，切实担负起落实主体责任的刚性之责。从严落实《中国共产党问责条例》，建立健全一案双查、责任倒查、多案追查“三查”机制，严肃查处党的领导弱化、党的建设缺失、管党治党不力问题，以严格问责倒逼责任落实。各级党组织书记要把抓好党建作为第一主业，当好党风廉政建设主体责任执行者和监督责任推动者。纪检监察系统要深化“三转”，深入推进县域纪检监察工作一体化建设，切实履行监督责任。

始终注重抓早抓小。全面抓好《中国共产党廉洁自律准则》和《中国共产党纪律处分条例》学习贯彻，不断完善惩防体系，加大预防腐败工作力度。切实加强廉政警示教育和廉政文化建设，深刻剖析严重违纪违法干部的典型案例，引导党员干部受警醒、知敬畏、明底线，真正做到心中有党、心中有民、心中有责、心中有戒。坚持用制度管人管事管权，突出抓好政府投资项目、公共资源管理等重点领域制度建设，加强对重点岗位人员特别是“一把手”的权力监督。锲而不舍落实中央“八项规定”精神，坚决查处公款送礼、公款旅游、违规公款吃喝等问题，严防“四风”问题隐身变异反弹。扎实开展党风廉政巡察工作。

坚定不移惩治腐败。保持执纪审查力度不减、节奏不变，对逾越制度“红线”、突破廉政“底线”、触犯党纪国法“高压线”的行为，坚决从严惩治、决不姑息迁就。综合运用监督执纪“四种形态”，既严厉惩处极极少数，又常态严管最大多数。开展“雁过拔毛”专项整治和立项式监督检查，切实解决发生在群众身边的不正之风和腐败问题。着力纠正为官不为现象，干事但不干净的要处理，干净但不干事的也要问责。深化纪律检查体制改革，着力打造忠诚干净担当的纪检监察干部队伍。健全反腐败协调工作机制，进一步增强反腐败工作合力，推动党风廉政建设和反腐败斗争不断取得新成效。

同志们，站在新的历史起点，我们任务艰巨，使命光荣。让我们紧密团结在以习近平同志为总书记的党中央周围，在上级党委、政府的正确领导下，激发同心同德的精神和力量，凝聚决战决胜的信心和勇气，锐意进取，扎实苦干，努力创造出无愧于宁乡人民、无愧于伟大时代的崭新业绩！

县第十二次党代会报告

【名词解释】

1. **一园一中心**：宁乡高新区正在建设的湖南省大学科技园、湖南省高等院校知识产权运营服务中心。

2. **飞地经济**：两个相互独立、经济发展存在落差的行政地区打破原有行政区划限制，通过跨空间的行政管理和经济开发，实现两地资源互补、经济协调发展的一种区域经济合作模式。

3. **百姓城管**：即一批百姓志愿者，走上街头，协助执法队员参与城市环境监督、治理；走进社区，协助居委会维持社区环境，解决群众困难。“百姓城管”属于非事业单位编制人员。

4. **五大片区**：县委十一届七次全会提出，以沩山—黄材景区、花明楼—道林景区、灰汤—回龙山景区、关山—香山景区、煤炭坝景区为重点，打造宜业宜居宜游的特色城镇群。

5. **“两塑”加工企业**：即铝塑分离加工企业和塑料颗粒加工企业。

6. **房票**：2016年4月1日，县政府出台《宁乡县房屋征收拆迁房票安置实施办法（试行）》（宁政办发〔2016〕2号），首推“房票”安置，即指被征收（拆迁）人向征收实施单位领取的“商品房安置购房证明”（简称房票），是被征收人购买安置房屋的结算凭证；被征收人可以根据购房要求，以家庭为单位，拆分领取多张房票。房票金额包括房票面值和奖励金额，房票面值为本户征收补偿总额的50%，奖励金额为房票面值的10%，奖励金额不能单独计算，只能与房票面值同时使用。

7. **“三评四查五找”办法**：为调整不胜任现职领导干部，县委2013年10月出台了相关试行办法，即通过县级领导点评、班子成员互评、干部群众测评，信访举报查、执法执纪查、经责审计查、监督评议查，从绩效考核中找、从中心工作中找、从急难险重任务中找、从日常工作生活中找、从媒体舆情中找等举措对领导干部进行综合评价，推进干部能上能下。

8. **干部素质提升“四五”工程**：从2013年到2017年，用5年时间，投入5000万元，实施全球视野拓展计划、决策能力提升计划、实践能力增强计划、业务技能提高计划、知识结构更新计划5项计划，培训干部人才5万人次。

9. **基层党建“361”工程**：用3年时间，累计投入1亿元以上资金，重点实施“三联”责任落实、“六有”基层服务型党组织建设全覆盖、党员教育培训“百千万”、基层党员干部关爱保障、党员发展“三注重两倾斜”、“抓党风促作风带民风”等6项计划。

10. **四个全面**：全面建成小康社会、全面深化改革、全面推进依法治国、全面从严治党。

11. **五大发展理念**：创新发展、协调发展、绿色发展、开放发展、共享发展。

12. **四更长沙**：即中共长沙市委提出的建设能量

更大、实力更强、城乡更美、民生更爽的长沙。

13. **一部一带**:是对宁乡区位优势的定位,即长株潭城市群和环洞庭湖经济圈的结合部、省会长沙辐射带动湘中西发展的过渡带。

14. **一区五园**:宁乡经开区正在建设的长江经济带国家级转型升级示范开发区,以及中国·长沙丝绸之路特色产业园、智能家电及先进装备制造产业园、绿色建材产业园和妇孕婴童产业园、保健品化妆品产业园五大特色产业平台。

15. **供给侧结构性改革**:根本目的是提高供给质量满足需要,使供给能力更好满足人民群众日益增长的物质文化需要;主攻方向是减少无效供给,扩大有效供给,提高供给结构对需求结构的适应性,当前重点是推进去产能、去库存、去杠杆、降成本、补短板五大任务;本质属性是深化改革,推进国有企业改革,加快政府职能转变,深化价格、财税、金融、社保等领域基础性改革。

16. **西线工业走廊“三区五镇”**:县委于2007年3月提出打造长沙西线工业走廊,经过近十年的努力,从夏铎铺到双凫铺,布局建成了“三区”,即国家级宁乡经开区、省级宁乡高新区和全省飞地经济试点园区金玉工业集中区;“五镇”,即夏铎铺机械工业园、历经铺大湾岭工业园、煤炭坝门业园、大成桥无纺布产业园、双凫铺鞋业园。

17. **创客空间**:一种利用市场化机制、专业化服务和资本化途径构建的便利化、全要素、开放式的大众创业服务平台。创客空间通过为创业者提供良好的工作、社交和资源共享空间,开展创新创业辅导、投融资对接等众创服务,实现创新与创业结合、线上与线下结合、孵化与投资结合,进而推动新技术、新模式、新服务和新业态的发展。

18. **“五大整治”攻坚战**:即县委政府为保护生态环境部署开展的非煤矿山违法开采、规模养殖污染、河道非法采砂、投肥养殖、挖山取土洗沙等五大专项整治行动。

19. **四个“千手”爱心工程**:“千手”爱心驿站,“千手”爱心热线,“千手”爱心基金,“千手”爱心大屋。

20. **三集中三到位**:为改革行政审批制度,提高行政服务效能,推进行政机关的审批事项向行政审批服务科集中、行政审批服务科向政务服务中心集中、行政审批事项向网上审批系统集中,保障行政审批服务事项与人员进驻县政务服务中心到位,审批服务权限授予窗口到位,电子监察到位,真正做到“一站式”审批,从而有效解决办事两头跑、程序复杂的问题。

21. **四讲四有**:做讲政治、有信念,讲规矩、有纪律,讲道德、有品行,讲奉献、有作为的合格党员。

22. **四个自信**:中国特色社会主义道路自信、理论自信、制度自信、文化自信。

23. **四个自觉**:自觉保持人民公仆本色;自觉维护人民根本利益;自觉提升思想道德境界;自觉带头树立良好家风。

24. **三会一课**:定期召开支部党员大会、支部委员会、党小组会,按时上好党课。是党支部的制度之一。

25. **“双强”标准**:政治引领能力强、服务群众能力强。

26. **“20字”好干部标准**:信念坚定、为民服务、勤政务实、敢于担当、清正廉洁。

27. **“六用六不用”的用人导向**:即中共长沙市委提出的选拔重用政治坚定、忠诚可靠的干部,改革创新、开拓进取的干部,勤奋敬业、扎实肯干的干部,公道正派、坚持原则的干部,顾全大局、维护团结的干部,作风优良、清正廉洁的干部;坚决不用信念不牢、品德不佳的干部,固步自封、精神不振的干部,作风散漫、纪律松弛的干部,以权谋私、行为失范的干部,拉帮结派、破坏团结的干部,“官”念过重、脱离群众的干部。

28. **三个区分开来**:2016年1月,在省部级主要领导干部学习贯彻党的十八届五中全会精神专题研讨班上,习近平总书记指出,要做到“三个区分开来”,保护那些作风正派又敢作敢为、锐意进取的干部。即要把干部在推进改革中因缺乏经验、先行先试出现的失误和错误,同明知故犯的违纪违法行为区分开来;把上级尚无明确限制的探索性试验中的失误和错误,同上级明令禁止后依然我行我素的违纪违法行为区分开来;把为推动发展的无意过失,同为谋取私利的违纪违法行为区分开来。

29. **十联十到**:即县委要求县级领导干部联点必须做到,联经济发展、重点企业必到,联招商引资、接待拜访必到,联项目建设、施工现场必到,联专项整治、开展行动必到,联信访维稳、应急处突必到,联群众工作、上访户家必到,联精准扶贫、救助济困必到,联基层党建、片区轮训必到，联班子建设、干部谈心必到，联中心任务、督促检查必到。

30. **两个责任**：落实党风廉政建设责任制，党委负主体责任，纪委负监督责任。

31. **纪检监察系统“三转”**：转职能，转作风，转方式。

32. **中央八项规定**：指中共中央政治局2012年12月4日召开会议确定，关于改进工作作风、密切联系群众的八项规定。

33. **“四风”问题**：形式主义、官僚主义、享乐主义和奢靡之风问题。

34. **一案双查**：纪检监察机关在查处案件时，既要查清当事人的违纪问题，又要查清主管领导或分管领导的责任范围及责任。

宁乡县人民代表大会常务委员会工作报告

2016年11月28日在宁乡县第十七届人民代表大会第一次会议上

县人大常委会主任　贺应辉

各位代表：

我受县第十六届人大常委会的委托，向大会报告工作，请予审议。

四年工作回顾

县第十六届人大常委会任期以来，在县委的坚强领导下，在“一府两院”的大力支持和全体代表的共同努力下，服务发展大局，推进民主法治，突出监督重点，切实关注民生，为全县经济社会的持续发展做出了应有贡献。四年来，共组织召开人民代表大会5次，常委会议31次，主任会议51次，作出决议决定47个，听取和审议专项工作报告126项，听取和审议执法检查报告21个，向“一府两院”提出审议意见321条，依法任免国家机关领导人员524人次。

一、坚持服务大局，助推全县经济社会持续健康发展

紧紧围绕县委中心，始终把人大工作放在全县发展大局下来思考、来谋划、来推动，寓支持于监督，依法推动全县经济社会持续健康发展。

1. 规范经济运行管理。计划和财政是经济社会发展的“牛鼻子”和“晴雨表”，常委会通过依法决定和监督，努力为县域发展提供良好的经济运行保障支持。审议通过了《关于预算审查前听取人大代表和社会各界意见的若干规定》和《关于建立和完善审计查出问题整改情况向县人大常委会报告机制的意见》，人大对预算审查的程序性和透明度进一步提升，审计查出问题的整改被纳入制度化范围。听取和审议县人民政府关于政府债务的专项工作报告，要求政府有效防范债务风险、加强资金管理、提高使用效率。督促财政部门牵头制定了财政资金管理、预算公开、预算指标管理、综合治税、强化财政财务纪律等一系列制度，率先在全市推进全口径预算管理，国库集中支付实现乡镇全覆盖。

2. 助力重大项目建设。项目是推进发展的有效载体，常委会依法开展对项目计划、融资、建设等环节的决定和监督，力促项目引得进、建得好、用得实。多次调研“十二五”规划实施情况，多方征求“十三五”规划编制的意见和建议，定期听取计划执行情况报告，开展对政府性投资的重大项目审查监督。先后听取和审议了县人民政府提出的南苑棚改、国省干道建设、岳宁大道等32个重大项目融资贷款的议案，听取和审议了县审计局对13个重大项目的审计报告，组织代表视察了24个重大项目，常委会正副主任联系帮促了炭河里遗址公园、金玉工业集中区等40余个重大项目。

3. 助推转型创新发展。为适应和引领新常态提供强有力的法治和效率保障。先后审议通过了设立金洲新区财政金库、宁乡撤县设市、玉潭等四个乡镇撤镇设街道、资福和大屯营撤乡设镇，以及在重大项目投融资、城乡生态建设、民生发展等方面的议案，协助省、市做好了《长沙市炭河里遗址保护条例》立法工作，审议通过了《关于加强自然生态保护的决定》，将森林植被、河流及水资源、耕地及山地自然风貌、城乡生态清洁环境、自然生态资源等内容纳入规范化保护轨道。先后组织开展了城市建设管理、城乡生态环境保护、城乡水利设施、交通运输、食品安全、禁毒等十大类近30个分类的视察调研，开展了对财政局等25个政府工作部门的视察评议，提出审议意见82条，对其中的63条重点意见进行了跟踪监督。

二、坚持民主法治，推进依法治县战略的稳步实施

认真贯彻党的十八届四中全会精神，全面落实依法治国基本方略，开展对宪法和法律的实施监督，全力推进法治宁乡建设。

1. 监督执行人大决议。人民代表大会是人民行使当家作主权力的机关，常委会认真执行县人大各次会议关于人大常委会工作报告的决议，并监督大会其他各项决议的落实。督促县人民政府对经大会审查的《政府工作报告》进行责任分解和跟踪考评，督促县人民法院、县人民检察院对大会的审查意见进行认真落实并报告情况。每年定期开展对财政预算执行和财政决算的专题调研，及时对国民经济和社会发展计划、预算调整进行决定。认真做好大会主席团交付的代表议案办理工作，在县人民政府办理后交由常委会进行审议，共同推动重点问题的解决。

2. 维护宪法最高权威。坚持把党管干部和人大依法任命干部统一起来，全面落实国家工作人员任前法律考试和就职时向宪法宣誓的制度，让任命的领导干部对宪法和法律有敬畏之心，对祖国和人民有忠诚担当的庄严承诺。去年的国家宪法日，常委会牵头组织集体向宪法宣誓仪式并开展"遵守宪法万人签名"活动，激励和教育国家工作人员忠于宪法、遵守宪法、维护宪法，加强宪法实施和监督，努力将全县依法行政工作提高到一个新的水平。

3. 推进法律正确实施。常委会先后开展了政府采购法、预算法、环境保护法、城乡规划法等 21 部法律法规的执法检查，提出审议意见 66 条，督促整改落实 57 条，"一府两院"依法行政、公正司法的意识和能力明显提高。专项备案审查规范性文件 71 件，提出审议意见 4 条。为推进全民普法教育，常委会督促司法部门利用庭审公开日、检察开放日、警民联系互动活动及法律援助、社会调查评估等形式积极扩大群众知晓度和参与面，推动县司法局深入全县所有村(社区)开展"面对面、互动式"普法宣传活动，在 14 个县直部门、园区设立法律咨询室，为群众免费提供法律咨询服务。

三、坚持服务群众，确保重点监督事项取得实际效果

依法行使对"一府两院"的工作监督权，紧紧抓住城乡生态、民生改善、司法公正等重点领域不放松，创新监督形式，拓展监督内容，提高监督实效。

1. 持之以恒推进"四治"监督，让人民更多获得绿色发展红利。依法监督和推进人民群众高度关注的治砂、治水、治毒品、治食药问题，始终是本届常委会重中之重的工作。我们先后派出四个专题调研组深入实地调研；组织开展对采矿企业地质环境、农村禽畜养殖污染、黄材水库水源水质保护等调研视察；实施沩江徒步踏勘行动，到各整治点逐个踏勘，了解是否彻底整治到位，加大对企业偷排漏排行为的监督；组织专门人员深入各乡镇、企业对食品源头、食品加工、食品流通、药品销售、餐饮服务等环节进行全面调查和暗访，摸清一手情况，实施有效监督。督促县人民政府启动了耐火材料生产、农村小瓦窑、城乡餐厨垃圾收集处理、金河水库治理等一系列专项整治，持续开展打击毒品犯罪和食药安全生产专项行动；督促县人民法院集中开展毒品和食品药品犯罪专项审判活动，依法从严从重判处罪犯。目前，全县非法采砂场所被依法取缔，小瓦窑、非法耐火材料生产和非煤矿山企业全部关停，167 座大中小型水库及 3000 多口骨干山塘已全部退出投肥养殖。2013 年 5 月 20 日，新华社发表《宁乡治砂治水中的人大力量》一文，高度肯定了县人大常委会的监督方式和监督成效。

2. 满怀责任推进民生监督，让人民更多享受改革发展成果。常委会始终将关注民生问题作为工作重点。专项开展公路建设调研，组织代表视察重点公路项目 5 次，3 次听取和审议重点公路项目安排计划和融资情况报告，提出了加快建设岳宁大道、金朱公路、玉煤大道、龙江大道、横雷公路等审议意见 20 条，极力推动全县快捷交通网络的建设，缓解交通压力。深入开展对全县教育规划布局情况的调研，就科学规划、规范建设、促进项目等 8 个方面致函县人民政府，直接推动了全县建好十所学校、新增万个学位的"学校建设年"实施。组织对县卫计局、县市场和质量监督局进行视察评议，开展药品管理法执法检查，提出 9 条审议意见，率先在全省建立了"五位一体"的公共卫生服务新模式。督办"全面落实失地农民养老保险政策"的建议，全县城乡居民参加养老保险、医疗保险的人数和比率显著提高。

3. 扎实有效推进司法监督，让人民更多感受社会公平正义。以开展"司法公正长沙行"活动为契机，多次听取和审议县人民法院、县人民检察院、县公安局、县司法局的工作报告，不断规范司法行为，维护司法公正。落实人民陪审员制度，共聘任 254 人担任人民陪审员。监督支持县人民法院推行司法公开，创新司法队伍建设新途径。监督支持县人民检察院纠正违法，开展"刑事和解"和"双查双建"的机制创新。监督支持县公安局严格规范执法办案行为，推进制度建设和信息化建设。通过持续监督和实践探索，司法工作的满意度得到明显提升。

四、坚持务实创新，激发人大代表的整体履职热情

代表是人大工作的主体。我们搭建平台，创新方式，引导和激励代表当发展的推动者、人民利益的代言者、带头示范的实践者、民生实事的参与者和社会和谐的促进者。

1. 优化服务提高履职水平。指导和督促全县所有乡镇(街道)建立代表活动室，实现了五级人大代表活动有"家"的目标。通过举办会前培训、专门学习、考察交流等多种形式，共开展代表培训 30 多场次近 2000 人次，代表履职能力全面增强。以"双联"活动为载体，先后组织 300 多名县人大代表向选民公开述职一次以上，现场接受选民的满意度测评，得到省人大常委会的高度肯定和宣传推介。在代表中深入开展"讲道德、明是非、守纪律"(五带头)活动，定期向代表寄发《常委会公报》和《宁乡人大》刊物，切实保障了代表的知情知政权。届内共评选县优秀人大代表47名,代表示范作用得到进一步彰显。

2. 创新形式开展"五百"活动。自2014年起,常委会号召开展以百名代表助企业、百名代表促环保、百名代表入社区、百名代表评部门、百名代表当"院长"为内容的"五百"代表活动。其中:"百名代表助企业"先后动员300余名代表开展参观学习、座谈讨论和联点帮扶,集中培训人大代表和规模企业负责人700余人次,着力解决企业发展难题近百个。"百名代表促环保"累计组织156名代表重点对农村畜禽养殖污染、沩江沿线生态保护、自来水生产、采矿等情况进行视察调研,现场提出建议过两百条。"百名代表入社区"组织107名代表深入21个社区,重点聚焦食品安全和禁毒工作,解决问题76个。"百名代表评部门"共邀请118名代表参加对25个政府工作部门的视察评议,提出建议157条。"百名代表当'院长'"聘任105名代表担任敬老院名誉院长,累计捐款捐物超过500万元,真实体现了人大代表为人民的责任担当。

3. 健全机制办理代表建议。全县各级人大代表心怀大局,紧紧围绕群众热点难点问题,积极为民代言、认真建言献策。水库退出投肥养殖、金河水库污染治理、楚江河流整治,以及金朱公路、玉潭公园、文体中心、城区背街小巷和站厕建设等建议,都凝聚着代表的心血、智慧和责任。为有效推动代表建议办理,常委会完善"主任领办、重点交办、追踪查办、全面督办"的工作制度,督促县人民政府建立主管县长签发制、承办单位责任制的代表建议办理制度,推广面对面答复代表的办理模式,明确办理工作见面率、满意率和解决率。本届以来,县人大共收到和交办代表建议869件,其中:问题已经解决或部分解决的500件,列入规划逐步解决的325件,因受政策和条件限制不能解决的44件,分别占办理总数的57.54%、37.40%和5.06%。

五、坚持自身建设,提升人大系统的整体工作水平

常委会始终把队伍建设放在突出位置,通过建设依法履职的监督机关、坚持发展的促进机关、人民代表的服务机关、创先争优的四好机关、合作共事的和谐机关,发挥机关带头作用,形成系统整体力量。

1. 在勤学和规范中提升履职能力。常委会将群众路线教育活动、"三严三实"教育实践活动、"两学一做"学习教育与加强学习、依法履职紧密结合起来,健全作风建设、视察评议办法、公务接待制度、信访工作机制等7个方面17项规章制度,规范和加强机关管理,形成了科学有序的机关运行机制。为营造良好工作氛围,常委会拍摄《代表力量》、《人大力量》专题宣传片,在县电视台、《今日宁乡》开辟"人大代表风采"专栏,大力推介代表先进事迹和人大工作成效,弘扬正能量,激发新热情。

2. 在实践和创新中推动依法履职。创新是引领发展的第一动力。常委会始终坚持在实践中总结、在总结中发展。继承和发展"公行为正"的工作理念,坚持"十要十不要"的基本工作要求,在2014年的全国人大工作交流会议上,我县作为全省唯一的县级人大作典型发言。在此理念的指导下,常委会审议通过了常委会会议议事规则和常委会组成人员守则,规范履职行为,提高会议质量。为切实提高监督效果,常委会持续推进监督方式的创新,相继形成了决定权、监督权和任免权结合的"链式监督",审议报告与执法检查、专题调研融合的"多重监督",审议意见落实情况再报告再审议的"持续监督"。

3. 在统筹和指导中形成履职合力。常委会关注基层、重视基础,多形式、多举措推动了乡镇(街道)人大工作的均衡发展。坚持正副主任分片联乡指导、组成人员联系县人大代表的工作机制,定期举办县乡人大工作业务培训班,认真指导乡镇召开好人民代表大会、履行好主席团职责、组织好代表活动。今年是县乡两级人大换届选举之年,常委会通过层层动员、逐阶段培训、分组检查督促等方式,指导乡镇(街道)抓好选民登记、选区划分、代表候选人的推荐及公布、投票选举等各个阶段工作,圆满完成了新一届人大代表选举任务,确保了换届选举工作依法有序、风清气正。各乡镇人大及主席团、各街道人大工委积极作为,依法履职,在监督和支持地方发展上均体现了人大力量。

各位代表,四年来,县人大常委会工作所取得的成效,是县委高度重视、正确领导的结果,是全体人大代表和人大工作者认真履职、务实作为的结果,是"一府两院"和各乡镇(街道)、部门全力支持、密切配合的结果。在此,我代表县第十六届人大常委会,向关心、支持人大及其常委会工作的各位领导和社会各界朋友,表示衷心的感谢和崇高的敬意!

在看到成绩的同时,我们也清醒的认识到,人大工作与宪法和法律的要求相比、与党和人民的期望相比、与新形势下的发展要求相比还有一定差距,主要表现在:人大监督有待进一步加强,重大事项决定的参与度还不够高,人大代表的整体作用发挥还不够。这些问题都有待新一届人大及其常委会认真加以探索解决。

四年工作体会

回顾本届人大及其常委会的工作历程和实践成效,我们有如下体会。

1. 必须毫不动摇地坚持党的领导。只有自觉接受和主动依靠党的领导,人大及其常委会才能充分发挥职能作用。人大工作要始终坚持党的领导、人民当家作主、依法治国的有机统一,与党同心同德、同步同调、同向同力,紧紧围绕党委确立的中心工作，依法履行各项法定职权，善于使党的主张通过法定程序成为人民共同意志。

2. 必须坚定不移地维护人民代表大会制度。在庆祝全国人民代表大会成立60周年大会上，习近平总书记指出：人民代表大会制度是中国特色社会主义制度的重要组成部分，也是支撑中国国家治理体系和治理能力的根本政治制度，新形势下要毫不动摇的坚持和完善人民代表大会制度。作为人大代表和人大工作者，我们更应该坚定这份制度自信，自觉践行制度，理直气壮宣传和维护这个制度，才能把人大工作不断推向前进。

3. 必须一以贯之地把人民利益放在首位。人大的权力来自人民，我们要把实现好、维护好、发展好最广大人民根本利益作为人大一切工作的出发点和落脚点。勤于在一线听取群众呼声，敏于在群众之中吸取智慧，善于在依法履职中解决民生问题。只有坚持人民利益至上，人大工作才能赢得民心、取得主动、获得成效。

4. 必须坚持不懈地推进民主法治建设。全县的改革发展稳定事业，离不开民主法治的保障，人大正处于民主法治建设的"一线"。要更多的用法治的思维去看待问题、解决问题，促进全民学法、用法、守法，推进科学决策和制度完善，将履职行为、监督治理不断的引入科学化、制度化和规范化的轨道。

5. 必须始终如一地发挥代表主体作用。要始终坚持"人大工作开展靠代表，人大工作水平看代表"的工作理念，更好地发挥代表在联系人民群众中的桥梁纽带作用，凝聚民心、集中民智、反映民声。实践证明，只有尊重代表职权、激发代表活力，才能让人大工作流畅如水、紧密如绳。

对新一届人大常委会工作的建议

各位代表，今年8月份召开的县第十二次党代会为全县未来五年发展描绘了宏伟蓝图，目标鼓舞人心，责任催人奋进。新的形势、新的要求，需要人大工作有新的发展、新的气象。我们衷心希望新一届县人大常委会和全体人大代表，在县委的正确领导下，全面履行宪法和法律赋予的职责，积极投身宁乡的改革发展事业和民主法治建设进程。在此，特提出以下建议：

1. 注重坚持正确的政治方向。以党中央"四个全面"和县委"四个打造"统领人大工作新发展、成就人大工作新作为。要进一步增强接受党的领导的自觉性，争取县委支持，依靠县委推进工作。坚持党的领导、人民当家作主和依法治国的有机统一，让常委会组成人员和人大代表真正理解在党领导下的人民代表大会制度的深刻内涵，形成共同维护党的领导的政治生态。

2. 注重促进全县经济社会发展。始终围绕发展第一要务，更多立足发展的需要，依法行使职权。紧扣"打造内陆开放高地、西线工业走廊、全域旅游景区和群众幸福家园"战略目标，对带有根本性、全局性、长远性的重大事项，依法及时做出决定。要按照"创新、协调、绿色、开放、共享"五大发展理念的要求，以招商引资和项目建设为重点，督促和支持"一府两院"依法行政、公正司法，着力解决群众关心、社会关注的问题。要充分发挥人大代表在紧密联系群众等方面的优势作用，在履职中凝聚民力，在工作中推动发展，共同营造代表与人民团结务实促工作、一心一意谋发展的强劲势头和良好格局。

3. 注重在依法履职上取得实效。人大工作有重点性，但要突出实效性。要认真做好视察评议、专题调研、执法检查等工作，切实提高工作水平和成效。要逐步推进重大事项决定权的规范行使，进一步提升人大常委会会议质量，推进常委会组成人员和人大代表履职考评。要突出监督重点，创新监督方式，持续有力的推动在经济社会发展、公正司法、城乡生态、安全保障、民生事业等重点领域的有效监督，我们建议继续加强对食品药品安全和禁毒等工作的持续监督。要切实了解人民群众所求、所盼、所忧、所难，反映人民群众意愿和要求，将更多的民生民本问题纳入到决定和监督的重点内容。

4. 注重提升代表主体作用发挥。充分调动人大代表的积极性，为人大工作凝力聚智。要进一步强化代表培训，创新培训方式，丰富培训内容，提高代表履职能力。要健全代表的履职管理机制，多渠道建立代表履职档案，有效落实代表向选民述职制度，增强代表履职责任感。要进一步丰富闭会期间代表活动，切实加强代表小组建设，创新开展各项代表活动，搭建平台，激发代表履职热情。要强化代表建议办理责任单位的责任，认真督办代表议案和建议，提高办结率和满意度，支持和保障代表依法执行职务。要切实加大基层人大工作的联系和指导力度，鼓励和支持乡镇(街道)创新代表活动，形成工作特色，不断开创县乡两级人大代表工作新局面。

5. 注重全面推进机关自身建设。认真落实党的十八届六中全会精神，加强常委会党组和机关党组织建设，发挥党员作用，激发工作热情，丰富监督方式，提高主动性和工作效率，全力建设一支作风务实、纪律严明、富于创新、勤于履职的人大机关干部队伍。

各位代表，新一届的县人民代表大会已经组成，新一届常委会也即将选举产生。让我们紧密团结在以习近平同志为核心的党中央周围，在中共宁乡县委的坚强领导下，不忘初心，继续前进，在建设更加富饶美丽幸福的安宁之乡的进程中，创新思维、依法履职、务实作为，为推进全县民主法治建设和经济社会发展做出新的更大的贡献！

宁乡县人大常委会工作报告

2017年2月23日在宁乡县第十七届人民代表大会第二次会议上

宁乡县人大常委会主任 喻亚军

各位代表：

我受宁乡县第十七届人民代表大会常务委员会委托，向大会报告工作，请予审议。

2016年主要工作

2016年，是全县上下承前启后、锐意创新、奋发有为的一年，建设更加富饶美丽幸福的省会副中心的各项工作呈现出崭新面貌。县人大常委会在中共宁乡县委的坚强领导下，在全体人大代表和“一府两院”的支持配合下，紧紧围绕“四个打造”战略要求，以服务发展、推进法治、维护民生为重点，依法履职、务实作为，全年共组织召开人民代表大会2次，常委会议7次，主任会议11次，作出决议决定6个，听取和审议专项工作报告17项，评议部门4个，依法任免国家机关工作人员98人次。

一、坚定政治方向，服务发展大局

2016年是县乡人大换届选举之年。常委会严格按照相关法律和文件要求，全面加强对县乡选举委员会的领导和督查，确保全县人大换届选举工作依法有序、风清气正，得到了省、市的高度肯定。全县共登记选民118.9万人，选举产生县人大代表373名、乡镇人大代表1814名，选举出的县乡人大代表，充分体现了先进性、广泛性和代表性。在县第十七届人大一次会议上，全体代表以高度的使命感和责任感，为发展献计、为群众代言，会议进一步明确了宁乡未来五年“担当省会副中心历史使命，挺进全国二十强，打造一流中等城市”的重点举措，圆满完成了会议选举任务。十七届县人大常委会选举产生后，着力全面谋划布局、创新工作方式、健全管理制度，力争在突出监督重点、改进监督方式、提升监督实效上实现新的突破，在推进人大工作程序化、规范化、制度化上迈出新的步伐，在推进“四个打造”、实现人民利益、服务代表履职上创造新的业绩。

二、突出工作重点，行使法定职权

（一）加强计划和财政监督，助力全县经济发展。常委会多次听取和审查了全县计划、财政和同级审计等工作报告，督促政府加大工业支持力度，突出项目支撑和要素保障。专题调研政府性债务情况，密切关注政策性重大投资项目资金的管理和使用，监督和支持政府开展债务置换，全年节约融资成本3亿元。提前介入财政预算编制，督促政府进一步完善预算报告，确保了民生支出持续增长，达到公共预算支出的78.33%。审议通过了《关于预算审查前听取人大代表和社会各界意见的若干规定》和《关于建立和完善审计查出问题整改情况向人大常委会报告机制的意见》，推动财政监督进一步规范透明。

（二）注重自然生态保护，推进城乡品质提升。依据发展需要和群众期盼，在广泛调研、学习借鉴、反复论证的基础上，常委会审议通过了《关于加强自然生态保护的决定》，首次将森林植被、河流及水资源、耕地及山地自然风貌、城乡生态清洁环境、自然生态资源等内容纳入规范化保护轨道。开展城乡生态保护一体化、农村饮水安全等专题调研，持续关注并扎实推进对“治砂、治矿、治水”等重点的监督，全县生态环境进一步改善。

（三）强化重点民生监督，回应人民福祉关切。深入开展全县教育规划布局专题调研，监督政府实施“学校建设年”活动，新增学位超过一万个，城区学位紧缺和“大班额”现象得到了有效缓解。先后对政府提出的一批重大基础设施建设、重大民生项目融资贷款议案进行审议，有力推动了市民之家、县城截污管道工程、易地扶贫搬迁等项目的实施。持续聚力食品药品安全、医疗、禁毒等群众关注的热点问题监督，全社会共督共治的良好格局得到巩固提升。

（四）深入开展法律监督，加快民主法治进程。对城乡规划法、广告法、禁毒法、食品安全法等四部法律的贯彻实施情况开展执法检查，提出审议意见

15条,有力促进了依法行政、公正司法。严格规范任免程序,落实向宪法宣誓制度,任命的国家工作人员法治理念、担当意识进一步加强。深入开展“司法公正长沙行”活动,督促“面对面、互动式”普法宣传覆盖全县所有村(社区),督促县公安局加强执法规范化建设,支持县法院、县检察院推进司法体制改革。

(五)扎实推进制度创新,提高会议议事质量。依法审议通过了主任会议、常委会会议的议事规则,提出了政治坚定、议题精准、准备充分、审议到位、方式创新、成效凸显、纪律严明等七个方面的规定要求。先后组织开展了西线工业走廊、公路建设、教育布局、公安工作等视察调研,让审议更具客观性和针对性。常委会的会前准备、会议发言、审议质量得到明显改善和提高,求真务实、履职担当、高效廉洁的会风会纪持续加强。

三、发挥代表作用,提高履职实效

常委会不断强化服务意识,创新工作方法,代表工作迈上了新的台阶。先后召开5次乡镇(街道)人大工作会议,进行换届业务培训、换届选举座谈、人大工作部署,督促乡镇(街道)对新任代表进行履职培训,组织74名市人大代表进行会前视察和培训,代表履职能力得到进一步提高。围绕县委提出的战略部署,组织各级代表开展座谈讨论,邀请县人大代表参与视察调研和部门评议,持续开展以联系敬老院为重点的“五百活动”,共计捐资捐物100多万元。坚持县人大常委会组成人员联系走访代表制度,落实“主任领办、重点交办、追踪查办、全面督办”的建议办理制度。县十六届人大五次会议以来,共办理代表建议181件,问题已解决或基本解决的110件,占办理总数的60.77%,办理结果满意或基本满意的174件,办理结果满意度为96.13%,办结率和满意率比上一年度均有大幅提升。

四、规范机关管理,树立人大形象

常委会始终把加强自身建设作为履职行权的基础保障,全力推进学习型、服务型、创新型、和谐型、廉洁型机关建设。在机关党员中全面开展“两学一做”学习教育,机关干部的思想观念得到更新,业务能力得到提升。完善信访工作制度,全年受理各类信访案件85件,交办56件,答复29件,做到了事事有回应、件件有落实。宣传工作得到加强,先后在国家、省、市人大刊物上发表稿件23篇,获省级以上奖项5项。全面改版人大官方网站,建立人大微信公众平台,在信息化建设上迈出了新的步伐。

各位代表,过去一年县人大常委会取得的成绩,是县委正确领导的结果,是全体代表和人大工作者共同努力的结果,是“一府两院”、乡镇(街道)人大和社会各界密切支持的结果。在此,我代表县人大常委会向大家表示崇高的敬意和衷心的感谢!

在总结成绩的同时,我们也必须清醒地认识到,常委会的工作与依法治县的要求、与新形势发展的需要、与全县人民的期望相比,还有较大的差距,表现在监督实效有待进一步增强、服务代表有待进一步提高、自身建设有待进一步努力。在今后的工作中,我们将坚持问题导向,直面问题不回避,全力推动这些问题的改进和解决。

2017年主要任务

习近平总书记在纪念红军长征胜利80周年大会上的讲话中指出:“弘扬伟大长征精神,走好今天的长征路,必须把人民放在心中最高位置,坚持一切为了人民、一切依靠人民,为人民过上更加美好生活而矢志奋斗。”今天,我们正走着我们这一代人的长征路,承担着坚持和完善人民代表大会制度、建设更加富饶美丽幸福的省会副中心的光荣使命,我们要始终牢记党和人民的重托,大力弘扬愚公移山精神和将革命进行到底精神,不负使命,不忘初心,撸起袖子加油干,闻鸡起舞谱新篇。

2017年,是党的十九大召开之年,是全面实现小康社会的关键之年,是新一届县人大常委会履职的开局之年。常委会工作的指导思想是:深入贯彻党的十八大、十八届三中四中五中六中全会精神和习近平总书记系列重要讲话精神,坚持党的领导、人民当家作主和依法治国的有机统一,在中共宁乡县委的正确领导下,紧紧围绕县十二次党代会总体部署,以民主法治为主线,突出重点难点问题,履行各项法定职权,以更加奋发有为的精神状态,为推进“四个打造”战略、建设更加富饶美丽幸福的省会副中心做出新的更大贡献。

一、坚持党的领导,在贯彻落实上合心合拍

人大工作是党和国家工作的重要组成部分,我们要始终把党的领导贯彻于本届人大工作的各方面、全过程。

(一)坚决服从和依靠县委的领导。建立健全“阶段性工作定期报告、工作动态随时报告、重大问题及时报告”的制度,完善和落实常委会与“一府两院”的工作对接机制。通过人大常委会的审议决定程序,使县委的主张成为全县广大人民群众的自觉行动,使县委的决策部署得到有效执行,使县委对干部的任用意图得到全面实现。

(二)认真贯彻县委全会精神。县第十二次党代会和县委十二届四次全会绘制了宏伟蓝图,明确了行动纲领,我们将自觉对标县委确定的工作方向、工作目标和工作步调,紧紧围绕县委工作的重点、政府工作的难点、群众关注的热点,结合人大自身的特点,主动联乡镇、联产业、联项目,统筹推进工作和法律监督、决定重大事项、人事任免等各项工作,在产业经济、项目招商、城乡管理、全域旅游、深化改革、精准扶贫、民生实事等方面发挥人大作用,以创新务实的成效助推省会副中心、一流中等城市的建设。

(三)加强人大常委会党组和党员队伍建设。贯彻全面从严治党要求,切实加强常委会党组自身建设,承担党建第一责任,增强班子凝聚力、战斗力,着力构建系统完善、科学规范、运行有效的制度体系,推进人大工作全面开展。继续深入开展党性教育,引导和组织党员干部和党员代表深入基层、深入群众开展调查研究,了解民情,掌握民意,集中民智,为县委科学决策提供合理建议,为政府抓好落实提供有力支持。

二、围绕发展要务,在“四个打造”上聚神聚力

我们将以系统思维形成共识、以法治思维励精图治、以辩证思维为民解忧,为实现“四个打造”创造和谐稳定的社会环境、公平正义的法治环境、优质高效的服务环境。

(一)加强财政经济监督。对国民经济和社会发展计划的编制、执行情况开展经常性调研督查,注重对经济形势的分析研判,确保批准的计划能够得到顺利实施。认真贯彻实施预算法,严格执行《关于预算审查前听取人大代表和社会各界意见的若干规定》,组织人大代表对预算执行过程中的重点问题开展调查研究,强化预算执行的刚性监督,实现对政府全部收支统一管理的监督。全面落实《关于建立和完善审计查出问题整改情况向人大常委会报告机制的意见》,加大对审计查出问题,特别是“屡审屡犯”问题的跟踪监督力度,增强针对性和实效性,为全县经济社会发展提供有效保障。

(二)优化经济发展环境。2017 年是“工业招商突破年”“城乡管理提升年”“拆迁腾地攻坚年”,我们要围绕产业转型升级和群众持续增收的主题,组织对转变经济发展方式、重大建设项目、宁乡花猪产业发展现状和对策的调研,开展对县经信局、县城乡规建局的评议;围绕扶贫济困和社会服务,组织精准扶贫专题调研,开展对县民政局、县文体广局的评议。对常委会任命的政府工作部门负责人组织一次集中述职测评。任命委室兼职委员,提升监督专业化水平。建立健全常委会审议意见落实情况测评办法,做到意见不落实的不放过、问题整改不到位的不放过、整改表决不通过的不放过,增强监督的严肃性和实效性。以评促优,以评促改,促进部门提高效率、优化作风。

(三)关注民本民生改善。民生问题是人民群众最关心、最直接、最现实的利益问题。常委会致力于持续推动民生事业发展和民生民本问题解决。立足城乡环境品质提升,组织对全域旅游景区、环境保护“春雷行动”、沩水流域综合治理、污水处理项目、城区餐厨垃圾处理等工作的视察调研,听取和审议县人民政府关于上年度环境状况和环境保护目标完成情况的汇报;通过开展专题询问的方式对《宁乡县人大常委会关于加强自然生态保护的决定》的贯彻执行情况进行持续监督。立足全面建成小康社会,开展对教育、医疗、食品安全的监督,开展精准扶贫、结对帮扶活动,提升群众安全感、幸福感。充分发挥信访工作在人大监督中的重要作用,抓好典型信访件的办理。

三、强化法律监督,在依法治县上求真求实

张德江委员长在十二届全国人大常委会第十一次会议上强调,要把坚持依法治国、维护宪法和法律权威作为人大常委会的重要任务,充分发挥国家权力机关在全面推进依法治国中的重要作用。常委会将主动适应新常态下民主法治建设的新要求,全面加强法律监督,促进依法行政、公正司法和全民守法。

(一)加大执法检查力度。健全执法检查机制,坚持问题导向确立检查重点,多形式掌握真实情况,在检查中普法,提高执法检查的整体水平和实际效果。开展对律师法、食品安全法、森林法、执业医师法、土地管理法、长沙市炭河里遗址保护条例等执法检查。对常委会作出的决议决定贯彻落实情况进行重点监督检查。配合市人大制定《长沙沩山风景名胜区保护条例》,协助上级人大开展对其他立法项目的调研活动。

(二)持续强化司法监督。突出执行程序规范化管理、涉案财物管理处置等重点,开展民事、行政案件执行情况调研,听取县人民法院专项工作报告。针对案件侦查过程中容易出现的问题,开展侦查监督情况调研,听取县人民检察院专项工作报告。聚焦地下六合彩问题,开展对公安部门治理打击情况的调研,听取“一打三整”工作汇报。监督支持司法部门开展“七五”普法活动,突出重点对象和领域,深化全民普法教育。开展执法办案程序监督及评查,落实错案责任追究制,聚焦庭审实质化,助推司法体制改革,促进规范执法、文明执法和公正执法,让人民群众在每一个案件中感受到公平正义。

(三)不断规范备案审查。加强规范性文件备案审查制度建设,制定工作规程,加大审查力度,提高审查质量,实现有件必备,有错必纠,依法审查,真正确保规范性文件备案审查的严肃性和权威性。积极主动与制定机关沟通交流,确保审查监督效果。适当借用外部力量,吸收相关领域的专家学者和专业人员参与具体审查工作,促进规范性文件备案审查工作法制化、科学化、民主化。

四、突出主体地位,在激发代表活力上常抓常新

牢固树立代表是人大工作主体的理念,搭建活动平台,创新工作机制,引导和保障代表更好的执行职务、发挥作用。

(一)增强代表履职水平。高度重视对代表的学习教育,适时组织县代表进行集中履职培训,指导乡镇人大主席团开展对乡镇人大代表的培训学习,号召代表“读一套好书”,举办业务知识竞赛,评选学习标兵,从整体上显著提高代表政治素质和业务水平。

坚持从严从实的要求，严格代表履职管理，建立代表履职档案、代表行为准则、代表活动室接访、代表学习等系列制度，推动代表在一线发挥作用、在一线接受监督。

（二）提高建议办理质量。进一步健全建议办理机制，提高办理的满意率和办结率。健全人大常委会正副主任牵头督办代表建议制度，督促县人民政府全面落实主管县长签发制、承办单位责任制的代表建议办理制度，扩大面对面答复代表的覆盖面。着力督办重点代表建议，组织代表视察办理情况，督促承办单位兑现办理承诺。搭建代表履职网络信息平台，逐步实现代表建议网上提出、网上交办、网上督办、网上答复。

（三）凸显代表活动实效。通过全方位搭建平台、多形式组织活动、广覆盖动员参与，不断丰富代表活动。开展“双建双联双评”活动即人大代表建言献策、建功立业，县人大常委会联系代表、代表联系选民，代表评议部门、选民评议代表，将代表述职活动深入推进到各选区。继续推进“司法公正长沙行”、“三湘农民健康行”、“三湘环保世纪行”、“农产品质量安全行”、“民族团结进步行”等活动，创新开展“关注民生，扶贫济困”、“写调研文章，提精准建议”等活动，邀请代表参加常委会视察调研、执法检查和相关会议。动员五级人大代表帮扶乡镇（街道）幼儿园，开展“关爱花蕾行动”主题活动，推动幼儿园硬件完善和管理规范，逐步实现优质学前教育资源有效共享。

五、加强自身建设，在干事创业上善作善成

“打铁还需自身硬”，在县第十七届人大一次会议闭幕式上，县委书记周辉同志号召全县上下要干在一线、干到一起、干出一流，常委会将进一步规范管理、挖掘潜力，深厚干事氛围，创造干事业绩。

（一）以严肃纪律促进干事规范化。加强思想政治建设，深化“两学一做”学习教育，强化自身政治意识、大局意识、法律意识、群众意识、责任意识、效能意识和规矩意识。健全常委会组成人员守则，建立审议发言档案，规范会议纪律要求，明确履职责任担当，提高整体工作实效。全面落实人大机关管理制度，加强机关效能建设和干部队伍建设，提升服务质量，增强机关活力。

（二）以考核评价激发干事积极性。充分发挥考核评价“指挥棒”的作用，不断创新和完善综合考核评价机制。落实机关干职工岗位目标责任制、乡镇（街道）人大工作评价办法等，激励常委会各委室、专门委员会、乡镇（街道）人大的工作人员自觉增强履职能力、主动开展务实创新、全力提升工作效能。着力开展“十个一”履职活动，由常委会牵头组织开展“一次集中培训、一次集中述职测评、一项重大决定的监督落实、一次关注民生的代表集体活动、一次代表询政”，由各委室分别组织“一个部门的工作评议、一部法律的执法检查、一次代表建议的集中办理、一项特色工作的展示、一堂专题辅导课的讲授”，切实提振干部精气神，营造团结协作良好氛围。

（三）以宣传推介提高干事影响力。进一步加强人大宣传工作，充分展示人民代表大会制度的优势，扩大常委会工作向代表通报、向社会公开的范围，以更加务实的工作成效、更加出彩的代表事例、更加广泛的人民参与、更加包容的开放姿态，传播人大声音、讲好人大故事、彰显人大形象。

各位代表，时代赋予我们崇高使命，人民寄予我们深切期望，让我们在中共宁乡县委的坚强领导下，团结一心、锐意进取、奋发作为，为加快建设更加富饶美丽幸福的省会副中心做出新的更大贡献！

政府工作报告

2017年2月22日在宁乡县第十七届人民代表大会第二次会议上

宁乡县人民政府县长　王雄文

各位代表：

现在，我代表县人民政府向大会报告工作，请予审议，并请各位政协委员和其他列席人员提出意见。

一、2016年工作回顾

2016年是“十三五”开局之年。面对错综复杂的经济形势和特大洪涝灾害的严峻考验，我们在中共宁乡县委的坚强领导下，在县人大、县政协的监督支持下，全县上下众志成城、砥砺奋进，较好地完成了县第十六届人民代表大会第五次会议确定的各项目标任务。全年实现地区生产总值1098亿元，增长11%；一般公共预算收入65.58亿元，增长9%；规模工业增加值537亿元，增长13.3%；固定资产投资949亿元，增长16.2%；社会消费品零售总额276亿元，增长16.5%。县域经济基本竞争力由全国百强县第39位跃升至第35位。

（一）工业经济蓬勃发展，主导地位更加突出

实力园区担当主力。深入开展满园扩园行动，宁乡经开区引进海信电器、中伟新能源等重大项目48个，启动皇氏乳业等建设项目51个，中建科技、湘粮食品、格力暖通等34个项目相继竣工投产，成功获批长江经济带国家级转型升级示范开发区。宁乡高新区积极申报国家级高新区，引进沃特玛、中锂新材等产业项目39个，湖南省创新服务中心进驻高新技术初创型项目41个。经开区、高新区年度绩效考核走在全市各类园区前列。金玉工业集中区积极探索与隆平高科技产业园共建飞地经济试点园区。夏铎铺、煤炭坝、大湾岭、大成桥、双凫铺等乡镇园区因地制宜、坚持特色发展。产业培育强劲发力。绿色食品、先进装备制造、新能源新材料三大主导产业完成规模工业产值1674亿元，占全县规模工业总产值的76.2%。全年新增规模工业企业72家，位居九个区县首位；加加食品、华润怡宝纳税过亿元，新增纳税过1000万元企业13家；楚天科技成功研制国内首台医药生产智能机器人；圣得西、忘不了、星城石墨、长宁炭素等企业稳健发展、转型升级；顺泰钨业、赛诺生物成功挂牌新三板。政策支持更加有力。全面落实支持工业企业发展的系列政策，兑现装备补贴2874万元，直接撬动企业装备投入3亿多元。创新驱动初见成效，新增高新技术企业39家，专利授权988件，转化科技成果262项；飞翼股份、红宇耐磨入选国家火炬计划重点高新技术企业。

（二）现代农业提质增效，农村面貌日益改观

成功抵御洪涝灾害。2016年7月，面对两轮特大暴雨、严重汛情，全县干部群众团结一心、昼夜奋战，夺取了防汛救灾的全面胜利，确保了安全度汛，集中展示了宁乡人民伟大的抗洪精神，荣获湖南省抗洪抢险先进集体。农业品牌更加彰显。先后获评国家级农村产业融合发展试点示范县、国家级农业科技园。粮食种植面积和产量保持稳定，获评全国粮食生产先进县。烟叶收购13.81万担，规模质量稳居全省前列。沩山毛尖获评国家地理标志保护产品，宁乡花猪入选首届湖南十大农业品牌，蔬菜、水果、油茶、中药材等特色农产品提质增量。完成首批省特色县域经济重点县建设，农副产品加工企业1630家。专业合作社、种粮大户、家庭农场等新型市场主体不断壮大，湘都生态农庄获评国家级五星农庄，土地合作经营“鹊山模式”入选全国改革年度案例。农村土地承包经营权确权登记颁证有序开展。农村设施加快改善。改造危桥13座，黑化乡村公路173公里。除险加固大型水闸4座，清淤山塘6500亩，疏浚沟渠160公里，官桥河、黄材河等水系完成整治。整修乡村道路安防设施514公里，新建节能路灯5760盏，城乡道路通行率大幅提升。生态建设大力推进。启动实施环境保护三年行动计划，开展“清霾、碧水、静音、净土”行动。实施生态修复，启动造绿复绿项目81个，造林4.5万亩，义务植树400多万株，全县森林覆盖率达48.8%。依法整治非煤矿山、挖山洗砂、河道采砂、投肥养殖，重点区域退出规模养殖取得成效。新建乡镇污水处理厂6座，农村改厕2000户。沩山、灰汤成功创建国家级卫生乡

镇。大力开展美丽庭院、美丽小区创建，关山社区获评全国美丽宜居示范村庄，金洲村获评湖南省美丽乡村示范村。

（三）商贸旅游快速发展，新型消费来势喜人

全域旅游持续升温。宁乡荣登“最美中国榜”。发起华中六郡旅游联盟，成功举办中俄红色旅游交流活动，灰汤景区入选首批国家康养旅游示范基地，何叔衡故居、谢觉哉故居列入全国红色旅游经典景区名录，炭河里青铜博物馆建成开放，关山古镇、丰收湾、稻花香里、石仑关等成为乡村旅游新热点，“传奇之地·宁静之乡”美誉度不断提升。现代商贸日益繁荣。组建县招商引资服务中心，举办锂电“达沃斯”论坛，开展工业和地产专题招商推介，引进产业项目201个，到位县域外资金258.4亿元。大河西农产品物流中心建成开业，九龙仓·奥特莱斯全新开放。全面实施商事制度“五证合一”登记改革，电子商务进农村工作顺利推进，新增限额以上商贸企业83家，实现外贸进出口总额3.3亿美元，成功创建国家级出口食品农产品质量安全示范区。各类金融创新发展。首创省内县级转贷应急周转基金，成为全省最富成效的金融创新举措之一。创新推出工业企业生产设备抵押融资试行办法，激活融资模式，服务实体经济，各类金融机构新增信贷投放89.5亿元，债券融资67.8亿元。兴业银行、华林证券在宁乡设立分支机构。房地产去库存加快。成功举办第六届宜居文化节，实施“政策引导、棚改助力、房票结算、物管提质”等举措，销售商品房143万平方米，创近三年新高，去化周期明显加快。

（四）建设管理持续加强，城乡品质有效改善

征拆工作强力推进。坚持“阳光征拆”，完成集体土地腾地14278亩、拆迁房屋3754户、面积91万平方米；征收国有土地房屋1050户、面积25.8万平方米；创造了长沙卫职院、邦普五期等项目两天内签约清零的“宁乡速度”。基础配套不断提升。宁乡大道北延线、学府路竣工通车，白马大道、金洲大道、长常高速出口、宁乡火车站改造一新。县城污水主管网基本建成，南太湖水厂加速推进。新建供水管网143公里、燃气管道46公里，改造110千伏变电站2座，建成社区公园13个，提质提档社区5个，城区主干道亮化率达98%。成功创建省级园林县城，通过国家卫生县城复审。新型城镇加速建设。沩东新城积极担当东进融城主力，灰汤扩权强镇先行先试，花明楼旅游新镇加速打造，炭河古城、道林古镇、创意煤城初显雏形，玉潭跻身全国城镇综合实力五十强，沩山入选全国美丽宜居小镇。城乡管理深入实施。城市管理加快向农村集镇延伸，深入实施清扫保洁、扬尘治理，规范户外广告、门店招牌管理，强力推进控违拆违工作，累计拆违41.1万平方米。

（五）社会事业共建共享，发展成果惠及群众

坚持财政资金优先保障民生事业，省市为民办实事工程全面完成。兜紧了民生保障网。全面推行干部结对帮扶、驻村帮扶工作机制，精准实施“滴灌式”“四跟四走”产业扶贫措施，全年脱贫5488户12742人。深入开展四个“千手”爱心系列工程，建成黄材、青山桥两处“千手”爱心大屋，易地搬迁193户579人；“千手”爱心驿站发放爱心物资1.65万件；“千手”爱心基金筹资3073万元，发放救助资金1663万元；“千手”爱心热线共接受求助电话1680个，做到件件有回音。完成农村危改3744户，沉陷区搬迁安置C级、D级危房户3249户。职工五险新增参保单位258个、扩面13万人。新增城镇就业12296人，农村劳动力转移就业8400人。织密了公共服务网。投入教育资金15.9亿元，新改扩建学校53所，新增学位1.3万个。建成乡镇文化站6个、敬老院4所、村（社区）党建文化养老综合服务中心51个、公租房1509套。改扩建乡镇卫生院5所、村卫生室18家，县人民医院入选全国县级医院百强，县中医院成功创建三级甲等中医医院。积极实施二孩生育政策，大力提升计生服务水平。筑牢了平安和谐网。大力创建“平安宁乡”，扎实开展“春雷”“清剿恶赌毒”“防范盗抢骗”“一打三整”等专项行动；积极开展矛盾纠纷大排查、大调解，成功化解矛盾纠纷1万余起，刑事发案大幅减少，治安环境明显好转。扎实开展“安全监管执法年”活动，推进“打非治违”，烟花爆竹企业退出48家，实现安全生产“两降一确保”目标。国家食品安全示范城市创建取得阶段性成效，实现食品安全零事故目标。

（六）自身建设得到加强，行政效能不断提升

自觉接受人大法律监督、政协民主监督和社会舆论监督，办理人大代表建议、批评、意见186件，政协委员提案202件，办复率达100%。合并村和县乡换届工作圆满完成。公共政策公开听证，依法审查执法案卷89宗、政府性合同34件、文件协议396件。深入开展“三严三实”“两学一做”专题教育，精心组织政风行风千人测评专题活动，作风建设得到加强。市民之家竣工运营，实现了行政审批“一站式”优质服务，行政效能得到提升。深化投融资体制改革，降低融资成本、优化债务结构。县长热线和12345市民服务热线群众投诉事项办结率100%。县人民政府公众信息网获全国政务网站优秀奖。

国防动员和人防建设全面加强，驻宁部队在防汛救灾、应急处险等工作中发挥了重要作用。各民主党派、工商联、工会、共青团、妇联、老干、老年、关工委、红十字会、残联、文联、科协、计生协等工作取得了新成就。监察、审计、对台、侨务、移民、水文、市监、供销、农机、气象、石油、盐业、通信、档案、民族宗教、机关事务等工作都有新进步。

各位代表，这些成绩的取得，是市委、市政府和县委坚强领导的结果，是县人大、县政协和社会各界监督支持的结果，是全县人民团结奋斗的结果。在

此,我代表县人民政府向全县人民,向给予我们支持和监督的人大代表、政协委员、各民主党派、工商联和无党派人士、各人民团体、社会各界人士及离退休老同志,向参与和支持宁乡建设的驻宁单位、解放军和武警驻宁部队,向所有关心、支持宁乡发展的同志们、朋友们,表示衷心的感谢并致以崇高的敬意!

在总结成绩的同时,我们清醒认识到发展中还存在一些差距和不足:县域经济总量还不够大,产业转型升级还不够快,城乡品质还不够高,发展环境还不够优,干部群众思想还需进一步解放,政府行政效能还需进一步提升等。对此,我们将坚持问题导向,认真加以解决。

二、2017 年工作重点

2017 年是深化供给侧结构性改革、全面建成小康社会的关键之年,做好今年工作责任重大、使命光荣。今年政府工作的指导思想是:深入贯彻党的十八大和十八届三中、四中、五中、六中全会精神和习近平总书记系列重要讲话精神,着力稳增长、扩投资,调结构、促转型,提效益、惠民生,紧紧围绕打造内陆开放高地、西线工业走廊、全域旅游景区和群众幸福家园战略目标,强化园区、城区和景区建设,突出"工业招商突破年""城乡管理提升年""拆迁腾地攻坚年"三大主题,干在实处、走在前列,朝着挺进全国二十强、打造一流中等城市、建设更加富饶美丽幸福的安宁之乡阔步前进,以优异成绩迎接党的十九大胜利召开。全年经济社会发展的主要目标是:地区生产总值增长 10%;一般公共预算收入增长 10%;固定资产投资增长 13%;社会消费品零售总额增长 13.5%;规模工业增加值增长 10%;城乡居民人均可支配收入分别增长 8.5%以上;节能减排完成省市目标。

(一)着力扩投资、促开放,打通内陆开放高地通道

凝心聚力建设畅达交通。建设金唐公路。金唐公路是全县人民期盼已久、高度关注的重大战略交通项目,按照整体规划、分段建设的模式,确保一期(金洲互通一凤凰山互通段)年内竣工通车,力争二期(凤凰山互通一南田坪互通段)年内完成路基主体工程,三期(南田坪互通一唐市互通段)年底前启动建设。拉通工业大道。工业大道作为西线工业走廊的主动脉,年内拉通金沙路一319 国道段,形成连接园区、环绕城区的外环线、快速路。拓改黄龙公路。回应群众关切,改善西部交通,年内拓改完成黄材镇一五里堆段,加快拓改五里堆段一沙田段、五里堆段一巷子口段,尽早实现通车。开通岳宁大道。力促岳宁大道岳麓区段、长沙高新区段加快建设,力争年内全线通车。构建立体交通。协调加快长沙南、北横线宁乡段建设,做好征地拆迁工作,主动服务益娄高速、长益复线、宁韶高速建设。抓紧对接渝长厦高铁、呼南高铁、长宁城际轨道等重大交通项目,配合做好前期工作,加快宁乡融入国家高铁网络和长沙城际轨道交通体系。抢抓长沙创建国家军民融合创新示范区机遇,争取 1121 工程实现军民合用,建设航空物流港。充分发挥宁乡区位优势,打通海铁联运通道,推动交通物流一体,打造长沙西部综合交通物流枢纽。

全力以赴推进项目建设。大力实施招大引强。坚持创新引领、开放崛起,瞄准世界五百强、行业百强、国有大型企业和重要上市公司,强化产业专班招商、以商招商、委托招商和重点区域驻点招商,力争引进重大项目 150 个以上,到位县域外资金 260 亿元以上。深入开展"三抓两促"。集中力量帮促实体经济发展,服务签约落地项目、开工在建项目和重点工业企业,组建 40 个工作组联系 134 个重大社会投资项目和 47 家重点工业企业,分组负责、一线帮扶,切实解决项目拆迁、用地、融资、用工、配套等难点问题。切实强化项目管理。科学铺排投资项目,强化建设工程招投标、工程洽商变更和质量监督管理。定期交办整改、通报讲评、流动观摩,全面掀起项目建设新高潮。全年完成各类投资 320 亿元,新开工投资 1000 万元以上项目 220 个以上、竣工 200 个以上。

多措并举强化要素保障。深入实施"拆迁腾地攻坚年"行动,加快重大战略项目拆迁腾地。实施"阳光征拆",以片区清零、项目清零为目标,加快推进经开区、高新区、玉潭新城、八家湾、夏铎铺工业园等片区城中村改造,重点推进龙溪、城南、滨江等片区棚户区改造,全年计划完成棚改 5000 户以上。积极争取用地指标,切实保障工业项目和重大基础设施用地。精准把握政策窗口,加快优化融资结构,提高直接融资比重,支持经开区、高新区、城投集团等园区平台企业发行债券。鼓励金融机构创新信贷产品,扩大有效投放,支持实体经济发展。积极向上争取各类资金,助推县域经济发展。启动"四五"专才引进计划,引进创新型高端人才 100 名。

深化改革释放发展活力。坚持问题导向,深化改革创新,抓好顶层设计,大力推动十项改革,即行政审批制度改革、城乡管理体制改革、农村集居点建设改革、社区析置及管理服务改革、农村土地经营权股份化改革、造绿大行动创新社会投资长效机制、农村民生事业建设方式改革、西线工业走廊功能区设置改革、科技创新创业服务体系改革、投融资体制改革。加快建设智慧政务,创新运营"市民之家",开辟审批综合窗口,实现网上网下快捷审批服务,畅通县乡村"两级平台三级联动"。

(二)着力强配套、兴工业,构筑西线工业走廊基础

加速工业走廊建设。通过对话西线工业走廊论坛、亿元企业家俱乐部等方式,群策群力、集思广益,科学制定西线工业走廊规划。划定工业用地保护

区，坚持土地利用、产业布局、生态环境保护等多规合一，坚持规划引领、保持规划的刚性约束力。启动工业走廊集中区建设。按照项目集中、土地集约的原则，以工业大道为主轴，建设经开区海信智能家电产业园、高新区沃特玛联盟产业园、金玉集中区数控机床产业园、夏铎铺智能制造配套产业园和煤炭坝智能安防产业园等5个工业企业集中区。支持大湾岭、大成桥、双凫铺等乡镇工业园区发挥自身优势，实现新的发展。强化工业走廊综合配套。实施园区公交全覆盖，增设和优化城区至园区的公交专线，开通至长沙河西大学城的科技专线。组建宁乡智能制造研究分院和县域协同制造平台，支持园区建设公共检测等服务平台，鼓励企业建设重点实验室、工程技术中心，推动企业资源共享、信息互通和产能释放。提升湖南省创新服务中心、玉屏山国际产业城、妙盛孵化器、金玉创业服务中心等双创平台的运营水平，为企业提供孵化、转化和智能化服务。

推进产业集聚集群。深入开展"工业招商突破年"活动。定期举办工业招商专题推介会，力争引进工业项目100个以上。其中，经开区引进投资50亿元龙头产业项目1个以上，高新区引进投资10亿元产业项目3个以上，金玉工业集中区引进投资5000万元项目20个以上。积极对接湖南省20个新兴优势产业链发展计划，着力组建绿色食品、新能源新材料、智能家电、先进装备制造主导产业联盟。加快楚天科技智能医疗装备、格力电器二期、海信电器一期、海尔科技宁乡基地等重大项目建设。以新能源汽车产业链和高新技术成果转化为重点，加快推动沃特玛产业联盟、邦普四期、中锂新能源、升华科技等重点项目建成投产，力促杉杉二期、星城石墨扩容增产。着力推动企业转型升级，继续实施工业企业装备升级补贴政策。着力破解企业融资难、融资贵，鼓励银信部门开展设备抵押融资，新增专项投放2亿元以上；支持企业上市融资，新增2家以上企业挂牌上市；支持企业股改、并购或重组，清理僵尸企业，盘活闲置资产。设立科技创新基金，推动企业创新发展，转化科技成果200项，引导和支持企业提品质、创品牌。实施企业梯次培优计划，全年新增一批规模企业和纳税1000万元以上企业，规模工业增加值增速继续保持全市前列。

（三）着力抓建管、提品质，建设一流中等城市骨架

以智慧城市引领城市发展，推动信息化技术与城市建设管理相融合，积极启用智慧城市云平台、大数据，率先探索智慧城乡管理新模式。

提升规划理念。把握撤县设市重大机遇，高标准启动县城总规修编，完善县城7大组团控制性详细规划。完成城区公园、公共停车场、农贸市场、管线普查和综合管廊管沟、文化体育设施、综合交通物流枢纽、城区总体风貌等专项规划，做好沩江两岸、沩东新城核心区等重点区域和节点的城市设计，使城区逐步达到市的规模、展现市的形象、体现市的价值，逐步构建一流中等城市的发展格局和山水溪洲精致精美的特色风貌。严格执行城乡规划，强化规划批后管理责任，继续推进城区违法建筑"清零"行动。

提高建设水准。推进人民北路、滨江大道、仁福大道等城区主干道建设，启动二环南路提质改造及慢行系统建设，打通城区交通微循环。加快八家湾水库建设，启动引水入城工程。加快"一江两岸三洲"建设，加大四溪一渠治理力度，年内完成民兵渠、化龙溪主要河段治理。推进城区造绿复绿、增花添彩工程，创建国家园林城市。规划建设3平方公里的城市中央公园，致力打造城市生态绿肺。推进城区道路、背街小巷提质改造、亮化美化。提质提档9个社区。发挥市政工程管理局职能作用，实现建管分离和市政基础设施全天候高标准维护保养。

提标城乡管理。以人民为中心，切实提高市民文明素养，大力开展文明城市创建工作。紧扣"城乡管理提升年"主题，严格对照测评体系，全面排查薄弱环节，狠抓落实整改提高。深化城乡管理改革，组建城乡管理委员会，建立城乡综合管理联合指挥体系，采取专项考核、暗访扣分、媒体曝光、群众投诉、逐月讲评等方式，切实抓好城乡环境治脏、秩序治乱、设施治缺、服务治差等突出问题，努力把宁乡打造成为长沙最整洁城区。创新社区治理，完成城区社区析置，实现公共服务全覆盖、均等化。大力推行"路长制"，县级领导牵头统筹、部门乡镇为主负责、专班专人管理维护、沿线两厢综合整治，确保道路洁净安全畅通。

提质现代服务业。依托现有商务楼宇，加快发展生产性、生活性现代服务业配套，促进总部经济发展。加快宁邦广场、翡翠湖地产、未来方舟等城市商业综合体建设，引领消费新业态。打造一批高端地产项目，成为城市新地标。大力发展电子商务、现代物流、现代康养、文化创意等产业。力争实现三产业增加值290亿元以上，新增一批限额以上商贸企业。

（四）着力夯基础、促转型，加快现代农业强县建设

提升农业高效发展。深入贯彻中央一号文件精神，推进农业供给侧结构性改革，加速传统农业大县向现代农业强县转变。确保粮食种植扩面增产，巩固全国产粮大县地位。着力减工降本，提高烟叶产业质量效益。宁乡花猪品牌争创中国驰名商标。推进"种养加"一体化、农业"接二连三"融合发展，建设喻家坳、资福、坝塘、菁华铺、老粮仓等绿色食品原材料供应基地，推动茶叶、蔬菜、中药材、畜禽等精深加工发展，拓展产业价值链。积极开展重金属污染修复治理和测土配方施肥，持续增强绿色农业发展能力。

深化美丽乡村建设。创新推出美丽乡村“片长制”,突出乡镇示范片建设,连点成片、串珠成链,重点打造金洲、双江口、夏铎铺美丽乡村百里示范走廊。完成农网改造升级。牢固树立“绿水青山就是金山银山”绿色发展理念,贯彻落实《关于加强自然生态环境保护的决定》,巩固五大整治成果,依法推进非煤矿山、大气、噪声等专项治理。全面落实“河长制”,按照清面、清乱、清养、禁采标准,启动沩江流域综合治理;全面加强靳江沿线十公里生态修复,启动万亩靳江湿地公园建设。新建乡镇污水处理厂3座。启动新一轮造绿复绿大行动,植树造林2.2万亩。推进垃圾分类、源头减量和无害化处理。

促进农民增产增收。改善农业生产条件,新建陶公坝大型水闸,除险加固鸡子湾等4座水闸。提质改造灌区干渠20公里,清淤山塘5000亩,疏浚沟渠80公里,建设高标准基本农田3.5万亩,争创水稻生产全程机械化示范县。推广土地合作经营“鹊山模式”,支持发展家庭农场、农业合作社等先进生产组织模式,全面完成第三次全国农业普查工作。全面落实强农惠农政策,培训新型职业农民2000名以上。引导偏远地区群众跨村跨乡镇集中居住,启动青山桥、黄材、东湖塘等农村集居点建设。

(五)着力优生态、创特色,提升全域旅游景区水平

加速旅游产业升级。创建国家级全域旅游示范区。组建文旅集团,创新旅游景区转型升级。加快完善灰汤景区公共配套,把灰汤打造成为卫星城市、康养基地、知名旅游度假区。推动花明楼建设全国红色文化旅游名镇,支持沩山创建中国历史文化名镇,实现华强文化产业园、炭河古城、道林古镇、创意煤城、灰汤相里、迴龙山等景区建成运营。提升稻花香里、湘都农庄等新兴乡村旅游景点运营水平,打造乡村旅游升级版。创新发展工业旅游,申报一批工业旅游示范项目。持续加大沩山国家级风景名胜区、香山国家森林公园、青羊湖国有林场、金洲湖国家湿地公园生态保护力度。提质主要旅游干线标识标牌、景区高速出口,新建一批景区停车场、游客集散中心、特色产品展销中心和民宿客栈,大力建设智慧景区。精心推出宁乡2—3日特色旅游线路,满足不同层次消费者需求。积极组织旅游节会,高位开展旅游营销,有效加强市场监管,组织旅游联合执法,确保全县旅游行业繁荣发展、安全有序。

打造特色小镇集群。建设产业特色鲜明、人文气息浓厚、生态环境优美的特色小镇。鼓励乡镇依托资源禀赋、产业基础和区位优势,引进市场主体开发建设特色小镇。完善特色小镇建设奖补机制。探索推进玉潭汽车生活、金洲电竞、资福陶艺美食、巷子口南轩国学等特色小镇建设。

(六)着力强保障、惠民生,增强群众幸福家园感受

坚决打赢脱贫攻坚战。按照“六个精准”“五个一批”的要求,完善精准扶贫责任体系,持续开展联点帮扶、驻村帮扶、结对帮扶,携手新化奔小康,对口支援龙山咱果乡,扎实开展“四跟四走”产业扶贫、旅游扶贫、电商扶贫、兜底扶贫、教育扶贫等举措,引导、扶持、激励群众奋发向上,依靠自己的勤劳智慧努力创造幸福生活。继续实施易地搬迁扶贫,加快沩山、流沙河、龙田、横市、沙田“千手”爱心大屋建设,确保搬迁群众搬得出、稳得住、能脱贫。以“不破楼兰终不还”的坚定决心,稳步推进建档立卡贫困群众、省定贫困村脱贫出列。

积极创新社会治理。加强基层组织建设,选优配强基层队伍,完成村居两委班子换届选举工作。认真组织开展“七五”普法工作。继续开展“一打三整”专项行动,严打涉黑涉恶、多发性侵财等犯罪行为;以控总量、减存量为总目标,坚决遏制毒品蔓延势头;加快公安驾考中心、监管中心、派出所和消防基础设施建设。畅通群众信访渠道,强化矛盾纠纷排查调解基础工作,及时就地解决信访问题,确保社会大局和谐稳定。强化企业安全生产主体责任,推进建筑工地、道路交通、危险化学品、特种设备、公共场所等重点领域的安全隐患排查整治,确保不发生较大及以上安全生产事故。严控食品安全风险,创建国家食品安全示范城市。加强国防动员,推进人防工程建设,争创全国双拥模范县。稳妥推进供销合作社综合改革和原县办国有企业改制工作。支持工会、共青团、妇联、工商联、科协、残联、文联、老干老年、关工委、红十字会、社科联、计生协等事业竞相发展,保障对台、气象、水文、外事侨务、史志档案、民族宗教、机关事务管理等创新开展工作。

扎实办好民生实事。统筹推进、重点办好十件民生实事:一是推动教育均衡发展,启动宁乡一中提质改造,完成35所省定贫困村标准化学校和24所薄弱学校建设。二是深化医卫体制改革,建设健康宁乡,优化计生服务,高标准建设县妇幼保健院、县人民医院灰汤分院和流沙河分院。三是着力解决失地农民社保,新增参保12000人以上。四是完善公共文化服务体系,建设新媒体艺术中心、文体中心二期、5个乡镇户外健身中心。五是加强农村安全饮水工程,提高农村自来水普及率,基本实现农村饮水安全。六是采取“政府投料、群众投工”方式,新改扩建农村公路200公里以上。七是实现农村危房阶段性清零,完成农村危房改造4000户以上。八是完善养老服务体系,加快老年大学搬迁建设,启动县社会福利中心建设。九是千方百计增加就业岗位,新增城镇就业和农村劳动力转移就业各1万人。十是实施特殊困难群体兜底应急救助,专项设立800万元临时救助资金,纾解最困难群众的生活。

三、切实加强政府自身建设

以更严的要求、更实的作风、更足的干劲,努力

建设让人民满意的诚信政府、服务政府、法治政府和廉洁政府。

以更加高度的自觉强化民主法治建设。坚决服从县委的正确领导，主动接受人大的法律监督、政协的民主监督和社会各界的广泛监督，高质量办理好人大代表议案、建议、批评、意见和政协委员提案。严格政府文件合法性审查，坚持政府合同审查备案制，全面推行政府法律顾问制度，完善专家论证、公众参与、风险评估、法制审查、集体决定等重大行政决策程序。坚持依法办事，规范行政行为，提升政府公信力。运用法治思维和手段，推进改革发展，维护社会稳定，促进公平正义。

以更加务实的作风推进各项工作落实。紧紧围绕县委的工作部署，齐心协力干在一线，风雨同舟干到一起，众志成城干出一流。深入到项目工地、企业车间、招商洽谈、田间地头、群众家里，直面问题、解决问题、推进发展。强化执行力，一往无前、一以贯之、一抓到底，马上就办、办就办好。

以更加高效的管理提升政府服务效能。围绕集约发展、创新发展，完善行政审批“大一统”，实施机关办公“大一统”，推动平台融合、资源整合的发展格局“大一统”。带着责任、带着感情服务群众，打通政策实施和落地的“最后一米”。以企业为大、项目为先的理念，构建亲清的政商关系，保护投资者权益，让创业者在宁乡激情圆梦。从清单管理、工作纪实、效能提升、典型示范、容错纠错、失职问责等方面强化责任担当，营造良好的干事创业氛围，激励想干事的人，保护敢做事的人，让想干者有奔头，让敢干者没顾虑，让干成者得重用。

以更加严实的自律赢得人民群众信赖。切实提高政治站位，坚定政治方向，把纪律和规矩挺在前面，牢固树立政治意识、大局意识、核心意识、看齐意识。严格落实党风廉政建设主体责任，严格遵守八项规定，无禁区、全覆盖、零容忍惩治腐败行为。强化行政监察和审计监督，重点加强公共资源交易、政府投融资、国有资产管理等领域的监管。严肃财经纪律，规范资金使用，把更多的资金用在发展经济、改善民生上。

各位代表，新的蓝图已经绘就，新的征程催人奋进。让我们紧密团结在以习近平同志为核心的党中央周围，在中共宁乡县委的坚强领导下，紧紧依靠全县人民，聚精会神搞建设，一心一意谋发展，撸起袖子加油干，为挺进全国二十强、打造一流中等城市、建设富饶美丽幸福的安宁之乡而努力奋斗！

【名词解释】

1. **湖南省创新服务中心**：即宁乡高新区湖南省大学科技园、湖南省高等院校知识产权运营服务中心。

2. **飞地经济**：两个相互独立、经济发展存在落差的行政地区打破原有行政区划限制，实现两地资源互补、经济协调发展的合作模式。

3. **鹊山模式**：由大成桥镇鹊山村首创，主要特点是采取“土地银行＋专业合作社＋职业农民＋服务企业”的新型规模经营模式，有效解决了耕地抛荒问题，提高了土地利用效率，促进了村集体经济和农民收入增加。

4. **华中六郡旅游联盟**：由湖南省宁乡县、河南省登封市、湖北省秭归县、安徽省黟县、江西省婺源县、贵州省镇远县组建的互相开放旅游市场联盟，逐步形成无障碍旅游区。

5. **锂电“达沃斯”论坛**：是迄今为止影响力最广泛、参与企业和机构最多的全球锂离子电池技术与行业的高峰论坛。

6. **房票结算**：指被征收（拆迁）人在规定期限内签订房屋征收（拆迁）补偿协议后，向征收实施单位领取“商品房安置购房证明”（简称房票），被征收户凭房票可以在全县范围内的开发企业楼盘中自由选择购买商品房、存量房或二手房，以房票抵购房款。

7. **去化周期**：指存量商品房的预计销售周期。

8. **四跟四走**:资金跟着贫困户走,贫困户跟着能人走,能人跟着产业项目走,产业项目跟着市场走。

9. **一打三整**:即打击刑事犯罪,整治交通乱源、整治治安盲区、整治安全隐患。

10. **打非治违**:打击非法违法生产经营活动行为的简称。

11. **两降一确保**:即安全生产事故发生的数量和安全生产事故死亡人数同比下降,确保不发生较大及以上安全生产事故。

12. **三抓两促**:即抓调查研究、抓协调服务、抓难题破解,促项目建设、促企业发展。

13. **"四五"专才引进计划**:坚持"政府主导、企业主体、部门服务"的原则,5 年内围绕 5 大产业,通过事业单位选聘、企业选聘、企业合作、课题合作和成果转化等 5 种途径,引进 500 名高端人才。

14. **社区析置**:泛指社区区划调整设立设置相关工作。

15. **智慧城市云平台**:集聚全县经济社会领域各类数据,是一个完备的城市信息资源数据库,通过这个数据库的数据交换、数据共享以及数据分析,为领导决策提供数据支撑,为部门管理提供业务支撑,从而实现城市管理服务大一统和精细化。

16. **7 大组团**:即县城规划区内老城组团、中心组团、沙河组团、新城组团、东城组团、城南组团、沩东新城 7 个片区组团。

17. **慢行系统**:指慢行交通,就是把步行、自行车、公交车等慢速出行方式作为城市交通的主体,有效解决快慢交通冲突、慢行主体行路难等问题,引导居民采用"步行+公交""自行车+公交"的出行方式。

18. **一江两岸三洲**:一江指沩江,两岸指沩江东、西两岸风光带,三洲指鳝鱼州、溜子洲、珍洲。

19. **十大管理**:即城市市容秩序整治、控建控违整治、户外广告整治、扬尘污染整治、交通秩序整治、环境卫生管理、园林绿化管理、市政设施管理、城市规划管理、物业小区管理。

20. **路长制**:由党政主要负责人担任路长,负责对责任路段牵头组织相关部门和人员开展综合管理。

21. **"种养加"一体化**:指种植业、养殖业+加工业紧密结合、有效提升农产品附加值的一种生产组织模式。

22. **片长制**:由各级党政负责人担任"片长",负责对责任示范片的人居环境改善、基础设施夯实、产业转型升级、乡风民风淳化等工作,实施全面统筹管理建设的制度。

23. **河长制**:指由党政主要负责人担任"河长",负责辖区内河流的污染治理。

24. **六个精准**:即扶持对象精准、项目安排精准、资金使用精准、措施到户精准、因村派人(即第一书记)精准、脱贫成效精准。

25. **五个一批**:即通过扶持生产和就业发展一批,通过易地扶贫搬迁安置一批,通过教育扶贫脱贫一批,通过医疗救助扶持一批,通过低保政策兜底一批。

推进协商民主 服务县域发展 为建设更加富饶美丽幸福的安宁之乡献智出力

——在政协宁乡县第十二届委员会第一次会议上的工作报告

喻亚军

(2016年11月26日)

各位委员、同志们：

我受政协宁乡县第十一届委员会常务委员会委托，向大会报告过去四年的工作，对十二届县政协的工作提出建议，请予审议，并请列席会议的同志提出意见。

本届工作的回顾

过去的四年，是宁乡综合实力不断增强、社会事业全面进步、城乡面貌日新月异的四年；也是县政协奋力进取、履职尽责、卓有成效的四年。政协宁乡县第十一届委员会在中共宁乡县委的正确领导和省、市政协的具体指导下，认真贯彻落实党的十八大以来的会议精神和习近平总书记系列重要讲话精神，牢牢把握团结和民主两大主题，坚持做到"县委想什么，政协议什么；政府做什么，政协帮什么；群众盼什么，政协提什么"，全县上下形成了"党委重视、政府支持、政协主动、各方配合"的良好局面。

一、四年来，我们推进协商民主，履职成果彰显新特色

十一届县政协认真贯彻关于加强政协协商民主建设的精神，围绕事关全县经济社会发展的重要课题开展协商议政。四年来共召开全会5次，常委会议15次，主席会议55次，政联处主任会议17次，专题协商会议8次，开展民主评议5次，组织专项视察23次，提交民主评议、视察报告30余份。全会期间，委员大会发言52人次，收到并整理委员提出的具体建议和意见206条。

政治协商规范有序。为进一步推进政协工作制度化、规范化、程序化，我们出台了《关于政治协商、民主监督、参政议政的规定(试行)》，以县委名义印发并实施。启动了"双月"专题协商活动，先后围绕WIFI平台建设、中小企业转型升级、大力扶持高校毕业生创业、学前教育等8个主题开展协商活动，协商意见得到了县委、县政府的高度认可，WIFI网络已覆盖全县AAA级以上旅游景点及大型商场，扶持企业创新发展、高校毕业生创业的政策已落地实施，幼儿园办学及管理体制得到进一步理顺。县委常委会专门听取政协工作汇报，县政府及时向县政协常委会议通报全县经济社会发展情况并听取意见和建议，各乡镇(街道)党(工)委定期邀请政协委员列席相关会议，共同协商地方发展大计。

民主监督更加有力。连续三年开展委派民主监督员工作，对28家政府组成部门单位委派民主监督员164人次进行集中监督；对水利、林业、职业教育、农村危房改建等涉及多个部门单位的工作，以及全县各乡镇(街道)的三大建设工作进行了民主评议，取得了在评议中监督、在监督中支持的良好效果。特别是民主评议乡镇(街道)工作，历时一年，时间长、范围广、内容多，1.4万余字的评议报告为乡镇(街道)提供了发展新思路。组织委员开展视察活动，关于环保执法、医疗保险、宗教、人口与计生工作等专题视察报告引起了县委、县政府主要领导的高度重视，切实解决了相关问题。

参政议政积极务实。本届以来，共收到委员提案1193件，立案1171件，其中优秀提案71件，重点提案43件。提案工作纳入全县绩效考核内容，重点提案由县委、县政府主要领导以及县政协主席会议成员领衔督办，提案答复率达100%，委员对提案办理满意或基本满意率达98%。提案工作成为了县政协内容涉及广泛、工作机制成熟、成果转化明显的履职方式。持续打造"楚沩发展大讲堂"活动品牌，先后邀请中南大学文学院院长欧阳友权、中国人民大学教授彭真怀、全国政协文史和学习委员会副主任卞晋平等著名专家学者进行专题讲座，组织党政负责干部和政协委员参加活动，提升了他们的理论水平，为参政议政打下了良好基础。

二、四年来，我们助推改革发展，服务大局续写新篇章

县政协始终坚持把服务发展作为履职第一要务，把服务群众作为履职第一目标，整合资源，汇集力量，全力服务宁乡发展。

围绕重点工作积极作为。结合市政协"三服务"主题活动和县委、县政府关于项目帮扶活动要求，县政协组织开展了"看项目、促发展，看委员、促提升，看民生、促和谐"为主要内容的"三看三促"系列活动,政协主席会议成员先后深入项目和企业开展服务活动370多次,协调解决企业融资、征地、拆迁等方面的具体问题120多个。指导帮扶联系村扎实开展基层党组织结对共建、拆违控违、抗旱救灾和“一推行四公开”等中心工作,密切了党群干群关系。助力脱贫攻坚,开展“百名政协委员帮扶百名优秀贫困学子”活动,一定三年,131名委员为132名贫困学子送去了150余万元资助款。资助的52名高中生中47人考入大学,80名初中生全部顺利升入高中。今年8月,县政协召开了“双百”活动总结大会,总结委员们三年来的无私付出,同时动员广大政协委员通过资金扶贫、智力扶贫、产业扶贫等形式,投身省政协“一名政协委员帮扶一个贫困孩子完成学业、结对一个贫困家庭增加收入、有条件的委员帮助贫困家庭一名成员解决就业”的“三个一”扶贫行动。积极开展领导干部“进村入户、访困问需、访贫问计”的“一进二访”活动,全面核实联点乡镇扶贫对象,走访慰问贫困家庭,组织委员带动群众脱贫致富。政协机关18名干部与回龙铺镇金旺村40个重点贫困户进行结对帮扶。全面贯彻落实县委第十二次党代会精神,精心组织开展“绿水青山我的家”文艺作品宣传活动,征集作品228件,制作文艺作品44件,借助微信、网站等平台,运用群众喜闻乐见、通俗易懂的艺术表现形式,在全县范围内进行广泛宣传,营造了保护生态环境的良好氛围。

突出主题主线开展调研。主题调研紧紧围绕县委、县政府中心工作,各民主党派、工商联的重点工作以及各专委会的专项工作来进行,确保调研报告更有水平、有见地、有影响。本届以来,县政协发动政协委员和民进宁乡县工委、农工宁乡县基层工委、县工商联及广大无党派人士着重以“推进新型城镇化建设”、“县域经济转型创新发展”、“加快三大建设,实现全面小康”、“精准扶贫”等为主题开展了8次专题调研活动,共收到调研报告350余篇,择优在《宁乡政协》会刊上刊发,其中《关于治理县城下水道问题的调研报告》《加速驱动炭河里文化建设》《重视中药材产业,精心培育我县新的农业品牌的调研报告》等引起了广泛关注,目前县城地下排水设施得到有效改善,炭河古城建设如火如荼,中药材产业稳步推进。《关于林业工作的调研报告》《关于宁乡“飞地经济”发展的调研报告》在省政协组织的评选活动中获得二等奖。

贴近热点反映社情民意。县政协组织各界委员多渠道、多形式地反映社情民意,努力协助县委、县政府解决关乎人民群众切身利益的问题。研究出台了《关于加强社情民意工作的办法》,报送稿件280多条,编发《社情民意》简报信息80余期,其中《普通高校大幅度上调学费的做法要慎重》《应慎重对待未成年人见义勇为的建议》等信息被全国政协采用;《民主监督员制度值得在全国各级政协组织推广》《关于延长村民委员会任期的建议》《关于更加关爱留守儿童的建议》《警惕微信群发红包接龙沦为新型“网络赌博”》等信息得到省、市、县领导的高度肯定和重要批示,特别是成立“红白理事会”的做法已推广至全县每个村和社区。

三、四年来,我们增进团结民主,发挥优势凝聚新活力

县政协充分发挥统一战线的功能,努力做好联络联谊、增进共识的工作,扩大团结面、增加包容性,助力宁乡改革发展。

团结各界人士,增进最大共识度。经常邀请民主党派、工商联负责人和无党派人士,共同研究政协工作的重要事项;坚持政协领导与各界代表人士不定期联系走访制度,认真倾听意见和建议;经常走访民族宗教界代表人士,促进民族团结、宗教和顺。举办各种报告会、座谈会、研讨会,广泛凝聚人心,增进共识。开展首届宁乡县社会贤达评选表彰活动,评选出10名“十佳社会贤达”、24名“十佳社会贤达提名人选”和342名“社会贤达”,出版《宁乡当代社会贤达大典》,出台《宁乡县社会贤达评选及管理试行办法》,组织社会贤达代表参加乡贤乡友恳谈会,学习全县生态文明先行示范区建设工作会议精神,在《今日宁乡》发表20余篇署名文章,汇聚了推动县域经济社会发展的正能量。

加强联络联谊,提升委员参与度。十一届政协以来,先后接待了全国政协副主席黄孟复、厉无畏,湖南省政协主席李微微,海南省政协主席于迅等多位国家、省政协领导和138批次省内外兄弟政协来宁乡指导和交流工作;市政协主席范小新在宁乡开展联点工作,号召委员支持宁乡建设。组织部分政协常委和政协工作者分赴江苏如东、山东邹平等县(市)政协进行了考察交流;每年举办迎春茶话会、中秋联谊会等活动,邀请各界人士欢聚一堂,同庆佳节、共谋发展;开展“情系政协·履职为民”主题演讲比赛,展示了宁乡政协良好的精神风貌;举办宁乡县第二届临摹书画展,结交了各界朋友。

注重对外宣传,扩大宁乡知名度。成立了宁乡县历史文化利用推进委员会,出版了8册200万字的《宁乡历史文化丛书》,举行了首发仪式,并赴北京、广州召开发行座谈会,获得了各界人士的广泛赞誉和高度认可。还出版了《德润沩宁》《宁乡政协志》等文史图书,出刊《宁乡政协》会刊14期,《宁乡文史》专刊4期。积极宣传宁乡政协工作和委员优秀事迹,在《人民政协报》《湘声报》《长沙政协》等国家、省、市报刊发表文章180余篇。

运用新型媒体,提升政协开放度。建立并完善宁乡政协网站,及时更新内容;通过微信群、QQ群加强与委员的互动沟通,及时了解委员诉求;积极支持和关注省政协“力量湖南”、“湘声报”微信公众号,加快“宁乡政协”微信公众平台建设,努力拓展微提案、微监督等协商议政方式，更好地架起委员与党政部门之间、委员与群众之间、委员与委员之间的交流互动平台，推动政协工作迈入“掌上时代”。

四、四年来，我们加强自身建设，和谐共事展现新作为

县政协始终把抓好自身建设作为一项重要的基础工程来抓，为提高政协工作的科学化水平提供有力保障。

注重提高委员履职能力。在换届之初，对委员进行全面系统培训，使委员进一步明确人民政协的性质、地位和作用。邀请全国政协、省政协等有关专家和领导就政协委员如何履职、传统官德培养及启示、政协协商民主、“十三五”规划解读、党风廉政建设和反腐败工作、贯彻党的十八届六中全会精神等重要课题，开展了专题辅导讲座，切实提高委员履职水平。在委员中认真开展“撰写一份提案、奉献一份爱心、办好一件实事”的活动，鼓励委员积极投身实力园区建设，全力服务城镇开发，热心参与乡村建设。本届以来，广大政协委员认真履行政治责任、工作责任、岗位责任和社会责任，为促进我县经济社会发展做出了积极的贡献。

注重巩固乡镇（街道）政联处基础。县政协主席会议成员深入各乡镇（街道）调研走访，指导乡镇（街道）政联处建立好委员工作室、贤达活动室；完善乡镇（街道）政联处年度目标管理考核制度，每年评选一批“优秀政协联络处”和“先进政协工作者”，充分调动基层政协工作积极性；举办全县政联处主任业务知识培训班，进一步提升政协工作者的综合素质。各乡镇（街道）政联处在当地党委政府的领导和支持下，组织委员在向上争资、捐资助学、志愿服务、拆违控违、推广红白理事会、创新社会治理等方面做了许多富有实效的工作。

注重加强机关建设。积极开展党的群众路线教育实践活动、“三严三实”和“两学一做”专题教育，通过支部专题学习讨论、主席带头讲党课、参观红色教育基地、观看廉政教育片、开展“纠四风、治陋习”专项整治等活动，使每位党员接受了深刻的教育和洗礼。建立健全学习制度，编辑出版《委员学习手册》，坚持一月一次集中学习；组织观看每年的全国政协会议开幕式，参加长沙市“政协杯”篮球赛、乒乓球赛，开展“最美办公室”评选活动和政协林基地义务植树活动。通过一系列活动的开展，有力提振了干部精气神，营造了团结友爱、严肃活泼、与时俱进的良好氛围。

注重形成工作合力。加强向省、市政协的汇报，积极争取省、市政协的重视和支持，省政协李微微主席、市政协范小新主席等领导多次来宁视察和调研，亲临政协机关指导工作；中共宁乡县委进一步加强对政协工作的领导，县政府从各方面为政协履职提供有力支持，县委书记、县长对政协的重大活动亲自参加，重要文件亲自批示；加强同周边区县（市）政协的联系沟通，相互交流经验，共同促进地方发展；加强对乡镇（街道）政联处的指导，按时召开政联处主任会议，提高全县政协工作整体水平。

回顾十一届县政协工作，我们在履职实践中有几点深刻体会：

一是坚持“服务大局”与“服务群众”相统一，提高正确把握履职方向的能力。找准时代所趋、党政所需、群众所盼、政协所能的结合点，全面贯彻执行中央的方针政策和省市县的决策部署。二是坚持“坐而论道”与“起而践行”相统一，提高服务决策助推发展的能力。聚焦改革发展，提高委员建言献策质量，倡导委员立足岗位投身宁乡建设。三是坚持“传统履职模式”与“现代履职载体”相统一，提高民主协商参政议政的能力。在完善以会议模式为主的协商议政格局基础上，利用网站、微信等平台，开展网络议政。四是坚持“循章遵制”与“改革探索”相统一，提高与时俱进开拓创新的能力。在推进工作制度化、规范化、科学化的基础上，探索符合本地政协工作实际的履职方式。五是坚持“自身尽力”与“善借外力”相统一，提高有效整合资源的能力。通过善借党政领导之力、专家学者参谋之力、媒体舆论引导之力、社会各界支持之力、上下政协联动之力，增强政协履职的实力和能力。

各位委员、同志们！十一届县政协工作取得的进展和成绩是中共宁乡县委正确领导的结果，是省、市政协精心指导的结果，是县人大、县政府及各乡镇（街道）和部门单位大力支持配合的结果，是全体政协委员和广大政协工作者共同奋斗的结果。虽然，因岗位变动、任职年限、年龄关系等原因，部分委员不能连任，但四年履职的生动实践，彰显了大家心系发展、情牵群众的感人情怀，体现了奋发有为、务实创新的精神风貌，曾经是光荣的政协委员，也将继续是推进政协工作的重要力量。在此，我谨代表政协宁乡县第十一届委员会向所有关心和支持政协工作的同志们、朋友们致以崇高的敬意和衷心的感谢。

十一届县政协工作虽然取得了长足的进步，同时也要清醒地看到，我们的工作还存在一些薄弱环节，如协商民主的力度有待进一步加强，政协委员素质有待进一步提升，委员履职的新平台需要进一步搭建，新媒体时代政协的宣传工作有待进一步提高。对此，我们将在今后的工作中认真研究，深入探索，并在实践中切实予以改进。

对十二届县政协工作的建议

各位委员、同志们！未来五年，是我县顶住经济压力、转型创新再造优势、应对各类风险的挑战期和困难期，也是我县争先进位谋求跨越、全面建成小康社会、把握各种机遇的赶超期和决胜期。县第十二次党代会提出“突出发展第一要务，强化党建第一责任，为建设更加富饶美丽幸福的安宁之乡而努力奋斗”的战略目标，聚力持续提升全面小康水平，大幅提升经济强县位次，显著提升品质宁乡内涵。我们已踏上新的征程，全体政协委员要在新一届领导班子的带领下，坚定不移地继续解放思想，坚持改革开放，推动科学发展，促进社会和谐，为宁乡经济社会发展献智出力，不断开创宁乡政协事业新局面。

十二届县政协工作的指导思想是：高举中国特色社会主义伟大旗帜，认真贯彻党的十八大和十八届三中、四中、五中、六中全会精神，全面落实习近平总书记系列重要讲话精神，切实践行“创新、协调、绿色、开放、共享”发展理念，在中共宁乡县委的正确领导下，充分发挥政协统一战线功能，坚持履职在一线，努力构建务实、智慧、开放、和谐、满意的政协，为建设更加富饶美丽幸福的安宁之乡作出更大贡献。

一、科学履行职能，建设务实政协，为打造内陆开放高地精准发力

提升政治协商质量。健全以全体会议为龙头，以常委会议和专题协商会议为重点，以专项视察活动为常态的协商议政格局。针对重大问题中的薄弱节点、难点问题中的关键节点、工作推进中的问题节点，围绕优化发展布局、建设开放型平台、供给侧改革等具有战略性、前瞻性、全局性的重大课题，组织系列协商议政、调研视察、咨询论证、座谈交流活动，为打造内陆开放高地提供智力支持。拓宽民主监督渠道。采取集中监督、重点监督、专项监督相结合的形式，开展广泛监督；在征求县委、县政府的意见后，采取县政协常委投票的方式，对部分政府职能部门进行民主评议，继续抓好委派民主监督员工作，监督相关职能部门全面落实各项工作任务。强化提案成果转化。规范提案撰写，严格提案审查，创新评选机制，多出精品提案，落实重点提案督办制度、提案“回头看”制度，将提案的智力成果转化为现实成果。

二、广泛整合资源，建设智慧政协，为打造西线工业走廊凝聚合力

用心帮扶项目。围绕“工业强县”目标，认真贯彻落实县委项目推进会议重要精神，全力做好服务工作，用心为委员、为企业解决发展难题；选择一批对发展起支撑带动作用的重点项目，开展视察建言活动，推动项目建设、产业发展。用智发挥作用。充分发挥界别作用，积极鼓励和支持以界别的形式开展集体履职，通过界别座谈、调研、协商、监督等形式，整合界别智力资源，发挥集体优势，用智用力助推工业经济发展。用情凝聚人心。充分发挥人才荟萃、智力密集的优势，组织开展迎春茶话会、中秋联谊会、交流座谈会等活动，引导广大政协委员和各界人士积极为全县招商引资牵线搭桥，为项目建设添砖加瓦，为经济建设建功立业。

三、注重互联互动，建设开放政协，为打造全域旅游景区增添动力

保护绿水青山。全域旅游可以促进旅游与城镇、文化、产业、生态、乡村建设的深度融合。我们要不断推陈出新，系统深入地宣传“绿水青山就是金山银山”的发展理念，进一步增强广大群众保护环境的意识，统一思想、形成共识，为建设全域旅游景区奠定基础。加强联络联谊。通过“走出去”与“请进来”相结合，在更广范围、更高层次互动交流、宣传宁乡，体验宁乡“一镇一特”的旅游特色；发挥专业人才优势，积极组织开展文学、书画联谊等活动，展示宁乡的好山好水好风光；发挥宁乡县历史文化利用推进委员会作用，深度发掘宁乡历史文化底蕴，彰显宁乡人文魅力。建好网络平台。积极融入省政协云平台建设，完善宁乡政协网站，利用好“宁乡政协”微信公众号，进一步扩大公民有序政治参与渠道，增强宁乡政协影响力，提升大美宁乡知名度。

四、坚持以人为本，建设和谐政协，为打造群众幸福家园持续给力

人民政协的根基在人民，力量之源在人民。助力脱贫攻坚行动。延续“双百”活动精神，通过产业扶贫、就业扶贫、助学扶贫等形式，积极参与省政协脱贫攻坚“三个一”行动；继续组织捐资助学、扶危济困、结对帮扶、志愿服务等社会公益活动；成立线上线下委员工作室，建立委员微信群、加入群众朋友圈，及时了解委员、群众中存在的问题，帮助解决实际困难。探索民生论坛建设。广泛征集议题，每季度举办一次“民生论坛”，由各委办牵头组织，使论坛成为传递民声、增进共识、助推为民解难事办实事的平台。健全社情民意机制。建立社情民意信息员队伍，拓展社情民意的深度和广度。引导委员规范撰写社情民意，通过网络系统、微信系统报送，落实跟踪反馈机制，促进问题解决。创新基层社会治理。加大社会贤达工作交流的力度、宣传推介的力度和培育管理的力度，充分发挥社会贤达在经济发展、文化建设、人心凝聚、社会和谐等方面的示范带动作用。

五、筑牢履职根基，建设满意政协，为打造高效优质队伍激发活力

全面实施素质提升工程。发扬人民政协注重学习和自我教育的优良传统，建立健全学习制度，抓好委员履职培训，通过政协例会、专题讲座、研讨交流、读书会等形式，认真开展学习专题教育活动，不断提高政协委员和政协工作者的政治把握能力、调查研究能力、联系群众能力和合作共事能力。完善落实各项规章制度。建立委员履职档案，完善委员联络制度，健全委员联络机构，为委员履职尽责创造良好条件；健全专委会工作制度，突出专委会工作特色，发挥专委会在政协履职中的基础性作用；全面执行各项日常工作制度和岗位目标管理制度，提高政协工作的制度化、规范化、科学化水平。大力推进机关效能建设。牢固树立清醒坚定的政治意识、高度一致的大局意识、绝对忠诚的核心意识、积极主动的看齐意识，崇尚实干精神，确保机关高效运转；组织开展形式多样、积极向上的文体活动，努力打造一支充满活力、充满激情、全心投入工作的政协干部队伍。

各位委员、同志们，回首过去，十一届县政协齐心协力，履职尽责，助力发展；展望未来，十二届县政协群英汇聚，昂扬向上，大有可为。让我们在中共宁乡县委的坚强领导下，务实担当、团结奋进、开拓创新，为建设更加富饶美丽幸福的安宁之乡作出新的更大贡献。

画实最美同心圆　凝聚最大正能量 为实现挺进全国20强　打造一流中等城市 宏伟目标作出新贡献

——在政协宁乡县第十二届委员会第二次会议上的工作报告

邓杰平

（2017年2月21日）

各位委员、各位同志：

我受政协宁乡县第十二届委员会常务委员会的委托，向大会报告工作，请予审议，并请列席的同志提出意见。

2016年主要工作回顾

一年来，县政协坚定维护以习近平同志为核心的中共中央权威，在中共宁乡县委的坚强领导和上级政协的具体指导下，团结带领全体政协委员，紧紧围绕县委、县政府中心工作和全县发展大局，认真履行政治协商、民主监督、参政议政职能，为建设富饶美丽幸福的安宁之乡作出了不懈努力。

一、增进共识，毫不动摇地坚持正确政治方向

扎实开展“两学一做”专题教育。常委会始终坚持把加强思想政治建设、坚定正确的政治方向、增进思想政治共识摆在各项工作的首位。全年邀请专家专题讲座5次，开展专题讨论4次，举办政协委员培训班，号召和动员全体政协委员、政协工作者认真学习贯彻中央和省市、县委精神，切实强化“四个意识”，坚决维护核心，全力服务中心，在思想上、政治上、行动上与习近平同志为核心的党中央保持高度一致。

圆满完成换届工作。召开换届专题民主生活会，认真学习中央和省市、县委关于严肃换届纪律的一系列指示精神，筑牢思想防线，班子成员带好头、做表率，坚决做到在严格执行换届纪律上不搞变通、不踩红线、不越底线。在圆满完成十一届政协工作任务的同时，认真筹划，精心准备，政协换届工作有条不紊、规范有序、风清气正。在换届工作中，严把政治关、素质关、程序关，把我县各界优秀的367名代表吸纳到第十二届政协委员会中来，为宁乡政协进一步发展夯实了基础。

二、科学履职，坚定不移地推动宁乡加速发展

政治协商求真务实。自觉把推动全县经济和社会科学发展作为履行职能的第一要务，围绕事关全县经济社会发展的重大课题开展协商议政。全年共召开全会2次、常委会议3次、主席会议12次、政联处主任会议4次。两次全会期间，收到并整理委员提出的具体提案、建议和意见120余条，“培育文明家风”、“大力扶持高校毕业生创业”等协商意见为县委、政府决策提供了有益参考，“优化行政审批”、“加强农村公路建设与养护”等意见建议，已被县人民政府及有关部门采纳并得以迅速实施。

民主监督扎实有效。对《工业十条》实施情况、全县企业院士工作站、全县工会组织建设等进行专项视察，为促进部门作风转变和效能提升、推动各级工会工作创新发展、提高企业核心竞争力发挥了积极作用。召开民主评议乡镇(街道)工作会议，形成资料详实、论据充分、建议合理的总评报告，为乡镇(街道)做好基层管理、建设提出积极合理的建议意见。

参政议政主动作为。坚持把调研视察作为参政议政的重要途径。围绕“四个打造”、精准扶贫等主题，精准切入，周密安排，开展专题调研，形成调研视察报告80余篇，《民主评议乡镇(街道)总评报告》《关于乡镇集镇建设中存在的问题和建议》《加强住宅小区社会管理的建议》等成果在市政协刊物上发表，获得了各界好评和点赞。

三、务实为民，扎实有效地助力民生持续改善

认真抓好提案办理。提案工作机制进一步健全，制度进一步完善，成效进一步显现。重点提案由县委、县政府主要领导以及县政协主席会议成员领衔督办。《关于提升中小企业生存发展能力的建议》提案由主要领导亲自领办，取得了良好成效。十一届五次会议，共审查立案204件，办结204件，满意率96%。十二届一次会议中，收到提案207件，委员们围绕县委提出的“四个打造”战略目标，建真言、献良策、出实招。

真实反映社情民意。关注群众身边的热点难点问题，报送社情民意稿件70条次，编印简报信息20余期。《应慎重对待未成年人见义勇为的建议》被全国政协采用，《警惕微信群发红包沦为新型“网络赌博”》《成立“红白理事会”的建议》得到省市领导批示。“红白理事会”做法在全县推广，为抵制大操大办、大兴节俭之风、优化社会风气发挥了重要作用。

全力助推精准扶贫。持续推动“双百”活动，对贫困学子的资助累计达到200余万元，累计资助47名高中生顺利升入大学，在落实省政协“三个一”的扶贫行动中走在了前列。春节前开展“委员结对帮扶”，广大政协委员、全体机关干部积极参与，深入实施“一帮一”、甚至“一帮多”精准化扶贫，全体委员全部上门入户，为困难群众带去少则2000元、多至3万元不等的资金、物资支持，筹集了资金120多万元以及大量物资物品，有力彰显了助力脱贫攻坚的政协担当。唐亚星、王宝权、唐跃辉、张霞明、任贵山、周国勇、于子长、李志强、谢科军等委员踊跃参与，个人资助均超过了2万元。黄忠于等委员积极响应号召，利用自身优势，创新推出“百万学车基金·助推精准扶贫”活动，为群众拥有一技之长、提升自身造血功能创造了机会。

四、凝心聚力，积极有为地营造和谐发展环境

加强联络联谊。先后接待省市等地政协来宁考察28批次，宣传了宁乡，促进了工作。省政协主席李微微亲临指导，高度评价“宁乡政协围绕发展大局，精心谋划、务实推进，不断创新工作的平台和载体，取得了切实的工作成效”，并提出了“建设务实的政协、智慧的政协、开放的政协、和谐的政协”指导性意见。精心筹办了“新征程　新跨越”迎春茶话会。认真落实县委“打造西线工业走廊”战略部署，成功举办首期“对话西线工业走廊”论坛，为兴工强县、产业富民汇聚了共识，获得县委、县政府主要领导高度肯定。

注重宣传推介。历经一年辛勤耕耘，出版8册200万字的《宁乡历史文化丛书》，资料上及远古、下及当代，涉及近200名人物，是古邑宁乡三千多年来的文化精品，在社会各界中引起了极大反响。成立宁乡历史文化利用推进委员会，进一步加强宁乡的历史文化保护、传承和利用。出版《宁乡政协》会刊3期、《宁乡文史》专刊和《政协情怀》画册各1期。《凝聚发展合力，服务三大建设》《助力高校毕业生敢创业创成业》在《人民政协报》发表，在国家、省、市刊物发表文章70余篇，宁乡工作、政协委员事迹引起了广泛的关注。

营造和谐氛围。编印“绿水青山我的家”读本，征集作品228件，制作文艺作品44件。出台《宁乡县社会贤达评选及管理试行办法》，乡镇（街道）建立贤达工作室，社会贤达工作进一步规范化、科学化。组织召开社会贤达工作推进会议，组织贤达代表参加乡贤乡友恳谈会，进一步发挥了社会贤达在促进社会和谐发展中的积极作用。

参与中心工作。开展“撰写一份提案、奉献一份爱心、办好一件实事”活动，鼓励支持委员为“四个打造”竭诚献智。政协主席会议成员联系帮扶炭河古城、宁邦广场、娄益衡高速、长沙卫职院等20个重大项目和企业，积极支持解决征拆、控违、融资等难题，积极助推项目、企业建设和发展。

五、夯实基础，持之以恒地加强自身建设

学习培训进一步加强。组织委员听取和学习“传统官德培养及启示”专题讲座，邀请党校名师详细解读党代会精神、十八届六中全会精神，邀请省市专家专题辅导委员履职、撰写社情民意和提案等工作，为委员履职尽责、发挥作用奠定了基础。分4个片区开展乡镇（街道）政联处主任座谈调研，了解工作现状，剖析存在问题，促进了基层政协工作水平提升。

交流机制进一步完善。建立并完善宁乡政协网站，建设“宁乡政协”微信公众平台，畅通互动沟通、诉求反馈渠道，拓展微提案、微监督等协商议政方式，架起委员与党政部门之间、委员与群众之间、委员与委员之间的交流互动平台，政协工作进入“掌上时代”。

队伍建设进一步强化。完善乡镇（街道）政联处年度目标管理考核制度，评选产生6个“优秀政协联络处”和6名“先进政协工作者”。创新开展“四讲四有”主题学习、“最美办公室”评选、红色教育基地学习、“纠四风、治陋习”专项整治、政协林基地义务植树等活动，提振了政协机关干部精气神，营造了团结友爱、严肃活泼的良好氛围。

各位委员，各位同志，过去的一年，宁乡县委、县政府高度重视政协工作，认真听取和采纳政协委员提出的提案、意见建议，为政协履行职能创造了有利条件。宁乡经开区党工委书记、县委书记周辉同志，无论是在调研、指导政协工作中，还是在平常听取委员反映情况，始终从事业出发、从大局着眼，对政协工作悉心指导，对委员反映的意见、情况认真交办、严格要求，充分体现了领导者的委员情怀、政治智慧，对政协工作的充分信任，对委员的尊重、关注、关怀。县委副书记、县长王雄文同志，积极为政协工作创造环境，积极支持广大政协委员参政议政，积极为政协委员创业创新铺平道路，表现了领导者重视人民政协工作、尊重委员的境界和雅量。全县各级各部门的热情帮助，全体政协委员团结协作、积极作为，保障和推进了宁乡政协工作取得明显成效。在这里，我代表县政协常委会，向所有关心、支持政协工作的各位领导、各界人士，向为政协工作付出智慧汗水、作出无私奉献的广大政协委员，致以崇高的敬意和衷心的感谢!

在肯定成绩的同时,我们也清醒地看到,县政协工作与新形势、新任务、新要求还有不少差距,主要是:调研、监督的质量有待进一步提高,提案办理有待进一步规范和凸显实效,委员的主体作用有待进一步发挥,基层政联处的建设有待进一步加强。这些问题,我们将认真研究,不断改进。

2017 年主要工作安排

2017 年是中共十九大的召开之年,也是宁乡第十二届政协五年任期的开局之年,更是宁乡实现全面小康、全面落实县委"四个打造"战略部署,朝"挺进全国 20 强,打造一流中等城市"宏伟目标昂首奋进的关键之年。县政协工作的指导思想是:高举中国特色社会主义伟大旗帜,认真贯彻党的十八大和十八届三中、四中、五中、六中全会精神,紧紧团结在以习近平同志为核心的党中央周围,严格按照中共宁乡县委的部署和安排,坚定不移地支持宁乡县人民政府积极开展改革发展的努力与探索,认真履行政治协商、民主监督、参政议政职能,坚定不移地维护核心,不忘初心,服务中心,凝聚人心,为建设更加富饶美丽幸福的省会副中心而努力奋斗!

2017 年,县政协重点做好以下工作:

一、把握新要求,坚定政治信念

政治上要坚定不移。坚持用马克思主义中国化的最新成果武装头脑、指导实践、推动工作。要组织和引导广大政协委员深入学习十八届六中全会和习近平总书记系列讲话精神,筑牢理想信念,形成行为习惯,始终不渝地坚决维护以习近平同志为核心的中央权威,始终不渝地与中央、省委、市委和县委保持高度一致,始终不渝地坚定中国特色社会主义的道路自信、理论自信、制度自信和文化自信。

思想上要高度统一。坚持把习近平总书记关于人民政协的新思想、新观点、新要求作为做好政协工作的行动指南。深入学习中央、省市关于加强人民政协事业发展的文件精神,准确把握人民政协的性质定位,深刻领悟新常态下人民政协事业发展的新要求,不断深化认识,形成共识,常怀敬畏之心,敬畏法纪、敬畏组织、敬畏生命、敬畏文化、敬畏人民,充分发挥自身优势,有效履行各项职能,奋发有为地做好各项工作。

行动上要高度自觉。要切实增强委员意识、珍惜委员荣誉,以思想自觉引领行动自觉,紧跟中共宁乡县委、县政府的决策部署,坚持把履行委员职责、做好政协工作放在服务"四个打造"发展战略中来谋划、部署和推进。要牢牢把握县委提出的"干在一线、干到一起、干出一流"的要求、"想为、敢为、勤为、善为"的标准,充分发挥政协人才荟萃、智力密集、联系广泛的优势,引导社会各界自觉致力于宁乡加快发展,形成自觉跟着县委走,与县委同心同向、同心同行、同心同力的良好氛围。

二、彰显新作为,全力服务"四个打造"发展战略

坚持把促进县域科学发展作为履行职能的第一要务,紧紧围绕"四个打造",突出发挥政协委员、政协工作者的主体作用,鼓励积极投身主战场、争当排头兵。

全力抓好联络联谊、招商引资引智工作。当前的宁乡,既为每一个回乡的创业者提供了平台,也为每个愿意来宁投资兴业的企业家提供了舞台。全体委员、各联组、各乡镇政联处要积极投身"工业招商突破年"活动,当好宣传员、当好向导,力争全年引进 20 家以上的工业企业,其中投资过亿元的工业项目 5 个以上,组织 10 次以上有影响力的专题招商活动,捕捉 100 条以上有价值的招商信息。推动成立"亿元企业家俱乐部",搭建政企互动平台,为引资引智牵线搭桥。

努力把对话"西线工业走廊"论坛办出特色、办成精品。围绕"西线工业走廊"的战略、规划、政策、产业、环境、基础配套等主题,邀请知名专家、企业人士、界别代表、创业团体、职能部门参加,以论坛形式开展对话交流,集思广益、增进共识,号召和推动各界人士全心全意、全神贯注、全力以赴聚焦宁乡工业经济发展,争做"西线工业走廊"战略的宣传者、推动者、实践者,助力实现全县力量向工业整合、要素向工业倾斜、资源向工业集中的生动实践。

持续推动委员结对帮扶、精准扶贫脱贫取得实效。深入落实省政协"三个一"扶贫行动,在总结"委员结对帮扶"工作成功经验的基础上,进一步完善机制、改进方式,使委员与群众的联系更加紧密、服务群众的渠道更为畅通、帮扶群众的成效更为明显,让困难群众有实实在在的获得感,让更多的建档立卡户如期实现脱贫"摘帽"。

三、探索新路径,提升履职效能

调研协商监督要更有成效。围绕县委工作大局,落实省政协开展的重点调研,重点开展四个方面的调研协商监督活动:一是"加强中小学生思想道德教育问题"的重点调研。由县政协文教卫体委牵头,组织委员、学者参加,发放问卷、座谈研讨,形成有关党史、感恩、健康、励志、法制、实践教育现实情况的调研成果,召开常委会议专题协商。二是"强化城乡环境卫生综合整治"的重点调研。由县政协人资环委牵头,组织委员、相关部门参加,对城区建管分离与责任划分、农村环境卫生与管理整治、经费来源及使用、垃圾收集与处理等开展调研座谈,摸清实情,找准问题,形成调研报告。三是"统筹规划乡镇自来水建设管理"的重点调研。由县政协提案法制委牵头,深入基层考察,为解决乡镇自来水管理问题、确保饮水安全找准对策和提出建议。四是"优化非公经济发展法治环境"的重点调研。这个议题也是省政协三个课题之一，由县政协群团联络委牵头，从依法行政、公正司法、企业自身诚信守法等方面开展调研协商监督。充分吸纳政协委员、社会贤达、基层群众、专家学者参加调研协商监督活动，努力扩大协商议政、民主监督的参与面。

民主监督要创新推进。坚持问题导向，将专项民主监督和重点调研、专题协商统筹谋划、整体推进。按照有计划、有题目、有载体、有成效的要求，综合运用会议、调研、集中视察、反映社情民意、大会发言、委员持证视察等方式，就城区环境污染治理、美丽乡村示范点成果维护、职能部门履职情况等，开展具有监督实效的履职活动，如实反映情况，坦率提出批评意见和建设意见。重视调研、建议和监督成果的转化运用，加大督办力度，推动各类协商建议的跟踪落实。

提案办理要注重质效。精心筛选确定10个重点提案，由县委、县政府主要领导、县政协主席会议成员领衔督办。贯彻落实提案"回头看"和跟踪落实制度，严把"交办、处理、承办、落实、督办"五关，落实办理责任；创新开展界别、专委、联组活动，加强联系沟通，拓宽知情明政渠道，提高办理透明度，促进提案办理落到实处。

四、营造新环境，汇聚履职合力

要广泛团结各界人士。始终坚持把团结民主贯穿政协履行职能的全过程，进一步密切各民主党派、工商联、无党派人士和社会各界的联系，团结一切可以团结的力量，把不同党派、不同阶层、不同界别的人士团结起来，让他们踊跃参政建言、发表主张，使他们利益诉求能够在政协得到充分表达。

要积极放大联谊效应。以乡情、亲情、友情为纽带，广泛开展联络联谊，画好同心圆、做大朋友圈、凝聚正能量。加强与省市政协、兄弟政协的沟通联动，共同推动政协事业发展。精心筹备、认真办好迎春茶话会、中秋联谊会等活动，让全县各界不断加深了解、增进友谊、提高共识。

要营造和谐社会环境。出台《宁乡县2017年社会贤达服务管理工作实施意见》，积极为社会贤达搭建决策咨询、监督评议、扶贫济困等平台，健全工作交流、宣传推介、培育管理和考核评价等机制，鼓励社会贤达发挥联系广泛、渠道畅通、位置超脱等优势，通过"收拢一批人、团结一批人、转化一批人"，积极引导基层群众发家致富、参与美丽乡村建设、做好事办公益，提高基层治理水平，促进社会和谐稳定。

要不断推进文化建设。深入开展古街、古迹、古树、古村落、古建筑以及人物、文物、书籍、故事、地名掌故、非物质文化遗产等历史文化资源普查，促进文化资源整合，高效发挥历史文化资源作用。编辑出版高质量的文史资料，继续办好《宁乡文史》专刊。深入推进历史文化利用推进委员会活动，进一步提升宁乡的知名度和影响力。

五、树立新形象，增强工作活力

开展"十佳"评选活动。开展十佳乡镇（街道）政联处（联组），十佳联络联谊、招商引资优秀政协委员，十佳创新创业优秀政协委员，十佳优秀政协工作者评选活动，努力唱响正气之歌，积极倡导优良作风，全面激发政协工作活力。

强化委员队伍履职管理。重视和发挥常委会"龙头"作用，带头广开言路、转变作风，坚持"走出去，请进来"，开展考察学习、基层大走访活动，进一步提升政协工作水平。建立委员履职档案，开展集中学习培训，不断提升委员履职能力。深入开展"提出一件有质量的提案，反映一条有价值的社情民意，参加一次委员视察活动，结对一户困难群众，参与一次志愿者行动"的"五个一"活动，进一步拓展委员的履职渠道，掀起争做"五有委员"热潮。

突出发挥界别、政联处和县直联组作用。界别作用发挥得越充分，政协履行职能就越活跃，工作就越富有成效，要以"界别委员活动日"、"四进四送"、界别视察等活动为载体，发挥界别优势，突出界别特色，做好界别工作。在县委、县政府的关心、支持下，重点解决乡镇（街道）政联处在机构、人员、阵地、经费等方面存在的困难和问题，强化基层政联处、县直联组的纽带、桥梁作用，创建一批示范性乡镇（街道）政联处（联组）。

不断提高机关服务能力。创新开展"书香政协"活动，建立"读书屋"，举办"机关品读会"，浓厚学习氛围，不断提升机关干职工的综合素质和工作能力水平。巩固"两学一做"学习成果，定期开展"党员主题活动日"活动，努力建设一支"团结、紧张、严肃、活泼"的政协机关队伍，在"三干""四为"比拼中，彰显政协队伍的价值和作为。

各位委员，同志们，事业凝聚人心，使命催人奋进。让我们紧密团结在以习近平同志为核心的党中央周围，在中共宁乡县委的坚强领导下，立足新起点，迈出新步伐，开启新征程，同心同德，干在实处，走在前列，为实现挺进全国20强、打造一流中等城市宏伟目标作出新贡献！

保持高压态势　着力标本兼治
推动全面从严治党向纵深发展
——在中共宁乡县第十二届纪委第二次全会上的工作报告

张　武

(2017 年 2 月 13 日)

同志们:

下面,我代表县纪委常委会向全会报告工作,请予审议。

这次全会的主要任务是,贯彻落实十八届中央纪委七次全会及省、市纪委全会精神,回顾总结 2016 年纪律检查工作,安排部署 2017 年工作任务。县委对这次会议高度重视,专门召开县委常委会传达学习了中央纪委和省、市纪委全会精神,审议县纪委工作报告。刚才,县委书记周辉同志作了讲话,对如何贯彻落实好上级精神,做好今年全县党风廉政建设和反腐败工作,推动全面从严治党向纵深发展,提出了明确要求。请大家深刻领会,抓好贯彻落实。

2016 年是县乡领导班子同步换届之年,更是全面从严治党责任在基层有效落实的一年。一年来,县委始终保持高度政治敏感,带头履行主体责任,态度坚决、领导有力;各级党组织和党员干部强化思想自觉,认真落实党风廉政建设各项任务,齐抓共管、长抓长管;全县纪检系统始终忠诚担当,扎实履行监督责任,高点站位,准确谋位。在全县上下的共同努力下,全县党风廉政建设和反腐败工作取得新成效,省市纪委主要领导多次来宁视察调研,对相关工作给予充分肯定。全市落实党风廉政建设责任制考核,我县获评 9 个区县(市)最高分。

——管党治党从严格局有效形成。认真抓好"两个责任"签字背书、报告评议、检查考核等机制到位,严格落实任前廉政谈话、提醒警示约谈等制度,出台《宁乡县问责工作规程(试行)》常态督责问责,推动各级各部门把党风廉政建设作为一项日常性、基础性工作抓严抓实。县委第一时间开展"两准则三条例"的专题学习,全年 9 次专题研究部署;县委主要领导深入村组开展党风廉政建设调研,列出问题清单与县委常委班子成员、各单位党委(组)书记进行廉政谈话,树立了鲜明导向。全年 74 个单位、81 名领导干部被追责问责。全面探索开展县委巡察工作,成立 9 个巡察组,对 18 家单位实施巡察,共发现问题线索 525 条、移送问题线索 178 条,有效填补了县级党内监督空白。

——突出问题治理成果有效显现。"一月一主题"推进"雁过拔毛"式腐败问题专项整治,全面完成林业系统、危改资金、合村并帐及村级财务专项监督检查等三项整治,给予党政纪处分 111 人,问责 72 人,警示谈话 46 人。常态开展"纠'四风'治陋习"整治,重点对党员干部涉赌涉毒、违规操办婚丧喜庆事宜等进行严厉查办,给予党政纪处分 158 人、问责 20 人。严肃换届风气监督,审查取消 93 名建议人选提名资格,迅速查处苗头性问题 3 起,创造了风气清正、干群满意的换届工作效果。

——信访举报工作有效提升。推动出台《关于进一步加强和规范信访工作的意见》,建立多部门联合接访机制,明确各基层单位落实领导带班接访、首受责任、限时办结和初访承诺制,大力推动纪检片区联组联合办信,实现了纪检"小信访"与全县"大信访"人数的双双大幅下降。全年纪检系统共召开阳光信访处访会 16 场,息访 11 件;县纪委共受理信访举报 216 件,为基层党员干部澄清各类问题 55 个,信访举报总量同比下降 45.5%。全年到县级以上上访人数同比下降 35.78%。

——纪律震慑作用有效增强。准确运用"四种形态",惩前毖后、治病救人。坚持"谈话函询+批评和自我批评"及时提醒,坚持"教育培训+宣传通报"日常警醒,加强对全县党员干部的党规党纪教育,成功举办以"让好家风永续传承"为主题的第七届廉政文化周活动,全县共开展日常提醒谈话 9868 人次,县本级谈话函询 38 人次,通报典型案例 23 期 186 起。着力从严把握第二种形态,对基层 20 起处理过轻的案件进行了纠正。决不放松后两种形态,全年共向基层纪委交办线索 570 条,全县纪检机关共立案460起，同比增长40.24%，其中，重处分129人、移送司法机关11人，处分乡科级干部34人，严肃查办了郑泽良、邓雪辉等一批腐败案件。县人民检察院立案查办职务犯罪案件15件、16人；县人民法院审结贪污贿赂、渎职犯罪案件27件、32人。通过对案件的及时查办、及时通报，保持了有效震慑。

——纪检队伍建设有效突破。探索开展一体化建设，强化县纪委对基层纪检力量的统一调度和使用，推动基层纪检组织在完成中心任务和重点工作中加强交流、整合力量，工作经验全市推开、全省推广。基层纪检组织网络得到健全，乡镇（街道）纪（工）委专职人员均在3人以上，274个村（社区）均设立了3人的纪检小组，聘任1名党风政风监督员，设立若干名廉情信息员，由乡镇（街道）纪（工）委直接领导。派驻监督改革全面落实，采取综合派驻和单独派驻相结合的方式，向94个县直单位派驻40个纪检组，工作出现显著变化。运行机制日渐成熟，各片区联组共开展联动协作事项58次，发现各类问题线索134个，联合办信办访11个，信访平均办结时间由以往的40天提速至20天左右。基础保障不断强化，县财政为每村单列党风廉政建设专项经费1万元，"两个为主"和"优进严管高出"原则严格落实，纪检监察系统提升"三力"活动深入开展，2016年县乡纪委圆满换届，一大批优秀纪检干部得到提拔重用，全县共调整交流47名，其中提拔重用18名，纪检干部在重压下保持了蓬勃活力。

成绩的取得，得益于县委的坚强领导，得益于各级的齐抓共管，得益于各界的支持参与，特别是在县委巡察工作开展过程中，各巡察组成员高度负责、任劳任怨，表现出了极强的政治品格与行动自觉，在此向大家表示最衷心的感谢！我们的工作虽然取得了一定进步，但对照上级要求和群众期盼，一些问题依然突出，主要表现在落实管党治党责任自觉性仍待提高、基层基础仍很薄弱、一些领域系统性风险仍然很高、纪检队伍自身建设仍待加强，需要我们在新的实践中认真研究解决。

同志们，省、市、县党代会提出了今后五年的目标、任务和愿景，对推动全面从严治党向纵深发展提出了新的要求。中央纪委七次全会指出，党的十八大以来全面从严治党取得显著成效，不敢腐的目标初步实现，不能腐的制度日益完善，不想腐的堤坝正在构建，反腐败压倒性态势已经形成，党内政治生活呈现新的气象，但全面从严治党永远在路上，党风廉政建设和反腐败斗争形势依然严峻复杂。要坚持高标准和守底线相统一、抓惩治和抓责任相统一、查找问题和深化改革相统一、选人用人和严格管理相统一，不断增强全面从严治党的系统性、创造性和实效性，锲而不舍、挖山不止，坚决铲除腐败这个最致命的"污染源"，坚决打赢反腐败这场正义之战，为营造政治上的绿水青山不断努力。省、市纪委二次全会提出，要认真落实中央的决策部署，紧紧抓住党风廉政建设和反腐败斗争中的重点问题、人民群众反映强烈的突出问题、制约全面从严治党深入推进的瓶颈问题，坚持以治标促进治本、坚持思想建党和制度治党同向发力，以更大的决心、更大的气力、更大的勇气抓好管党治党。今年是党的十九大胜利召开之年，也是新一届县委、县纪委全面履职的起步之年，做好今年工作至关重要。全县党风廉政建设和反腐败工作的总体思路是：全面贯彻党的十八大和十八届三中、四中、五中、六中全会精神，深入贯彻习近平总书记系列重要讲话精神，按照上级纪委全会部署，紧紧围绕县委"四个打造、四个强化"战略布局，保持政治定力，坚持问题导向，着力基层基础，聚焦"监督执纪问责"主责主业，深入实践"四种形态"方法措施，推动全面从严治党向纵深发展，实现党内生活更加规矩、突出问题根本纠治、基层管理日趋规范，为建设更加富饶美丽幸福的安宁之乡提供坚强纪律保障。

一、坚持端正看齐，严明纪律规矩，维护山清水秀的政治生态

树立"四个意识"是具体的，广大党员干部要不断提高政治站位，严肃政治生活，加强纪律建设，落实好管党治党责任，实现上下级关系规规矩矩、同志关系清清爽爽，确保干在一线、干到一起、干出一流。

1．坚决维护党的团结统一。加强党的领导、对党绝对忠诚不是讲出来的，全县上下必须在"四个服从"上表现高度的思想自觉和行动自觉，做到纯粹地、具体地、无条件地忠诚于党、忠于人民。严肃党内生活。继续推动《关于新形势下党内政治生活的若干准则》和《中国共产党党内监督条例》的深入学习，以《准则》《条例》为尺子，严肃查处一批党员意识淡薄、行为自由散漫、不服从组织决定安排、向组织讨价还价的人和事，切实推动党的组织生活制度、党内谈话制度、述责述廉制度、个人重大事项报告制度、请示报告制度等落到实处。强化重点监督。组织开展对六中全会精神贯彻落实情况的监督检查，着力抓好"三重一大"集体决策制度执行落实情况的专项检查，严肃查处一批独断专行、以关键少数代替集体决策、违反议事程序和规则的人和事，以民主集中制原则的落实来浓厚党内民主氛围，促进民主科学决策、促进党内正常生活回归。紧盯村级换届选举加强监督执纪，持续营造风清气正的换届环境。确保政令畅通。定期开展对贯彻落实中央、省、市各级重大决策部署情况的监督检查，对县委、县政府中心工作及时跟进检查，着力围绕工业招商突破年、城乡管理提升年、棚户改造攻坚年主题选定监督重点，严肃查处一批做选择题、当两面人、混日子过的人和单位，确保思想同向、令行禁止，一个声音、一个步调，坚决打通决策部署落实的"最后一公里"。

2．交上作风建设合格答卷。把落实作风建设各项规定要求上升到政治纪律高度来对待，往深里抓、实里抓，纠四风、树新风，巩固成果，坚决防止反弹回潮，向党中央交上合格答卷。健全常态监督机制。坚持县领导带队督查、纪委重点检查、部门定期专项检查有机结合，紧盯重点时段、重点人群、重点领域，着力围绕违规收受红包礼金、公款吃喝、涉赌涉毒、乱发滥补等问题，加大明察暗访、查处问责、通报曝光力度，对"四风"问题优先查处，对各类顶风违纪行为从重查处，做到越往后越严。督促制度执行落实。组织开展对以县委、县政府《关于进一步严格贯彻执行中央八项规定精神规范有关公务行为的通知》为重点的制度落实情况专项检查，开展对公务考察、公务接待、公车改革后续管理的专项检查，确保制度的严肃性和长效性。厚植廉洁文化土壤。坚持把理想信念教育、党纪条规教育、案例警示教育、廉洁文化教育等寓于党员干部系统培训当中、任务部署推进当中、重要关键时间节点当中，实现对全县党员干部全覆盖、常态化的党风廉洁教育。大力推进廉洁文化"十进"示范点建设，办好第八届"廉政文化周"活动，进一步打造好宁乡廉政网、楚沩风纪公众号等宣传阵地。通过教育引导，坚定党员干部文化自信，强化纪律意识，弘扬优良作风，传承优秀家风，推动社会风气持续好转，不断浓厚全社会崇廉、尚俭、明礼的良好氛围。

3. 压紧压实管党治党责任。从宽松软到严紧硬是一个长期过程，要坚持一级抓一级，一级带着一级干，以强有力的措施激发责任担当。突出问题导向。建立更加详细可操作的"两个责任"清单制度，探索建立问题清单，推动各级党组织有针对性的解决管党治党中存在的突出问题，提升履责水平。突出抓常抓长。进一步健全年初签字背书、半年书面报告、年度公开述职和考核评议、不定期约谈提醒的常态督责工作机制，建立"两个责任"信息管理系统，组织开展以履责纪实手册核查为重点的监督检查，从细从实抓好日常管理。突出常态问责。深入贯彻省市问责条例实施办法，落实《宁乡县问责工作规程(试行)》，定期开展问责情况调度会商，强化问责结果运用。要压实各级各部门责任，对该问不问、重责轻问的，按照"上追一级"要求严肃问责，真正做到有权必有责、用权必担责、滥权必追责，推动各级党组织、党的领导干部经常抓、抓经常。

二、坚持深度拓展，着力标本兼治，防范化解系统性突出风险

民心是最大的政治，坚持抓重点问题与深化改革相结合，保持既定节奏和不变态度，不断向纵深挺进，紧紧围绕群众反映强烈、系统性风险突出的问题开展标本兼治，建立综合防控体系，切实保障改革稳定发展大局。

1. 开展专项治理。综合分析信访举报、审计、民调等情况，有针对性地确定全年监督重点，以执纪审查为主要方式来推动突出问题有效解决。继续开展"雁过拔毛"式腐败问题专项整治，重点整治征地拆迁、精准扶贫、畜禽退养等领域突出问题，"拔了的毛"要坚决还回去，让基层群众有更多获得感。继续开展"纠'四风'治陋习"专项整治，按照省市统一部署，重点整治领导干部利用职务便利在政府购买中指定服务、配偶子女违规经商办企业等突出问题，维护市场公平。深入开展行政审批"中梗阻"和"红顶中介"专项整治，紧密结合市民之家入驻和行政审批"大一统"，着力解决吃拿卡要、变相干预、以权谋私等突出问题。深入开展工程建设领域等其他整治，严格贯彻落实省《严禁违规插手干预公共资源交易活动"九不准"规定》和《关于禁止领导干部利用职权或者职务上的影响在金融活动中谋取私利的规定(试行)》，着力解决在金融活动、招投标、项目变更、绩效管理等方面存在的问题。

2. 用好巡察利剑。不断加强和改进县委巡察工作，既是落实党内监督条例的具体要求，更是解决目前宁乡突出问题的现实需要。科学制定巡察计划，按照届期全覆盖的要求，根据轻重缓急，重点完成对县内重点平台公司的专项巡察，对一批经济重点乡镇(街道)的综合巡察，防范系统风险。运用好巡察成果，对整改不力、问题没见底的开展"回头看"，真正做到问题不解决不放过。系统总结巡察工作做法，坚持巡察监督与审计监督有机结合，紧密结合基层实际，既强化政治巡察，又突出廉政建设，着力解决现实问题。加快推进巡察工作规范化建设，着力在日常管理上下功夫，实现巡察机构队伍正规化、运行管理规范化，将实践经验上升为制度成果。切实做好省委巡视宁乡前期工作，站在政治定位高度、站在关心保护宁乡大局高度正确对待，早作准备，加强自查自纠自治，以巡视为契机推动工作的整体提高。

3. 强化综合管控。立足权力运行的全过程加强制度建设与精准监督，加快"不能腐"体系的构建步伐。着力从权力源头抓起，探索党委部门权力和责任规范运行体系试点，推动建立健全覆盖县乡村三级权力清单及责任清单，全面推行职能职责清单化管理，将权力、责任、任务细化到岗、到人、到点，实现清单基础上的精准管理、精准防控和精准监督。组织开展对招标投等重点领域的制度廉洁性评估工作，化解权责失衡、制度漏洞等问题。大力推广"互联网＋监督"模式，充分依托全县城乡综合管理联合指挥体系，全力推动"三集中三到位"改革到位，全面推动建立行政执法"双随机一公开＋满意度测评＋回访调查"监管模式，探索推广县城投集团重大项目工程实时监督体系建设，借鉴外地先进经验建立民生资金大数据监管平台，加快推进"智慧纪检"建设，为监督插上科技的翅膀。加强动态分析预警，启动建立党员领导干部电子廉政档案及分析系统，严把干部选拔任用"党风廉政建设意见回复关"，防止"带病上岗”。

三、坚持挺纪在前，紧盯目标任务，始终保持执纪问责高压态势

执纪问责始终是纪检监察机关的核心职能，要坚定旗帜立场，准确把握运用“四种形态”，持续保持高压态势，实现纪律震慑零容忍、无禁区，不断增强影响力、教育力。

1. 用好“四种形态”。坚持问题导向，进一步健全批评与自我批评、谈话函询的运用机制，明确运用的标准、程序，提高覆盖面，真正达到咬耳扯袖、红脸出汗的目的。加大对谈话函询问题的抽查核实力度，对不如实说明情况、欺骗组织的行为严肃查处。把握执纪目的，严格执纪标准，强化量纪平衡，防止纪律成为“橡皮筋”，让党纪轻处分和组织轻处理成为管党治党的主要措施。保持既定态度，依法依规开展纪律审查，重点审查不收敛不收手、问题线索反映集中、群众反映强烈的领导干部，重点审查强农惠农政策落实、精准扶贫领域、招投标领域、教育及医疗卫生领域等群众身边的不正之风和腐败问题。强化纪法衔接，健全行政执法机关与纪检监察机关、纪检监察机关与司法机关移送问题线索制度，明确界限、尺度等标准和要求，既体现关怀爱护，又毫不手软惩治，真正实现纪法分开、有效衔接。

2. 强化协同处置。坚持从源头减少信访举报发生，健全落实好“1＋2”信访举报工作制度和联合接访处访机制，完善乡镇（街道）信访举报平台，强化大信访格局构建、巩固和提升，定期开展信访举报情况分析研判，对信访反映的典型性、普遍性问题提出有针对性的处置意见，督促信访举报比较集中的地方和部门查找分析原因并认真整改，防止问题变大变复杂。加强问题线索分类处置，对社会反映突出、群众评价较差的领导干部情况及时报告，对重要检举事项及时集体研究。调动一切力量，进一步落实党的工作部门责任，完善和坚持好县委反腐败协调小组议事、行政执法机关移送问题线索、联动协作办案、缺席审理等机制，定期召开成员单位碰头会，拓宽线索来源，强化结果到位，维护执纪的严肃性、公平性。

3. 树立鲜明导向。始终坚持以坚强有力的纪律来推动改革、保障发展、保护干部、凝聚人心，营造风清气正的干事创业环境。强化正向激励。深入贯彻落实市委关于为敢于担当者担当、为敢于负责者负责的文件精神，按照“三个区分开来”，推动建立容错纠错机制，完善诽谤诬告处置机制，对诬告陷害、恶意中伤的信访举报，第一时间澄清正名、第一时间严肃查处，旗帜鲜明的为想为、敢为、勤为、善为的干部撑腰鼓劲。强化负面问责。推动建立不胜任现职领导干部退出机制、不胜任现职一般干部待岗学习机制、不胜任现职公务员退出机制，加大无为问责力度，严肃整治庸、懒、散行为，切实解决干与不干一个样、干多干少一个样等问题，防止劣币驱逐良币。强化以案促改。继续坚持自行量纪制度，进一步健全落实“五个一”案件查办机制，加强问题的源头性治理，提升执纪治本效果。要特别注重对典型问题查处的通报，对违反中央八项规定精神的，严重违纪被立案审查开除党籍的，严重失职失责被问责的，以及发生在群众身边、影响恶劣的不正之风和腐败问题，一律点名道姓通报曝光，增强震慑力、教育力。

四、坚持刀刃向内，强化立体锤炼，不断提升纪检队伍履职水平

打铁还需自身硬。新的使命赋予纪检干部新的要求，各级纪检组织必须切实履行自身建设主体责任，创新方式方法，强化自我约束，以实际行动诠释忠诚和担当，为有效执纪、精准执纪奠定坚实基础。

1. 以更高标准提升队伍素质。继续深入推进“提升理解力、执行力、创造力”活动，教育广大纪检干部登高望远，提高政治站位，不断在思想和行动上向核心看齐，始终保持坚强政治定力。纪检干部要将绝对的忠诚融入血脉之中，在突出业务教育的同时，把党性教育摆在更突出位置，坚持缺什么补什么的原则，着力通过分类教育、选学教育等方式，严格抓好每周一讲、每月一课等日常教育，推动纪检干部脱产轮训届期全覆盖，切实解决好不想监督、不会监督的问题。继续深入开展特色创新奖评选，积极引导各级纪检组织结合自身实际、着眼工作短板，创新方式、抓实工作，当好“干在一线、干到一起、干出一流”的表率。

2. 以更实作风提升整体合力。进一步抓实抓深纪检监察工作一体化建设，凝聚监督执纪强大合力。进一步健全县乡村三级纪检组织网络，加强工作指导督促，建立健全工作规程、考核办法，切实做到人员到位、管理到位、履职到位。特别着力抓好村级最基础，抓住村级换届契机，配强村级纪检小组，选优村（居）务监督委员会，切实健全基层监督体系，促进作用有效发挥，提升基层管理水平。进一步加强派驻纪检组管理，建立健全纪检组长、副组长管理细则、工作规则，派驻纪检组要给监督对象“画像”，带着实际情况和具体问题向县纪委报告工作，每季度一次汇报，每半年一次述职，切实发挥“探头”作用，建立一支常驻不走的巡察组。巩固坚持好片区联组月例会、季讲评、半年述职评议机制，完善重点工作协作机制，探索案件联片联组审理机制，确保作用发挥更加到位。各级纪委要积极探索促进纪委委员履职、发挥纪委委员作用的有效途径和办法，发挥其工作优势。

3. 以更严要求提升监管水平。信任不能代替监督，纪检机关必须把自己摆进去。深入贯彻落实好《中国共产党纪律检查机关监督执纪工作规则（试行）》，适时组织开展内部专项监督检查，严格监督执纪的工作流程、审批权限、具体要求，始终安全文明依纪办案，把纪委的权力关进制度的笼子里，确保权力不变向、不走样。加快信息化建设步伐，建立监督执纪问责信息管理系统，以信息化促进工作的规范化。健全纪检干部评价机制，对纪检干部开展常态网上评议、每年一次公开测评、每月一次内部考评，积极探索纪检机关接受党内监督、民主监督、群众监督、舆论监督的有效评价机制和途径。加大交流调整力度，对不胜任现职的干部予以调离，对跑风漏气、瞒案抹案、以案谋私等执纪违纪、失职失责的行为严肃查处，真正做到让县委放心、让人民群众信赖。

同志们，全面从严治党永远在路上，党风廉政建设永远在路上，展望宁乡“十三五”跨越发展的宏伟蓝图，我们使命光荣，重任在肩，让我们在市纪委和县委的坚强领导下，不忘初心、坚定信心，忠诚担当、奋发作为，坚定不移地推动全面从严治党向纵深发展，履行好时代赋予我们的神圣责任，以优异业绩向党的十九大献礼！

宁乡概况

概　述

2016年,宁乡县辖4个街道、21个镇、4个乡。年末全县总户数45.85万户,户籍总人口142.25万人,人口性别比为103.5∶100。年末常住总人口126.56万人,比上年增长2.4%。人口出生率13.45‰,死亡率5.98‰,自然增长率为7.47‰。城镇化率56%,比上年提高3个百分点。年平均气温18.2℃,年内极端最高温为38.8℃,极端最低温为-4.4℃。年降水量1841.1毫米。

宁乡地区生产总值(GDP)1098.35亿元,比上年增长11%。其中,第一产业实现增加值120.16亿元,增长4.4%;第二产业实现增加值726.43亿元,增长11.5%;第三产业实现增加值251.76亿元,增长12.9%。按常住人口计算,人均GDP达87826元。三次产业结构由上年的10.9∶67.4∶21.7调整为10.9∶66.2∶22.9,工业增加值占GDP的比重为60.1%。第一、二、三产业对经济增长的贡献率分别为4.4%、70.4%、25.2%,分别拉动GDP增长0.5、7.7、2.8个百分点。一般公共预算收入65.58亿元,增长9%,其中地方一般公共预算收入42.68亿元,增长6.7%。公共财政预算支出80.62亿元,比上年增长3.2%。城乡居民人均可支配收入29446元,比上年增长8.6%,其中人均工资性收入、经营净收入、财产净收入、转移净收入分别为17366元、5267元、2781元、4033元。城镇居民人均可支配收入36714元,比上年增长8.2%;农村居民人均可支配收入23145元,比上年增长7.8%。第十六届县域经济基本竞争力排名前移4位,居全国百强第35位、中部第3位。

农林牧渔业总产值184.55亿元,比上年增长4.5%。其中农业产值101.96亿元,比上年增长7.2%;林业产值5.63亿元,比上年增长5.6%;牧业产值67.74亿元,比上年下降0.3%;渔业产值6.17亿元,比上年增长5.4%;农林牧渔服务业产值3.05亿元,比上年增长9.9%。粮食种植面积和产量保持稳定,获评全国粮食生产先进县。全年粮食种植面积132753.3公顷,与上年持平,其中稻谷播种面积122066.7公顷,比上年增长0.1%,优质稻种植面积所占比重为81.1%;蔬菜种植面积49060公顷,比上年增长5%;烟叶种植面积4140公顷,比上年下降4.3%。主要农产品产量有增有减,全年粮食总产量87.16万吨,比上年下降1.8%;烟叶0.89万吨,比上年下降6.3%;蔬菜175.14万吨,比上年增长5.1%;出栏肉猪200.58万头,出笼家禽3741.48万羽,分别比上年下降5.7%、3%。年末农机总动力175万千瓦,比上年增长2.9%。共有联合收割机5704台,大中型拖拉机2446台,插秧机656台,分别比上年增加304台、304台、49台。水稻耕、种、收综合机械化水平达到71%,比上年提高0.6个百分点。

农业提质改造。除险加固大型水闸4座,清淤山塘433.3公顷,机埠改造7处,小河坝整修35座,沟渠疏浚160千米,官桥河、黄材河等水系完成整治。改造建设农村公路291.16千米、危桥30座,整修乡村道路安防设施514千米,新建节能路灯5760盏,农村改水改厕12000座。获评国家级农村产业融合发展试点示范县、国家级农业科技园。沩山毛尖获评国家地理标志保护产品,宁乡花猪入选首届湖南十大农业品牌,蔬菜、水果、油茶、中药材等特色农产品提质增量。完成首批省特色县域经济重点县建设,农副产品加工企业1630家。专业合作社、种粮大户、家庭农场等新型市场主体不断壮大,湘都生态农庄获评国家级五星农庄,土地合作经营"鹊山模式"入选全国改革年度案例。农村土地承包经营权确权登记颁证有序开展。实施生态修复,启动造绿复绿项目81个,造林3000公顷,义务植树400多万株,全县森林覆盖率达48.8%。依法整治非煤矿山、挖山洗砂、河道采砂、投肥养殖,重点区域退出规模养殖取得成效。新建乡镇污水处理厂6座。沩山、灰汤成功创建国家级卫生乡镇。大力开展美丽庭院、美丽小区创建,关山社区获评全国美丽宜居示范村庄,金洲村获评湖南省美丽乡村示范村。

工业增加值660.65亿元,比上年增长12.3%,工业对经济增长的贡献率为67.8%;其中规模工业增加值537.25亿元,比上年增长13.3%。规模工业总产值达到2291.53亿元,比上年增长13.2%。在规模以上工业中,股份制企业实现增加值484.09亿元,占规模工业增加值的比重90.1%,比上年增长15.5%。全县园区(三区五园)规模以上工业实现产值1736.84亿元,占全部规模工业的75.8%,比上年增长17.9%;实现增加值408.77亿元,比上年增长17.7%。先进装备制造、食品、新材料新能源三大主导产业共实现产值1673.63亿元,占全部规模工业比重73%,比上年增长14%。全县规模工业实现主营业务收入2082.46亿元,比上年增长7.2%;利润总额196.95亿元,比上年下降4.6%;利税总额

276.55亿元,比上年下降7.3%。

高新技术产业。拥有高新技术企业和生产高新技术产品的企业151家,全年实现高新技术产值1169.99亿元,比上年增长18%;实现增加值308.53亿元,比上年增长17.7%,占地区生产总值的比重为28.1%,同比下降0.6个百分点。全年申请专利1520件,比上年增长10.1%;其中发明专利502件,比上年增长35.3%;授权专利988件,其中发明专利180件。成功申报国家、省市各级科技项目189项,转化科技成果262项。目前全县已经有国家级高新技术产业化基地1个、国家级农业科技园区1个、国家级科技企业孵化器1个、博士后科研工作站2家、院士工作站4家、国家级工业设计中心1家、国家级企业技术中心2家,省级重点实验室1个、省级工业园区4个、省级科技企业孵化器3个、省级企业技术中心14家、省级工程技术研究中心7家。

第三产业。社会消费品零售总额275.5亿元,比上年增长16.5%。按经营地统计,城镇消费品零售额201.07亿元,比上年增长17.4%;乡村消费品零售额74.43亿元,比上年增长14.3%。按消费形态统计,批发业实现38.17亿元,比上年增长21.8%;零售业实现204.44亿元,比上年增长16.4%;住宿业实现2.6亿元,比上年增长14.5%;餐饮业实现30.29亿元,比上年增长11.7%。按规模统计,限额以上单位商品零售额106.9亿元,比上年增长25.3%;限额以下单位商品零售额168.6亿元,比上年增长11.6%。在限额以上单位商品零售额中,电子出版物及音像制品类增长57.2%,饮料类增长53.3%,服装类增长46.2%,烟酒类增长42.3%,汽车类增长39.3%。

全域旅游。全年共接待海内外游客1811.24万人次,比上年增长10.3%;实现旅游收入261.3亿元,比上年增长30.2%。2016年是"宁乡旅游年",举全县之力加快发展全域旅游,围绕建设"大公园、大果园、大田园、大观园"的美丽全景宁乡,出台了《宁乡县全域旅游推进实施方案》《宁乡县引客入宁奖励办法(试行)》《宁乡县全域旅游发展五年行动计划(2017—2021)》等系列文件,旅游公共服务体系日趋完善,全域旅游发展基础不断夯实。宁乡县人民政府组织策划了全域旅游发展大会、华中六郡旅游联盟、武圣战武神、网络媒体宁乡行、亮相北京国际旅博会、沩山麦咭音乐嘉年华、金秋旅游季等一系列推广活动;拍摄了全国首条VR城市旅游宣传片,获得央视点赞,并亮相2016年中国双创周虚拟现实峰会,全域旅游荣登"最美中国榜",灰汤景区入选首批国家康养旅游示范基地,何叔衡故居、谢觉哉故居列入全国红色旅游经典景区名录,炭河里青铜博物馆建成开放,关山古镇、丰收湾、稻花香里、石仑关等成为乡村旅游新热点,"传奇之地·宁静之乡"的美誉度不断提升。

现代商贸。组建县招商引资服务中心,举办锂电"达沃斯"论坛,开展工业和地产专题招商推介,引进产业项目201个,到位县域外资金258.4亿元。大河西农产品物流中心建成开业,九龙仓·奥特莱斯全新对外开放。全面实施商事制度"五证合一"登记改革,电子商务进农村工作顺利推进,新增限额以上商贸企业83家,实现外贸进出口总额3.3亿美元,成功创建国家级出口食品农产品质量安全示范区。各类金融创新发展。首创省内县级转贷应急周转基金,成为全省最富成效的金融创新举措之一。创新推出工业企业生产设备抵押融资试行办法,激活融资模式,服务实体经济,各类金融机构新增信贷投放89.5亿元,债券融资67.8亿元。兴业银行、华林证券在宁乡设立分支机构。房地产去库存加快。成功举办第六届宜居文化节,实施"政策引导、棚改助力、房票结算、物管提质"等举措,销售商品房143万平方米,创近三年新高,去化周期明显加快。

城乡建设与管理。年末县内公路建设里程6161.73千米,管养里程4346.6千米。其中国道161.59千米,省道339.79千米;境内铁路里程68千米;境内通车高速公路里程72.19千米。全年旅客周转量比上年下降4.5%,货物周转量增长0.2%。全年完成邮电业务总量8.62亿元,比上年增长17.3%。年末移动电话用户109.4万户,比上年增长1.4%;互联网宽带用户14.1万户,比上年增长24.1%。全年固定资产投资948.75亿元,比上年增长16.2%。全年完成投资超过5000万元的在建项目137个,全年完成投资421.54亿元,占全社会投资总额的44.4%。在固定资产投资中,第一产业完成投资12.4亿元,比上年下降47.2%;第二产业完成投资504.97亿元,比上年增长27%;第三产业完成投资431.38亿元,比上年增长9.1%。基础设施建设投资177.03亿元,比上年下降19.9%;房地产开发投资42.38亿元,比上年增长20.2%;商品房销售面积138.43万平方米,比上年增长34.4%;其中住宅127.91万平方米,比上年增长34.1%;商品房销售额54.55亿元,比上年增长26.9%;其中住宅46.83亿元,比上年增长27.4%。

基础配套。宁乡大道北延线、学府路竣工通车,白马大道、金洲大道、长常高速出口、宁乡火车站改造一新。县城污水主管网基本建成,南太湖水厂加速推进。新建供水管网143千米、燃气管道46千米,改造110千伏变电站2座,建成社区公园13个,提质提档社区5个,城区主干道亮化率达98%。成功创建省级园林县城,通过国家卫生县城复审。新型城镇加速建设。沩东新城积极担当东进融城主力,灰汤扩权强镇先行先试,花明楼旅游新镇加速打造,炭河古城、道林古镇、创意煤城初显雏形,玉潭跻身全国城镇综合实力五十强,沩山入选全国美丽宜居小镇。城乡管理深入实施。城市管理加快向农村集镇延伸,深入实施清扫保洁、扬尘治理,规范户外广告、门店招牌管理,强力推进控违拆违工作,累计拆违41.1万平方米。

公共事业。2016年投入教育资金15.9亿元，新改扩建学校53所，新增学位1.3万个。建成乡镇文化站6个、敬老院4所、村(社区)党建文化养老综合服务中心51个、公租房1509套。改扩建乡镇卫生院5所、村卫生室18家，县人民医院入选全国县级医院百强，县中医院成功创建三级甲等中医医院。积极实施二孩生育政策，大力提升计生服务水平。全县共有普通中小学321所，中职学校5所，特教学校1所。在校中小学生149758人，其中高中学生32154人(含中职学生6212人)，初中学生40403人，小学学生77050人，特教学生151人。全县中小学教职工9529人，其中专任教师8851人。全县共有幼儿园260所，在园幼儿33263人，教职工2426人，其中专任教师1312人。适龄儿童入学率达到100%，九年义务教育完成率100%，小学升学率100%。高考一本上线1097人，上线率13.1%；二本上线3526人，上线率42.0%，上线人数、上线率、录取人数、录取率居全省农村县市前列。中考合格率93%，比上年提高0.3个百分点。全县拥有广播电台1座，电视发射台和转播台1座，公共图书馆1座，藏书量22万册。广播、电视综合人口覆盖率均达到98%，有线电视用户17.56万户。全县共有150余支群众文艺团队，全年组织公益演出150余场，公益电影放映4860场，捐赠图书2000册。共查处违法违规经营文化场所56家，集中销毁光碟和非法出版物5000余册。全县拥有医院、卫生院53个，县直医卫单位8个，乡镇卫生院29个，街道卫生服务中心4个，民营医院12个。全县医疗机构床位总数6730张，其中县直医疗单位2913张，乡镇卫生院2145张。在编在岗卫生工作人员3760人，执业医师及执业助理医师3001人(含临聘人员)，注册护士2545人(含临聘人员)。全年孕产妇住院分娩率100%，死亡率5.63/10万，5岁以下儿童死亡率4.59‰。全县共有体育场馆9座，400米田径场16个，乡镇门球场20个，拥有19个体育协会。承办“欢乐潇湘”、全国男子篮球联赛(NBL)、中美篮球对抗赛、全国第十一届武林大会和中泰拳皇争霸赛等文体活动和比赛，规模空前，均分类取得了一定的成绩。全县工业废水排放达标率100%，“三同时”执行合格率100%，城镇生活垃圾无害化处理率100%，农村饮用水源达标率为100%。全年空气优良天数293天(口径有调整，三参数调整到六参数)，城区环境空气质量优良率80.05%。全县各类安全生产事故19起，死亡10人。其中道路交通生产性经营事故12起，死亡6人；工矿商贸事故2起，死亡2人；铁路交通事故2起，死亡2人；农机事故3起，死亡0人。全年城乡居民人均消费性支出21422元，其中食品烟酒、居住、教育文化娱乐支出、交通通信分别占比24%、23%、17.6%、16.8%。

民生保障与安全。承办的29个省、市重点民生实事项目全部完成全年目标任务。城镇职工五大社会保险参保总人数38.38万人，比上年末增长3.4%。全年新增参保人数13.02万人；城乡居民医疗保险和养老保险参保人数分别达到117.3万人和80.5万人。全面推行干部结对帮扶、驻村帮扶工作机制，精准实施“滴灌式”“四跟四走”产业扶贫措施，全年脱贫5488户12742人。深入开展四个“千手”爱心系列工程。完成农村危改3744户，沉陷区搬迁安置C级、D级危房3249户。职工五险新增参保单位258个、扩面13万人。新增城镇就业12296人，农村劳动力转移就业8400人。大力创建“平安宁乡”，扎实开展“春雷”“清剿恶赌毒”“防范盗抢骗”“一打三整”等专项行动；积极开展矛盾纠纷大排查、大调解，成功化解矛盾纠纷1万余起，刑事发案大幅减少，治安环境明显好转。扎实开展“安全监管执法年”活动，推进“打非治违”，烟花爆竹企业退出48家，实现安全生产“两降一确保”目标。国家食品安全示范城市创建取得阶段性成效，实现食品安全零事故目标。

组织机构及负责人

中共宁乡县委员会

书　记　谭小平(7月免)
　　　　周　辉(7月任)
副书记　周　辉(7月免)
　　　　王雄文(7月任)
　　　　邓杰平(8月免)
　　　　刘　亮(8月任)
常　委　谭小平(7月免)
　　　　周　辉
　　　　王雄文(7月任)
　　　　邓杰平(8月免)
　　　　刘　亮
　　　　刘永红(挂职)
　　　　汤智斌
　　　　龚　畅(7月免)
　　　　张　武
　　　　谢圣彬(7月免)
　　　　刘　平
　　　　王湘云
　　　　彭　娟(女，8月任)
　　　　彭　韬
　　　　刘俊武(8月任)
　　　　田　剑(7月任)

中共宁乡县委办公室

主　任　彭　韬
副主任　陶志高(3月免)
　　　　张永胜(4月免)
　　　　姚福平(1月任，8月免)

周泽秋(8月任)
胡乾山(3月免)
彭智勇
李志勇(4月免)
陈科军(兼)
杨瑞祥(挂职,4月免)
陈　全(4月挂职)
刘庆丰(4月挂职)
谢建华(4月任,兼)
纪检组长　杨平辉(女,4月任)

县委政策研究室
主　任　李志勇(4月免)
副主任　周妹香(女,12月免)
彭　舜(4月解聘)
王艳杰(4月任)
徐　泽(12月任)

县委督查室
主　任　陶志高(3月免)
姚福平(4月任,8月免)
周泽秋(8月任)
副主任　杨一帆(4月免)
王宁波(4月免)

县保密局
局　长　陈国红(3月免)
杨一帆(4月任)
副局长　戴　懿(女)

县委机要局
局　长　陈泽军
副局长　徐　翔

县委县人民政府接待办公室
主　任　谢建华
副主任　资贝贝(女)

改革办
主　任　彭　韬
副主任　陈　骁(1月免)
郑光辉
彭铸陶(4月任)

县委组织部
部　长　汤智斌
副部长　刘骥扬(常务)
詹爱芝(4月免)
陈志武(4月任)
谢　政(4月任)
陈杰文(兼,9月任)
袁国华(兼,3月免)
邹素武(兼,4月任)

县直机关工委
书　记　汤智斌(兼)
副书记　谢　政(兼,4月任)
曾铁坚(兼)
委员、纪工委书记
李　龙(9月免)
委员、工会主席
杨　洋(4月免)
范献军(4月任)
委　员　周金国
胡乾山(兼,3月免)
钟炳权(兼)

县委基层办
主　任　詹爱芝(4月免)
陈志武(4月任)
常务副主任　梁继荣(1月免)
刘　蜜(9月任)

县人才工作局
局　长　谢　政
副局长　覃婷婷(4月任,8月免)
高开程(9月任)

县党员干部现代远程教育中心
主　任　吴山川

县委宣传部
部　长　王湘云(7月免)
彭　娟(8月任
副部长　蒋平波(常务,4月免)
周兵山(常务,4月任)
汤命强　邓利良
刘建威(1月免)
李洪波(兼)
李锡泉(兼)
杨伟斌(兼,4月任)
纪检组长　刘建威(1月任)

县文明办
主　任　李洪波
副主任　李锡泉(3月任,8月免)
童纪源(8月任)

县新闻中心
主　任　邓利良(兼)

县文化产业发展办公室
主　任　刘文斌

县委统一战线工作部
部　长　汤智斌(8月免)
刘俊武(8月任)
副部长　邹素武(常务,4月免)
詹爱芝(常务,女,4月任)
李　杰
周名生(4月免)
刘志强(4月任)
纪检组长　邓志强(1月任)

新经济新社会组织工作委员会
书　记　汤智斌
副书记　邹素武(兼,4月免)
詹爱芝(兼,女,4月任)
李　杰(兼)　刘胜光
委　员　谢　政
刘志强(4月免)
黄海泉

县委台湾工作领导小组办公室
主　任　周名生(兼,4月免)
刘志强(兼,4月任)
副主任　王智茹(女,4月免)

县归侨侨眷联合会
主　席　秦　硕
副主席　周志文(4月免)
周文超(4月任)

县委党校
校　长　胡志平
副校长　陈小冬
刘学武(4月免)
黄学君
校务委员　朱锡宁

县委老干部局
局　长　邹素武(4月任)
副局长　蒋才良　金章国
王京湘(女,12月任)
贺佳芝(女,4月任)

县机构编制委员会办公室
主　任　陶文良(4月任)
黎爱莲(4月免)
副主任　严和平(4月任)
梁继荣(1月任)

周光仕(4月免)
何志文(女,1月免)

事业单位登记管理局
局　长　廖凯平(9月任)
杨　艳(4月免)

监督检查科
科　长　喻国栋

史志档案局
局　长　谢仲舒
副局长　姜政军(4月免)
杨旺兴(1月任)
姜启辉(3月任,8月免)

县信访局
党组书记、局长　徐鹏飞
党组成员、副局长
冯伏坚(4月免)
谢　文(女)
唐　华　张勇波
党组成员　杨青兰(女)

宁乡县人民代表大会常务委员会
主　任　喻亚军(11月任)
贺应辉(11月免)
副主任　周泽祥　熊志扬
闵志平
刘骥扬(11月任)
张　莹(女,11月任)
谢文军(11月免)
彭曦明(女,11月免)
委　员　杨正文(11月任)
王碧泉(11月任)
夏国勋
杨　斌(11月任)
何赞兵(11月任)
蔡石姣(11月任)
钟建军(11月任)
张四明(女,11月任)
胡　宇(女,11月任)
贺太泉(11月任)
刘红云(女,11月任)
周海斌(11月任)
肖水平
汤命强(11月任)
余树强(11月任)
秦　硕(11月任)
李拥华(女,11月任)
朱爱英(女,11月任)
彭泽华(11月任)
洪敏强(女,11月任)
赵聪明(女,11月任)
邓　英(女,11月任)
刘　敏(女,11月任)
周顺全(11月任)
释贤心　蔡跃武
刘义军　陶文英(女)
刘　陵(女,11月任)
潘继斌(11月任)
詹亮明(11月免)
刘信群(11月免)
曾子文(11月免)
钟　鑫(11月免)
彭晓静(女,11月免)
赵建华(女,11月免)
易光辉(11月免)
黎卫华(女,11月免)
吴　彪(11月免)
王碧玲(女,11月免)
宋志宏(11月免)
杨　振(11月免)
唐　正(11月免)
王春林(4月辞)

县人大专门委员会及县人大常委会工作机构
办公室
主　任　杨正文
副主任　姜夕兰(1月免)
黎　明(1月免)
王京湘(1月任,12月免)
喻　波(4月免)
谭永华(4月任)
郑小玲(12月任)
纪检组长　龚文生(1月任)

内务司法工作委员会
主　任　夏国勋
副主任　王玉元(4月任)
李金龙(1月免)

选举任免联络工作委员会
主　任　杨　斌(4月任)
刘信群(4月免)
副主任　何　平(1月任)
王京湘(1月免)

教育科学文化卫生工作委员会
主　任　何赞兵
副主任　邬明华

农业与农村工作委员会
主　任　蔡石姣(4月任)
钟　鑫(4月免)
副主任　蔡运辉(4月任)
李文杰(4月免)

城乡建设环境与资源保护工作委员会
主　任　钟建军(4月任)
彭晓静(1月免)
郑小华(1月任、4月免)
副主任　刘利兵(4月任)
欧阳练兵(1月免)
刘赞清(1月任,4月免)

宁乡县人民政府
县委副书记、县长
周　辉(8月免)
王雄文(11月任)
县委副书记、副县长(代理县长)
王雄文(8月任)
县委常委、常务副县长
刘　亮(8月免)
刘　平(11月任)
县委常委、副县长
龚　畅(10月免)
副县长　钟利仁(女)
刘俊武(8月免)
冯智君　章晓波
陈德奇
文　平(11月任)
贺立权(11月任)
副调研员　周明山　吴国强
孔秋生　胡　长
副县级干部　黎庆华　刘志勇

县人民政府办公室
主　任　蒋鹏海
副主任　黎正明(常务)
刘旺球(4月任)
彭晓静(女,4月任)
张赞辉　姜佳宏
范建强
胡以红(兼,3月免)
熊佑新(4月免)
罗桂华(挂职,4月任)

刘跃华(兼,5月免)
唐朝晖(8月免)
文　剑(12月免)
刘　霞(女,12月任)
纪检组长　苏剑波

县人民政府督查室
主　任　彭晓静(女,1月任,4月免)
张建元(4月任)
副主任　黄胜男(4月免)
蒋建华(8月免)

县人民政府法制办公室
主　任　罗桂华
副主任　吴泽平
黄俊峰(1月免)

县外事侨务办公室
主　任　肖立云
副主任　刘　霞(女,12月免)

县人民政府驻广州深圳联络处
主　任　陈　健

县电子政务管理办公室
主　任　徐　文(9月免)

县人民政府研究室
主　任　邓旺华
副主任　江　波(女,1月免)
刘孟雄(1月任)

县应急管理办公室
主　任　何立辉

县人民防空办公室
主　任　杨皎锋
副主任　隆志申　夏晓红

县政务服务中心
主任、党组书记　刘宇雄
纪检组长　陶春雷
副主任　杨红秀(1月免)
陈竞芳(女)
副主任、党组成员　周永清
易鹏志(4月免)
党组成员　李春香(4月免)

县机关事务管理局
局长、党组书记　何春章
副局长　文　珍(女)
姜伟兵
隆命洪(1月任)
陈　湘(女,1月任)

中国人民政治协商会议宁乡县委员会
主　席　喻亚军(11月免)
邓杰平(11月任)
副主席　喻立明(11月免)
彭曦明(11月任)
胡日新(兼,11月免)
程万谋(兼,11月免)
李　纯(女)
杨志武
曾含玲(兼,11月任)
秘书长　梁正文(4月免)
左志华(4月任)
常　委　(按姓氏笔划排名)
于子长　马　莹(女)
王应军　王　茜(女)
王晓彬　王智勇
文玉华(女)
邓杰平　左志华
龙国安　付　丹(女)
皮　涛　向胜利
刘望平　刘清波
许东山　李志强
李　纯(女)
李　杰　杨红秀(女)
杨志武　杨建新
杨柏松　杨　柳(女)
何　鑫(女)
邹庆林　沈新宇
陈有余(女)
欧阳立　罗新文
周国勇　周常青(女)
胡令强　胡均平
段志斌　姜佳宏
姜配良(女)
贺小平　贺永中
袁占平　袁雪梅(女)
唐亚星　唐春艳(女)
黄海文　彭世坚
彭曦明(女)
蒋会阳　喻文定(女)
喻宏建　喻昭强
释如焰(女)
曾含玲(女)
谢　红(女)
谢建华　谢科军
詹爱芝(女)
黎清华　颜丽华(女)
潘剑灵　戴事雄

政协宁乡县委员会工作部门
办公室
主　任　无
副主任　李雨璇(女)
罗　杰(1月免)
陈敏芳(女,4月任)
纪检组长　曾勇备(女,4月任)
莫华军(1月任,4月免)

经济科技委员会
主　任　欧阳立(1月任)
副主任　罗新华(1月任)

提案法制委员会
主　任　左志华(4月免)
周名生(4月任)
副主任　向灿芳(1月任)

文教卫体委员会
主　任　孙意谋(4月任)
副主任　喻　波(4月任)
贺小平(4月免)

群团联络委员会
主　任　潘志武(4月免)
邓作平(4月任)
副主任　张文兵(1月免)

人口资源环境委员会
主　任　何友良
副主任　严国元

中共宁乡县纪律检查委员会
书　记　张　武
副书记　黎国希　肖水平
张　毅
纪委常委　张　武　黎国希
肖水平　张　毅
廖国珍　张益华
郑香平　姜　伟
罗建宇(4月任)
孙意谋(4月免)

宁乡县监察局
局　长　黎国希

副局长 刘望平

宁乡县预防腐败局
局　长 黎国希
副局长 喻仕清(4月任)
办公室主任 胡齐华(1月任)
组织部部长 成素芬(1月免)
姜赛男(1月任)
宣传部部长 陈红兵(1月任)

党风廉政监督室主任
姜赛男(1月免)
邹文平(1月任)
信访室主任 李　俊(4月任)
刘俐华(1月任,4月免)
夏新华(1月免)
纪检监察一室主任
唐可夫(1月免)
夏新华(1月任)
纪检监察二室主任
黄贵春(9月任)
纪检监察三室主任
熊坤朋(4月任)
杨旺斌(1月任,4月免)
纪检监察四室主任
吴素婵(4月任,9月免)
成素芬(9月任)
案件监督管理室主任
成素芬(1月任,9月免)
吴素婵(9月任)
案件审理室主任
喻小平(1月任)

县纪委派出纪工委书记
(县监察局派出分局局长)
罗建宇(4月免)
刘俐华(4月任)
县纪委派出纪(工)委副书记
(县监察局派出分局副局长)
刘利兵(4月免)
奉旨亨(4月任)

中国民主促进会长沙市委员会宁乡县工委
主任委员 程万谋(1月免)
张超明(1月任)
副主任委员 张超明(1月免)
夏汗青(1月免)
朱爱英(1月任)
刘建琼(1月任)
委　员 杨红菊
王碧玲(1月免)
姜笑澜(1月免)
彭　飞(1月免)
李跃明(1月任)
杨柏松(1月任)
张　帅(1月任)

中国农工民主党长沙市委员会宁乡基层工作委员会
主任委员 谢文军
副主任委员 贺小平　杨曙光
陈　胜

县工商业联合会
工商联主席、总商会会长
程万谋(4月免)
曾含玲(4月任)
党组书记、副主席(副会长)
李　杰(兼)
副主席(副会长)
李兵虎(1月任)
杨　艳(4月任)
党组成员 宋海波
党组成员、秘书长 李玉梅
兼职副主席 王新华　王振华
刘义军　刘佳玟
杨　振　陈文涛
凌云剑　曾凡云
覃叙钧　蔡跃武
廖跃飞
兼职副会长 汤亚平　李长东
李湘军　李跃军
陈小亮　张　炯
易石洪　周国勇
罗际飞　胡均平
袁占平　袁怀志
陶文英　曾孟金
蒋功夫　谭金安
谭合明　潘继斌

县总工会
主　席 钟利仁(兼)
党组书记、副主席 贺太泉
纪检组长 邹利红(女,1月任)
党组成员、副主席
廖　斌(1月任)
陈桂荣
党组成员 张怡汉
经费审查委员会主任
邹利红(女,1月免)
王智茹(女,4月任)
女职工委员会主任 戴　琼(女)

共青团宁乡县委员会
书　记 周海滨
副书记 杨靓雯(女,1月任)
严　玲(1月任,4月免)

县妇女联合会
党组书记、主席 刘红云(女)
党组成员、副主席 周常青(女)
副主席 周建新(女,1月任)

县残疾人联合会
理事长 刘要军
副理事长 喻灿平(1月免)
罗新文(1月任)
党组成员 谢晓南

县文联
主　席 杨罗先

县红十字会
会　长 钟利仁
常务副会长 颜曙琦

宁乡县人民武装部
部　长 谢圣彬(7月免)
政　委 田　剑
副部长兼军事科长 海向阳
政工科长 毛主亮
后勤科长 王　寒

县委政法委员会
书　记 刘　平(8月免)
王湘云(8月任)
副书记 潘顺秋
刘文军(8月任)
张平飞(8月任)
朱洪波(4月免)
黄岳君(4月免)
文再明(4月任)
周定兴(兼,4月免)
陈甘泉(兼,4月任)
纪检组长 周杰文(1月任)

县社会管理综合治理委员会办公室
主　任　潘顺秋(兼)
副主任　刘宁湘(4月免)
杨建兵
王义飞(4月任)

县维护稳定工作领导小组办公室
主　任　黄岳君(兼,4月免)
刘文军(兼,8月任)
副主任　杨文杰(4月免)
丁旭文(4月任)
邓铭心

县委防范和处理邪教问题领导小组办公室
主　任　周定兴(4月免)
陈甘泉(4月任)
副主任　杨旺兴(1月免)
罗亿新(1月任)
吴素婵(女,4月免)
李春香(女,4月任)

县公安局
党委书记、局长　章晓波
副书记、政委　陶　述(1月免)
陈魁昱(1月任)
副书记、常务副局长　肖学强
副书记、副政委　刘海波(女)
党委委员、副局长
沈新宇　刘志良
曾宁汉
林山清(4月任)
党委委员、纪检组长
张文辉(4月免)
纪检组长　罗继元(4月任)

县人民检察院
党组书记、检察长
罗　斌(11月免)
钟孝明(11月任)
党组副书记、副检察长　姜灿辉
副检察长　易为志　喻昭强
李　闽　陈卓平
徐　彬(挂职)
政工室主任　章　洪(女)
纪检组长　周文武
工会主席　余晓玲(女)
反贪污贿赂局局长　谢旭辉
反渎职侵权局局长　戴文平
检察委员会专职委员
钟晓利(女)

县人民法院
党组书记、院长　张　帅
党组副书记、副院长　张罗文
党组成员、纪检组长　胡敬阳
副院长　贺永中
党组成员、工会主席　石克家
党组成员、政工室主任
谢细珍(女)
党组成员、副院长
张　示　刘舟舟(女)
易定君(挂职,1月免)
党组成员、执行局局长　胡勇红
审判委员会专职委员　刘佑成
王　治(1月任)

县司法局
党组书记、局长
喻友明(4月免)
梁正文(4月任)
党组副书记、副局长　邓永红
党组成员、副局长
钟海军　许利军
张桂华(4月免)
党组成员　刘湘兵(4月任)

县发展和改革局
党组书记、局长　刘寄华
副书记、副局长　邓干平(4月免)
党组成员、副局长　陈小文
党组成员、副局长　王　凯
副局长　杨红秀(1月任)
党组成员　匡乐红
纪检组长　高开程(1月任,9月免)
李　珍(9月任)

县资源节约型和环境友好型社会建设综合配套改革领导小组办公室
主　任　邓干平(兼,4月免)
陈小文(兼,4月任)
副主任　文　强

县价格监督检查局
局　长　李大志

县公共资源交易中心
主　任　匡乐红

副主任　周　苗(4月免)

县人力资源和社会保障局
党组书记、局长
蔡立军(4月免)
陈杰文(4月任)
党组副书记、副局长　丁　健
党组成员、纪检组长
谭菊初(1月免)
纪检组长　谭　果(1月任)
副局长　夏美善
党组成员、副局长
刘甲初(1月任)
姜安民　孙　树(女)

就业服务中心
主　任　王遏飞

人力资源公共服务中心
主　任　吴瑞华(女)

城镇职工养老保险中心
主　任　喻铁强

城镇职工医疗保险中心
主　任　喻建华(4月任)

城乡居民养老保险中心
主　任　廖蓉燕(女,1月任)

城乡居民医疗保险中心
主　任　向灿芳(1月免)
谢宴朋(1月任)

劳动保障监察大队
大队长　谢宴朋(1月免)
王献忠(1月任)

县市场和质量监督管理局
局长、党组书记　姜小鹏
副局长、党组副书记　郑　强
纪检组长　曹金花(1月任)
副局长　邓启洪　魏　忠
王建新　童羽飞
罗剑斌
刘万祥(1月任)
卢　波
总工程师　张家泽(1月任)
副局长　詹罗辉(4月免)

食安办专职副主任
何章武(4月免)

县审计局
党组书记、局长 洪瑞强(女)
纪检组长 尹　胜(1月任)
副局长 叶剑军
彭志强(1月任)
周景云(1月任)
殷文肆(1月任)

县领导干部任期经济责任审计办公室
主　任 谭元清(女,4月任)

县政府投资审计中心
主　任 庞建新

县国土资源局
党组书记、局长 肖庆喜
党组第一副书记、副局长
罗亿清(4月免)
党组副书记 钟炳权
纪检组长 彭德强
党组成员、副局长 龙俊武
汤照武(4月任)
邓四红　周伏良
彭宏献
喻　尚(4月免)

县统计局
党组书记、局长
彭海华(4月免)
胡　浪(4月任)
党组成员、副局长 闵爱辉
刘志扬
黎新知(4月免)
邹曙光(4月任)
普查中心主任 刘志红

县安全生产监督管理局
党组书记、局长
周兵山(4月免)
潘志武(4月任)
党组成员、副局长
刘赞清(1月免)
刘腊明(4月免)
秦泽强
欧阳练兵(1月任)
党组成员 盛治国(4月免)
戴　文
唐鹏飞(12月任)

县城乡规划建设局
党组书记、局长
陈伟平(4月免)
杨瑞祥(4月任)
党组副书记、副局长 杨文辉
何昊强
纪检组长 罗杰人(4月免)
黎　毅(4月任)
副局长 褚宏甫　孟友良

县城乡规划服务办公室
主任、党组书记
姚福平(1月免)
刘庆丰(1月任,4月免)
李命文(4月任)
副书记、副主任
杨伟斌(4月免)
刘寿华(4月免)
刘学武(4月任)
副主任 许东山(4月任)
李拥华(女,1月任)

县城市管理和行政执法局
局长、党委书记 丁新军
副局长 杨文辉(1月免)
肖村安
程再文(4月免)
刘文军(4月任,8月免)
张建良(1月免)
黄献文(8月任)
黎艳阳(1月任)
刘爱军(1月任)
纪检组长 廖华中(4月免)
罗文斌(4月任)

县市容环境卫生管理局
党委书记、局长 肖村安

县园林管理局
支部书记、局长 郑泽良(4月免)
姚建武(4月任)

市场服务中心
主　任 胡建云(6月免)
赵雪军(6月任)
支部书记 戴石坚

县爱国卫生运动委员会办公室
主　任 杨向东
副主任 张胜全　肖村安(兼)

县项目工程建设办公室
主　任 黄立志
副主任 吴建龙　孙刚强
卢志平(1月免)
朱爱英(1月任)
易鹏志(4月任)
张　华(4月免)

县重点工程建设办公室
党组书记、主任
喻强辉(4月免)
邓新华(4月任)
副书记、副主任 严万军
副主任 潘兆丰(4月免)
杨正军(4月免)
喻征兵(4月免)
程再文(4月任)
宋光玉(4月任)
童铁军
孙建国(4月任)
党组成员 李兵虎(1月免)
熊灿辉(1月任,4月免)

县人民政府征地办公室
党组书记、主　任
刘旺球(4月免)
喻　尚(4月任)
党组成员、副主任
贺佳芝(4月免)
冯伏坚(4月任)
罗亿新(1月免)
卢　敏(1月任)
党组成员 陶择富

县住房保障局
局长、党委书记
陈杰文(4月免)
陈伟平(4月任)
党委副书记 唐军(1月免)
纪检组长 欧腊梅(女,1月任)
党委委员、副局长
彭海波(1月免)
谢宇波(1月任)
刘　华
何建武(1月任)
严和平(4月免)

刘志成(4月任)
党委委员、工会主席
周卫华(女,1月任)

长沙住房公积金管理中心宁乡县管理部
主任、党支部书记 陈 洪
副主任 谭建明

县城市建设投资集团有限公司
董 事 长 贺立权(8月免)
姚福平(8月任)
总经理 杨瑞祥(4月免)
高波良(8月任)
监 事 长 高波良(8月免)
谢继韩(8月任)
纪检组长 盛治国
副总经理 周兵才(8月免)
陶 泉 吴麒麟
工会主席 姜婕华(女)
党组成员 胡携春

宁乡县国有资产经营有限公司
党组书记、董事长 潘立强
总经理 王泽良
党组成员、纪检组长 刘亚飞
副经理 黄德安
党组成员、副经理
罗杰人(4月任)
胡华武(4月免)

县环境保护局
党组书记、局长 李联明
纪检组长 容胜强(1月任)
副局长 张 杰 陈絮飞
喻毅章(4月免)
张 华(4月任)
杨 华(4月任)
任永霞(1月免)
工会主席 洪志军(4月免)

县农业局
党委书记、局长
姚鹤舜(4月免)
彭力强(4月任)
党委副书记、副局长 陈新德
党委委员、副局长 黎金华(兼)
罗顺民 罗德辉
唐文强(4月免)
刘 宇(4月任)
余良培
党委委员、工会主席
何文姣(女)
县农村工作领导小组办公室党组成员 马子文(1月免)
县农村经济经营管理局党组成员、副局长 谭正文(1月免)

县农业技术推广中心
主 任 罗德辉
副主任 周剑武(1月任)
刘 曲(4月任)

湖南省农业广播电视学校宁乡分校
校 长 余良培

县沙河市场管理办公室
经 理 刘 宇

农业广播电视学校宁乡县分校
校 长 余良培

县烟叶生产指导管理办公室
党组书记、主 任 肖年富
党组副书记、副主任
陶兴武(4月免)
党组成员、副主任 龙宇开
何建武(1月免)
喻灿平(1月任)
副主任 谢志远(4月任)
党组成员 洪国华

县畜牧兽医水产局
局长、党委书记
邓新华(4月免)
周旭文(4月任)
副书记、副局长 谢合光
纪检组长 何 平(1月免)
文 珍(女,1月任,4月免)
谭正文(4月任)
副局长 岳 伟
王 娟(女,4月免)
党委委员 钟正元(4月免)

宁乡县动物卫生监督所
所 长 肖 觉(女)

宁乡县动物疫病预防控制中心
主 任 张英杰

宁乡县牧工商公司
经 理 王斌强

县林业局
党委书记、局长
贺建勋(4月免)
张永胜(4月任)
党委副书记(挂职)
秦岳坤(1月任)
党委副书记 喻曼利(4月免)
纪检组长 喻曼利(4月免)
陈再强(4月任)
副局长 张建良 易建芳
青小华(1月任)
李文斌(1月免)
贺随超(1月免)
刘志成(4月免)
李曙光(4月免)
林权办主任 杨志国

县森林公安局
政 委 刘伟文
局 长 秦岳坤
副局长 罗劲虹 喻湘斌

金洲湖湿地公园管理处
主 任 张建良
副主任 周建平(女) 代会平

县水务局
党委书记、局长 吴利民
党委委员、纪检组长
容胜强(1月免)
彭立平(1月任)
党委委员、副局长 刘建兵
朱拥政 王智勇
龚江波(1月免)
喻起宏(1月任)

县防汛抗旱指挥部办公室
主 任 谢建新(1月任)

县水土保持预防监督局
局 长 唐喜华(1月任)
党支部书记 周湘赣

韶山灌区宁乡县花明楼管理所
所 长 黄学良

田坪水库管理所
所　长　谭　爽

洞庭水库管理所
所　长　刘国强

长沙市黄材水库灌区管理局
党委书记　袁德强
局　长　廖金鹏
纪检组长　王赛楠(1月任)
副局长　姜念东　易福乔
　　黎　明(1月任)
　　邹庆林

县农业机械管理局
局　长、党委书记
　　周旭文(4月免)
　　蒋平波(4月任)
党委委员、副局长
　　袁庆阳　张　胜
　　黄志恒(1月免)
　　罗文斌(1月任,4月免)
　　黄蓉辉(1月任,4月免)
　　李祖武(4月免)
　　廖华中(4月任)
　　刘轶苏(4月任)

县能源服务局
局　长　蔡石蛟(4月免)
　　周定兴(4月任)
副局长　陈放军(4月任)
　　莫华军(4月任)
　　龚江波(1月任,4月免)

县气象局
局长、党组书记
　　张淼文(2月任)
副局长　崔剑峰　陈向晖

县经济和信息化局
局长、党组书记　陈永胜
副局长、副书记
　　刘洪涛(4月任)
纪检组长　袁　欣(1月任)
副局长　赵光辉(4月免)
　　刘文军(4月免)
　　肖　敏(4月免)
　　戴克难(4月免)
　　曾卉敏(女,1月任)
　　曹正旺(12月任)

党组成员、工会主席
　　陈湘楹(4月免)

国网湖南省电力公司宁乡县供电分公司
总经理　宋　琼
党委书记　罗俊伟
营销副经理　罗　宁
纪委书记兼工会主席　蔡　荣
生产副经理　吴　刚

宁乡经济技术开发区
党工委书记　谭小平(7月免)
　　周　辉(12月任)
党工委副书记、管委会主任
　　戴中亚
党工委副书记　黄　瑶
党工委委员、管委会副主任
　　张君来(10月免)
　　刘　辉(1月任)
党工委委员、纪工委书记
　　刘　辉(1月免)
　　袁　钊(1月任)
党工委委员、总工会主席
　　王子进
党工委委员　喻锦东
办公室(党群工作局)主任(局长)
　　曾阳明
办公室(党群工作局)副主任(副局长)兼人才交流服务中心主任
　　余菊香
办公室(党群工作局)副主任(副局长)　谢喜阳
纪工委副书记、纪检监察室主任
　　朱见明
纪检监察室副主任兼政务服务中心主任　唐跃清
投资评审中心主任　周志兵
经济发展局(知识产权局)局长
　　鲁劲松
经济发展局(知识产权局)副局长
　　严秋良
经济发展局(知识产权局)副局长
　　肖建辉
经济发展局(知识产权局)副局长兼创业服务中心主任　宋美纯
招商合作局局长兼项目办主任
　　高旻玲
招商合作局常务副局长　尹　翔
招商合作局副局长　王　茜

招商合作局副局长　吴凌志
规划建设管理局局长兼国有资产经营管理办公室主任、金融证券办主任　李金光
规划建设管理局常务副局长
　　严柏军
规划建设管理局副局长　陈　胜
规划建设管理局副局长　林海军
社会事业局局长　彭欣荣
社会事业局常务副局长　蒋志刚
社会事业局副局长　向　明
社会事业局副局长兼征地拆迁办公室主任　庞振武
财政局局长　谭启良
财政局常务副局长　陶　鉴
财政局副局长兼政府采购与招投标办公室主任　姜舜尧
财政局副局长兼国有资产经营管理办公室副主任　贺术峰
总工会副主席、机关工会主席
　　刘向东

宁乡高新技术产业园区
党工委书记　刘永红
党工委副书记、管委会主任
　　郑　旗
党工委副书记、纪工委书记
　　欧立新
党工委委员、管委会副主任(常务)
　　曾　辉
党工委委员、管委会副主任
　　苏继桃　刘　颖
办公室主任　赵曦芝
纪检监察室主任　邵宝胜
招商合作局局长　向成承
经济发展局局长　潘剑灵
规划建设局局长　姚有明
社会事务局局长　谢启文

金玉工业集中区
党组书记、董事长
　　唐朝晖(8月免)
　　张学秋(8月任)
党组副书记、总经理
　　张学秋(8月免)
　　吴宝林(8月任)
党组成员、监事长
　　吴宝林(8月免)
　　周兵才(8月任)
纪检组长　袁　欣

党组成员、副总经理
贺胜军　陈湘楹
焦胜勇(9月任)

县交通运输局
党委书记、局长　文　斌
副书记、副局长
张慧明(1月任,8月免)
纪检组长
刘毅之(1月任,4月免)
杨旺斌(4月任)
副局长　胡思佳
何永胜(8月任)
欧跃武(4月任)
邹海洋(1月任)
谭强凯(4月免)
殷文肆(1月免)
党委委员　欧阳涌滨

县路政执法局
局　长　胡思佳(兼)
支部书记　刘毅之(4月免)
支部副书记　李庆超(4月任)
副局长　周小妮　朱志为

县交通运输管理所
所　长　周　勇
总支书记　刘海燕

县公路管理站
站　长　胡建云(4月任)
邹海洋(4月免)
支部书记　陶湘军

县公共客运管理局
局　长　戴石坚(1月免)
支部书记　张　鹏

县交通建设质量监督站
站　长　刘建明
支部书记　吴　娟

县公路管理局
党委书记、局长　喻　晓
党委副书记、副局长　余振斌
副局长　唐　华(4月免)
黎正文(1月任)
黄友良
邹庆林(4月免)
孙建国(4月免)

纪委书记、工会主席
黄蓉辉(女,1月免)
党委委员、工会主席
聂新桥(12月任)

湖南龙骧交通发展集团有限责任公司宁乡分公司
经理、总支书记
喻小石(3月免)
匡凌峰(3月任)
总支副书记、工会主席
徐桂林(7月免)
副经理　张志军　成志兵
周俊波(女)
工会主席　张志军(兼)

中国邮政集团公司湖南省宁乡县分公司
总经理、党委书记　何可文
副总经理、工会主席
张　丽(女)
副总经理　李峰彪
薛　冰(3月任)
康　宁(女,12月任)

中国电信股份有限公司宁乡分公司
党委书记、总经理　杨　颖
纪委书记、宁乡东区分局总经理
刘红海
党委委员、宁乡东区分局副总经理　王　艳
党委委员、总经理助理　姜建佳
尹　勇

中国移动通信集团湖南有限公司长沙市宁乡县分公司
总经理　王雄辉
副总经理　符俊安(8月免)
程　军(8月免)
刘国华(8月任)
喻彩斌

中国联合网络通信有限公司宁乡县分公司
总经理　汤周宁
总经理助理　胡　义　张志远

县商务局
局长、党委书记　田奇晖(女)

纪检组长　张旭文
副局长　彭志煌
李贺钊(9月免)
李文斌(1月任)
陈敏芳(4月免)
李赛超(4月任)
党委委员　徐建军

县供销合作社联合社
主任、党委书记　王　坚
副主任　陶春雷(1月免)
唐文兵
曾志超(1月任)
鲁建河(4月免)
夏宏春(4月免)
党委委员　李志坚

县粮食局
党委书记、局长　戴合清
党委副书记、副局长
肖知义(1月任)
党委委员、副局长
朱红兵(1月免)
胡闻天(1月任)
副局长　张湘华(1月任)
党委委员　刘建伟(1月免)

县烟草专卖局(分公司)
局长(经理)
党组书记　陈道颖
副局长　傅俊军
副经理　谢　静(女)
纪检组长　张宁波(女)
副经理　廖　文
经理助理　郭　亮

湖南长沙宁乡石油分公司
经理　叶建军
副经理兼党支部书记　谢　琼
经理(助理)　李　晋　肖赛军

县旅游局
党组书记　朱跃辉
局　长　张超明(1月免)
胡　宇(女,1月任)
党组成员、副局长
欧朝波(4月免)
谷超俊(女)
党组成员　周向波
陈湘(1月免)

国网湖南省电力公司管理培训中心
主　任　宋毅敏
党委书记　谢学渊
副主任　张世勇　丁介群

宁乡沩山风景名胜区开发管理委员会
党组书记　饶世坤
主　任　蒋改平
纪检组长　胡铁文
副主任　喻立新　刘　洪
党组成员　黄　奎(1月免)

香山国家森林公园
党组书记　陈　全(4月任)
党组副书记、主任
王　娟(4月任)
党组成员、副主任
胡华武(4月任)
陈建舟(1月任)
刘　军(4月任)
张亚光(4月免)

炭河里遗址管理处
主　任　文　昊
副主任　熊　胜
黄　奎(1月任)

炭河古城文化旅游投资建设开发有限公司
董事长　杨瑞祥(4月免)
刘庆丰(4月任)
总经理　徐海华(4月任)
监事长　喻征兵(4月任)
副总经理　蒋端明　庞建新
夏晓红　卢跃文

县财政局
党组书记、局长
谭启良(4月免)
王春林(4月任)
党组副书记、副局长　陈正容
纪检组长　何　欣
党组成员、副局长
何永胜(8月免)
赵文波(8月任)
宋赤球
彭志强(1月免)
陈拥军(1月任)
副局长　熊海军
邓湘益(1月免)
党组成员、工会主席
陈拥军(1月免)

县国有资产管理局
局　长　熊海军(兼)

县非税收入管理局
局　长　陈映霞(女)

县乡镇财政管理局
局　长　赵文波(8月免)

县国库集中支付局
局　长　卢秀英(女)

县农业综合开发办公室
主　任　唐文强(4月任)

县政府采购监督管理办公室
主　任　张启文

县财政预决算(投资)评审中心
主　任　易国强

县财政监督检查局
局　长　罗亿平

县财政统发资中心
主　任　刘　颖

县国家税务局
党组书记、局长　张宇新
副书记、副局长　彭向荣
副局长　姜　楠　曹卫平
陈红辉
纪检组长　曾向明

县地方税务局
党组书记、局长　李宇奇
党组成员、副局长
王　群(3月免)
严　明　杨万玄
赖　红(3月任)
党组成员、纪检组长　刘以人
工会主席　刘志强

县金融证券工作办公室
主　任　郑小华(1月免)
卢志平(1月任)
副主任　邹建新(9月免)
黄建龙(9月任)
冯　杰

中国人民银行宁乡支行
党组书记、行长　吴苏林
副行长　杨新兵
纪检组长、工会主席　廖金明

中国工商银行股份有限公司宁乡支行
行　长　许成林
副行长　周德强　张石良
汤之方
纪检委员兼工会主席　周继红

中国农业银行股份有限公司宁乡支行
党委书记、行长　周卫东
党委副书记、副行长
黄均亮(9月免)
党委委员、副行长
杨　勇(5月免)
曹戈江(5月免)
周　晓　熊　滔
郑　强

中国建设银行股份有限公司宁乡支行
行　长　万郑伟
副行长　曾永强　戴湘华
文彦龙
委派主管　傅海燕

中国农业发展银行宁乡县支行
行　长　姜　彪
副行长　伍明文

中国银行股份有限公司宁乡县支行
行　长　董宇辉
副行长　叶　子　朱剑英
姚志伟(挂职)
省分行派驻专职纪检监察员
李素芳

长沙银行宁乡支行
行　长　黄　彦
行长助理　周　燕

湖南宁乡农村商业银行股份有限公司
党委书记、董事长 卢国军
党委副书记、行长 彭 滨
纪委书记、监事长 欧志坚
副行长 李泽义 黄灵芝

中国人民财产保险股份有限公司宁乡支公司
经 理 刘 芳(女)
副经理 陈志刚

中国人寿保险股份有限公司宁乡支公司
经理、党总支书记 肖 凌(女)
副经理、工会主席 罗 强
副经理 周 锋

方正证券股份有限公司宁乡营业部
总经理 李 武

县科学技术局
党组书记、局长
刘建斌(4月免)
黄岳君(4月任)
纪检组长 邹慧明(4月免)
黄胜男(4月任)
党组成员、副局长
何姝仪(4月免)
喻曼利(4月任)
党组成员 桂建科

县科学技术协会
主 席 胡日新
党组书记 胡利元
党组成员、副主席
邓志强(1月免)
谭菊初(1月任)
张爱群(女,4月任)
副主席 周学清(女,1月任,4月免)
戴雪良(1月任,4月免)
詹罗辉(4月任)

县教育局
党委书记、局长 戴晓成
党委副书记、副局长
樊扬(4月免)
文玉华
党委委员、纪检组长 符灿阳
党委委员、副局长 曾曙光
伍学军 喻汉科
陈有余(4月免)
宁乡教育工会主席 刘国强

县职业中专学校
校 长 贺建辉
党委书记 易 勇
党委副书记 赵 欣
副校长 胡跃波(1月任)
周 海(1月任)
副校长兼工会主席 郑志刚
校务委员 沈 平(3月任)
李 波

宁乡一中
党委书记 蔡桂莹
副书记、校长 欧阳才
党委副书记 彭惠才(1月任)
副校长 刘健群(4月免)
刘科中 彭建伦
侯志宏

宁乡四中
党委书记 黎卫华
校 长 刘建军

县文化体育广播电视局
党委书记、局长 喻国军
党委委员、县纪委派驻纪检组组长 陈鹏飞(1月任,4月免)
黄蓉辉(女,4月任)
党委委员、副局长,兼任文化市场综合执法局局长 谭光荣
党委委员、副局长 赵胜强
杨瑞兰(女)
吴 婧(女)
党委委员 陈放军(4月免)

湖南省新华书店有限责任公司宁乡县分公司
书记、经理 郑劲松
副经理 黄艳红 杨长海
彭正洪

县广播电视台
党委书记、台长 易光辉
党委副书记、副台长
刘洪涛(4月免)
党委委员、副台长 刘志勇
欧朝波(4月任)
杨 洋(女,4月任)
杨建明(4月免)
杨平辉(女,4月免)
纪委书记、党委委员、副台长
黎正文(1月免)

《今日宁乡》信息中心
主 任 李锡泉(4月免)
杨伟斌(4月任)
副主任 袁 文 贺小平

县卫生和计划生育局
党委书记、局长 刘晴明
副书记、副局长 刘亮平
纪检组长 颜 剑(1月任)
党委委员、副局长
肖海燕(1月任)
姜 萍(女,1月任)
马志强(1月任)
徐红斌(1月任)
袁新华(1月任)
党委委员 李 建(女,1月任)

原宁乡县卫生局
纪检组长 彭立平(1月免)
副局长 万 胜(1月免)
工会主席 张旭文(4月免)

原宁乡县人口和计划生育局
纪检组长 廖长青(1月免)

县人民医院
党委书记 陈迪辉
副书记、院长 刘俊东

县中医医院
院长 杨曙光
党委书记 黄建强

县疾病预防控制中心
主 任 胡雪良(8月免)
党总支书记、副主任 李雄伟
党组成员、副主任 夏文斌
彭智勇 汤星余
党组成员、工会主席 曾 孜

县精神病医院
支部书记 喻德明
院 长 文红军

县妇幼保健计划生育服务中心
总支书记、副主任(副院长)
陆国斌
主任(院长) 胡雪良

县民政局
党委书记、局长
陶文良(4月免)
喻宏建(4月任)
党委委员、纪检组长
喻湘波(1月任)
党委委员、副局长 黄海泉
刘甲初(1月免)
唐 军(1月任)
党委委员、工会主席
姜得意(1月免)
党委委员、副局长
姜得意(1月任)

县双拥工作领导小组办公室
主 任 李元生

县老龄工作委员会办公室
副主任 王力支

县救助管理站
站 长 肖 华
党支部书记 曾志军

县军队离退休干部休养所
所长、党总支书记
郑海军(1月任)

县社会救助局
局 长 李新华
党支部书记 赵国良

县移民开发管理局
局 长 熊正明(4月免)
李志勇(4月任)
副局长 邹建新(9月任)
喻湘波(1月免)
黄建龙(1月任,9月免)
姜跃兵(4月免)

县民族宗教事务局
局 长 胡 宇(1月免)
张超明(1月任)
党组书记 陈甘泉(4月免)
姜跃兵(4月任)

副局长 李赛超(4月免)
吴东跃(4月任)

道林镇
党委书记 潘志国
党委副书记、镇长 陈 浩
副书记 周 勇(1月免)
谢勇军(1月任)
副书记、人大主席 张新华
党委委员、政协工作联络处主任、
副镇长 宋光玉(4月免)
彭海波(4月任)
党委委员、纪委书记
袁胜泉(1月任)
党委委员、组织委员
陶 浊(4月免)
荆红叶(4月任)
党委委员、副镇长
张文宏(4月任)
张亚光(4月任)
副镇长 贺虎(4月免)
陈婴(4月免)
孟曙光(4月任)
人大副主席 张文宏(4月免)
谭 饶(4月任)

大屯营镇
党委书记 陈志武(4月免)
蒋 宇(4月任)
副书记、镇长 曹一航
副书记 傅大成(4月任)
副书记、人大主席
何卫斌(4月免)
党委委员、人大主席
文 献(4月任)
党委委员、政协工作联络处主任、
副镇长 袁 琳
副书记 唐超群(4月免)
周晶晶(4月免)
党委委员、纪委书记
彭 敏(4月免)
周 竟(4月任)
党委委员、组织委员
姜小平(4月任)
党委委员、副镇长
李湘辉(4月免)
贺志亮(4月任)
胡志卓(4月任)
副镇长 傅大成(4月免)
郭郁姿(1月任)

人大副主席 熊坤明(1月免)
刘 智(4月任)

花明楼镇
党委书记 张立金
副书记、镇长 叶刚毅
副书记 谭燎华(4月免)
杨望伟(4月免)
任永霞(4月任)
党委委员、人大主席 杨望伟
党委委员、政协联络工作负责人
谭子成
党委委员、纪委书记
贺实余(1月任)
党委委员、组织委员
文 勇(4月任)
党委委员、副镇长
彭春明(1月免)
贺实余(1月免)
刘朝晖(1月任)
李记为(1月任)
刘伟强(4月免)
谭子成(4月任)
陈伟军(4月任)
副镇长 廖志红(1月任)
人大副主席 陈伟军(4月免)
李立红(4月任)

东湖塘镇
党委书记 胡君安(4月免)
肖冠雄(4月任)
党委副书记、镇长 左立平
党委副书记、工会主席
杨伟军(4月免)
黄颖娟(4月任)
党委委员、人大主席
彭海龙(4月免)
余树强(4月任)
党委委员、政协联络处主任
肖福仓(4月免)
唐 华(4月任)
党委委员、纪委书记
刘永宏(1月免)
李 伟(1月任)
党委委员、组织委员
陈 康(1月免)
龚江波(4月任)
党委委员、副镇长
黄颖娟(4月免)

刘伟强(4月任)
艾志军(1月任)
副镇长　邹文平(1月免)
易爱媛(4月免)
杨　黛(4月任)
人大副主席　戴碧江(1月免)
钟广兵(4月任)

夏铎铺镇
党委书记　孙春华(8月免)
李锷华(8月任)
党委副书记、镇长
邓作平(4月免)
李　纯(4月任)
党委副书记　龚学军(4月免)
李加强(4月免)
杨靓文(1月免)
谭　姣(4月任)
党委委员、人大主席　周泽文
党委委员、政协联络处主任
郝德芳
党委委员、纪委书记
陈红兵(1月免)
高谷良(1月任)
党委委员、组织委员
唐志尧(1月任)
党委委员、副镇长　刘金文
贺超前(1月免)
邓湘益(9月辞职)
戴碧江(9月任)
副镇长　李拥华(1月免)
谢　红(1月任)
人大副主席　丁旭文(4月免)
刘德民(4月任,9月免)
成小平(9月任)

金洲镇
党委书记　王　辉
副书记、镇长　童志国
党委副书记　周杰文(1月免)
罗集华(1月任,4月免)
唐　鹏(4月任)
党委委员、人大主席　童佩祥
政联处主任　孙尚文(4月免)
张建良(4月任)
党委委员、纪委书记
谭　果(1月免)
谈　超(1月任)
党委委员、组织委员
贺粤湘(1月免)
贺湘锋(1月任)
党委委员、副镇长
段尚明(4月免)
刘朝晖(4月任)
任　晖
副镇长　段志斌(4月免)
肖兵华(4月免)
李文杰(4月任)
人大副主席　贺爱中(4月免)
潘吉斌(4月任)

双江口镇
党委书记　谭正林(4月免)
胡君安(4月任)
副书记、镇长　何　冰(4月免)
黄志刚(4月任)
党委副书记　刘　宇(4月免)
周　勇(1月任)
肖永忠(4月任)
副书记、人大主席
刘鹏程(4月免)
黄荣国(4月任)
党委委员、政协工作联络处主任、副镇长　王新良
党委委员、纪委书记
熊建兵(1月免)
袁　义(1月任)
党委委员、组织委员
廖曙光(4月免)
喻　波(4月任)
党委委员、副镇长
陶清洋(1月免)
廖曙光(4月任)
李湘辉(4月任)
姜　顺
副镇长　王　林(女)
潘　杰(4月免)
任永霞(1月任,4月免)
李　薇(女)
人大副主席　钟朝辉(4月免)
李术光(4月任)

菁华铺乡
党委书记　石启明
副书记、乡长　黄志刚(4月免)
彭海龙(4月任)
党委副书记　马海潮
钟云华(4月免)
党委委员、人大主席　黄云辉
党委委员、政协工作联络处主任、副乡长　谢意鹏
党委委员、纪委书记
胡闻天(1月免)
熊建兵(1月任)
党委委员、组织委员
李　智(1月免)
喻　斌(1月任,4月免)
罗　杰(4月任)
党委委员、副乡长
王义飞(4月免)
喻　斌(4月任)
张仕明(4月任)
副乡长　王献忠(1月免)
肖永忠(1月任,4月免)
杨大林(1月免)
罗　杰(1月任,4月免)
陈　婴(4月任)
人大副主席
张仕明(4月免)
张寿平(4月任)

煤炭坝镇
党委书记　王春林(4月免)
宋　强(4月任)
党委副书记、镇长　贺　伟
党委副书记
李　庆(女,4月免)
黄　果(4月免)
陈有余(女,4月任)
党委委员、人大主席
李　庆(女)
党委委员、政协联络处主任
黄　剑
党委委员、纪委书记
李　智(女,1月任)
党委委员、组织委员
高令香(1月免)
周　敏(1月任)
党委委员、副镇长
吴东跃(4月免)
陈　勇(4月任)
刘　涌(4月任)
副镇长　杨大林(1月任)
袁国命(4月免)
人大副主席　张跃明(4月任)

回龙铺镇
党委书记　李　磊(8月免)
张湘桥(8月任)

党委副书记、镇长 罗 健
党委委员、人大主席 蒋建国
党委委员、副镇长、政协联络工作负责人 程再强
党委委员、纪委书记
王赛楠(1月免)
高令香(1月任)
党委委员、组织委员 刘永强
党委委员、副镇长
杨志国(1月免)
周国宁(4月任)
贺胜军
唐文滔(4月任)
副镇长 邹建伟
人大副主席 贺胜军(4月免)
姜小平(4月任)

坝塘镇
党委书记 王东波
副书记、镇长 张建元(4月免)
宋太军(4月任)
副书记 张建军(1月任)
黄献文(4月任,9月免)
蒋建华(9月任)
党委委员、人大主席 张 征
党委委员、副镇长、政协工作联络人 刘厚良(4月免)
黄昆明(4月任)
党委委员、纪委书记 姜 玲
党委委员、组织委员 凌金玉
党委委员、副镇长 陈森林
谢鹏(1月免)
黄献文(4月免)
彭 敏(4月任)
李新剑(4月任)
副镇长 赵国良(4月免)
杨 黛(4月免)
周志华(4月任)
易爱媛(4月任)
人大副主席 王有为(1月免)
熊坤明(1月任,4月免)
王啸岚(4月任)

资福镇
党委书记 肖玉华
党委副书记、镇长
李命文(4月免)
罗集华(4月任)
党委副书记 胡铁强(4月免)
秦 军(4月任)
人大主席 许剑祥(4月免)
欧保明(4月任)
政协联络办主任
丁建斌(4月免)
秦 军(4月任,9月免)
黄光辉(9月任)
纪委书记 卢果丰(1月任)
党委委员 王玉元(4月免)
任 纯(4月任)
党委委员、副镇长
姚雨秋(4月免)
喻拥军(4月任)
杨永常(9月任)
副镇长 冯亮(1月免)
贺随超(1月任)
人大副主席
杨永常(4月任,9月免)
陈季青(9月任)

灰汤镇
党委书记 张湘桥(8月免)
邹志平(8月任)
副书记、镇长 孙 勇(4月免)
黄 果(4月任)
副书记 熊佑武(1月任)
袁暑山(4月免)
冯 亮(4月任)
党委委员、人大主席
吴胜其(9月免)
徐 文(9月任)
党委委员、政协处主任、副镇长
喻尽忠
党委委员、纪委书记 谢志强
党委委员、组织委员
曾勇备(4月免)
潘海军(4月任)
党委委员、副镇长
吴宝林(4月免)
冯 亮(1月任,4月免)
尹 胜(1月免)
周宇燕
江 波(1月任)
黄俊峰(4月任)
副镇长 黎艳阳(1月免)
廖志红(1月免)
李茂桥
黄俊峰(1月任,4月免)
邹 鑫(4月任)
谢 宇(4月任,8月免)
唐 强(8月任)
人大副主席 谢 宇(4月免)
易 海(4月任)

湖南长沙灰汤温泉国际旅游度假区管理局
党组书记 李志敏
局 长 易怀念(女)
副书记 欧子强
副局长 李 龙
招商引资科科长
周宇燕(女,兼)
地热资源科科长
江 波(女,兼)
办公室主任 彭 舜(兼,4月任)
办公室副主任 朱学清

双凫铺镇
党委书记 肖冠雄(4月免)
何 冰(女,4月任)
副书记、镇长 汤照武(4月免)
欧旭东(4月任)
党委副书记 杨伟军(4月任)
人大主席 戴文明
政联处主任 银宝龙(4月免)
肖福仓(4月任)
纪委书记 奉旨亨(1月任,4月免)
贺朝前(4月任)
党委委员、组织委员
贺军辉(4月任)
党委委员、副镇长
王有为(1月任)
周典范(4月任)
副镇长 喻斌(1月免)
陈竞芳(1月免)
李友明(女,1月任)
人大副主席 陈伏文(4月任)

大成桥镇
党委书记 喻宏建(4月免)
彭海华(4月任)
党委副书记 文 献(4月免)
邓 毅
党委委员、人大主席 黄卫红
党委委员、政协联络处主任、副镇长 商利军
党委委员、纪委书记
罗新华(1月免)
喻仕清(1月任 4月免)
姚雨秋(4月任)

党委委员、组织委员
唐可夫(4月任)
党委委员、副镇长
莫华军(1月免)
唐可夫(1月任,4月免)
王宁波(4月任)
贺达勋(9月免)
刘德民(9月任)
副镇长 李志光
蔡友良(1月任4月免)
人大副主席 黄光辉(4月免)
吴海兵(4月任)

喻家坳乡
党委书记 张四明(女)
党委副书记、乡长 王 军
党委副书记 谈江波(4月免)
刘伟强(4月任)
党委委员、人大主席 隆友鹏
党委委员、政协联络处主任
贾命春(4月免)
喻胜祥(4月任)
党委委员、纪委书记
龚文生(1月免)
陈 康(1月任)
党委委员、组织委员
张 燕(4月免)
张云开(4月任)
党委委员、副乡长
肖永忠(1月免)
张智勇(1月任)
谢 明(4月任)
副乡长 戴碧锋
人大副主席 袁 欣(4月免)
何 丹(4月任)

老粮仓镇
党委书记 蒋 宇(4月免)
孙 勇(4月任)
党委副书记、镇长
文再明(4月免)
朱洪波(4月任)
党委副书记、人大主席
钟建军(4月免)
党委副书记 张子亿
党委委员、人大主席
钟云华(4月任)
党委委员、政协联络处主任、副镇长 黄昆明(4月免)
罗灿军(4月任)
党委委员、纪委书记
李 华(4月免)
卢利平(4月任)
党委委员、组织委员
贺湘锋(4月免)
胡胜兰(4月任)
党委委员、副镇长
罗灿军(4月免)
钟朝辉(4月任)
万 胜
副镇长 罗君辉(4月免)
龚 峻(4月任)
人大副主席 李建伟(4月免)
刘定江(4月任)

流沙河镇
党委书记 成 亮
镇 长 陈 鑫
党委副书记 刘伟强(4月免)
陈 敏(4月任)
党委委员、人大主席
欧保明(4月免)
周宏斌(4月任)
党委委员、副镇长、政协联络处主任 喻胜强(4月免)
龙凤明(4月任)
党委委员、纪委书记
尹红波(1月免)
谢 鹏(1月任)
党委委员、组织委员
洪方圆(女,4月任)
党委委员、副镇长
尹拥军(1月任)
张宁博
副镇长 龚 峻(4月免)
罗君辉(4月任)
人大副主席 刘甲波(4月任)

青山桥镇
党委书记 彭力强(4月免)
杨新貌(4月任)
党委副书记、镇长
杨新貌(4月免)
丁吉志(4月任)
党委副书记 胡志辉
党委副书记、人大主席
杨 斌(4月免)
李 明(4月任)
党委委员、政联办主任、副镇长
谢海军
纪委书记 李 勇(1月任)
党委委员 任 纯(女,4月免)
蔡 敏(女,4月任)
党委委员、副镇长
李 华(4月任)
周 曙(4月任)
副镇长 李干群(4月免)
陈 胜(4月任)
人大副主席 王 科(4月免)
邓 博(4月任)

横市镇
党委书记 周泽秋(8月免)
戴金波(8月任)
副书记、镇长 贺向阳
副书记 宋国良(4月免)
左志华(4月任)
人大主席 沈迪斌
党委委员、政协联络处主任、副镇长 尹红波(4月任)
党委委员、纪委书记
谢 宇(4月免)
陈 骁(4月任)
党委委员、组织委员
蔡运辉(4月免)
黎 宇(4月任)
党委委员、副镇长
蔡志伏
张 俊(4月任)
副镇长 曾志超(1月免)
陈 骁(1月任,4月免)
姚正端(4月任)
人大副主席 喻亚雄(4月任)

黄材镇
党委书记 叶 辉
副书记、镇长 朱文祥
党委副书记 张子亿(1月免)
徐海华(1月任,4月免)
陶 浊(4月任)
副书记、人大主席 蒋正科
政联处主任 刘 飞
党委委员、纪委书记
卢国丰(1月免)
左志华(1月任,4月免)
汤红英(女,4月任)
党委委员、副镇长
卢跃文(1月任)
贺军辉(4月免)

党委委员、组织委员
卢利平（4月免）
颜顶元（4月任）
副镇长　姚正端（4月免）
唐业华（4月任）
李干群（4月任）
人大副主席　邓　坤（4月任）

沩山乡
第一书记　蒋改平（挂职）
党委书记　黎国君
乡　长　曾含玲（4月免）
段志斌（4月任，9月免）
刘　飞（9月任）
党委副书记　周宏斌（4月免）
方国胜（4月任）
党委委员、人大主席
贺俊军（4月任）
党委委员、政协联络处主任、副乡长　陈天亮
党委委员、纪委书记
刘为良（4月免）
周国强（4月任）
党委委员、组织委员
彭　波（4月任）
党委委员、副乡长
彭春明（1月任）
王　科（4月任）
副乡长　李逢钦
人大副主席　刘　军（4月免）
易开明（4月任）

巷子口镇
党委书记　邹志平（8月免）
喻林义（8月任）
党委副书记、镇长　唐　正
党委副书记　严　玲（4月任）
党委副书记、人大主席
余树强（4月免）
贾命春（4月任）
党委委员、政协工作联络处主任、副镇长　杨述红（4月免）
戴奔奇（4月任）
党委委员、组织委员
杨述红（4月免）
李建华（4月任）
纪委书记　陈　勇（4月免）
黄勇华（4月任）
党委委员、副镇长
唐　鹏（4月免）
陈义军（1月任）
贺爱中（4月任）
副镇长　肖　滨（4月免）
戴凯军
人大副主席　黄勇华（4月免）
王晓东（4月任）

龙田镇
党委书记　宋　强（4月免）
熊佑新（4月任）
党委副书记、镇长　王万军
党委副书记　徐海华（4月免）
张　炜（4月任）
党委委员、人大主席　李旭东
党委委员、副镇长、政联处主任
贺星宇
党委委员、纪委书记
喻拥军（4月免）
荣　毅（4月任）
党委委员、组织委员
叶　超（4月任）
党委委员、副镇长
黄腾飞（4月免）
贺达勋（4月任）
邓智勇（4月任）
副镇长　戴碧江（1月任，4月免）
邹　培（4月任）
人大副主席　刘赛兰（4月任）

沙田乡
党委书记　徐志平
党委副书记、乡长　颜志强
党委副书记　张建军（1月免）
贺粤湘（1月任）
党委委员、人大主席
黄荣国（4月免）
谈江波（4月任）
党委委员、政联处主任、副乡长
龙凤明（4月免）
张　燕（4月任）
党委委员、纪委书记
高谷良（1月免）
陈　敏（1月任，4月免）
马子文（4月任）
党委委员、组织委员
黄巧珍（4月任）
党委委员、副乡长
胡跃波（1月免）
曾亮明（1月任）
肖正乾（4月任）
副乡长　谢　红（1月免）
黄　勇（1月任）
人大副主席　彭占平（4月任）

白马桥街道
党工委书记　欧正坤
办事处主任　张莹（女，12月免）
党工委副书记　易　维（4月免）
丁吉志（4月免）
张新灿（4月任）
袁国命（4月任）
党工委委员、人大工委主任
张红斌
政联处主任　张宜斌（4月免）
党工委委员、政协联络处主任、办事处副主任　孙尚文（4月任）
党工委委员、纪工委书记
易志华
党工委委员、组织委员
胡艳红（女）
党工委委员　熊灿辉（1月免）
胡　鹏（1月任）
党工委委员、办事处副主任
戴克难（4月任）
黄勇强（4月任）
夏宏春（4月任）
办事处副主任　唐志尧（1月免）
喻剑兵（1月任）
人大副主席　吴义军

历经铺街道
党工委书记　文　平（8月免）
李　磊（8月任）
党工委副书记、街道办事处主任
李鄂华（8月免）
张慧明（8月任）
党工委副书记、人大工委主任
彭建兵（4月免）
党工委副书记　刘肯登
何泽波（女）
党工委委员、人大工委主任
何卫斌（4月任）
政协联络工作负责人　唐咏煌
党工委委员、政协联络工作负责人　刘鹏程（4月任）
党工委委员、纪工委书记
黄向明（4月免）
龚学军（4月任）
党工委委员、组织委员
杨述红（女，4月任）

党工委委员
周清洋(1月任)
彭　丹(女,1月免)
党工委委员、办事处副主任
刘　超　郭顺才
办事处副主任　谭新华(4月免)
刘志江(4月任)
蔡友良(4月任)
人大工委副主任
周国强(4月免)
钟正元(4月任)

城郊街道
党工委书记　彭欣荣(4月免)
谭正林(4月任)
党工委副书记、街道办主任
高建阳
党工委副书记　彭志武(4月免)
张凤超
谭燎华(女,4月任)
党工委委员、人大工委主任
许立华(4月免)
潘　杰(4月任)
党工委委员、政协联络处主任、办事处副主任　王国荣(4月免)
刘厚良(4月任)
党工委委员、纪工委书记
刘巡湘(4月免)
黄向明(4月任)
党工委委员、组织委员
熊灿辉(4月任)
党工委委员、街道办副主任
黄勇强(4月免)
贺再春(4月任)
李加强(4月任)
办事处副主任　喻剑兵(1月免)
陈立波
杨　柳(女)
人大工委副主任
张爱群(1月免)
黄腾飞(1月任)

玉潭街道
党工委书记　王海潮
党工委副书记、街道办主任
喻林义(女,8月免)
党工委委员、副书记、人大工委主任　范春林(4月免)
政协工作联络处主任
胡强辉(4月免)
党工委副书记　文再明(1月免)
胡　浪(1月任,4月免)
阳凤斌(4月任)
邹铁军(4月任)
党工委委员、人大工委主任
易　维(4月任)
党工委委员、政协联络处主任、街道办副主任　袁暑山(4月任)
党工委委员、纪工委书记
阳凤斌(4月免)
党工委委员、副主任
邹铁军(4月免)
党工委委员、纪工委书记
曾跃武(4月任)
党工委委员　黎灿辉(4月任)
周国宁(女,4月免)
胡建云(兼,4月免)
党工委委员、街道办副主任
唐超群(4月任)
刘巡湘(4月任)
谭新华(4月任)
街道办副主任　曾跃武(4月免)
黎灿辉(4月免)
周术林(1月任)
王　书(1月任)
人大工委副主任
刘为良(4月任)

大 事 记

1月

1月5日 政协宁乡县第十一届委员会第五次全体会议在县会议中心开幕。

1月6日 县第十六届人民代表大会第五次会议在县会议中心隆重开幕。会议由县人大常委会主任贺应辉主持,县委副书记、县长周辉代表县人民政府向大会作工作报告。

1月8日 益阳市委书记胡忠雄率党政代表团到宁乡县考察新型工业化、园区和项目建设相关情况。

1月9日 宁乡经开区举行“魅力蓝月谷·精彩十三五”重点项目集中签约仪式。此次签约项目共计30个,合同引资总金额超300亿元。

1月12日 环保部华南督查中心副主任袁道凌和国家发改委价监局副处长桑毅一行对宁乡县2015年的减排工作进行现场核查,环保部督查组充分肯定了宁乡县减排工作。

1月15日 宁乡县“市民之家”PPP项目合作协议签约。“市民之家”项目是在宁乡县实施的首例PPP模式的项目,由湖南建工集团承建。该项目总投资4.7亿元,总建筑面积5.6万平方米,项目自2015年11月底动工。

1月18日 市政协副主席刘明理率市政协港澳委员一行,对宁乡县县域经济发展及园区建设等情况进行了实地考察。

1月20日 民进长沙市委主委李平一行到宁乡县,召开民进宁乡县工委政治交接座谈会。会议通报新一届工委班子成员人选,张超明任民进宁乡县工委新一届主委。

1月21日 中国城市规划设计研究院副总工程师孔令斌率中国城市规划设计研究院深圳分院、上海分院相关负责人一行到宁乡县调研城镇体系规划编制工作。

1月21日至4月30日 宁乡县开展卫生计生服务群众“百日行”活动,加强违法生育隐患排查,着力推进生育节育关怀服务。

1月29日 宁乡县举行“千手”爱心驿站启动仪式,“千手”爱心热线、“千手”爱心驿站、“千手”爱心基金系列平台正式启动。

1月 玉潭街道楚沩社区被评为“2015年省级充分就业社区”。

▲ 国家发改委、科技部、财政部、国土资源部、环保部、住建部、水利部、农业部与国家林业局联合发文,公布全国第二批生态文明先行示范区建设地区名单,宁乡县被列入其中。

▲ 谢觉哉故居展示利用工程立项获国家文物局批准。

2月

2月3日 宁乡县召开2015年度政风行风千人测评大会,参评单位达到116个,基本实现全覆盖。

2月20日 国产首台世界级水平的医药无菌生产智能机器人在楚天科技成功下线,随后启运发往美国纽约,参加美国国际制药工业展。

2月24日至26日 2016中国食业家、农业家、商业家年会在宁乡经开区举行。

2月25日 长沙大河西农产品物流中心推介招商签约活动在中国食品产业三大年会上举行。京东与县政府农村电子商务领域开展战略合作,“大河西”作为第三方承接县政府与京东的战略合作。

2月26日 两个世界500强企业:中民金融投资管理有限公司和中钢设备有限公司区域总部项目一齐落户宁乡高新区。

2月29日至3月1日 市政府联合课题组到宁乡县调研加快特色小镇发展工作。课题组一行先后前往夏铎铺、花明楼、沩山、灰汤、金洲等乡镇,实地调研了宁乡县特色小镇发展情况。

2月 省林业厅发文通报“绿色湖南——秀美村庄建设示范村”评选结果,宁乡县菁华铺乡陈家桥村入选。

3月

3月4日 长沙市经济和信息化工作会议召开,宁乡位列全市加速推进新型工业化工作优秀单位第一名,同列优秀单位的还有宁乡经开区管委会及宁乡高新区管委会。

3月7日 县人社局劳动人事争议仲裁院对宁乡县首例竞业限制劳动争议仲裁案进行裁决。

3月8日 宁乡县政府与长沙银行举行重大项目融资对接会,双方就保障重大项目建设融资需求达成了共识。

3月10日 省检察院党组副书记、副检察长卢乐云一行到宁乡县调研司法体制改革工作相关情况。县委书记谭小平，县委副书记、县长周辉，县领导刘平、彭韬参加活动。

3月11日　由县政府办牵头，县市场和质量监督管理局、法院、人社局、规建局、国税局、环保局、地税局等作为责任单位，开展第一期诚信红榜及失信黑榜名单公示活动。经过各成员单位联审共推荐第一期诚信红榜名单208家，失信黑榜名单67家。

3月18日　省委书记、省人大常委会主任徐守盛，省委副书记、省长杜家毫等省市领导到宁乡县夏铎铺镇香山社区公园，与广大干部群众一道参加义务植树活动。

3月27日　宁乡县与湖南大学岳麓书院签订《关于保护发展张浚张栻思想框架协议》，标志着岳麓书院与宁乡县共同携手弘扬湖湘文化。

3月29日　全省公安刑事技术现场观摩活动走进宁乡，副省长、省公安厅厅长黄关春率各市、州公安局长和公安代表等观摩宁乡县公安局刑事科学技术室。县委副书记、县长周辉，县委常委、政法委书记刘平，副县长、公安局党委书记、局长章晓波参加观摩。

▲　由市委副书记、市长胡衡华带队的招商团前往珠海，与格力集团签订合作协议，格力集团将在宁乡经开区继续布局智能化、自动化、高端化的大型商用空调、智能机器人等项目，总投资过30亿元，项目规划用地约66.67公顷。

3月　全省"秀美林场"建设工作座谈会在青羊湖林场召开，就"秀美林场"建设和森林康养基地建设等工作进行研讨。国家林业局场圃总站总站长杨超，省林业厅党组成员、副厅长柏方敏，副县长刘俊武，全省14个市州林业局的相关领导和18个重点林场的主要负责人参加活动。

▲　依据北京大学博雅计划、清华大学领军计划2015年资格初审的数据显示，由两校认定的湖南高中名校一共12所，宁乡一中名列第十位。

▲　花明楼镇农技站被全国农业技术推广中心评为全国五星服务乡镇农技推广机构，流沙河镇农技站被湖南省农委评为湖南省五星级服务乡镇农技推广机构。

4月

4月6日　宁乡县举行2016年全域旅游发展大会暨旅游年开幕式，率先全省推动全域旅游。会上，宁乡县与安徽黟县、江西婺源、河南登封、湖北秭归、贵州镇远六县(市)行政负责人聚首并宣布"华中六郡"旅游联盟成立。

4月15日　省委统战部常务副部长、同心工程综合协调办公室主任谭平，团省委书记汤立斌、市委统战部常务副部长刘映群等一行到宁乡，对长沙大河西农产品物流创业园授予省级"同心园区"牌匾。

4月19日　省考古所在宁乡县大屯营镇狮北村考古工地举行考古成果媒体发布会，介绍了狮北墓群考古的重大收获，展示了考古发掘成果。考古现场13座已经发掘的汉代墓葬和150多件文物公之于众。

4月26日　宁乡县"两路一片"棚户区改造项目建设动员会举行。此项目着力拉通人民北路，打通交通"断头路"，打造颇具古色古韵的玉潭老街。

▲　县人大常委会第二十六次会议全票通过《关于提请审议〈关于加强自然生态保护的决定〉的议案》，标志着宁乡县在自然生态保护方面有了一个具有法律约束力的规范性文件。

4月29日　长沙市征拆系统"雁过拔毛"式腐败问题专项整治暨学习交流会在宁乡县召开。

4月　省纪委副书记李政科，市委常委、市纪委书记李军一行调研宁乡县纪检监察工作。县委书记谭小平，县委常委、纪委书记张武参加相关活动。

▲　副省长张剑飞，市委常委、副市长张迎春一行到宁乡县，实地调研新材料产业发展情况。县委书记谭小平，县领导戴中亚、周辉、刘永红、彭韬、冯智君参加调研。

▲　宁乡经开区携手中国新四板第一服务商——前海智媒，举办园区首届资本论坛暨企业挂牌前海新四板上市服务签约仪式。

▲　宁乡县美丽乡村建设现代农机推广演示会在大成桥镇鹊山村举行，省农机局党组书记、局长王罗方，县委副书记、县长周辉，县领导闵志平、刘俊武、杨志武、胡长，以及相关部门单位负责人、农机大户、机插秧大户参加活动。

▲　省政府副秘书长、市委副书记、湘江新区管委会主任虢正贵率领2016年湘江新区重点项目建设观摩组到宁乡经开区中建科技项目现场进行考察。谭小平、戴中亚、周辉、刘永红、彭韬、刘辉等县领导参加活动。

▲　宁乡县著名的抗日遗址银花桥建设通过验收，在"五一"前正式与游人见面。银花桥位于宁韶线夏铎铺镇凤桥社区境内，它见证了日军投降的历史性时刻。

5月

5月3日至5日　中央农村工作领导小组副组长袁纯清深入宁乡县，就农民增收工作进行专题调研。

5月4日　宁乡县召开纪念"五四"97周年暨寻找"好青年好少年"活动总结表彰大会，县领导邓杰平、汤智斌、黄瑶、彭曦明、钟利仁、李纯出席活动并为首届"宁乡好青年"和"宁乡好少年"颁奖。

5月7日　宁乡经开区举办中国(湖南)·俄罗

斯"湘品入俄"国际贸易交流会暨"2016 蓝月谷之夏活动季"启动仪式，共同打造中俄进出口贸易的大通道。

5月10至12日 台湾中天亚洲电视台记者和台湾《旺报》记者到宁乡进行专题采访，重点记录宁乡在实力园区、新型城镇和美丽乡村等方面的建设成就。国台办海峡两岸出版交流中心媒体部副主任刘兆强和省、市台办有关领导参加活动，宁乡经开区党工委书记、县委书记谭小平接受台湾媒体记者的采访。

5月11日 省委常委、市委书记易炼红来到宁乡县，就宁乡"十三五"开局、发展状态、干事氛围、民生改善等经济社会发展情况进行调研。

▲ 县工商业联合会(总商会)召开第十五次会员代表大会。会议投票选举产生了县工商业联合会(总商会)第十五届执行委员会委员，以及常务委员和领导班子。曾含玲当选工商联主席、总商会会长。

▲ 在香港举行的湖南对接一带一路海外融资(香港)洽谈会上，宁乡县交通 PPP 项目与中国建筑第五工程局有限公司成功签约。此项目总规模达到58.77 亿元，总建设里程约 343 公里，包括国省 302 公里 12 条干线公路和 41 公里的 13 条园区市政道路等 25 个项目，是宁乡县最大的政投项目，也是全省首家干线公路"PPP"融资项目。

5月13日 在第十二届中国(深圳)国际文化产业博览交易会上，县政府与大唐西市文化艺术品中央商务中心有限公司、湖南省文化艺术产业集团签订战略框架协议，规划总投资 100 亿元的"湖南文化城"项目将在宁乡高新区建设。

5月15日 山东省肥城市政协主席何敬鹏一行到宁乡县考察文化产业相关情况。

5月18日 宁乡县首届"十大功勋企业家"座谈会举行，杨振等 10 名企业家获评"十大功勋企业家"。

5月19日 由湖南省旅游局、湖南省文明办、湖南省网信办主办，湖南各市州旅游局协办，湖南红网执行，宁乡县关山古镇景区全程主冠名的 2016 年"中国旅游日"湖南分会场活动暨中国旅游网络媒体湖南行活动在关山正式开启。

5月20日至22日 县委书记谭小平率领宁乡县党政代表团，赴贵州省仁怀市和遵义市红花岗区学习取经，考察城乡精美建设精细管理、美丽乡村建设工作。

5月23日 宁乡县 2013 年以来新提拔干部轮训班(第一期)开班。县委常委、组织部长、统战部长汤智斌参加活动并讲话。

5月24日 宁乡县举行首个渣土车停车场启用仪式，县委书记谭小平，县委副书记、县长周辉出席仪式。县渣土车停车场位于宁乡大道高速公路出口往朱良桥方向 200 米，停车位 104 个。

5月26日 宁乡正式与湖南首支篮球俱乐部—湖南勇胜篮球俱乐部签署战略合作协议，宁乡文体中心正式成为"勇胜"主场。

5月28日 全球首条 PIP 示范生产线在位于宁乡高新区的红宇新材投产，标志着该企业以世界领先的技术将电镀铬污染难题成功破解。省环保厅厅长刘尧臣，市委常委、副市长张迎春，市政协副主席彭继球，县委副书记、县长周辉，县委常委、宁乡高新区党工委书记刘永红出席投产仪式。

5月 宁乡县破获了一起自新环保法实施以来全省首例特大跨省，并由公安部、环保部联合督办的环境污染案，涉危险废物达 200 多吨，非法倾倒区域跨湖南、江西两省，涉案人员 18 人。

6月

6月1日 格力电器大型中央空调项目开工暨见证长沙格力首台家用空调下线活动在宁乡经开区格力电器综合生产基地举行。易炼红、张剑飞等省市县领导与格力电器董事长、总裁董明珠一同见证了长沙格力第一台家用空调下线。

6月3日 全省烟草援建水源工程建设工作推进会在宁乡县召开，全体与会代表前往横市镇铁冲水库实地调研项目建设管理情况，学习宁乡经验。

6月15日 县委书记谭小平率领县四大家领导前往长沙市廉政警示教育基地，接受党风廉政警示教育。

6月17日 "尚德守法·共治共享食品安全"消费体验活动在宁乡县举行。活动由省工商行政管理局、省消费者委员会、县市场与质量监管局、县消费者委员会联合举办。

6月18日 由县委、县政府携手芒果娱乐天娱广告、金鹰卡通共同打造的 2016 年宁乡沩山麦咭音乐嘉年华盛大开幕!

6月21日 由韩中职业教育开发院主办、宁乡职业中专承办的"韩湘职业院校师生联谊会"在县职业中专举行，来自韩国敬仁女子大学、韩国龙仁松潭大学的 40 多名师生，以及宁乡职业中专全体师生齐聚一堂，深入开展联谊交流。

▲ 宁乡县炭河古城文化旅游投资建设开发有限公司与宋城演艺签约，双方合作的宋城·宁乡炭河里文化主题公园项目将成为湖湘文化旅游新地标。市委副书记、市长胡衡华参加签约仪式。

6月22日至23日 全市离退休干部党组织建设工作推进会在宁乡县召开。市委常委、组织部长程水泉，省委组织部原副巡视员魏忠胜参加会议。

6月24日上午 省委常委、市委书记易炼红到宁乡县看望慰问老党员和生活困难党员。在夏铎铺镇夏铎铺社区，易炼红为来自镇、村(社区)的 150 多名基层党员上了一堂生动的党课。

6月27日 国家质量监督检验检疫总局委派以张明玉为组长的考核组一行三人到宁乡县，就宁乡县创建国家级出口食品农产品质量安全示范区进行现场考核。原则上有条件通过宁乡县创建国家级出口食品农产品质量安全示范区工作的审核。

6月29日 宁乡县庆祝建党95周年纪念活动在何叔衡烈士纪念碑前隆重举行。全体在家县领导参加活动。表彰93个党组织先进基层党组织、115名优秀共产党员、106名优秀党务工作者。

6月 县实力园区建设领导小组签发《宁乡县工业企业设备抵押贷款实施办法(试行)》，本办法明确县域内工业企业以及具有完全所有权和使用权的，单台(套)价款在10万元以上且用于企业正常生产经营的设备，可作为抵押物依法向银行取得贷款。

▲ 长沙“大夫第”签约入驻灰汤相里，建设3000平方米灰汤相里“大夫第”“朝议第”“图南第”“外翰第”古建筑群。

▲ 县发改局牵头组织申报的2016年保障性安居工程配套基础设施建设项目争取中央预算内资金11401万元，在全省各区、县(市)中高居第一，为全省唯一过亿元的县(市)，同时也取得了宁乡县该领域争资三连冠。

▲ 宁乡入围国家农村产业融合试点示范工程。

7月

7月3日18时至7月4日18时 全县普降暴雨，平均降雨量168.6毫米，降雨达200毫米以上的乡镇有15个，最大为煤炭坝镇305.3毫米，全县降雨强度和雨量突破宁乡气象的历史极值。全县近35万人受灾，紧急转移安置群众近5.6万人，倒塌和损坏房屋近1.1万间，水稻受灾13333.3公顷，水毁工程645处，公路损毁49条，部分城镇、乡村公共设施和社会事业遭到重创，直接经济损失10多亿元。

7月13日 宁乡历史文化利用推进委员会第一次会议暨《宁乡历史文化丛书》首发仪式举行。

7月15日 市委副书记徐宏源调研宁乡县灾后恢复工作。

▲ 《人民日报》“区域经济特刊”版刊发《美了乡村，富了老乡—宁乡发展乡村旅游带动脱贫致富纪实》一文，挖掘和推介宁乡县“发展乡村旅游、带动脱贫致富”做法，全方位阐述“实现居民小康、社会发展、环境改善的多赢”成效。

7月19日 省委组织部副部长、省人社厅党组书记、厅长贺安杰率长沙市、株洲市、湘潭市、娄底市人社局相关负责人一行到宁乡县开展人社工作调研，并召开座谈会。谭小平、戴中亚、周辉、刘亮、汤智斌、彭韬参加活动。

7月20日 宁乡县举行以“重温党史、坚定信念、服务三大建设”为主题的2016年青年人才讲坛活动暨新型城镇建设沙龙。

7月21日 国家新闻出版广电总局印刷发行司副司长周传军率调研组到宁乡县调研农家书屋管理运行情况，省新闻出版广电局副局长毛良才、市文广新局副局长周永康、副县长钟利仁一同调研。

7月21日上午 长沙市“一府两院”2016年上半年工作情况通报会在宁乡县举行，副市长陈中代表长沙市人民政府，向长沙市人大宁乡联组全体代表通报了市人民政府2016年上半年工作情况。

7月22日 宁乡县召开乡镇(街道)教育管理体制改革动员大会，撤销所有乡镇(街道)中心学校。

7月25日 宁乡火车站正式通车，共开通5趟车。

7月28日 宁乡县召开负责干部大会。市委常委、组织部长程水泉出席会议并讲话。市委组织部常务副部长袁黎明在会上宣读了省、市委有关干部任免的决定：谭小平任市委副秘书长，免去其宁乡经开区党工委书记、宁乡县委书记、常委、委员职务；周辉任宁乡县委书记，不再提名为宁乡县人民政府县长候选人；王雄文任宁乡县委委员、常委、副书记，提名为宁乡县人民政府县长候选人。

7月30日至31日 省作家协会主席王跃文，省人大教科文卫委主任、省诗歌学会会长梁尔源率省内知名作家和诗人一行20多人，应县旅游局邀请，到宁乡采风。

7月 改扩建的长张高速公路宁乡收费站正式投入使用。收费通道由原来的3进4出，拓展为5进9出，增加ETC通行车道。同时将原出口连接线截弯取直，建设了长320米、宽57.5米的迎宾大道，车辆日均吞吐量增至原来的3倍。

▲ 省政协常委、香港湖南商会会长、香港新闻工作者联会名誉会长钟瀚德和香港新闻工作者联会会长张国良带队，香港大公文汇传媒集团、《香港文汇报》、香港中通社、《香港明报》、《香港星岛日报》、香港卫视、艺术香港杂志等媒体负责人和记者组成的访问团到宁乡县，就三大建设、精准扶贫、全域旅游等方面的工作进行了考察和采访。

▲ 省人大常委会副主任李友志率调研组一行到宁乡县调研“一园一中心”建设发展情况。

8月

8月4日 县城投集团举行白马大道提质改造、滨江大道二期、康宁北路、文体南路、企石港河慢行车道五大民生项目集中开工推进大会。总投资4亿元的五大民生项目集中开工。

8月5日 县委书记、县长周辉主持召开县委常委会班子专题民主生活会。

8月8日 宁乡县流沙河花猪生态牧业、加加集团两家企业获批省级工程技术研究中心。

8月9日 由国家汉办主办、湖南大学承办的第十五届“汉语桥”世界大学生中文比赛观摩夏令营学员到关山进行参观学习。

8月15日 宁乡县国土资源局举行了不动产登记中心揭牌暨首证颁发仪式。不动产统一登记将分散在国土、住建、农业、林业等部门的不动产登记职能整合到一个部门，围绕登记机构、登记簿册、登记依据和信息平台“四统一”的要求，承担不动产统一登记，实行“一站式”服务。

8月17日 中国共产党宁乡县第十二次代表大会在县会议中心开幕。周辉代表中共宁乡县委作题为《突出发展第一要务，强化党建第一责任，为建设更加富饶美丽幸福的安宁之乡而努力奋斗》的工作报告。8月19日上午，大会完成全部议程闭幕。

8月19日 青山桥镇首批81户贫困户拎包入住“千手大屋”。

8月 宁乡县政府对2015年度科学技术奖励获奖项目进行通报表彰，对147个项目给予总计402万元的奖励。

9月

9月2日 国家旅游局下发旅办发〔2016〕238号文件，湖南灰汤温泉荣获首批“国家康养旅游示范基地”称号。

9月8日 省教育基金会理事长许云昭，市人大常委会主任袁观清一行到宁乡县开展“为基层教师送温暖”走访慰问活动。走访慰问了三名优秀教师，县委副书记、代县长王雄文，副县长钟利仁参加慰问活动。

9月20日 宁乡县入选“2016—2020年度首批全国科普示范县”，由省政协副主席张大方代表中国科协为宁乡县颁发匾牌，示范期为5年。

9月23日 由国家卫生计生委项目资金监管服务中心处长张本带队的督查组来到宁乡县，集中督查中央财政专项转移支付地方卫生计生项目执行情况。县委副书记、代县长王雄文，副县长钟利仁，以及省市卫计委相关负责人参加督查。

9月24日 2016中国森林旅游投资与服务洽谈会上，青羊湖国家森林公园与北大未名集团签署《未名青羊湖国际森林康养中心项目合作建设协议》。协议规定北大未名集团投入不少于30亿元资金，在青羊湖国有林场、青羊湖国家森林公园打造湖南森林康养新业态。

9月28日 宁乡完成县乡两级人大代表换届选举工作，此次换届选举工作从8月1日起开展，选举产生宁乡县第十七届人大代表373名，选举产生乡镇人大代表1813名。

9月29日 宁乡县社会科学界联合会正式成立。

9月30日 炭河里青铜博物馆正式对外开放。

9月 县公路局投资3277万元实施的灰老线提质改造工程竣工通车，项目起于湘电灰汤温泉山庄的大门口，终于老粮仓大桥南侧桥头，全长18公里。

▲ 住建部、国家发展改革委、财政部、国土资源部、农业部、民政部、科技部联合发布《全国3675个重点镇名单》，长沙市有10个入选，宁乡县的花明楼镇、灰汤镇、双凫铺镇名列其中。

10月

10月11日 宁乡县第六届宜居文化节在县城文体中心启幕，活动持续时间三天。节会期间有49家参展企业参展，共推出上万套优质房源。

10月15日 县委书记周辉组织召开全县“一打三整”专项行动动员大会，决定在全县开展为期三个月的“一打三整”专项行动。

10月15日至23日 第95届全国秋季糖酒会在福州市隆重举行，宁乡经开区获评唯一“优质产业园区”，园区企业小洋人乳业被评为“十年坐标品牌”。

10月18日 市委副书记、市长胡衡华到宁乡县调研美丽中国·长沙文化产业示范园建设情况。

10月21日 全省农村危房改造整体推进省级示范暨村庄整治现场会在宁乡县召开，副省长张剑飞出席大会并作重要讲话。当天，张剑飞一行到夏铎铺镇天马新村，详细了解危房改造以及全省农村生活污水处理的试点项目等方面的情况。

10月24日 全省国贫省贫县市区贫困村党组织书记“抓党建促脱贫攻坚”专题培训班（第二期）在宁乡县开班，来自张家界市慈利县的134名农村党组织书记在县委党校进行为期5天的培训。

▲ 宁乡经开区与中国水电八局正式签订玉屏山食品产业城片区开发PPP项目合作协议。

10月24日至28日 宁乡县开展第七届廉政文化周活动，通过一堂好课、一本好书、一次教育、一场竞赛、一次表彰等“五个一”的廉政文化主题活动，集中展示“两学一做”学习教育成果。

10月26日 长沙首家园区外向型企业协会在宁乡经开区成立，马克菲尔（长沙）新型支档科技开发材料有限公司董事、总经理王珏当选为首任会长。

▲ 宁乡县25个乡镇人大、政府换届工作圆满收官，183名乡镇人大、政府领导班子成员全部实现高票当选，在全市率先完成工作任务。

10月28日 全国第十一届武林大会在宁乡县开幕。省人大常委会原副主任罗海藩宣布大会开幕，省军区原副政委、省紧急救援协会会长魏永景，省委组织部原副巡视员魏忠胜，省体育局局长李舜，中国民间武术家联合会主席朱鹤亭出席开幕式。

10 月 31 日 2016 宁乡重点项目推介暨签约仪式举行，成功签约 29 个重大项目，总投资额 166.05 亿元。

▲ 宁乡县与芙蓉区政府“飞地产业园”战略合作暨项目签约仪式举行。芙蓉区委副书记、代区长周春晖和宁乡县委副书记、代县长王雄文在战略合作协议上签字。同时，隆平高科园与金玉工业集中区签订了合作协议，双方将建立产业发展的协作机制。

10 月 国家旅游局、国家发改委、国务院扶贫办等 10 多个部门和单位共同制定并印发了《乡村旅游扶贫工程行动方案》。宁乡县 9 个村成为全国乡村旅游扶贫重点村：沩水源村、望北峰村、关圣村、官山村、合塘村、石笋村、同庆村、堆资村、祖塔村。

▲ 2016 年平安长沙主题文化演出宁乡专场——“建设平安宁乡、打造幸福家园”活动在宁乡县楚天科技大剧院举行。

▲ 江南大学技术转移中心宁乡分中心揭牌仪式在宁乡经开区蓝月谷众创空间举行，双方将在产业规划、技术转移、技术交易、公共技术研发、综合服务等领域进行紧密合作。

11 月

11 月 5 日 坐落于宁乡高新区、汇聚 230 个国际国内知名品牌的时代·奥特莱斯·长沙开业。

11 月 9 日 宁乡县举行创新与知识产权培训暨广州粤高专利商标代理有限公司宁乡分公司揭牌仪式。

11 月 12 日 河南省焦作市委副书记、市长徐衣显，副市长魏超杰率团到宁乡经开区考察。

11 月 13 日 首届特种粉末冶金及复合材料制备加工学术会议分会场交流会在宁乡县举行，119 位学术专家共同展示了新材料领域创新研究成果。

11 月 14 日至 15 日 2016 年中俄红色旅游合作交流系列活动暨中国(湖南)红色旅游节在宁乡县花明楼刘少奇铜像广场启动。国家旅游局副局长魏洪涛，俄罗斯旅游署副署长科罗廖夫，副省长何报翔，省政府副秘书长熊方平，省旅游局局长陈献春，国家旅游局全国红办副巡视员王树茂，湖南省人民对外友好协会副会长刘启峰，副市长陈中，市旅游局局长易冒，以及国家旅游局国际司和全国红办、省市旅游和外事等相关部门负责人，俄罗斯联邦旅游署、列宁故乡乌里扬诺夫斯克州旅游部门负责人，全国 18 个红色旅游创新发展城市联盟成员代表，刘少奇长孙阿廖沙，县领导王雄文、刘亮、贺应辉、喻亚军、邓杰平、彭娟、彭曦明、李纯、周明山，县政府党组成员贺立权，以及中俄两国相关旅游企业负责人等出席开幕式。

11 月 16 日 国家文物局组织北京大学、中国文化遗产研究院、北京建工建筑设计研究院、湖南省文物考古研究所的相关专家对宁乡县炭河里遗址保护工作进行了专项评估，专家组肯定了宁乡遗址保护方面的成绩。

11 月 17 日 《湖南省森林公园管理条例(修订)》立法调研座谈会在宁乡县召开。

11 月 19 日 宁远县委书记刘卫华率党政代表团，到宁乡县考察农村综合服务平台和美丽乡村建设工作。

11 月 21 日至 22 日 宁乡籍老领导杨泰波、杨忠民、余合泉、易凤葵一行就宁乡县历史文化利用推进工作进行考察调研，并出席宁乡县历史文化利用推进委员会第二次会议，为宁乡历史文化利用推进建言献策。

11 月 23 日 2016 年第 4 届中国(湖南·宁乡)锂电新能源产业国际高峰论坛(ABEC 2016，锂电“达沃斯”)在宁乡高新区隆重开幕。省人大常委会副主任李友志，县委书记周辉，县委副书记、代县长王雄文，县领导贺应辉、刘永红、彭韬、冯智君出席活动，来自全球超过 500 位的锂电新能源产业链的重量级贵宾、行业大佬参加活动。

11 月 26 日 政协宁乡县第十二届委员会第一次会议第一次全体会议在县会议中心隆重开幕。11 月 29 日，县政协十二届一次会议闭幕，邓杰平当选为政协宁乡县第十二届委员会主席。

11 月 27 日 宁乡县第十七届人民代表大会第一次会议在县会议中心隆重开幕。县委副书记、代县长王雄文代表县人民政府作《政府工作报告》。11 月 30 日，宁乡县第十七届人民代表大会第一次会议完成各项议程闭幕。顺利选举产生了县人大、县政府新一届领导班子，县人民法院院长，县人民检察院检察长，以及宁乡县出席长沙市第十五届人民代表大会代表。

11 月 国家旅游局公布第二批创建“国家全域旅游示范区”名单，宁乡县名列其中，享受优先纳入中央和地方预算内投资支持对象，优先支持旅游基础设施建设，优先纳入旅游投资优选项目名录等政策支持。

▲ 宁乡经开区举行“法治园区”建设战略合作签约仪式，将与湘潭大学携手，在法律服务、风险评估等方面开展深度合作，致力打造全省法治示范园区，在湖南省园区范围内首创校区合作建设“法治园区”的模式。

▲ 广铁集团铁海联运项目落户宁乡经开区签约仪式举行。意味着作为全球货运主阵地的“出海港口”将搬到宁乡“家门口”。县委副书记、县长王雄文，出席签约仪式。

12 月

12 月 1 日 最高人民法院党组成员、副院长景汉朝到宁乡县，就基层相关工作进行调研，并瞻仰了刘少奇铜像，参观了刘少奇同志故居。

12月4日 炭河古城“千手”爱心大屋易地扶贫搬迁入住仪式举行，113户村民入住爱心大屋。

12月6日 祁阳县委书记周新辉率党政考察团到宁乡县考察农村综合服务平台、美丽乡村建设以及医养结合示范基地。

▲ 国家高新技术企业认定管理工作领导小组办公室下文公示湖南省2016年拟认定高新技术企业名单，宁乡县邦普循环等39家企业在列。一年内拟认定39家高新技术企业，创宁乡县历史新高。

12月8日 宁乡县在全省率先成立新媒体协会。

12月10日至11日 首届中国森林康养与医疗旅游论坛在北京举行，青羊湖国家森林公园获批国家森林康养基地试点单位。

12月13日 由市、县文明委共同主办的“国家公祭日”主题教育活动在县军干所举行，活动以“勿忘国耻·圆梦中华”为主题。

12月15日 宁乡县召开2016年度党风廉政建设责任制检查考核暨述责述廉大会。

▲ 宁乡县进入2016年度湖南省知识产权强县的公示名单，位列一类地区。

12月16日 “中国民生示范工程”——长沙大河西农产品物流中心暨湖南精准扶贫农产品直销中心正式开业。

▲ 第十六届县域经济与县域基本竞争力百强县排名公布，宁乡县居全国第35位。

12月17日 中国改革(2016)年会暨创新驱动发展高层改革研讨会在长沙召开，宁乡县大成桥镇鹊山村的“鹊山模式”作为湖南的唯一代表，成为2016中国改革年度十大案例之一。

12月20日 县人民政府下发《关于全面推进物业管理工作的实施意见》，就广大市民关注的维修资金申请使用难、电梯安全、小区停车难、违章搭建管控难等物业管理突出问题进行明确。

12月21日 宁乡县党外知识分子联谊会正式成立，并召开一届一次会员大会。

12月23日 省委常委、市委书记易炼红，市委副书记、代市长陈文浩率市四大家领导和各市直部门、区县(市)、园区负责人到宁乡县对项目建设进行年终检阅。

12月24日至25日 以“传奇宁乡·擎动潇湘”为主题的2016中国·宁乡首届汽车文化旅游节在大河西汽车城举行。

12月25日 在县文体中心举行全县1932名党支(总支)书记的集中培训。

12月26日 宁乡经开区召开负责干部大会，市委组织部干部一处副处长傅永超宣布省委、市委决定：周辉任宁乡经开区党工委书记。

12月28日 宁乡县首个公益性商会组织——长沙市宁商公益促进会在长沙成立。

注：“▲”表示同月同日。

中共宁乡县委

【县委常委会会议概述】 2016年,县委召开县委常委会会议48次。会议认真贯彻习近平总书记重要讲话精神,进一步增强"四个意识",进一步坚定"四个自信",自觉在思想上、政治上、行动上同以习近平同志为核心的党中央保持高度一致,落实省委"创新引领、开放崛起"战略和市委"创建国家中心城市,实现基本现代化"的目标,着力于实力园区建设、新型城镇建设、美丽乡村建设和打造西线工业走廊、打造内陆开放高地、打造全域旅游景区、打造群众幸福家园,为全县挺进20强、建设一流中等城市的目标不断迈进作出科学决策部署。

关于纪检监察工作。会议强调要正确判断宁乡县党风廉政建设和反腐败斗争的形势;认真贯彻中央和省、市委关于党风廉政建设和反腐败斗争的一些重要会议、重要文件精神;精心谋划好2016年和今后一个时期的党风廉政建设和反腐败斗争;常委会成员要率先垂范,加强对全面从严治党工作的领导;尽快部署安排好2016年特别是当前的党风廉政建设和反腐败斗争;健全完善纪检监察工作机构和机制。切实有效地抓好信访举报工作。

关于县乡换届工作。会议认为,县乡换届工作是县委常委会领导集体面临的第一场大考,要高度重视,精心组织,要充分体现政治性,要严格遵守程序性,要不断强化业务性,要十分注重敏感性,要切实严肃纪律性。对换届选举各个步骤要一个不少、各项程序要一个不漏、各个环节要一丝不苟。建立县委常委包片、县领导联点的责任机制,实行包片县委常委、联乡镇县领导和包片组织部副部长、指导组成员"四级签字"把关制度,实现了对各个环节的全程纪实和"痕迹化"管理。坚持抓早抓小严肃换届风气,在落实"九个严禁、九个一律"的基础上,结合实际,明确了"五个不准",确保了县乡换届任务圆满完成。

关于舆情引导工作。会议认为,《地方党委工作条例》中规定,县委常委会必须牢牢掌握一个地方意识形态的领导权、主导权和主动权。常委会会议成员要对舆情事件予以高度重视,要抓早抓小抓苗头,防患于未然,要旗帜鲜明、形成共识、统一声音。要完善处置机制。要强化责任追究,对于舆情管控不力的,要按照《中国共产党问责条例》的相关规定,一条一条对照处置到位,各级党委要切实扛起稳定一方、稳控一方、稳住一方的责任,确保牢牢抓住舆情引导的领导权、主导权和主动权。

关于合并村工作。会议认为,合村工作要做到服务网点不减、到村经费不少、财务纪律不变。合并村工作要从并账、并心、并事、并人逐步推进,在此基础上要做到全面并账,重点做好合村并账的集中培训,统筹协调推进合村工作,确保全县合村工作全面有序推进。

关于问责工作。会议认为,动员千遍不如问责一次,敢不敢问责是检验各级党组织和领导干部责任担当的试金石。各级党组织和党的领导干部要把自己摆进去,强化责任担当,问责工作要见行动、见措施、见效果,落实有速度、有广度、有精度。会议通过了《宁乡县问责工作规程(试行)》,成立了宁乡县问责工作领导小组,将问责工作的权力分解到组织、宣传、统战、政法等党的工作部门,问责主体明晰,让制度生根,让责任落地。

关于学习中共十八届六中全会精神。会议传达学习了中共十八届六中全会公报精神,并从全面从严治党、领导核心、党内政治生活、党内监督等方面进行了细致解读和学习。会议认为,坚定推进全面从严治党,坚持思想建党和制度治党紧密结合,集中整饬党风,严厉惩治腐败,是净化党内政治生态的有力举措。十八届六中全会正式提出"以习近平同志为核心的党中央",反映了全党全军全国各族人民的共同心愿,是党和国家根本利益所在,是坚持和加强党的领导的根本保证,是进行具有许多新的历史特点的伟大斗争、坚持和发展中国特色社会主义伟大事业的迫切需要。要坚决拥护以习近平同志为核心的党中央,进一步压实管党治党责任,严肃党内政治生活,切实完善党内监督,以优异成绩迎接党的十九大召开。

关于项目建设。会议认为,要树立以项目论英雄的理念,以改革创新的举措、求真务实的作风、依法办事的方式,重点发力,将项目建设作为经济发展的生命线,形成项目建设工作合力,按下项目建设的快进键,打赢项目建设的攻坚战。 (娄湘蜀)

【县委十二届一次、二次、三次全会概述】 县委第十二届一次全体(扩大)会议于2016年8月19日在会议中心二会议室召开,县委委员、候补委员,县纪委委员,不是县委委员、候补委员、县纪委委员的县人大、县政府、县政协正副职领导，县法院院长、检察院检察长，县委、县政府、县政协调研员、副调研员，经开区党政正副职，乡镇(街道)党(工)委书记、乡镇长(街道办事处主任)，县直单位一把手，县委办、县政府办副职参加会议。

县委书记周辉强调指出，干事业，坚持体现的是一种境界，一种本领，更是一种意志；坚持需要的是一股定力，一股干劲，更是一股激情；坚持收获的是一份事业、一份成功，更是一份信任，要把“重在坚持”作为谋发展抓工作干事业的一个基本出发点和根本立足点，强化责在坚持、贵在坚持、难在坚持、成在坚持，把宁乡各项事业发展推上一个新的台阶，努力向党和人民交出一份合格的答卷。

县委第十二届二次全体会议于2016年9月9日下午在会议中心三会议室召开，全体县委委员、县委候补委员、县纪委委员参加会议，会议由县委书记周辉主持，县委常委、组织部部长汤智斌对宁乡县出席中国共产党湖南省第十一次代表大会代表候选人推荐人选建议名单作了说明，会议表决通过了宁乡县出席中国共产党湖南省第十一次代表大会代表候选人推荐人选建议名单。

县委第十二届三次全体会议于2016年12月27日下午在会议中心三会议室召开，全体县委委员、县委候补委员、县纪委委员参加会议，会议由县委书记周辉主持，县委常委、组织部部长汤智斌对宁乡县出席党的十九大代表候选人初步人选建议推荐名单作了说明，会议表决通过了宁乡县出席党的十九大代表候选人初步人选建议推荐名单。（徐建华）

【全面小康工作概述】 2016年，宁乡县全面小康工作在“四个打造”的总体指导下，全面建成小康社会总实现程度87.9%，比上年提高1.9个百分点，继续蝉联2016年全省全面小康“经济强县”奖。具体体现在：经济发展稳中有进。2016年全县经济发展类实现程度为79.6%，比上年提高1.5个百分点。其中，金融机构各项贷款增长率实现程度为100%。其余6项指标中有5项指标实现程度都有所提高。生活水平稳步提高。2016年全县人民生活类实现程度为91.3%，比上年提高5.5个百分点。其中人均住房使用面积、农村居民安全饮水比率、行政村客运班线通达率实现程度均达100%。社会民生更加和谐。2016年全县社会发展类实现程度为97.4%，比上年提高0.3个百分点。7个小类指标中5项指标实现程度均达到了100%。民主法制不断健全。2016年全县民主法制类实现程度为90.7%，比上年提高2.6个百分点，城镇居民、农村村民依法自治达标率实现程度均达到100%。生态保护日趋加强。2016年全县生态文明类实现程度为100%，各项指标实现程度均达100%。（姜治国）

【全面深化改革工作概述】 2016年，宁乡共实施9大类50项197小项改革任务。县委书记亲自抓、带头改，推动行政审批“三集中三到位”等改革攻坚突破。全年出台改革相关文件近200个，撤乡并村、全面二孩政策、营改增、不动产登记、农业“三项补贴”、县域纪检一体化、商事登记“五证合一”、教师职称改革、就近入学和阳光招生、党政机关公车改革等规定改革全部按期完成，城市管理向农村集镇延伸、农村家庭承包土地确权颁证和土地合作经营、多规合一、司法体制“四项改革”等有序推进。在市对县改革绩效考核中，宁乡并列第一，亮点突出。国内权威改革期刊《改革内参》两次推介宁乡改革。全域旅游、“房票”制度、易地扶贫搬迁等改革得到《省委改革简报》《市委通报》《市委改革简报》《决策咨询》等推介。金玉“飞地经济”实现跨县域突破。土地合作经营“鹊山模式”获《农民日报》头版头条、新华社内参《国内动态清样》《湖南日报〈改革最前线〉》《红网〈湖南探索〉》推介，通过省委深改组第二十一次会议审议，纳入全省十大典型改革案例推广，并获评中国改革2016十大年度案例。案件繁简分流机制改革被最高人民法院专题读本书面推介，宁乡法院在全省司法体制改革大会上发言。（郑光辉）

【督查工作概述】 2016年，宁乡县委督查室在彭韬常委的精心指导下，按照“紧贴领导搞督查，服务决策干实事”的思路，紧紧围绕县委重大决策部署等中心工作谋划督查，围绕民本民生开展督查，围绕提升实效回溯督查，为实现“四个打造”(打造西线工业走廊、打造内陆开放高地、打造全域旅游景区、打造群众幸福家园)凝聚了精力，注入了正能量。

一、围绕中心工作谋划督查。首先，紧贴全县战略性工作部署和领导批示件、交办件，围绕长沙市重大项目观摩、县第十二次党代会精神落实情况、全县经济工作会议精神落实情况、“四个打造”、精准扶贫、集中签约重大项目进展、县委工作联席会议落实情况等中心工作谋划督查，自觉把督查工作摆到县委战略发展目标和工作大局中统筹谋划，以确保督查工作与县委思路合拍共振。其次，抓好了领导批示件、交办件的督办落实。准确把握领导批示意图，向责任单位交办“上不过午、下不过夜”，每周反馈督办落实情况，每月报告上月办理情况，每季度通报责任单位办理情况，年底量化考核。全年共办理市、县领导批示件、交办件176项，做到了项项有落实、事事有回音。

二、围绕民生实事开展督查。首先，把督办好涉及人民群众切身利益的实事、难事作为督查工作的重要出发点。紧紧围绕社区提质提档、“两路一片”棚户区改造、防汛抗旱、开学收费、“千手”爱心基金使用情况等民计民生热点难点问题，深入一线开展督查。其次，及时耐心接待群众来访，办理好网民留言件。2016年，共办理网络留言件101件，接待群众来访来电363人次。实打实、硬碰硬的作风，有访必答、有难必解的担当得到了上级领导充分肯定，2016年，督查工作再次获得市委网络问政留言办理工作优秀单位。也赢得了信访群众的点赞，督查干部在群众心目中形成了“找得到人、办得好事、解得了难、交得上心”的良好形象。

三、围绕提升实效回溯督查。首先，确保问题有效解决。督查中以问题为导向，以解决问题为目的。细化进度目标，建立工作台账，按照时间节点督促问题解决，以“咬定目标不放松”定力开展多轮督查、回溯(反复)督查，解决一个销号一个，直到问题最终解决。其次，强化督查结果运用。在县委督查室成立了专门的问责办，对于在督查中点出的问题久拖不决、久拖不办、落实不力的单位与个人进行问责，自2016年问责办成立以来，提请县委常委会研究决定，共对不作为、乱作为的22个单位、88人进行了问责，形成了有效的震慑，极大地树立了督查权威。 (于　彪)

【政研工作概述】 2016年，宁乡县委政研室围绕当好县委主要领导参谋、提供文字服务这一根本任务，立足“四出”标准，即“出精品、出成果、出影响、出人才”，建立“大政研”工作格局，将政研、综调、信息、小康、改革、文电进行整合，形成合力，较好地完成了各项工作任务，全年撰写或协助撰写报告、讲话和各类材料200余篇80万字以上，平均每两天撰写1篇、4000字以上。

一、立足于学，形成了一套工作机制。一是扎实开展业务“四环学习法”，严格落实“五个一”机制，做到一人一条线、一线一精品、一周一交流、一月一课题、一季一比武，按照“学习、反思、探讨、总结”四个环节进行专门和深入研讨。二是苦练业务“五项基本功”，致力记牢基础数据、提升基本技能、形成基本常识、构架基本结构、储备基本素材，将先进地区经验材料、近十年来宁乡各线情况领导讲话录音等形成初步信息数据库。

二、立足于精，撰写了一批讲话稿。优质地完成了全年几个重要报告，撰写的县十二次党代会报告《突出发展第一要务强化党建第一责任为建设更加富饶美丽幸福的安宁之乡而努力奋斗》赢得了各级各界高度肯定，县十二次党代会一次全会讲话和年初、年尾“两会”党员讲话、闭幕式讲话等较好地统一了思想，凝聚了人心。圆满完成了全县精准扶贫推进会、“项目落地年”动员会讲话等各类书记讲话材料，县委书记述职述廉材料，各类媒体采访提纲以及系列活动致辞赢得一致好评。

三、立足于新，刊发了一批署名文章。做好规定动作，撰写了系列理论文章，先后在《人民日报》发表了《宁乡探索全域旅游的几点思考——用新体验赢得游客点赞》，在《湖南日报》《新湘评论》《长沙晚报》《长沙通讯》《今日宁乡》等主流媒体上刊发了《当基层干部就要当“狮子型”干部》《奋力彰显建设国家中心城市的宁乡担当》等署名文章和特约评论员文章。

四、立足于活，开展了一系列工作调研。围绕县委的重大决策和工作部署，开展了多次专题调研和服务性调研，围绕“三个释放出来”“关于打造西线工业走廊中园区、社区、学区科学布局的思考”等各类热点、难点问题，政研室干部每人至少撰写了一篇高质量的调研报告，为县委制定决策较好地摸清了底子、当好了参谋。

五、立足于好，办好了一本崛起刊物。创新办刊思路，对内部刊物《崛起》进行大力度改版，扩大刊物容量，增加可读性；精选有冲击力的照片，有针对性的约稿，刊物质量和水平进一步提升，得到了领导肯定和兄弟区县的好评。

六、立足于快，完成了一系列交办任务。积极服务于办公室工作，制定“四有四为”争先锋活动方案；开展党办系统文字岗位技能大比武活动；迅速建立网评之家队伍，精心制作网评简报，得到县委主要领导的多次批示与好评；迅速建立“宁乡发布”微信公众平台，系统收集，权威发布，及时有效的引导全县统一思想，集聚合力；先后编印了《不破楼兰终不还　打赢精准脱贫攻坚战》党员教育读本、全面建成小康社会画册、宁乡经济社会成果画册等书刊，服务县委中心工作，服务全县发展大局。 (姜治国)

【信息工作概述】 2016年，县委办信息工作围绕两大基本职责、突出三项重点任务，充分发挥党委信息主渠道作用，较好地完成了全年工作任务，宁乡被评为2016年度省信息工作先进单位、市先进单位。

一、“讲规矩、守底线”，紧急信息报送及时准确。紧急信息报送情况直接关系到市对县的绩效考核扣分，做好紧急信息报送，严格落实中央和省委对紧急信息报送划定的“4小时”“3小时”“不能误报、迟报、漏报、谎报、瞒报”的底线要求，对党委政府及时、高效、科学处置突发事件至关重要。2016年，县委办信息科坚持“讲规矩、守底线”要求，做好紧急信息报送工作，特别是在“6·27”、“10·13”、抗洪救灾等重大突发事件处置中，及时准确地向上级党委报送了宁乡县科学应对、积极处置的信息，为领导科学决策处置该类事件赢得了先机。

二、“畅通主渠道，当好千里眼”，办好《宁乡要情》。充分发挥

《宁乡县党委信息工作考评办法(试行)》的指挥棒作用,围绕决策参谋、推动落实两大基本职责,落实对上、对同级党委做好参谋服务,对下抓好党委重大决策部署落实三项重点任务,准确把握不同类别信息的个性化特点,构建了党委统一领导、信息科具体负责、有关部门积极参与配合的信息工作格局。2016 年编辑《宁乡要情》103 期,收集并采用各单位信息共计 3561 条,为县委谋划全局工作、作出科学分析判断、制定方针政策、进行决策部署、推动工作落实,发挥了信息支撑作用。

三、传播宁乡好声音,搞好了对上信息报送工作。2016 年,宁乡县积极向上级党委报送了宁乡县贯彻落实中央和省市委重大决策部署的情况,特别是落实中创造的宁乡经验和宁乡做法,传播了宁乡好声音。共计向上级党委报送《湖南长沙宁乡县以"五个三"标准实现易地扶贫搬迁"拎包入住"》《宁乡县以马上就办、事不过夜的精神召开党政负责干部大会以学促干抓市第十三次党代会精神的贯彻落实》《宁乡县多措并举去库存 农民成购房主力军》《土地流转的鹊山模式》等各类信息 350 篇,采用 106 篇。 (黄奕)

【县委县政府接待办工作概述】 2016 年,宁乡县接待办在县委、县政府的坚强领导和省市接待办的科学指导下,认真贯彻落实党的十八大和十八届六中全会精神,积极适应新常态,认真贯彻落实《党政机关国内公务接待管理规定》和《党政机关厉行节约反对浪费条例》等相关规定,坚持热情周到、文明节俭、规范有序的工作宗旨,精心做好每一次接待,为宁乡县"四个打造"提供了有力保障。

一、围绕中心,服务大局,接待工作思路明晰。用抓经济的思路、理念、机制和办法抓接待工作,围绕经济建设,主动服务于各项接待,明确了接待工作既要为经济发展服务,又要注重经济效益、讲究接待成本的工作原则。

二、完善制度,规范服务,接待工作有效推进。建立健全国内公务接待各项规章制度,保障接待有章可循。通过制度的"加""减"法加强对各单位公务接待管理和指导。

三、加大宣传,突出检查,接待工作廉洁高效。加强公务接待中的党风廉政建设思想教育和宣传,营造良好的接待氛围。严肃国内公务接待纪律,保障接待严格有效。落实国内公务接待监督检查,加强党风廉政建设。

四、树立宁乡品牌,创新接待特色。一方面,本着"以客为尊、用心服务"的理念从"客随主便"转变为"主随客便"。另一方面,以"四个打造"为中心,突出接待的宁乡品质。一是以幸福家园为抓手,突出饮食文化。二是以全域旅游为抓手,突出旅游文化。三是以西部工业走廊建设为抓手,突出工业文化。 (资贝贝)

【县委发文目录】

▲宁发〔2016〕1 号 中共宁乡县委 2016 年工作要点

▲宁发〔2016〕2 号 县委关于制定宁乡县国民经济和社会发展第十三个五年规划的建议

▲宁发〔2016〕3 号 县委关于进一步加强和改进党的群团工作的实施意见

▲宁发〔2016〕4 号 县委关于全面推进县纪委派驻机构统一管理工作的意见

▲宁发〔2016〕5 号 县委、县政府关于创新机制提升集镇治理水平的指导意见

▲宁发〔2016〕6 号 县委关于转发《政协宁乡县第十一届委员会 2016 年工作要点》的通知

▲宁发〔2016〕7 号 县委关于围绕"项目落地年"开展"狮子型"团队和干部评选表彰活动的实施意见

▲宁发〔2016〕8 号 县委、县政府关于认真抓好 2016 年"项目落地年"重大项目帮扶工作的通知

▲宁发〔2016〕9 号 县委关于转发《宁乡县人大常委会 2016 年工作要点》的通知

▲宁发〔2016〕10 号 县委关于转发《2016 年全县党风廉政建设和反腐败工作要点》的通知

▲宁发〔2016〕11 号 县委关于认真做好乡镇党委换届工作的通知

▲宁发〔2016〕12 号 县委关于做好中国共产党宁乡县第十二次代表大会代表选举工作的通知

▲宁发〔2016〕13 号 县委、县政府关于进一步加强纪检监察干部队伍建设的若干意见

▲宁发〔2016〕14 号 县委、县政府关于进一步深化行政审批"三集中、三到位"工作的实施意见

▲宁发〔2016〕15 号 县委、县政府关于印发《宁乡县创建国家食品安全城市行动方案》的通知

▲宁发〔2016〕16 号 县委、县政府关于进一步加强和规范信访工作的意见

▲宁发〔2016〕17 号 县委、县政府关于印发《宁乡县全域旅游推进实施方案》的通知

▲宁发〔2016〕18 号 县委、县政府关于表彰宁乡县第二届劳动模范的通报

▲宁发〔2016〕19 号 县委关于印发《中共宁乡县委巡察工作办法(试行)》的通知

▲宁发〔2016〕20 号 县委关于评选先进基层党组织、优秀共产党员和优秀党务工作者的通知

▲宁发〔2016〕21 号 县委、县政府关于进一步规范中小学招生入学工作的意见

▲宁发〔2016〕22 号 县委、县政府关于表彰宁乡县首届十大功勋企业家的通报

▲宁发〔2016〕23 号 县委关于印发《关于召开中国共产党

宁乡县第十二次代表大会的决议》的通知

▲宁发〔2016〕24 号　县委关于追授李桂华同志“优秀共产党员”称号的决定

▲宁发〔2016〕25 号　县委转发《中共宁乡县人大常委会党组关于做好全县县乡两级人民代表大会换届选举工作的意见》的通知

▲宁发〔2016〕26 号　县委关于印发《中共宁乡县委常委会议事规则》的通知

▲宁发〔2016〕27 号　县委关于印发《县委文件审核工作办法》的通知(10 月 28 日)

▲宁发〔2016〕28 号　县委关于加强新形势下统一战线工作的实施意见

▲宁发〔2016〕29 号　县委关于议事协调机构清理调整的通知

组织工作

【概况】　2016 年，宁乡县组织工作紧扣“突出发展第一要务、强化党建第一责任”任务，围绕中心抓换届、选干部、强党建、聚人才，认真开展“两学一做”学习教育，亮点纷呈，成效突出；扎实抓好了县乡换届，确保换届工作风清气正、圆满顺利；深入推进基层党建“361”工程，基层基础不断夯实；坚持“公”字当头配班子、用干部，干部队伍活力有效激发；全面规划人才工作，人才支撑不断强化；切实加强自身建设，树立良好组工形象，为县域经济社会发展提供了坚强的组织保证和人才支撑。

【“两学一做”特色彰显】　2016 年，县委组织部规定动作创特色，深入学习贯彻十八届六中全会和省市县党代会精神，全县领导干部讲授党课 1600 余堂次，4 个专题学习讨论有序推进，省市简报 12 次推介宁乡县典型做法。主题活动有成效，开展“绿水青山就是金山银山”集中宣传教育月“十个一”活动，编发 7 万多本《绿水青山就是金山银山》党员教育读本，组织全县所有党支部召开“生态环境保护”专题组织生活会，提高学习教育的针对性、实效性。竞赛评比有荣誉，宁乡县代表队在全市“两学一做”电视知识竞赛中勇夺第一名，在“干在实处、感动你我”先锋故事会演出中获全市第三名，3 堂“微党课”获评市优秀。关键时刻有担当，10 名入党积极分子主动参与 2016 年抗洪抢险，表现突出被批准“火线”入党，得到了湖南新闻联播、《湖南日报》等媒体重点报道。

【县乡换届顺利完成】　2016 年，县委组织部坚持“公平公正树立好导向、谈心谈话凝聚正能量、严督实导把好操作关、抓早处小筑牢防火墙”四措并举，建立县委常委包片、县领导联点、纪委督查、组织指导的工作机制，成立换届工作联合办公室，抽调人员集中办公，对初始提名把关不严的 15 个乡镇(街道)及时函询，93 人因审查发现问题被取消提名资格，确保了换届工作顺利推进、圆满完成。在县乡换届中，县委委员满票率 78.43%，县人大、政府、政协的组织提名人选满票率 82.1%，乡镇党委委员满票率 77.9%，乡镇人大、政府组织提名人选满票率达到 80%，成为宁乡县历史上满票率最多、高票率最高的一次选举，经验做法全市作典型发言，《湖南日报》、湖南卫视等深入报道。

【基层基础不断夯实】　2016 年，县委组织部创新管党模式，在全县所有中小学校全面落实“五个一”举措，实现党的教育“从娃娃抓起”；开展百村万户“群众对身边共产党员印象”调查，推动党建工作从党支部墙上落到党员肩上，落到群众心上；建立 8 个农村党员片区培训基地，对 65 岁以下农村党员集中轮训；每周出版一期《党建专刊》发给所有党员，切实增强党员的荣誉感与归属感；承办全省国贫省贫县市区贫困村党组织书记抓党建促脱贫攻坚专题培训班，6 期近 1000 人来宁乡培训，工作得到省委组织部充分肯定。强化责任落实，创造性地分类列出 31 类党建工作者和党员以及 12 类党组织责任清单，实施全面“体检”、督查核实、座谈讲评、考核问责“四位一体”过硬措施，得到省市组织部门高度肯定。强力推进 7 项重点任务落实，基础工作不断规范。实现党建经费、力量、阵地三个倍增，投入近亿元统一建设 51 个村级党建文化养老综合服务中心，得到中央农村工作领导小组副组长袁纯清高度肯定。均衡推进农村、机关、事业单位、国有企业、“两组织”和离退休党组织建设，结合合并村工作切实加强村党组织书记队伍建设，组织县直机关党建工作观摩交流，基层基础不断夯实。

【队伍活力有效激发】　2016 年，县委组织部坚持“公”字当头配班子、用干部，71 名多年考核优秀、多年推荐排名第一、任多年中层骨干的优秀干部得到提拔重用，特别是提拔重用 35 名“狮子型”干部、“一推双比”20 名“三类人员”进入乡镇领导班子，做法得到《湖南日报》、湖南新闻联播等媒体推介。评选表彰一批“狮子型”团队和干部，鼓励退出现职领导干部选岗履职主动作为，炼红书记批示全市推广。深入推进“三评四查五找”调整不胜任现职领导干部，甄别考察干部 38 名，免职 6 名。严格追责问责，对 50 多个推进工作缓慢的单位进行专项督办和函询，对 5 名干部进行问责。举办新提拔领导干部轮训班等 53 期，培训 10949 人次，完成省市调训 24 批次、97 人，组织 2172 名干部完成在线网络学习，编发党员干部《法律知识简明读本》和《经济知识简明读本》25000

余本。

【人才支撑不断强化】 2016年，县委组织部全面实施教育系统“一去一改两制四工程”改革，义务教育管理进一步扁平化、专业化、信息化。组织各类人才代表参加“我与宁乡共发展”座谈会，开展青年人才讲坛活动，为宁乡发展建言献计。持续推进科技特派员工作，争取省级科技特派员1名，市级科技特派员46名，安排县级科技特派员26名。牵头制定《宁乡县企业“四五”专才引进计划实施办法(草案)》，全面规划今后5年人才工作。

【自身建设切实加强】 2016年，县委组织部深入开展以“程序规范无乱为、文稿出手无差错、联系对接无缝隙、处突应变无延误、形象状态无不佳、创新争优无止境”为主要内容的“六无”规范化建设，大力推进部机关文明办公和精细化管理，零差错、零延误完成了各项工作任务，树立组工干部“清廉、公正、敬业、进取”的良好形象。 (姜才)

宣传工作

【概况】 2016年，县委宣传部共有办公室、理教科、新闻中心(副科级)、文明办(挂牌机构)等4个内设机构，网宣办、文产办两个二级事业单位，干职工24人，其中公务员12人，事业人员11人，机关工人1人。2016年全县宣传思想文化工作，按照“高举旗帜，围绕中心，服务人民，改革创新”的要求，努力推动宣传思想工作整体提质，充分提升舆论引导能力，切实增强理论武装实效，不断深化文明创建机制，大步加快文化发展步伐，为宁乡县奋力谱写富饶美丽幸福新湖南和“四更长沙”的宁乡篇章提供了思想基础和精神支撑。

【理论武装】 2016年，县委宣传部注重理论武装建设。一是意识形态工作有效落实。出台《宁乡县党委(党组)意识形态工作责任制实施方案》，成立了以县委书记任组长的县委意识形态工作领导小组。建立意识形态工作责任督查考核体系、责任追究机制，将意识形态工作纳入各乡镇(街道)、县直单位年度目标考核，纳入党政领导班子和领导干部考察内容。二是理论学习扎实推进。全年举办了13次县委中心组学习，开展县委中心组周末读书会活动，进一步完善和补充了中心组学习，为县委中心组成员精心赠送了6本学习读物。宁乡县委中心组学习在全市作典型发言。率先成立全市首个县级社科联。课题“国家中心城市工业区功能定位及布局研究——以宁乡县西线工业走廊建设为例”申报全市重要社科课题。三是理论宣讲生动有效。大力开展“楚沩好声音”宣讲走基层活动，全年开展达600余场次。组织“绿水青山就是金山银山”的主题宣讲，全力服务农村党员培训工作。统筹全县主要的宣讲团队，整合宣讲资源，打造了大宣讲格局。宁乡“楚沩好声音”宣讲活动作为全市唯一的县级单位申报了“全省优秀宣讲活动”荣誉。四是全民阅读氛围更浓。以“倡导全民阅读，打造书香楚沩”为目标，大力开展读书交流、走出去读书、好书推荐等活动。全年开展了4次大型读书交流活动，“书香楚沩”的品牌度更高、全民阅读的氛围更浓。

【新闻舆论】 2016年，县委宣传部加强新闻舆论工作。一是外宣突出主题，品牌彰显。2016年全年在中央省市主流媒体累计上稿1700多条，其中《人民日报》3条，新华社6条，《经济日报》4条，《湖南日报》头版头条3个、专版6个，《长沙晚报》头版头条11个、专版8个，湖南卫视《湖南新闻联播》20条，充分展示宁乡发展成就。二是加速建立新媒体平台。12月试运行宁乡县官方微信公众号“这里是宁乡”，构建宁乡政务微信集群，实现党委、政府声音和重要信息的统一发布和快速覆盖。12月8日在全省率先成立宁乡县新媒体协会，为整合壮大全县新媒体行业发展搭建有利平台。三是舆情监测到位，引导有力。出台《突发事件和敏感舆情舆论引导实施办法》及《宁乡县网站和微信公众号约谈办法》，全年共搜集到涉宁网络舆情720余条，下发《网络舆情通知》355期。

【文明创建】 2016年，县委宣传部加强文明创建工作。一是深化公民思想道德建设。推出一批“社会主义核心价值观”主题广场，推进“千手公益”道德实践平台建设，推出1名中国好人、3名湖南好人，1名“十大孝星”提名奖，1个学雷锋志愿服务百强社团。开展为期4个月的“讲道德、明是非、守纪律”集中教育活动，筑牢道德高线、是非防线和法律底线。积极组织各类未成年人德育活动，大力开展“美德少年”推选活动，深入推进“十要十不要”校园文明礼仪养成教育。二是健全创建民生普惠体系。通过市民巡访、文明热线等途径汇民情、聚民意，将文明城市创建中的薄弱环节列入政府重点项目，加大农贸市场、“五小门店”整治等一批惠民项目推进，让市民生活更加便利。实施文化惠民，积极举办“欢声笑语进社区”、“千场电影进社区”等活动。三是注重优化城市公共环境。开展“六大整治行动”，突出市场管理、“五小门店”、社区提质提档、“烂尾楼”、小区管理、改制企业等重点区域，聚焦农贸市场、路面、建筑围挡、公共厕所等重点部位，加大整治力度，实现市容环境的干净整洁。组织开展交通环境整治和文明交通劝导，突出整治闯红灯、非法营运、车辆违停等各类交通违法违规行为，倡导市民文明出行。

【文化强县】 2016年，县委宣传部着力于打造文化强县。一是阵地建设全面提质。全面推进省级现代公共文化服务体系示范区创建。3家农家书屋被评为长沙市示范性农家书屋；新建和提质6家乡镇综合文化站、10家市级示范性村(社区)文化活动室、8个乡镇(街道)户外全民健身中心。炭河里青铜博物馆十一开门迎客；县文体中心影剧院装修稳步推进；宁乡农耕民俗馆完成设计方案。惠民服务上水平，开展流动文化艺术展览30场、文化志愿服务活动100场、镇村级文体活动1000余场、公益电影放映4626场。文艺新阵地频现，组建了“宁乡文艺家之家”和宁乡县演艺协会。二是文化活动全面开花。成功举办“欢乐潇湘　品质长沙　大美宁乡”大型群众文艺汇演暨长沙地区复赛宁乡专场，举办第五届校园文化进社区“梦想星声音”校园歌手争霸赛、宁乡花鼓小戏、皮影戏比赛暨“戏曲文化周”“食安杯”全民健身广场舞大赛、“大美宁乡”乡镇巡演活动15场、第十一届全国武林大会暨武林书画精准扶贫公益活动、宁乡首届篮球俱乐部篮球邀请赛等活动。11月30日成功举办“绿水青山我的家”大型主题文艺晚会。三是文化作品全面提升。启动《炭河千古情》大型歌舞剧目创作，电影《青铜魅影》顺利开机启动拍摄。原生态歌舞《靳江船歌》、情景歌舞《宁乡吟》获“欢乐潇湘”市赛一等奖、省三等奖。积极响应打造特色城镇群号召，推出《刘少奇回故乡》《丰收湾》《追梦煤城》等精品文艺节目。组织开展以“绿水青山”为主题的采风创作活动，共创作美术作品70幅、摄影作品80幅，编印《“绿水青山我的家”宁乡县美术作品集》。四是文化产业稳步推进。指导45家企业申报2017年长沙市文化产业引导资金，20个项目成功申报。精心编印了《2016年湖南宁乡文化产业投融资项目手册》。率先响应市委市政府组织“走进500强企业”系列活动，组建专业文化产业招商小分队，组织全县文化产业载体单位，以文化旅游、文化创意、文化地产为主攻方向，采用集中敲门招商的方式赴万达集团、首旅集团、港中旅集团、浙商集团等企业总部推介招商。引进投资金额100亿元湖南文化城项目，并作为湖南代表项目在深圳文博会上成功签约。组建宁乡县文化创意产业协会，会员单位共50余家，搭建更好的平台，推动文化创意产业快速健康持续发展。

（谢君）

统战工作

【概况】 2016年，县委统战部紧扣县委中心工作，创新推出“四部四工程”，坚持稳固基础抓重点、培育典型强示范、突出特色促创新，工作基础显著夯实，联络联谊有效拓展，交流合作持续深化，辐射影响逐步扩大，各项工作整体推进，为县域经济社会发展提供了广泛的力量支持。

【夯实统战基础】 2016年，县委统战部着力做好统战基础工作。一是扎实开展走访调研座谈。2016年先后组织召开党外领导干部座谈会3次、乡镇(街道)分版块调研座谈会3次、定期调度统战系统工作，走访27家非公企业，广泛听取意见，全面掌握情况，强化基层统战意识。二是建立健全统战对象台账。2016年，组织全县3个园区、29个乡镇(街道)、统一战线单位和多个相关部门开展了资源大摸底，对全域范围内的民主党派成员、无党派人士、党外知识分子等12类统战工作对象进行登记和梳理，共统计出统战对象1945名，为后期精准统战奠定了坚实基础。三是全面打造统战宣传阵地。2016年，“宁乡统战”微信公众号全面上线，实时更新统战工作动态、普及统战知识、传递统战正能量，得到了全县各乡镇(街道)、园区、相关部门以及广大统战对象的关注。为乡镇(街道)设计制作统战工作相关上墙制度并发放到位。四是配齐建强统战队伍。2016年，县委统战部在县内公开选调4名工作人员，新增设思想政治科、干部科、联络科等3个科室，人员力量得到强化；形成了部机关、工商联、民宗局班子成员一周一例会、一月一学习、双月一读书会、一季一讲评的工作制度。

【服务非公经济】 2016年，县委统战部着力于服务非公经济发展。一是着力优化发展环境。2016年，指导县工商联成立宁乡县非公经济服务中心，内设政务服务部、法律维权部、教育培训部、经济咨询部等多个部门，彰显“会员服务会员”特色，打造宁乡县非公经济服务新品牌。创新建设新型商会——北京宁乡商会。成功举办宁乡县首届“十大功勋企业家”评选表彰活动，《湖南日报》等省市媒体专题报道。二是着力提升服务水平。指导县工商联(总商会)及全县29个乡镇(街道)商会高标准完成换届工作；扎实开展“访民企、办实事、强信心”活动；不断强化非公有制经济组织党建，培育选树30家“双强六好”精品单位，编印《宁乡县“两新”党建成果选粹》，新建35家非公有制经济组织党组织。

【提升多党合作制度效能】 2016年，县委统战部着力于提升多党合作制度效能。一是重视协商凝聚共识。组织民主党派、无党派人士深入考察调研，开展协商座谈，听取他们的意见建议。民进宁乡工委会员撰写的《关于环境治理的建议》《关于正确引导花卉苗木产业健康发展的建议》《关于普通高中取消择校收费后增加办学经费投入的建议》等获评县政协重点督办提案和优秀提案，《宁乡:“3+X”做好花猪产业扶贫 打造“1+1>2”扶贫新路子》被省政协采纳,《“网络直播”乱象丛生 法律短板亟需补上》被民进中央采纳。二是重视党外干部配备和培养。至2016年12月,全县共有正副科职党外领导干部67名。三是重视民主党派自身建设。农工民主党、民主促进会在宁乡县发展总体有序,在服务社会、建言献策、参政议政等方面发挥积极作用。民进宁乡工委和各支部完成了换届工作,一批年轻有为的会员进入各支部班子。

【民族宗教氛围和谐稳定】 2016年,县委统战部进一步加强宗教界服务管理。规范寺庙建设,引导建设规模,共建外部环境;对非法场所及时发现及时制止,确保健康的风气,白云寺、福音教堂获市级优秀“四型”场所表彰;三级工作网络和问责机制初步建立,促进宗教工作基层责任落实。进一步落实民族优惠政策。做好了少数民族动态管理和台账建立工作,配合经开区完成“中马国际特色食品产业园”项目立项。协助上级部门圆满完成“全省宗教界代表人士谈心活动”各项工作任务。

【“四同创建”不断出新】 2016年,“四同创建”成为统一战线发挥作用、助推发展的有力抓手,成功打造“阅读·梦飞翔文化关怀项目”、湖南妙盛国际企业孵化园、长沙大河西农产品物流创业园3个省级创建点,刚鑫油茶林基地、玉潭街道楚沩社区、横市镇泉柳村三个创建点成功授牌市级同心工程示范点。建立“五联机制”,创新同心实践,宁乡“四同创建”工作在全市统一战线凝心聚力“十三五”行动推进会上作典型发言。

【“社会扶贫”协同推进】 2016年,县委统战部牵头开展社会扶贫专项工作,组织县总工会、团县委、县妇联、县工商联等单位立足各自特色资源优势,推动民主党派和无党派人士、社会组织广泛参与精准扶贫,印发《宁乡县社会扶贫专项工作实施方案》,取得了明显成效。通过社会扶贫,让部分贫困户实现劳动增收、帮助91名困难职工子弟圆大学梦、帮助10余名青年成功创业、帮扶希望学子594人,累计整合各类资金300多万元,解决各类困难问题20多个。

【“代表人士”团结一心】 2016年12月,县委统战部与县委宣传部挖掘了一批影响力大、号召力强、积极传递社会正能量的新媒体代表人士,发动新媒体代表人士成立了长沙市第一家区县级新媒体协会——宁乡新媒体协会,架起了新媒体代表人士与县委沟通的桥梁。协会拥有会员平台40家、个人会员55名,覆盖受众近百万人,成为集聚新媒体代表人士、创造新媒体影响力的大平台。2016年12月,县委统战部在全面摸排、筛选、考察全县高学识、高层次、有热情的党外知识分子的基础上,指导成立了宁乡县党外知识分子联谊会,协会设立科技创新、经济金融、教育医卫和综合服务等4个联组,吸纳会员107人,涵盖国家机关、国有企事业单位、新经济组织、新社会组织等各领域的中高级党外知识分子,成为团结广大无党派代表人士的重要代表组织。

【“港澳台侨”亮点纷呈】 2016年,县委统战部协助国台办海峡两岸宣传交流中心和台湾媒体对宁乡县进行专题采访,台湾中天亚洲电视台《魅力东方》栏目制作30分钟的节目宣传宁乡县经济社会发展成就,并在台湾《旺报》上专题报道。接待美国好莱坞集团、美中交流协会等到宁考察。侨资项目“利和城市综合体”启动建设,协助宁乡经开区举办中国(湖南)·俄罗斯“湘品入俄”国际贸易交流会暨2016蓝月谷之夏活动季启动仪式,宁乡经开区企业“文象炭基”的超藻泥技术发明者徐海博士被聘为省侨联特聘专家。在宁乡经开区成立湖南留学人员高新技术创业园的报告成功获得省人社厅批复。 (熊婉君)

党校工作

【概况】 2016年,中共宁乡县委党校在职干职工26人,其中教学人员17人(高级职称4人,中级职称8人,助讲和教员5人)。内设办公室、教务科、教研室、后勤科四个科室。县委党校紧紧围绕县委政府中心工作,扎实抓好干部培训、理论科研、队伍建设、机关党建和廉政建设等工作,党校事业发展得到稳步提升。2016年,党校获县绩效考核一类单位,领导班子被评为县“五好领导班子”,并被评为县老干工作、宣传思想工作先进单位。

【干部培训】 2016年,县委党校根据全县干部教育培训计划,圆满完成各个班次的培训任务。先后举办各级各类干部培训班30期,培训干部3870人次。包括:入党积极分子培训班、“两提高一促进”班、县乡人大工作业务培训班、新提拔领导干部培训班、人事局转正定级培训班等。为贯彻落实中央关于“抓好党建促脱贫”系列要求,从10月16日起,作为全省五个教学点之一,承担全省国贫省贫县市区贫困村党组织书记“抓党建促脱贫”攻坚专题培训班的培训任务,分6期培训岳阳平江、张家界慈利、湘西州花垣、古丈、怀化市会同、中方、溆浦、靖州等地703名支部书记。同时,还接待省内新田县、醴陵市的科级干部到学校交流培训,并为县内横市镇精心组织了为期3天的机关干部专题培训。为进一步优化培训环境,县委党校完善了校园绿化、美化、亮化工程,对食堂餐厅、学员房间、办公区、教室场地等进行全面检修和必要的设备添置,学员住宿楼实现无线网络全覆盖。宣讲工作卓有成效。2016年,县委党校围绕“两学一做”教育、党的十八届六中全会精神、省市县党代会精神、县人大政协“两会”精神等重要活动、重大会议、时事热点的学习贯彻和县域经济发展中心工作,组织教师进机关、到乡镇、入社区、走农村,全年为全县干部群众作宣讲277场,受众超过3万多人次。

【队伍建设】 2016年,党校继续深入实施以“一个课堂、一个栏目、一份笔记、一篇文章、一次考试”为内容的素质提升“五个一”工程。通过周五课堂组织集中学习9次;年底,以“世界那么大,书中亦可读”为主题组织了一场别开生面的读书分享会和一场综合知识考试。鼓励教职工多读书,勤动笔,全年共撰写各类心得体会文章65篇,有30多篇在《今日宁乡》公开发表。注重为干职员工学习搭建平台,全年共有6名教师分别到中央党校、省社会主义学院和省委党校、市委党校进行专题学习培训。图书室定期添置图书辅导资料,做好归类整理,主动为教师教学科研工作服务,全年花费10多万元购置新书近4000册。

【教学科研】 2016年,县委党校以课题研究为重点,以专题创新为突破,教学科研迈上新台阶。课题注重“三选”:紧贴实际选课题。年内成功申报《精准扶贫实践启示及其对策探究——以宁乡县巷子口镇黄鹤村为例》《全域旅游大有可为——宁乡县发展全域旅游的调查与思考》两个省级课题,并有省级课题《充分发挥老年协会在基层社会治理中的作用研究—以宁乡为例》、市级课题《推动“飞地经济”发展,打造县域工业新平台——基于宁乡金玉乡镇工业集中区的调查和思考》《宁乡县城区住宅小区治理的问题与对策研究》成功结项。加强与县委政研室、县政府研究室、县委宣传部、组织部等相关部门的联系,积极参与县内重大课题的研究。年内,由县委政研室主导,县委党校参与的课题《加强和创新基层治理 增进人民群众获得感——基于宁乡基层治理实践与探索的研究》进入县委决策视野,得到县委主要领导的肯定和表扬。组织研讨选课题。深化党校和县内经济园区、职能科局的联动机制,深入探索“多向研讨”合作模式,在12月成功组织以“湖南新战略新愿景宁乡怎么看怎么办”专题研讨会,邀请县经开区、金洲新区、金玉几大园区主要负责人及县委组织部、宣传部、工信局、纪委、政研室、县社科联等多个部门领导,围绕省党代会精神的贯彻落实畅所欲言,研讨成果得到县委副书记刘亮的肯定和批示,在《今日宁乡》《宁乡党建》专题刊发。

专题创新有成效。彰显党校理论教育、党性教育特色,组织教师围绕经典原著和红色资源开设新专题。首次尝试理论经典解读课程,新开设《重温经典著作 坚定理想信念——〈共产党宣言〉导读》《重温经典——〈正确处理人民内部矛盾的问题〉》等专题;同时,立足县域红色资源禀赋,开设《刘少奇的精神品格及其当代启示》等课题;其次,围绕“两学一做”、习近平总书记系列讲话精神和三大建设、“讲明守”活动等开设热点专题,全年共新出各类专题30多个。

进一步完善了科研奖励制度,鼓励教师出成果,出精品。全年在省、市级以上刊物公开发表论文7篇,结项省委党校课题1个,市级课题2个,新申报省、市课题各2个,16篇论文参与省级、市级论文研讨会,多篇获奖,圆满完成了全年科研工作计划目标任务。

【机关党建】 2016年,县委党校始终坚持党校姓“党”原则,结合党校实际,认真开展“两学一做”教育。积极发挥党校优势,主动服务全县“两学一做”活动大局,组建宣讲队伍,开发教学专题,深入全县各机关、企事业单位和村、社区广泛开展理论政策宣讲,共提供100多场次辅导,受众人数达1.5万多人。在市、县“三微一大”活动中,一名老师获“党章党规和系列讲话理论知识大测试”三等奖,《不忘初心 服务人民》被评为市、县优秀微党课。不断夯实党建工作基础。严格按标准落实“三会一课”、党规党纪学习,参与志愿服务行动,认真履行“一员双岗”,组织党员参观秋收起义纪念馆、胡耀邦故居,观看《信仰》《永远在路上》党性教育片,积极派人参加春季环城马路赛、县直机关工委运动会。切实抓好中心工作。按照县委统一安排,认真开展结对共建、精准扶贫和软弱涣散基层党组织整顿工作。选派一名同志担任驻点村第一书记,帮助指导村级工作。党校班子成员10多次带队到村上走访慰问,共商发展之计,帮助脱贫致富,在人、财、物方面给予积极支持。党校联系的龙田镇黄泥田村贫困户年内基本实现脱贫。村级面貌有了明显改观,把一个软弱涣散基层党组织建设成为龙田镇先进基层党组织。 (朱灵)

老干部工作

【概况】 2016年,县老干局以“两学一做”学习教育为抓手,不断强化老干部工作队伍建设;以“做老干部贴心人”活动为契机,逐步优化老干部服务管理;以“五老四教”主题活动为指针,积极引导老干部发挥作用;以“服务四个打造”为目标,不断丰富老干部精神文化生活,全局工作有序推进。宁乡县离退休干部党支部建设经验在《中国老年报》《长沙晚报》上得到推广,县关工委被评为全省关心下一代工作先进集体，局领导班子被评为县“五好领导班子”。

【老干部“两项待遇”落实】 2016年，老干部“两项待遇”全面落实。县委拨专款80余万元开展春节走访慰问老干部活动，全年召开老干部座谈会4次，听取老干部工作情况汇报和意见建议，研讨并解决老年大学校址建设、人员编制等问题，每年预算20万元作为宁乡县老干部事业发展专项配套补助资金。春节期间走访慰问600多名老干部，利用七一、八一等重要节点走访慰问四大家老干部35名、中华人民共和国成立前老党员9名、抗战老干部15名，还组织走访慰问异地离休干部及遗孀9名。坚持“祝悼慰”制度，全年悼念老干部17人，看望住院老干部22人，为老干部整生祝寿4人。按时发放离休干部及配偶（遗孀）生活补助等费用共计126.5万元。组织四大家老领导参观考察美丽乡村建设项目、工业园区项目、全域旅游景区，让老同志见证县域经济发展，助推城乡统筹发展。组织全县300多名老干部进行20多个项目的健康体检，干职工全员出动，全程导诊，为老干部提供最贴心最优质的服务。做好了特困帮扶工作，为19名特困离休干部及配偶（遗孀）解决生活医疗等费用共计3.7万元。做好易地安置及接管离休干部工作，主动与原单位联系，反馈老干部身体家庭情况，为接管离休干部李霞龄申报发放丧葬费及一次性抚恤金15.6万元。做好了老干部信访工作，全年接待来访人员20人，老同志来电100余起，及时落实处理成星罗工资待遇问题、黄石章公租房问题、成启先遗孀补助发放等信访问题10余个。

【老干部“两项建设”】 2016年，老干部“两项建设”成效突出。举办全县第三期离退休干部党支部书记培训班，学习《中国共产党廉洁自律准则》和《中国共产党纪律处分条例》、党建业务知识等内容，交流龙田镇离退休干部党总支工作经验，并就结合“两学一做”学习教育发挥老党员先锋模范作用等方面开展座谈讨论。举办国际国内形势、“十三五”规划纲要、“两学一做”学习教育等老干部形势报告会和老干部理论大课堂7堂次。开展“两学一做”学习教育系列主题活动，征集心得体会、“谈家风、传作风、赞新风”征文等作品63篇，用讲党课、做宣讲的形式组织集中学习950余场次，为行动不便的党员送学上门700多人次。在全县广泛开展“五好”离退休干部党支部示范点创建活动，成功创建市级示范点10个，并对13个县级示范点给予每个5000元的补助资金。按“三个有利于”的原则，指导合并乡镇（街道）、村（社区）以方便、就近为原则设置离退休干部党组织，在3个乡镇（街道）推行在职干部兼任离退休干部党总支书记，班子骨干结构优、素质高。老同志在人民网、红网、老干部之家等10多个网络平台跟帖发帖，围绕“两学一做”、中办发〔2016〕3号文件、环境保护等方面发布个人原创作品1000余篇。

【老年教育】 2016年，宁乡老年教育事业快速发展。县老年大学共开设14个专业课程，开班62个，学员近2000人次。县老年大学新建工作已纳入县城投集团阳光养老建设项目，新增2个事业编制，追加工作经费20万元，确保老年大学优质运转。举办了全县老年教育网络课堂培训暨现场经验交流会，交流了先进办学经验，进行专门的业务培训。前往长沙、衡阳等地学习办学经验，出版校刊《银色风流》，举办学习成果展示晚会，并参加中国老年大学协会第十二次老年教育理论研讨会征文，进一步加强了学校管理、教师队伍建设和学员队伍建设。全县建有5个镇（村）级老年学校、30多个老年教育网络课堂示范点，对每个示范点提供2000元—4000元的资金补助。

【老干部活动】 2016年，宁乡老干部活动有声有色。举办第三届宁乡县老干部运动会，共有18支门球队伍、47名象棋选手参赛，组织老同志参加长沙市第四届老干部运动会，获得门球比赛二等奖。县微霞艺术团和微霞诗社每年自发组织为孤寡老人、残障人士献爱心，开展送戏下乡、慰问演出等活动，送去精神食粮和文艺大餐。县老干部书画协会组织40余名老同志开展送春联下乡活动，共写春联2000多副赠予当地民众；举办纪念建党95周年暨长征胜利80周年的书画展览，展出作品104幅；出版《楚沩新韵》书画作品集600余本，会员作品21幅被《苦难辉煌》一书采用刊载。县老年保健协会在全县开展健康教育讲座200多堂，听课人数10000多人；精选民间验证方、偏方208例，编印10000余份免费发放；制作100套老年保健知识宣传展板到各乡镇展出；原创月刊《夕阳保健文摘》已经出版到第十二期，发行量达3600本；保健协会“阳光老人”评选活动获全市二等奖。

【关心下一代工作】 2016年，宁乡关心下一代工作亮点纷呈。举办五老宣讲员培训班，指导基层调整了关工委领导班子，宁乡经开区和宁乡高新区关工委班子顺利组建并正常运转，民营企业关工委新增15家，至2016年全县民营企业关工委达117家。举办县关工委成立30周年庆祝活动，精心编印《耕耘30年——责任与辉煌》专刊和《德润楚沩——宁乡县“屋场讲德”优秀讲稿汇编》，制作《薪火相传三十载，硕果盈枝满庭芳》展板进行展出。会议表彰33个先进集体、135名先进个人，还特别颁发了9个“五老功勋奖”。各乡镇（街道）广泛开办留守儿童之家、校外辅导乐园等爱心组织，组建30多个爱心爷爷奶奶、爱心妈妈队伍，开展“结百对育百人”等活动，对留守儿童进行一对一帮扶。开展了“农商情·知法守信”主题活动，组织98名失亲少儿到省少管所接受法制教育。

【“五老四教”活动】 2016年，“五老四教”主题教育活动纵深推进，创新开展“屋场讲德”活动，全县“五老”立足村组屋场，以社会公德、家庭美德为主题开展德育宣传教育，在青少年中掀起弘扬社会主义核心价值观和优良传统的热潮。全年共宣讲4600余场次，讲小故事800余个，调处纠纷620起，解决小矛盾850个，受众10万余人。举办“安全伴我在校园·我把安全带回家”为主题的安全知识教育进课堂活动，向全县中小学校免费赠送《宁乡县青少年安全常识简明读本》5000余本，印发《关于加强预防青少年溺水工作的致家长公开信》10万余份。举办“远离暴力，与法同行，未成年人保护行动”暨国家宪法日法律宣传活动，向广大青少年宣传法律知识。关工委老同志担任代理家长参与30多起未成年人案件审讯，维护了未成年人的合法权益。

【发挥老同志作用】 2016年，县老干局组建5支老干部志愿者队伍开展“银发扶贫”工作，送科技、送文化、送观念、送温暖、送健康下乡，与180个建档立卡贫困户结对，帮扶70个贫困户加入农业合作社，50个贫困户脱贫。县老科协组织老专家科技下乡，通过实地指导、传授技术、建立热线联系等措施，促进地方畜牧、水产、种植业的大丰收。组建县“夕阳红”志愿者队伍，全年送文化进校园、进街道、进社区、进敬老院、进医院共计50多场次。各乡镇“五老”组建“环境卫生义工队”“五老环卫督察组”等志愿者服务队，协助开展评比工作，挨家挨户督促检查，义务上街清扫垃圾，主动带头做好表率，为美丽乡村建设做出了贡献。

【评选优秀典型】 2016年，开展全县先进离退休干部党支部、先进基层党组织、“四好”老干部、优秀离退休干部党员评选活动，表彰了96个先进集体和203个先进个人；推荐14名老同志出席全市“双先”表彰会，推荐2个离退休干部党组织和4名老同志出席全县“双先”表彰会；沙田乡离退休干部党总支先进事迹在全县“七一”庆祝大会上宣传推介；离休不离志、泽心献余热的90多岁离休干部黄方兴、十多年如一日为全县果农免费提供技术指导的刘希刚、热心党务和村级公益事业的周芝林等30多名优秀离退休干部党员的先进事迹在县内主流网站、QQ群、微信公众号等媒体平台宣传推介。 （戴娇龙）

机构编制工作

【概况】 2016年，县机构编制委员会办公室(以下简称县编办)进一步简政放权，深化行政审批制度改革；统筹推进行政管理体制改革，加快转变政府职能；规范机构编制管理，强化干部队伍建设，圆满完成全年各项工作任务，成效显著、亮点纷呈。2016年全县绩效考核获“先进单位”及“五好领导班子”。

【行政审批制度改革】 2016年，县编办行政审批制度改革亮点突出。着力优化政务环境，提升行政效能，承接落实市政府下放的54项市级经济社会管理权限；完成行政审批中介服务事项的清理规范工作(保留48项，规范调整16项，取消2项)，并对外公布。创新和完善行政审批服务，以建设“市民之家”，打造“智慧政务”为抓手，全力推进三集中三到位改革，构建行政审批服务“大一统”。统筹调度、强化督导，确定进驻市民之家部门37家、服务单位20家、事项470项、工作人员439名，设置窗口220个。市民之家正式运营后，实现所有行政审批服务事项“一窗受理、内部流转、一站式办结”，真正做到让群众“进一张门、办全部事”。深化园区改革，构建“园内事园内办”和“一站式服务”的园区行政审批模式。开展灵活放权，2016年下放2项县级经济社会管理权限至园区，累计下放62项。推行重大建设项目审批“绿色通道”制度，优化园区投资环境，提高投资项目审批效率。完成园区权力清单、责任清单、流程清单的编制工作，并对外公布。扩权强镇改革试点加速推进，因地制宜、突出特色，高标准推进灰汤镇扩权强镇改革试点工作，下放灰汤镇县级经济社会管理权限108项，并对机构、人事、财政、土地、投融资管理等配套改革措施等要素保障进行了相应明确，确保改革试点推进有力。2016年，宁乡县行政审批制度改革工作多次获中央、省市编办推介。

【行政管理体制改革】 2016年，县编办着力推动职能转变，建设服务政府、效能政府、法治政府和清廉政府。积极做好县政府机构改革后续工作，进一步理顺职责关系，不断巩固改革成果，调整部门职责37项，理顺部门之间职责边界事项82项，完成涉改部门“三定”工作。全面完成乡镇(街道)区划调整改革的机构编制调整，重新核定涉改乡镇“三定”规定，整合撤并乡镇事业机构、派驻(出)机构32个。不动产统一登记制度改革圆满完成，组建不动产登记管理机构并正式运营，构建权属清晰、分工合理、权责一致、便民高效、法制保障的不动产统一登记体系。加快推进司法体制改革，完成县法院、检察院机构编制清理上报工作。公共资源交易平台整合有序推进,制定实施意见和职责调整、人员编制划转方案。

【事业单位登记管理】 2016年,县编办依照《事业单位登记管理暂行条例》有关规定,及时组织事业单位报送上一年度的年度报告,全县应年检554家、已年检554家、年检率100%,并通过机构编制网等平台对外公示,接受社会监督。加强事业单位监督管理,不断完善法人证书使用管理制度,全年办理变更登记178家,涉及变更事项261项,接受各类咨询700多人次。建立健全统一社会信用代码制度,稳步推进机关、群团统一社会信用代码赋码工作。

【规范机构编制管理】 2016年,县编办机构编制管理更加规范。按照机构编制管理权限和程序,严格执行机构编制事项审批"一支笔"制度,坚持当好"守门员",把好"龙头"和"龙尾"。所有议决的机构编制事项均在2012年底全县机构编制的总量范围内调剂解决,确保了机构编制和人员只减不增。积极消化超编人员,通过严控入口、自然减员、内部调整、清理规范等多种途径和举措,总体超编人员比2015年底减少130多人。完善决策机制,健全县编委会议议事规则,坚持集体研究、民主决策、痕迹管理、记录备存。健全编制使用等制度,全面落实《宁乡县规范机关事业单位工作人员管理若干规定》等制度文件,规范流程,加强管理,明确人员招录(聘)、选调、借调、交流及编外人员招聘等机构编制和人事事项必须经县编委会议研究,集体决策。健全监督检查机制,将机构编制政策规定执行情况纳入党委和政府督查工作范围,纳入审计、绩效评估和领导班子及成员考核内容。认真开展机构编制评估、机构编制专项督查等工作,继续深化"三超两乱"专项治理,巩固治理成果;开展干部人事和机构编制核查清理和全县副科级以上机构级别和领导职数设置不规范情况摸底工作,全面摸清底数;清理规范现有编外合同制人员,严格计划审批,确保编外人员只减不增。

【机构编制保障】 2016年,县编办主动作为,机构编制保障更加凸显。进一步深化行政审批制度改革,做好权力"瘦身",压缩机构编制需求。结合事业单位分类改革盘活编制127名;对于符合事业单位改革精神但暂时不具备调整条件的事业单位,收回其全部空余编制,冻结机构编制事项,人员只出不进。主动对接,加强协调,服务县域经济社会发展成绩斐然。结合宁乡实际,强化招商引资工作,设立招商引资服务中心,为县政府直属单位;积极向上争取行政编制资源向基层倾斜,协调申报宁乡县2016年公务员招录计划57名。强化重点项目编制保障,保证重点领域和关键环节发展需求。在全县机构编制总量不增的前提下,有保有压,设立县委巡察办、行政审批代办中心、不动产登记管理中心等机构;调剂增加县委办、县政府办以及金融、征地拆迁、发改、政务服务等经济社会民生等重点领域和关键环节编制162名;科学制定编制使用计划,积极参与中小学教师和卫技人员招聘、公务员选调、事业单位人才招聘工作,全年累计引进各类人员人才700多名。结合公务用车制度改革,通过培训转岗、提前离岗等途径逐步消化机关后勤工作人员,工勤编制按照"退一收一"的原则逐步收回。深入开展精准扶贫,通过产业扶贫、教育扶贫、就业扶贫等措施大力推进菁华铺洪仑山村开展精准扶贫工作,找准着力点,支持扶贫帮困资金10万元;组织机关干职工结对帮扶、多次上门慰问献爱心,为贫困户排忧解难。认真做好议案提案办理工作,回复县人大、县政协议案提案3件,确保件件有答复、事事有回音。

(喻国栋)

史志档案工作

【概况】 2016年,县史志档案局干部职工21人,退休干部12人,内设办公室、党史科、方志科、档案科、业务指导科、法教科6个科室。获评"2016年度全省档案宣传工作先进集体",《宁乡百年人物风云录》获全省党史部门党史优秀成果三等奖,《宁乡年鉴(2013)》获全国一等奖、湖南省第四届年鉴奖二等奖等荣誉称号。

【档案工作】 2016年,县史志档案局积极开展档案馆基础业务工作。一是抓好档案信息资源的开发利用。全年接待查阅和利用者1500人,调阅档案2500卷,复印3852张。二是加强档案数字化建设。全年利用档案软件把档案利用率高的档案输入6000多条,数字化档案馆建设达成初步构想。三是及时做好了现行文件和政府公开信息的接收、收集、征集、归档工作,收集现行文件268件,并在宁乡公众宁乡网上公开现行文件目录及全年的工作动态。将1000多件国家重点档案目录上报。认真组织基层档案室人员学习国家档案局8号令。6月9日"国际档案日",现场发放各种档案宣传资料1000多份。深入宣传以档案法律法规知识,重点宣传《档案管理违法违纪行为处分规定》,进一步增强公众档案意识,扩大档案工作影响力。加强村级档案室建设,11月2日组织举办社区档案员业务培训班,参加培训人员127人。通过2014年起连续三年的三期培训,做到基层档案工作全覆盖。档案整理方面,重点做好了县财政局、宁乡经开区、宁乡高新区三家单位的档案整理工作。全年整理出各类业务档案3100多盒,文书档案 200 多盒，会计档案 2000 多盒，指导做好永久档案和部分重要档案的扫描以及所有档案的目录输机工作，使三家单位档案条理化、规范化，管理方便，查阅快捷。紧抓档案升级达标工作。10月，国税局档案工作规范化管理实现省特级，煤炭坝镇晋升省一级。

【档案执法及业务指导】 2016年，县史志档案局开展对全县所有科局单位和乡镇的档案执法检查。总体结果是，省一级档案室好于未授牌档案室，科局档案室好于乡镇档案室。普遍存在的问题是，领导重视不够、财力投入不够、档案人才不够、档案硬件建设不够。通过全面检查，找出了存在的问题，对当事单位提出了整改要求。年底，对档案管理存在较大问题的 5 个科局、1 个乡镇进行绩效考核倒扣分处理。查处档案违法案件动真格。2016 年上半年，县经信局下属未改制企业原县纸厂 37 袋档案在机关事务局主导分配办公用房的过程中，由于相关责任人档案法制意识淡薄，导致档案全部毁损，直接经济损失约 10 万多元，县纪检、监察部门、县政府办、县法制办、县人社局、县档案局、县公安局召开联席会议进行多次专题研究迅速查处，并根据《档案管理违法违纪行为处分规定》和《事业单位工作人员处分暂行规定》对相关责任人 7 人给予记过以下处分。

【党史工作】 2016 年，县史志档案局党史工作有成效。参与完成“宁乡历史文化丛书”编撰工作，局长谢仲舒撰写了其中的《人物春秋》。挖掘宁乡地方文化特色，开展对宁乡道林、花明楼鲁氏家族成员鲁涤平、鲁荡平、鲁渭平、鲁岱、鲁实先的专题研究，完成150 万字的原创著作《民国之殇》。完成市委党史研究室《这就是信仰的力量》征文 5 篇。3 月18 日，中共中央党史研究室副主任冯俊一行到宁乡考察，通过实地查看，详细了解宁乡县党史研究发展的情况，之后在政府常务会议室召开了“以史铸魂”座谈会。

【地方志工作】 2016 年，县史志档案局精心编辑《宁乡年鉴(2016)》。全书 31 个部目，涉及166 个单位，收集资料 200 多万字，撰写宁乡县 2015 年大事记 2万多字，成书 78 万字。着力指导乡镇简志编纂工作。完成《长沙乡镇简志》涉宁乡部分的入志资料收集和部分乡镇、街道简志的初审工作，12 月全面进行 29 个乡镇、街道简志初稿的初审。扎实推进开发区志编纂工作。指导督促宁乡经开区、宁乡高新区编纂开发区志。宁乡经开区志全书50 万字，在 11 月 18 日召开的宁乡经开区志专家评审会上通过终审。宁乡高新区志也有序推进。认真指导编纂《湖南省志・沩山风景名胜志》。联合沩山风景名胜区管委会，启动《湖南省志・沩山风景名胜志》的编纂工作，完成资料收集任务。深入开展地方志优质服务。把有宁乡特色的“花明楼镇入选国家宜居小镇”“评选表彰 376 名社会贤达”等近 20 个条目报省、市年鉴并被采用。楚天科技董事长唐岳被推选为《长沙年鉴》2015 年度人物。推荐《宁乡百年人物风云录》和《人物春秋》参加 2016 年度长沙史志类图书评选活动。参与《楚沩家风》编写。年内在《档案时空》《长沙史志》《今日宁乡》和“中国反邪教网”“凯风网”等报刊网站发表文章 15 篇。

【农耕文化博物馆】 2016 年，宁乡县大成桥镇原关工委主任谢国恩，投入资金 40 多万元，收集明、清、民国各个时期的农耕文化实物 800 多件(套)，利用自已一栋面积 1000 多平方米的三层楼房，创建湖南第一个农耕文化博物馆，为社会大众了解农耕文化搭建了平台。 (程燕)

信访工作

【概况】 2016 年，县信访局以信访法治化建设为主线，以基层党建、党风廉政建设、信访制度建设为着力点，求真务实，开拓创新，信访量特别是进京非访量继续大幅度下降，信访秩序进一步好转，信访局面平稳可控。全年来县上访群众 907 批 2621 人次，与 2015年同比批次下降 34%，人次下降36%；到市访 157 批 204 人次，同比批次下降 43%，人次下降48%；赴省 195 批 289 人次，同比批次下降 47%，人次下降 46%。进京非访登记 9 人次，较 2015 年同期减少 26 人次，同比下降74%。2016 年，县信访局被评为县绩效考核一类单位，并被市委、市政府评为 2016 年度信访工作目标管理考核优秀单位。

【制度建设】 2016 年，县信访局加强制度建设。根据《信访条例》，结合宁乡县当前信访工作实际情况，由县信访局起草，县委、县政府出台《关于进一步加强和规范信访工作的意见》(宁发〔2016〕16 号)文件，对规范接待平台、严格办理流程、健全工作制度、强化工作要求和落实工作责任等方面提出了具体的工作意见和要求。由县信访局起草，县委办、县政府办出台《宁乡县信访工作责任追究暂行办法》(宁办发〔2016〕13 号)文件，进一步明晰了相关责任单位和相关人员的信访工作责任，推动信访工作责任落实的制度化、规范化和法治化。县信访工作联席办下发《关于印发〈规范办理中央、省、市、县交办信访事项(包括县级领导接待日批示件)〉的通知》，切实规范了信访事项的受理、转送交办、办理、送达、录入、答复、督查督办、复查复核等程序。

【联合接访处访】 2016年，县信访局建立面积近500平方米的县联合接访处访中心（信访大厅），县纪委、县法院、县检察院、县公安局等单位进驻中心，定期联合接访处访；中心还开设了矛盾纠纷调解、法律援助、心理咨询、法律咨询等窗口。

【县级领导接访】 2016年，县委、县政府实施信访工作领导轮流坐班制，每周五，由一名县领导轮流到县信访局坐班接待来访群众，乡镇和部门单位主要领导在本单位信访接待室接待群众。2016年共有33位领导接待群众来访404批1192人次，批示交办信访件339件，办结率100%。

【信访事项复查】 2016年，县信访局根据2016年5月1日开始实施《湖南省信访事项复查复核办法》，制定了实施细则，对每一件受理的信访复查事项，都认真审查相关材料，组织召开会议研究讨论，然后形成复查意见报县长审批后再签发。2016年共受理信访复查事项31件，办结28件。

【信访积案化解】 2016年，县信访局通过领导包案、信访援助、媒体宣传、召开听证会等办法积极推动积案化解工作。上半年组织开展“县示范、乡攻坚”化解百起信访案件专项活动，取得了良好效果。2016年全县共化解疑难复杂信访积案23件。省信访联席会议在全省信访积案化解“千案攻坚”行动中，交办给宁乡县的10件积案，全部化解到位。

【依法治访】 2016年，县信访局着力推进依法治访，规范信访秩序。加大进京非访的劝返工作力度。加强对重点信访人员的情报信息掌控，积极与铁路、国保、维稳等进行对接，多途径获取情报信息，赢取工作主动，及时在长沙、北京等重要区域开展寻找劝返，有效防止非访的发生。依法加大对非法上访的打击力度。由县委政法委牵头，对涉嫌违法的上访行为依法予以严厉打击。2016年进京非访登记的9名对象，除个别对象因身体原因无法拘留，由医生和政府干部采取24小时监护等措施外，其余全部实行了拘留，实现100%依法打击到位。

【网上信访】 2016年，全县29个乡镇（街道）、75个部门联网办公，让数据多跑路、群众少跑腿，实现了信访信息的互联互通和资源共享。2016年共交办、转送网上信访件692件，同比增长3.6倍。

【“一推行四公开”群众工作】 2016年，县信访局群众工作主要从两方面着力：一是强化对群众工作的督查考核。联合县委办、县纪委和县政法委等单位对各乡镇（街道）、县直各单位开展了4次督查指导，对工作中存在的问题及时予以了通报。二是将群众工作与信访工作挂钩。群众工作的好坏直接影响各单位信访工作的考评结果，以信访工作促群众工作。通过全县上下的共同努力，2016年全县群众工作共为群众办理实事868件，结对帮扶群众2033户，收集群众反映问题3082个，化解纠纷矛盾2802起，为群众代理服务1.08万件，征求群众意见和建议1.51万条，提供帮扶救助建设资金755.64万元。

（周尚清）

宁乡县人民代表大会常务委员会

【概况】 2016年,县人大常委会依法履职、务实作为,组织召开人民代表大会2次,常委会议7次,主任会议11次,作出决议决定6个,听取和审议专项工作报告17项,评议部门4个,依法任免国家机关工作人员98人次。

一、坚定政治方向,服务发展大局。2016年,县人大常委会严格按照相关法律和文件要求,全面加强对县乡选举委员会的领导和督查,确保全县人大换届选举工作依法有序、风清气正。全县共登记选民118.9万人,选举产生县人大代表373名、乡镇人大代表1814名。在县第十七届人大一次会议上,全体代表以高度的使命感和责任感,为发展献计、为群众代言,会议进一步明确了宁乡未来五年"担当省会副中心历史使命,挺进全国二十强,打造一流中等城市"的重点举措,圆满完成了会议选举任务。十七届县人大常委会选举产生后,着力全面谋划布局、创新工作方式、健全管理制度,力争在突出监督重点、改进监督方式、提升监督实效上实现新的突破,在推进人大工作程序化、规范化、制度化上迈出新的步伐,在推进"四个打造"、实现人民利益、服务代表履职上创造新的业绩。

二、突出工作重点,行使法定职权。2016年,县人大常委会加强计划和财政监督,助力全县经济发展。常委会多次听取和审查了全县计划、财政和同级审计等工作报告,督促政府加大工业支持力度,突出项目支撑和要素保障。专题调研政府性债务情况,密切关注政策性重大投资项目资金的管理和使用,监督和支持政府开展债务置换,全年节约融资成本3亿元。提前介入财政预算编制,督促政府进一步完善预算报告,确保了民生支出持续增长,达到公共预算支出的78.33%。审议通过《关于预算审查前听取人大代表和社会各界意见的若干规定》和《关于建立和完善审计查出问题整改情况向人大常委会报告机制的意见》,推动财政监督进一步规范透明。注重自然生态保护,推进城乡品质提升。在广泛调研、学习借鉴、反复论证的基础上,常委会审议通过《关于加强自然生态保护的决定》,首次将森林植被、河流及水资源、耕地及山地自然风貌、城乡生态清洁环境、自然生态资源等内容纳入规范化保护轨道。开展城乡生态保护一体化、农村饮水安全等专题调研,持续关注并扎实推进对"治砂、治矿、治水"等重点的监督。强化重点民生监督,回应人民福祉关切。开展全县教育规划布局专题调研,监督政府实施"学校建设年"活动,新增学位超过一万个,城区学位紧缺和"大班额"现象得到有效缓解。先后对政府提出的一批重大基础设施建设、重大民生项目融资贷款议案进行审议,有力推动了市民之家、县城截污管道工程、易地扶贫搬迁等项目的实施。持续聚力食品药品安全、医疗、禁毒等群众关注的热点问题监督,全社会共督共治的良好格局得到巩固提升。深入开展法律监督,加快民主法治进程。对城乡规划法、广告法、禁毒法、食品安全法等四部法律的贯彻实施情况开展执法检查,提出审议意见15条,有力促进了依法行政、公正司法。严格规范任免程序,落实向宪法宣誓制度,任命的国家工作人员法治理念、担当意识进一步加强。深入开展"司法公正长沙行"活动,督促"面对面、互动式"普法宣传覆盖全县所有村(社区),督促县公安局加强执法规范化建设,支持县法院、县检察院推进司法体制改革。扎实推进制度创新,提高会议议事质量。依法审议通过了主任会议、常委会会议的议事规则,提出了政治坚定、议题精准、准备充分、审议到位、方式创新、成效凸显、纪律严明等七个方面的规定要求。先后组织开展西线工业走廊、公路建设、教育布局、公安工作等视察调研,让审议更具客观性和针对性。常委会的会前准备、会议发言、审议质量得到明显改善和提高,求真务实、履职担当、高效廉洁的会风会纪持续加强。

三、发挥代表作用,提高履职实效。2016年,县人大常委会常委会不断强化服务意识,创新工作方法,先后召开5次乡镇(街道)人大工作会议,进行换届业务培训、换届选举座谈、人大工作部署,督促乡镇(街道)对新任代表进行履职培训,组织74名市人大代表进行会前视察和培训。围绕县委提出的战略部署,组织各级代表开展座谈讨论,邀请县人大代表参与视察调研和部门评议,持续开展以联系敬老院为重点的"五百活动",共计捐资捐物100多万元。坚持县人大常委会组成人员联系走访代表制度,落实"主任领办、重点交办、追踪查办、全面督办"的建议办理制度。县十六届人大五次会议以来，共办理代表建议 181 件，问题已解决或基本解决的 110 件，占办理总数的 60.77%，办理结果满意或基本满意的 174 件，办理结果满意度为 96.13%，办结率和满意率比上一年度均有大幅提升。

四、规范机关管理，树立人大形象。2016 年，县人大常委会始终把加强自身建设作为履职行权的基础保障，全力推进学习型、服务型、创新型、和谐型、廉洁型机关建设。在机关党员中全面开展“两学一做”学习教育，机关干部的思想观念得到更新，业务能力得到提升。完善信访工作制度，全年受理各类信访案件 85 件，交办 56 件，答复 29 件，做到事事有回应、件件有落实。宣传工作得到加强，先后在国家、省、市人大刊物上发表稿件 23 篇，获省级以上奖项 5 项。信息化建设上迈出新的步伐，全面改版人大官方网站，建立人大微信公众平台。

【宁乡县第十六届人民代表大会常务委员会会议】 2016 年，县人大常委会共召开常委会会议 6 次。

2 月 24 日，召开县十六届人大常委会第二十五次会议。审议《宁乡县第十六届人大常委会 2016 年工作要点（草案）》，听取县司法局关于宁乡县“七五”普法和“面对面、互动式”普法宣传工作情况的汇报；进行人事任免。

4 月 26 日，召开县十六届人大常委会第二十六次会议。听取和审议《关于提请审议决定接受王春林同志辞去宁乡县第十六届人民代表大会代表职务请求的议案》；人事任免；听取和审议县财政局关于全县政府性债务管理情况汇报；听取和审议对县发展和改革局视察评议工作的汇报；听取和审议对县市场和质量监督管理局视察评议工作的汇报；听取和审议对县卫生和计划生育局视察评议工作的汇报；听取和审议对县水务局视察评议工作的汇报；听取和审议《关于提请审议〈关于加强自然生态保护的决定〉的议案》。

6 月 23 日，召开县十六届人大常委会第二十七次会议。人事任免；听取和审议 2015 年宁乡县财政决算（草案）的报告；听取和审议 2015 年宁乡县同级预算执行审计情况的报告；听取和审议县人民政府关于《中华人民共和国城乡规划法》贯彻实施情况的汇报；听取和审议县人民政府关于《中华人民共和国广告法》贯彻实施情况的汇报；听取和审议县人民政府关于农村安全饮水情况的汇报。

8 月 10 日，召开县十六届人大常委会第二十八次会议。人事任免；听取和审议 2016 年上半年宁乡县财政预算执行情况的报告；听取和审议 2016 年上半年宁乡县国民经济和社会发展计划执行情况的报告；听取和审议《关于提请审议〈关于建立和完善审计查处突出问题整改情况向县人大常委会报告机制的意见（草案）〉的议案》；听取和审议《关于提请审议〈关于预算审查前听取人大代表和社会各界意见的有关规定（草案）〉的议案》；听取和审议《宁乡县人民政府〈关于提请审议宁乡“十三五”国省干线公路及部分市政道路建设运营维护 PPP 项目有关事项的议案〉》；听取和审议县人民政府关于城乡生态环境保护一体化的工作情况汇报；听取和审议《2016 年宁乡县县乡两级人大换届选举工作方案（草案）》；听取和审议县人民政府关于《中华人民共和国禁毒法》贯彻实施情况的汇报；听取和审议县人民政府关于《中华人民共和国食品安全法》贯彻实施情况的汇报。

8 月 16 日，召开县十六届人大常委会第二十九次会议。听取和审议《关于提请任命乡（镇）选举委员会成员的议案》。

10 月 26 日，听取和审议县十七届人大一次会议大会筹备方案（草案）；听取和审查县十七届人大一次会议人大常委会工作报告（草案）；听取和审议 2016 年元至 9 月县财政预算执行情况及 2016 年财政预算调整（草案）的报告；听取和审议县“一府两院”关于代表建议办理工作情况的报告；听取和审议代表资格审查报告；听取 2016 年县乡人大换届选举工作情况；人事任免。

【宁乡县第十七届人民代表大会第一次会议】 2016 年 11 月 26 日至 30 日，宁乡县第十七届人民代表大会第一次会议在县城召开。会议共进行八项议程：一是听取和审查县人大常委会工作报告；二是听取和审查县人民政府工作报告；三是听取和审查县人民法院工作报告；四是听取和审查县人民检察院工作报告；五是审查关于宁乡县 2013 至 2016 年国民经济和社会发展计划执行情况及 2017 至 2021 年国民经济和社会发展计划（草案）的报告（书面）；六是审查县财政工作报告（书面）；七是选举宁乡县第十七届人民代表大会常务委员会主任、副主任、委员；选举宁乡县人民政府县长、副县长；选举宁乡县人民法院院长；选举宁乡县人民检察院检察长；选举出席长沙市第十五届人民代表大会代表；八是其他。

会议认为，过去的四年，县第十六届人大常委会在县委的正确领导和“一府两院”的积极配合下，在全体人大代表的监督支持下，高举中国特色社会主义伟大旗帜，坚持党的领导，紧扣民主法治主线，突出生态建设和民生改善等重点，依法履职的实效不断增强，服务大局的能力不断提高，代表作用的发挥日益明显，自身建设的能力不断提升，有效地行使了宪法和法律赋予的各项职权，为推动全县经济建设、政治建设、文化建设、社会建设和生态文明建设作出了积极的贡献。报告对过去工作的总结客观实在，体会深刻务实，对今后工作的建议切实可行。会议对县第十六届人大常委会过去四年来卓有成效的工作表示满意。

会议要求，新的一届人大常委会要高举中国特色社会主义伟大旗帜，全面贯彻落实党的十八大和十八届三中、四中、五中、六中全会精神，按照总结、继承、完善、提高的原则，在中共宁乡县委的领导下，健全组织制度和工作机制，积极行使法定职权，扎实抓好代表工作，努力加强自身建设，为打造内陆开放高地、西线工业走廊、全域旅游景区和群众幸福家园，建设更加富饶美丽幸福的安宁之乡作出新的更大的贡献。

【宁乡县第十七届人民代表大会第二次会议】 2017年2月21日至24日，宁乡县第十七届人民代表大会第二次会议在玉潭街道召开。会议共进行十项议程：一是听取和审议县人民政府工作报告；二是审查和批准县人民政府关于宁乡县2016年国民经济和社会发展计划执行情况及2017年国民经济和社会发展计划草案的报告（书面）；批准宁乡县2017年国民经济和社会发展计划；三是审查和批准县人民政府关于宁乡县2016年财政预算执行情况及2017年财政预算草案的报告（书面）；批准宁乡县2017年财政预算；四是听取和审议县人大常委会工作报告；五是听取和审议县人民法院工作报告；六是听取和审议县人民检察院工作报告；七是选举宁乡县第十七届人民代表大会常务委员会委员；八是审议宁乡县人大常委会关于提请审议《宁乡县人民代表大会议事规则（草案）》的议案；九是决定宁乡县第十七届人民代表大会专门委员会的设立及其组成人员的人选；十是其他。

会议认为，过去的一年，县人大常委会在县委的正确领导和“一府两院”的积极配合下，在全体人大代表的监督支持下，坚持党的领导，紧扣民主法治主线，突出生态建设和民生改善等重点，有效行使了宪法和法律赋予的各项职权，为推动全县经济社会发展做出了积极的贡献。会议对县人大常委会过去一年来卓有成效的工作表示满意，对2017年的工作安排表示同意。

会议要求，面对新的形势和任务，县人大常委会要高举中国特色社会主义伟大旗帜，全面贯彻落实中共十八大和十八届三中、四中、五中、六中全会精神，按照总结、继承、完善、提高的原则，在中共宁乡县委的领导下，大力弘扬敢于担当的精神，不断强化开拓创新的意识，始终保持为民履职的情怀，认真履行各项法定职权，进一步发挥好权力机关作用、代表主体作用和机关效能作用，为打造内陆开放高地、西线工业走廊、全域旅游景区和群众幸福家园，建设更加富饶美丽幸福的安宁之乡作出新的更大贡献。

（郑小玲）

宁乡县人民政府

【概况】 2016年，宁乡县政府办紧紧围绕县委、县政府中心工作和决策部署，紧扣发展中心，积极推动实施县委"四个打造"发展战略，主动谋划建设国家中心城市副中心宏伟蓝图，凝心聚力、务实作为，锐意进取、开拓创新，切实履行各项职责，努力当好参谋助手，确保县政府各项工作高效有序运转。

一、紧扣中心，服务大局。一是强化参谋职能，突出以文辅政。高质量完成前后跨度9年的换届政府工作报告的调研、起草、定稿。高质量起草工作汇报、领导讲话、调查研究等重要材料800余篇次，参与项目建设管理、特色经济发展等一系列重大政策文件的制定，为领导决策提供了一手资料，当好了参谋助手。同时，向省市上报信息85篇次，整理录音材料90余万字，编制印发《政府工作简报》20余期。二是规范办事程序，优化服务效能。联线科室服务达到新水平，各联线科室紧紧围绕分线工作，统筹安排，精细服务，对领导批示的工作，一件一件抓落实、一件一件回头看，确保各线工作有序推进、圆满完成。办会办文流程有了新规范，建立了严格审核公文报批程序，全年共办理各类文件2108件，其中传阅性文件771件、请示性文件426件、制发性文件911件，另完成50余件两办联合印发文件的初审工作，收转文件万余次。办会办效率有了新突破，全年共计承办会议1000余次，承办县政府常务会议14次，县长办公会议35次，县长碰头会30余次。下发通知1000余个，确保了省、市、县领导会议精神得到及时传达部署和有效落实。信访接待工作有了新业绩，全年共接待来访群众1100多批次、2000余人，办理中央、省、市领导信访督办件11余件，妥善处理好了各类信访问题，化解了突出矛盾。后勤保障有了新气象，严格遵守中央、省、市、县委系列规范公务接待文件要求，不断提升公务接待工作水平。率先落实办公用房清理，腾退7间180.11平方。按要求封存公务用车，完成公车改革规定动作。三是紧抓督查问责，保障政令畅通。紧紧围绕县政府重要决策和重大工作部署，狠抓全县中心工作的督促、落实。全年共开展专项督查35次，编印督查通报33期、督查专报6期，督促落实县长批示件253件，388件省市县建议提案全部按期办复。

二、法制管理，依法行政。一是把好文件审查关口。全年共审查政府文件256件，提出法制意见建议279条，对各类专题会议及会议纪要提出意见建议147条。二是严格政府合同管理。全年共对34份政府性合同进行了法律审查，会签合同36件，对39份合同进行了事后审查备案，提出合同修改意见达200余条，涉及合同标的额约150亿元，参与合同谈判和合同草稿征求意见会议30余次。三是规范复议应诉案件。全年共收到行政复议申请40件，其中终止或撤回申请4件，不予受理6件，立案复议30件，经复议后审结28件，其中维持17件，驳回4件，撤销1件，确认违法1件，法定时间结案率达到100%。四是规范行政权力运行。推进行政执法资格考试电子化考试改革，落实了行政处罚决定书上网工作，组织开展行政执法人员资格管理和培训，全年共组织培训6次，培训人员1142人。

三、创新理念，激发活力。一是应急管理体系更加完善。全面实行24小时值班和领导带班制度和节假日值班信息"日报告"和"零报告"制度，修订和完善了县总体应急预案和23个县专项预案，组建和完善民兵应急分队31支，乡镇、街道综合应急救援队伍29支，行政村（社区）应急救援队伍415支；继续加强了自然灾害、事故灾难、公共卫生、社会安全等领域和企业等各类应急救援队伍建设45支，进行各类宣传教育培训达240场次，应急演练16场次，顺利完成雨雪冰冻天气灾害、7·3洪灾、9·8故意杀人事件、10·13学生斗殴事件等事故事件的应急协调处置工作。二是智慧政务创新发展。牵头推进智慧城市建设。全面参与了智慧宁乡和智慧政务的前期调研、技术论证、规划设计，以及县智慧城市PPP项目合作协议与股东协议的起草、谈判等工作，为智慧宁乡的建设提供了有力支撑。全面完成全新的政务服务系统和市民之家办公楼相关配套软硬件，为下一步市民之家的试运行工作打下坚实基础。三是侨务驻外再创佳绩。全年共接待国外访宁代表团10余次并组织商贸团赴外招商推介。加强对外教育合作，签署了对韩《公务员相互交流协议》。规范因公出国，建立重点出访项目考核评估机制。加强涉外安全管理，修订《关于加强境外非政府组织在宁乡管理工作联席会议实施方案》，强化了部门间协同管理。组织对困难侨胞侨属进行走访慰问。驻广办事处巧借地域优势，重点突出了招商信息发布、广深商会活动、项目对接协调等三项工作,服务了大局,推介宁乡。

四、强化队伍,提升形象。一是理顺人员编制扩充干事队伍。清理腾出6个行政编、增加13个事业编。组织2次面向社会公开选调(招聘)考试,公开选调(招聘)工作人员13名,完成驻外联络处和电政办的岗位设置和岗位聘用工作。二是强化党建工作提高思想认识。健全完善组织机构,成立政府办党总支下设4个机关支部1个离退休支部。加强党员教育管理,扎实开展"两学一做"学习教育,按时完成做"四讲四有"党员的四个专题学习。三是夯实廉政基础树立廉洁形象。积极开展"雁过拔毛"式腐败问题和"纠四风、治陋习"专项整治,切实改进作风,提高拒绝腐防变能力,牢固树立政府办工作人员廉洁奉公刚正不阿的正面形象。

【县政府常务会议研究事项】 2016年,县人民政府共召开常务会议14次,主要研究事项如下:

1月13日,研究城区控规工作;研究城市管理工作考核办法。

3月29日,研究棚户区改造工作;研究政府投资项目工程变更工作;研究审议《美丽乡村暨环境卫生考核奖补办法(送审稿)》;研究农业"三项补贴"改革试点工作;研究工业用地变性工作;研究2016年政府法制工作。

4月28日,研究经开区、高新区控规工作;审议《宁乡县政府信息公开实施办法(送审稿)》;研究加强财政资金使用管理工作。

5月17日,研究审议《进一步加强政府投资项目招标投标管理的意见(送审稿)》;审议《宁乡县政府与社会资本合作(PPP)项目监督管理试行办法(送审稿)》;研究审议《加强中央专项建设基金争取及使用管理工作的通知(送审稿)》;研究政府一类开发公司有关债券、债务和融资问题;研究审议《积极化解商品房库存促进房产市场健康发展的实施意见(送审稿)》。

6月13日,研究审议《加强规划管理若干规定(试行)(送审稿)》;审议《宁乡县转贷应急周转资金管理办法(试行)(送审稿)》;研究G319慢行道及绿道等工程变更问题;研究审议《关于调整城乡居民医疗保险政策的通知(送审稿)》和《关于调整城镇职工基本医疗保险和生育保险有关政策的通知(送审稿)》。

6月22日,研究审议2015年宁乡县财政决算(草案)报告、2015年度财政预算执行和其他财政收支审计报告;研究自来水价格"五改三"工作;研究审议《宁乡县乡村教师支持计划(2016—2020年)实施细则》(送审稿)。

8月30日,研究审议《宁乡县人民政府全体会议工作规范》《宁乡县人民政府常务会议工作规范》、《宁乡县人民政府专题会议(县长办公会议)工作规范》《县长碰头会议工作规范(送审稿)》;研究环境保护工作;研究安全生产工作;研究审议《宁乡县公共安全视频图像信息系统管理办法(暂行)(送审稿)》。

9月14日,研究审议《沩山风景名胜区条例(草案)》;审议《关于将宁乡县"十三五"期间易地扶贫搬迁项目政府购买服务资金分年列入财政预算的议案》;研究当前工作安排。

10月23日,研究分析前三季度经济形势;研究审议《2016年1—9月全县财政收支执行及预算调整(草案)》。

11月4日,传达学习十八届六中全会公报及易炼红书记讲话精神;传达学习市委市政府《关于进一步加强禁毒工作的实施意见》精神,研究禁毒工作;研究审议《宁乡县户外广告管理实施办法(送审稿)》。

11月23日,研究审议《政府工作报告(送审稿)》《国民经济和社会发展计划执行情况的报告(送审稿)》《财政工作报告(送审稿)》;研究宁乡县2017年市重大项目计划申报;研究审议《宁乡县困难居民医疗救助办法(送审稿)》;研究审议2016年军转干部及随调家属安置方案;研究智慧城市建设工作。

12月1日,研究分解落实政府工作报告任务;听取招商引资百日大竞赛情况汇报;听取公车改革相关工作;研究岁末年初安全生产工作。

12月19日,研究审议《宁乡县灰汤镇扩权强镇改革试点实施方案(送审稿)》;研究审议《关于全面推进物业管理工作的实施意见(送审稿)》;研究审议《宁乡县城市管线管理办法(送审稿)》;研究审议《关于推进海绵城市建设的实施意见(送审稿)》;研究审议《宁乡县政府投资建设项目管理有关规定(送审稿)》;研究审议《关于进一步严肃财经纪律的若干规定(送审稿)》;研究部署岁末年初安全生产大检查工作。

12月27日,研究审议《2016年宁乡县国民经济和社会发展计划执行情况及2017年国民经济和社会发展计划(草案)》;研究审议《2016年宁乡县财政预算执行情况及2017年财政预算(草案)》;研究审议金唐公路建设规划;审议《宁乡县国有公司融资管理办法(送审稿)》。

【县长办公会议研究事项】 2016年,由时任县委副书记、县长周辉主持召开县长办公会议20次,主要纪要如下:

1月8日,县委副书记、县长周辉在县行政中心十二楼会议室主持召开双江口镇自来水设施建设办公会议。

1月10日,县委副书记、县长周辉在县行政中心十二楼会议室主持召开农村路桥建设工作会议。

1月12日,县委副书记、县长周辉在县行政中心十二楼会议室主持召开华强项目建设调度会议。

1月26日,县委副书记、县

长周辉在县行政中心十二楼会议室主持召开创建省级现代公共文化服务体系示范区等工作办公会议。

2月16日，县委副书记、县长周辉在县行政中心十二楼政府常务会议室主持召开2016年学校建设计划办公会议。

2月16日，县委副书记、县长周辉在县行政中心十二楼政府常务会议室主持召开2016年路桥建设计划办公会议。

3月7日，县委副书记、县长周辉在县行政中心十二楼会议室主持召开现代农业科技示范区建设工作办公会议。

4月29日，县委副书记、县长周辉在香山国家森林公园管理处主持召开香山景区建设工作办公会议。

5月3日，县委副书记、县长周辉在县行政中心十二楼会议室主持召开支持山河智能项目等工作县长办公会议。

5月4日，县委副书记、县长周辉在县行政中心1205会议室主持召开交通运输有关工作办公会议。

5月4日，县委副书记、县长周辉在煤炭坝镇政府会议室主持召开该镇有关工作办公会议。

5月9日，县委副书记、县长周辉在县行政中心1205会议室主持召开村(社区)综合服务中心建设等工作办公会议。

5月25日，县委副书记、县长周辉在宁乡高新区管委会会议室主持召开湖南省高等院科技成果转化和知识产权运营服务中心建设办公会议。

6月14日，县委副书记、县长周辉在1121工程指挥部会议室召开关于1121工程有关问题办公会议。

6月14日，县委副书记、县长周辉在县行政中心十二楼会议室主持召开金洲派出所业务用房建设办公会议。

6月16日，县委副书记、县长周辉在县行政中心十二楼会议室主持召开黄材至龙田公路提质改造工作办公会议。

6月21日，省核工业地质局局长何寄华，县委副书记、县长周辉在县行政中心十二楼会议室组织召开省核工业地质局三〇四大队朝霞苑保障性住房项目有关问题办公会议。

6月22日，县委副书记、县长周辉在县行政中心十二楼会议室主持召开促进宁乡高新区重点项目加快落地的办公会议。

6月30日，县委副书记、县长周辉在县行政中心十二楼会议室主持召开智慧城市建设办公会议。

7月2日，县委副书记、县长周辉在县行政中心十二楼会议室主持召开南轩生态文化园项目建设推进会议。

2016年，由县委副书记、县长王雄文主持召开县长办公会议15次，主要纪要如下：

8月23日，县委副书记、代县长王雄文在县行政中心十二楼会议室主持召开关于经开区申请亚洲开发银行国际金融组织贷款等工作办公会议。

9月13日，县委副书记、代县长王雄文在宁乡高新区管委会三楼一会议室召开研究沃特玛项目建设相关问题办公会议。

9月4日，县委副书记、代县长王雄文在县行政中心十二楼会议室主持召开关于传达学习《湖南省纪委湖南省监察厅严禁违规插手干预公共资源交易活动“九不准”规定》等工作办公会议。

9月9日，县委副书记、代县长王雄文在县行政中心十二楼会议室主持召开听取全县项目推进情况等工作办公会议。

9月13日，县委副书记、代县长王雄文在沩东新城管委会一楼会议室主持召开研究沩东新城相关问题办公会议。

9月30日，县委副书记、代县长王雄文在县行政中心十二楼会议室主持召开审议《整合建立统一的公共资源交易平台工作实施方案(送审稿)》办公会议。

10月9日，县委副书记、代县长王雄文在大河西农产品物流中心三楼会议室主持召开研究长沙大河西农产品物流中心开业相关问题办公会议。

10月17日，县委副书记、代县长王雄文在县行政中心十二楼会议室主持召开审议“四个打造”五年行动计划等工作办公会议。

10月27日，县委副书记、代县长王雄文在县行政中心十二楼会议室主持召开研究沃特玛项目建设推进工作办公会议。

10月27日，县委副书记、代县长王雄文在县公安局会议室主持召开研究“一打三整”专项行动及公安工作办公会议。

10月28日，县委副书记、代县长王雄文在县行政中心十二楼会议室主持召开研究水利工作相关问题办公会议。

10月28日，县委副书记、代县长王雄文在县行政中心十二楼会议室主持召开听取研究现代服务业工作等工作办公会议。

11月15日，县委副书记、代县长王雄文在县行政中心十二楼会议室主持召开研究2016年退役士兵接收安置工作等工作办公会议。

11月17日，县委副书记、代县长王雄文在县职业中专办公楼一楼展览馆主持召开研究教育工作相关问题办公会议。

12月7日，县委副书记、县长王雄文在县行政中心十二楼会议室主持召开研究审议《宁乡县2017年至2019年三年造绿大行动总体方案(送审稿)》和研究“青龙寨”原生态养殖示范场处置问题办公会议。

【政府经济研究工作】 2016年是换届之年，政府研究室紧紧围绕政府中心工作，突出政务主体，优化服务环境意识，积极参谋，强化服务，狠抓落实，切实保障各项工作高质高效完成，树立和维护政府机关勤政、高效、廉洁、务实的良好形象。一是高标准、严要求,完成各类文稿起草。以“快、精、准”为工作要求,确保高质量、高标准完成领导交办的各类文字综合材料。圆满完成《2016年政府工作报告》、县第十七届人大一次会议《政府工作报告》和《打造内陆开放高地五年行动计划》起草工作,编制印发《政府工作简报》20期,全年撰写经济形势分析材料及各类总结汇报、情况介绍、致辞演讲、论文材料等综合性文稿300余篇,为主要领导提供会议背景材料60余次,全年各种材料的综合采用率达95%以上。二是走乡镇、访企业,积极开展各类调研。开展课题研究和参与重大调研活动是研究室的一项主要职能,也是研究室贴近政府中心工作、贴近领导决策需要的有效途径。全年紧跟县委、县政府的重大决策和干部群众普遍关心的热点、难点问题,深入开展调查研究,形成了农村公路“政府投料、群众投工”模式调研等调研材料5篇,为领导决策提供有力的支持。三是突亮点、强特色,服务县域经济社会发展。高标准、严要求,强化精细,提高综合文稿质量,提升以文辅政水平,在所撰写文稿中,村社区党建综合服务中心建设总结材料上报国务院,易地扶贫工作总结获省易地扶贫搬迁工作简报第14期推介,《湖南宁乡“鹊山模式”探索农村土地合作经营改革,破解三农发展难题》《创新设立转贷应急周转资金—宁乡县解决企业融资难、融资贵的探索与实践》《“千手爱心大屋”助力扶贫攻坚—宁乡县青山桥镇易地扶贫搬迁之路》等获得省市推介,《强化双创驱动　打造活力宁乡》在市政府主办的《决策咨询》内刊发布,《立足产业基础　扩大有效供给》商贸发展征文在今日宁乡刊发。

【政务督查工作】 2016年,县政府督查室以政府决策事项、会议决定事项、《政府工作报告》目标任务、省市和县长交办事项、为民办实事、建议提案办理等方面为督查重点,建立健全运行机制,不断丰富督查工作内涵,提高督查服务质量,较好地发挥督促检查职能作用,全年开展专项督查35次,编印督查通报33期、督查专报6期;全年承办省市县建议提案388件,办理态度和办理结果满意度均为100%;全年直接受理群众来信392件,按时办复388件,按时办复率98%。一是抓住《政府工作报告》目标任务不放松。根据宁政办发〔2016〕1号《关于对2016年县〈政府工作报告〉目标任务和长沙市〈政府工作报告〉涉及宁乡县目标任务实施责任分解的通知》文件,对目标任务完成情况实行一季一督查、一季一通报,及时掌握各项工作进展情况、存在的问题,采用表格的形式汇报各责任领导,通报各责任单位,确保政府工作目标的贯彻落实。二是抓住重点工作专项督查不放松。全年围绕项目建设、征地拆迁、“五大整治”、财税清理、精准扶贫、防汛抗旱、全域旅游、食品安全、秸秆禁烧等重点工作开展专项督查35次,编印督查通报33期、督查专报6期。围绕市县政府工作报告、县政府常务会议、县长办公会议议定事项开展季度督查4次,编印督查通报3期;围绕县长批示件开展月度督查,共督促落实县长批示件253件,以情况汇报的形式向县长报告;围绕县委、县政府主要领导指示,开展专项工作督查调研12次;围绕上级政府及上级督查部门到宁乡督查,统筹活动安排和资料准备,共完成上级督查接待16次。三是抓住群众关心的热点难点问题解决不放松。第一,认真抓好为民办实事工作。2016年,全县全年共承担29项任务、30项指标,其中省17项、市12项,涉及19个主要责任单位和所有乡镇(街道)。截止年底,超额完成全年目标任务10项,全面完成全年工作目标或合格的16项,并有部分项目已完成省市验收,危房改造、广播电视户户通、肉菜流通追溯体系等项目有望争取省级先进。第二,强化对“市长信箱”“县长信箱”、红网“问政湖南”与“百姓呼声”、宁乡网“宁乡论坛百姓呼声”和“县长热线”等平台群众来信、来电的统筹、督办。全年直接受理群众来信392件,其中,市长信箱54件,县长信箱218件,红网问政湖南及百姓呼声120件,按时办复388件,按时办复率98%。

【电子政务管理工作】 2016年,县电子政务管理办根据县委县政府的总体要求,结合宁乡县电子政务建设工作实际情况,加快硬件建设,强化管理服务,健全管理制度,有效地开展工作。

一、创新网站建设,提高服务质量。一是依据省市考核文件,及时公开政务信息。结合政府网站普查的最新考核要求,对政府网站栏目进行了全面、细致的调整和修改。县政府对外公开政务信息6725条,乡镇、县直各单位对外公开政务信息7873条,在市政府网站上公开政务信息2732条。二是优化整合县域资源,强化政府网站集群。整合迁移了夏铎铺、统计局、横市、坝塘、道林、喻家坳等63家政府网站。三是建立绩效考核机制,确保信息公开成效。开展政府网站政务信息公开工作的专项督查,下发《宁乡县人民政府工作信息网站政务信息公开情况通报》,建立每周检查、每月通报的工作机制,各乡镇(街道)、县直各单位的政务信息公开数量和质量得到了明显的提高,确保每月市政府组织的网站日常监测工作达标。全县64家单位子站连续3个季度通过省政府及国监办开展的政府网站普查工作。四是优化网上办事大厅。根据普查考核要求,联合政务中心将网上办事事项中所有要素文件、表格文档进行归整,对缺失部分进行完善补充。截至年底,网上办事大厅收件35602件，办结35588件。五是重构重点服务指南。结合市政府门户网站的先进经验，对重点办事服务、重点领域信息公开进行了重构。采用聚合的方式增加了重点公开事项的要素，提高了重点办事服务的实用性和易用性。

二、加强调查反馈，架设政民互动桥梁。一是做实县长信箱，畅通网上信访渠道。县长信箱信件处理采用工作日实时查看、一周一催办、一月一督办、年底计入统计考核。二是开展网上调研，收集民众现实需求。全年完成《精准扶贫调查问卷》等6次在线调查。

三、加强网络管理，保障安全稳定。一是实现电子政务内网全覆盖。初步建立了横向覆盖县直单位，纵向覆盖乡镇（街道）的专用网络，为宁乡县机关事业单位的政务信息交换和资源共享提供了安全高效的网络服务。二是规范电子政务外网全监管。第一，抓源头，采用实名准入机制。对每一台联入宁乡县电子政务网络平台的设备进行入网前安全规范检查，并对个人用户进行实名认证，构建高效、智能的网络准入防护体系。二是控过程，实行上网行为管理。防止带宽资源滥用。防止无关网络行为影响工作效率。记录上网轨迹满足法规要求。

四、服务中心工作，推动项目应用。一是规范政府投资信息化项目建设。以县政府名义印发了《宁乡县电子政务工程建设项目管理办法》，通过资源整合、技术优化，为县财政节约资金150多万元。二是打造一批颇具实效的应用项目。建成全市首个"县—乡"两级电子公文传输系统，开发全省首个"宁乡县城乡环境综合整治网上平台"，建设宁乡县教育城域网，升级宁乡县综合治税平台，打造"宁乡县领导信箱综合管理平台"（含手机版和电脑版）等等。三是积极参与推动智慧宁乡建设。自宁乡县启动智慧宁乡建设以来，电子政务版全程参与了智慧宁乡和智慧政务的前期调研、技术论证、规划设计，以及宁乡县智慧城市PPP项目合作协议与股东协议的起草、谈判等工作，为智慧宁乡的建设提供了有效支撑。

【外事侨务工作】 2016年，宁乡外侨工作紧紧围绕全县发展和稳定大局，主动服务中心，统筹外侨资源，创新工作方式，加强交流合作，不断为县域经济社会发展助力。

一、服务中心，主动作为，助力社会发展大局。一是统筹互访交流。以经济交流合作为重点，先后接待马来西亚拿督王赛之、加拿大议员谭耕先生、斯洛伐克共和国爱西抽县穆林县长等代表团访问宁乡。精心安排时任县委常委、副县长刘亮，副县长钟利仁分别率团友好出访，顺应"一路一带"战略，推动多领域务实合作的拓展和深化。二是配合宁乡经开区举办"2016蓝月谷之夏活动季""湘品入俄"、中韩美丽健康产业园项目集中推介等活动；组成商贸团赴"丝绸之路经济带和21世纪海上丝绸之路"沿线国家——意大利、德国、捷克等国，举行招商推介会并达成合作协议；配合宁乡高新区举办2016年第4届中国（湖南·宁乡）锂电新能源产业国际高峰论坛，邀请到特斯拉等世界级企业参会。三是全面巩固2015年中韩商贸文化交流周成果。宁乡派出两个代表团先后访问韩国，共同签署了《公务员相互交流协议》。2016年4月19日宁乡县已派出第一名公务员前往居昌郡开展为期半年的交流学习。与韩国龙仁松潭大学、敬仁女子大学、韩国升降机大学就合作办学、互派留学生项目、老师短期研修等方面达成了一致意见，约定进一步加强交流，并于6月21日举办了韩湘职业高校师生联谊会。四是服务全域旅游发展战略。2016年中俄红色旅游合作交流系列活动暨中国（湖南）红色旅游节在宁乡成功举行，这是根据国家旅游局"515"战略部署，结合纪念中国共产党建党95周年和中国工农红军长征胜利80周年，深入推进中俄红色旅游合作交流而举行的一次盛会。

二、精准履职，主动服务，提高外侨工作水平。一是加强因公出国（境）管理。调整优化全县出访计划，重点推进落实招商引资、招才引智、友城交往等出访活动。进一步规范重点团组的申报、审核和审批预审制度。建立重点出访项目考核评估机制。二是加强涉外安全管理。完善突发性涉外事件应急处置工作联席会议机制，修订《关于加强境外非政府组织在宁乡管理工作联席会议实施方案》，强化了部门间协同管理。加强公民在国外安全保护和教育，积极协助省市外事部门做好宁乡县公民姜小听等在肯尼亚经济纠纷案件。通过多方努力，姜小听等人已基本稳定，没有发生影响国家安全稳定的事件。三是圆满完成各项外事接待活动。2016年，在省、市外办的指导下，完成马来西亚拿督王赛之、加拿大议员谭耕先生和斯洛伐克爱西抽县等代表团在宁乡的接待活动。协助市外办开展香港中学生与宁乡白马桥中学友好交流学习。做好联系协调工作，保证香港青年大专学生在宁乡县沩山乡的义教活动正常有序开展。四是加强侨界服务工作。2016年，宁乡县组织对困难侨胞侨属进行走访慰问。共走访慰问困难侨胞侨属10户，慰问资金6800元，走访困难华侨2户，发放困难补助7200元。陪同香港雁心基金负责人访南田坪烟田小学，争取雁心基金对南田坪烟田小学捐资助学，雁心基金初步同意对烟田小学操坪硬化进行捐助，捐助资金5万元。

【应急管理工作】 2016年，全县应急管理工作以全面贯彻落实《突发事件应对法》为主线,在市应急办的正确指导和县委县政府的正确领导下,切实提高全县应急管理工作水平,及时有效处置各类突发事件,为保障人民群众生命财产安全、推动全县经济社会跨越发展作出了应有贡献。

一、强化责任落实,进一步加强值班值守和信息报送工作。全县全面实行24小时值班和领导带班制度,实行节假日值班信息“日报告”和“零报告”制度,严明工作纪律,加大督查力度,确保应急值班值守人员到位、责任到位、措施到位,为县委、县政府领导科学决策、有效预防和及时应对各类突发事件提供重要保障。

二、加强预案编修和演练,进一步提升应急水平和能力。一是结合本地实际和形式发展需要,加快推进全县各级各类应急预案的编制、修订和完善工作,及时对县总体应急预案和23个县专项预案进行了修订和完善。二是协调组织相关单位部门制定了相应的大型活动应急保障工作方案,为各类活动的顺利开展提供安全保障和服务。三是积极推进基层应急预案编制、修订和完善工作,健全“横向到边,纵向到底”的应急预案工作体系,加大对29个乡镇(街道)预案和15个部门预案的检查,同时督促各乡镇(街道)和部门对村级(社区)、学校、医院、企业等基层预案进行修订和完善。四是加大应急成员单位的工作联动,采取平战结合原则,突出重点环节,严格演练流程,组织开展各类应急演练16场次,进一步检验了应急预案的实用性和可操作性,磨合了各成员单位的应急联动能力,锻炼了救援队伍的综合素质,增强了救援队伍的实战能力。

三、加强工作督查检查,进一步落实应急管理工作。一是认真贯彻落实省市关于应急管理工作的决策部署,对全县所有乡镇街道和部门单位开展应急工作专项检查,找出工作中存在的问题和差距,逐一进行分解和处理。二是认真贯彻落实《湖南省人民政府办公厅关于开展基层应急管理规范化建设的通知》精神和市应急管理工作要求,对全县所有乡镇街道和部门单位开展应急管理规范化建设落实情况进行专项督查,查漏补缺,促进应急管理各项工作全面落实到位。

四、加强应急队伍建设,进一步健全应急救援机制。结合实际,参照标准,整合现有应急队伍资源,进一步加强了专业应急救援队伍、企业救援队伍和志愿者救援队伍建设工作;状大和加强了阳光救援队、电梯救援队、水下打捞队和县应急救援大队等专业队伍;组建了红十字会应急专业队伍、环保志愿者队伍、共青团志愿者队伍、社工应急专业队伍等;组建和完善民兵应急分队31支,乡镇、街道综合应急救援队伍29支,行政村(社区)应急救援队伍415支;继续完善了自然灾害、事故灾难、公共卫生、社会安全等领域和企业等各类应急救援队伍建设45支。

五、加强基层基础建设,进一步提高应急保障能力。迅速推进县指挥中心平台和应急信息平台建设,利用气象信息发布平台,提高全县监测预警和信息研判能力,做好各类预警信息发布。采取动态和静态储备、仓存和市场储备相结合的方式,切实加大了应急物资储备力度,提高行业抗风险能力。加大和完善应急避难场所建设,目前全县已有应急避难场所50余处,确保突发事件发生后,受灾群众衣食住行等后勤保障能力得到有效落实。

六、加大隐患排查整治,应急防范能力进一步得到加强。一是加大隐患排查和整改力度,切实从源头预防和减少突发事件的发生。全年对全县防灾减灾工作落实情况等进行联合督查50场次,下发各类整改通知书300余份,对发现的各类问题限期整改,按期进行清消。二是加大预警信息发布,切实提高预警信息的权威性、及时性、准确性,确保及时、准确将预报预警、风险隐患和防灾避险措施等信息传递到社会公众。

七、加强宣传培训力度,进一步强化应急意识。一是创新工作思路,拓宽宣传渠道。采取多种形式,加大培训力度,依托报纸、广播、电视等新闻媒体和出租车、学校、医院、企业、机关等各类阵地,利用消防日、防灾减灾宣传周、安全生产宣传月等有利时机,通过制作宣传展板、出黑板报、印刷宣传单、发放应急知识书籍和读本、播放有关应急知识碟片、广播讲座等方式,广泛向公众宣传和普及公共安全、防灾减灾、应急管理等方面知识。请省委党校教授和市应急办领导来宁为全县分管应急管理工作领导、应急专干和部分企业负责人等140余人进行了应急管理工作培训,进一步增强了公众防灾减灾救灾意识,提高了民众应对突发事件的自救互救能力和水平。二是积极创造学习条件,发挥党校、安监、交运、教育、卫计、规建、市监、消防等单位部门的行业监管职能和教育培训资源优势,重点加强了基层应急管理工作人员和重点行业、群体和领域等人员的教育培训,提升了全民应急意识,提高了公众应急能力。全年全县累计进行各类宣传教育培训达240场次。

八、加强应急联动协调,进一步提高应急处置水平。及时处置突发事件,针对重点行业、领域、部位和人群发生的突发事件,积极发挥参谋助手作用,主动协调各应急指挥部,严格按照工作流程和预案要求,督促各单位部门和事发地政府采取有效措施,积极主动开展自救互救、抢险救援和协调处置工作,切实保障人民群众生命财产安全,促进各类突发事件发生后能够得到及时、科学、有效的处置。全年参与了雨雪冰冻天气灾害、7·3洪灾、9·8

故意杀人事件、10·13学生斗殴事件等事故事件的协调处置工作。

（刘孟雄、戴奎）

【2016年宁政发文件目录】

▲宁政发〔2016〕1号　关于对2016年县政府工作报告、市政府工作涉及我县主要目标任务和县委十一届七次全会报告部分目标任务实施责任管理的通知

▲宁政发〔2016〕2号　关于宁乡县滨江棚户区改造项目房屋征收补偿方案(征求意见稿)再次修改的通告

▲宁政发〔2016〕3号　关于宁乡县滨江棚户区改造项目房屋征收决定的通告

▲宁政发〔2016〕4号　关于大科园二期澳洲北路恩吉创业园二期项目协议拆迁的通告

▲宁政发〔2016〕5号　关于长沙卫生职业学院建设项目协议拆迁的通告

▲宁政发〔2016〕6号　关于禁养区内畜禽养殖场限期退出养殖的通告

▲宁政发〔2016〕7号　关于印发《宁乡县国民经济和社会发展第十三个五年规划纲要》的通知

▲宁政发〔2016〕8号　关于炭河古城建设项目协议拆迁的通告

▲宁政发〔2016〕9号　关于兵役登记的通告

▲宁政发〔2016〕10号　关于做好第三次全国农业普查的通知

▲宁政发〔2016〕11号　关于玉潭历史文化街区和人民北路棚户区改造项目红线范围内国有土地上房屋协议征收的通告

▲宁政发〔2016〕12号　关于宁乡县龙溪片区人民北路棚户区改造项目一期房屋征收补偿方案征求意见的通告

▲宁政发〔2016〕13号　关于宁乡县历史文化街区及棚户区改造项目一期一批房屋征收补偿方案征求意见的通告

▲宁政发〔2016〕14号　关于实施沩水全流域水污染综合防治整治的决定

▲宁政发〔2016〕15号　关于禁止猎捕野生鸟类的通告

▲宁政发〔2016〕16号　关于第三幼儿园项目协议拆迁的通告

▲宁政发〔2016〕17号　关于县驾管中心建设项目协议拆迁的通告

▲宁政发〔2016〕18号　关于玉潭实验小学项目协议拆迁的通告

▲宁政发〔2016〕19号　关于滨江棚改三期项目协议拆迁的通告

▲宁政发〔2016〕20号　关于瀚德学校项目协议拆迁的通告

▲宁政发〔2016〕21号　关于玉潭新山小学项目协议拆迁的通告

▲宁政发〔2016〕22号　关于炭河古城建设项目协议拆迁的通告

▲宁政发〔2016〕23号　关于印发宁乡县优化教育资源配置全面提高教育质量的实施意见(2016—2020年)的通知

▲宁政发〔2016〕24号　关于规范生产安全事故报告和调查处理的通知

▲宁政发〔2016〕25号　关于下放一批涉企行政职权的通知

▲宁政发〔2016〕26号　关于印发宁乡县政府信息公开实施办法的通知

▲宁政发〔2016〕27号　关于宁乡县龙溪片区人民冀中棚户区改造项目房屋征收决定的通告

▲宁政发〔2016〕28号　关于维护高考秩序的通告

▲宁政发〔2016〕29号　关于县监管中心建设项目协议拆迁的通告

▲宁政发〔2016〕30号　关于滨江棚改三期项目协议拆迁的通告

▲宁政发〔2016〕31号　关于康宁北路建设项目协议拆迁的通告

▲宁政发〔2016〕32号　关于宁乡县历史文化街区及棚户区改造项目一期一批房屋征收决定的通告

▲宁政发〔2016〕33号　关于印发宁乡县2016年度行政执法指导案例的通告

▲宁政发〔2016〕34号　关于香山国家森林公园停车场项目协议拆迁的通告

▲宁政发〔2016〕35号　关于县委党校项目协议拆迁的通告

▲宁政发〔2016〕36号　关于印发宁乡县人民政府有关部门及有关单位(机构)安全生产职责分工规定的通知

▲宁政发〔2016〕37号　关于金岳公路项目协议拆迁的通告

▲宁政发〔2016〕38号　关于划定高污染燃料禁燃区的通告

▲宁政发〔2016〕39号　关于宁乡经开区污水处理厂建设项目协议拆迁的通告

▲宁政发〔2016〕40号　关于实施不动产统一登记的通告

▲宁政发〔2016〕41号　关于沙河片区城中村改造建设项目协议拆迁的通告

▲宁政发〔2016〕42号　关于宁乡大道北延线建设项目协议拆迁的通告

▲宁政发〔2016〕43号　关于康师傅饮品建设项目协议拆迁的通告

▲宁政发〔2016〕44号　关于横雷公路建设项目协议拆迁的通告

▲宁政发〔2016〕45号　关于对县城区白马大道实施提质改造的通告

▲宁政发〔2016〕46号　关于宁乡老城区香山、龙溪片区棚户区改造项目房屋征收补偿方案征求意见的通告

▲宁政发〔2016〕47号　关于做好2016年烟叶收购工作的通告

▲宁政发〔2016〕48号　关于清理规范县政府部门行政审批

中介服务事项的决定

▲宁政发〔2016〕49 号　关于邦普五期建设项目协议拆迁的通告

▲宁政发〔2016〕50 号　关于关闭宁乡县黄材镇寨子采石场等 9 家非煤矿山企业的决定

▲宁政发〔2016〕51 号　关于整治建设工地非法营运车辆的通告

▲宁政发〔2016〕52 号　关于印发宁乡县户外广告设置管理办法

▲宁政发〔2016〕53 号　关于华强大道建设项目协议拆迁的通告

▲宁政发〔2016〕54 号　关于 S324 线望城区格塘至宁乡县白马桥公路工程(一期工程)建设项目协议拆迁的通告

▲宁政发〔2016〕55 号　关于一环东路建设项目协议拆迁的通告

▲宁政发〔2016〕56 号　关于鼓励和规范社会投资耕地开发(含旱改水)项目的实施意见(试行)

▲宁政发〔2016〕57 号　关于中马国际特色食品工业园项目协议拆迁的通告

▲宁政发〔2016〕58 号　关于进一步规范征地拆迁秩序的通告

▲宁政发〔2016〕59 号　关于煤炭坝独立工矿区矿山修复及再利用建设项目(富家村)协议拆迁的通告

▲宁政发〔2016〕60 号　关于清理僵尸车的通告

▲宁政发〔2016〕61 号　关于 1121 工程配套项目(主场区红线外)协议拆迁的通告

▲宁政发〔2016〕62 号　关于中伟新能源项目协议拆迁的通告

▲宁政发〔2016〕63 号　关于宁乡老城区(香山龙溪片区)棚户区改造项目房屋征收决定的通告

▲宁政发〔2016〕64 号　关于宁乡县喇叭口旧城改造续建项目房屋征收补偿方案征求意见的通告

▲宁政发〔2016〕65 号　关于宁乡县沙河片区城中村改造项目房屋征收补偿方案征求意见的通告

▲宁政发〔2016〕66 号　宁乡县老城区(香山龙溪片区)棚户区改造项目房屋征收补偿方案(征求意见稿)修改情况的通告

▲宁政发〔2016〕67 号　关于印发宁乡县困难居民医疗求助办法的通知

▲宁政发〔2016〕68 号　关于站前路建设项目协议拆迁的通告

▲宁政发〔2016〕69 号　关于全面推进物业管理工作的实施意见

▲宁政发〔2016〕70 号　关于印发宁乡县灰汤镇扩权强镇改革试点实施方案的通知

▲宁政发〔2016〕71 号　关于规范生猪定点屠宰管理秩序的通告

▲宁政发〔2016〕72 号　关于亿峰伟业建设项目协议拆迁的通告

▲宁政发〔2016〕73 号　关于印发宁乡县政府投资建设项目管理若干规定的通知

▲宁政发〔2016〕74 号　印发关于进一步严肃财经纪律的若干规定的通知

▲宁政发〔2016〕75 号　关于南轩文化园(一期)项目协议拆迁的通告

▲宁政发〔2016〕76 号　关于高新区棚户区改造建设项目协议拆迁的通告

政务服务中心

【概况】　宁乡县政务服务中心内设办公室、优化环境科、信息公开科、业务指导科、县长热线服务科、窗口管理科,下设二级机构县行政审批服务代办中心。主要职能为环境协调整治、行政审批服务、效能投诉处置、推进政务公开、加强收费管理、市民热线快呼快处等。县政务大厅进驻窗口 25 个,进驻审批服务事项 171 项,工作人员 72 人。

2016 年,县政务服务中心以最优的政务环境、最简的手续审批、最强的执行力为目标,进一步提升服务理念,创新服务方式,提高服务效能,各项工作全面推进,2016 年累计接待办事业主 5.38 万人次,接受咨询 2.84 万件,受理事项 2.54 万件,办结事项 2.49 万件,网上政务服务和电子监察系统共受理事项 4085 件,办结事项 3890 件,电子监察系统无网上投诉,对出现的 57 个预警及时处理,没有出现红、黄牌现象,收费 8415.28 万元。县长热线共接听来电 7850 个,受理有效问题 2243 件,按时办结率 100%,群众满意率 97.33%。签收“12345”热线工单 2832 件,办结 2790 件,综合满意率 96.12%。

【全力推进市民之家建设】　宁乡县市民之家于 2015 年 11 月 24 日破土开工,2016 年 4 月 11 日封顶,12 月底完成全部建设任务。在市民之家建设中,县政务中心强化督导,深入推进“三集中三到位”。改革督导组多次对进驻单位逐一督导整合职能、窗口设置、进驻事项、进驻人员、窗口授权、流程优化、内部运行磨合等,确定进驻市民之家审批服务部门 37 个,全部确定行政审批科长,并签发授权委托书,共设置窗口 231 个,明确审批服务工作人员 439 名。认真谋划市民之家建设需求,组织装修设计公司、进驻单位部门召开近 20 次专题会议,研究市民之家功能布局、装修设计、设备设施采购、网线弱电等工作,以“民生服务重前窗、项目服务重后台”为框架,不断优化设计方案,科学设置前窗后台。建立“项目报建一条龙”独立审批中心,发改、规划等 14 个服务项目审批的部门集中；规划设立咖啡厅、母婴室、书吧、商务中心、健身房、托儿所、图书馆等公共服务场所；确定引进水电气、通信等20个便民服务单位，签订安全和文明服务责任书。同时，按照规范程序、精简环节、方便群众等要求，详细、准确梳理审批服务事项，从受理到办结全过程逐项按17个要素编制流程清单，完成了639个事项流程清单的整理、编制、审核、网上公示等工作。按8个要素要求编制办事服务指南，制作一次性告知单。高点定位，扎实推进智慧政务建设。紧紧围绕“轻松政务服务”理念，建设包括智慧政务服务等11个系统平台；与省市上级部门联系审批系统对接工作，实现县智慧政务与上级审批服务平台的数据共享和审批融合；同步开发政务服务网、微信、手机APP等便民服务系统，打造业主、群众轻松咨询、轻松办事、轻松查看的轻松政务平台，全县审批服务数据互通、信息共享的智慧政务平台基本搭建。

【加速推进项目审批】 县政务服务中心根据全年铺排的309个项目，印发了《项目落地年责任表（审批部门）》，对涉及14个审批部门的20个审批节点倒排了时间表，层层压实了3577个审批节点的责任。三次组织专项督查狠抓落实，在办理过程中，取消或合并节点1287个，2016年办结1578个，办结率80.1%。组织发改局、规建局、国土局、规划办、环保局等部门窗口审批科长赴外地考察学习，对照先进做法对比梳理、再次优化，助力加快项目落地。主动帮扶项目建设。召开织迴龙山、青年街、学校建设、公安站所建设等重点项目审批调度会，积极为项目审批过程中存在的问题支招想办法。优化审批服务代办队伍。成立宁乡县行政审批服务代办中心，建立两级平台三级服务的帮（代）办服务体系，建立健全制度，规范帮（代）办员服务行为，组织召开全县项目帮（代）办员培训会，切实提高项目手续办理综合能力。

【持续优化经济发展环境】 2016年，县政务中心在优化经济环境上取得新突破。一是精心组织政风行风测评。组织完成2015年度政风行风测评；与长沙电视台合作开展政风行风内参片拍摄；万人问卷调查共征集3000多条问题、意见和建议，通过归纳梳理，整理出600多条，编制《政风行风测评万人问卷调查情况汇总》，反馈到相关单位，督促整改落实；组织环境监督员对2016年参评的118个单位开展两轮评议和测评；开展社会民意调查，广泛征集社情民意。二是规范行政审批中介服务。制定印发《宁乡县工程建设领域中介机构服务监督管理办法》《宁乡县工程建设领域中介机构信用等级评价管理办法》，发布《关于工程建设领域中介机构入驻宁乡县网上中介超市的公告》，组建“网上中介超市”，将行政审批过程中涉及的200多个中介服务机构集聚网上中介超市，进一步规范中介服务，加快推进项目审批服务。三是协调整治项目施工周边环境。组织治理经济环境110中心对北横线延伸线恶意阻工闹事进行了全力打击，积极处置滨江大道、中源花园美食街等项目建设问题，组织协调会，现场查看，化解一系列矛盾问题。

【着力打造阳光政务】 2016年，县政务中心在阳光政务建设上下功夫。一是抓实政府信息主动公开。及时调整政务公开政务服务工作机构，出台《宁乡县政府信息公开实施办法》，全县的政府信息公开工作有了统一的标准和明确的要求，创新方法开展网络业务培训，每周定期推送业务知识要点；县政府及各部门形成了格式规范、内容全面、数据翔实、分析到位的年度报告，及时在政府门户网站公开；印发政务公开工作2016年要点任务的通知，明确公开重点，分解工作责任，督导相关单位抓紧抓实。二是规范依申请公开事项办理。出台《宁乡县政府信息依申请公开工作操作指南（试行）》，建立政府信息公开联席会议制度，召开4期联席会议，专题讨论政府信息依申请公开工作，进一步统一思想，明确职责，形成工作合力。5月份，中心接手县本级依申请公开事项办理，2016年共受理县本级依申请公开46份，没有败诉。三是创新政府信息公开载体。全县明确以互联网作为主要公开平台，灵活运用固定公开栏、手机信息、电视报刊、微信微博等平台，全面公开相关信息。全县67个部门单位、29个乡镇街道在县政府公众信息网上设立政府信息公开目录，向社会各界及时公布信息。初步统计，2016年仅县人民政府公众信息网发布的信息就已经达到8563条，点击访问达140多万人次。政务微信“宁视界”、“宁乡交警”、“宁乡公安”一度跃居2016全省十强。四是规范乡镇政务服务。按照省市要求完成了29个乡镇街道政务服务中心的标准化建设，2016年组织全面督导，推进乡镇政务中心按标准化建设要求规范运行。

【切实加强队伍建设】 2016年，县政务中心狠抓队伍建设。一是强化党组织战斗堡垒。坚持周工作例会制度，扎实开展“两学一做”学习教育，开展“讲道德、明是非、守纪律”教育活动和党员春训等活动。二是着力提高业务水平。坚持周学习日制度，政务大厅审批科长进行业务知识培训，提高中心工作人员的业务能力。开展“政务服务之星”、“红旗窗口”评比等评先评优活动，结合具体的工作任务进行考核排名。三是严格大厅管理。县委政府印发《关于做好向县政务服务中心选派行政审批工作人员的通知》，大厅窗口严格按照“优进、严管、高出”的要求严格管理干部，定时巡查，定期通报。按照标准化建设要求，健全完善各项规章管理制度，为各项工作的推进提供保障。

（刘容正）

机关事务

【概况】 2016年，县机关事务管理局全面履行服务、管理、保障三大职能，着力推进机关后勤工作整体发展、规范发展、创新发展和健康发展，圆满完成了全年各项工作任务。2016年，县机关事务管理局公共机构节能工作获得市对县考核先进；继续保持“全国公共机构节能示范单位”“省公共机构节能示范单位”“省物业管理示范大厦”“省两型示范单位”“省机关事务工作先进单位”“省巾帼文明岗”等荣誉称号。精神文明建设工作获得《精神文明导刊》《中国农业网》《湖南文明网》《今日宁乡》《宁乡文明网》等各类媒体推介。

【机关文明创建】 2016年，县机关事务管理局坚持文明创建，不断创新工作机制、充实创建内容、提高文明程度。开展以“创建节约型机关”为主题的文明创建活动，春节过后第一天上班组织举办升国旗仪式，举行2次国学经典和公务接待礼仪礼节的专题讲座，设立了社会主义核心价值观温馨提示牌，开展6次200多人的“和谐”志愿者系列服务，进一步树立机关良好形象。撰写文明创建经验文章《在“大一统”中广树文明形象》在《全国精神文明导刊》刊登推介。

【公共机构节能】 2016年，县机关事务管理局深入推进全县公共机构节能工作。夯实基础，注重能耗统计，及时上报统计结果，全县公共机构节能圆满地完成了市级下达的用水用电人均下降2%、车均用油下降2%的目标；在市对县公共机构节能考核中被评为优秀单位，排名第一；联合县能源服务局和县自行车协会共同举办了“2016年宁乡县环保自行车绕城行”活动；结合宁乡县实际情况，2016年在部分乡村、学校共计推广、支持建设了10个新能源项目，解决了部分乡村路灯照明困难和乡村学校热水供应问题，并争取67万元公共机构节能项目补助资金，专项资金使用率100%。

【机关服务管理】 2016年，县机关事务管理局狠抓机关服务管理。公车改革方面，牵头负责组织推进全县公务用车制度改革，涉改单位115个，涉改人员4216人，涉改车辆666台，涉及司勤人员335人，全县车改工作积极推进、稳妥实施、情况良好，完成车辆封存、人员车辆资料审核、司勤人员处置、集中管理平台组建等工作。办公用房管理方面，上半年配合全县旧城改造，为腾空搬迁的教育局、供销社、园林局等5个院子调配办公用房，搞好相关配套服务；下半年对全县办公用房情况进行了全面清理和摸底，严格执行标准，对腾空的办公用房进行封存，有效推进办公“大一统”。公务接待管理方面，牵头督查全县公务接待执行情况，规范公务接待行为。设施维护，督促对房屋及其附属设施进行日常维护维修，确保房屋设施安全完好；督促对300多台机器设备及其部件进行日常保修，发现故障及时排除，确保电梯、中央空调等设备安全运行；投入200多万元对行政中心室内照明和市民广场路灯进行了节能改造，办公室内照度由原来的78提高到270。国资清理方面，多次主动与财政国资部门、资产使用单位协调联系，建立国资管理联动机制；督促日常修缮保养，搞好节约利用，减少资产损失；健全完善物资采购领用制度，规范资产管理；全面摸清资产家底，防止资产流失。食堂监管方面。注重抓好政清接待中心的人员编制管理、日常管理、目标考核管理，用制度管控规范；改善了厨房的安全与环卫条件；增加了蒸菜餐厅，增加了菜品和餐位；所有食品一律自行加工，确保食材绿色环保；加强服务人员业务技能培训，组织了1次食堂业务技能比武和12次菜品推新比赛。会务接待方面，全年接待会议3600场，其中重要会议1388场，外派服务28次。做好了县党代会和人大、政协“两会”会议服务工作，得到领导的高度肯定。绿化保洁方面，实行卫生保洁标准化，对公共区域卫生保洁执行分片包干制，确保20多万平方米公共区域整洁干净；加强绿化养护，督促做好灌水、施肥、防病治虫、修剪工作，确保12万多平方米的绿化养护到位；投入100多万元对市民广场进行了林荫化改造。

【机关综治安保】 2016年，县机关事务管理局将机关综治维稳作为工作的重点。加强大楼出入管理，严格实行凭指纹和登记出入；实施巡查制度，强化“红袖章”执勤值守；加大安全督查力度，对安保人员进行了为期2个月的业余军事化训练，切实提高安保技能水平。全年共接待处置群访98批4209人次、个访413人次。社会治安综合治理工作连续6年被评为县红旗单位。

【项目帮扶】 2016年，县机关事务管理局协助抓好重大项目落地的帮扶工作：“市民之家”项目按照县委“全国一流、全省第一”的要求，全力跟进服务，实行一周一调度，确保项目顺利进行；优雅新城项目，主动协调相关部门，帮助解决具体困难，确保项目按期开工。

【中心工作】 2016年，县机关事务管理局精心做好中心工作。认真开展精准扶贫，打造群众幸福家园。利用食堂优势推进产业给扶贫，全年上门收购农副产品 24 次，收购金额 20 多万元；利用物业管理社会化优势，充分安排剩余劳动力就业，安排 5 人到物业公司上班；为贫困村安装节能路灯 255 盏；与旅行社联合开展公益助学一日游活动，募捐筹集 3 万多元资助贫困学子；捐资 4 万多元为两户贫困户改造危房；全局干职工按“532”进行帮扶，全年逐一上门帮扶 6 次以上，帮扶资金 50 多万元。积极开展支部结队共建。组织机关党员“与群众交朋友、帮基层解难题”结对帮扶活动，组织慰问 3 次，每次慰问困难党员 16 人以上；对村“农家书屋”补充书刊读物 400 册，支持村部配套资金和物资 15 万余元。

（周一涵）

政协宁乡县委员会

【概况】 2016年是政协宁乡县第十一届委员会换届之年，367名全县各界优秀代表成为第十二届政协委员，为宁乡政协进一步发展夯实了基础。2016年，县政协团结带领全体政协委员，紧紧围绕县委、县政府中心工作和全县发展大局，认真履行政治协商、民主监督、参政议政职能，为建设富饶美丽幸福的安宁之乡作出了不懈努力。

【政协宁乡十二届一次会议】 11月26日至11月29日，政协宁乡县第十二届委员会第一次会议召开。会议听取和审议喻亚军代表政协宁乡县第十一届常务委员会作的工作报告。听取和审议杨志武所做的政协宁乡县委员会关于十一届政协四年来提案工作情况的报告。在政协十二届一次会议第二次全体会议上，邓杰平当选为政协宁乡县第十二届委员会主席。会议号召全体委员和社会各界人士紧密团结在以习近平同志为核心的党中央周围，严格按照县委的部署和安排，坚定不移地支持县人民政府积极开展改革发展的努力与探索，认真履行政治协商、民主监督、参政议政职能，坚定不移地维护核心，不忘初心，服务中心，凝聚人心，为建设更加富饶美丽幸福的安宁之乡而努力奋斗。

【扎实开展“两学一做”专题教育】 2016年，县政协常委会始终坚持把加强思想政治建设、坚定正确的政治方向、增进思想政治共识摆在各项工作的首位。全年邀请专家专题讲座5次，开展专题讨论4次，举办政协委员培训班，号召和动员全体政协委员、政协工作者认真学习贯彻中央和省市、县委精神，切实强化“四个意识”，坚决维护核心，全力服务中心，在思想上、政治上、行动上与习近平同志为核心的党中央保持高度一致。

【政治协商求真务实】 2016年共召开全会2次、常委会议3次、主席会议12次、政联处主任会议4次。两次全会期间，收到并整理委员提出的具体提案、建议和意见120余条，“培育文明家风”“大力扶持高校毕业生创业”等协商意见为县委、县政府决策提供了有益参考，“优化行政审批”、“加强农村公路建设与养护”等意见建议，被县人民政府及有关部门采纳并得以迅速实施。

【民主监督扎实有效】 2016年，县政协对《工业十条》实施情况、全县企业院士工作站、全县工会组织建设等进行专项视察，为促进部门作风转变和效能提升、推动各级工会工作创新发展、提高企业核心竞争力发挥了积极作用。召开民主评议乡镇(街道)工作会议，形成资料翔实、论据充分、建议合理的总评报告，为乡镇(街道)做好基层管理、建设提出积极合理的建议意见。

【参政议政主动作为】 2016年，县政协坚持把调研考察作为参政议政的重要途径。围绕“四个打造”、精准扶贫等主题，精准切入，周密安排，开展专题调研，形成调研视察报告80余篇，《民主评议乡镇(街道)总评报告》《关于乡镇集镇建设中存在的问题和建议》《加强住宅小区社会管理的建议》等成果在市政协刊物上发表，获得了各界好评和点赞。

【认真抓好提案办理】 2016年，县政协提案工作机制进一步健全，制度进一步完善，成效进一步显现。重点提案由县委、县政府主要领导以及县政协主席会议成员领衔督办。《关于提升中小企业生存发展能力的建议》提案由主要领导亲自领办，取得了良好成效。十一届五次会议，共审查立案204件，办结204件，满意率96%。十二届一次会议中，收到提案207件，委员们围绕县委提出的“四个打造”战略目标，建真言、献良策、出实招。

【真实反映社情民意】 2016年，县政协关注群众身边的热点难点问题，报送社情民意稿件70条次，编印简报信息20余期。《应慎重对待未成年人见义勇为的建议》被全国政协采用，《警惕微信群发红包沦为新型“网络赌博”》《成立“红白理事会”的建议》得到省市领导批示。“红白理事会”做法在全县推广，为抵制大操大办、大兴节俭之风、优化社会风气发挥了重要作用。

【加强联络联谊】 2016年，县政协先后接待省市等地政协到宁乡考察28批次。省政协主席李微微亲临指导，高度评价“宁乡政协围绕发展大局，精心谋划、务实推进，不断创新工作的平台和载体，取得了切实的工作成效”，并提出了“建设务实的政协、智慧的政协、开放的政协、和谐的政协”指导性意见。精心筹办了“新征程新跨越”迎春茶话会。认真落实县委“打造西线工业走廊”战略部署，成功举办首期“对话西线工业走廊”论坛，为兴工强县、产业富民汇聚了共识，获得县委、县政府主要领导高度肯定。

【注重宣传推介】 2016年，县政协出版8册共200万字的《宁乡历史文化丛书》，资料上及远古、下及当代，涉及近200名人物，是古邑宁乡三千多年来的文化精品，在社会各界中引起了极大反响。成立宁乡历史文化利用推进委员会，进一步加强宁乡的历史文化保护、传承和利用。出版《宁乡政协》会刊3期、《宁乡文史》专刊和《政协情怀》画册各1期。《凝聚发展合力，服务三大建设》《助力高校毕业生敢创业创成业》在《人民政协报》发表，在国家、省、市刊物发表文章70余篇，宁乡工作、政协委员事迹引起了广泛的关注。

【营造和谐氛围】 2016年，县政协编印“绿水青山我的家”读本，征集作品228件，制作文艺作品44件。出台《宁乡县社会贤达评选及管理试行办法》，乡镇（街道）建立贤达工作室，社会贤达工作进一步规范化、科学化。组织召开社会贤达工作推进会议，组织贤达代表参加乡贤乡友恳谈会，进一步发挥了社会贤达在促进社会和谐发展中的积极作用。

【参与中心工作】 2016年，县政协开展“撰写一份提案、奉献一份爱心、办好一件实事”活动，鼓励支持委员为“四个打造”竭诚献智。政协主席会议成员联系帮扶炭河古城、宁邦广场、娄益衡高速、长沙卫职院等20个重大项目和企业，积极支持解决征拆、控违、融资等难题，积极助推项目、企业建设和发展。 （杨开鹏）

中共宁乡县纪律检查委员会

【概况】 2016年,宁乡纪检监察系统始终忠诚担当,高点站位,准确谋位,扎实履行监督责任。全县党风廉政建设和反腐败工作取得新成效,省市纪委主要领导多次来宁视察调研,对相关工作给予充分肯定。全市落实党风廉政建设责任制考核,宁乡县获评9个区县(市)最高分。

一、管党治党从严格局有效形成。认真抓好"两个责任"签字背书、报告评议、检查考核等机制到位,严格落实任前廉政谈话、提醒警示约谈等制度,出台《宁乡县问责工作规程(试行)》常态督责问责,推动各级各部门把党风廉政建设作为一项日常性、基础性工作抓严抓实。县委第一时间开展"两准则三条例"的专题学习,全年9次专题研究部署;县委主要领导深入村组开展党风廉政建设调研,列出问题清单与县委常委班子成员、各单位党委(组)书记进行廉政谈话,树立了鲜明导向。全面探索开展县委巡察工作,成立9个巡察组,对18家单位实施巡察,共发现问题线索525条、移送问题线索178条,有效填补了县级党内监督空白。严肃责任落实,全年74个单位、81名领导干部被追责问责。

二、突出问题治理成果有效显现。坚持"一月一主题"推进"雁过拔毛"式腐败问题专项整治,全面完成林业系统、危改资金、合村并账及村级财务专项监督检查等三项整治,给予党政纪处分111人,问责72人,警示谈话46人。常态开展"纠'四风'治陋习"整治,重点对党员干部涉赌涉毒、违规操办婚丧喜庆事宜等进行严厉查办,给予党政纪处分158人、问责20人。严肃换届风气监督,审查取消93名建议人选提名资格,迅速查处苗头性问题3起,创造了风气清正、干群满意的换届工作效果。

三、信访举报工作有效提升。推动出台《关于进一步加强和规范信访工作的意见》,建立多部门联合接访机制,明确各基层单位落实领导带班接访、首受责任、限时办结和初访承诺制,大力推动纪检片区联组联合办信,实现了纪检"小信访"与全县"大信访"人数的双双大幅下降。全年纪检系统共召开阳光信访处访会16场,息访11件;县纪委共受理信访举报216件,为基层党员干部澄清各类问题55个,信访举报总量同比下降45.5%。

四、纪律震慑作用有效增强。准确运用"四种形态",惩前毖后、治病救人。坚持"谈话函询+批评和自我批评"及时提醒,坚持"教育培训+宣传通报"日常警醒,加强对全县党员干部的党规党纪教育,成功举办第七届廉政文化周活动,全县共开展日常提醒谈话9868人次,县本级谈话函询38人次,通报典型案例23期186起。着力从严把握第二种形态,对基层20起处理过轻的案件进行了纠正。决不放松后两种形态,全年共向基层纪委交办线索570条,全县纪检机关共立案460起,同比增长40.24%,其中,重处分129人、移送司法机关11人,处分乡科级干部34人,严肃查办了郑某某、邓某某等一批腐败案件。通过对案件的及时查办、及时通报,保持了有效震慑。

五、纪检队伍建设有效突破。探索开展县域纪检监察工作一体化建设,全面整合基层纪检力量资源,工作经验全市推开、全省推广。基层纪检组织网络得到健全,乡镇(街道)纪(工)委专职人员均在3人以上,274个村(社区)均设立了3人的纪检小组,聘任1名党风政风监督员,设立若干名廉情信息员,由乡镇(街道)纪(工)委直接领导。派驻监督改革全面启动落实,采取综合派驻和单独派驻相结合的方式,向94个县直单位派驻40个纪检组,工作出现显著变化。运行机制日渐成熟,各片区联组共开展联动协作事项58次,发现各类问题线索134个,联合办信办访11个,信访平均办结时间由以往的40天提速至20天左右。基础保障不断强化,县财政为每村单列党风廉政建设专项经费1万元,"两个为主"和"优进严管高出"原则严格落实,纪检监察系统提升"三力"活动深入开展,2016年县乡纪委圆满换届,一大批优秀纪检干部得到提拔重用,全县共调整交流47名,其中提拔重用18名,纪检干部在重压下保持了蓬勃活力。

【探索推进县域纪检监察工作一体化建设】 2016年年初,在省市纪委的指导下,宁乡县委出台专门文件,探索推进县域纪检监察工作一体化建设。全县纪检组织在深化"三转"、落实专职专责的基础上,通过健全纪检组织网络、创新联动协作机制、加强队伍统一管理,强化县纪委对部门单位和乡镇(街道)纪检力量的统一调度和使用,推动基层纪检组织在完成中心任务和重点工作中加强交流、整合力量、联动协作,实现全县纪检监察工作的上下协同、一体推进、整体提升。健全县乡村三级纪检组织,将40个县直派驻机构、9个党组织关系在宁乡的垂直管理单位纪检监察组织划分为4个联组，按照区域就近整合的原则将乡镇（街道）划分为4个片区。每个片区（联组）由县纪委、监察局明确一名主管综合室的班子成员指导督促日常工作、明确一名主管纪检室的班子成员指导督促联合办信办案、专项监督检查等重点工作。通过建立月调度、季讲评等机制，着力在疑难复杂信访、作风建设等重点难点问题开展横向协作，有效推动了全县纪检监察力量的聚变，为全面从严治党在基层落地生根夯实了基础。3月22日，全市现场会在宁乡县召开，县委、县纪委主要负责人作经验发言。9月，长沙市委政研室专题调研。湖南《党风廉政》第41期以《从“三转”到“三专”——宁乡县纪检监察工作一体化建设的探索与实践》为题进行了刊发报道。

【傅奎来宁调研】 3月9日，省委常委、省纪委书记傅奎先后在玉潭街道、宁乡县纪委、沩山乡进行了实地调研，并在县行政中心召开调研座谈会。傅奎书记高度肯定了近年来宁乡县经济社会发展取得的进步和党风廉政建设的成效。他表示，宁乡县委、县政府、县纪委的工作抓得非常紧，充分体现了上级的要求、改革的精神、看齐的意识。他强调，2016年党中央反腐败工作的一个重点是将全面从严治党的压力延伸至最基层。党风廉政建设主体是县委，县委书记是第一责任人。全县上下要进一步突出群众身边的四风和腐败问题重点，精准把握运用“四种形态”，持续深化“三转”，确保党风廉政和反腐败工作取得更大成效。

【中共宁乡县第十二届纪律检查委员会第一次全体会议】 8月19日下午，中共宁乡县第十二届纪律检查委员会在会议中心三会议室召开第一次全体会议。会议通过了纪委一次全会选举办法，选举产生了中共宁乡县第十二届纪律检查委员会常委和书记、副书记。常务委员会委员（7名）：肖水平、张武、张毅、张益华、罗建宇、郑香平、姜伟、廖国珍、黎国希。书记：张武，副书记：黎国希、肖水平、张毅。张武代表新当选的县纪委班子作了发言。新一届县纪委班子将紧紧围绕县委的战略部署，按照县纪委在党代会上报告的具体安排，以更新的作为、更高的要求，恪尽职守，不辱使命。

【中共宁乡县第十一届纪委第六次全会】 2月3日上午，第十一届县纪委第六次全体会议在县会议中心一会议室召开。会议回顾总结了2015年全县党风廉政建设和反腐败工作，对2016年工作进行了安排部署。会上，县委书记谭小平作了题为《驰而不息推进党风廉政建设和反腐败斗争》的讲话，县委常委、县纪委书记张武作了题为《全面从严治党　坚持挺纪在前　为“三大建设”推进提供坚强纪律保证》的工作报告。2016年全县纪检监察工作将深入贯彻落实中央及省、市纪委全会部署，坚持全面从严治党、依规治党，始终立足县域发展全局，紧紧围绕“把纪律挺在前面”总要求，进一步压实党风廉政建设“两个责任”，持续深化纪检监察机关“三转”，准确把握运用好监督执纪“四种形态”，更加聚焦主业主责、更加创新方式方法，着力营造纪在法前、违纪必究的政治生态环境，切实形成党员干部讲道德、明是非、守纪律的常态，不断取得党风廉政建设和反腐败工作新成效，为全县加快推进“三大建设”提供坚强有力的纪律保证。

【举办第七届“廉政文化周”活动】 10月24日至28日，宁乡县成功举办第七届廉政文化周活动。以“让好家风永续传承”为主题的第七届“廉政文化周”活动，进行了“廉洁齐家”专题讲座、“宁乡好家风”系列展示、《楚沩家风》赠发、“家廉万事兴”领导干部家庭廉政教育、“将廉进行到底”家庭廉洁知识挑战赛等系列活动，凝聚起干群共识的“最大公约数”，推动了廉政文化的“软实力”建设。

【探索开展县级巡察工作】 4月，县委出台《中共宁乡县委巡察工作办法（试行）》（宁发〔2016〕19号），全面探索启动县级巡察工作。至12月，全县分两批共派出9个巡察组，对18家单位开展巡察，取得良好成效，有效填补了党内监督空白。9个巡察组共计谈话1000余人次，征集意见500余条，接待信访70余件，发现问题线索525条，核实移送问题线索178条，立案31起，给予党纪政纪处分16人，查实违纪违法行为移送司法机关1人，已接受组织调查10余人，监督“利剑”作用充分彰显。被巡察单位对照巡察组反馈意见，逐项整改落实，达到了正本清源的效果。（袁首魁）

民主党派·工商联

中国民主促进会长沙市委员会宁乡县工委

【概况】 2016年1月,民进宁乡县工委产生新一届班子成员。民进宁乡县工委下设4个支部,即宁乡一中支部、宁乡十三中支部、玉潭教育支部、综合支部,会员72人。在宁乡县委统战部和民进长沙市委的领导下,民进宁乡县工委以加强组织建设和推进创先争优活动为契机,加强自身建设,积极参政议政,努力服务社会,工作取得了一定的成绩。

【社会服务再推进】 双江口镇山园村是民进省委的联系点,也是"四同创建"中民进宁乡县工委的"同心乡村"建设点。2016年4月29日,"大爱民进·情系山园"通水仪式暨同心共建工作座谈会在山园村举行。湖南省人大常委会副主任、民进湖南省委会主委谢勇等省市县领导参加活动。在联点过程中,当了解到山园村村民生活用水存在安全隐患后,经过民进宁乡县工委、民进长沙市委多次努力协调,为山园村引入50万元的自来水工程,解决村民饮水安全问题,全村800多户3000多位村民受益。各支部和会员积极开展社会服务活动:宁乡一中支部组织了全体委员赴区域薄弱学校支教1次,赴兄弟学校和邻省学校考察交流1次;玉潭教育支部班子成员看望慰问退休教师,玉潭教育支部组织委员蔡竖恒牵线搭桥,促成煤炭坝镇工业区的晟丰电杆公司对城北中学的5名学生进行了帮扶;会员积极参加扶贫、助学活动,张超明、朱爱英等每人联系4户家庭,杨柏松联系了2户家庭,并组织部分会员到沩山开展"同心共系,情暖沩山"的助学活动。

【履职水平再提高】 参政议政方面。民进宁乡县工委现有市县人大代表、政协委员12人。每年"两会"前夕,工委都组织召开座谈会,发挥集体智慧,围绕经济社会发展中的难点、热点问题准备议案提案。易爱华委员《关于环境治理的建议》获县政协重点督办提案、《关于正确引导花卉苗木产业健康发展的建议》获县政协优秀提案。刘建琼委员《关于普通高中取消择校收费后增加办学经费投入的建议》获县政协重点督办提案。李述初委员《整合资源,强力推进宁乡花猪产业发展的建议》、李铁辉委员《关于规范农村集镇交通秩序的建议》,廖丽娟代表《关于宁横路提质改造的建议》《关于缩小城乡差距,促进教育均衡的建议》等都引起了较大反响。调研信息方面。工委根据县政协和统战部的要求进一步加大信息报送工作。杨柏松2016年向长沙市委统战部报送信息、新闻稿近20条,社情民意《宁乡:"3+X"做好花猪产业扶贫　打造"1+1>2"扶贫新路子》被民进中央采纳,《"网络直播"乱象丛生　法律短板亟需补上》被省政协采纳。廖丽娟积极参与民进长沙市委组织的"湖南省农村文化精准扶贫研究"的课题研究。李砺举办了"李砺书画篆刻小品展",入展湖南—浙江篆刻家作品联展,入展湖南省纪念红军长征胜利80周年书法摄影展,参加星城风华—国展精英书法作品展,入展纪念建党95周年全国花鸟画名家邀请展,入展"纪念建党95周年暨红军长征胜利80周年"湖南篆刻艺术展。

【会员素质再提升】 2016年,工委和各支部完成了换届工作,一批年轻有为的会员进入各支部班子。工委和各支部以同心思想、坚持和发展中国特色社会主义为主要内容,开展了多种形式的学习活动:庆祝"三八"妇女节活动;参加宁乡"世界水日"活动;组织开展"两学一助"学习教育活动;开展"三项征文"活动;参加省委统战部组织的"两学一助"知识竞赛;参加民进长沙市委组织的庆祝教师节暨《我身边的先进》报告会;参加民进市委在韶山的培训活动等。会员具有高级职称的有7人,有研究员1人,特级教师4人;国家注册律师1人;中国书法家协会会员2人;湖南省作家协会会员1人。通过这些活动,会员素质整体提高,凝聚力和向心力明显增强。广大会员发挥自身优势,积极为社会争作贡献,赢得了社会的认可和褒奖。姜笑澜被县政府记三等功,获县宣传思想工作先进个人、县优秀统战工作者;王凯获县人民政府嘉奖、金融工作先进个人;何鑫获得县优秀信贷投放员;汤应如获县教育局、县教育基金会"职专"职业教育优秀教师奖;李述初的公司被湖南省环境保护厅、湖南省生态文明研究与促进会、湖南省环境科学学会颁发"湖南省生态经济十优示范案例"。谢好委员原创舞蹈《脚步》获2016年第十五届全国校园春晚金奖,原创舞蹈《劳动最光荣》获2016年湖南省少儿春晚金奖;刘瑞桥委员所带举重队参加国家级单项比赛荣获3金3银成绩;文建光委员论文《用实教材、用活教材、用透教材》获县一等奖;《依托课本,升华阅读》在《中学生报》教学研究版第47期发表;易爱华委员、成如委员荣获学校2016年德教双馨奖;刘建琼委员、文建光委员荣获宁乡县教育局2016年高中教育优秀奖;杨红菊获县政府嘉奖、获长沙市政治小论文优秀指导教师、获长沙市创作杯作文大赛一等指导教师;廖丽娟获县级"阅读工作先进教师"的称号;瞿小丽被湖南省中小学教师发展中心评为"优秀学员";廖海文被评为"全国地理科技大赛优秀辅导员";李跃明获县人民政府嘉奖,被评为"宁乡县高中优秀班主任"和"宁乡县高中地理骨干教师"。 (杨柏松)

中国农工民主党长沙市委员会宁乡基层工作委员会

【概况】 2016年,中国农工民主党长沙市委宁乡基层工作委员会共有党员58名,分别为医卫界、环保界、经济界,进一步拓展了党员界别,下设人民医院、中医院、综合支部等3个总部。有15名农工党员成为人大代表、政协委员,其中政协副主席1名,市人大代表1名,县人大常委3名,县政协常委4名。县委、县政府分配了专用办公室,并配有一名正式专职工作人员管理党派日常事务,配套了工作经费,保障了党员活动专用场地、专职人员、专用经费。2016年,在农工省委、长沙市委和县委统战部的领导下,农工党宁乡基层工委坚持中国共产党领导的多党合作制,立足自身特点、发挥自身优势,全面开展党派工作,取得了丰硕的成果,为构建和谐社会,服务县域经济建设做出了贡献。

【队伍建设】 2016年,中国农工民主宁乡基层委员会每年要求每个总支开展两次以上活动,每次划拨相关活动经费。要求每次活动有计划,有细节,有结果,有评比,并作为年度评优评先的重要条件。农工党宁乡基层工委全体党员积极上进,在各自岗位上取得优秀成绩。2016年党员们共计发表论文38篇。主委谢文军主编出版《湖湘本草》等专著两本;贺小平荣获由中国县市报研究会授予的"2016年度全国县市区域百佳优秀报人",并获市委宣传部、市文明办举办的"双争四推"学习型干部称号,在《长沙晚报》上公示;杨曙光团结带领县中医院全体干职工争创"三甲"一举成功,成为宁乡县首家"三甲"医院。人民医院支部刘晓川荣获湖南中医药大学、湖南省中医药研究院第五届运动会附属医院组男子甲组60米第四名、男子甲组定点投篮第八名;刘丛娟荣获县级优秀医师,陈俊论文在核心期刊发表。中医院总支王应军荣获长沙市农村名中医称号,论文《四海之腧取穴法对脑梗塞恢复期患者血脂及凝血系统影响的研究》在《湖南中医药大学学报》上发表;王应军、杨铁所在针灸科被评为长沙市医学重点专科;欧美光论文《经输尿管软镜　激光治疗输尿管上段结石的临床运用》在国家级杂志《临床心身疾病杂志》上发表;《输尿管结石使用两种方法治疗的效果对比评价》在国家级杂志《航空军医》上发表;郑婷摄影作品《魅力天使》荣获长沙市首届科技摄影大赛铜奖;欧伟论文《基于合成孔径连续波束形成的超声空间复合成像去噪算法》在《医学影像与健康信息学》杂志上发表。综合总支周娉作品《"猪倌"陶小平的环保招》获市广播电视新闻二等奖、《灰汤:"乡土读本"淳民风》获长沙市广播电视新闻三等奖;杨跃清获全国旅游散文大赛优秀奖、全国首届"桃李芬芳"文学大赛佳作奖、市文联"品质长沙,我在现场"优秀奖、摄影作品荣获省摄协三等奖。其他党员也立足岗位,积极作为,为县域经济社会发展作出了积极贡献。

【参政议政】 2016年,农工民主党宁乡基层工委全体党员立足岗位优势,认真写好调研文章,壮大参政议政队伍,组织文字功底深、研究能力强、熟政策懂民情的精干力量广泛开展调查研究,有针对性提出高质量的议案、提案和建议,围绕县委、县政府的决策部署和人民群众普遍关心的问题提出解决办法和政策措施;积极撰写社情民意,深入农村、基层和社区收集社情民意,把人民反映的问题和要求以提案形式报告给县委、县政府,在政府与社会、政府与人民之间架起一座沟通和联系的桥梁。农工党宁乡基层委员会组织相关专家撰写的《抢先发展卫生与健康产业,使之成为我省经济建设又一新的增长极建言》呈湖南省省委书记杜家毫;《以长沙新城为依托创立"国家级(长沙)大学科技创意产业园",使之成为我市经济建设中又一新的增长极》呈市委书记易炼红;《着力推动生物产业发展,培育长沙经济新的增长极》呈长沙市长胡衡华。此外,党员还撰写调研报告、建议意见、提案议案等10多件,产生了积极的社会影响。

【社会服务】 2016年农工党为横市泉柳村提供项目经费30万元,纳入省统战部同心工程项目建设单位。为福安村建设了一座300万元同心桥,同时,为配合美丽乡村建设,为敬老院捐建了一所60万元小型综合医院,真正实现"老人医养",成为全省乡镇村医养典范,同时为该村争取到

700 万元建设资金，争取该村为省、市同心项目建设村。基层委员会为配合精准扶贫为全县 20 多万学生进行免费建档，为乡镇贫困户免费培训验光师 116 名。9 月 12 日，农工党宁乡基层委员会在流沙河镇合兴学校举行青少年健康精准扶贫项目“学生视力监测活动”启动仪式，免费为全县中小学生进行视力检查。中医院眼科专家为广大师生深刻解读了当前青少年儿童视力的现状和存在的问题，并耐心回答了学生的询问。9 月 23 日，农工党宁乡基层委员会主委谢文军带领人民医院总支医务人员到沩山乡开展“爱心义诊进沩山，为你为他为大家”爱心义诊活动，免费为当地数百群众提供量血压、测血糖、做心电图等服务，并为确诊患者赠送共计 2 万元的药品。（罗芳）

宁乡县工商业联合会

【概况】 2016 年，县工商联坚持围绕中心，服务大局，立足“两个健康”工作主题，充分发挥“三性”优势，为加快民营经济转型创新发展，加快建设更加富饶美丽幸福安宁之乡做出了新的贡献。2016 年获“全国五好县级工商联”称号。

【思想政治工作】 2016 年，县工商联注重做好思想政治工作。组织非公经济人士开展专题学习，在全县非公经济代表人士中开展“学系列讲话、学优良传统、助力新宁乡”的“两学一助”活动，特别是组织非公经济人士专题学习习近平总书记在全国政协十二届四次全会民建、工商联界别委员联组讨论会上的讲话精神，引导全县非公经济人士构建“亲”与“清”的政商关系。积极推动企业进行市、县文明单位创建。2016 年推荐了南雅医院和中京机械两家企业成功创建县级文明单位。

【组织开展“十大功勋企业家评选表彰活动”】 2016 年，县工商联在全县组织开展了全县首届“十大功勋企业家评选表彰活动”。5 月 18 日，十大功勋企业家座谈会召开并表彰了“十大功勋企业家”。他们分别是：加加食品董事长杨振、楚天科技董事长唐岳、忘不了服饰董事长罗美元、精量重工董事长陈基良、飞翼股份董事长张泽武、长宁炭素董事长王新华、东方时装董事长罗文亮、松井新材料凌云剑、邦普循环董事长李长东、湘润房地产董事长汤亚平。功勋企业家先进事迹在《湖南日报》《湘声报》《今日宁乡》和宁乡电视台专题报道，邀请 10 名省著名作家撰写创业事迹，编辑出版。

【服务会员工作】 2016 年，县工商联以全心全意服务会员为宗旨。全体班子分成两组，用两个多月时间，分别对全县 211 个执委企业、29 个乡镇商会、9 个行业商会和异地商会进行了一次大规模的全面走访调研，解决各类问题 5 个。为助推宁乡县建设国家中心城市工业区发展，加快打造西线工业走廊，创新非公经济服务新模式，2016 年县工商联成立了“非公经济服务中心”，内设政务服务部、法律维权部、教育培训部、经济咨询部、招商引资部、精准扶贫部、活动策划部、宣传推介部、驻宁异地商了联谊部、驻外商会发展联络部等 10 个部。创新招商引资方式，开展“百企大招商”活动，带动全县会员开展招商引资；开展派驻招商，找准招商切入点，开展定点、定向招商和代理招商；组织商会和会员赴外地考察学习，开展上门招商。2016 年引进湖南民生文化发展有限公司落户白马桥，计划投资 1.2 亿元；引进浪潮集团，计划投资 5 亿元落户高新区。积极参政议政，组织会员企业中的人大代表和政协委员开展调查研究，积极建言献策，全年撰写提案、议案 37 篇；按照“政治素质好、工作业绩好、履职能力好、遵规守纪好、社会形象好”的标准，严把人大代表、政协委员推荐关。开展创新力成长百强活动。组织优质企业参加长沙市创新力成长百强活动，成功入围企业 11 家。

【组织建设工作】 2016 年，县工商联全面完成乡镇商会换届。成立玉潭街道商会，对全县 28 个乡镇商商会全部完成了本级换届选举工作，组织机构逐步规范，会员队伍不断壮大、商会活力不断增强。圆满完成县工商联换届选举，举产生了县工商联（总商会）第十五届执行委员会执委 211 名，常务委员会常委 91 名，主席（会长）、副主席（副会长）、秘书长 34 名，通过了出席长沙市工商联（总商会）第十四次会员代表大会宁乡县代表名单。密切与异地商会的联系。组织企业家商会赴广州宁乡商会、深圳宁乡商会、东莞长沙商会进行考察学习，并缔结友好商会；组织举办第二届“双江交汇集英才，南聚首创伟业”活动，组织广州宁乡商会、深圳宁乡商会开展宁乡重点推介会，接待北京宁乡商会筹备组考察团，湖南省异地商会考察团，进行商务交流与项目对接。不断壮大会员队伍。加强会员管理，全年新发展会员 87 人。

【精准扶贫工作】 2016 年，县工商联组织开展“贫困户搬新家，我们来帮一把”爱心捐赠活动。组织企业家积极认捐，为贫困户捐款 70 多万元。组织企业与省定贫困村对接，湖南小洋人科技发展有限公司、湖南精量重工科技有限公司、湖南华力通线缆股份有限公司、豪德商会、长沙金典建设工程有限公司、长沙沩山炎羽茶业有限公司、湖南湘茗茶叶有限公司、长沙沩山茶叶有限公司等非公企业与巷子口官山村、沩山乡同庆村两个贫困村对接，通过公益扶贫、就业扶贫、教育扶贫、产业扶贫、商贸扶贫等措施促贫困户脱贫。与文体局、县团委联合举办十一届全国“武林大会”，组织企业拍卖武林书画家的33幅书画作品，并将所拍的善款全部捐赠贫困学子。全县工商联组织在扶贫帮困、企业联村及精准扶贫等公益事业中全年共捐款捐物达546.5万元。（李玉梅）

社会团体

宁乡县总工会

【概况】 2016年,宁乡县共有基层工会组织3195个,工会会员14.99万人。县总工会有机关干职工14人,离退休人员14人,下辖二级事业机构工人文化宫。2016年,县总工会坚持贴近中心促发展、贴近职工办实事、贴近基层搞服务"三个贴近",按照"组织建设年"定位,切实加强工会组织建设,全面开展送政策法律、送真情温暖、送快乐健康的"快乐之家"系列活动,进一步提升工会组织凝聚力、品牌活动影响力、服务帮扶精准力,团结引领职工群众为"加快三大建设、全面建成小康社会"宏伟目标建功立业,各项工作取得创新发展。

【有力促进经济发展】 2016年,县总工会组织开展"宁乡县劳动模范"评选活动。在全县选树了10位劳动模范和10位劳动模范提名人,营造广大职工向劳模看齐,学习劳模,争当劳模,以劳模精神鼓舞职工,奋发向上,立足岗位,推动经济大发展的浓厚氛围。积极开展寻找宁乡"老师傅"活动。通过深入宣传发动、审核和评选,从182名文化传承和精湛技艺工匠中选树了60名老师傅,并进行隆重表彰,省市多家媒体多角度、全方位地报道了活动的全过程,得到社会各界的高度赞誉。组织劳动竞赛活动。组织开展全县职工职业技能大赛,通过竞赛培养人才、发现人才,充分调动全县职工的积极性,达到推动职工学技术、钻技能、讲道德、提素质的目的。开展"送文化进企业"活动。以送法律政策、送真情温暖、送快乐幸福为主题开展"快乐之家"活动,组织"中国梦·劳动美·工会情"送文艺进企业的慰问演出活动,活跃职工精神生活,得到了企业和职工的认可和好评。

【精准帮扶职工】 2016年,县总工会倾情送温暖,帮扶职工更加精准。一是医疗互助扩面普惠服务职工。2016年,全县参加医疗互助职工为2.7万人,同比增长22.7%,基本实现行政事业单位和参加医保企业职工全覆盖。截止至12月7日,全县共有1632人次前来报销医疗费用,报销金额约为104.5万元,其中26名患重大疾病职工获得补助10万元。二是帮扶关怀特殊群体职工。"春送岗位",积极搭建企业招、用工桥梁,帮企业发布招聘公告,为农民工提供就业信息,参与园区企业用工招聘20多场,协助招录用工1200多人。"夏送清凉",筹集近30万元防暑降温药(物)品,前往园区企业和项目工地开展高温慰问全县高温岗位职工。"金秋助学",在全县共筹措资金39.2万元,帮助91名困难职工子弟圆梦大学。另外,县总工会与宁乡县农商银行合作,由农商银行出资,资助三名家庭特别困难的优秀学子大学四年的学杂费用。累计组织资金100多万元,先后深入困难企业、劳模和职工家中,为全县2000多名困难职工送上温暖。开展女职工维权行动,赠送基层女职工维权读本400本、健康知识读本600本,并拿出20000元为基层1000名困难女职工赠送特殊疾病保险,精准关爱全县一线困难女职工。三是切实关心职工生活。邀请400余名在宁乡工作的外籍农民工共赏"中秋月·宁乡情"赏月晚会。开展企业职工首届职工七人制足球赛、女职工趣味体育比赛等活动,有效地丰富职工的文化生活。

【坚持维权促和谐】 2016年,县总工会坚持维权促和谐。一是大力推进工资集体协商工作。2016年共签订了工资集体协商协议112份,其中单个企业77份,区域性协商34份,行业性协议1份,覆盖企业数924家,覆盖职工28753人,圆满完成市总下达的任务,并有族兴新材料有限公司的工资集体协商示范企业获得市总奖励,同时将《女职工劳动保护特别规定》内容纳入女职工专项集体合同,在确保提高签订率的基础上着力提高履约率。二是加大依法维护农民工权益力度。重点关注农民工权益维护,协同劳动行政主管部门针对农民工工资、安全工作、劳动合同等进行专项检查,通过法律援助方式依法维护农民工合法权益,充分发挥律师志愿者队伍在农民工维权方面的作用,努力做好有影响的典型个案维权工作。三是积极开展宣传教育工作。开展安全生产法律知识竞赛、禁毒工作广场宣传、禁毒知识讲座,近5000名职工直接参与活动。

【夯实自身建设】 2016年,县总工会不断加强自身建设。一是加强基层工会组织建设。联合县统计局等有关单位开展基层工会组织普查,全面摸清宁乡县工商企业和民办非企业法人单位建会、职工入会的基本状况,为全国总工会基层工会数据库提供真实有效数据,推动基层工会规范化建设。开展农民工入会集中行动，新组建工会组织222家，发展农民工会员9009人，完成市总下达的任务。“十百千”工程和“六好乡镇(街道)建设”，推荐忘不了工会、宁乡七中工会和高新区机关工会参评市级模范职工之家，推荐双凫铺镇工会参评市级“六好”乡镇工会。楚天科技工会获评明星基层工会，蔡立强、罗家美、欧立新等7人获评优秀工会娘家人，彭腊梅、喻彩飞等获评优秀工会会员。帮扶服务站点建设，建成高新区、灰汤镇、花明楼镇和夏铎铺镇四个帮扶服务站点，并配备四名社会化工会工作者。二是开展工会干部工会工作实务培训。5月20日，开展了内容为工会财经纪律与监督、工会组织基础知识、职工权益维护以及工资集体协商的相关知识的工会工作实务培训。三是全面加强工会财务和经审工作。“经费收缴工作”，全年各乡镇街道全部设立工会账户。截至11月30日，宁乡县工会经费税务代收部分为1315万元，财政代扣为64.1万元，自收6.2万元，其中自收和财政代扣部分已按比例上缴市总。“经费审查工作”，5月对各单位下发《2016年宁乡县工会经审工作要点的通知》，成立了由审计、财政、税务等单位成员组成的经费审查委员会。7月对教育局、卫计局、法院、烟草局4家单位进行了经审“回头看”，11月对公路局、规建局、检察院等8家单位进行了经审，确保工会经费的使用公正透明、合法合规。（杨小龙）

共青团宁乡县委员会

【概况】 2016年，全县共有青年(14周岁至35周岁)38.2万人，其中共青团员14.5万人。有专职团干部7人，兼职团干部1702人，基层团委79个，团总支60个，团支部1458个。共青团宁乡县委围绕“加快三大建设、实现全面小康”的决策部署，紧扣全县发展要务，紧贴青年成长需求，团结带领全县广大团员青年在转型创新发展征程中凝心聚力、奋力担当，推动全县共青团事业取得了新发展，在市对县考核及全县绩效考核中均获评一类单位。

【加强宣传重引领】 2016年，团县委明确专人负责宣传工作，下设组宣科，招募10位在校大学生组建创意团队，壮大了宣传队伍。以活动为载体贴合青年需求，微信公众号连续推出希望工程、青年岗位能手、青年模特大赛、“共青团杯”足球联赛、“畅想未来·方舟有你”大型青年交友等品牌活动。注重信息的价值性、及时性和趣味性，微信公众号影响力在全市每周排名中多次排名第一，新浪微博精心筛选题材、创新推送形式，全省影响力稳居第一，获评2016年度湖南青媒奖“最具影响力微博”。

【志愿服务促发展】 2016年，团县委成立志愿者联合会，整合志愿者资源和畅通志愿服务渠道，推进志愿服务专业化、项目化、常态化。开发“志愿星城”宁乡板块，注册志愿者1000余人，不断完善志愿者数据库。成立青年讲解团，在全省烟草工作推进会、建党95周年纪念活动、宁乡历史文化利用推进委员会活动、市政协港澳委员代表考察活动、全省乡镇党委书记培训班考察、中俄红色旅游文化交流活动、特种粉末冶金及复合材料制备加工第一届学术会议等活动中提供高效、精准志愿服务，为全县各项中心工作贡献青春力量。整合志愿服务团队力量，加强与美丽宁乡志愿者协会、聚爱义工、环保协会、爱泽骄扬、新康志愿服务团队等社会组织联系，联合开展“3·5”学雷锋、“3·12”植树、“12·5”关爱空巢老人、贫困助学、送医下乡等各类公益活动。夏铎铺镇团委联合在校大学生助学留守儿童志愿服务活动在《中国青年报》上刊登。

【创新团建出典型】 2016年，团县委深入大成桥镇鹊山村调查研究，指导成立团支部，有效整合农村青年力量，发动青年成为“大众创业，万众创新”主力军。深入贯彻落实全县“两学一做”学习教育精神，全面推进“党建带团建，团建促党建”，团结带领广大青年坚定不移跟党走，在全县开展“两学一做”党史国史微信知识竞赛，覆盖29个乡镇街道，引起兄弟区县团委关注学习，活动持续20天，参与人数达11240人，发放奖品3500余份。

【在精准扶贫中争当先锋】 2016年，团县委扎实开展群众工作。每月群众工作日深入资福镇七星村走访慰问，支持群众工作经费1万元，多次给资福镇七星村、窑里社区送去爱心粮油，关注困难群众心理健康，帮助树立乐观积极的生活自信。引导青年创业者回馈社会，关心弱势群体，青年创业者协会会长左彪给全县环卫工人送去800余份月饼。以团市委三走三深入活动为契机，多次深入各乡镇走访调研。在大成桥镇鹊山村，与发起土地整村流转的返乡创业青年热烈讨论和交谈；在资福镇机关，与全体青年干部面对面深入学习各级群团工作精神；在巷子口镇黄鹤村，与青年企业家代表畅聊创业扶贫问题；在坝塘镇乐安村，深度参与大学生村官助推美丽乡村建设论坛。开展精准扶贫文艺作品征集活动，全面反映干群凝心聚力抓扶贫的精神面貌，营造浓厚的扶贫攻坚舆论氛围，梳理扶贫工作经验。

【在服务发展中勇挑重任】 2016年，团县委组建青年突击队，服务“三大建设”。组织青年突击队成员参与玉潭棚户区改造，满足棚户区居民住房多元化的选择需求。积极参与非煤矿山专项整治行动，为美丽宁乡建设发挥了青年应有的责任和担当。在2016年7月的防汛救灾工作中，发动青年突击分队解救转移受困群众4500余人，《中国青年报》专题刊登《大雨中，七十六名青年突击队员奋战两天两夜》一文，报道宁乡青年突击队队员抗洪事迹。积极开展项目帮扶活动。帮促漫画岛生产基地、蓝月谷小学20余次，为项目破解办学资质、选址、审批等发展难题。开展“正青春·我为禁毒代言”评选活动，评出代言集体10家、代言人9名、禁毒明星1名，提高全民抵制毒品、拒绝毒品意识。四是开展“绿水青山就是金山银山”环保知识竞赛，通过竞赛活动激发全县青年对“绿水青山就是金山银山”深度认识，引导青年主动投入到保护绿水青山中。

【在公益事业中彰显价值】 2016年，团县委以希望工程为平台，整合各方力量，切实帮扶困难青少年。2016年希望工程“圆梦行动”得到众多单位、企业及社会各界爱心人士的广泛关注和支持，共募集爱心助学款70.21万元，帮扶希望学子594人，《湖南日报》《长沙晚报》等媒体进行报道。坝塘镇保安村创建专项爱心基金，重点帮扶贫困学子。承办第十一届全国武林大会暨武林书画精准扶贫公益活动宁乡拍卖专场，结合武林人士乐善好施本色与宁乡县精准扶贫工作，武林书画家捐赠33幅作品拍得善款十多万元，全部用于资助宁乡贫困学子。开展“共青情·享书香”图书捐赠活动，团县委向全县发起征集报纸杂志倡议，征集各机关事业单位七成新以上图书配送到农家书屋，已将包括文学、法律、种养殖在内的数千册图书送至资福镇窑里社区农家书屋、大成桥镇鹊山村农家书屋。联合县教育局和智慧思健眼健康信息中心共同开展眼健康公益活动，引导学生掌握正确的护眼常识和眼部健康知识，树立健康护眼观念，促进青少年健康成长。

【基层基础不断夯实】 2016年，县团委不断夯实基层基础工作，覆盖范围不断扩大。注重传统领域镇、学校、机关、事业单位团建工作，做到符合条件的100%建团，继续突出非公经济组织和新社会组织团建工作，新建东鑫公司团支部等多家非公团组织。建立1+100联系青年网络平台，专职(挂职)团干部普遍联系不少于100名团员青年，兼职团干部普遍联系不少于10名团员青年，通过平台加强与青年交流，做好青年之友。加强板块联组制度建设，鼓励板块联组内部加强交流，以板块的形式开展丰富多彩的志愿服务和文体活动。加强与青联、青企协的联系，邀请市青联主席团、青企协会长团一行到宁乡参观实力园区、新型城镇、美丽乡村建设，积极扩大交流领域，推动地方经济发展。组织活力不断提升。结合“讲道德、明是非、守纪律”主题在全县开展好青年好少年、青年岗位能手评选活动，发动10多万青少年关注参与，评选出首届宁乡好青年、好少年各10名，市级青年岗位能手5名、县级青年岗位能手20名。落实习近平总书记关于发展足球运动的指示精神，发动人民群众重视体育运动，开展首届宁乡县全民运动会暨“共青团杯”足球赛，推动足球在本县发展。主办第二届宁乡青年模特大赛，四十多位优秀选手通过海选后，又进行了两轮激烈角逐，充分展现宁乡新形象，网络直播点击量10000余人次，丰富市民的精神文化生活。

【优化队伍素质】 2016年，县团委深化学习内容，通过座谈会、网络讨论等形式组织各界青年学习中共十八大和十八届四中、五中、六中全会，团的十七届三中、四中、五中全会精神以及各级领导五四讲话精神。开展青年人才大讲堂活动——公务礼仪培训，课堂结合群众路线、农村基层公务员工作实际，从公务交往及接待礼仪进行生动讲解，提升青年公务员自身素质。积极推荐团县委优秀西部志愿者李青获评湖南省最美共青团员。提升创新创业工作水平，组织青年创业者协会、基层团组织代表赴开福区学习青年之声、菁芒创客空间创业工作，为打造宁乡县青少年综合服务平台、众创空间提供良好借鉴。积极推荐创业青年左彪参与团省委组织“创青春”创业大赛，成功晋级复赛。与经开区联合举办创业大赛，30个优胜项目进入复赛，最终精选出15个创业团队进入总决赛，优胜者获得3万元—10万元创新创业扶持资金及免租房等相关优惠政策。举办宁乡县2016年共青团干部培训班，对全县100余名团干部进行封闭式培训5天，提升团干部思想政治素养、政策理论水平和实践工作能力，增进团干部之间的交流与合作，推动全县共青团工作再上新台阶。 (谭曼)

宁乡县妇女联合会

【概况】 2016年，宁乡县妇联组织网络进一步健全，有29个乡镇(街道)妇联，63个县直科局和驻宁乡单位妇委会，8个非公组织妇委会，353个村妇代会，67个村(社区)妇联。全县各级妇联组织坚持促进妇女发展、维护妇女儿童合法权益，大力推动解决妇女儿童最关心、最直接利益问题，以改革创新精神加强自身建设，开展了一系列卓有成效的工作。2016年，宁乡县妇联获评湖南省妇联系统宣传工作先进单位、长沙市妇联系统目标考核先进单位、宁乡县绩效考核一类单位，县妇联领导班子被评为“五好领导班子”。

【城乡女性创业就业】 2016年，

县妇联引领女性岗位建功，成功创建县机关事务局物业服务中心会务部为全国巾帼文明岗、经开区财政局委派会计处为全省巾帼文明岗。引导女企协和女创协举办创业建家主题沙龙、“压力与情绪管理”知识讲座等活动11场次，6家会员企业实现跨界经营。做好妇女小额担保财政贴息贷款宣传工作，为9名妇女办理贷款88万元。与人社局联合举办“春风行动”招聘会，县妇联发放资料8000份，接受咨询236人次，有3200多人现场达成就业意向。在全县举办家政、月嫂、服务、农技等妇女创业就业培训50期，助推创业就业。

【家庭文明创建】 2016年，县妇联开展寻找“最美家庭，共建文明乡风”活动，三八期间，对评选出的90户县级最美家庭，10户“十佳”最美家庭进行表彰。推荐何亚平家庭参加市级、省级最美家庭评选，相继获评长沙市、湖南省最美家庭。配合政法频道以何亚平家庭事迹为素材拍摄微电影——《微光》，参加全国家庭情景剧评选。结合“两学一做”，联合县纪委在全县党员干部中开展“家风好家庭”评选活动，廉政文化周期间，10个优秀家庭得到隆重表彰。组织全县行政事业单位516名科级正职领导干部及家属分批到长沙市廉政文化教育基地参观学习。

【反家庭暴力】 2016年，县妇联着力于促进反家庭暴力立法，推广多部门合作模式项目，按项目要求，先后举办社区倡导前培训和业务骨干培训班，培训了宁乡反家暴培训者团队，各乡镇（街道）相继组织开展《中华人民共和国反家庭暴力法》宣传培训。11·25“国际消除对妇女的暴力日”，在大润发广场开展“消除家庭暴力，共建幸福家庭”广场宣传活动，3000多人接受咨询，发放宣传折页和资料3000册，宣传品2000份。创新多部门合作反家暴的宣传手段，开发《遇到家暴怎么办》微电影，倡导反家暴零容忍理念。甘肃靖远、永州宁远等地到宁乡学习反家暴工作经验。

【婚姻家庭纠纷调解】 宁乡县是湖南省多元化调解婚姻家庭纠纷试点县，2016年成立了婚姻调适服务中心，调解纠纷200多起，调处回访率100%，满意率95%，县妇联在全省婚调委工作会议上作典型发言。经省、市妇联推荐，山东省淄博市、河北省、安徽阜阳等市县组织考察团到宁乡县交流学习婚姻调处工作。县妇联信访室接待来信来访案件368件，接听“12338”维权热线89件，有效处理率达82%，成功办理典型案件23起。

【千手爱心救助】 1月29日，宁乡县宣布搭建“千手”爱心系列救助平台，由县妇联牵头负责“千手”爱心热线和“千手”爱心驿站的进行与管理。千手爱心驿站总站位于县城中心，面积200平方米，交通便利，设施齐全，招聘5名志愿者。全县29个乡镇（街道）千手爱心驿站分站都设立于群众集中区，面积在40平方米以上，制度健全，工作流程规范，配备了2名以上的志愿者和慈善义工。县妇联积极策划宁乡县扶贫搬迁爱心捐赠活动暨乡镇“千手”爱心驿站分站启动仪式，动员机关事业单位、社会各界为200户贫困户每户募集7300元，共筹到资金170.6万元，为贫困户搬新家购买家电、家具、粮油，让200户贫困户拎包入住爱心大屋。开展“千手”爱心乡镇行活动60场次，救助覆盖全县各乡镇（街道）。总站与女企业家协会、新康志愿服务队一起到沩山、历经铺、龙田、青山桥、老粮仓等乡镇开展“有爱童行”活动，通过“宁视界”“爱心驿站微信公众号”等新媒体招募爱心妈妈，让150名留守儿童与爱心妈妈结对，组织定期开展结对活动，赠送衣物、学习用品800余件。2016年，总站“千手”爱心热线共接到求助电话2085个求助和捐赠电话，接受爱心物资累计2.7万余件，先后向困难群众累计发放物资1.65万件，救助困难群众2.1万余人。中央党校调研组，省委常委、市委书记易炼红，副市长陈中，县委、县政府主要领导相继到总站调研，给予高度评价。

【农村妇女“两癌”免费检查】 宁乡是农村适龄妇女“两癌”免费检查省级项目县，纳入了省、市重点民生实事项目，县妇联为牵头单位。由县政府办印发《宁乡县农村适龄妇女“两癌”免费检查工作方案》，2016年共完成宫颈癌和乳腺癌检查各19776人，超额完成任务。检查出“两癌”患者34例，癌前病变66例，宫颈癌的早诊早治率为73.86%，乳腺癌早诊早治率为63.63%。认真完善贫困“两癌”妇女数据库，积极向省、市申报贫困“两癌”妇女救助款，为20名贫困“两癌”妇女申请到“两癌”救助资金23万元。

【关爱留守儿童】 2016年，县妇联继续实施“同在蓝天下、牵手共成长”关爱留守流动儿童公益项目，开设家长课堂，在喻家坳中小举行公益培训文艺汇报会，提升了家庭教育和素质教育理念。开展“情系留守儿童，温暖微行动”活动，为全县606名贫困留守儿童赠送“一件新棉衣、一个新书包、一本新书”的新年礼物包。“六一”儿童节期间，全县开展关爱留守儿童、特困儿童活动62次，有819名少年儿童得到资助，指导百灵鸟学校举办“心成长、爱相随、梦飞翔”留守儿童欢庆“六一”活动，20名爱心妈妈与特困留守儿童结对帮扶。争取省妇基会资金支持，指导百灵鸟学校成立关爱留守儿童知心屋。与“非凡影楼”合作，深入各乡镇、村免费为全县留守儿童拍摄赠送视频照片,通过视频让孩子与父母亲密交流。联系湖南中外运母婴奶粉公司为特困家庭赠送奶粉和爱心款。各乡镇(街道)妇联积极为贫困婴幼儿申请旗帜奶粉资助,为3500名妇女儿童发放奶粉4000余罐。及时发放市春蕾救助资金5万元。

【妇联组织改革】 2016年,全县30个试点改建村(社区)完成妇联组织改建,有454名优秀妇女当选为村(社区)执委。选出乡镇(街道)妇联兼职副主席89人,乡镇(街道)妇联执委725人,充实了妇联组织基层力量。宁乡高新区成立妇联,选举第一届园区妇联班子。在宁乡经开区成立妇工委;在沩东新城成立妇委会,在圣得西等15个非公企业组织中成立妇委会,有效延伸了妇联工作手臂。组织乡镇(街道)妇联主席、兼职副主席,30个试点改建村(社区)妇联主席举办基层妇联组织改革创新培训班,提高了妇联干部的履职能力。 (喻胜华)

宁乡县残疾人联合会

【概况】 2016年,宁乡县残疾人联合会(以下简称县残联)围绕"搏疾争位,项目兴残,特色造势,仁善惠残"的工作思路,深化"把残疾人当作家人,把残疾人的事当作家事,把残疾人来信当作家书,把残疾人事业当作家业"的"四家工作法"。全年向上争资670万元,引进省、市惠残项目14个,2.6万人次残疾人得到社会保障、康复、就业、扶贫等服务。

【兜底保障】 2016年,县残联发放一户多残贫困残疾人家庭生活补助1205户(2472人)共285万元;发放困难残疾人生活补贴14241人、重残护理补贴11962人;全年"三补"发放3500余万元。重残人员养老保险、医疗保险补贴覆盖率达95%。实施残疾人危房改造325户;残疾学生和贫困残疾人家庭子女助学443人;家庭无障碍改造60户;残疾人机动车燃油补贴380人;机构托养服务73人,居家托养服务160人。

【基本数据动态更新】 2016年,县残联开展残疾人基本数据动态更新工作,对30903名持证残疾人逐户上门进行信息采集,调查入户率达93%,准确率100%;对3602名死亡残疾人的残疾证予以注销,并对其困难残疾人补助、重残护理补贴等进行全面清理,杜绝惠残政策落实中假、冒、空现象。

【基层组织建设】 2016年,县残联加强基层组织建设,开展11个市级明星乡镇、4个明星社区创建工作;选聘、调整合乡并村后的乡、村两级残疾人专职委员302人,落实五个专门协会值班制度和分片联乡制度。培育扶持社会助残服务组织,蓬勃发展志愿服务,楚沩之家志愿者协会、城郊"爱泽郊阳"志愿者协会、沙田"红色连心桥"等平台传递社会正能量。在全县开展"讲志气、讲公德、讲纪律、讲感恩"教育活动,基层工作者李合肖、周冬良,残疾人企业欣云保洁公司,创业典型任学阳入选"长沙市善行四十佳";贺瞻入选首届"宁乡好青年";评选9名"最美残疾人"。残疾人夏江河代表全省参加全国特奥会,获得乒乓球比赛铜牌;文进、戴希南分获湖南省首届残疾人岗位精英职业技能竞赛美发项目二、三等奖。

【就业创业扶持】 2016年,县残联开展残疾人"就业创业年"活动,评选残疾人创业标兵10人、自强模范10人、安置残疾人就业先进单位2家。为48家单位申报省市创业扶持;创业贷款贴息65.46万元;完善《宁乡县残疾人创业扶持和奖励实施办法》,扶持34家单位创业,辐射带动280名残疾人就业;举办残疾人创业培训和农村电子商务培训班,培训残疾人334人次。残疾人个体工商户养老保险补贴38人。盲人按摩进社区新扶持机构4家,年检机构4家。调研文章《促进全县残疾人就业创业及精准扶贫工作,深入推进残疾人全面小康进程》被经济日报出版社《中国社会保障创新与发展》采用。2016年新增残疾人就业103人;被评为长沙市残疾人就业创业工作红旗单位。

【个性化康复服务】 2016年,县残联试点开展辅具适配进乡镇,举办"辅具有爱 行动无碍"精准扶贫辅具免费发放活动,为宁乡县青山桥镇88名残疾人免费发放总价值15万元的辅具193件;实施辅具适配进家庭65户,适配辅具289件;各乡镇(街道)自主适配辅具450件。湖南省为民办实事0岁—7岁贫困残疾儿童抢救性康复完成100例,超额完成12例。争取湖南省残疾人福利基金会支持,两次举办"与爱同行,重焕新生——肢体矫形专项基金走进宁乡"活动,免费筛查1000多人次,为6名贫困家庭残疾人进行免费矫形手术。"光明·关爱"低弱视力救助150例,白内障免费复明手术200例;义肢助行64例;康复救助13例。

【精准扶贫】 2016年,县残联针对全县7004名贫困残疾人,制定了"两步走"扶贫方案。对口联系老粮仓镇藕塘湾村精准扶贫工作,建设锥栗种植林业高产项目基地,帮助80户贫困户脱贫。在全县开展"联百村帮千户"活动,宁乡县残疾人联合会试点联系老粮仓镇竹溪坝村,扶持27户贫困残疾人养蜂130箱,全部实现脱贫。29个乡镇(街道)残联分别定向联系一个村(社区),以点带面,因村施策,推动贫困残疾人如期脱贫。

【稳定维权】 2016年，县残联上门为瘫痪在床残疾人办证24人次。发挥县、乡、村残疾人法律救助中心(站、所)作用，解答法律咨询120人次，代写法律文书13起，下乡普法10个乡镇，共办理残疾人法律救助案件38起，其中跨省、跨市各2起，为残疾人挽回损失100余万元。 (姜涛)

宁乡县文学艺术界联合会

【概况】 1998年9月19日，宁乡县文学艺术界联合会第一届委员会于经第一次文代会选举产生，主席由县委宣传部副部长罗近阳兼任，常务副主席张奇(专职)主持日常工作，第一届委员会有委员30人，常务委员15人。下辖宁乡县文学协会、宁乡县美术工作者协会、宁乡县书法工作者协会、宁乡县音乐舞蹈工作者协会、宁乡县摄影工作者协会、宁乡诗词协会。2008年，各协会会员发展至1600多人，其中市级会员300多人，省级会员近100人，国家级会员30多人。

2009年3月9日，宁乡县第二次文代会举行，表彰54名县第一次文艺成果获奖者，出版《风雨兼程，华章绵绣——宁乡县文学艺术精彩10年》，选出第二届文联委员会。第二届委员会主席由县政协副主席李纯兼任，常务副主席张奇主持日常工作。2013年9月，杨罗先任文联主席，主持文联工作。下辖宁乡县作家协会、宁乡县诗词楹联协会(下分10个诗社)、宁乡县美术家协会、宁乡县书法家协会、宁乡县摄影家协会、宁乡县音乐舞蹈协会和一个文艺创作中心。2014年6月21日，增加宁乡县民间艺术家协会。2015年，各协会共有会员约4000人，其中市级会员500人，省级会员100多人，国家级会员70多人。2008年—2010年，县文联连续三年被评为全省先进文联。

【文艺活动】 县文联每年组织3次以上活动。各协会坚持每年深入基层采风，举办作品展览、交流、研讨、竞赛及赴全国各地参赛。两届文联共开展各类文艺活动400多次(场)，其中，作协、音协、诗协、美协、摄协下基层采风和进社区、笔会等活动平均每年5次以上，书协美协的送春联下乡，与外省市进行书法美术交流联展坚持数年。诗协发展会员近2000人，常年开展活动，2003年被中华诗词学会授予"全国诗词之乡"称号。县文联文艺创作中心邀请省内外文艺家来县指导交流20批次，重点有"神奇宁乡，我心向往"省市名家书画笔会，"创建旅游强县，浓厚文化氛围"省市县香山冲黄祖沩采风写生，著名画家陈白一、王金星、欧阳笃材、唐明生写生活动等。每年与部门、乡镇联合举办多门类的文艺作品大赛。

【推出人物】 美术家欧阳笃材多次在北京、长沙、宁乡举办个人作品展和作品研讨会，并积极参加全国各种展览活动，被省政府授予"湖湘之子"称号。

美术家张奇先后获中国美术家协会优秀奖、徐悲鸿纪念馆全国名家展金奖、中国文艺协会首届文艺"金爵奖"、湖南省中青年美术家"十杰"等荣誉。由省市文联、省市美协联合举办"水墨宁乡"张奇山水画展在中国美术馆、湖南美术馆成功举办。

各界文艺家黄建中、夏时、夏腾煌、杨铁军、黄树诚、黄宪、李砺、徐拂荣、谈胜文、张铁山、姜福成、黄晓庭、米长艺、刘章喜、张美玲、程建军、谢好、谢雅、谢胜男、张军、黄沃若、葛楚良、刘德民、刘建中、赵为、邹和平、童治军、刘怀彧、叶凌云等，在各级举办的文艺活动中取得较大成绩。文联及各协会通过出版专集和创办《沩水》《宁乡文学》《宁乡文艺》《宁乡美术》《宁乡书法》《宁乡诗联》《楚沩新韵》，对取得成绩的文艺家们进行坚持不懈的推介，共推出老中青各界文艺人才近100名，先后举办黄宪诗歌研讨会、欧阳笃材花鸟画研讨会、张奇山水画研讨会，推动、帮助出版各界文艺家作品集300余本，其中作协10年内组织出版丛书6套61本，香山诗社出刊诗集100多期。

【其他重大影响活动】 1998年纪念刘少奇一百周年征集诗文书画楹联活动；1999年庆国庆50周年全县美术书法摄影展；2000年全县小学生书画大赛；2001年新世纪新宁乡摄影展；2003年文艺进社区广场笔会；2005年首届佛文化节省市文化名人游沩山书画笔会；2005年叶凌云长篇小说《长沙王》《琴殇》首发式；2005年文学丛书《沩水菁华》研讨会、首发式；2009年刘章喜剪纸集首发式；2012年音协以森林防火为主题的文艺巡回演出；2012年摄协"宁乡风光"摄影大赛；2014年作协丛书《香榧树下》(长沙)首发式；2015年作家刘金甫《绝地重生》首发式；2015年诗人成瑞祥《靳江记忆》首发式；2015年作家黄沃若《关山战长沙》首发式。

【主要文艺作品】 县文联成立以来，各协会文艺家作品共获市以上奖励600余项，省奖100多项，国奖58项。主要作品有：张奇国画《大沩深处》在中国美术馆展出，《寂静青岩》获中国美协优秀奖；欧阳笃材国画集出版；童治军《童治军国画集》出版；李砺《古石山水画集》出版；喻春华《黄山月意笔重彩人物画》出版；夏腾煌《飞流直下》获中国摄协优秀奖；程建军现代工笔画入选全国中国画展；杨铁军《村民最爱致富经》获中宣部、中国摄协铜奖；葛楚良《最佳角度》获中国摄协优秀奖；邓兴《江畔》获省摄协十三届影展入选奖；刘德民《渫水竹筏》获中国摄协优秀奖；黄树诚获全国诗协一等奖；谢胜文获全国诗协一等奖；周后昆获全国诗协一等奖；李志仁获首届中国毛体书法大赛银奖；王超群获全国诗协一等奖；徐拂荣获全国诗协一等奖；黄建中获全国诗协一等奖；叶凌云著长篇小说《长沙王》《琴殇》，散文《宁乡山水走笔》；姜福成著《厚土之息》《诱惑》《沩山禅》《大沩灵祐》《密印禅寺》；刘怀彧著《叶上有字》《一篮春水》；黄宪著《纯净的诱惑》；谢仲舒著《奇女》《诗壶》；谢繁著《湘中红岩》；周后昆著《余珵翻古》；喻剑平著《城市屋檐》；刘建中著《不若文集》；夏时著《三茶轩文稿》；姜笑澜著《笑眼看人》《那些爱与疼痛的日子》；易凤葵著《天下沩山》；黄沃若著《人性的幽默》《人性玩幽》《走过香山》《壹洲人性扫描》《诗轮回》《关山战长沙》，散文《登花明楼》获全国征文一等奖(省文联等举办)；杨罗先著《故乡的风景》《太阳雨》《杨罗先短诗选》《杨罗先微诗选》《杨罗先诗散文选》，诗歌《靖江，靖江》获诗刊社全国征文三等奖，诗散文《沩江，我的沩江》获全国微散文征文一等奖，诗散文组章《留在四季的温馨》获第九届中国散文年会二等奖，诗散文《淡淡的桂香》获第十届散文年会“十佳散文奖”；夏时著《书法通》(与人合著)；贺小平著《荆楚烟云》《大地苍茫》《体坛观潮》《凭栏听雨》；钟菲萍著《诗影花明楼》《落英缤纷的屋檐下》；吴平生著《沃野情思》；龚再蓉著《十年一束》；潘建强著《云想衣裳》；刘飞平著《火烧沩山寺》；岳超著《沩山情》《美丽的宁乡》；孙新明著《我在冬季》；谢志强著《森林挖土》；胡宇著《酿雪煮酒》；张美玲作品获省一等奖；谢好作品获全国二等奖、省一等奖；谢雅作品获省特等奖；谢胜男作品获省一等奖；刘章喜作品获省一等奖；黄晓佳著《非爱勿扰》《巾帼宰相上官婉儿》；李砺获文化部群星优秀奖、历泠印社优秀奖、省书协二等奖，著《中国篆刻百家李砺卷》；左长明获省书协二等奖；刘建军获中国书法兰亭奖，著《刘建军小楷道德经》；周漾澜著《中国篆刻百家周漾润卷》；贺应辉著《湖湘书法百家贺应辉书法》；徐哲兮著《听竹闲吟》；徐哲兮主编《刘少奇百年祭》；夏时、李砺主编《历代宁乡书画家传略》；喻亚军、陈谷良主编《志笃材高九十翁》。上述文艺作品中，本县评出第一次优秀文艺成果奖54件，第二次优秀文艺成果奖55件。

【创新文艺成果】 2016年9月25日，宁乡县成立诗散文协会，研究创作新文体诗散文作品，同时，《美丽新宁乡》微信平台开始启用。共推出诗散文作品490篇，被《散文选刊》《中国纪检监察报》《中国建设报》《湖南日报》《长沙晚报》转载46篇，在全国造成很好的影响。宁乡县诗散文协会的理论研究成果《创新是文学艺术的灵魂》作为理论成果被中国文联收入《中国文联发展实务》，由经济日报出版社公开出版发行。宁乡县诗散文协会《你好，宁乡县》系列活动被长沙市文联评为“一会一品”十佳品牌活动。

(杨罗先)

宁乡县红十字会

【概况】 宁乡县红十字会原属县卫生和计划生育管理局的二级单位。2016年5月25日，根据宁乡县机构编制委员会办公室《关于明确宁乡县红十字会机构编制事项的通知》(宁编办〔2016〕30号)文件，宁乡县红十字会机构单列，独立设置，为参公管理的全额拨款正科级事业单位，确定四个专职人员编制(不含会长)。2016年，宁乡县红十字会发扬“人道、博爱、奉献”的红十字精神，扎实开展救护培训、“三救”“三献”、博爱家园创建等各项工作，为社会和谐、保障人民生命与健康作出积极贡献。

【博爱家园成为全国、全省示范点】 2016年，县红十字会成功创建长沙地区唯一的全国红十字总会“博爱家园”项目点——流沙河镇合兴村示范点，还创建了省红十字会“博爱家园”双江口镇罗巷新村示范点。两个示范点坚持特色兴村，积极探索红十字会工作与农村素质教育工作的结合，精心构筑博爱乐园；设立“红十字书屋”、“红十字宣传栏”；通过自愿捐助，募集善款成立“爱心敬老助学基金会”进行帮困；建立“博爱文化活动广场”作为逃生避难和健身场所；进行备灾减灾、卫生健康、自救互助等方面的培训；通过“救护演练“教学使本村学生掌握防灾避险、卫生健康、紧急救护等知识技能；开展献血知识培训，精心组织“生命行动”无偿献血，红十字精神得到广泛传播，真正成为能看、能说、能学、能传播的红十字基层工作堡垒。2016年8月，湖南省2016年“博爱家园”项目建设现场会在双江口镇罗巷新村示范点举办。

【县人民医院通过红十字医疗机构冠名】 2016年11月，省红十字会常务副会长陈丹萍带领省市红十字会，进行宁乡县人民医院的红十字医疗机构冠名验收。县人民医院严格遵守红十字章程，认真履行红十字义务，坚持红十字会基本原则，做了大量工作，做到红十字工作与医疗工作的高度统一与结合，成功通过红十字医疗机构冠名验收。

【成立全省首家安全体验馆】 2016年8月，全省首家安全体验馆、宁乡县第一个应急救护培训中心在玉潭镇楚沩社区活动中心成立。宁乡县红十字会筹措资金20多万元，建设泰宁家庭安全体验中心，有固定场所、专用设施、专业指导。县红十字会组织社区居民、中小学生等4000多人，到安全体验馆讲解红十字知识，进行救护培训，掌握防灾避险、紧急救护、意外伤害处置等知识。

【参加长沙市中学生红十字救护比赛获一等奖】 2016年，县红十字会组织玉潭中学初中学生参加长沙市红十字会、长沙市教育局联合举办的“儿童学急救，急救为儿童”中学生红十字救护比赛，获得全市一等奖。

【开展迎新春贫困家庭“博爱送万家”行动】 2016年元月，县红十字会开展迎新春贫困家庭“博爱送万家”行动，组织现金5万元，棉被、食用油、大米各100件，送到困难群众手中。

（喻灿文、何谐）

军　事

人民武装

【概况】　宁乡设有基层武装部40个，根据警备区部署要求，2016年，宁乡县人民武装部(以下简称人武部)落实了装备器材，进行了点验，组织了检查验收，很好地完成上级赋予的整组工作任务，初步形成了以城区为重点，以交通二线为轴线、以乡镇为节点的“网络式”布局，民兵队伍快速动员和遂行任务的能力明显增强。2016年度县人武部先后被长沙警备区评为“民兵工作先进单位”“安全工作先进单位”“新闻报道工作先进单位”“全民国防教育先进单位”。10月，政委田剑在中共宁乡县委第十二次党代会上被选为县委常委。

【党委班子和队伍建设】　2016年，县人武部不断加强党委班子和队伍建设。统一购置了《习近平总书记系列重要讲话读本(2016版)》《习近平谈治国理政》《党委会的工作方法》等书目发放到每个党员，采取个人阅读、集中领读、重点研读等形式，组织党员原原本本学。组织开展“新体制职能新使命”“讲政治有信念”“讲纪律有规矩”“讲道德有品行”“讲奉献有作为”四个讨论，引导干部职工认清改革强军、正风肃纪的重大意义、指导原则，主要任务、实践要求，切实增进理解认同以积极的姿态拥护改革、迎接大考。党委“一班人”把理论学习与推进工作结合起来、与调查研究结合起来。全年对90%以上的乡镇(街道)武装部进行了走访调查，深入到基层了解制约武装工作的突出矛盾和问题，就民兵应急抢险装备的配备、精准扶贫等重难点问题拿出了相应的解决办法。营院内设置“两学一做”主题展板，在人武部大门口LED显示屏设置“两学一做”醒目标语，在值班室放置基本知识复习题，每天早交班把“两学一做”学习教育作为必讲内容，增强大家学习教育的积极性和自觉性。围绕省军区和警备区首长讲授的主题党课，认真组织学习讨论，对照要求查找自身差距，明确努力方向。6月底，召开部党委民主生活会，参观了少奇纪念馆。县人武部各项工作安排和任务部署，坚持党委研究、集体讨论和会议表决，并由全体党委委员监督，及时健全人武部纪律检查委员会、机关党支部委员会和党小组。

【新闻工作传递正能量】　2016年，县人武部在政治宣传新闻报道方面注重造成特色形成实效。结合考察专武干部现实表现，督促民兵政治工作落实落地。建立专武干部微信群，及时发布民兵政治工作有关通知、内容，畅聊交流学习心得，传递强军正能量。结合中心工作抓新闻舆论宣传。政委带头撰写新闻稿件，并为新闻舆论选评工作提供坚强的物质保障，采购了全新的新闻采访摄影设备，发动班子成员积极参与，3名党委成员个个有稿件见报。截止12月1日，县人武部在省级以上媒体上稿7篇，其中中央电视台新闻频道1篇，《中国国防报》通讯2篇、消息1篇，《湖南日报》3篇。大力营造军营文化氛围，将原人武部第一书记办公室腾为图书阅览室和学习室，购买一批学习书籍，升级文体活动室的设备配置，丰富干部职工文化生活。积极应对涉军网络舆情，值班员每天对网上舆情实施不间断监控。当好桥梁纽带，协调地方有关部门处理涉军维权来函10件，妥善解决5件，经协调并答复的3件。

【民兵整组和训练】　2016年，县人武部狠抓民兵整组和训练。成立县民兵整组领导小组，组织各乡(镇)街道、预备役师侦察营、人防办、交战办、应急办等单位召开了协调会，就整组工作进行专题研究部署。深入到全县29个乡(镇)街道、县直科局和园区进行调查摸底，重点走访了楚天科技、加加酱油、星邦重工等大中型企业。针对宁乡县农村劳动力向城市、高新区和规模较大企业转移的情况，将867人的支援队伍全部编到了企事业单位，大部分储备队伍编到宁乡经开区和湘江新区，增强了编组的针对性、实用性和可操作性。协调政府督查室、应急办组成联合工作组，对所有基层单位民兵整组工作和基层建设情况进行检查督导，并由政府督查室下发了督查通报，通报检查情况、存在问题及整改时限，有效促进了工作落实。扎实抓好民兵分队训练，组织10名应急民兵参加了警备区为期一周的舟桥操作机手骨干集训，提升了遂行任务能力。分两批选派6人参加了省军区专武干部集训，成绩评定均在优秀以上。

【兵役征集】　2016年，县人武部擎好“五率”考评的指挥棒，不断创新征兵工作的方法手段，着力增强参军服役的吸引力，圆满完成2016年征兵任务。积极协调落实长沙市新出台的大学生应征激励措施，扎实抓好上门送立功喜报等浓厚参军光荣氛围的规定动作，下大力为现役军人协调解决子女入学入托等现实困难，加大扶持力度支持退役军人自主创业。着力拓展宣传发动平台载体。结合国防教育开展征兵宣传，联合县委宣传部制定下发了国防教育日主题宣传实施方案，宣传周期间发放国防教育宣传册、《中华人民共和国国防教育法》翻印本共7000多份，以浓厚的氛围大力熏染人民群众和国防意识。专题召开征兵宣传协调会，在城区商业广场、银行服务窗口、公交车站、高速公路出口的电子显示屏和人行道口信号灯交通立柱投放征兵宣传广告，在人口流动密集场所开设宣传咨询点，发放征兵宣传手册6000多份。协调县教育局召集13所高中学校负责人，宣讲征兵工作政策，部署征兵宣传任务，收集2012年至2015年高中毕业到外地就读的大学生电话号码，编写群发3000多条短信，动员他们回宁乡报名应征。先后两次召集各乡镇、街道专武干部召开征兵宣传发动任务部署会，开展业务培训、细化分解任务，督促专武干部深入社区群众家庭对进行点对点宣传发动。严格学历审查，先后3次到县、市两级教育局进行学历检索。

【抓建基层建设典型】 2016年，根据省军区抓建基层建设典型工作部署，县人武部专题研究了抓建工作思路。组织全体干部到芙蓉区人武部等抓建先进典型单位学习观摩；明确白马桥街道武装部、大成桥镇武装部、金洲镇武装部、经开区武装部、巷子口黄鹤村民兵营等5个单位作为抓建典型，积极推广警备区抓建先进典型的鲜活经验，并将抓建工作与“双带双促”活动和基层正规化建设结合起来，增强辐射带动效果。优化基层专武干部选配，联合县委组织部、县人社局对专武干部进行了考察，对履职不好的专武干部进行了调整。强化乡镇（街道）党工委书记的党管武装的履职意识，以个别谈话、工作述职等形式推动形成对武装工作的高度重视和抓好工作的落实。

【抗洪抢险冲在一线】 2016年7月初，全县抗击特大洪涝灾害的战斗中，人武部组织100多名应急连民兵连续作战4个昼夜，转战16个应急救援点，转移群众600多人，抢险救灾全程始终坚持在一线指挥，险情不排除不下火线，群众不脱险不转移阵地，全体官兵圆满完成抢险救灾任务，长沙市市长胡衡华对民兵应急连给予高度评价。

【精准扶贫干在实处】 2016年，县人武部积极引导，主动协调，帮助退役军人创业典型招项目、融资金、送技术，在宁乡西部沩山一带推广蜜蜂养殖，发展农业专业合作社，实施产业精准扶贫，推动“双带双促”活动持续深入开展。联点扶贫大屯营镇，人武部党员干部帮扶贫困户24户，每一户都建档立卡，定期上门走访慰问，因人施策指导脱贫。同时帮扶黄材镇龙溪村贫困户12人次，慰问现金16400元。（黄祖同）

人民防空

【概况】 2016年，宁乡县人民防空办公室（以下简称人防办）全面贯彻中央、省、市人防工作会议精神，坚持“长期准备、重点建设、平战结合”的方针，紧紧围绕建设富饶美丽新宁乡，遵循人防建设与经济建设协调发展、人防建设与城市建设联动结合的原则，积极主动、创造性开展工作，取得一定的成绩。

【人防政策执行到位】 2016年，人防办坚决贯彻执行省政府令第270号、湘发改价费〔2016〕716号文件，严格防空地下室建设标准，坚决杜绝减、免、缓行为，确保人防收费依法依规实行。2016年全县共收取人防易地建设费1827.57万元，其中宁乡经开区、宁乡高新区收取228万元，位居全省前列。

【优化行政审批程序】 2016年，人防办从利民、便民着手，按照“能减则减、能简则简”原则，全面对接省市人防办审批程序，严把项目审批关，优化审批流程，提高审批时效。

【推进人防工程建设】 2016年，盛翠豪庭、人民医院防空地下室（停车场）、花语王朝、人民路九号等项目共报批防空地下室面积约5.25万平方米。翡翠湖一期、盛翠豪庭、格林春天等项目加快建设，龙泉美墅、翡翠年华、罗马假日等项目报批工作稳步开展。

【完善指挥通信系统】 2016年，人防办新增电声警报器3台，对全县所有警报器进行检测维修维护，截至2016年年底，宁乡县在城区共配备26台人防警报器；改进人防短波电台设备，完成人防超短波电台设备换装，确保通信畅通，加强了与市办的互联互通；组织军事训练，全年完成训练日10个，共组织10个社区和7所学校进行了防空疏散演练。

【开展人防工程维护工作】 2016年，人防办全面开展人防工程督查活动，确保人防工程平战结合使用功能；完成人防工程挂牌工作，对已建人防工程安装标识牌，将出入口、工程概况等人防工程的具体信息公示，促进了人防工程日常管理规范化、常态化。

【推进人防宣传“五进”工作】 2016年，人防宣传进机关，组织学习讲座，张挂宣传制品，多种形式开展人防宣传教育；人防宣传进学校，在全县中小学举办人防知识讲座，开展“小手牵大手”活动,发放人防《小博士》图册;人防宣传进社区,到社区进行人防法律法规宣传,制作宣传横幅7条,宣传展板6块,发放宣传资料8000份;人防宣传进企业,向房地产开发企业人员进行人防法律法规政策解读宣传,贯彻落实必建人防工程及其停车位不得出售、附赠的规定要求;人防宣传进网络,结合"5·12"防灾减灾日和"11·1"防空警报试鸣活动,充分利用报纸杂志、广播电视、网络等各类媒体开展人防宣传教育工作。

【投资建设单建式人防工程】 2016年,宁乡县人防先行先试,首次"担担子"建设单建式人防工程—人民医院地下人防工程,既能满足战时需要和合理合法使用人防异地建设费,又为人民医院提供了将近400个地下停车位,有效缓解了人民医院停车难的问题。建设过程中,由办领导牵头,以上率下以"5+2,白加黑"的状态工作,克服了人手和经验的不足,把人民医院地下人防工程打造成了人防工程的样板工程,目前已完成主体建设,即将竣工投入使用。

【推进人防疏散基地建设】 按照《宁乡县2016年—2020年人防疏散安置区建设计划表》要求,努力争取政策、资金支持,持续推进夏铎铺镇香山冲村、花明楼镇朱石桥村、坝塘镇乐安村疏散安置基地建设,逐步完善宁乡县人防疏散体系。 (李姣)

武警消防

【概况】 2016年,宁乡县消防大队认真贯彻落实全军和公安现役部队政治工作会议精神,牢固树立"法纪消防、科技消防、人文消防"发展理念,深入推进"宁乡消防"品牌战略,广泛开展"两学一做""改革强警""纠四风,治陋习"等主题教育活动。全队上下团结一心,砥砺奋进,爬坡追赶,不断提升履职能力。2016年大队圆满完成了"3·31"长沙市政府专职消防队建设推进现场会、"7·4"宁乡县特大洪涝灾害抢险救援、夏季火灾防控、G20峰会安全保卫和"10·19"长韶娄高速公路烟花爆炸事故救援任务。宁乡大队被公安部消防局评为全国抗洪抢险救援先进集体,被省公安厅荣记集体三等功一次。全年,县消防大队共有4人荣记三等功,3人记先进个人,46人记嘉奖。

2016年,县消防大队共接警642起,出动648次(含增援),出动消防车828辆次,消防官兵5839人次,抢救被困人员1074人,疏散人员1939人,抢救财产价值3310.2万元。全年全县未发生一起亡人火灾和较大以上火灾事故,火灾四项指数全面下降,为宁乡社会稳定和经济发展做出突出贡献。

【提升部队战斗力】 2016年,宁乡县消防大队坚持从严训练,训练战斗力明显提升。在日常训练中广泛开展体能、技能和合成训练,打牢官兵体能、技能基础,有针对性地开展模拟训练和操法、战法训练,坚持装备知识"每月一考"、装备器材每周巡检工作,值班值勤力量实现电子屏实时滚动显示,保证每天1小时体能训练、每周2次队列训练,每月组织对体能和常规项目进行考核,奖优罚劣,官兵训练热情和效果明显提高。认真开展"六熟悉"和实战演练,年内对辖区市政消火栓进行了全面调查,制作了辖区重点单位和水源分布图,对全部238家重点单位进行了灭火演练及灭火预案的修订完善,结合宁乡县特点开展救生结绳、水中救人、高速公路等消防疏散应急演练12次,有效提高了部队执勤灭火、应急救援能力,确保部队在关键时刻"拉得出、用得上、打得赢"。在"7·4"宁乡县特大洪涝灾害抢险救援、"10·19"长韶娄高速公路烟花爆炸事故救援,宁乡大队官兵沉着应对、科学处置、英勇作战,获得支队党委的表彰。

【消防基础设施建设】 2016年,宁乡县消防大队加大投入,补齐短板,全面提速消防基础设施建设。一是加快推进了消防队站建设。文书路消防站加紧推进,宁乡县第四消防站(金洲新区消防站)选址工作完成。二是推进市政消火栓建设和消防装备建设。2016年,县人民政府投入专项经费432万元购买一台20吨重型水罐泡沫车和一台多动抢险救援车,投入100余万元新增市政消火栓300个。三是推进乡镇专(兼)职消防队、志愿消防队和应急救援队伍建设。2016年,花明楼镇、双凫铺镇、横市镇、青山桥镇、流沙河镇、黄材镇、煤炭坝镇、老粮仓镇、道林镇等9个乡镇相继建立政府专职消防队伍。

【落实消防安全责任】 2016年,宁乡县先后召开5次全县消防工作会议、1次县委常委扩大会议、2次政府常务会议、3次县长办公会议研究解决消防工作相关事项。10月30日,宁乡县组织召开县委常委扩大会议专题研究消防工作,对今冬明春消防工作进行部署,并解决了文书路老消防站改建和金洲中心消防站的建设、"十三五"消防规划、消防安全宣传教育培训经费、城区市政消火栓的建设等一系列消防工作难题。强化部门联动,县消安委制订下发《宁乡县消防工作联席会议制度》,定期召开联席会议,分析全县消防安全形势,研究工作对策,推动行业、部门消防安全监管责任落实。2016年召开3次消安委联席会议,协调解决一大批久拖不改的消防安全隐患。强化网格化管理,建立覆盖全县29个乡镇、368个村、54个社区的消防安全网格化管理网络;组织对全县29个乡镇负责人,村"两委"

负责人开展了消防培训；并通过培训，明确了乡镇消防安全网格化管理职责、任务和工作流程。强化督导考核，年初县政府与29个乡镇（街道）、31个消安委成员单位签订消防工作责任状，将消防工作纳入政府目标责任考核和政务督查内容。2016年，由县政府督查室牵头组织对各乡镇（街道）消防工作开展情况进行督查，并下发消防专项督查通报2期，推动乡镇政府责任的落实。

【消防安全监控】 2016年，县消安委以夏季消防安全检查和今冬明春火灾在防控工作为主线，组织各乡镇（街道）、行业系统主管部门、公安派出所深入全县宾馆、饭店、商场、市场、网吧、KTV等人员密集场所、地下建筑、文物古建筑、社会福利机构、易燃易爆场所、生产经营企业等场所进行了全面检查，开展专项整治，坚决依法查处各类消防违法行为。2016年以来，县消安委先后组织开展专项整治10余次，先后开展联合检查40余次，整治重大火灾隐患1处、人员密集型场所150余家、消防产品经营生产企业5家、易燃易爆场所187家、地下公共建筑2处，文物古建筑14家，高速公路服务区3家，养老院和福利机构30家、危险化学品生产（经营）企业20家、建设工程施工工地160处，漂流景区5处。推动消防安全秩序不断好转，保证了全县消防安全形势的稳定。2016年共计检查单位5588家，发现并督促整改火灾隐患7456处，下发重大火灾隐患整改通知书2份，临时查封38家，责令“三停”单位14家，处罚款73万余元，拘留44人，警告31人。

【消防宣传全面覆盖】 2016年，消防大队拓宽消防宣传阵地，推行“政府主导、社区、村组织、居民楼栋、村组配合、中介实施”的全员普训模式，增强全县人民防灾减灾消防安全意识，普及推广全民消防安全知识和避灾自救技能。一是广泛开展各类培训。2016年以来，县消安委组织乡镇长和街道办事处主任、村和社区两委负责人、重点单位消防安全管理人、负责人、易燃易爆危险场所负责人、重点岗位人员4000余人开展集中培训，使他们成为消防安全管理的带头人和明白人。二是深入开展全民宣传。通过冬春季防火宣传、“3·15”（国际消费者权益日）、“5·12”防灾减灾日、“6·16”安全生产月、“119”宣传月、消防站开放日等多个平台，对群众进行消防安全宣传，共开展主题活动20余次；深入商场、市场、学校、医院等消防安全重点单位、公众聚集场所宣讲消防知识90余次，组织疏散演练190余次，发放消防宣传资料近2万余份。吸引1000多名中小学生“小嘉宾”走进红门消防，让师生零距离体验消防、感受消防。三是广泛开展消防宣传“七进”活动，充分利用广播、电视、报纸等传统媒体和网络、手机APP、微信等新兴媒介，动员社会各界力量广泛参与。“长沙宁乡消防”微信粉丝达1万余人，最高点击率突破5万余次。

法　　治

政法委及综治工作

【概况】 县委政法委员会与县社会管理综合治理委员会办公室及县维护稳定领导小组办公室合署办公，担负着全县政法、社会治理及维护稳定等职能。2016年，县委政法委员会围绕中心，服务大局，各项工作取得显著成效。宁乡县获全省铁路护路联防工作先进集体，被评为市综治工作优秀区县、市维护社会稳定工作优秀区县和市铁路护路联防工作先进集体，玉潭街道南郊小学被评为省级安全文明校园；4人被评为市社会管理综合治理优秀个人，6人被评为市维稳优秀个人，3人被评为市铁路护路联防工作先进个人，1人被评为市见义勇为先进个人；回龙铺镇、喻家坳乡被评为市综治维稳工作红旗乡镇(街道)，沩山乡、老粮仓镇、资福镇、煤炭坝镇、青山桥镇被评为市先进乡镇(街道)，12个村(社区)被评为市级平安村(社区)，青山桥镇、城郊街道、大屯营镇被评为市铁路护路联防先进乡镇(街道)，流沙河镇流沙河初级中学、龙田镇龙田九年制学校、黄材镇沩滨中学、横市镇铁冲中学、喻家坳乡中心小学、菁华铺乡中心小学被评为市级安全文明校园；县评选综治维稳工作红旗乡镇3个，优秀乡镇(街道)8个，红旗单位27个，优秀单位26个；县评选集中处理涉法涉诉信访工作先进集体6个，护路护线工作先进单位4个，“一打三整”专项行动先进单位17个，矛盾纠纷“大排查、大调解”专项行动先进单位7个；县评选县级红旗村(社区)41个，优秀村(社区)55个；县优秀领导干部4人，县评选综治维稳先进个人88人，集中处理涉法涉诉信访工作先进个人10人，案件评查工作先进个人4人，护路护线工作先进个人10人，“一打三整”专项行动先进个人60人，矛盾纠纷“大排查、大调解”专项行动先进个人22人，专业型人才培养计划带头人、精英、能手共71人，见义勇为先进个人8人。

【社会管理综合治理】 2016年，县社会管理综合治理委员会加强和创新社会治理，建立健全县、乡镇(街道)、村(社区)、组四级人民调解网络，共排查调解各类矛盾纠纷10643件，成功调处10464件，调解成功率98.32%，其中复杂疑难案件1013件。全面建立乡镇(街道)矛盾纠纷调处中心，负责110接警中涉及的民间纠纷和轻微治安案件的化解工作，全年共处理3500余件。加大专业性调委会建设力度，10个专业调委会共成功化解各类纠纷1922件。加强治安防控体系建设，进一步织密视频监控网、街面巡防网、社区防控网、内保防控网建设，加强公共安全视频建设，公共视频监控点位达到了2502个，安装摄像头3190支，加强12个边界乡镇电子卡口的建设，加强5个出城卡口，建立宁乡县周边九区县的警务协作机制，实现与周边区域社会治安的联防联控。同时，保持对违法犯罪的高压态势，针对人民群众反响强烈的违法犯罪行为开展专项行动，实现打击刑事犯罪“一降三升”，即立刑事案件3962起，同比下降15.92%；破现行案1276起，同比上升4.6%；破八类恶性案件45起，同比上升7.28%；刑拘1273人，同比上升10.6%。严格落实领导责任制，全年对因政法工作落实不到位的1个单位、12人实行了行政处分。

【维护社会稳定】 2016年，全县维稳工作进一步强化和落实党政领导一把手责任制，建立健全矛盾纠纷排查调处责任追究机制和信访问题责任追究机制，健全“维稳牵头、公安协作、信访联动、乡镇配合”的工作机制，快速处置“9·8”、“10·12”、“10·13”案件等各类突发事件7件，有效处理各类集访56批次，全力维护了全县大局的平安稳定。健全领导公开接访制度，畅通群众诉求渠道；依法解决信访问题，引导群众通过法律途径依法依规解决矛盾纠纷，全县共调处各类矛盾纠纷1537起，化解重点信访积案21件；强力治理进京非访，全县进京非访情况明显好转，进京非访人数较2015年减少74%，下降幅度居全市首位。

【平安建设】 2016年，在全县范围内广泛发动，指导乡镇(街道)和村(社区)开展平安创建活动，全县平安乡镇(街道)创建率100%，平安村(社区)创建率80%以上，6个单位创建市级平安单位(行业)，12个村(社区)创建市级平安村(社区)。充分发挥新媒体优势，全县各政法单位、各乡镇(街道)均建立平安建设微信公众号。按“一村一群、干部联群”的模式，在全县274个村(社区)全部建立平安建设微信群，全县建群近400个，发展群员近18万人，由县、乡干部联系微信群加强民意收集、舆情引导，宣传政法综治工作动态、平安建设知识、法律政策。开发了平安创建知识答题系统，通过各级平安建设微信群链接到全县各类微信群，通过有奖答题方式，增强群众法律法规意识，切实提高了平安创建的知晓率和参与率。

【三项重点工作】 2016年，围绕“红袖章”集镇巡防、警民见面和矛盾月结三项重点工作，主动作为。全面推进“红袖章”工程建设，全县“红袖章”人数达7495人（专业巡防人员1115人，义务巡防人员5280人），全年通过“红袖章”巡防队伍共协助抓获现行违法犯罪145起，组织调解矛盾纠纷754起，现场解决群众困难1026起。乡镇（街道）综治部门、派出所、司法所工作人员逐村（社区）以召开会议、屋场座谈、入户走访等形式，开展工作述职和群众见面活动，全县共组织开展“警民见面”活动向群众汇报工作成绩、征询群众意见、接受群众评议、集中解决矛盾、宣讲法律政策、开展安全防范知识培训426次，覆盖全县274个村（社区），参与群众达19万余人，发放宣传资料20万余份，为民解忧办实事600余件。实行“每月摸排、包案化解、按月调度、逐月销结、责任倒查”的办法，实现矛盾纠纷的早发现、早预防、早化解，全县开展“矛盾月结”活动共排查矛盾纠纷2217起，受理1654起，调处成功1583起，并成功化解信访积案81起，有效控制群体性事件和恶性事件发生。三项重点工作被市综治委在长沙电视台《平安长沙》栏目中进行典型报道。

【服务经济发展】 2016年，政法各单位发挥职能职责服务中心大局，全力维护经济社会发展优良环境。县公安局及时侦破各类有影响力的经济案件20余起，坚持警企联动，主动服务，及时调处涉企纠纷200余起，解决问题100余个，服务项目工程建设工作经验多次被省、市推介。拆违控建工作推进有力，依法处理违法人员30余人，保障了县域内各大项目工程的顺利推进。县人民法院审理民间借贷、金融借款、买卖合同纠纷等案件2570件，维护金融交易安全稳定。妥善审理商品房和商铺租赁、买卖、物业服务合同纠纷案件176件。县检察院依法严厉打击阻碍项目开工、强揽项目工程等影响工程建设的犯罪，慎重处理项目建设中的社会问题，同时扎实开展优化经济发展环境专项侦查监督等活动，全面开展服务企业行动。县司法局大力排查化解涉及项目矛盾纠纷，组织法律服务所进工业园区开展服务，为重点项目办理拆迁证据保全公证、保全送达文书行为公证75件次。

【政法队伍建设】 2016年，县委政法委实行专业型人才培养机制，完善政法干警教育培训制度，组织优秀中青年干警赴西南政法大学进行素质提升培训，聘请知名教授授课。在各乡镇（街道）和政法各单位评选维稳处突、法院审判、法院执行、检察业务、公安侦查、公安社会治理、干警为民服务、法律服务、司法调解、接处访等十类能手、精英、带头人71人，投入19.9万元专项资金对专业型人才进行奖励和表彰。加强学法用法工作，对全县具有行政执法资格的所有公职人员，全部进行一次闭卷法律考试。集中推进全面从严治警工作，将政法干警违纪违规举报电话在宁乡电视台和《今日宁乡》进行公布，接受群众举报。县法院通报批评3人，辞退聘用制法警1人；县公安局查处违纪人员35人，其中党纪政纪处分7人，诫勉谈话16人，禁闭4人，停止执行职务3人，免职2人，辞退辅警3人。

【执法监督工作】 2016年，县委政法委积极组织案件评查工作，全年共评查30件案件，逐案建立评查台账，印发案件评查情况通报，对评查中发现的执法问题责令承办单位落实整改追责。积极开展司法改革试点工作，健全行政执法和刑事司法衔接工作机制，积极开展刑事速裁试点工作。开展涉法涉诉案件终结呈报工作，对4起信访积案进行了终结处理，并按规定移送县维稳办对其进行疏导教育。实施律师参与涉法涉诉信访工作改革，制定律师参与化解和代理涉法涉诉信访案件等工作制度，共有律师代理涉法涉诉信访案件26起。

【两个专项行动】 2016年，县委政法委在全县开展“一打三整”（打击刑事犯罪，整治交通乱源、整治治安盲区、整治安全隐患）专项行动，共计破获刑事案件823起，治安案件1353起，刑事拘留297人，治安拘留559人；收缴各类枪支（管制刀具）207支（把）；整改安全隐患1182处，处理违法人员41人；扣押改装摩托车481台，查处摩托车打伞75台次，现场处理机动车违章5244台次，治安拘留7人，查处酒驾134人，查处毒驾1人。在全县开展矛盾纠纷“大排查、大调解”专项行动，建立和运用一村一警（社区民警）、一律师（由县司法局派出律师）、一调解（由乡镇（街道）派出调解员）、一代理（由乡村干部担任）“四位一体”的基层矛盾纠纷调处工作模式，定期为群众提供法律服务和解决矛盾纠纷。共排查各类矛盾纠纷1439件，调解矛盾纠纷1439件，调解率100%；调解成功1316件，调解成功率91.5%。

（蒋婧）

政府法治工作

【概况】 2016年，宁乡县法制办全面贯彻落实党的十八届四中、五中、六中全会精神，积极履行依法行政职责，充分发挥参谋助手作用，为全县经济社会发展提供了优质的法制服务。

【立足实际推进立法，紧盯形势落实新法】 一是深入开展调研，摸底立法需求。2016年，县法制办通过邀请市人大、市政府法制办立法工作组实地调研、专题书面汇报等多种方式争取多部地方性法规纳入市立法计划。协助沩山风景名胜区管委会和黄材水库管理局起草《沩山风景名胜区保护条例(草案)》和《长沙市黄材水库饮用水水源保护办法(草案)》。《沩山风景名胜区保护条例(草案)》已经县政府常务会审议通过，正呈报市政府常务会审议。宁乡县沩山乡被评为长沙市首批立法基层联系点。二是积极学习宣传，力促新法落实。2016年，为落实新行政诉讼法，法制办组织组织对全县2015年以来的行政复议、行政诉讼案件和相关信访问题进行了摸底梳理，起草《2015年以来宁乡县行政复议和行政诉讼案件情况的汇报》，并争取出台《关于进一步做好行政应诉和行政复议工作有关事项的通知》。

【把好文件审修关口，提升政府决策水平】 一是严格文件合法性审查。全年共审查政府文件256件，提出法制意见建议279条，为激发市场活力、优化企业发展环境把好源头关口。同时，参加政府常务会、县长办公会以及各类专题会议，对会议及纪要提出各项法制意见建议147条。二是加强规范性文件管理。建立全县规范性文件数据库和网上检索系统，组织对2010年以来的全县所有规范性文件进行了清理，及时修缮或废除不合时宜的规范性文件。全年共审查县本级规范性文件22件，规范性文件备案三率均达100%。三是建立政府法律顾问制度。争取县政府常务会审议通过了《宁乡县政府法律顾问工作规定(试行)》，明确国土、城管、人社、灰汤、玉潭等第一批涉法涉诉较多的部门单位和乡镇(街道)建立法律顾问制度期限。并明确将对政府法律顾问的检查考核纳入法治政府建设日常考核体系，进一步规范政府法律顾问的日常管理。

【规范复议应诉案件，树立政府权威形象】 一是依法办理行政复议案件。全年共收到行政复议申请40件，其中终止或撤回申请4件，不予受理6件，立案复议30件，经复议后审结28件，其中维持17件，驳回4件，撤销1件，确认违法1件，法定时间结案率达到100%。二是积极推进行政复议工作规范化建设。从探索设立行政复议委员会等方面对行政复议规范化建设进行了系列探索，提出了行政复议决定书上网公开等创新性措施，将大力推动行政复议工作从粗放型向精细化、制度化方向发展。三是稳妥做好行政应诉工作。全年共办理县政府应诉案件43件，其中原告撤诉1件，经法院审理后驳回诉讼请求13件，审理29件，无行政诉讼败诉案件。严格落实行政负责人出庭应诉制度，全年有6名行政负责人出庭应诉。

【严格政府合同管理，降低政府法律风险】 一是强化政府性合同法律审查。全年共对34份政府性合同进行了法律审查，会签合同36件，对39份合同进行了事后审查备案，提出合同修改意见达200余条，涉及合同标的额约150亿元，参与合同谈判和合同草稿征求意见会议30余次。二是加强政府性合同规范管理。组织深入开展了政府合同管理制度执行情况专项检查，对61个县直部门、33个乡镇(街道)自2013年9月1日以来以本单位名义签订合同的情况进行了检查。

【加强行政执法监督，规范行政权力运行】 一是加强行政执法辅助人员管理。组织对全县的行政执法辅助人员进行了摸底，并经多次征求多方意见，组织起草《宁乡县行政执法辅助人员管理办法(试行)》。二是加强基层法制机构建设。组织对全县基层法制机构情况进行了摸底，在此基础上，组织起草《宁乡县基层法制机构建设现状调研报告》，并积极争取市政府出台相关意见，加强基层法制机构建设。三是积极推进行政执法资格考试电子化考试改革。积极推行行政执法资格电子化考试，改变以往纸质考试、人工阅卷的传统考试模式，实现了无纸化电子化。四是组织发布宁乡县2015年行政执法指导案例。从全县报送的87个行政执法指导案例中，择优6个编制印发《宁乡县2016年度行政执法指导案例》，并在宁乡县公众信息网上发布。五是认真落实行政处罚决定书上网工作。严格落实省市行政执法文书网上公开制度，截至11月底，县城管局网上公开行政执法文书327件，县市监局网上公开行政执法文书135件，县环保局网上公开行政执法文书43件等。六是严格开展2016年度行政执法案卷评查工作。5月，采取部门自查、集中交叉评查、重点抽查的方式，对全县41个行政执法部门2015年8月1日至2016年7月31日期间，按照一般程序实施并已办结的89宗行政执法案卷，采取“一卷一表、一评一核、逐项打分”的方式进行了案卷集中评查，并印发《宁乡县人民政府办公室关于2016年行政执法案卷评查情况的通报》。七是组织开展行政执法人员资格管理和培训。全年共组织培训6次，培训人员1142人，重点学习《湖南省公务员依法行政手册》等内容。全面完成执法人员数据库核对清理工作，实现45个单位1854名行政执法人员网上在线管理。

防范和处理邪教

【概况】 县委防范和处理邪教问

题领导小组办公室(以下简称县610办)有干部8人。2016年,宁乡县防范和处理邪教工作紧紧围绕工作目标,加强宣传,健全机制,压实责任,深化创建,防邪反邪工作成效明显。2016年,宁乡县防范处理邪教工作获全市先进。

【警示教育宣传】 2016年,县610办利用现代传媒进行灵活多样的宣传。在宁乡电视台,及时转播中央电视台播送的反邪教知识报道,如中央一台综合频道朝闻天下栏目报道的破获邪教"法轮功"散发反宣品的成功案例,反邪教电视连续剧《忏悔之门》等。在《今日宁乡》开设反邪教专栏,集中开展对邪教本质、特征和危害的宣传揭批,并对新修订的刑法第300条进行广泛宣传和深入解读。利用传统的方式开展宣传。各乡镇(街道)、村(社区),利用广场、集镇、"村村响"和县级警示教育基地等场所,采用展板展示、资料发放、现场政策解读和广播宣传等方式,进行了反邪教宣传揭批活动。在中源花园段、大润发段、老汽车站段及水晶郦城等地电子显示屏进行反邪教知识宣传,在县行政中心大厅电子显示屏滚动播放反邪教宣传标语。制作发放反邪教"明白卡",将新修订的刑法第300条纳入"明白卡"和宣传橱窗内容。积极开展对邪教问题的涉网斗争。2016年,发表文章19篇,其中凯风网湖南频道非专业文章9篇,岳麓红枫网文章7篇,中国反邪网3篇,并制作《温柔的沩山》反邪教视频。

【无邪教创建工作】 2016年,宁乡县无邪教创建工作以签订责任文书、拟制相关资料摸板、召开现场经验交流会、建好宣传橱窗等方式,促使创建单位相互学习,相互借鉴,相互促进,浓厚反邪氛围。成立帮教小组,保持高压态势,对那些顽固不化的骨干分子,及时跟踪,掌握动态,固定证据,及时汇报,协调相关部门迅速处置、精准打击。2016年,全县6个新创建达标乡镇(街道)、57个达标村(社区)和3个省级示范村(社区)全部通过市检查验收,完成2016年乡镇(街道)、村(社区)"无邪教活动"创建任务。

【依法打击处理工作】 2016年,县610办科学施策,做好依法打击工作。联合公安国保大队、派出所、乡镇(街道)和县直单位,对所有邪教人员按照主体责任,翻出底数,实地调查,逐个落实,详细汇总,彻底摸清邪教人员情况,夯实依法打击基础。实行重点督办,对重点人员、人户分离对象,不放心对象,下发交办函进行督办,有效加强重点群体的管理,宁乡县人户分离对象有所减少,且均已落实异地管控措施。2016年,破获涉邪案件3起,抓获违法人员4人,收缴邪教"法轮功"资料800余份,有效震慑了"法轮功"等邪教组织的嚣张气焰,实现了"稳得住、防得了、早发现、严打击"的工作目标。

【教育回访巩固工作】 2016年,县610办坚持"抓转化、强巩固、促回归"的工作方针,以集中办班教育为主,社会帮教、家庭帮教为辅,建立完善"一人一册"规范化转化档案,通过送班转化、上门帮教、亲情感化等手段确保转化实效。针对诬告滥诉人员,要求各责任单位每月上门一次,了解情况,宣讲政策,普及法律,帮助解决实际困难,春节前后,组织对15个涉邪困难家庭进行走访慰问。9月下旬,联合相关单位对思想波动人员进行走访,掌握思想动态,及时予以帮教。组织开展"教转对象大排查"活动,对全县刑释解教对象、已转化实名制对象、人户分离对象,采取上门走访、电话回访等方式予以巩固,对重点人员进行铺垫性教育,实行挂牌攻坚。2016年,根据省办、市办的要求,对3名邪教"法轮功"痴迷人员进行了社会帮教,1名对象进行监狱帮教,1名对象进行送班帮教。

【反宣币收缴专项行动】 2016年,县610办根据省市县领导批示和省市防范办的要求,广泛宣传发动,利用宁乡电视台和《今日宁乡》宣传保护人民币的知识和处理污损人民币的办法,《公告》张贴进村(社区)、进小组、进楼栋,引导全县广大人民"不用不传,自觉兑换",积极举报反宣活动的违法犯罪线索;全面进行排查,各乡镇(街道)防范办、各派出所对现钞流通量大、换手频率高的重要场所进行地毯式排查,深挖和掌握邪教"法轮功"反宣活动线索;依法严厉打击,协调公安、国保梳理线索和立案侦查,摧毁制作窝点,打击犯罪团伙,严惩策划、制作、散发及幕后骨干分子;建立长效机制,协商银行金融机构加大宣传力度,畅通收兑渠道,登记可疑信息,及时就近通报,各乡镇(街道)成立兑付队伍,帮助群众兑付,并动员人民群众,自觉拒绝使用,积极举报线索,确保长治久安。 (吴文剑)

公 安

【概况】 宁乡县公安局机关驻地为玉潭镇二环西路。2016年,机关内设科室8个:指挥中心(办公室、加挂县人民政府反恐怖领导小组办公室牌子)、政治工作办公室、纪委(监察室,加挂警务督察大队牌子)、法制科(3月30日更名为法制大队)、后勤保障科,临设行政服务审批科、科信办、基建科;设直属大队10个:国内安全保卫大队、刑事侦查大队、治安管理大队(加挂爆炸危险物品监管大队牌子)、交通警察大队、巡逻警察大队、禁毒大队、经济犯罪侦查大队、人口与出入境管理大队、网络安全保卫大队、单位内部安全保卫大队;设监管场所2个:看守所、拘留所;设行政派出所30个。2016年全局总人数667人,其中女民警职工70人,副科职以上干部130人。

2016年,全县公安机关紧紧围绕“建设更加富饶美丽幸福的安宁之乡”的目标,全力推进“一打三整”,致力服务“四个打造”,全面落实“四个全面”,顽强拼搏、砥砺奋进,确保了全县社会治安大局持续平稳。两项工作荣获全国优秀:刑侦大队刑事科学技术室被评为全国县级示范刑事科学技术室;交警大队车辆管理所被评为全国优秀县级车辆管理所。四项工作全省优秀:部督“2016.1.11”黄某某等人伪造货币案专案组被记集体二等功;全省公安交警系统国庆交通安保工作成绩突出集体;全省治爆缉枪先进单位;全省公安机关收缴整治枪爆物品专项行动成绩突出单位。十七项工作全市先进:“2015.12.7”特大制造、贩卖毒品案专案组及后保科被记集体三等功;破获系列摩托车盗窃案专案组被记集体嘉奖;治安大队被评为长沙市“扫黄打非”工作有功集体;煤炭坝派出所党支部被评为长沙市“百强”基层党支部,刑侦大队被评为全市公安机关“打击盗骗毒,全力保民安”专项行动成绩优秀集体;禁毒大队被评为全市公安机关“微改革微创新”大赛铜牌项目;全市公安系统文艺调演工作先进单位;全市公安机关“公安云搜索”应用先进单位;全市公安机关“微电影”“微视频”创作大赛三等奖;全市公安系统“庆七一·警心向党”合唱比赛一等奖;长沙市2015年度创建更高水准全国文明城市先进集体;全市公安机关首届警察运动会登山比赛团体奖第三名、自行车比赛团体奖第五名、篮球比赛团体奖第五名、足球比赛团体奖第五名、4×400米接力比赛团体奖第五名。公安业务综合考评进入全市优秀行列,县政府绩效考核一等奖。

【黄关春莅临县公安局】 2016年3月29日下午,全省公安刑事技术暨2016年度刑侦工作会议现场观摩活动在县公安局举行。湖南省人民政府副省长、省公安厅党委书记、厅长黄关春率观摩团到会指导,省公安厅党委委员、副厅长李介德,省厅厅属各单位负责人、长沙市副市长、市公安局党委书记、局长唐向阳及其他市州公安局长等与会代表共100余人参加了活动。县领导谭小平、周辉、刘平、章晓波,县公安局全体班子成员等陪同考察。黄关春一行实地观摩考察了县公安局物证室、实验室等刑事技术室办公场所、合成作战中心以及刑侦大队其他办公区,围绕进一步推进刑事技术室标准化、规范化、现代化、信息化建设,进行了广泛交流和深入探讨。3月30日上午,副县长章晓波代表宁乡公安在会上作了经验介绍,一是以争创全国示范为目标,全面推动刑事技术规范化;二是以强化队伍建设为重点,全面推进刑事技术专业化;三是以服务支撑实战为核心,全面推进刑事技术效能化。黄关春副省长对县公安局党委班子带领全局民警创造性开展各项工作给予充分肯定,并强调下阶段,要进一步立足新起点、围绕新目标、谋划新举措,规范建设,突出实战,努力提升工作能力和水平,坚决维护社会平安稳定,努力推动公安工作跨越发展。

【从优待警】 2016年,县公安局在全市率先实行机关控烟,稳步实施八项“惠警计划”,工作经验全市推介。落实抚警政策,慰问工伤、困难等民警56人次,送去慰问金30余万元,帮助解决8名民警子女入学、3名民警两地分居等问题。扎实开展精准扶贫、党员结对、“大手拉小手”等爱民实践活动,慰问困难群众1200户,送去慰问品折合现金100万元。奋勇担当抗洪救灾主力军,投入警力1万人次,处置险情200余处。着力打造“健康警队”,全面落实“五小工程”、民警生日“四个一”“钉钉”推送党委祝福。

【从严治警】 2016年,县公安局贯彻落实县委全面从严治警部署要求,深化《准则》《条例》学习教育,开展“雁过拔毛”式腐败问题和“纠四风、治陋习”专项整治,创新推出“五抓”举措,常态开展季度巡查。现场督察385次,明察暗访216次,查处违纪人员35人次,其中党纪政纪处分7人,诫勉谈话16人,禁闭4人,停止执行职务3人,免职2人,辞退辅警3人,依规扣发63人次绩效奖共两万余元。抓实内部审计,全面完成办公用房清理、公车改革工作。

【文化育警】 2016年,县公安局全面打造“宁乡公安”双微平台,坚持每天向群众推送公安警务动态、先进典型、便民措施、安全提示等信息,公众号排名全省前三,影响力全省领先。创新推进“五位一体”宣传新模式,致力提升公众安全防范意识,有效阻止电信诈骗210起,挽回群众损失600余万元,工作经验受到省、市推介和公安部关注。

【国内安全保卫】 2016年,县公安局全面收集上报情报信息920条,有效掌控“2·28”进京集访等内幕性、行动性情报240余条,稳妥处置伤残军人进京上访等群体集访事件64起,确保了全国“两会”“G20峰会”“中共十八届六中全会”等特殊敏感期全县大局稳定。特别是在处置“6·27”非法集会事件中,县公安局果敢应对、依法处置,及时采取舆情管控、引导、落地查证等措施,对挑头人员依法坚决打击处理到位,没有因垃圾焚烧发电项目而引发大规模群体集访滋事,赢得上级部门及社会各界高度肯定。提前主动介入,科学严密组织,确保了“全国篮球联赛”“第六届宜居文化节”

“沩山麦咭音乐节嘉年华”等40余次警保卫任务安全有序。以DQB系统为依托,落实重点人员台账建立和一人一档工作制度,分类落实管控措施。在重点人员家属、邻居、村干部等人中选建联系人,建立联系人档案,定期更新,及时掌握重点人员动态。

【刑事侦查】 2016年,县公安局始终保持对违法犯罪的严打高压态势,扎实开展“春雷”“清剿恶赌毒”“防范盗抢骗”“一打三整”等专项行动,实现打击刑事犯罪“一降三升”——立刑事案件3962起,同比下降15.92%;破现行案1276起,同比上升4.6%;破八类恶性案件45起,同比上升7.28%;刑拘1273人,同比上升10.6%。对近三年来未破的涉恶积案、涉恶在逃人员全面“清网”,先后成功侦破青山桥“4·18”杀人碎尸案、黄材“10·12杀人案”、龙田“12·28”恶性抢劫案等一批重大恶性案件,特别是在黄材“10·12”杀人案的侦破过程中,及时抓获犯罪嫌疑人姜某霞及其窝藏案犯3人,当场缴获已上膛的仿六四手枪一支,子弹12发,随后又搜缴仿左轮手枪、来福猎枪、鸟铳、秃鹰气枪、高压弩各1支、子弹20余发,消除了重大安全隐患。打掉恶势力团伙8个,破涉恶案件201起,刑拘涉恶人员321人,追捕逃亡近20年的命案逃犯2人。破电诈案件60起、打击处理20人,赢得群众高度赞誉。

【禁毒严打】 2016年,县公安局深入开展禁毒专项行动,抓获吸毒人员1598人次、强戒319人次、社区戒毒423人次,缴获毒品69242克。推出吸毒人员“分类分级”管控新模式,黄材镇自主形成的“沙坪模式”成效显著,即将在全县推广。禁毒宣传“多元化”套餐赢得好评,全市现场推介会在宁乡县召开。

【扫黄禁赌】 2016年,县公安局查处治安案件6495起,治安拘留3237人。强化夜巡清查、设卡盘查,重点推进白马桥东片区、西一街涉黄门店综合整治,全年查处“黄赌”案件328起,抓获1307人。

【缉枪治爆】 2016年,县公安局查处危爆案件89起,依法处理95人,先后破获“黎某某、黄某某等人非法储存爆炸物案”“欧某某、廖某某等人涉嫌非法买卖、储存爆炸物案”“蔡某某、任某某等人涉嫌非法制造爆炸物案”,收缴各类烟花爆竹4413件,黑火药214.37千克,雷管289发,炸药14.4千克,硝酸钡、高氯酸钾等制造烟花原材料4450千克。

【巡逻防控】 2016年,县公安局社会面安全防控得到强化,完善“网格化”巡逻机制,落实“六位一体”武装巡防,开展机关民警街面夜巡,“红袖章”工程群防群治,可防性案件同比下降12.4%。

【交通管理】 2016年,县公安局实行道路交通管理职能向集镇延伸、集镇向农村延伸的道路交通管理“两延伸”,每个派出所明确交通民警,推行“乡镇、派出所、交警中队、村(社区)”四位一体的交通管理模式。共新建乡镇集镇交通信号灯6处、视频监控球机34处、完善了交通标志标牌,规范施划了停车位。建成了金洲大道、二环路沿线第一个“绿波带”,沿线的信号灯能在交通管理指挥中心远程控制,一改以往人工调配、费时费人费力的局面,有效提高路面通行效率。持续开展“平安摩托”攻坚专项行动,强化交通乱源集中整治,查处违法行为6784起,查获重机车、“小绵羊”等非法改装摩托车408台,街头飙车得到有效遏制。对59处道路交通安全隐患逐一交办,S209线交通安全隐患专项治理成效显著,交通事故同比下降七成。添置易站通交通违章自助处理机,为广大市民提供自助处理交通违章服务。

【优化经济发展环境】 2016年,县公安局及时侦破各类有影响力的经济案件20余起,牵头侦破的“3·9”部督非法处置危险废物案,抓获17名涉案人员,查扣危险废物200多吨,消除了灾难性环境隐患。此案是新《环保法》实施以来,特别是最高法、最高检发布污染环境犯罪属于行为犯的司法解释以来,湖南省侦办的第一起部督污染环境案。成功破获省厅交办的“11·4”假冒注册商标案,抓获犯罪嫌疑人8人,查获假冒雀巢公司产品60余吨(涉案价值1700余万元),受到省公安厅专电表彰祝贺。坚持警企联动,主动服务,及时调处涉企纠纷200余起,解决问题100余个,服务项目工程建设工作经验多次被省、市推介。拆违控建工作推进有力,依法处理违法人员30余人,保障了县域内各大项目工程的顺利推进。

【人口与出入境管理】 2016年,县公安局窗口服务全部进驻宁乡市民之家,添置自助取证机、签注立等可取自助受理机,提供身份证、护照24小时自助领证服务;推出办证十大便民措施,便民服务不断优化,得到广大群众一致好评。创新运用“切糕”方式推进“三实一车”信息采集工作,共新增实有人口信息73.79万条、实有房屋信息27.16万条、实有单位信息3.06万条,采集实有车辆信息20.73万条,利用“三实”信息破案66起,抓获网上逃犯14名,采集率、应用率位居全市前列。

【消防管理】 2016年,县公安局创新消防社会化管理,推动消防工作纳入社区警务;深入开展全民消防安全教育,全力抓好火灾隐患排查整治,持续强化消防安全隐患治理,全年发火灾起数237起,同比下降2.8%,无人员伤亡,直接财产损失下降8.07%。

【基层项目及基础设施建设】 2016年,县公安局夏铎铺所业务用房主体工程竣工验收,资福所、坝塘所、回龙铺所、流沙河所新建项目推进有力,监管中心建设项目通过国家发改委稽查验收,白马桥所、老粮仓所、双凫铺所、双江口所等派出所新建工作有序推进。

【信息化建设应用】 2016年,县公安局汇总相关信息,建成并初步运用高云平台。完成350M PDT基站建设,购置配发350兆数字手持对讲机250台、车载电台60台,实现城区派出所辖区数字信号全覆盖。对城区19个社区的公安网接入进行了改造,将网络由数字电路直联模式修改为证书管理边界接入模式,极大地提高了公安网络信息的安全性。

【执法规范化建设】 2016年,县公安局制定办理打架斗殴、寻衅滋事等涉恶涉众类案件等有关规定,为基层执法提供实务指导。强化执法记录仪、单警装备规范使用。坚持每日巡查通报,及时发现问题,督促整改到位,执法安全事故零发生。限期整改各类执法问题320次,对14起不合格案件责任人,依规予以问责。

【警务改革】 2016年,县公安局深化“互联网+警务”思维,在全市公安系统、全县党政机关率先运用“钉钉”软件,建成一体化移动警务指挥平台,开启掌上警务“微时代”,警务实战和运行管理效能大幅提升。2016年8月1日,县公安局整合情报中心、刑侦(视频、技术)、网技、打防办等部门,投入120多万元建立的指挥情报作战中心正式运行。该中心的建立,是县公安局主动适用刑事犯罪的新变化,坚持资源整合、机制创新、实战引领,构建情报、指挥、作战一体化模式的探索。自中心成立以来,成功归集各类社会信息4000余万条,共提供信息查询1500余人次,提供各类信息650余条,协助实战单位破获案件172起,全局通过情指合成,快速联动,成功抓获各类犯罪嫌疑人180余人。中心的有效运行,为各基层所队在指导全县治安防范和侦破打击中发挥了强有力的尖刀作用,凸显出高科技、信息化在公安工作中的强大引领作用。

【央批701合同诈骗案】 2015年6月24日,东方资产管理公司长沙办事处向省厅经侦总队报案称:被犯罪嫌疑人成宇及其控制的公司诈骗信贷资金11亿余元。7月1日,省厅经侦总队成立“7·01”专案组对成宇等人涉嫌合同诈骗案立案侦查。中央领导李克强、王岐山等人先后就该案作出批示。立案后,专案组先后抓获犯罪嫌疑人成某某、周某某、段某某、成某某、吉某某、李某某、陈某某等10人。2015年10月12日,湖南省公安厅将该案指定县公安局管辖。

经县公安局侦查查明:2004年7月,犯罪嫌疑人成某某开办湖南惠远科技开发有限公司与中国石油化工股份有限公司长岭分公司及涟钢等单位从事购销业务,后因经营亏损,至2010年已无实际经营活动。为弥补亏空,从2010年开始,犯罪嫌疑人成宇先后成立北京云帆济海科贸有限公司等,收购并控制湖南虹智能源科技有限公司、湖南省中楚贸易有限公司等十几家空壳公司作为诈骗后资金过账公司,伙同他人担任上述空壳公司股东或法人代表,伪造了中国石油化工股份有限公司长岭分公司公章、公司合同专用章、公司财务专用章、公司物资采购合同专用章、公司财务处、公司物资供应处、公司法人印鉴等印章,伪造上述空壳公司与中石化长岭分公司业务有关的采购及销售合同、应收账款明细、结算增值税发票、公司财务报表等贸易资料,伪造虚假身份证件和工作证件,虚构上述空壳公司与中石化长岭分公司存在大量购销业务并享有该公司巨额应收账款债权的事实,以上述空壳公司名义先后向东方资产管理公司长沙办事处、招商银行、财富证券、建设银行、光大银行等多家金融机构申请办理保理融资和质押贷款业务,从而诈骗金融机构资金。

通过上述手段,犯罪嫌疑人成某某伙同上述犯罪嫌疑人等先后骗取上述金融机构融资贷款共计689156.94万元,并不断以“后款还前款”或以后款填补公司开支费用、高利贷本息、承兑汇票贴现、个人挥霍或赌博等支出,至今仍有东方资产管理公司长沙办事处118024.66万元、招商银行13184万元、建设银行15168.21万元、财富证券15000万元、光大银行7750万元,共计169126.87万元金融机构融资款本金无法归还。经侦查发现,犯罪嫌疑人成某某、周某某自2011年至2015年期间,在办理融资业务和其他事务过程中,先后向光大银行、建设银行、中信银行等多家金融机构10余名工作人员等行贿共计2000余万元。主要犯罪嫌疑人成某某、周某某等十人已被县公安局依法移送起诉。

【部督309特大污染环境案】 2016年3月7日,县公安局接到群众报警称:在宁乡县灰汤镇洞庭村发现大量桶装废液,有些已经泄漏,散发出刺激性气味,经县公安局勘查初步判断这些物质为疑似危险废物。经宁乡县环保局对该批废液抽样检测,发现其PH值小于2,县公安局于2016年3月9日将该污染环境案立案,并成立专案组进行侦查。该案经上报后成为新环保法实施后湖南省被公安部、环保部联合督办的特大跨省非法处置危险废物污染环境第一案。

经专案组侦查查明：2015年8月以来，岳阳天顺化工有限公司负责人郑某某、岳阳大洋溶剂化工厂的法人葛某某在明知彭某某不具有危险废物处理资质的情况下，明知公司生产中的废液是含有多种有毒、有害物质的危险废物，必须运送至环保部门批准的正规厂家进行处置，为了节省处置费用，依旧以远低于正规途径处理的价格将废液交给彭某某个人进行处置，范围涉及江西省新余市及湖南省多地市。彭某某分十几次将上述两公司的大量危险废物通过联系方某某、魏某某、易某某、张某某、邓某某、彭某某、刘某某、聂某某等人，他们再分别联系刘某某、郭某某、张某某、钟某某、钟某某等人将危险废物进行非法处置，严重污染环境。

该案共抓获犯罪嫌疑人17人，全部被法院以污染环境罪判处3年以下不等的有期徒刑，查获非法处置的危险废物170余吨交由环保部门妥善处置，消除了重大的环境危害隐患。

【部督张令彬制贩毒案】 2015年10月，县公安局禁毒大队在侦办毒品案件中获悉，广东惠东县人张某某在宁乡县有制贩毒嫌疑。禁毒大队通过前期侦查，初步确定张某某将制毒工厂开设在宁乡县双凫铺镇合轩村妻子魏某某娘家，进行制贩毒的犯罪事实。禁毒大队组织专人围绕张某某开展秘密侦查，初步掌握其团伙成员的基本情况、联系方式、活动规律等。

12月7日，禁毒大队获得重大情报信息，张某某与广东买家有可能进行毒品交易。县公安局立即成立“12·7”专案指挥部，分组同时展开收网行动。12月7日，专案组将张某某及同案范某某抓获，缴获毒资30余万元，抓获魏某某及其父亲魏某某、母亲刘某某，当场缴获毒品K粉50余公斤，K粉半成品60余公斤，并查获大量制毒原料及工具。专案组经辗转工作，先后抓获涉嫌贩毒的犯罪嫌疑人刘某某、曾某某、林某某、张某某等人。该案经县公安局上报后，被公安部确定为〔2016〕67号毒品目标案件。

2016年01月，专案组又赶赴广东惠州市，将涉嫌参与制毒的犯罪嫌疑人杨某某、骆某某、杨某某全部抓获归案。至此，该案涉案人员全部抓获，此案成功告破。张令彬团伙制造、贩卖毒品案，系宁乡县发现并成功侦破的第一起特大制贩毒案，创造了宁乡县单次缴毒的最高纪录，打击了毒品犯罪分子的嚣张气焰。

【省督喻立三团伙贩卖毒品案】 2016年09月，宁乡县公安局禁毒大队在侦办毒品案件时获得重要线索：宁乡县黄材镇人黄某某与喻某某（浏阳市人）长期在长沙市区、宁乡县城等地进行贩卖毒品K粉的活动，贩卖毒品数量大，活动频繁，结构严密，成员众多。经过几个月的前期侦查，获取了该团伙成员网络结构、毒品来源、流向、活动规律、毒品交易的具体情况。该案经县公安局上报省厅禁毒总队，确立为省督2016——115毒品目标案件。

2016年11月24日，县公安局禁毒大队获取重要情报，黄某某从其郴州的毒品上线雷某某手中单次购入毒品K粉1千克，回宁乡县城贩卖，收网时机成熟。24日至25日，禁毒大队在主管禁毒工作的沈新宇副局长的统一指挥下，联合技侦支队、网安大队、刑侦大队、白马桥所等单位，分成若干抓捕小组，分别在长沙市、宁乡县、株洲市、郴州市等地开展集中收网行动，此次收网，共抓获该团伙成员雷某某、黄某某、喻某某、姜某某、许某某等14人，缴获毒品K粉1200余克，至此，该案成功告破。该案目前共移送起诉10人，行政处罚多人。

【省督“11·04”假冒注册商标案】 2016年10月，瑞士雀巢公司来到县公安局经侦大队报案称：宁乡县有人假冒其公司的品牌宠物粮食通过快递公司销售。县公安局根据报案情况对该案进行了初查，基本确认了涉案的主要犯罪嫌疑人朱某某、卢某某等生产、储存、销售的犯罪事实。该案经局领导审批立案后定为“11·04”打假专案，经县公安局上报后省公安厅立为省督案件。

经县公安局专案组人员连续两个星期对各个窝点蹲守，结合情报平台，掌握了该案涉案人员、车辆、作案规律等，并于2016年11月20日开展收网行动。专案组一举打掉假冒注册商标犯罪的生产窝点2个、储存窝点4个，集中办公地1处，淘宝售假网店13家。其中包括位于宁乡县经开区内5000平方的制假工厂1家，扣押了众多用于制假的生产、包装设备和假冒猫狗粮宠物食品半成品、成品60多吨。经查，该售假团伙自2013年开始，涉及生产假冒冠能、妙多乐、牛油果、希尔斯、雪山、now grain free（猫粮）、orijen、爱慕斯、AIXIA、玫斯等20余个国际知名宠物食品品牌商品，涉及美国宝洁公司、美国雪山宠物食品有限公司、美国贝德司宠物饲料公司、瑞士雀巢产品有限公司等知名企业10多家，涉案金额达2000余万元。犯罪嫌疑人朱某某、卢某某等8人已被县公安局依法移送起诉。（办公室）

检 察

【概况】 2016年，县人民检察院有在职干警92人，内设政工室、办公室、纪检监察室、反贪污贿赂局、反渎职侵权局、侦查监督科、公诉科、监所检察科、民事行政检察科、控告申诉检察科、职务犯罪预防科、案件管理科、司法警察大队等三室两局七科一队。2016年，县人民检察院在县委和上级检察机关的坚强领导下，坚持以司法改革为牵引、以执法办案为中心、以群众满意为标准，注重强化诉讼监督、强化案件质量、强化队伍建设，先后荣获全国检察宣传先进单位、全市优秀基层检察院等荣誉称号，10余项工作机制或先进经验被最高人民检察院、省人民检察院等上级单位肯定推介，15人次获得市级以上表彰奖励，1名干警荣获湖南省“最美青年卫士”称号，职务犯罪侦查和预防工作连续四年在全市保持先进，《检察日报》《湖南日报》等国家和省级媒体先后多次宣传报道服务县域经济发展和打击预防职务犯罪的经验做法。

【服务大局工作】 2016年，县人民检察院践行“让检察机关和检察工作成为当地良好发展环境的重要组成部分甚至标志”的理念，服务企业转型升级。开展优化经济发展环境专项侦查监督等活动，全面开展服务企业行动。联合司法部门，在中南散热厂、玉辉公司等企业设立社区矫正安置帮教基地，安置矫正对象100多名，有效缓解企业用工紧张问题。服务重大项目建设，依法严厉打击阻碍项目开工、强揽项目工程等影响工程建设的犯罪，慎重处理项目建设中的社会问题。积极参与“6·27”集访事件的处置，建议对挑头闹事的4人依法处理，对不明真相者进行劝导和教育，以确保项目顺利推进。服务“两型社会”建设，开展环境资源保护专项检察监督活动，共批捕污染环境、破坏能源资源等犯罪嫌疑人13人，起诉18人。在办理公安部、环保部联合督办的“3·09”污染环境案时，提前介入，以涉嫌污染环境罪批准逮捕9人，中央电视台、湖南电视台等主流媒体进行了专题报道。

【查办和预防职务犯罪工作】 2016年，县人民检察院共立案15件16人，其中反贪局立案11件12人，反渎局立案4件4人。侦查终结10件10人，法院作出有罪判决25人。积极查办上级交办案件。在市检察院的统一指挥下，立案查办了怀化市公路局局长谢某涉嫌受贿案、湖南中烟工业有限公司政治部副部长黄某涉嫌受贿案等大要案。突出查办本地有影响的大案要案。继续开展查办和预防“雁过拔毛”式腐败专项整治活动，对县园林局局长郑某立案调查，查实其在道路绿化项目中，滥用职权套取工程款40多万元、贪污受贿50多万元的犯罪事实；对县财政局副局长邓某、农业科科长喻某立案调查，查实2人在财政补贴审核环节，分别贪污受贿150多万元和50多万元的犯罪事实。深化职务犯罪预防工作。坚持“既除虫又护花”，树立“办好案件是政绩，结合办案搞好预防、减少犯罪是更大政绩”的理念，在办案中同步开展职务犯罪预防。组织县市场和质量监督管理局300多名干部到县看守所参观，接受廉政警示教育；出具行贿犯罪档案查询结果告知函1162份，新录入3起行贿案件档案；联合益阳市赫山区检察院，以座谈会的形式，共同对宁乡、赫山两地国土部门干部进行职务犯罪预防教育。

【审查批捕和起诉工作】 2016年，县人民检察院共受理审查逮捕案件832件1146人，其中批准逮捕572件789人；受理审查起诉案件940件1367人，其中提起公诉777件1107人。依法惩治各类刑事犯罪。深入开展“三打一整”专项行动，突出打击“两抢一盗”、黄赌毒、危害食品安全等犯罪。对群众反映强烈的张某等人销售毒狗肉案，提前介入，批捕起诉2人，并结合“3·15消费者权益日”活动，邀请长沙市政法频道进行了专题报道，有效震慑了食品安全犯罪；在办理宁乡建县以来最大的贩卖毒品案时(缴获毒品麻古4万余粒、冰毒1千多克、鸦片7克)，及时引导侦查机关补强证据锁链，主犯周某在拒不认罪情况下被依法批捕。准确适用从宽刑事政策。坚持当严则严、当宽则宽，对主观恶性较小、犯罪情节轻微的初犯、偶犯、过失犯和未成年人、老年人犯罪案件，决定不批捕87人、不起诉21人，其中刑事和解不诉16人。特别是对涉罪未成年人贯彻教育感化挽救方针，附条件不起诉3人。积极参与社会治理创新。结合办案，深入宁乡六中、玉潭小学等学校开展法制专题讲座3次。在处理肖某非法集资引发的信访案时，对生活确有困难的16名被害人每户解决司法救助金1万元，并全力做好稳控工作。

【诉讼监督工作】 2016年，县人民检察院共监督侦查机关立案35件67人，撤案12件23人，追捕22人，纠正漏犯10人、漏罪19笔；对人民法院刑事判决提出抗诉3件，成功改判1件；对侦查机关、审判机关违法行为发出纠正违法通知书34份，检察建议12份。共审查提请减刑案件49件，其中8人因不符合规定不予批准申报，对48名在押人员进行羁押必要性审查，督促对39人变更强制措施，共发出纠正违法通知书和检察建议91份，建议收监5人，其中2人已收监到位。依法监督将多次贩卖毒品的杨某收监执行，在全县产生了积极的影响。共受理刑事审判监督案件7件，已办结2件，发出检察建议2份；受理民事行政案件20件，已办结12件，提起抗诉1件，发出检察建议10份。联合主管部门对全县烟酒市场进行专项检查，对发现的4起案件督促职能部门立案调查。办结支持起诉案件3件。如支持邓某起诉，使其获得赔偿金6万多元。

【队伍建设工作】 2016年，县人民检察院全员开展“两学一做”学习教育活动，完成了四次专题学习讨论，并组织开展了重温入党誓词、参观人民检察奠基人何叔衡故居等一系列主题活动;有针对性地进行培训,丰富干警的法律理论素养和业务素能,结合司法体制改革,开展"宁检大讲坛"活动4次,在自侦、刑检等部门等开展分类培训,一名干警被评为全省最美青年卫士,一名干警在全省检察机关司法警察业务技能比武中荣获综合成绩第一名;出台《"雁过拔毛"式腐败问题专项整治工作方案》和《纠"四风"、治"陋习"专项整治工作方案》,扎实开展两项整治活动,组织集中学习8次,召开专题党组会议4次,并通过短信平台、内网、集中学习、会议等方式营造活动气氛;进一步完善检务督察工作制度,共开展作风督察6次,编发《督察通报》4期,开展警车管理使用督察3次。

【司法体制改革试点工作】 2016年,人民检察院作为全省司法体制改革试点单位,成立了县委书记任组长的改革领导小组。学习梳理分类管理改革有关文件精神。先后召开8次党组会和10次院务会,学习《湖南省检察机关司法体制改革试点工作实施方案》及《湖南省人民检察院关于试点检察院检察人员分类管理指导意见》等文件,研究借鉴改革试点贵州等试点省份改革经验。做好问卷调查。根据省检察院司改工作推进会的会议要求,发放《宁乡县人民检察院检察人员基本信息摸底表》,对近五年检察权运行情况、现有人员的基本情况、人员统管后可能引发的矛盾及看法进行统计分析,全面掌握了本院干警的基本信息和入额意向。修改完善人员分类管理实施方案。安排人员对本院原来起草《司法体制改革试点工作实施方案》和《人员分类管理实施办法》征求意见稿进行修改完善,发布在内网检察改革论坛,组织全院干警讨论、修改。同时根据外出考察结果修改完善《检察官入额实施方案》,报省市检察院审核通过。顺利完成员额检察官首次遴选申报、审查、考核、考试等工作,并上报省检察院审核首批员额制检察官建议人选。 (蒋长庚)

法 院

【概况】 2016年,宁乡县人民法院设有政工室、纪检监察室、办公室、研究室、刑庭、民一庭、民二庭、审判监督庭、行政庭、未成年人综合审判庭、执行警务局、非诉执行局、立案庭、审判管理办公室、法警大队等15个庭室局,下设金洲、花明楼、双凫铺、流沙河、黄材、灰汤6个人民法庭。现有法官及其他工作人员277人,其中政法专项编制干警138人,有院领导11人,中层正职17人,副职29人,其中研究生以上学历31人,本科以上学历124人。

2016年,宁乡县人民法院以"努力让人民群众在每一个司法案件中感受到公平正义"为目标,牢牢把握司法为民、公正司法工作主线,忠实履行宪法和法律赋予的职责,狠抓执法办案第一要务,全年受理各类案件16358件,审、执结14801件,分别同比上升15.7%和30.6%。2016年,宁乡县人民法院结案数名列全省基层法院第3名,27名法官进入全省法官办案数前列,入选由中央政法委主导的全国政法英模榜展播活动,并被评为2016年度长沙市先进法院。

【履行审判职责】 2016年,宁乡县法院积极履行审判执行职责。依法惩治刑事犯罪,营造安宁稳定环境。依法审结各类刑事犯罪882件1258人,积极开展"一打三整"专项行动,依法惩处"黄赌毒"等妨害社会管理秩序犯罪案件,重拳出击"两抢一盗"案件,依法审结破坏环境资源犯罪、危害食品安全犯罪等事关民生案件12件18人,如对公安部督办侦破的跨省非法处置280吨危险废物的"3·9"特大污染环境案进行了依法审理,被新华社等媒体广泛报道,有力震慑了环境违法犯罪行为。妥善审理民商纠纷,服务经济民生发展。共审结民商事案件7350件,结案标的金额24亿余元。积极服务企业发展,审结涉企案件2000余件,为企业追回和盘活资产20亿余元,其中审理涉三一汽车起重机械有限公司案件195件,依法帮助该公司挽回损失2亿余元。妥善审理神塑科技等三家公司破产重整案件,并审结破产衍生案件25件,较好地维护了宁乡社会大局稳定。成功处理了贺家湾煤矿劳动争议和灰汤镇18户居民就安置地分配引发的合同纠纷系列案,化解了困扰当地党委政府多年的群体性纠纷。稳步推进行政审判,促进法治宁乡建设。共审结行政诉讼案件220件,依法保护行政相对人合法权益,监督行政机关依法行政,审查非诉行政执行审查案件549件,执结非诉行政执行案件1561件,对17件涉占道经营、店外经营等影响文明城市创建的案件全部执行到位,依法征收社会抚养费1000余万元。审慎处理涉征拆案件,依法保障岳宁大道、爱琴湾等重点项目顺利推进。大力加强执行工作,树立司法公信权威。共执结案件5507件,同比上升97.7%,执结标的金额7.7亿余元。加大对失信被执行人的制裁力度,共公布失信被执行人名单5019人次,司法拘留85人,因公布失信被执行人名单限制高消费而主动履行义务的被执行人达223人次,主动履行金额1600余万元。开展涉民生案件专项集中执行活动,重点保护弱势当事人的合法权益,共执结民生案件313件,执行到位金额600余万元,发放执行救助资金20万元。

【积极探索改革试点】 2016年,宁乡县法院积极推进司法体制改革,最大限度激发改革内生动力,确保改革政策落实到位、改革红利释放充分、改革效果明显提升。一是稳妥推进四项改革。2016年4月，宁乡县法院被确定为全省法院司法体制改革试点法院，随后立即成立了院司法体制改革领导小组，全面领导部署改革工作。通过召开专题动员部署会议、谈心谈话活动，充分调动全体法官及其他工作人员参与改革、支持改革的积极性。经省法官遴选委员会统一遴选，确定首批员额法官62名，初步实现法官精英化，并在全省法院率先全面落实司法责任制。二是健全完善多元化纠纷解决机制。指导人民调解委员会开展诉前调解工作，共联调成功小额民事案件287件，对其中8件进行了司法确认。开展案件繁简分流机制改革，共办结速裁民事案件120件，平均结案周期11天，所结案件调撤率达96%，共审结刑事速裁案件79件79人，同时确保普通程序案件的办理质量，真正使简案快审、繁案精审。县法院"分层递进式纠纷解决机制"得到最高人民法院的充分肯定并推广。三是积极推进审判机制改革。升级数字法院系统，加强审判流程管理监控，建立审限提示预警、公示通报等制度，有效清理积案，实现结案率上升，发改率、一年以上长期未结比下降的良好态势，审判绩效排名全市基层法院前列。深入推进院庭长带头办案制度，院庭长带头办理重大疑难复杂案件，全年共结案2213件。

【深入践行为民宗旨】 2016年，宁乡县法院坚持能动司法，打通司法服务群众"最后一公里"，及时满足人民群众的多元司法需求。深化阳光司法，大力增强人民群众司法认同感。推进审判流程、裁判文书、执行信息公开三大平台建设，2016年共公布生效裁判文书12057份，文书上网数在全省基层法院排名第一。开展"法院开放日""我要当小法官"等活动，邀请社会各界1000余人次参观法院，感受法院文化和司法公开。开展庭审网络视频直播33场次，将庭审过程全方位同步视频直播，让正义"可视化"。推进金洲法庭暨执行指挥中心建设，配备专业执行车辆，夯实司法为民、公正司法的物质基础。强化司法服务，努力加强人民群众司法获得感。对经济困难且符合司法救助条件的当事人缓交诉讼费39353元。完善涉民生案件"绿色通道"和快速处理机制，妥善审理好"三农"、劳动争议、侵权损害、医疗保障等领域的涉案纠纷。大力开展巡回审判，将法庭搬进农家小院、田间地头。定期举办送法进社区、校园、农村等法制宣传活动，提高辖区群众的法律意识。细化为民措施，着力提升人民群众司法满意度。进一步升级诉讼服务中心，开通12368诉讼服务热线，为群众提供预约、查询、诉讼指引等服务，至今共接听当事人来电435个。安排专职导诉员引导诉讼，落实院领导值周、中层领导值日制度，为来访群众答疑解惑。积极推行假日法庭、午间法庭等便民服务措施，方便群众诉讼。2016年在省民调中心组织的民意调查中，县法院工作公众评价得分排名全市法院前列。

【坚持从严治院】 2016年，宁乡县法院扎实贯彻群众路线，努力提升司法能力，切实强化作风建设，始终坚持从严治院，打造过硬法院队伍。坚持从严教育，确保正确方向。严格落实党建第一责任，扎实开展"两学一做"专题教育，着力强化机关党建工作，县法院党建工作被县委充分肯定并在全县进行了经验推广。坚持从严管理，提升司法能力。进一步充实法院队伍力量，面向全国公开招考选调7名工作人员。组织全体法官及其他工作人员参加各类培训2164人次，常态化开展案件质量、裁判文书评查活动，进一步提升法官办案能力。2016年一线法官人均结案208件，同比增加41.4%，27名法官进入全省法官办案数前列。坚持从严落实，加强作风建设。认真落实中央八项规定和党风廉政建设责任制，努力改进司法作风，规范司法行为。组织全体法官及其他工作人员观看廉政教育警示片，开展廉洁司法集中教育活动。全年共发督查通报30期，专项通报4期，就司法作风等情况回访案件当事人600余件900余人。

【自觉接受各方监督】 2016年，宁乡县法院坚持党对法院工作的绝对领导，接受各方对法院工作的依法监督，将外部监督转化为改进工作的动力，推动法院工作健康发展。主动接受人大及其常委会监督。坚持定期向人大及其常委会报告工作制度，加强与人大有关专门委员会的工作联系，密切与人大代表的联络，坚持定期走访、定期通报工作情况，共邀请代表参加旁听庭审、见证执行等活动300余人次，认真办结代表建议3件。依法接受检察监督。支持配合检察机关依法履行法律监督职能，共同维护司法公正。主动畅通检察监督渠道，重视检察机关监督意见，不断规范司法行为。广泛接受政协及社会各界监督。自觉接受政协民主监督，认真听取政协委员意见。积极推进司法民主，人民陪审员共参审案件2404件，一审普通程序案件人民陪审员参审率达100%。加强与新闻媒体沟通，主动接受舆论监督。（李欢）

司法行政

【概况】 2016年，宁乡县司法行政系统共有干部职工113人，其中在职89人(局机关36人、乡镇司法所53人)。局机关设办公室、基层科、法律服务管理科、法制宣传教育科、社区矫正科、法律援助中心和公证处7个内设科室，下辖29个乡镇司法所。2016年，司法行政工作紧紧围绕全县中心工作，充分发挥法律服务和法律保障的职能作用，各项工作取得明显成效：县司法局连续十四年被评为“全国人民调解宣传工作先进单位”，县普法依法治县领导小组办公室被评为全省“六五”普法依法治理先进办公室，老粮仓司法所获评“省级规范化司法所”，双凫铺司法所所长吴万能获评“全国模范人民调解员”，唯楚法律服务所罗红点获评“全国第五届法律援助先进个人”，湖南严明律师事务所获评“湖南省示范性律师事务所”，宁乡县玉潭法律服务所、流沙河法律服务所获评“湖南省优秀法律服务所”，宁乡县玉潭法律服务所同时获评“湖南省规范化法律服务所”，易爱明、谭正文获评“湖南省基层法律服务先进个人”，吴江洪获评“长沙市优秀青年律师”。

【矛盾纠纷调解和信访问题化解】 2016年，县司法系统深入开展矛盾纠纷“大排查、大调解”专项行动，建立人民调解的定期排查、及时回访、快速联动、考核奖惩等制度，对社会矛盾和不安定因素做到早发现、早调处、早解决，努力将纠纷消除在萌芽状态，解决在基层；加强专业性行业性调委会建设，主动参与重大矛盾纠纷化解，积极拓展人民调解领域。2016年，全县共建有人民调解组织358个，聘请调解信息员1553人，真正形成了四级人民调解网络，实现了人民调解网络全覆盖。全年共化解各类矛盾纠纷10643件，成功调处10464件，调解成功率98.32％。其中，复杂疑难案件1013件，各专业调委会成功化解纠纷1922件，有力维护了宁乡县经济社会稳定。

【法制宣传教育】 2016年，县司法局组织了“法律明白人”评选活动和“远离暴力，与法同行，未成年人保护行动暨‘12·4’国家宪法日宣传活动”，在县城北中学春城校区建立首个青少年法治教育基地；有效推进“面对面、互动式”普法活动，在全县273个村（社区）进行了专题讲座和普法宣传，发放宣传资料、书籍近10万份；积极配合县有关单位和部门开展各类主题法治宣传活动，应邀对21所学校共9000人进行法制授课，严密组织全县15839名国家工作人员参加网上学法考试，大力宣传推广“如法网”，建立《宁乡司法》微信公众号，充分利用各种新媒体开展丰富多彩的法制宣传活动。

【法律服务管理】 2016年，全面规范基层法律服务管理，认真开展年检注册，对全县10个法律服务所和90名法律服务工作者进行全面教育整顿，进一步规范基层法律服务各项工作；引导法律服务机构服务大局，服务经济社会发展，完成了对法律服务所全年办案情况的考核。全年共担任法律顾问291家，办理各类案件4455件，代书983份，解答咨询2791件，挽回经济损失5800多万元。

【法律援助】 2016年，县司法系统突出服务质量，健全完善法律援助政府购买服务机制，办案数量稳居全省第一，案件质量被省中心确定为免检单位。全年共办理各类法律援助案件798件，其中刑事案件148件、民事案件645件、行政案件5件，完成市为民办实事工作任务的185.6％，比去年同期增长22％。打造“互联网＋”法律服务新模式，全面启用“如法网”，网上受理群众法律咨询、法律援助申请、律师案件代理等业务，真正实现坐“网”问诊，随时随地接受群众的法律咨询与业务委托。6月开通以来，共受理法律援助案件网上申请、审批、指派27件。整合法律服务资源，建立公共法律服务中心，形成业务上龙头聚首，管理上集约服务，对群众法律服务需求实现了受理、解答、办理、汇总、研判和跟踪问效的一条龙、一站式法律服务。中心成立以来，共接待群众近4000人次，登记咨询2697人次。

【社区矫正和安置帮教】 2016年，高标准完成社区矫正中心改扩建工作，通过向社会购买服务的方式，聘请湖南大本心理咨询有限公司在矫正中心建立了心理咨询室，首次在宁乡县实施心理矫正。不断深化“五帮一促”主题帮教活动，鼓励刑释解矫人员通过灵活多样的形式实现就业；加强对服刑人员未成年子女的服务管理工作，针对特困服刑人员未成年子女开展“情暖高墙、关爱孩子”活动；认真组织入监帮教活动，增强服刑人员改过自新、重新做人的勇气，帮助他们安心改造，早日回归社会。至2016年，全县在册刑满释放人员1693人，解除社区矫正人员1392人，累计在册3085人。2016年新增矫正人员305人，解矫461人，在册461人，警告81人次，收监4人，完成社会评估调查356人次，共接收刑满释放人员928人，重点帮教对象19人。

【公证工作】 2016年，宁乡县公证工作进一步统一规范公证文书及案卷格式，聘请政协委员担任行风监督员，提升办证质量；加大宣传力度，组织公证人员深入社区进行入户走访调查，提供上门公证服务，建立社区服务联系点，推动“公证法律服务进社区”活动形成长效机制；深入各园区走访调研，探索推行公证法律顾问制度，把公证业务有机融入企业实施转型升级、生态建设之中；积极服务县委、县政府的中心工作，为花明国际幸福城项目建设、人民路建设、北延线、南延线、岳宁大道建设等重点项目办理拆迁证据保全公证、保全送达文书行为公证75件次。2016年，共计受理并办结各类公证事项20800件，完成公证收入300万元。

（黄财全）

经济管理

发展和改革

【概况】 2016年,宁乡县发展和改革局(以下简称县发改局)有在职干部职工57人,其中改非7人;内设办公室(财务人事科)、国民经济综合运行科、政府投资管理科、重大项目调度办、项目稽查与综合监管科、产业发展科、经济发展科、两型建设科、价格管理科、行政审批服务科10个科室,有公共资源交易中心、价格监督检查局、能源服务局(独立运行)、价格认证中心4个下辖管理单位。县发改局牢固树立新思维,着力引领新常态,主动把握新机遇,奋勇担当新使命,以"提升两率,争创一流"为目标,围绕"四个打造"中心任务,积极履职、主动作为、务实创新,各项工作齐头并进,重点工作取得重大突破。

【重大战略谋划与体制改革】 2016年,县发改局积极开展全县重大战略布局谋划,为县域经济社会发展提供科学指导。科学编制国民经济和社会发展年度计划,坚持半年、年度制定和报告计划执行情况;准确做好每月经济运行情况分析和季度、半年度经济形势分析;编制《一周资讯》,为县委、县政府提供决策参考;编印"十三五"规划文集;立足宁乡实际,开展《借势湘江新区加快宁乡发展》《宁乡打造中部服务经济强县》《宁乡打造内陆开放高地》等重点课题研究,充分发挥决策参谋作用。全面推进改革工作,完成"多规合一"规划编制初步成果,走在全市前列;完善《价格诚信档案》《诚信信息公布制度》;出台《宁乡县政府投资建设项目管理若干规定》,牵头起草《关于进一步优化建设项目审批流程的实施意见》《关于深化投资项目审批制度改革的实施意见》等文件。2016年,县发改局承担市对县考核6个指标共计22分考核任务,为确保考核创先争优,加强对目标任务的研究指导、落实分解责任、密切监测预警、定期通报情况,六个考核指标中五项第一、一项第二,最终共计得分24.68分,在四区县(市)排名第一,为宁乡县走在全市前列奠定坚实基础。

【政府投资管理和重大项目建设】 2016年,县发改局在政府投资项目管理上取得显著突破。健全管理制度。出台《宁乡县政府投资建设项目管理若干规定》《政府投资项目后评价(绩效评价)管理办法》;组织编制2017年政府投资项目计划。深入项目一线,组织和指导保障房配套基础设施项目申报;为流沙河卫生院主体变更、花明楼特色旅游新镇等项目排忧解难,共破解项目疑难问题23个;争取资源要素,推进道林古镇、炭河古城、迴龙山景区等项目建设。强化项目监管。迎接省市重大项目和重点工程专项督查18次,迎接做好市发改委考核2次;自行组织和协助省市重大项目稽察办稽察项目73个,发现并督促有效整改问题70多个;实行"先预检,再迎检",确保年初制定的上级稽察应对"零事故"的目标;全年共处理工程变更项目71个,涉及变更金额8281.96万元;进一步完善制度,加强项目管理,在政府投资项目评审、招投标和监管环节节约财政资金12.62亿元。2016年,县发改局狠抓重大项目建设。完善重点项目申报、准入、退出规定以及调度、联系机制,加强督促检查和难点问题协调,推动项目落地。宁乡县省市重大项目、重点工程项目共有141个,储备重大社会投资项目62个,申报876个项目纳入国家重大项目库,涉及中央资金的项目做到应入尽入。全年累计到位中央和预算内资金1.38亿元,其中保障性住房配套基础设施资金1.14亿元,为全省唯一超过一亿元的区县(市)。全力推进重大项目前期工作,持之以恒地推进1121工程军民合用、长沙一宁乡轻轨(磁浮)等重大项目入规工作,做好金岳公路、花明楼南塘至东湖塘志塘公路、金洲大道大中修、流沙河一心田互通公路、金唐公路、黄龙公路、金洲绕镇公路等项目报批工作。

【产业经济发展】 2016年,县发改局牵头争取各类资源要素。统筹全县向上争资工作,根据国家省市政策,梳理制定《向上争取资源要素工作路径表》,成为各部门单位争资工作的重要参考;积极做好争资形势预测分析,加强项目策划包装指导。2016年,全县到位上级资金48.18亿元,稳居四区县(市)前列,其中发改局直接争资5.51亿元。成功融资55.3亿元,其中宁乡经开区二期债券15亿元、国资公司项目收益债15亿元、城投集团养老专项债券10.3亿元、宁乡高新区双创专项债15亿元。争取专项建设基金11.14亿元,煤炭坝独立工矿区、白马桥棚改、沩水河流域治理等16个项目获国开行和农发行资本金支持。推进9个PPP项目建设,实现融资165.03亿元。民间投资工作得到国家工作组高度肯定，作为先进典型进行推介。积极推进重大品牌创建工作。成功获批农村产业融合发展试点示范县，在全国农村产业融合发展工作会议上作典型发言；成功创建全国第二批生态文明先行示范区；黄材七一六矿成功获批国家独立工矿区试点，将双凫铺、坝塘增补纳入煤炭坝独立工矿区范围；推动宁乡经开区成功获批长江经济带转型示范园区。努力促进产业转型升级。牵头编制《宁乡县产业政策汇编》；推进宁乡高新区5亿元高新新三板创投基金设立；为园区及企业争取资金3亿余元，协助经开区、高新区发债30亿元，继续实施创新创业园区“135”工程，争取标准厂房建设资金1816万元；指导楚天科技、妙盛新能源等2家企业成功获批省级工程实验室，指导桑铼特等3家企业成功认定为省级企业技术中心，占全省新增认定的1/9，指导恒佳铝业、康程护理、邦弗特等4家企业成功认定为市级企业技术中心。牵头推进易地扶贫搬迁工作，建设青山桥、黄材、沩山三个千手爱心大屋项目，全省率先搬迁入住，其经验和模式得到国务院扶贫办以及省、市各级领导的高度肯定，在全省易地扶贫搬迁工作简报第14期、18期作典型推介。加快推进第三产业发展。2016年，县发改局落实全市推进服务业发展政策，形成《宁乡打造中部服务经济强县课题研究》成果，出台《关于进一步加快发展现代服务业的实施方案》《宁乡县促进现代服务业发展扶植奖励办法》《服务业发展综合考核办法》等文件，建立宁乡县“十三五”服务业重大项目库。

【“两型社会”建设】 2016年，县发改局积极开展“两型”（资源节约型和环境友好型）示范单位创建工作，获评省级“两型”创建单位3个，市级“两型”示范单位2家，市级“两型”创建示范单位16家，关山景区获评省级“两型”认证景区；重点实施畜禽养殖污染治理清洁低碳技术推广，探索畜禽粪污第三方治理模式，在全县96家养殖场进行技术推广应用，省“两型”办对宁乡畜禽养殖污染治理给予高度肯定；成功争取8个项目入库长沙市循环经济示范城市支撑项目（全市共26个）；积极推进节能减排项目，加强资金监管，组织实施“村村亮、路路亮”项目。

【行政审批服务】 2016年，县发改局持续推进行政审批改革“统、减、并、代、缩”组合拳，出台《宁乡县发展与改革局审批事项流程清单》，深入行政审批制度改革，优化审批服务流程。2016年，共办理各类审批事项826项，其中备案类项目105项，政府投资类项目审批277项，招投标核准212项，节能审查229项（其中开展节能评审12项），核准类项目审批3项；“项目落地年”交办限时办结项目183个，办结率100%，办结数量、速度均为全县第一；行政审批工作受到县委专题通报表扬（第19期）；获评三查三比项目竞赛优秀单位；审批窗口被评为政务中心“红旗窗口”。

【公共资源交易管理】 2016年，县发改局稳步推进公共资源交易平台整合工作，新的公共资源交易监管网站开始运行；进一步完善《宁乡县招标代理机构诚信管理办法》和《宁乡县公共资源交易评审专家管理办法》，建立招标、投标监委库，加强对招标代理机构和评审专家的管理；完善《公共资源交易中心评标区管理规定》，厘清各部门监管责任，加强开评标现场监督，开展年度信用评价，强化开评标管理。全年为918个项目标段提供服务，交易总额77.19亿元，节约政府资金2.59亿元，其中政府投资项目496个，交易额37.06亿元，民营投资项目7个，交易额1.59亿元，政府采购项目415个，交易额38.52亿元。

【价格监督检查】 2016年，县发改局着力抓好涉农、涉企、市场价格行为监管，立案查处价格违法案件24起，下达责令整改通知书24份，查处价格违法金额42.8万元，清退多收价款42.8万元，上缴财政罚没款40多万元；共受理各类举报案件49起，价格咨询215起，清退多收价款0.83万元，罚款0.52万元。全年共采集价格数据3万余条，撰写宁乡县生猪养殖、农资情况和夏、秋粮食市场价格情况调研报告；并定期报送重要产品价格监测简报，为领导决策提供参考；及时发布价格、供求和成本情况，有效畅通市场信息渠道，引导合理消费；加强专项执法检查，在重要节假日和特殊时期，加强对商场、超市商品、旅游景点、客运线路等重要商品的监管，确保市场价格稳定。

【价格管理】 2016年，县发改局严格执行中央、省、市价费改革政策，扎实做好价费审批和成本监审工作，及时向社会、企业和收费单位公开降费政策信息，要求相关收费单位及时调整收费标准、落实上级政策。完成本级价格与收费事项审批32项，价格备案27项，成本监审25次，召开听证会和座谈会5次。全年开展农调27次，如期如质完成农调工作，省市给予高度评价。协同黄材水库灌区管理局草拟宁乡县农业水价综合改革实施方案，启动试点农业水价成本测算工作。参加物业纠纷协调6次；接受电话和上门咨询70余次。

【价格认证】 2016年，县发改局价格认证工作履职充分，推进有力。完成各类价格鉴证、认定、评估820件，认定金额2.22余亿元。做好长韶娄高速公路以及益娄高速宁乡段、金洲镇高新安置区、花莲公路沿线等项目建设中220余户房屋损失补偿评估，以及1121工程建设中大屯营镇机电排灌站的拆迁损失补偿评估;积极应对、快速评估嘉诚花园燃气爆炸案中涉及的15台私家车、7户房屋财产及公用设施的损失,“3·18”豪德市场火灾案中9户商户近3000种商品财产损失,资福镇刘水平家米厂火灾损失;积极参与“春城万象广场”地下商场几十户商户水灾损失评估,“10·18”宁乡县湘都生态农业发展有限公司“湘都大舞台”火灾损失评估;规范城区内交通事故造成的交通设施损失鉴定;积极服务司法、赋税公平,规范国有资产处置。（贺应龙）

人力资源和社会保障

【概况】 宁乡县人力资源和社会保障局是负责全县人事人才、就业服务、劳动关系管理调整以及全县社会保险实施等工作的政府组成部门。2016年,有在职干职工203名(其中临聘以及劳务派遣37名),离退休人员54名。内设11个职能科室:办公室、财务管理科、纪检监察室、信息科、公务员管理科(事业单位人事管理科)、人才开发科、工资福利科、社会保障科、基金监审科、信访办、行政审批服务科,下设12个二级机构(其中7个副科级事业单位):就业服务中心、人力资源公共服务中心、劳动保障监察大队、城镇职工养老保险中心、城乡居民养老保险中心、城镇职工医疗保险中心、城乡居民医疗保险中心、工伤保险中心、失业保险中心、劳动人事争议仲裁院、社会保险基金征缴中心、社会保障卡管理服务中心,外派2个驻园区机构:经开区人社分局、高新区人社分局。2016年,县人社局坚持“民生为本、人才优先”工作主线,干部职工共同努力,超额完成各项工作目标任务。县人社局荣获县“绩效考核先进单位”“五好领导班子”等综合性荣誉,同时获得党风廉政建设、统战、宣传思想、全面小康、综治、信访、安全生产、优化环境、计生、精准扶贫、议案提案办理、老干部工作等十余项单项先进荣誉,政风行风千人测评和绩效考核成绩均位居社会发展部门综合第二。县就业服务中心、县劳动人事争议仲裁院和县城乡居民养老保险中心分别获评省“人力资源诚信机构”“省示范性仲裁院”和省城乡居民养老保险经办管理服务示范点等多项荣誉。

【就业创业抓得更有力】 2016年,宁乡县新增创业主体8730个,带动城乡就业1.70万人;扶持大学生创业325人,新增发放创业担保贷款1723万元,组织开展创业培训1305人;成功创建妙盛企业孵化港省级创新创业带动就业示范基地;成功组织举办宁乡县创业大赛;争取省市创新创业示范项目资金163万元;新增城镇就业1.23万人,失业人员再就业3120人,农村劳动力转移就业8400人,城镇登记失业率控制在2.91%以内,零就业家庭实现动态清零。落实降低社保缴费费率等相关配套措施,共减免优惠经开区44家企业,8500名参保职工养老保险费1700万元;发放稳岗补贴418万元,社保补贴725万元,累计减少企业和个人失业保险缴费600余万元。组织开展各类就业服务活动77场次,达成就业意向3.9万人次。全年县人社局局属各定点培训机构共举办就业技能培训班28期,鉴定合格总人数1494人,失业人员培训16期,培训1735人。

【社会保障得到再提升】 2016年,县人社局以社会保险征缴扩面为重点,实施全民参保登记,县参保人数及基金征缴额稳中有升,实现扩面量质并举、应收尽收。全年,宁乡县新增参保单位258个,扩面13.02万人,累计基金征缴28.51亿元,累计基金支出22.79亿元,累计基金结余42.57亿元;职工“五险”参保总人数达38.13万人,县城乡居民医保、养保参保人数分别为117.3万人和80.5万人,特别是养老保险补建补缴达7656人,征缴达5.1亿元。2016年,被征地农民新增参保5475人,筹缴社保4.8亿元。县城镇职工、城乡居民医疗保险系统实现与长沙市接轨,宁乡县内52家、县外48家协议医院全部实现联网即时结算,参保政策更利民,待遇补助更惠民,服务举措更便民。医保公信深入人心,2016年,宁乡县32家城乡居民医保特殊门诊协议药店选定,一改以往由县医保中心评审确定方式,独创公开竞选方法。从制定选定方案到现场评估、差额摇号,邀请社会各界共同参与,一切公开公正。在全面完成数据采集和个人账户清理工作基础上,宁乡县机关事业单位养老保险新的业务系统正式上线运行。结合“雁过拔毛”式腐败问题专项整治,县人社局对近三年55.48亿元专项资金(基金)和项目资金进行全面摸底并组织抽样核查,核查252笔608.55万元,同时,对基金流向和使用进行核查,创新推出邀请第三方审计的方式进行认真审查。

【人事人才服务更优化】 2016年,宁乡县人事人才招录健全完善面试考官异地调任、纪检干部全程监督、考试过程全程录像等工作制度,2016年共招聘选调教育、卫生等机关事业单位工作人员621人,其他事业单位编制外合同制工作人员267人,均做到“零差错、零投诉、零舆情”。公职人员教育培训较往年有提升、有品质、有创新,2016年共开办各类培训班16期,培训学员4250人。首次在长沙地区创新推出立功人员培训等多形式、多门类的公职人员培训,长沙新闻频道《人社直通车》栏目进行特别报道。县人社局圆满完成2016年58家机关事业单位133人职级晋升和待遇兑现，完成23418名机关事业单位在职人员工资调标审批；全面完成413家事业单位设岗聘任，共办理辞退解聘157人。县人社局共为5家单位成功申报第四批长沙市引进紧缺急需和战略型人才计划；争取国家省市三级引智项目经费63万元；组织完成637人初级职称认定评审，17人中级、82人高级职称推荐申报，评审通过园区企业工程师任职资格60名；有序推进宁乡县中小学教师职称改革和机关事业单位工勤技能考核工作；新增设立长沙东鑫环保材料有限公司博士后科研流动站协作研发中心；成功申报湖南留学人员高新技术创业园；圆满完成2015年度22678名公职人员考核、奖惩工作，组织做好2016年平时考核、年度考核以及人员交流调配、工资调整、退休审批等工作；对2016年18名军转干部、8名家属以及90名转业士官进行合理安置，为474名企业军转干部发放各类慰问金72.58万元，在职人员工资236.04万元。

【劳动关系维护更给力】 2016年，县人社局积极开展清理整顿人力资源市场秩序专项行动和对忘不了服饰等60家企业的日常巡视检查，下达《规范用工建议书》28份，促签劳动合同5526份。指导和引导924家用人单位建立工资集体协商制度，完成工伤认定700例，劳动能力鉴定356例。劳动监察全年共接待投诉举报6029人次，登记案件226件，受理并办结189件，为劳动者追回工资6315.69万元（其中建设领域民工工资4524.36万元），新办保障金手续41户，新存保障金1119.15万元；劳动仲裁通过创新县人社局、县法院裁审联席会机制，统一法律适用标准和裁判尺度，有效减少人社业务与法院审判工作中存在的分歧。2016年共处理劳动争议案件768起，有效地促进社会和谐稳定。

（杨春辉）

市场和质量监督管理

【概况】 宁乡县市场和质量监督管理局（以下简称县市监局）有干部职工457人，其中在岗296人，离退休161人，班子成员13人，机关内设科室17个，直属行政机构2个，二级事业单位5个，派出机构（市监所）16个。2016年，县市监局获全县执法监管部门绩效考核一等第一名，政风行风“千人测评”行政执法类第一名，市对县食品安全绩效考核定等一类，党风廉政建设、优化经济发展环境、依法行政、文明创建、安全生产、食品安全、计划生育、精准扶贫、老干部管理服务等14项工作进入全县先进行列。

【机构改革】 2016年，县市监局贯彻执行县委新一轮政府机构改革文件和会议精神，坚持一手抓机构融合，一手抓监管服务。顺利完成工商、质监管理体改下划，全面完成“三局一办”机构、人员、资产大整合和县局机关集中办公，全面实施一个窗口快准入、一支队伍抓执法、一个平台解诉求、一个机构强检测、一套标准管执法“五个一”工作新模式。4月，县局班子和人员调整全部到岗到位。建立健全管理制度，明晰部门岗位职责，机构编制、人员定岗、公务员职务职级并行、财务运转、装备配置等相关问题得到妥善解决。落实食品安全管理“四有两责”，积极推进基层监管所标准化建设，构建县、乡、村三级食品安全管理网络，全县大市场、大监管、大服务、大维权工作格局基本形成，市场监管事业迈入新的更高起点。

【深化商事改革】 2016年，县市监局深化商事改革。一是简政放权再加码。在落实“先照后证”、注册资本认缴制的基础上，全面推行个体工商户“两证合一”和企业“五证合一”，申请部门由5个减至1个，申请材料由5套降至1套，发照时限由10.5个工作日缩短至2.5个工作日，2016年新增商事主体9183户（其中企业2287家，个体工商户6896户）。出台《支持宁乡高新技术产业园区经济发展的六条措施》，试行企业集群注册登记。二是后续监管再加力。与放宽市场准入相适应，着力强化商事主体事中事后监管。完成企业年报公示5636家，个体工商户和农民专业合作社4.19万户，综合年报率90.6%，超出市定目标5个百分点。办理食品药品等各类生产经营许可4364份，发布市场主体诚信“红黑榜”3期，公示诚信红榜企业360家、失信黑榜企业259家，1418家企业、8785户个体户被列入异常名录管理系统。公示行政处罚案件信息301条，全面推行“双随机、一公开”监管机制，抽查市场主体2876户。三是服务质量再提升。整合行政许可事项，组建行政审批服务中心，归口县政务中心集中办公。进一步优化许可工作流程，一个窗口对外，“一支笔”审核，“一条龙”服务。全程服务华强方特、道林古镇、沃特玛新能源等40多个重点项目落地和快速建设。2016年行政审批中心获评全省工商系统商事登记先进单位，全县“三查三比”项目服务先进单位。

【实施品牌战略】 2016年，“沩山毛尖”获评宁乡县首个国家地理标志保护产品。海大铝材有限公司“海铝”商标获评中国驰名商标。宁乡县房地产经营公司获评全国“重合同守信用单位”。全年全县获评湖南名牌产品11个，新增湖南省著名商标12件。培育松井新材料、三一汽车、中财管道申报省长质量奖。新增马德里国际注册商标3件，宁乡连续2届获评全省实施商标战略示范县（2011年—2016年）。

【助力企业发展】 2016年,县市监局办理股权出质登记70件,动产抵押登记49件,帮助企业融资18.62亿元。海大铝材等5家企业通过商标质押贷款3500万元,知识产权质押融资工作走在全市前列。局领导带队,先后走访调研火车站提质改造、瑞正金属2个重点项目和高新区、煤炭坝门业园、金玉工业园共14次,解决困难问题7个。火车站提质改造于4月18日竣工,瑞正金属于12月投产。

【强化食品安全监管】 2016年,县市监局以长沙创建国家食品安全示范城市为抓手,加强宣传教育,健全监管网络,创新监管方式,压实管理责任,推进专项整治,强化督查考评,确保宁乡全年未发生一起食品安全事故和食品安全舆情事件,群众对食品安全管理满意度72.8%(全市排名第一)。2016年完成食品检验检测1.85万批次(合格率99.2%),办理食品违法案件259起,完成重大活动食品安全保障21次。上报省市食品安全监管工作动态信息104条,国家级媒体报道9篇次,省级媒体报道51条次,市县级媒体报道338条次。农村集体聚餐管理"宁乡模式"得到上级主管部门高度肯定,省、市印发简报,宣传推介宁乡经验。打击和规范治理相结合,规范食品加工小作坊,全县关停取缔无证生产的豆制品、米粉、湿面、白酒小作坊78家,查封扣押原材料及成品52.5吨,查扣生产加工设备38台。建立3个豆制品集中生产平台,敦促16家豆制品小作坊入平台规范生产。建立豆制品销售示范门店10家,冷链销售门店7家。舆论宣传和规范治理相结合,推动"小餐饮"提质升级。检查小餐饮3165户,督促办理健康证2730份,办理食品经营许可证1794户,完善消毒设施685户,店外厨房整改281户,新增"三防"设施469户,取缔和责令停业40户,媒体曝光问题"小餐饮"24户。

【强化"三品一械"监管】 2016年,县市监局开展疫苗风险大排查,检查疫苗使用单位37家,行政约谈1家。现场验收药品经营企业62家。抽检药品65批次,查办经营不合格中药案件26起。组织开展不良反应监测工作讲评培训,提升监测能力。上报药品不良反应626例,医疗器械不良反应211例。建立保化品检查员库,实行网格化监管,组织保化品检查员培训4次,检查保健食品经营户354家,化妆品经营户290家。保健食品、化妆品监督性抽检各20批次(合格率100%)。开展保健食品日常监管和非法营销整治,取缔驱散非法营销活动4场,上报化妆品不良反应31例,日常监管到位率和保化系统监管信息录入率全市先进。

【强化安全生产监管】 2016年,宁乡共有锅炉压力容器、电梯等特种设备7500余台套,压力管道154.6千米,烟花鞭炮生产企业38家,工业产品生产许可证获证企业35家(其中危险化学品生产企业13家,包装物和容器生产企业4家),食品相关产品获证企业20家,车辆检验机构2家,超限超载治理站6家,液化气充装站5家。县市场和质量监督管理局采用多种手段,强化安全生产监管。一是夯实监管基础。制定年度安全监管工作计划,落实特种设备定人员、定职责、定任务、定奖惩"四定"监管,工业产品、食品相关产品生产许可证、3C认证的证后监管率达到100%,特种设备监管覆盖率由20%提升至80%。二是强化技术支撑。整合检验检测资源,组建检验检测中心,获得加油机、衡器、天平等11项计量授权,食品、食品添加剂、烟花爆竹等11大类共704个参数检测授权,获评全省县级唯一Ⅰ类检验检测机构。2016年各类产品检测4467批次,计量检定3670台(件)。三是加强宣传培训。组织61家烟花爆竹生产企业举办安全知识培训班,学习新国标知识。开展电梯业务培训3期,印发电梯安全宣传资料2万份,制作张贴电梯乘梯须知3500块。举办气瓶两站安全知识培训,参训企业11家。联合省特检院举办叉车操作员培训班2期,培训152人。举办危险化学品、标准化、计量、特种设备等各类安全生产监管业务培训班6期,培训监管执法人员800余人次。四是落实"一打三整"。开展场(厂)内机动车辆专项整治、烟花爆竹、危险化学品、水泥、民生计量、食品相关产品等专项整治,检查涉安生产经营单位1434家,排查隐患786处,责令停产停业整顿11家,取缔非法生产经营建设单位3个,提请关闭企业2家,立案查办涉安违法违规案件71起。五是开展电梯应急救援。组建电梯救援中心,组织队员赴湘潭机电职业学院参加封闭式业务培训和救援演练,提升电梯安全事故快速反映能力,为全县电梯安全运行提供可靠技术保障。

【执法办案】 2016年,县市监局加大对无照经营、制假售假、商标侵权、虚假广告等违法行为的打击力度,查办产品质量案件39起,广告违法案件15起,合同违法案件10起,网络商品交易违法案件2起,标准计量违法案件4起,商标侵权案件16起,无照经营案件38起。发挥执法大队拳头作用,查办某公司生产销售假冒"南方"水泥案、某食品厂超范围使用食品添加剂生产米粉案等大要案件。建立健全执法办案制度,统一执法主体、执法文书、执法程序、执法证件,全年办结程序案件442起,无一起行政诉讼和行政败诉案件。

【消费维权】 2016年,县市监局开展民生计量专项执法,对39个加油站130台加油机进行了铅封，处理加油机计量投诉3起；检查瓶装液化气充装站5家、销售门店206家；完成出租车计价器检定场所选址和建设工作，检定出租车计价器385台。以“3·15”“3·31”等宣传活动日为契机，举行典型案例新闻通报会、食品安全消费体验、消费维权法律法规知识培训、集中销毁假冒伪劣商品、“宁乡食安　携手共治”主题沙龙系列活动，营造维权共治氛围。举办名酒鉴定知识培训会，率先试行酒类消费纠纷先行赔付制。严格遵循投诉举报受理、分流、转办、回访工作流程，受理办结消费者投诉举报557件，为消费者挽回经济损失82万元。

【坚持党建引领】　2016年，县市监局成立党建工作领导小组，制定工作要点和考核办法。组建机关党委，配备专职人员，做到党建工作与业务工作同研究、同部署、同检查、同考核。建立班子成员党建工作联系点制度，与支部签订党建工作目标管理责任书，建立“月推进、季督查，半年讲评、年终考核”工作机制和一级抓一级、层层抓落实的党建工作责任体系。开展四次专题学习讨论，讲授党课22堂次，排查整改问题66个。评选表彰先进基层党组织2个、优秀党务工作者3名，优秀党员30名。组织全系统党员干部到韶山参观学习，听取《向毛泽东学习人格魅力》的专题党课。

【落实精准扶贫】　2016年，县市监局抽调2名工作队员，配合青山桥镇芙蓉村，开展“地毯式”入户走访调查，协助建立42户贫困户档案，确定扶贫工作方案。指导芙蓉村成立清庵劳动服务公司，捐赠办公设备，贫困户参与旅游景区卫生保洁获取劳务工资。引进生态农业公司与该村合作发展黄桃产业，通过公司＋农户的方式实现产业脱贫。筹资筹物30万元，建成芙蓉村“爱心”文化娱乐广场。各基层市监所在当地党委、政府的统一领导下，积极开展扶贫帮困活动，共慰问贫困户195户，捐助现金和物资约8万元。

【加强内部管控】　2016年，县市监局建立领导带班值班、公车管理、公务接待、财务管理、印章管理等制度，并狠抓制度规定的落实。制定干部教育培训计划，参加省、市局组织的培训学习112人次，邀请专家授课6堂次。组织新春全员培训，举办行政许可审批、食品生产经营监管、商事主体信用监管、保化品监管、特种设备监察等各项业务培训17期，参训人员820人次。完成非税收入838万元，完成年度计划的114.8％。出台《绩效考核评估办法》，实施季度考核讲评，年中跟踪调度，年底奖惩兑现。组织全系统干部职工参加全省统一执法证考试，合格214人。全系统信息化软硬件系统得到有效维护，业务档案的接收、管理、扫描以及信息查询服务进一步加强，收取档案查询费16万元

【强化执纪问责】　2016年，县市监局从系统干职工中征集书画、剪纸等廉政文化作品，建设机关廉政文化走廊。加大暗访督查力度，对16个基层市监所（分局）、机关科室进行“地毯式”纪律巡查和廉政约谈，开展“雁过拔毛”式腐败问题专项整治和“纠四风、治陋习”专项整治，集体约谈300余人次，集体任前谈话1次，诫勉谈话5人次，警示教育谈话9人次。纪检部门办结案件6起，处理处分6人。开展行政执法案件回访300件，督促整改问题3起。完成车改和办公用房清理，封存移交公车16台，腾退办公用房772平方米。

【加速人员融合】　2016年，县市监局组建新局离退休支部班子，召开全局“庆重阳”首次老干工作会议，165名老干部欢聚一堂。走访慰问离休干部、特困老干部及遗属25人次，探望生病住院老干部32人次。组织495名干职工和临时人员进行健康检查。按文件落实基层所乡镇工作津贴14.9万元。安排专项经费140万元，改建机关食堂，改造检验检测中心，增配办公设施设备电脑115台、打印机20台、工作用车2台，建成基层所快检室11个，维修改造市监所4个。组织开展“庆三八”登山比赛、春季马路赛、庆七一总结表彰、千龙湖拓展、“两学一做”知识抢答赛等活动。加大工作宣传力度，媒体正面报道520条次，官微点击率突破30万人次。（罗晓林）

审计工作

【概况】　2016年，宁乡县审计局（以下简称县审计局）有在职干职工58人，机关内设办公室、审计一科、审计二科、审计三科、审计四科、综合法规科、内审指导科、计算机审计中心，县政府投资审计中心和县领导干部任期经济责任审计办公室均挂靠县审计局。2016年，县审计局共完成审计项目22个，完成委托社会中介机构审计项目18个，共查出主要问题金额71.26亿元，其中：违规资金12.57亿元，管理不规范资金58.68亿元。审计发现非金额计量问题346个，移送县纪检监察机关“纠‘四风’、治陋习”专项整治工作违规违纪线索2件、“雁过拔毛”式腐败问题专项整治违规违纪线索6件，向本级政府报送审计要情及各类审计专报23份，有关审计情况向8个行业主管部门进行通报。2016年，县审计局共派出11人次参与上级审计项目5个，派出1人次加入市委巡视组开展工作。2016年，县审计局被中共长沙市委、市人民政府授予“文明标兵单位”称号，获评“长沙市审计系统一类单位”荣誉。

【审计质量】 2016年,县审计局始终坚持质量是审计工作的生命线,全力打造审计精品,选送的县林业局贺建勋经济责任审计获评湖南省优秀审计项目(系县审计局成立以来首次获得该项荣誉)、长沙市经济责任审计项目讲评一等奖。

【信息化建设】 2016年,县审计局以提升审计能力和审计效率为目标,加大信息化建设力度。财政一审计联网实施审计系统顺利通过市级验收,实现对财政各业务系统备份数据的及时抓取、转换、模块化审计分析,为全县预算执行情况联网审计顺利实施迈出关键的一步;保密信息化系统全面运用,实现对机关计算机、电子存储设备的策略控制、电子数据全程监控和加密传输,是全省率先创立保密信息系统的县级审计机关。

【中心工作】 2016年,县审计局派出39人次(共计219个工作日)完成县委、政府交办(含协同有关职能部门)工作任务共19项。审计局作为青山桥镇竹峰村精准扶贫后盾单位,被评为县先进单位。

【队伍建设】 2016年,县审计局全面加强审计队伍的政治、思想、作风、纪律和能力建设,致力打造审计铁军。一是积极开展"三严三实""两学一做"等专题教育,严格落实党风廉政建设各项责任,强化思想政治教育。二是组织干职工赴南京审计学院学习培训,提高业务能力和专业水平。三是经县委县政府批准,面向社会公开招聘编制外审计工作人员10名,涵盖财务、工程、计算机、法律等专业,均已正式上岗工作。在2016年县市党委政府换届选举中,县审计局有4人当选代表委员,其中1人当选市党代表,1人当选市人大代表,2人当选县政协委员。

【委托审计】 2016年,县审计局积极推进通过政府购买服务实现审计"扩面增效"的新方式,通过公开招标,确定5家社会中介机构入围,完成18个委托审计项目。

【内部审计】 2016年,县审计局重新修订内审指导员制度和内审人员跟班学习制度,进一步加强内审指导工作,真正做到"审计到哪里,内审指导就跟进到哪里"。9月22日至23日,在长沙市审计局内审指导处、长沙市内审协会的全力支持下,县审计局组织全县216名内审人员进行继续教育培训。

【审计整改】 2016年,县审计局联合县政府办、县监察局开展两轮经济责任自查和审计整改督查,促进审计"全覆盖",完成对全县105家单位的审计整改督查工作,相关情况已纳入县绩效考核范围并全县通报;建立审计发现问题向人大报告机制,强化审计整改,县人大常委会于9月29日印发《关于建立和完善审计查出问题整改情况向县人大常委会报告机制的意见》(宁常组发〔2016〕3号),该文件2017年1月1日起正式实施。 (徐鹏　张宁凤)

国土资源

【概况】 2016年,宁乡县国土资源局(以下简称县国土局)有在职干职工442名,局机关内设办公室、人力资源科、计财科、内审科、用地科、规划耕保和节约集约用地科、土地供应科、地籍和测绘管理科、政策法规科、征地拆迁管理科、地矿科、信访办、监察室、行政审批科、不动产登记管理科和不动产纠纷调处科16个科室。下设国土资源交易中心、测绘院、土地开发公司、执法监察大队、地质矿产站、征地拆迁管理所、土地整理中心、土地储备中心、信息中心、经开区分局、高新区分局和不动产登记中心12个二级单位,全县29个乡镇(街道)均设有国土资源所。2016年,县国土局被评为长沙市国土资源系统"绩效考核先进单位"、宁乡县"绩效考核执法监督部门一等单位",国土局领导班子被评为县"五好领导班子"。

【规划用地】 2016年,县国土局率先批回县级、20个乡镇土地利用总体规划,及时完成金岳公路、长益复线等一批重点基础设施项目的调规工作,确保土地"合法用"。在年度计划指标逐年减少的大环境下,争取上级特殊支持解决美丽中国·长沙文化产业示范园、长沙卫职院、邦普新材料的用地指标,确保项目"有地用"。全年组织上报批回炭河里古城、中建集团、实验小学南校区、人民北路等一批重点项目、民生工程、基础设施用地,用地上报和批回总量继续均位居全省前列,保障县域经济的平稳快速发展。

【征地拆迁】 2016年,县国土局始终坚持"阳光、公开、透明"的工作模式实现"和谐、平稳、快速"征拆,全年服务拆迁项目51个,腾地951.87公顷,拆迁房屋3754栋91万平方米。沩东新城卫职院、黄材炭河里古城、滨江棚改第三期等重大项目均在一天内全部签约清零,再创征拆"宁乡速度",确保土地"及时用"。在快速推进征拆工作的同时,不断完善被征地农民社会保障制度,全年落实社保5927人,落实社保资金9亿元。宁乡县阳光征拆的成功经验作为典型在《人民日报》《湖南日报》《长沙晚报》《内情参考》等国家、省、市媒体上重点推介。

【资源保护】 2016年,县国土局全面加强国土资源保护工作。一是全面落实基本农田保护工作,全市第一个完成永久基本农田划定方案的审查。至年底全县耕地和基本农田保有量均高于上级下达目标。二是认真落实“节约优先”战略,以优秀成绩通过市级建设用地节约集约考核评估。三是投入资金1.05亿元实施土地综合整治,建成高标准基本农田3360公顷,启动实施2016年2593.33公顷土地综合整治项目,通过平整土地,开发耕地,硬化、美化道路,疏通沟渠、河道,有效改善农业生态条件和生态环境,实现农地增产、农业增效、农民增收、农村变样。

【土地市场】 2016年,县国土局严格实行土地网上招、拍、挂制度,坚持“净地”出让,对每宗拟供土地,通过土地管理委员会的科学决策,确定土地交易的初始价格,交易过程由县纪检监察部门全程监督,确保交易结果公平、公正,实现土地“高效用”。

【地灾防治】 2016年,县国土局严格实行“汛前排查、汛中巡查、汛后核查”制度,不断完善地质灾害监测网络,全年发送预警信息8000余条,开展地灾巡查1500余人次,搬迁受地质灾害威胁居民3700余人次。“7·3”“7·18”全县两次强降雨期间,实现成功避险,保障了大成桥镇、黄材镇3户11人生命财产安全,确保全县2016年度地质灾害零伤亡。投入资金879万元,开展花明楼镇、道林镇等13个地质灾害项目治理和应急处险,消除一批威胁人民生命财产安全的重大隐患。

【执法监察】 县国土局执法监察力度逐年增强。2016年,全年出动巡查2100余人次,制止违法建房320余宗、破坏耕地35宗、项目违法82宗,立案查处违法用地44宗,收缴罚没款280万元。参与拆违控违行动60余次,拆除违章建筑5.8万平方米。土地卫片(卫星拍摄的图片)执法检查顺利通过验收。

【矿山整治】 2016年,县国土局坚持“绿水青山就是金山银山”理念,深入开展非煤矿山整治专项行动,重点查办一批社会影响较大的非法毁林案件,依法公告注销12家非煤矿山采矿许可证。组织参与打非治违行动480次,取缔非法采矿点55个,停产关闭砖厂37个,扣押控制挖机61台、运输车35台,切割分解采砂船12艘。

【精准扶贫】 2016年,县国土局以结对帮扶、政策帮扶、项目帮扶、资金帮扶等为帮扶举措,全力推进扶贫攻坚工作。产业支持龙田镇横岭村贫困群众种植经济作物20余公顷,落实农副业资金10余万元,基础设施帮扶资金30万元。土地利用年度计划优先向社会民生、扶贫开发项目倾斜,确保青山桥镇精准扶贫安置工程、黄材镇“千手大屋”等项目顺利启动。

【国土基础工作】 8月15日,宁乡县不动产登记中心正式成立,宣告不动产统一登记制度改革全面落地。不动产登记平台高效、稳定、流畅,共受理业务1.55万宗,办结1.44万宗,办结率达90%以上。推进行政审批“三集中三到位”,实现项目“一条龙”“一站式”审批。农村集体土地确权登记数据库建设快速推进,经开区地籍库建设成果获评湖南省测绘地理信息工程一等奖。国土资源信息化建设纵深推进,电子政务流程不断优化,局门户网站功能不断完善、信息报送制度不断规范。开展“地球日”“土地日”“防灾减灾日”等主题活动,增强群众防灾减灾、依法用地、保护土地矿产资源的意识。认真做好群众信访和政府信息公开工作,一批信访积案和群众诉求得到有效化解,促进社会的和谐稳定。

【系统队伍建设】 2016年,县国土局深入开展“两学一做”学习教育活动,采取集中学习、分支部讨论、观看警示教育片、邀请“楚沩好声音”宣讲团讲师和党校老师授课等方式,引导党员干部做“四讲四有”合格党员,推动全体党员牢固树立“四个意识”。抓严抓实基层党建七项重点任务,设立机关党委,配备专职副书记及党务专干,完成9个支部的换届选举,认真组织开展党员民主评议和春冬训。把落实党风廉政建设摆在局党组中心工作的重要议事日程,严格履行“一岗双责”,形成一级抓一级、层层抓落实的责任体系。按照高压反腐和正风肃纪的要求,深入开展“雁过拔毛”式腐败问题及“纠‘四风’,治陋习”专项整治工作,重点核查项目208个,涉及资金24.4亿元。主动接受县委巡察组的检查和社会舆论监督,认真办理党代表提案、人大代表建议和政协委员提案,办复率和满意率达100%。通过组织参观静园警示教育基地,评选系统“道德模范”、先进共产党员,举办第四届“清风杯”运动会和廉洁知识竞赛,建立“廉政文化墙”,营造全系统风清气正,积极向上的良好氛围。 (李晔)

统计工作

【概况】 2016年,县统计局共有干职工32人,内设办公室、综合科、法规科、一产业科、二产业科、三产业科6个科室,下设统计普查中心、经济调查队2个二级机构。一年来,县统计局围绕“四个打造”“三个提升”忠诚履职,服务发展,圆满完成各项工作任务。

【统计基础】 2016年,县统计局始终把基层基础规范化建设作为提高统计数据质量的主要抓手。一是制定完善乡镇统计站目标管理考核细则,积极争取省市统计部门和县财政专项资金,加强乡镇统计站建设,促进基层统计站建设不断规范,基层统计队伍保持稳定,其中花明楼、喻家坳、道林等统计站获岗位目标管理先进单位。二是加强学习交流,积极参与评比活动。充分借鉴兄弟市县统计站建设的先进经验,加强统计基础建设,完善统计资料,抓创新、抓特色。在12月6日的长沙市统计站观摩评比中,宁乡县喻家坳乡统计站排名第一。

【统计服务】 2016年,县统计局进一步做好统计服务工作。一是强化服务理念。做好数据预警监测,及时反馈市对县绩效考核主要经济指标完成情况,及时通报园区、乡镇、部门指标数据;精心策划各类活动,加强与电视台、《今日宁乡》等媒体交流合作,农业普查工作真正深入人心,贴近百姓;统计公信力、地位得到提升。二是创新服务方式。深化统计改革创新,建立健全局班子成员及科室服务乡镇(园区)、部门统计工作制度,开展统计上门服务月活动。积极与地方党委政府和相关部门进行沟通,共同研究解决统计工作中存在的问题和困难。同时,积极为企业创牌、园区升级提供优质统计服务,得到园区和企业的认可。三是优化服务产品。加大统计数据解读力度,及时发布《统计公报》,编印《统计年鉴》《经济快报》《宁乡统计》《数据宁乡》等各类统计产品10余种。加大统计分析力度,全年共撰写各种调研材料、专题分析30余篇,较好地发挥参谋助手作用。

【统计队伍建设】 2016年,县统计局始终把提高统计队伍素质作为工作重中之重。一是不断加大业务培训力度。采取定期、不定期以及"走出去、请进来"的方式组织全县统计人员参加各类会议和培训,全年参训人员达到500余人次,选派局内班子成员、业务骨干参加国家、省统计部门组织的各类专业培训10余人次,有效提高统计队伍的专业水平和综合素质。二是切实抓好干部作风建设。按照中央和省、市、县委改进工作作风的要求,全面落实党风廉政建设责任制和"一岗双责"要求,加强监督检查,严格考勤考核,开展"业务工作创特色、班子建设创优秀、综合考核创先进、争当业务标兵"为主要内容的"三创一争"活动,改进作风、凝聚人心、激发活力。

【统计执法】 2016年,县统计局进一步加强统计执法力度,强化统计监管。一是加强领导严密组织,确保统计执法工作落实。根据省、市统计局的统一部署,为确保全年统计工作顺利开展,形成一把手挂帅,分管领导具体负责,专业人员具体负责实施并精心操作,确保统计执法工作贯彻、部署落到实处。二是加大统计法律法规宣传,利用媒体提升宣传力度。加强与县内媒体的合作,在宁乡电视台和《今日宁乡》加强对新《中华人民共和国统计法》《湖南省统计管理条例》《统计违法违纪行为处分规定》宣传报道,全力推动统计行政执法制度的实施,浓厚宣传氛围,提高对统计行政执法行工作的认识度。三是坚持实事求是原则,认真搞好统计执法工作。根据国家有关法律、法规、制度规定和省、市统计局的具体要求,不断学习,吸取新的知识,不断更新观念,坚持规范统计执法制度,发挥统计法律法规的监督作用。全年,统计执法共检查单位35家,责令改正4家,曝光1家。

【统计工作亮点】 2016年,宁乡县域经济基本竞争力再提升,跃至35位;文明指数测评名列前茅,社会治安综合治理民意调查排名前进31位;"十强十快"乡镇评比再创佳绩,白马桥、历经铺居全市十强,回龙铺进军全市十快;指标监测效果明显,在1—11月公布的长沙市考核指标中,县统计局监测的8项经济指标全部达标或超额完成目标。民意调查有成效。组织百村万户"群众对身边的共产党员印象"大调查,获得县委、政府领导充分肯定,协调做好城市文明指数测评和市对县绩效考核民意调查相关工作。普查调查获肯定。配合省局在宁乡县开展第三次全国农业普查综合试点,工作取得圆满成功。调研分析出成果。围绕县委政府"四个打造"指标定位预测做好调研分析,为"建设更加富饶美丽幸福的安宁之乡"提供有效的统计保障;中心工作有特色。精准扶贫工作深入基层,倾听民声,记录民情,帮扶民生,全年帮扶群众100余户次,组织干部职工慰问特困户捐款3万余元,扶助结对共建村帮扶资金10万余元。 (李熙明)

安全生产监督

【概况】 2016年,宁乡县安全生产监督管理局(以下简称县安监局)有工作人员36人,其中班子成员4人,内设办公室、烟花爆竹安全监督管理科、矿山安全监督管理科、危险化学品安全监督管理科、工贸职业安全监督管理科、政策法规科、安全生产协调科(12月成立)和行政审批服务科8个科室,下辖安全生产应急救援调度系统指挥中心。承担县安全生产委员会的日常工作。

【安全形势】 2016年,县安监局牢固树立新发展理念,坚持发展绝不能以牺牲安全为代价这条不可逾越的红线,以防范安全生产事故为重点,夯实安全生产基础,压实安全生产责任,统筹推进全县各项安全生产工作,实现事故起数、死亡人数的"双降低",安全生产各项考核指标严格控制在上级下达的范围内,连续40个月杜绝较大及以上安全生产事故,安全生产形势始终保持稳定可控。

【压实安全责任】 2016年,县安监局提请县委联席会议、常委会议和政府常务会议、县长办公会议专题研究安全生产工作20余次,重点解决安全生产体制机制、班子建设、宣传教育等重大问题,并组织传达中央、省、市领导批示指示以及各级会议精神,县领导开展带队检查5次。12月,县委、县政府部署由"四大家"领导牵头组织的岁末年初安全生产大检查工作。提请县委、县政府相继出台《宁乡县安全生产"党政同责、一岗双责"实施办法》《宁乡县人民政府有关部门及有关单位(机构)安全生产职责分工规定》等规范性文件。在人大代表、政协委员、劳动模范等选拔、推荐中严格把关,对安全生产事故负有责任的人员,一律实行"一票否决"。

【安全生产监管执法】 2016年,县安监局深入开展安全生产"监管执法年"活动,通过"一月一警示""双月讲评"等系列活动,在县内媒体开展警示教育活动12期,进行行政执法质量讲评5次,全年县、乡两级安监机构开展执法2348次,立案147起,罚款121.5万元。

【安全生产专项行动】 2016年,县安监局持续不断开展安全生产专项行动。"打非治违"工作:全县共组织集中执法行动2861次,出动执法人员3.2万人(次),排查安全隐患1.20万处,责令停产整顿企业95家,取缔非法生产经营建设单位365处,提请关闭企业22家,抓捕涉嫌犯罪人员45人,将7家企业列入黑名单,扣押挖掘机、炮机等大型设备5台,经济处罚472.3万余元。大排查、大管控、大整治工作:全县共监督检查企、事业单位和场所3014家次,责令改正、限期整改、停止违法行为1859起,责令停产、停业、停止建设133家,取缔非法违法行为的企业58家,罚款149.7万元,抓捕犯罪嫌疑人25人。安全隐患整治工作:认真落实县委"一打三整"决策部署,扎实开展安全隐患整治。全县共排查隐患企业2259家次,排查隐患4254处,发现非法违法生产经营行为309处,责令停产、停业、停止建设65家,取缔非法违法行为38家,罚款112.5万元,抓捕犯罪嫌疑人22人。其中涉及危险化学品非法运输经营储存行为7起,立案6起,行政拘留2人。县安监局集中人力对四类场所进行全面摸排,对非法经营储存柴油进行集中整治,查处坝塘1家、黄材3家、大成桥2家非法经营、储存柴油场所,扣押柴油20多吨。

【落后烟花鞭炮企业关闭】 2016年,县安监局多次组织相关县直部门、烟花爆竹协会、部分企业代表进行座谈,出台《宁乡县烟花爆竹落后企业关闭退出工作总体方案》及《宁乡县烟花爆竹企业退出奖补资金管理办法》。2016年,有43家烟花爆竹生产企业、3个引线车间、2个工区实现退出,5个乡镇实现产业退出,提前完成两年的退出工作任务。宁乡县的落后烟花鞭炮企业退出工作得到省里的高度肯定,在全省烟花爆竹整顿治理工作会议上作典型发言。

【宣教培训】 2016年,县安监局组织培训高危企业主要负责人、安全员1430人次,普通类企业主要负责人、安全员、一线从业人员共2.2万人次,组织安全监管干部深入企业宣讲202场(次)。10月,组织乡镇(街道)安监人员80余人和村(社区)安全监管人员400余人,举办两期业务培训班。全县17家冶金企业主要负责人、安全员按照安监总局要求实现执证上岗。借助安全生产月活动,加大安全宣传力度,重点开展安全生产宣传咨询日、宣传笔会、烟花爆竹集中销毁、第三届宁乡县企业职工安全知识竞赛、"学法考法"、播放安全警示教育片、媒体集中曝光典型案例等系列活动,取得良好的效果,极大提升广大人民群众的安全意识、自我防范意识,以及企业负责人的主体意识。

(熊胜兰)

城建·环保

城乡规划建设

【概况】 2016年,宁乡县城乡规划建设局(以下简称县规建局)共有干部职工380人(其中局机关135人,离退休31人,二级单位214人),内设16个职能科室,下辖8个企事业单位。2016年,县规建局各项工作成效显著,先后获得长沙市农村危房改造"一等单位"、宁乡县"绩效考核一等单位"、项目落地年"狮子型团队"等省、市、县综合(单项)先进单位奖励27个,获得省、市、县综合(单项)先进个人奖励53人。

【行业管服日益规范】 2016年,县规建局行业管理服务日益规范。一是不断创新工作模式。33项审批事项全面进驻政务中心,实行一站式服务。推行模拟审批、并联审批、容缺办理,各项审批时间缩短3～10天,审批效率提高40%以上,全年审批各类事项1800多件,办结率、满意率100%。试行质量安全生产、文明施工监管督察模式。由局长带队,局纪检组、总工室牵头,聘请省市专家对现场各方责任主体进行全面督察,强化责任落实,防控廉政风险。二是持续加强监督管理。全面放开在建项目提前介入手续办理,组织质安检查2000多人次,新受监项目176个,续监项目51个,受监面积298万平方米。组织标化工地观摩活动2次,强力推进标化工地创建,上报优良工程项目20个,安全标准化阶段性(或季度)考评优良工地28次,绿色工地22个。三是全力保障安全生产。逐项治理质量通病,整顿安全生产危险源,连续组织开展"春雷行动""飓风行动""利剑行动""斩断行动"等专项行动,下发停工通知、整改通知、督办函等各类文书537份,上报不良行为11次。

【产业发展稳步推进】 2016年,县规建局稳步推进宁乡产业发展。一是壮大行业规模。全年,建筑行业完成建安产值66.7亿元,创利税5.68亿元。在宁乡注册的建筑业企业240家。其中,施工总承包企业40家(含一级资质7家、二级资质10家、三级资质23家)、专业承包企业14家(含二级资质4家、三级资质10家)、劳务公司23家、预拌混凝土企业14家、建筑设备租赁企业13家、预拌砂浆企业2家、新型墙体建材企业8家、招标代理中介企业3家、家装企业123家,企业数量、质量稳步上升。二是严格行业自律。制定行业自律条例,抵制、打击围标、串标、挂靠等违法行为。深入开展七项整治,实行红黑榜制度,完善行业信用体系,报送红榜单位48家,黑榜单位8家,上报严重不良行为单位5家、一般不良行为单位8家和严重不良行为记录负责人10名,创建长沙市建筑业"AAA"信用企业7家,"AA"信用企业2家。县内建筑企业组织1000多名工人、100多台机械积极参与7月城区抗洪救灾行动,行业和企业的社会认知度、认可度大幅提升。三是加强人才建设。组织BIM等各类技术培训10余次,培训人员1500多人次。开展"优质安全"之我见、"公平竞争"你我他等沙龙活动8次,加强行业内经验、技术交流;组织建筑业砌筑工参加湖南省2016年"十行状元、百优工匠"竞赛活动,三人进入前十名,专业技术人员和一线技术工人自信感明显提升。

【依法行政有序实施】 2016年,县规建局始终坚持依法行政。一是完善相关制度。出台《关于进一步强化建筑工程质量安全文明施工的规定》《关于进一步严格建筑市场行为管理的规定》《关于进一步加强建筑施工企业及监理企业对所属项目部及施工现场管理工作的通知》等文件,探索工业项目直接承发包改革创新等办法,编制《标化工地标准图册》,推动法律、法规更好更地贯彻落实,更优、更快服务项目。二是明确执法重点。全面清理和严厉整治建设领域违法违规行为,下发《质量安全十不准》《房地产开发行为六不准》《招标投标五不准》《建设领域八个严禁》等相关文件,并对以上违法违规行为予以重点查处和严厉打击,促进各方责任主体增强法律意识,落实法律责任,有效防范违法行为和安全事故的发生,构建良好的经济社会发展环境。三是加大执法力度。组织开展"大排查、大管控、大督查"等执法行动,处罚违法违规项目34起,金额98.5万元,组织执法行动300多人次,收缴钢瓶600多个,治安拘留8人。严厉打击围标、串标、挂靠,违法分包、转包、承包等不法行为,强化标后监管,保持行业的严管态势,杜绝人情面子,切实维护法律权威,规范涉建市场秩序。

【公用事业快速发展】 2016年,县规建局强力推动公用事业快速发展。一是基础配套不断完善。污水处理厂一期技改顺利完成,县城截污管道工程入选湖南省第三批PPP示范项目，建成污水干管9千米，完成总工程量的60%，县城污水管网环线基本成型，年处理污水2000多万吨。南太湖水厂强力推进，新建供水管网143千米，改造管网4千米，户表改造500多户，年销售水量2300多万吨，供水达标率100%。新建燃气管道46.47千米，完成隐患技改170处，新增城镇管输天然气8356户。二是城市管理不断规范。全面实施建管分离，成立市政工程管理局，统筹城区市政基础设施建设、管理、维护。建立微信互动平台，市民无碍投诉，接受群众投诉50多例，及时处险近300例。建立全天候、系统化的市政设施巡查、维护、维修机制，及时、迅速处险。完成城区450处消防栓的维修维护工作，完好率100%，完成城区84座桥梁的技术检测，分类进行维护、维修。成立防震减灾指挥部、防渍排涝指挥部，统筹调度城区抗灾救灾工作，顺利度过7月特大洪灾，确保大灾面前无大难。三是城市形象不断美化。加强生态环境保护，全力推动城区三年造绿行动。实施城市亮化工程，完成城区2409盏路灯提质改造，辖区主干道亮化率98%，完成4条背街小巷提质，5个城中村改造，背街小巷亮化率96%。完成社区提质提档工作，城市形象更加美丽。

【城乡建设不断提质】 2016年，宁乡城乡建设不断提质。一是加速统筹发展。县规建局制定《宁乡县新型城镇化深化改革工作方案》，引导群众从地里村头释放出来，进一步深化土地合作经营、引导农民集中居住、完善社会化服务和管理，加速新型城镇化进程，全县城镇化率达56%，同比增长3%。全力推进海绵城市、城市地下综合管廊(沟)、城市慢行系统、城市水系升级等县城重大配套项目前期准备工作。分期分批启动乡镇集镇供水、供气、排污厂房及管道建设，推动农村垃圾分类处理，推广村庄分散式污水处理，统筹城乡发展，改善城乡面貌。二是推进民生实事。局班子成员分别联点，总工室组织专家提供技术支持，全力推动新型城镇12件民生实事工程。组织各单位投入1.6亿元，完成S209、宁沩公路沿线旅游干线精美建设管理工作。参与指导炭河古城、道林古镇、创意煤城、香山风情、玉潭老街等重点景区建设，探索新型城镇建设筹融资新模式，全力推动“1+5+N”特色城镇群建设，打造全域旅游景区和群众幸福家园。三是推动创新发展。大力推广BIM技术、装配式建筑、绿色建筑、海绵城市、节能环保等新理念、新技术、新工艺，全县新建建筑设计阶段节能强制性标准实施率达到100%，施工阶段建筑节能强制性标准实施率达到98%，城区新型墙材推广使用率达90%。

【精准扶贫成效显著】 2016年，县规建局率先实践农村危房改建和易地扶贫搬迁统筹推进模式，按照“三依托”(依托集镇、依托景区、依托园区)“三争取”(争取政策资金、争取银信资金、争取民间资金)“五个三”(三个交、三不变、三免费、三解决、三提供)“六个不”(不怨不怪、不忘不弃、不虚不拖)的要求，启动青山桥、黄材、沩山、横市、龙田五处“千手爱心大屋”建设，其中青山桥、黄材“千手爱心大屋”完成建设，入住200多户群众。在全县三个乡镇、三个景区试行集居点建设，着力解决群众“住房难”的问题。加快农村危房改建整体推进，年内完成3744户，危改工作位居全市第一，排名全省前茅。全省农村危改整体推进省级示范暨村庄整治现场会、全省农村危房改造专项扶贫工作会议在宁乡召开，顺利接受全国农村危房改造绩效评价检查，宁乡农村危房改建和易地扶贫搬迁统筹推进模式得到各级领导的高度肯定。

【党的建设全面加强】 2016年，县规建局全面加强党的组织思想建设。一是着力加强基层党组织建设。召开6次党建专题会议，研究部署党建工作。落实“两学一做”学习教育要求，坚持中心组学习制度、“三会一课”等学习制度，上党课18次。开展“绿水青山就是金山银山”主题演讲比赛，组织党员干部前往流沙河镇进行结对帮扶，按要求清缴党费1.8万元。二是全力推动党风廉政建设。支持局纪检组履职行权，从严落实“一岗双责”，严格执行《党员问责条例》等规定，推进“雁过拔毛”式专项整治，落实《公共资源交易“九不准”》、出台《干职工收受“红包”的处理规定》《干职工管理考核制度》等制度，规范干职工言行举止，形成严抓严管的高压态势。三是积极推进巡察整改。针对县委巡察组的反馈意见，召开专题会议研究部署，制定整改方案，列出路径图和时间表，5大类、18项问题基本整改落实到位，并结合实际情况建立健全长效机制，巩固和扩大巡察整改工作效果。（谢亚辉）

城乡规划服务办公室

【概况】 根据(宁发〔2015〕15号)文件精神，2015年9月16日，县城乡规划局更名为县城乡规划服务办公室。由县政府工作部门调整为县政府直属事业单位。2016年，宁乡县城乡规划服务办公室(以下简称县规划办)内设综合科、法制监察审计科、人事财务科、总工室、规划编制科、行政审批服务科等6个科室，下设宁乡县规划监察执法大队和宁乡县规划信息中心。年内，县规划办上下围绕中心、服务大局，强化规划引领，不断推进品质宁乡建设。

项目帮扶。为县委、县政府当好参谋助手，县规划办为多个重大项目的布局决策提出超前科学建议，对项目的不合理布局及早提出调整建议，受到县委、县政府主要领导的高度肯定。坚持每周业务例会、调度服务项目进度，每季度对全县所有项目上门服务一次，每月对重大项目上门服务一次，及时了解项目实施中的困难，帮助、指导载体单位办理规划手续。开辟规划审批绿色通道，成立重点项目规划工作专班，提前介入，定期与园区、项目办和乡镇对接督办，确保各项工作“信得过，过得硬”。

群众工作。2016年，宁乡县委群众工作部根据县直单位机构改革及部分乡镇、行政村合并的实际情况，对涉及调整的单位和村(社区)的联系工作安排作相应调整，县规划办联系驻村调整为灰汤镇花果山村。规划办工作人员在村支书记喻闲军带头组织下，迅速深入群众一线，展开工作，摸清花果山村的基本情况，制定宁乡县城乡规划服务办2016年“654321”精准扶贫对口帮扶活动方案，于2016年2月3日、10月14日、12月2日三次前往花果山村32户扶贫户进行上门走访慰问，累计送去慰问金5万余元。县规划办将花果山村的建设成果、村庄规划送评候选，通过精心组织，积极行动，该村被评为宁乡美丽乡村优秀示范村庄之一，获取奖励25万元整。常山坪路、茅雷公路，细弄子路三条村级公路路面硬化工程全面建设完成，方便群众出行，带动经济发展。在2016年的防汛抗洪期间，规划办主任李命文、副主任刘学武身先士卒，带领群工队员和部分干职工深入花果山村第一线察看汛情，积极指导灾后重建工作。同时，根据实际情况，对口支援资金8万元。

政务公开。全方位接受社会各界监督。全年接待上访群众120批320人次。高标准打造规划展示平台。积极筹备宁乡规划展示馆布展，全面打造了解宁乡的窗口、融入宁乡的指南。多渠道扩大规划公众参与。建立宁乡县城市规划公众参与微信公众平台。完成“我的宁乡我的家”等5期主题规划宣传。修订《宁乡县规划公示公开规定》，全年实施批前公示59项次，批后公布57项次。加大信息公开力度，全年办理依申请公开156件。办理建议提案13件，受理信访案件70件，办结66件，办结率100%。

【规划编制】 2016年，县规划办牵头制定《关于加强规划管理的若干规定(试行)》，破解县乡规划管理难题，获得中国城市规划学会的充分肯定，被誉为“在加强规划管理法治化进程中，对县级规划管理具有标本性意义”。指导完成花明楼、大屯营等14个乡镇重要路段立面改造，规划设计凸显特色城镇群风貌。组织乡村参加全市美丽村庄规划设计竞赛活动，鹊山村设计方案获全市唯一的一等奖，319国道、夏铎铺镇、历经铺街道美丽庭院设计成为全市样板。县经开区、县高新区控规获县政府批复，沩东新城、中心组团等7个控规已完成送审稿报批，完成大成桥、金洲镇等14个乡镇总规修编，强力推进12片控规层次城市设计编制，打造城市客厅靓丽名片。全面完成全域景区、旅游干线精致化规划和炭河古城、道林古镇、创意煤城、迴龙山景区规划，其中四大景区规划被湖南省规划学会评价为“特色鲜明、功能互补”，旅游干线精致化规划推荐为全省2016年度最佳规划。完成宁乡县文体设施、养老设施、医疗卫生设施、用地燃气等12个专项规划编制并纳入规划依据管理。着手建立历史文化名镇名村保护规划体系，形成初步成果。编制“宁乡县户外广告布局专项规划”和“宁乡县户外广告设置技术标准与指引”，完成15条道路户外广告详细规划编制，加强对户外广告的控制与引导。

【规划审批】 2016年，县规划办在全市率先出台《关于提高规划行政效能的意见》，在强化“三个严格”“四个不批”的基础上，全面提高审批效率。主动上门召开乡镇会商会议65次，为1121工程、沩东新城、岳宁大道、轨道交通、旅游走廊等重大项目建设做出积极贡献。现场办公152次，破解项目难题“马上办”“不过夜”。全年共清理行政权力事项17项，归并确认法定权力事项5大项，受理报建601项次，核发选址意见书229份；核发《建设用地规划许可证》33个，用地面积80.95万平方米，核发《建设工程规划许可证》64个，面积105.63万平方米。

【规划监管巡查】 2016年，县规划办立案违法建设案件49件，总建筑面积28.45万平方米，下达行政处罚决定书32份，处罚面积25.56万平方米，协助参与组织10个片区的拆控违行动289人次，召开违法认定听证会89次，拆除公有资产和私有房屋、违章建筑1087处，违建面积25万多平方米。牵头制订《宁乡县拆违控违规划工作方案》《拆除国有土地上违法建筑面积认定复核办法》，推进《宁乡县生态资源数据建库》工作，为拆控违工作及时解决政策和数据难题。全力保障“规划即法”权威性，全面落实建设项目规划批后管理责任制，批后管理的准确率和实施率大幅提高。创新网格化巡查制度，狠抓放线定位、建设位置复验、竣工核实三个环节，确保到位率100%。

【科学规划管理制度】 2016年，县规划办为了保障规划的前瞻性、科学性和长远性，全年召开会议5次，审议议题51个，进一步提高规划水平和项目品质。注重山地、绿带和水源保护，严格控制规划绿线，拟定《宁乡县绿线管理规定》和《宁乡水域保护蓝线规定》，划定水域保护蓝线和滨江地区绿化用地控制线。优化组团用地布局，开展沩东新城等核心片区规划优化工作。城乡规划信息化建设取得历史性突破，优化一站式管理服务平台模块功能，完善资源归档管理，强化数据入库与维护。

【规划创新】 2016年，县规划办在全省率先制定《宁乡县村镇规划技术规定》《危房提前征拆实施办法》《县城规划区安置房完善规划手续的解决办法》等规范性文件，获省住建厅、市规划局充分肯定。《宁乡县村镇规划技术规定》规范和提高村镇规划建设水平，加强村镇规划建设管理，为全域景区提供规划保障。《危房提前征拆实施办法》规范危房提前征拆的审批，解决群众建房与项目征拆的矛盾。《县城规划区安置房完善规划手续的解决办法》妥善解决县城规划区安置房规划手续办理的遗留问题，根治建房难的沉疴，使规划真正成为指导城乡建设的法定依据和权威蓝本。邀请原住建部副部长仇保兴出山，首次来县一级开讲，为宁乡700多名党政负责干部讲授国内外城乡规划管理经验，为宁乡快速城镇化发展指点迷津，分别被新华网、人民网等媒体报道，树立“宁乡重规划”的良好形象。7月，组织全县乡镇、县直单位和载体单位1000余人开展《关于加强规划管理的若干规定》专题辅导，规划法制意识进一步深入人心。

（袁轩）

城市管理

【概况】 2016年，宁乡县城市管理和行政的执法局（以下简称县城管局）围绕“加快三大建设，实现全面小康”（实力园区建设、新型城镇建设、美丽乡村建设）和“四个打造”（打造内陆开放高地、打造西线工业走廊、打造全域旅游景区、打造群众幸福家园）战略部署，以创建全国文明城市为抓手，创新思路，完善机制，依法行政，夯实基础，改进作风，圆满完成各项指标和工作任务。先后获得“抗洪抢险先进单位”“美丽乡村建设先进单位”“项目工程服务先进单位”“政务公开先进单位”“文明程度指数测评工作先进单位”等多项荣誉。

【创新体制机制】 2016年，县城管局着力理顺体制机制，大城管效能不断提升。一是城市管理向农村集镇延伸。联合相关部门制定下发《宁乡县城市管理向农村集镇延伸工作实施办法》，将与城市管理密切相关的部分行政处罚权和审批权进行归集，在乡镇领域推行综合执法。成立菁华铺、金洲、夏铎铺城管分局。局党委班子成员联点指导全县29个乡镇，指导并参与坝塘、煤炭坝等乡镇（街道）开展集镇容貌秩序整治和拆违工作50余次。二是深入推进百姓城管工作。成立有89个单位，1.61万名会员参与的百姓城管志愿者协会。开展志愿者活动172次。以四个原则（强化短板意识、坚持问题导向、形成负面清单、树立检讨思维）开发建设宁乡城管微信公众平台，按四个“当天”的原则（当天交办、当天落实、当天解决、当天反馈）处理投诉问题。平台关注人数达20万人，受理群众有效投诉4.65万件，完成4.58万件，完成率98.4%。宣传推送动态消息913篇。三是开展“门前三包”评比奖励。联合街道、社区、部门单位，组织门店业主召开“门前三包”业主大会，成立业主自治委员会，建立业主微信工作群。城区门店“门前三包”责任书签约率100%。每季度评选门前三包“示范门店”100户。四是加大联合管理执法力度。联合公安、交警等部门整治城区车辆乱停乱靠、“五小门店”不达标经营、取缔南门桥游船非法经营行为。联合属地乡镇、国土等部门取缔违规经营沙场。联合玉潭街道清整金林时代广场、再就业商城，刷新外立面，修缮破损顶棚，更换玻璃幕墙，清运堆积垃圾。调度相关单位开展“逢十大清整”行动。

【全面整治市容】 2016年，县城管局加大市容秩序整治力度。一是整治城区经营秩序。进一步深化最严城管执法行动。开展大规模集中整治行动70余次，基本消除城区主次干道流动摊贩、店外经营；全部取缔城区主要广场、车站和重要节点等区域的经营性亭棚；全面取缔占路为市的夜宵摊点、马路市场；城区校园周边流动摊贩基本清除，整治新疆人占道经营摊点，城区各市场周边小摊小贩基本已劝导进入市场内经营。全年共计执法纠违6000多人次，下发整改通知书7000余份，教育处罚1万多人次，立案2007件。二是规范静态交通秩序。联合相关部门开展联合执法行动，集中整治城区人行道停车和长期占用辅道停放的工程车、货车。成立交通设施中队，拆除二环路、人民南路、白马大道、春城北路等城区10余处护栏，共计7127米，优化调整影响车辆掉头护栏47处。投入20余万元更新楚沩东路交通护栏，对全城护栏安装反光标识，重新规划宁乡大道和二环路全线交通标识线，安装反光道钉，有效消除安全隐患。

【力推拆违控违】 2016年，县城管局按照违章建筑逐步清零的工作目标，明确目标任务并分解到各园区、街道、乡镇。严格实行“每日一巡查，重点区域一天两巡查”的控违机制，把违法建设控制在萌芽状态，基本实现违法建筑“零新增”。将拆违工作向规划区外乡镇延伸，参与黄材、巷子口、花明楼等乡镇大规模拆违行动10余次。2016年县城规划区内共计拆违2398户，面积41.1万平方米。积极协助人民北路、龙溪棚改等项目用地的征拆工作，以拆违促拆迁,为宁乡县项目建设营造优良的环境。

【规范管理广告】 2016年,县城管局联合相关部门编制《宁乡县户外广告、门店招牌设置规划》,出台《宁乡县户外广告管理实施办法》《宁乡县门店招牌设置技术规范》,发布《关于规范全县楼宇项目外立面户外广告、门店招牌设置的通知》。拆除拱门气球、横幅等临时户外宣传品2885处,破损广告和空白广告560处,灯杆广告402处,落地灯箱330余处,大型墙面围挡广告18处,拆除长常高速宁乡段沿线违法大型户外立柱广告(墙面招牌广告)43处。整改430余处违规门店招牌。提前介入规划并严格审批新设置的门店招牌,联合县住保局将新建楼盘门店招牌的规范设置纳入房屋验收范畴。共审批354块新设置门店招牌,停工整改89处违规门店招牌,全城未出现一例未经批准违规设置的超高、超大招牌。协调相关单位清理整治、提质改造一环路、鲁家桥沿线和三环路(宁乡大道至人民北路段)、宁乡大道东鑫花园小区沿街85空招牌以及八一路、玉潭路等9条路段的门店招牌。

【深化扬尘整治】 2016年,县城管局扬尘治理工作更加全面。指导监督做好围挡设置、净车出场设施建设和路面硬化工作,责令工地整改68起;办理未经许可或不按许可要求运输渣土的案件132起;加强对渣土公司和车辆驾驶员的培训管理,定期开展安全生产隐患大排查并加大安全生产教育力度。加强对建筑装潢垃圾清运处置的管理,成立2家专业的装潢垃圾清运公司;专项整治运输散装流体货物车辆运输途中不覆盖和洒落现象;新建县渣土停车场;完成118处规而未建、围而未建地块整治工作;开展城区餐厨油烟污染专项整治行动,督促餐饮门店安装油烟净化设施。

【提质清扫保洁】 2016年,县环卫局环卫保洁工作更加精细。主次街道全面推行"水洗路面、机械清扫、洒水降尘"三位一体保洁模式,城区道路清扫保洁服务面积达393万平方米,城区主干道机械化作业率近50%。更换制作站厕指示牌、制度牌98处;新增分类式果皮桶、移动式果皮桶1000余只,新增站厕6处,年清运垃圾16.5万吨。查处乱张贴行为200余起。对城区165.2万平方米水域每天实行两清四保,年打捞垃圾5000余吨。启用"电话追呼系统",设置"市民信息发布栏",为市民发布必要的信息提供疏导平台。

【加强园林管养】 2016年,县园林局园林管养工作更加到位。完成省级园林县城创建工作,制定《宁乡县2017年至2019年造绿大行动总体方案》,碧玉潭水景公园一期、滨江公园景观工程三个标段和迎宾广场、欧洲北路绿化工程等项目已完工,建成风形、锁匙等13个社区公园,共计增植大树6000余株,新增绿地面积30余万平方米。对花明路、二环路等进行增花添彩提质改造,共补植行道树、各类灌木11万余株,播种草花3.5万平方米,保持城区绿地完整和景观优美。

【推进市场管理】 2016年,县市场服务中心对杉木桥、步行街等市场实行固定值守,全年对杉木桥农贸市场及步行街清洗40余次,整改门店20多家、拆除违规小棚屋、破损广告30多处。投入100多万元对玉潭商贸中心、杉木桥农贸市场等区域基础设施进行维修、维护,对部分老旧设备进行更换,为市民营造"畅通美观、清洁舒适"的购物环境。

【狠抓队伍建设】 2016年,县城管局注重提高队员法制素养,狠抓基层党建,提升队伍执行力。一是严格规范执法行为。定期组织开展业务培训。编订《宁乡县城市管理和行政执法局执法手册》,实现"制度管人、流程管事"。对执法人员在执勤、执法活动中的着装、礼仪、用语、举止等行为进一步规范。二是狠抓基层党建。规范开展支部选举,将十多个党支部整合设置四个党支部。深入开展"两学一做"学习教育,重点组织学习习近平总书记系列重要讲话和《绿水青山就是金山银山》读本,开展大讨论,撰写心得体会,增强党员党性修养。三是深化党风廉政建设。建立和完善以党风廉政建设工作领导小组;制定下发2016年党风廉政建设责任目标书,明确各单位班子成员的主体责任和监督责任,突出落实党风廉政建设的"一岗双责"。积极主动开展两大专项整治("雁过拔毛"式腐败问题专项整治、"纠四风、治陋习"专项整治)

(朱颖珍)

爱国卫生

【概况】 宁乡县爱国卫生运动委员会办公室(以下简称县爱卫办)是宁乡县行使行政职能的全额拨款事业单位(参照公务员管理),主要负责全县卫生创建、城乡环境卫生整洁行动、农村改厕、病媒生物防制、健康教育等工作。2016年,县爱卫办有在岗在编工作人员5人,内设综合科。全县爱国卫生工作以改善城乡环境面貌,提高人民健康水平为目标,创新举措,真抓实干,取得较好成绩。

【卫生创建】 宁乡县卫生创建工作采用乡镇、单位、村(社区)自主申报,县爱卫办指导等方式推进。2016年县卫生创建工作获得一系列荣誉,国家卫生县城顺利通过复审,予以重新命名;成功创建国家级卫生乡镇2家:沩山乡、灰汤镇;省级卫生村6家:沩山乡同庆村、灰汤镇花果山村、灰汤镇双盆村、灰汤镇竹田村、回龙铺镇沿河村、白马桥街道白龙村;省级文明卫生单位1家:宁乡县军队离休干部休养所;市级卫生村4家:夏铎铺镇天马新村、回龙铺镇丰收村、灰汤镇将军村、历经铺街道大湾岭村;市级卫生社区1个:城郊街道东沩社区;市级文明卫生单位7家:老粮仓镇敬老院、金洲镇人民政府机关、沩山乡九年制学校、沙田乡敬老院、大屯营镇人民政府机关、龙田镇敬老院、农商银行龙田支行。通过卫生创建,全县爱卫工作水平得到进一步提升。

【城乡环境卫生整洁行动】 2016年,宁乡县大力开展城乡环境卫生整洁行动,坚持由点到线到面搞好环境整治,由表及里及深美化乡村环境。全县整洁行动实现覆盖率100%,整洁村达标率89.78%。城区卫生保洁实行市场化运作,坚持洒水降尘和定时清洗,开展"逢十大清洗""扫帚执法"等系列活动,实现城区道路干净整洁。农村地区坚持源头治脏,新建乡镇污水处理厂6家,新增公厕9座、垃圾站22座、垃圾转运站2座,新购置果皮桶3000余个,新建农贸市场18个,生活垃圾无害化处理率较上年提高10.34%。开展环境卫生集中整治9次,引导群众自发开展房前屋后卫生清理20余万户,通过整治实现人居环境的不断改善。

2016年,宁乡县获长沙市对县绩效考核(城乡环境卫生整洁行动)第一名。在全市城乡环境卫生整洁行动督查中,沩山乡、花明楼镇、菁华铺乡、青山桥镇4个乡镇被评为长沙市城乡环境卫生整洁行动"优秀乡镇";花明楼镇杨林桥村、夏铎铺镇天马新村、青山桥镇青山桥社区、坝塘镇保安村等4个村被评为长沙市城乡环境卫生整洁行动"优秀村";花明楼镇杨林桥村、夏铎铺镇天马新村、灰汤镇原花果村、资福镇红旗村、回龙铺镇原东车村、坝塘镇保安村、坝塘镇原洋西村、东湖塘镇原牛山村、菁华铺乡陈家桥村、沩山乡原沩水村、青山桥镇原桥北村等11个村被评为"长沙市垃圾分类示范村"。

【农村改厕】 2016年,宁乡县农村改厕工作继续坚持"民办公助,多方筹资,因地制宜,形式多样"的改厕方针,在全县23个项目村组织实施农村改厕,全年完成改厕任务2000座。改厕施工过程中,县爱卫办实行"五统一"和"专业队伍施工"模式,有效保障改厕工程的质量和数量,顺利通过省、市农村改厕考核验收工作。

【病媒生物防制】 2016年,宁乡县人民政府办公室下发《宁乡县2016年统一灭鼠实施方案》的通知,县爱卫办坚持预防为主、标本兼治、专群结合的原则,通过政府采购、公开招标,聘请专业公司,在县域内全面实施市场化病媒生物防制工作。根据第三方评估意见,宁乡县2016年"四害"密度控制在国家允许范围内。7月,全县突发洪灾,爱卫办本着"大灾之后无大疫"的原则,及时启动病媒生物防制应急预案,及时投放灭鼠毒谷、灭蚊安备颗粒剂等物资,确保全县灾后无一例不良影响事例或责任事故发生。

【健康教育】 2016年,县爱卫办充分利用爱卫月、世界卫生日、世界无烟日等活动,采用展板宣传、广场宣传、活动宣传等形式,广泛开展健康教育及禁烟控烟宣传工作,引导市民养成健康、文明、卫生的生活习惯,扎实开展巩固国家卫生县城和创建全国文明城市工作。各部门和广大群众认真落实单位和家庭的禁烟、控烟措施,涌现出一批禁烟控烟先进单位和家庭。县公安局、沩山乡卫生院等2家单位荣获市级"无烟单位"荣誉称号,胡波等7个家庭荣获长沙市"无烟家庭"荣誉称号。

(冯国强)

项目工程建设

【概况】 宁乡县项目工程建设办公室(以下简称县项目办)是由县人民政府授权,主管全县项目工程建设的全额拨款事业单位,核定编制14名(2015年新增1名)。2016年,县项目办内设办公室、项目管理科、项目服务科、财务科4个科室;有在编干部12名,无退休、停薪留职人员。全年,县项目办以推进"项目落地年"为抓手,牢牢扭住项目建设"牛鼻子",全力实施"项目建设百日大会战",创新工作机制,落实各项举措,实现一大批项目开工、提速、竣工,有力推动县域经济稳步快速发展。

【项目建设】 2016年,全县共有项目工程609个,全年计划投资554亿元,至年末完成投资308亿元。其中:新开工项目367个,完成投资157.1亿元;续建项目242个,完成投资150.9亿元;另竣工项目298个,完成投资111.9亿元。为县域经济加速发展提供强力保障和强劲支撑。

【工作推动】 2016年,县项目办牢牢扭住项目建设"牛鼻子",不断创新工作机制,务实工作举措,保持宁乡县项目建设稳中向好的良好态势。一是投资跨越增长,项目建设后劲十足。项目投资高位增长。全县576个项目共计完成投资308亿元,从投资性质上看,其中政府投资156.6亿元,社会投资151.4亿元。从产业类型上看,工业项目完成投资109.1亿元;基础设施项目完成投资62亿元;民生项目完成投资63.9亿元;房地产项目完成投资24.1亿元。从主要项目载体上看,宁乡经开区完成投资51亿元;宁乡高新区完成投资45.3亿元;县城投集团完成投资29.3亿元。项目落地卓有成效。全县实现项目落地开工340个(纳入落地年项目开工285个),县交运局启动大小基础设施项目32个,宁乡高新区落地开工项目21个,县城投集团启动项目19个,煤炭坝镇新开工项目13个,县公路局、教育局、卫计局、青山桥镇、沩山乡等21个项目载体单位全面完成既定落地目标。项目推进务实高效。全县已竣工项目252个,其中合同投资1000万元以上项目218个。格力电器宁乡综合生产基地项目,总投资60亿元,于6月1日实现第1台家用空调下线,年末全部达产。湖南省大学科技产业园项目,总投资50亿元,重点依托高校和科研院所资源,辐射全国"985"和"211"工程高校,打造高端发展、功能完善的国家科技创新平台,科技成果转化基地。一期工程已建成,多家企业入驻;九龙仓·奥特莱斯项目,总投资7亿元,于11月6日正式营业。二是前期工作到位,要素保障坚强有力。征拆有为。全县共组织实施集体土地征地拆迁项目46个,征收集体土地8000公顷,实现腾地635.53公顷,拆迁房屋2074户,动迁人口8725人。确保滨江棚改片区、天宁热电片区、炭河古城、廻龙山风景区等重大项目顺利腾地和开工建设。千方百计化解遗留问题,白马桥爱琴湾项目历时8年之久的拆迁遗留问题顺利得到解决。"阳光"拆迁新政实施以来第一个大型片区拆迁项目——滨江棚改南苑片区项目841户拆迁户全部实现和谐签约。审批提速。根据全年铺排的309个项目,对涉及14个审批部门的20个审批节点倒排时间表,层层压实3577个审批节点的责任。在办理过程中,取消或暂停节点1287个,已办结1578个,办结率80.1%。解难高效。为确保项目顺利推进,县项目办积极提请县级领导召开协调会、调度会,并严格督查领导交办事项,针对载体单位反馈的具体问题,深入一线,主动调研,召集相关载体单位协调解决具体问题,截至10月底,累计组织召开各类协调会、调度会、交办会120余次,破解难题140余个,有效破解宁乡大道北延线、八家湾水库、幸福里小区等一批重大项目推进难题。

【项目落地督查考核】 2016年,县项目办督查考核有力,合力凝聚执行高效。年初,县项目办、县政务中心牵头,全面落实"项目落地年"工作部署,制订《项目落地责任表(建设单位和审批单位)》,明确每个计划落地项目的审批环节、完成时限、开工时间,明确主建、主抓、主营责任,工作部署有力,思路清晰,目标鲜明,操作性极强,各单位按照部署安排,挂图推进,全面推动各项工作责任的落实。责任上肩。各载体单位、职能部门高度重视项目建设,全员参与,目标统一,主动作为,形成"一切向着项目看,一切围绕项目转"的建设氛围,项目载体单位设立项目审批手续代办员,审批职能部门实行"容缺受理,并联审批",协调联络进一步紧密,工作的效能不断提升。考核严格。为推动工作落实,县委督查室、县政府督查室、县纪委(监察局)、县项目办、县政务中心、县发改局等单位专门成立项目落地工作督查组,并出台《2016年推动项目落地工作实施办法》,明确督查频率、督查办法、问责要求等,督查工作组按月开展项目落地督查,对未如期落地项目提请县主要领导召开专题会议调度,印发督查通报,并进行绩效考核扣分,同时,还不定期开展重大项目时点督查,确保重大在建项目拧紧发条,提速推进。

【项目工作宣传推介】 2016年,县项目办创新宣传方式,项目建设氛围浓厚。深入开展"三查三比"项目建设英雄榜评比活动,选树推进项目建设的先进单位和个人,形成创先争优的工作氛围,共评选先进单位30个,优秀个人45名。积极争取主流媒体支持。6月21日《湖南日报》《长沙晚报》头版头条专题报道宁乡推进项目建设典型工作经验,设立《今日宁乡》项目专栏,每周两篇次宣传推介宁乡项目建设好经验好做法,增进载体单位间的相互学习和交流。创新运用新媒体宣传方式。推出"宁乡项目"微信公众号,按天推送项目资讯,累计推送项目建设资讯1000余篇。成为服务项目建设、推介典型经验、传播项目资讯的专业公众号。

【项目落地年】 2016年,宁乡县委、县政府高度重视项目建设,将2016年确定为"项目落地年",全面落实、落小、落细项目建设工作,全年共铺排计划落地项目309个。由县纪委、县委督查室、县政府督查室、县项目办、县政务中心、县发改局等单位组成专门督查工作组,采取"一月一督查一调度"办法,强力推动项目落地开工。截至2016年12月31日,共实现落地开工项目285个,项目落地率92.2%,有效消化近年存量项目及新签约项目,为县域经济发展注入新力量。

【重大项目联点帮扶】 2016年,为切实帮助业主解决项目建设中的各类难题,进一步优化经济环境,加快重大项目建设,宁乡县委、县人民政府决定,2016年继续深入开展"项目落地年"重大项目帮扶工作,由36名县领导和56个县直单位组成36个县派工作组对接帮扶重大项目建设。纳入"项目落地年"帮扶工作的重大项目共151个,2016年预计投资334.1亿元。截至12月31日,36个县派工作组共计开展项目帮扶活动1251天次,共排查出重大项目存在的具体问题193个,协调解决157个。其中:拆迁问题23个,解决12个;用地问题39个,解决26个;审批问题27个,解决

23个；供水供气问题6个，解决6个；环境问题6个，解决6个；其他问题67个，解决63个，制约重大项目建设的问题大部分得到有效解决，保障一大批重大项目的顺利推进。

【项目建设百日大会战】 2016年6月21日至9月30日，宁乡县委、县政府组织实施项目建设百日大会战活动。由宁乡经开区党工委书记、县委书记谭小平任顾问，县委副书记、县人民政府县长周辉任组长，县委副书记邓杰平，县委常委、县人民政府常务副县长刘亮，县委常委、县纪委书记张武任副组长。领导小组下设办公室（设县项目办，以下简称领导小组办公室），由项目办主任黄立志任办公室主任，县纪委（县监察局）、县委办、县政府办、县项目办、县发改局、县政务中心为成员单位。利用100天时间集中攻坚项目242个，完成投资100亿元。确保快速开工82个、提速推进64个、加速竣工96个。9月30日活动结束，按期达到目标任务的项目188个，其中56个重大项目实现快速开工，57个项目提速推进，75个项目加速竣工，实现投入112亿元。项目建设百日大会战强势推进经济发展，保障县域经济高速稳定增长。

【重点建设项目观摩】 2016年12月5号，县项目办组织开展2016年度县重点建设项目观摩活动，县四大家领导实地观摩调研2016年部分新开工重点项目，县四大家领导先后实地观摩中建科技绿色建材园、沃特玛电池、美丽中国·长沙文化产业示范园、长沙卫职院等29个项目。此次观摩让大家感受到近年来宁乡产业结构不断优化、基础设施建设逐步完善、生态环境日益改善、招商引资稳步推进等一系列丰硕成果。 （王伦飞）

重点工程

【概况】 宁乡县重点工程建设办公室（以下简称县重点办）主要负责宁乡境内国家、省、市级重点工程建设的组织、管理、协调和服务工作。2016年，县重点办共有在编人员28名，机关内设办公室、征地拆迁科、项目协调服务科3个科室。2016年，县重点办协调服务重点工程工作呈现出五大特点：一是主动对接服务，二是抓好个案处理，三是切实管好资金，四是注重前期协调，五是取得圆满效果。年内，县重点办承载和服务的主要重点工程项目是益娄高速公路、酒泉—湖南80万伏电力线路以及长益高速公路扩容工程建设，宁韶高速公路、渝长厦高铁、洛湛铁路复线、呼南高铁等项目的前期协调服务工作。全年累计完成投资20.07亿元，占年度目标任务的107%，超额完成年度目标任务。扎实做好石长铁路复线宁乡火车站提质改造项目、宁乡经开区发展北路及金洲镇金朱公路下穿石长铁路既有线的相关对接协调工作。全年完成固定资产投资12亿元，占年度目标任务的120%；完成向上争资20.07亿元，占年度目标任务的250.87%。在项目个案问题的处理上，顺利处理益娄高速项目沿线鞭炮厂的拆迁问题以及酒泉—湖南80万伏电力线路喻家坳乡的房屋拆迁个案问题，既避免矛盾纠纷的激化和升级，又确保群众的合法利益，有效维护当地的和谐稳定，为项目建设创造了良好的环境和氛围。2016年，县重点办先后荣获县"五好领导班子""经济管理部门二等奖""项目工程服务先进单位""县直单位综治工作优秀单位"等多项荣誉。

【健全工作机制】 2016年，县重点办新的领导班子通过调研与思考，提出"强化四条途径、明晰五种关系"的工作思路。强化四条途径：即抓认识的提升、抓是非的明辨、抓措施的过硬、抓合力的形成。明晰五种关系：即正确处理规范行为与推动工作的关系、正确处理工作务实和务虚工作的关系、正确处理日常管理与干部自觉的关系、正确处理资金支持与工作任务的关系、正确处理工作协调与民本民生的关系。针对各重点工程建设中出现的困难和问题，制定并严格执行周一班子成员工作例会制，交流工作、商讨对策、制定措施、推动工作。严格执行重点项目一对一专人负责制，对各重点工程项目积极开展帮促服务活动，扎实做好跟踪服务工作，为重点工程建设提供零距离、全方位、贴心式服务。注重排查矛盾，调处纠纷，着力解决好百姓关注的实际问题，尤其是重点工程项目建设沿线群众的热点难点问题，严防发生各类因工作不细或工作失误造成的矛盾。

【争取项目实施益于县域发展】 2016年，县重点办积极主动对接长益高速公路扩容工程、渝长厦高铁、宁韶高速、呼南高铁等项目，为这些项目的设计、选址和测量等做了大量前期工作，并结合县域实际提出了合理性的意见和建议。争取将宁韶高速公路往北延伸10千米与长益复线朱良桥互通相接，并实现预留，新增投资1200万元；通过积极沟通协调，在宁韶高速回龙铺互通处新增至S209的连接线，增加投资3000万元；通过积极协调和争取，长益高速公路扩容工程金洲互通实现移位并将连接线由两车道改为四车道，新增投资1000万元；呼南高铁力求设站横市。

【党建帮扶】 2016年，县重点办把争创优秀领导班子作为党建工作第一要务，履行"一岗双责"，着力建设一支"五好五带头"的领导班子，切实抓好党风廉政建设，严格落实党风廉政责任，深入践行"两学一做"学习教育。全年累计

10次邀请县纪委、县委党校等单位专家进行授课，坚持把学习党章党规、习总书记系列重要讲话精神与党员教育管理结合起来，把坚持走群众路线与党员干部入乡驻村进社区工作结合起来，把建章立制与从严落实党建工作责任制结合起来。注重把学习成果转化为推进项目协调服务的能力，全年累计处理3个在建和2个已建项目各类大小问题1000余起，有效助推项目建设。2016年，县重点办党支部与大屯营镇三仙坳村党支部开展软弱涣散党组织整顿帮建工作，派出“第一书记”驻村开展工作，班子成员多次下乡开展调研，制定详细帮扶工作方案，累计投入20多万元，协助修缮村组公路5千米、水利设施恢复近10处。该村工作阵地软硬件设施进一步完善。着力打造“阳光村务”，支村两委班子凝聚力进一步增强。全年，县重点办每名干部结对帮扶大屯营镇5户贫困户，扎实开展精准扶贫工作，帮扶的贫困户于年底全部实现脱贫。

【长益高速公路扩容工程宁乡段】 长益高速公路扩容工程，即长沙至益阳高速公路改扩建工程。项目起于长沙绕城高速西北段，对接益阳绕城高速，基本与现有长益高速公路平行，两条高速最近距离约5千米，最远距离约11千米。项目总投资77.97亿元，全长约49.8千米，设计时速120千米，双向六车道。该项目宁乡段总投资17亿元，全长15.376公里，途经双江口、金洲2个乡镇，设金洲、朱良桥2个互通和双江口服务区，计划于2019年底竣工通车。2016年，该项目完成设计论证，成立宁乡指挥部，开展红线放样、实物量调查等工作，进入全面启动和实质性实施阶段。

（李宏伟）

征地拆迁

【概况】 宁乡县人民政府征地办公室(以下简称县征地办)负责县内征地补偿工作的实施、组织、协调、监督和管理；组织编制征地补偿安置工作年度计划，拟定征地方案；审批征地补偿安置方案，经县人民政府批准后发布征地公告；负责被征地农民选择货币补贴安置的对象参加社保认定、审核工作，配合有关部门做好被征地农民就业培训和社会保障工作；协调处理征地补偿安置争议，妥善处理遗留问题和上访信访工作；负责征地拆迁安置有关资料的收集、整理和归档工作；办理法律、法规、规章规定的其他相关工作。2016年，县征地办内设办公室、征拆科、安置科、法规科和财务科5个科室，有在编干部职工17人。

【党组织建设】 2016年，县征地办为落实党要管党、从严治党的新常态，深入落实党建各项要求，取得好成绩。一是完善基层党组织架构。党组书记亲自抓党建，始终牢记职务即是责任，从严落实党建工作责任制，履行好党建第一责任人职责，通过公开选举任命3个支部委员，构建科学合理的基层党组织架构。二是严格落实基层党建工作。结合“两学一做”加强党员素质教育，增强党员的归属感、荣誉感。定期召开“三会一课”、民主生活会，加强党性修养。创新学做方式，提升党组织活力，帮扶青山桥镇上流村基层党组织开展高效务实的整顿工作，开展回龙铺镇左家河村、天鹅村23户建档立卡贫困户精准脱贫，增强党组织凝聚力、战斗力。三是以学促行，抓党建服务。充分发挥党组织在征拆项目服务中的作用，党组书记深入征拆一线，亲力亲为，党组班子以上率下，党支部争先创优，全体党员团结实干，抓实服务项目。全年服务征拆项目51个，拆迁房屋3754户，审批失地农民参保5927人。

【党风廉政建设】 2016年4月，长沙市征拆系统“雁过拔毛”式腐败问题专项整治工作大会在宁乡县召开，县征地办欣起党风廉政建设高潮，结合自查自纠、重点督查发现的问题和工作中的薄弱环节，深入研究分析，有针对性地制定措施，完善科学、有效的工作制度。针对党风廉政建立四项常态机制，遏制问题发生。一是加强组织领导。成立“雁过拔毛”式腐败问题专项整治领导小组，制定《宁乡县征地办“雁过拔毛”式腐败问题专项整治实施方案》，对“雁过拔毛”式腐败问题专项整治工作进行研究部署，将责任分解，落实到人。二是规范征拆运行机制。2017年，县征地办起草、制定3个规范性文件，提请县长召开专题办公会加强全县征地统筹机制等，从制度上杜绝腐败发生。三是实行资金集中会签制。征地拆迁下拨资金、个案资金及处理征地拆迁遗留问题的资金必须由经办单位的部门人员联合会审签字，再按照“三重一大”程序实行会签制，由主管项目领导、分管财务领导及主任签字方可支付。四是建立资金跟踪回访制。下拨到载体、乡镇、村(社区)及个人的资金，财务进行跟踪回访调查，从而确保资金按时足额到位。对在征地拆迁中，损害群众利益的行为，坚决查处，决不姑息。

【阳光征拆】 2016年，宁乡县征拆工作再掀高潮。一是拆迁量创新高。全年宁乡县共组织实施集体土地征地拆迁项目51个，征收集体土地1139.47公顷，实现腾地951.8公顷，拆迁安置3754户，拆迁建筑面积91万平方米，动迁人口1.61万人，拆迁量创历年之最。拆迁速度快，签约从原来3至5天缩至1至2天，一大批项目都是一天签订房屋补偿协议，网上誉称“宁乡速度”。二是遗留问题有突破。8月,白马桥爱琴湾项目片区两户遗留房屋的顺利倒地清零,玉潭街道南苑社区两户遗留房屋签订拆迁协议,为该片区历时多年之久的拆迁遗留问题解决画上圆满的句号,也为该片区项目建设扫清最后的障碍。通过努力,县征地办确保经开区、高新区、沩东新城项目、1121工程及配套设施、滨江棚改片区、天宁热电片区、炭河古城等重大项目顺利腾地和开工建设,为项目落地奠定坚实基础。三是制度进一步规范。统一操作平台,明确县人民政府为全县征地拆迁安置工作的唯一责任主体,县国土资源局为补偿政策的实施主体,由征拆管理所统一实施,县征地办作为协调单位统一进行调度。各司其职、各负其责。完善征拆制度。4月,实施《宁乡县房屋征收拆迁房票安置实施办法(试行)》,10月,召开征拆工作县长专题办公会,县征地办起草制定《关于严厉打击扰乱征地拆迁秩序行为的通告》《宁乡县征地补偿安置若干问题内部暂行操作规定》以及社保的相关规定,进一步确保"阳光征拆"操作规范。四是形象进一步提升。群众扎堆上访,征拆工作推进困难,项目难以落地的情况彻底成为历史,"天下第一难"的征拆工作顺利破解,通过"一碗水端平"树权威,严格执行"三个一",即:一条尺子、一个主体、一个政策,群众无攀比,利益得到平衡,自然得到群众拥护。在征拆过程中,坚决落实"三轮会审""三榜公示",杜绝暗箱操作行为,"三榜公示"的阳光拆迁有利于接受群众及审计、纪检部门的监督,真正做到公平、公正、公开,确保群众的知情权、监督权,实现征拆项目零上访,保障群众利益。征拆工作受到省、市领导的高度肯定,得到群众的理解和认可,《湖南日报》《长沙晚报》、市委办公厅《内情参考》等多个主流平台对其经验做法进行推介,湘潭、凤凰等十几个市县考察团赴宁乡县交流学习。

【民生社保】 宁乡县累计审批被征地农民参保人数29353人,收缴社保资金38.3575亿元,其中2016年审批参保人员5927人,收缴社保资金8.5123亿元,纯货币补贴7886人,创历年新高,提前二个月完成县政府下达的年度审批5000人的目标任务。通过征拆工作县长专题办公会,对社保工作当前存在的参保范围不明确、清缴难度大、纳入系统难等问题进行认真研究和重点部署,明确具体的追缴任务,清缴期限,通过不断加大社保规范力度,极大地维护被征地农民权益,确保社会大局稳定。 (罗青)

住房保障

【概况】 2016年,宁乡县住房保障局(以下简称县住保局)内设7个科室:办公室、人力资源科、财务科、法规科、监察审计科、行政审批服务科、房交易监管科(与行政审批科合署,8月设立);下设10个二级单位:住房保障管理中心、房地产市场信息管理服务中心、二手房交易中心(与市场信息中心合署办公,8月设立)、物业管理服务中心、城市房屋征收和补偿管理办公室、玉潭房屋管理所、玉潭物业管理所、白蚁防治管理所、房票管理中心(4月设立)、宁乡县房地产开发经营管理服务中心。年初有在册干部职工432人,8月5日房屋登记职能划转后全局有在册干部职工292人,其中在职212人、离退休80人,临聘人员1人(经社会公开招聘);有工民建、经纪、经济师、档案管理等各类专业技术人员75人,其中高级职称3人。住保局行使县人民政府授权的工作机构职能,负责全县房产市场领域的行政管理和住房保障工作。

2016年8月之前,住保局的主要职能职责:具体负责统筹全县保障性安居工程、房地产行业管理、房屋权证办理、白蚁防治、征收管理、经营担保等业务。2016年8月份房屋登记职能划转按"人随事走"的原则将"房屋交易、测绘和登记职能"整体划转至国土局后,住保局主要工作职能职责有所调整,具体包括:负责全县住房保障和房地产业工作规划、计划的编制,研制并实施全县保障性住房相关政策;组织指导全县保障性住房的建设与管理,负责城镇、工矿等棚户区改造,负责城镇中、低收入家庭住房保障对象的审定,并对住房保障对象进行动态管理;实施廉租房、公租房的配租、房屋租赁补贴核定与发放;全县直管公房的分配、修缮、经营管理和租金核减工作;规范管理全县房产市场秩序、监管市场动态;管理全县房产开发企业、物管企业和房地产评估机构等中介企业的资质审查、备案和年度审核认证;负责商品房屋预销售审批工作和预售资金的监管;负责全县二手房交易市场的监管;指导、监督、协调开发商、物管企业、业主和业主委员会的相关工作;负责全县国有土地上房屋的征收补偿管理、白蚁防治、物业维修资金的归集与管理、房屋租赁管理及房票管理工作;优化窗口服务和电子服务平台,建设房产市场信息电子网络系统;实施信息化管理,负责全县房地产市场分析、预警、预报、产业研究,市场信息的搜集、整理、数据分析工作;及时为县政府相关决策提供调研报告。

2016年,县住保局获省级奖励2项,市级奖励3项,获省、市业务主管部门工作先进个人6人次。全局工作绩效考核持续四年跻身县级先进行列、领导班子连续五年获评"五好领导班子";党风廉政建设获评全县先进单位;县住保局获市统计局"2016年度建设领域统计工作优秀单位";房地产开发经营公司获国家工商行政总局"守合同重信用"企业、湖南省“守合同重信用”企业；白蚁防治所荣获湖南省白蚁防治行业2016年度先进单位；物业管理服务中心获“2016年长沙地区物业维修资金管理先进单位”；行政审批服务科被评为县政务中心“红旗窗口”单位；城市房屋征收与补偿管理办公室获“长沙市青年文明号”称号；玉潭房屋管理所获“长沙市模范职工小家”称号。

【市场监管】 2016年，宁乡县房产市场秩序规范、市场监管平稳有力、房产市场逆势攀高。县住保局围绕“政策引导、棚改助力、房票安置、物管提质”四大举措，出台吸引农民进城购房政策、将棚改与去库存有机结合、举办宜居节会促刚需，“去库存、控源头、活市场”成效明显。全年新建商品房销售面积138万平方米；购房外向度20.5%，超目标任务0.5个百分点；入库税收9.98亿元(含所有建筑业税)，完成目标任务的142.8%，产业贡献显著。

【住房保障】 2016年，宁乡安居保障卓有成效。县住保局扎实推进安居棚改项目建设，巩固住房保障“宁乡模式”品牌。一是保障效果全省领先。完成棚户区改造项目9332套(户)，建成公租房1509套，完成率均达100%；新增租赁补贴250户，发放租赁补贴26万余元。二是后续管理日渐完善。创新实施廉租住房和公租房“两房并轨”运行模式，严格动态管理，实行“三审二公示”，强化直管公房、保障性住房小区和自管资产的承租、维护和管理。玉潭路历史文化街区、人民北路公房腾退顺利安置，和谐家园一、二期1000多户成功配租，“和美华庭”成功创建“长沙市公共租赁住房管理示范项目”。三是向上争资再创新高。积极向上争资，全年累计争资3.8亿元，完成率191%，超目标任务1.8亿元，有效缓解县财政压力。年内，住房保障工作多次受到省、市领导的高度肯定，得到人民日报市场网、《长沙市安居棚改工作简报》等媒体专题报道推广。

【物业管理】 2016年，县住保局用好考核指挥棒，把物业管理主动融入服务新型城镇建设中，全年完成换届或组建业委会13个，强化属地管理，开展住宅小区专项整治行动，出台《关于全面推进物业管理的实施意见》(宁政办〔2016〕69号)；全年累计归集物业维修资金1.53亿元，经严格审批后动用物业维修资金业务87宗，共动用金额333.2万元；“政府监管、市场主导、属地管理、业主自治、综合施策”机制健全。

【房屋征收】 2016年，县住保局坚持一把尺子量到底，全年拆除房屋485处、拆除面积约25.8万平方米，完成国有土地上房屋征收1050户，超过前五年总和，创历史之最。人民北路路形基本拉通，打通城区南北主干道，加速城区城市棚改进城。创新推行房票结算制度，累计发放房票2629张，去库存近20万平方米，得到省委督查组高度肯定。

【白蚁防治】 2016年，县住保局加大白蚁防治宣传、优化办事流程、突出技术提升，继续稳固全国先进品牌。全年签订白蚁防治合同529份，防治施工324宗，施工面积150万平方米，灭治施工117宗，灭治面积17.5万平方米。年内获湖南省白蚁防治专委会“2016年度先进单位”荣誉。

【经营担保】 2016年，县住保局推行差异化考核，严格内部管理，强化行政效能，稳控市场风险。一是开发经营克难推进。龙泉美墅全年开工建设面积达7.5万平方米，完成资金回笼1.23亿元；整合融资，公司融资成本严格控制；启动历经铺地块招商及夏铎铺用地盘活。二是担保业务可控运营。依托部门联动，注重风险控制，置业、融资担保有序发展。2016年和诚公司受理业务56笔，在保额度1.9亿元，实现收入467万元；和信公司受理业务3727宗，担保金额10.61亿元，实现收入近800万元。

【队伍建设】 2016年，县住保局围绕做强职工队伍，一是加强队伍建设，党员先锋作用充分发挥。继续推行和完善差异化考核，建立能上能下的用人机制，打造德才兼备的干部队伍；以党建为抓手，开展“书香润住保”读书活动，提高全局党员干部的政治素养和理论水平，全年邀请专家上党课5堂、组织“两学一做”专题学习讨论4次，开展“三微一大”活动，组织开展工、青、妇和老干、关协、离退休支部活动，增强干部职工凝聚力、驾驭力和战斗力。二是抓好作风建设，打造洁净的房产队伍。坚决贯彻落实“八项规定”执行不变通、不松动；全面加强党的纪律建设，严格执行党的各项纪律，克服组织涣散、纪律松弛现象；继续抓领导干部带头，抓突出问题的解决，抓长效机制建设，强化日常督查考核。三是抓好勤政廉政，强化工作的落实机制。严格落实党风廉政建设责任制，落实“一岗双责”，完善惩治和预防腐败体系，严肃查处各类违纪违法案件。开展“雁过拔毛”式腐败问题专项整治，确定市场管理、住房保障、房政业务、工程建设领域等作为惩防体系主体内容，把征收拆迁、商品房预售管理、物业维修基金监管、住房置业和融资担保、资产经营以及保障性住房建设、分配和管理环节为防患重点，对重点事项、重点领域和重点岗位进行监督；强化执法监察、效能监察、廉政监察，加强审计监督，深化“四风”问题整治。通过开展“讲道德、明是非、守纪律”主题活动、开展“两学一做”教育活动，加强党员干部政治教育、增强廉洁从政意识。 (陈洪波)

住房公积金管理

【概况】 2016年，长沙住房公积金管理中心宁乡县管理部（以下简称管理部）有在编人员6人、临聘人员5人。管理部在市中心授权下，负责宁乡县行政区域内住房公积金的归集和使用计划；记载职工住房公积金的缴存、提取、贷款等情况，按有关规定和审批权限审核住房公积金的提取和转移；负责住房公积金的催建和催缴；办理住房公积金的对账和查询，提供住房公积金政策咨询。2016年，管理部积极践行“六个走在前列”，深入开展市中心“四个争创一流”活动，宁乡住房公积金事业持续健康发展。截至2016年12月31日，全县新增归集金额4.79亿元，同比增长31%，归集余额13.44亿元；全县新增开户单位63个，新增缴存职工4626人，累计缴存人数4.28万人。全县新增提取2.1亿元，提取住房公积金3.4万人次。共发放1045户职工购建房贷款3.02亿元，其中首次购房达89%，支持职工解决住房面积12.75万平方米。

【公积金资金管理】 2016年，管理部通过推进财务制度改革、加强内部稽核审计、主动接受外部监管等强有力的工作措施，构筑立体防控体系，确保资金安全运行。一是主动接受社会监督。对管理部业务办理流程、服务标准、办理时限、服务承诺等进行全面公示。同时，在服务大厅显著位置设立专栏，公开公积金政策和相关规定、服务热线、监督专线等信息，主动接受社会监督。二是切实加强内部管理。实行严格的内控机制和稽核机制，实施贷款全过程风险把关，加强对开发楼盘调查，加强对担保公司、受托银行管理考核，规范职工个人住房贷款审批，实行“三级审批制”，细化审批责任，依法依规发放贷款。严格执行“零余额账户”管理、“资金集中支付”相关规定，变资金分散管理为市中心集中管理，有效防范资金风险。

【公积金政策宣传】 2016年，管理部坚持把住房公积金政策宣传贯穿管理工作始终，通过搭建宣传平台、创新宣传方式、突出宣传重点等措施，大力提升住房公积金政策知晓率、入户率。一是搭建宣传平台，通过网络媒体、电子显示屏、横幅、宣传板报等载体，依托住房公积金制度改革关键时期和公积金新政实施契机，开展住房公积金政策宣传，深化思想认识。及时更新公积金缴存、提取及贷款宣传册，制作宣传海报，在《今日宁乡》报纸和宁乡县电视台做公积金政策宣传。二是创新宣传方式，建立住房公积金专管员QQ群，近500名规模企业专管员列入其中，加入县财政集中支付局、支付单位QQ群，及时为缴存人答疑解惑，同时在宁乡县人民政府公众信息网定期更新住房公积金有关政策和通知，确保信息公开及时、到位。三是突出宣传重点，组织专题宣传，在宁乡县第六届宜居文化节房产交易展示会设置公积金政策咨询台，让缴存人更好地享受到住房公积金政策优惠。

【公积金综合服务】 2016年，管理部不断完善服务体系，在深化服务理念、规范服务行为、完善服务制度、提升服务品质、拓展服务渠道上狠下功夫，提升服务的人性化、智能化水平。一是规范窗口服务。大力推行“综合柜员制”，受托银行、担保公司在各业务窗口全面进窗驻点，实现住房公积金业务办理“一窗式受理，一站式办结，一条龙服务”。二是提升服务品质，规范办事窗口服务管理，对窗口工作人员岗位设置与职责、服务形象、服务行为、服务语言、服务措施等方面进行规范，建立行政审批项目流程清单，严格落实服务承诺、首问责任、一次性告知、限时办结等制度。三是拓展服务渠道，启动“互联网+公积金”战略，配合市中心开展新一代住房公积金管理信息系统建设工作，通过年审工作，进一步完善职工基础信息资料，为综合服务平台推广应用打下基础。

【公积金队伍建设】 2016年，管理部以“两学一做”专题教育活动为抓手，不断加强和改进工作作风，提升公积金队伍整体素质，树立基层公积金队伍良好形象。一是深入开展“两学一做”专题教育活动，抓好队伍建设和党风廉政责任建设，不断强化基层党组织建设，充分发挥工青妇群团组织的作用，增进基层公积金队伍的凝聚力和向心力，树立健康向上、斗志昂扬的基层公积金队伍形象。二是抓好管理部文化建设，以“道德讲堂”、志愿服务活动、雷锋式服务明星评比为主题，增进管理部的文化内聚力。以健康向上文体活动为载体，组织素质拓展、业务技能比拼、球类竞技、工间操等活动，增进管理部干部职工团队协作能力。三是进一步巩固省级模范职工小家创建成果，深入学习市中心成功创建全省文明单位的经验，树立典型，深化文明创建意识。四是抓好综合治理工作。开展平安单位创建活动，全年未发生责任事故或较大影响事件，保持和谐稳定的工作局面。

（姚恬静）

城市建设投资开发

【概况】 宁乡县城市建设投资集团有限公司（以下简称县城投集团）成立于2000年8月，2013年6月组建集团公司，公司注册资金2亿元，截至2016年12月，公司总资产达到267亿元，存量土地352.23公顷。2016年，公司内设办公室、总工室、投融资管理部、招商经营部、工程技术一部、工程技术二部、社会事务部、资产资源管理部、财务部、人力资源与绩效管理部、监察审计部、大城市管理办公室、安全保卫部等十部三室，下辖(控股)同兴公司、开元公司、万佛灵山公司、南楚灵烛公司等四家实质运行子公司，在职员工211人，其中专业技术人员53人，企业信用评级为AA，综合实力排名湖南省县级城投前十位，逐步发展成为以基础设施建设、土地一级开发为主，房地产、城市经营、文化旅游等多种经营为辅的综合型平台公司。

【以项目推动城市上档升级】 2016年，县城投集团积极投身全县项目建设百日大会战，铺排政府投资项目23个，16大项目顺利竣工，7大项目加速推进，高速迎宾文化广场扮靓城市窗口，市民之家揽下省级建筑"芙蓉奖"，打造服务宁乡人民的百年建筑，火车站改造项目入选市发改委《重大项目专报》，建设经验向全市推介；提质改造白马大道，绿化提质宁乡大道、金洲西线等5条道路，滨江棚改造绿复绿，栽种大树2000多棵，造绿100多公顷，优化城市形象和人居环境；学府路联通新城片区与东城片区，蓝城文化城路网、白马配套路网相互串联；新山小学等3家学校建设、51家农村文化养老中心的建设解决群众关注难题。公司美誉度和影响力进一步提升，公司服务社会、服务群众的品牌社会效益得到进一步彰显。

【以融资增加城市发展后劲】 2016年，县城投集团作为宁乡城市建设的主力军，在金融市场紧缩的情况下，创新融资方式；在货币市场宽松的情况下，千方百计降低融资成本；在公司主体条件受限的情况下，积极开拓新渠道、探索新路子，打通国家发改委、银行间协会、交易商协会、证券交易所等直接融资市场通道，稳固发展与国家开发银行、工商银行等35家间接金融机构的合作。截至2016年12月底，审批融资95亿元，到位资金79亿元，其中债券直接融资20.3亿元，成功发行全国第一支10年期养老专项债券，宁乡第一支非公开公司债券，国内金融融资通道已全部打开。

【以转型升级推动经营稳中求进】 2016年，县城投集团经营工作稳步推进。全年实现收入2.47亿元，上缴税费7765万元；土地储备有序增长。完成沩江大道等8个项目共计20.4公顷土地的报批，土地调规291.67公顷，归集乡镇土地资产51公顷，房屋资产15.37万平方米，公司资产结构更优，资产总量更大；子控公司稳健运营。同兴公司实现销售收入3463.5万元，开元公司实现资产经营收入256.38万元，万佛灵山公司全年接待游客总量近19万人，实现门票收入662.6万元，较上年分别增加28%和84.9%。

【推行阳光征拆安置新政】 2016年，县城投集团全面推行征拆新政，维护群众切身利益，提高资金使用效率，确保有序征拆、高效征拆、和谐征拆。全年共计投入征地拆迁经费25.65亿元，完成征地245.4公顷，拆迁1124户，拆迁投入、征地面积及拆迁户数连续两年位居全县第一。遗留问题处理取得阶段性成果，全年化解各类征拆遗留问题32个，腾地80多公顷，滨江棚改二期全面清零；白马桥化解爱琴湾片区遗留问题6户，堪称宁乡征拆攻坚的重大胜利；站前路匝道刘正武户历时4年，成功签约，维护良好征拆环境，确保城投集团各类工程的顺利推进。

【自身建设强基固本】 2016年，县城投集团基层党建深入推进。扎实推进发展党员、七一表彰、十八届六中全会及省市县党代会精神学习、"讲道理、明是非、守纪律"演讲比赛、"两学一做"、党员春训、民主生活和民主测评等基础性工作。认真开展精准扶贫，帮助龙田镇隔山冲村建成村部办公楼、整修村级道路，共投入帮扶资金约200万元，精准扶贫工作以"公司+农户"的扶贫模式切实推动村民真正脱贫，2016年，全村实现43户、148人脱贫；集团班子建设坚强有力。强化制度约束力，完善党组工作规则、领导班子议事规则，严格落实"三重一大"制度，推行领导班子"月例会"制度，全面打造团结、民主、务实、开拓的工作氛围。坚持"党组统一领导，党政齐抓共管，纪检组织协调，部门各负其责"的领导体制和工作机制，强力推进党风廉政建设；内控管理掷地有声。全面修订21项制度，建立完备的工作制度体系。2016年，县城投集团完成人大、政协提案议案5件，见面率、办结率、满意率均达100%，为公司经营发展、和谐稳定提供坚强保障。年内，公司先后获得国家级"模范职工之家"、长沙市"青年文明示范岗"、宁乡县"狮子型团队""2015年度绩效考核先进单位"、宁乡县"五好班子"等荣誉。 (刘宏科)

宁乡县国有资产经营有限公司

【概况】 宁乡县国有资产经营有限公司(以下简称县国资公司)主要负责经营县直行政事业单位的土地、房屋产权；对县财政投入资金和国企改制后形成的国有资产产权和股权进行管理；负责进行房屋拆迁和土地一级整理、储备和开发；负责对控规范围内老城区和东城片区的基础设施实施建设开发；负责房地产开发、经营。2016年公司在职人员62人，包括正式事业编制人员(含借调)28名，临聘人员34人；党组成员3人，班子成员5人。公司内设办公室、纪检监察室、财务科、工程科、融资科和社会事务科等六个科室。2016年,县国资公司扎实抓好各项工作,形成各项工作协调并进的良好态势,为宁乡经济社会发展做出了应有的贡献。至年末,公司融资到位资金34.3亿元,招商引资21.5亿元,项目总投14.5亿元(其中项目建设约5亿元,征地拆迁9.5亿元)。

【项目建设实现新跨越】 2016年,县国资公司按照县委、县政府统一安排部署,公司对年初确定的18大重点项目分期有效推进。工程项目公司严格按照事前程序清楚,事中运作规范,全程有效监管的管理办法,高效优质确保完成。一是已完工8个建设项目。沩东中学。投入1.5亿元,建筑面积约3万平方米,可设置48个初级中学班,2400名师生。沩东中学作为东城片区品质最高的学校,有效推动县城教育的均衡发展。老一中(紫金中学)校园提质改造。投入2.2亿元,提质改造建筑面积2.8万平方米,可容纳36个班近2000名学生,大大缓解县城学位紧张的局面。人民北路建设。项目投入近3000万元,贯通城区南北,解决交通拥堵。滨江大道一标。道路全长1.1千米,路幅宽28米,项目总造价1700万元。沙河市场段实现通车。金潭南路。总造价400万元。道路贯通沙河和滨江两片区。城北中学(春城、振兴、梅花)校区装修改造。项目分期投入约400万元,对三个校区进行提质改造。香山社区提质提档。投入资金约600万元,高质高效完成香山社区提质提档工作,年末通过初步验收。文明创建零星工程。投入300多万元,完成公司规划区域内90余项文明创建交办任务。香江国际周边环境整治项目,外立面改造"三个打造、四个提升"公益广告牌的制作取得良好的社会反响。二是启动实施3个项目建设。广电大楼和滨江演艺广场项目。按照县委政府安排部署该项目已调整为新媒体艺术中心。项目投资约2亿元。已完成设计招标工作。滨江大道南延线,已完成招标挂网程序。三是规划调整7个项目建设。玉潭历史文化街区范围内的龙溪路提质改造、化龙溪水系综合治理、立面改造、文庙、龙溪坊、玉潭书院,以及宁乡县文书路消防站按照规划调整予以实施。四是项目管理有章可循。2016年所有项目都严格按照报建、报监程序实施。实施过程动态化管理,层次管理,交叉管理。坚持所有工程变更分级呈报办理,所有结算由专业内审人员或委托有资质造价中介单位审核。年内完成结算审核42个,送审金额7600多万元,内审金额5900多万元,核减近1700多万元,核减率22%。

【征拆安置呈现新局面】 2016年是县国资公司有史以来成绩最为显著的一年。一是征地拆迁工作。投入资金9.5亿元,完成龙溪片区棚改片区内玉潭历史文化街区、人民北路沿线、老城区(香山巷、龙溪片区)私房征拆709户,公房腾退350户。完成供销社、总工会、公安局、教育局、住保局、移动公司、原城南实小等7宗公有资产共计2.6万多平方米的征收、腾退和拆除。投入资金5000万元,完成沙河片区城中村改造集体房屋拆迁60户。年末龙溪片区、沙河片区等两个棚改项目完成签约185户。二是安置入住工作。攻坚克难,加大安置入住力度。完成大玺门15户安置户安置"老大难"问题;完成东城片区45户安置户交房入住宇业东方红郡;协调解决大玺门商业街区、春城万象商业广场120户安置办证问题,民心得稳定,工作有成效。

【财务融资促进新发展】 一是财务管理。2016年,县国资公司坚决贯彻"大财务"理念,在财务核算、采购监管、采管分离、合同管理、项目管理等方面实行事前管理,财务管理效果明显。结合项目工程和日常财务管理实际,专门制定财务管理、工程管理、员工管理三大制度,规范项目工程和日常财务流程,形成"有章可循、有据可查、有人负责、有人监督"财务管理机制。协调县财政,完成债务置换合计4.53亿元,其中置换乡镇涉政不良贷款1.13亿元,有效降低财务成本和防范债务风险。协同证券公司,项目收益债资金科学合规使用6.63亿元,为棚改项目建设资金提供有力保障。借助棚改契机,争取国家棚改资金1938万元。在返还东方明珠项目土地利息利用时间差协调拉低利率2个点,节省开支28万元。通过核算,截至11月,公司"四费"与上年同比节约39%。二是融资筹集。根据还本付息、项目投入、往来支付的需要,通过拓宽渠道、破解瓶颈、创新形式方式,采取利率"取短换长"、机构"由小变大"、方式"转常为新"的策略,全年到位资金34.3亿元,超额完成年度任务目标。成功发行湖南首支项目收益类债券15亿元,综合成本4.5%以下。

【招商引资再上新台阶】 2016年,县国资公司积极参加各地招商引资经验交流会。由县领导及公司领导带队对比较成熟的项目主动出击,到成都、长沙等地洽谈招商项目。充分利用网络平台,大力开展网络招商工作。全年完成招商引资21.5亿元,签约落地项目3个,分别是投资10亿元的龙溪棚改项目、投资2.4亿元的沙河棚改项目、投资2.2亿元的东方红郡二期。大玺门、春城万象、人民路九号等项目续建投资约6.9亿元。在谈项目3个,其中,投资10亿元的福宁新天地二期项目初步达成投资意向。公司内部实行重点项目例会制度,项目帮扶每周一次向董事会汇报项目进展及存在问题,及时解决项目建设中遇到的困难。协调处理大玺门商业街区、人民路九号、春城万象商业广场、天祺百潮汇等引进项目问题15个,年缴纳税收近亿元。

【资产经营取得新突破】 一是完善管理模式。2016年,县国资公司制定《国有资产租赁管理办法(暂行)》,完成宁乡县首次国有资产公开拍租。拍租标的物36宗,出租经营性资产12处,租赁收入263万元,同比增收80余万元,此拍租模式作为典型全县予以推介。二是优化资产结构。完成省地质工业局304大队朝霞苑(土地9098.3平方米、建筑2.22万平方米)近1亿元的回购移交工作,充实抵押物资产。加紧收购宁乡老一中(土地4.98万平方米、建筑2.97万平方米)资产,化解县债务风险1.702亿元。规划调整,收回闲置土地一宗(面积3.12万平方米),确保招商用地需要。三是维护资产到位。全面排查资产在水、电、物业方面的管理,投入200多万元,对车站广场商业大楼、原蔬菜公司、八一路原商业总公司仓库、原林工商大楼及2处指挥部资产的维护维修,确保国有资产常用常新。

【基础工作集聚新提升】 一是“三重一大”全面落实。2016年,县国资公司形成重大事项签呈制度,完善“三重一大”内容、范围、程序,做到思路清晰、任务量化、程序规范。二是党风廉政严管严控。强化领导责任,细化责任分解,从严从实落实“一把手”主管,其他班子成员分管管控体系,确保工作落到实处。全年召开反腐倡廉建设会议4次,作风建设专题3次,工作纪律督查6次,印发“纠‘四风’治陋习”专项整治活动、“雁过拔毛”式腐败问题专项整治活动实施方案,全面自查自纠,整改落实到位。完成拆迁安置回访26人次,发放廉政服务卡76张,公司上下风清气正,团结干事氛围浓厚。三是基层党建更上台阶。切实履行党建第一责任,以会议、党课、授课、对点帮扶等多重方式,落实有效。大力开展教育学习活动。扎实开展“两学一做”专题学习活动,要求全体党员干部对“两学一做”具有的时代内涵和具体要求入心入脑。精准扶贫建档立卡196户,帮扶村基础设施进一步完善,村合作社、养殖业、水果基地异军突起,实现帮扶村创收500万元,人均收入4500元,基本实现贫困人口清零。县国资公司顺利通过市党建工作检查。

(谢魁)

环境保护

【概况】 2016年,宁乡县环境保护局(以下简称县环保局)紧紧围绕县委“四大打造”总体目标,认真履行县环委会办公室及环境保护行政主管部门职能,积极作为,全面推进机制建设、流域治理和环境整治等工作,成效明显,环境质量持续提升。县城全年空气质量优良率89.05%,饮用水源水质和出境断面水质达标率100%。

【机制建设】 2016年,县环保局践行“管发展必须管环保,管行业必须管环保”工作理念,出台《宁乡县环境保护三年行动计划(2016—2018年)》等25个文件,建立责任清单和自查台账,定期督查,各项目标任务圆满完成。再次修订完善《宁乡县生态环境保护委员会成员单位工作职责》,进一步明晰29个乡镇(街道),43个部门单位的环保职责,充实乡镇环保站力量,形成“党委领导、政府负责、环保牵头、部门落实、上下联动、公众参与”的环保工作新格局。

【污染整治】 2016年,县环保局联防联控,联合执法,强力推进“清霾、碧水、静音、净土”四大行动,成效良好。开展“清霾”行动,启动74家企业启动VOC治理,督促银腾塑印、三一重工、星港床垫三家企业完成VOC废气治理、回收,111家加油站油气回收治理到位。划定县城高污染燃料禁燃区(社区)20个,完成城区86台燃煤锅炉清洁能源改烧,组织开展散煤销售点取缔、餐饮油烟和扬尘治理、黄标车淘汰、秸秆垃圾禁烧等专项整治行动,11家混凝土搅拌站升级改造,创建绿色工地21个,省级绿色示范工地1个,城区94处裸露地块覆绿超百万平方米,淘汰黄标车1453辆,启动公交车辆电动化改造,秸秆垃圾焚烧现象有效遏制。开展“碧水”行动。制定《宁乡县沩江全流域水污染防治实施方案》(2016—2018年)纳入国家水污染防治项目库,13个水污染治理项目稳步推进。参与“一江一线”畜禽污染整治,退出畜禽养殖场230家,拆除栏舍10万多平方米。扎实推进农村环境综合整治,建设农村分散式污水处理设施1万余套,新建乡镇污水处理厂6个,20家乡镇污水处理厂全部实现达标排放。启动48处1000人以上的集中式饮用水源保护区划分,完成县三水厂等4个县级、铁冲水库等8个1000吨万人级集中式饮用水源保护区划分。东城区污水处理厂一期工程建成运行,经开区工业污水处理厂一期项目启动建设,经开区、高新区21家重点涉水企业实现在线监控。开展“静音”行动。以“高考”“中考”静音行动为重点,开展联合执法86次,及时处理噪声投诉68起,城区噪音扰民问题得到有效控制。开展“净土”行动。推进“土十条”制度落实。黄材水库周边历史遗留石煤矿渣和双凫铺石煤采选矿区历史遗留矿渣整治项目完成验收,危险废物安全处置率达100%。

【监管执法】 2016年,县环保局强化环境“双随机”监管,开展专项执法56次,抽查企业6000多家次,下达文书330份,立案处罚

29家，罚款175万元。立案查处环境违法行为13起，其中行政处罚7起，移送公安行政拘留4起、刑事处罚3起。以造纸、炼油、两塑、电镀等行业为重点，开展排查整治，“十小”企业整治到位。开展红砖厂专项整治，集中整治全县101家砖厂。参与非煤矿山联合执法45次，停产整治73家。开展违规项目清理整治，清理环保违规建设项目3822家，规范整顿3814家，完善备案2家，淘汰关闭6家。强化网格化监管，建立县、乡、村和特殊网格462个，明确34项监管内容，明确责任单位和监管要求，及时调处环境纠纷701件。加强环保应急管理。建立重污染天气、水污染等环境突发事件应急机制，组织开展应急演练10次，在环境安全上防患于未然，全年无突发环境事件。

【宣传教育】 2016年，宁乡县环保工作被国家、省、市级媒体39次专题报道，其中CCTV－13新闻频道2次、CCTV－2财经频道1次、《光明日报》1次、《中国环境报》6次、新华社2次。“6・5”环境日“十个一”系列宣传活动有序开展，评选“两型”学校8家，制作环保广告4块，参与“绿色交通・智慧出行”和“绿水青山我的家”等主题活动，编制《宁乡县县域农村生活垃圾治理专项规划》，探索打造花明楼镇的“三级五点”模式，得到环保部、省人大环资委的高度肯定，浏阳市、新宁县、南宁市等前往考察学习。实施环保司法联动，完成灰汤“3・9”跨境危废案件调处移送，刑拘23人、批捕15人，成为“新环保法”实施以来湖南省破获的最大环境污染入刑案，此经验做法被中央电视台2台等主流媒体专题报道。

【项目服务】 2016年，县环保局审批项目262个，核发排污许可证161份，炭河古城、大河西汽车城、大河西物流园、杉杉新材料二期锂电池、邦普循环科技四期项目、楚天科技机器人等重点项目通过审批。

【党风廉政建设】 2016年，县环保局执行“三会一课”制度，建立廉政文化廊道，参加宁乡县第七届廉政文化周活动，落实县纪委“让好家风永续传承”的主题活动。领导班子带头执行廉洁从政若干准则和党风廉政建设责任制等规定，强化班子自身建设，制定《局党组党风廉政建设主体责任清单》《风险防控制度》《内控手册》《关于禁止局系统工作人员收取评审费等费用的有关规定》等机制，廉政建设全覆盖。重大决策事项集体讨论率100%，“四种形态”做到常态化，有效预防腐败现象发生。

（周铁军）

农村经济

农 业

【概况】 2016年，宁乡县农业局内设办公室、政工人事科、财务科、现代农业科、农村经济经营管理科、行政审批服务科、农业金融保险科、城乡融合发展科、综合治理科、纪检监察室、机关工会等11个科室，下设县农业技术推广中心(正科级)、农业广播电视学校(副科级)、沙河市场管理处(副科级)、县扶贫办、县农业执法大队、县农产品质量安全检测中心、县种子技术推广服务站、原种场、农业服务公司、种子公司10个事业单位。全局系统共有干部、职工659人，其中在职人员447人，退休212人，党员319人。有专业技术人员161人，其中高级农艺师46人，高级会计师1人，农艺师、会计师、经济师、政工师、工程师共50人。2016年，县农业局牢牢把握现代农业发展方向，紧紧围绕“农业增效、农民增收、农村增绿”的发展目标，积极推动宁乡县由传统农业大县向现代农业强县转变，在各项工作中取得较好成绩，获得宁乡县“绩效考核一等单位”“五好领导班子”“综治工作红旗单位”“党风廉政建设责任制先进单位”“计划生育工作考核优秀单位”“省市重点民生实事工作先进单位”“老干部工作先进集体”“食品安全工作先进单位”“精准扶贫工作先进单位”“关心下一代工作先进集体”等荣誉。

2016年，全县粮食播种面积13.49万公顷，同比增加2140公顷，增长1.61%。其中水稻播种面积12.21万公顷，比上年增加93.33公顷；旱粮面积1.28万公顷，同比增加2034.67公顷，其中玉米8333.33公顷，同比增加1940公顷。全年注册种粮专业合作社470家，比上年增加32家；2公顷以上适度规模种粮大户共3150户，比上年增加348户。强农惠农政策全面落实，依据农业“三项补贴”政策，发放耕地地力保护补贴资金1.3亿元，规模大户扶持补贴资金899.5万元。蔬菜种植面积4万公顷，蔬菜标准化创建基地48家；茶叶面积3800公顷，沩山毛尖获批国家地理标志保护产品；水果面积9000公顷；中药材面积2533.33公顷。亮沩茶叶产业示范园获批省现代农业特色产业园，湖南天井茶业标准化茶叶示范园获批省园艺作物标准化创建示范园，卫红米业粮食产业示范园、流沙河花猪生态养殖示范园、农科园农产品加工示范园获批市现代农业产业示范园，长沙大河西农产品物流园获评“中国民生示范工程”。

宁乡县有农产品加工企业1352家，其中，国家级农业产业化龙头企业1家，省级龙头企业12家，市级龙头企业99家，成功申报加工专利15项，省科技厅新认定高新技术企业6家，中国驰名商标19件，湖南省著名商标30件，农产品加工业实现总产值291.5亿元，同比增长6%。打造国家级五星农庄2家，省级五星农庄1家，省级四星农庄4家，省级三星农庄3家，涉农景点全年接待游客410万人次，实现营业收入4亿元，同比增长23%。

县农业局全年铺排市重大现代农业项目28个，完成投资达15.4亿元，超额完成年度目标任务的112%，项目开工率、竣工投产率均为100%。积极向上争取农业项目66个，到位资金3.62亿元，为宁乡现代农业发展注入新活力。固定资产全年完成投资3.87亿元，超额完成年度目标任务的54.8%。

2016年，宁乡县农村居民收入继续保持稳定增长，人均可支配收入为2.42万元，同比增长12.8%，完成市对县提出的增长9%以上的目标。

【扶贫开发】 2016年，县扶贫办统筹推进全县精准扶贫工作。构建严密高效的责任体系，健全“16+4”扶贫政策体系，创新四个“千手”爱心系列工程，为打赢脱贫攻坚战保驾护航。全县10649名帮扶责任人对照“七要·七不要”和“十个一”的工作要求，实现结对帮扶“全覆盖”。青山桥、黄材、沩山“千手”爱心大屋已搬迁入住184户592人，易地扶贫搬迁工作得到各级领导的高度认可。“滴灌式”“四跟四走”产业扶贫项目分别带动贫困户增收2000万元和4800万元。全省农村危房改造整体推进会议在宁乡县召开，宁乡农村危房改造整体推进工作受省推荐。积极探索“政府投料，群众投工”的农村公路建设模式，宁乡县道路交通扶贫工作作为唯一被点名单位，在全国交通运输工作会议上得到交通运输部的高度肯定和专题推介。县财政投入8000万元，改造43所贫困地区义务教育薄弱学校，让读书郎的梦想在贫困的土地上扎根。建成31所标准化村级卫生室，在流沙河镇建设县人民医院分院，辐射解决西部乡镇30余万人口的就医问题。2016年，宁乡建档立卡贫困户脱贫12547人，沩源村、同庆村、祖塔村3个贫困村已完成省、市考核验收，全县脱贫攻坚工作向更广、更深、更精准层次迈进。

【城乡一体化和美丽乡村建设】 2016年，县美丽乡村办进一步配齐工作力量，统筹推进城乡基础设施融合和农业农村经济、农村社会治理、基层组织建设。全县按“1＋5＋N”的布局，加快特色城镇群建设，城乡融合重点项目从四个中心镇（小城市、特色镇）扩大至18个乡镇。各乡镇重点实施项目26个，全年计划投入51.91亿元，年度投资完成53.6亿元，超额完成投资任务。通过长沙市城乡融合项目考核验收，争取到位市级城乡一体化专项引导资金1420万元，五大片区建设加快推进，道林古镇、炭河古城、香山小镇、创意煤城、玉潭老街精彩呈现。圆满完成全民植树、全民护水、全面清整三个“美丽宁乡”行动计划。实行“整洁村、生态村、和美村及景观村”动态授星考评，全面推进层级创建、整乡（村）达标和关键突破，加快探索“五美”乡村的宁乡模式，整洁村、生态村参与创建率达100%。成功创建24个市级示范村、12个市级特色村，争取市级专项资金1800万。沩山乡、灰汤镇成功创建国家卫生乡镇；坝塘镇金洲村获评省美丽乡村建设示范村；双江口镇双江口社区成功通过省级美丽乡村示范村验收；夏铎铺镇天马新村示范片获省委书记办点示范；回龙铺镇沩河村等5个村通过省级卫生村验收；夏铎铺镇天马新村、香山新村、金洲镇箭楼村、关山社区纳入市美丽乡村示范走廊建设。宁乡成为全国第二批生态文明先行示范区中唯一入选的县级行政单位。

【农村土地改革】 2016年，县农业局严格按照省市的相关要求，对全县394个行政村居、8.04万公顷耕地开展确权登记颁证工作，12月，全面启动外业测绘工作。大力推广土地合作经营，全县拥有登记合作社2529家，家庭农场988家，成功申报“湖南省万户家庭农场”224家，市级家庭农场项目12个，农村土地合作经营在大成桥镇鹊山村经过三年有益探索，成为2016中国改革年度十大案例之一。

【农业科技服务】 2016年，宁乡推进超级稻百千万高产攻关示范工程，万亩示范片平均亩产772.6公斤，创下2016年湖南省超级杂交稻万亩示范片最高纪录，双凫铺超级杂交稻示范基地被国家和省杂交水稻研究中心评为“先进基地”。大力推广稻田综合种养、绿色防控、水肥一体化等“两型”农业技术、积极实施重金属污染耕地修复治理、乡村清洁工程、秸秆综合利用、农药化肥负增长等“两型”农业项目，为宁乡县农产品提质增效和“两型”农业发展提供动力。

【新型职业农民培育】 2016年，原农广校与农技中心科教站合并组成农广校，承担两者所有职能职责。县农广校全年工作以新型职业农民培育工作为重点，以提高农技推广人员业务素质和提高农民科技水平为抓手，围绕“稻田＋”、水果、农机经营、动物防疫等多个专业开设新型职业农民培育培训班16期，培育新型职业农民2000余人。3月，开展新型职业农民认定，全年认定新型职业农民235人。围绕产业扶贫，组织贫困户开展农村实用技术培训，在巷子口、煤炭坝、沙田等乡镇组织精准扶贫技术培训40余场次，培训农民3166人次。8月上旬，农业部在银川召开全国农村实用人才工作座谈会，县农业局作为唯一的县级代表，在会上作题为“统筹资源，精准培育，大力加强新型农业经营主体带头人队伍建设”的典型发言。

【农业执法与农产品质量安全】 2016年，县农业局对全县农资市场进行5次全面检查，检查门店435家次，立案查处案件12起。完成农产品检测7.9万批次，合格率98%以上，为长沙市第一。加强“三品一标”认证管理，全县共认证绿色食品49个，为长沙市第一。双江口等6个乡镇被列入全市乡镇农产品质量安全监管示范站建设，宁乡县列入省农产品质量安全监管示范县。48家蔬菜生产基地建立农残速测室，乡镇农产品质量安全监管机构高标准落实，农产品质量安全获得更高保障。

【政策性农业保险】 2016年，宁乡县完成水稻承保面积10.39万公顷，水稻因夏季和秋季遭遇的天气灾害和病虫灾害的影响而减产，均按程序进行理赔。10月18日，启动蔬菜种植保险，蔬菜承保面积800公顷，农业生产风险保障体系不断完善。 （胡建伟）

烟叶生产

【概况】 宁乡县烟叶生产指导管理办公室（以下简称县烟办）是宁乡县政府直属行使行政职能的全额拨款事业单位，是政府管理全县烟叶生产的职能部门。主要负责落实上级烟草部门下达宁乡县的烟叶种植计划；组织、管理和指导全县烟叶生产；协调好烟农、企业、政府三者之间的利益；监督烟基工程建设。

2016年，县烟办有在职干部职工15人，其中党员12人。内设综合科、生产科、财务科、烟基科4个科室。2016年，宁乡县获湖南省两烟领导协调领导小组颁发的“湖南省烟叶工作优秀单位”荣誉称号，县烟办获“烟叶生产质量管理先进单位”荣誉称号，喻家坳乡金醇烟叶合作社获“国家优秀烟农专业合作社”荣誉称号。

【烟基工程】 2016年，宁乡启动基本烟田土地整理项目，规划整理烟田266.67公顷，总投入1500万元；新建密集式烤房30座，新建烤房附属分级设施5处、1200平方米，配套烟夹800套，总投入1259万元；投入500万元，新建烤房42座，改建烤房206座；湖南省烟草公司烟叶科技研究所试验基地顺利落户宁乡县喻家坳乡“三民一玉山”示范片区，烟区生产基础得到进一步夯实。6月3日，全省烟草援建水源工程工作推进会在宁乡召开。

【烟叶生产工作】 2016年，宁乡全县上下牢固树立现代烟草农业理念，以稳控规模为首要任务，以提质增效为发展核心，以精益生产为重要抓手，全面提升烟叶生产水平，烟叶产业呈现出规模基本稳定、质量大幅提升、基础更加夯实的良好发展态势。全年全县烟叶种植乡镇14个，种植烟叶4140公顷，其中烤烟3586.67公顷，晒烟553.33公顷。产烟690万公斤，其中烤烟553.5万公斤，晒烟136.5万公斤，实现烟农总收入2.1亿元，烟叶税收4133万元。烟叶生产，呈现以下四个特点：一是稳定产业规模，烟农队伍更趋合理。县烟办坚持科学规划布局，合理安排种植计划，深入优化烟农队伍。真正做到“不宜种烟的田坚决不种，不宜种烟的人坚决不种”。落实烟田休耕轮作，有效确保烟叶规模稳定。二是抓实生产指导，烟叶质量明显提高。扎实开展技术培训。实现重点环节覆盖率、烟农受训率、政策知晓率“三个100%”。有效规范过程管理。2016年，烟株中棵烟特征明显，烘烤后的烟叶油分足、香气浓、单叶重，黄烟率高，烟叶内在品质得到有效提升。三是增加生产效益，烟农收入实现突破。坚持合作经营，强化精准服，着力降本增效。全年全县烤烟亩平均纯收达到1800元，比上年每亩平均增收400余元，种烟增加烟农的收入。四是提升服务水平，烟叶收购平稳有序。加强对乡（镇）、村和烟草站从烟干部的管理，建立阶段考核机制，以关键生产环节为节点，量化考核标准，责任细化到人，全县从烟干部工作作风与服务水平得到全面提升。收购公平公正，收购秩序总体上保持平稳有序。烟叶收购工作全面推行站外专业化分级，全面推行精准预，全面推行“阳光收购”。全县烟叶收购为历年来收购进度最快、收购质量最好、收购秩序最优的一年。

【党建工作】 2016年，县烟办党建工作以“三严三实”“两学一做”为活动契机，围绕全县中心任务和工作重点，建设“五好领导班子”为目标，结合自身工作特点，深入推进党建工作，为全县烟叶产业发展提供有力的思想和组织保证。一是加强组织领导，深化党建责任。按照“党要管党，从严治党”的要求，办党组切实加强组织领导，明确责任分工，由党组书记肖年富负责党建全面工作，党组成员洪国华具体分管。年初围绕“服务中心，发展产业”召开党组专题会议，制定全年党建工作计划，明确具体措施和责任人。二是严格党员管理，深化党性教育。坚持日常管理制度化、学习教育常态化、制度执行规范化。三是严格教育监督，深化廉政建设。全面分解领导班子成员党风廉政建设目标，推进党风廉政责任制得到有效落实。严格落实“两个责任”、“一岗双责”和“三重一大”决策机制，确保主体责任和监督责任落实到位。四是重抓精准扶贫，深化结对共建。县烟办党组织结对共建联系喻家坳乡涌泉山村。组织党员干部深入涌泉山村进行专题调研，带着问题与党员群众交流座谈，听取意见。投入200万元，平整烟田53.33公顷，另拨付扶助资金12万元，为涌泉山村发展提供重要保障。组织全体党员扎实开展精准扶贫活动，慰问帮扶困难党员和群众24人、精准扶贫贫困户14户，发放慰问金1.8万余元。五是以党建为驱动，深化产业发展。采取多种形式开展调查研究，为烟叶产业发展政策的制定和调整提供最准确、最完善的第一手资料，同时也为烟农提供最及时、最精准的政策、技术服务，烟叶产业呈现出规模基本稳定、管理更加精益、基础更加夯实的良好发展态势。

（罗军民）

养殖业

【概况】 宁乡县畜牧兽医水产局（以下简称县畜牧局）为县政府直属事业单位，下设办公室、纪检监察室、畜牧科、财务科、政工人事科、兽医医政科、生态统计监测科、质量安全科、行政审批服务科9个内设科室，以及县动物卫生监督所、县动物疫病预防控制中心、县牧工商公司（含公司机关、综合商场、旺联饲料厂、种鸡场、蛋鸡场）、县畜牧水产技术推广站、县畜禽水产品质量检测中心、县水产技术服务中心（含县渔政监督管理站、县水产工作站、县渔业公司、县鱼苗鱼种繁殖场、县鱼类良种场）、县种猪场、县畜牧兽医技术服务中心8个二级事业单位。全系统实有在编人员337名，其中在岗人员90名，待岗人员247名。

2016年，县畜牧局遵循“规模、生态、美丽、安全”的八字方针，大力推进宁乡养殖业转型升级，全县养殖业呈现健康平稳发展的良好态势。“宁乡花猪”成功打造湖南省著名商标，入选2016年度湖南省首届十大农业品牌，为全省唯一猪种品牌。宁乡县被评为全省养殖业工作目标管理考核先进县和2016年度重大动物疫病防控绩效考核优胜单位。

【养殖业生产】 2016年，全县存栏生猪113.6万只，存笼家禽1109.2万羽，存栏牛7.68万头，存栏羊6.96万头;全年累计出栏生猪202.58万头,出笼家禽3776.5万羽,出栏牛6.27万头,出栏羊7.68万头,水产品产量3.1万吨,生猪出栏数、家禽出栏数、牛羊出栏总数均排名全省第一,生猪产业为全县人均增收约1200元。

【产业布局优化升级】 2016年,宁乡县畜牧局加快推进畜牧业供给侧改革,编制《宁乡县畜牧业发展十三五规划》,构建"一体两翼七中心"的产业布局,形成种养结合、农牧结合的现代家庭牧场和养殖园区。加快草食牧业发展,以环境保护为前提,坚持"生态品质与标准养殖"两手抓,做到清洁、整齐、零排放的标准化"花园式"生态美丽养殖场,实现养殖发展与生态文明的和谐统一,促进畜牧业提质增效。创建国家级标准化养殖示范场4个,省级标准化养殖示范场9个,市级标准化养殖示范场25个。全县常年存栏1000头以上的规模猪场标准化率达100%;年出栏肉猪1000头以上的大规模养殖场按照标准化生产技术要求实施标准化生产的63个,标准化率达95.5%,有力地推动和促进宁乡县标准化规模养殖的发展。

【宁乡花猪跨越发展】 2016年,全县存栏宁乡花猪母猪11万头,出栏纯种宁乡花猪15万头,中仔猪40万头,产业产值16亿元。与湖南农业大学合作,围绕基因身份证鉴别技术、绿色安全养殖技术规程、肉质优势分析、功能活性及其对人类健康的益处、专用加工技术规范和产品标准、产品综合开发利用、宁乡花猪综合信息管理平台建设等七个课题开展宁乡花猪基础研究,创全国先河;总投资800万元的宁乡花猪保护中心正式建成运行,将为宁乡花猪的保种提供基础保障;全面完成宁乡花猪宣传片、宣传册、宣传袋的制作。完成"宁乡花猪"品牌形象VIS设计,正式启动申报宁乡花猪29类证明商标和宁乡花猪中国驰名商标。致力"三网"建设,宁乡花猪网全新建成,冷链配送网宁乡花猪原生态冷链物流配送基地初步建成,销售体验网严格"五统一"标准,通达上海、成都、重庆、西安、南昌、昆明等大中城市。

【防疫检疫从严管控】 县畜牧局加大重大动物疫病防控力度,全年动物疫情形势平稳。积极应对防控形势,全面完成强制免疫和春秋集中免疫工作任务,全县畜禽群体常年免疫密度在95%以上,春秋两季集中应免畜禽免疫密度均达到100%;迎接省、市春防检查,得到检查组的高度肯定。强化动物卫生监督执法,全年完成产地检疫生猪31万头、牛4.4万头、羊0.95万头、禽3100万羽,完成屠宰检疫生猪20万头。处理疫病疫情12起,扑杀疑似染疫家禽6538羽,病死猪210头,染疫牛羊68头。加大检疫监管执法办案力度,共立案8起,结案8起,涉案金额40万元,罚款5.5万元,严厉打击私屠滥宰、非法添加、注水等违法行为,确保人民群众食品安全。

【质量安全保障有力】 2016年,县畜牧局加大饲料、兽药监督检查力度,全年共查处违法案件8起,结案8起,罚款5.5万余元。完善农产品质量安全体系建设,29个乡镇(街道)农产品质量安全监管站全部建成。全年抽检畜禽水产品样7800批次,其中生猪尿样7375份,畜禽水产品样425批次,检测瘦肉精、药物残留,合格率100%,确保畜禽水产品质量安全。在2016年全省养殖业工作会议上,宁乡县畜禽水产品质量安全工作作唯一典型发言,8分钟VCR推介宁乡县经验作法。

【粪污治理成绩斐然】 2016年,县畜牧局按照"绿水青山就是金山银山"理念,加大畜禽养殖环境整治力度,加速规模场粪污治理,引入第三方服务模式,采用微生态循环利用模式,对养殖场实施生态治理,实现废水达标排放,达到有赚的、有看的、有玩的"三有"花园式养殖场标准。该利用模式受到国家、省市业务主管部门的高度肯定,治理经验先后在省市各级会议及湖南卫视、《长沙晚报》等新闻媒体进行典型推介。全年对已进行粪污治理的103个规模养殖进行提质升级,完成62个畜禽规模养殖场生态治理,治理栏舍面积12.6万多平方米,减少污染物排放16万吨。推进违规养殖集中整治工作,全面完成"一江一线"(沩江、宁灰线)8个乡镇194户规模养殖场退出,退养面积10万多平方米,有效改善"一江一线"周边环境,《长沙晚报》、长沙新闻频道等主流媒体对宁乡退养工作进行详细报道与典型推介。启动"三江两线一园"(乌江、楚江、靳江、宁横线、宁韶线及香山公园)退养工作。坚持退养不退量、退养不退收、退养不退质、退养不退效的原则,通过退养带动治污,推动规模养殖场粪污治理,平稳退养,有效改善生态环境,获得广大人民群众的积极拥护和高度赞扬。

【精准扶贫成效明显】 2016年,县畜牧局积极探索特色产业脱贫新路子,创新帮扶举措,提高扶贫成效。在流沙河镇草冲村、东湖塘镇在凤村实施宁乡花猪产业精准扶贫活动,共投入60万元,免费向268户贫困家庭发放小花猪2169头,预计可为贫困户年均增收12000元,以此助推贫困户脱贫摘帽目标的如期实现。精心组织开展花猪爱心认购等主题活动,爱心企业、爱心人士现场认购宁乡花猪1000余头,为当地贫困养殖户直接带来200多万元的收入。《长沙晚报》在2016年5月5日以《花猪之乡探脱贫之路》为题,进行整版宣传报道。灰汤鸭产业扶贫，湘一灰汤鸭公司将1万多羽灰汤鸭免费送到贫困者手中，同时实施系列服务职责，带动贫困户脱贫致富。

【水产渔政齐头并进】 2016年，县畜牧局严厉打击“电炸毒鱼”等各类违法行为，年内组织开展春秋两季集中渔政执法专项整治2次，未发生不良影响事例。全年共收缴电鱼船8艘，背包式电鱼机28台，行政处罚案件12起，行政处罚14人，罚款共计1.98万元。开展渔业增殖放流暨护渔行动，在沩江人工放流青、草、鲢、鳙鱼数量达300万尾，有效地保护渔业资源的可持续发展，得到省市各级部门以及广大群众一致好评。（贺兴龙）

林　业

【概况】 2016年，宁乡县林业局系统共有干部职工140人，其中在职76人(局机关41人、局属二级单位35人)，离退休人员64人。有高、中级职称专业技术人员23人。局机关内设办公室、计财科、纪检组、造林绿化科、森保科、行政审批服务科(资源林政科)、行政执法科7个科室，下辖森林公安局、金洲湖湿地公园管理处、林业技术推广中心、龙田竹木检查站、山林权属管理办公室等5个二级机构。2016年，林业工作以“三年造绿大行动”为主线，以“服务四个打造，推进全域绿化”为主题，以打造现代林业、特色林业、魅力林业为目标，着力推进生态建设，强化资源保护，加快产业发展，深化林业改革，加强队伍建设，城乡绿化品质大幅提升，林业社会作用全面彰显。全县有林地面积达到12.19万公顷，森林覆盖率达到48.76%，活立木总蓄积达到534.07万立方米，城区绿化覆盖率达到36.89%，城区人均公共绿地面积7.3平方米，全县实现林业总产值27.72亿元。获得长沙市绩效考核先进单位、长沙市三年造绿大行动优秀单位等荣誉称号，获得省市以上荣誉6项，开展省市级以上试点工作3项，承办省市级林业工作现场会3场，2016年度林业工作被省市媒体报道11次。

【造林绿化】 2016年，宁乡县共启动造绿项目81个，建设面积4729公顷，完成投入8.92亿元，全域景区绿化深度推进。一是固定资产和市级重大项目投资超额完成，市级重大项目投资完成率达到166%。集中力量精心打造宁乡高速公路出入口广场及道路绿化提质改造项目、亮月湖公园等14个市县重点项目，示范带动绿化建设成片成园成网成环。二是市级指标任务提前完成，完成宜林地造林1676公顷、“三边”造林“四旁”植树1337公顷，营造林项目如质如数完成任务，创建市级绿色示范集镇4个、村庄14个、社区4个、庭院800户。三是新型城镇建设亮点纷呈，启动实施特色集镇道路、县域主要干线等县级重点绿化项目60个，推进实施城市公园建设18个、立体绿化项目5个，共新增绿地87公顷，拆违增绿12公顷；通过绿化提质建设，炭河古城、香山风情小镇、道林古镇、花明景区等景区绿化大幅增加，24条城乡道路绿化全面提质。

【林业执法】 2016年，以森林公安牵头的“非煤矿山整治”执法经验在全县获得推广。全县78家非煤矿山已关停12家，其余66家实现全面停产，整治工作经验全县推广；林业局先后组织开展“春季攻势”“非煤矿山整治”“西部砂场非法毁林采砂专项整治”“候鸟行动”“火案查处”等一系列严打专项行动，查处涉林案件66起，处罚或采取强制措施70人，挽回经济损失300余万元。一是木材运输执法精准到位。全年共查处违章运输木材案7起，查处率和结案率均为100%，规范木材流通秩序。二是野生动物保护强而有力。破获跨省非法狩猎团伙重大刑事案件，被湖南卫视等多家媒体报道，全年共计收缴野生动物蛇类活体520公斤，蛙类活体210公斤，全部进行放生和无害化处理，放飞野生动物800多只。三是非法毁林采砂治理成效显著。关停非法砂场81家，林地复绿面积55.2公顷。

【资源保护】 2016年，宁乡森林资源保护力度不断加强。一是森林防火成效突出。全县没有发生重大森林火灾和人员伤亡事故，新建森林防火指挥中心、物资储备库和香山公园森林警务室，新建生物防火带50公里，加强阻隔网、信息网建设，对15个重点林区乡镇增配125名全职护林防火队员。与长沙极讯信息公司合作建立微信平台，与长沙新闻频道、宁乡电视台、《今日宁乡》等多家媒体长期合作，多渠道开展森林防火宣传，下发10万份自制《中小学生森林防火宣传手册(漫画版)》。森林防火工作受到市森林防火指挥部通报表彰。二是湿地保护全面加强。深入开展市级湿地生态示范村建设，全县恢复湿地1600平方米，金洲湖国家湿地公园正式下文授牌。形成县、乡、村三级联动湿地巡护机制，启用无人机对公园保育区、合理利用区进行全域监测，在鳝鱼洲等地开展湿地植被恢复，悬挂人工鸟巢和古树保护牌近100个。三是野生动植物保护取得重大突破。救助野生动物的报道在电视、报纸及微信等多家媒体正面报道12次；林业有害生物成灾率仅0.03%，无公害防治率96%，测报准确率88%，有害生物防治面积达2533.33公顷，宁乡施放赤眼蜂的经验做法在中央电视台播放；种苗产地检疫率、松材线虫病监测普查率、异常枯死松树清除率、外地调入的松属植物及其产品复检率均为100%，开展林业有害生物监测预报到山头地块的工作试点，此项工作在全省尚属首例；批准设立宁乡望北峰森林公园，填补县级森林公园的空白，湖南宁乡靳江省级湿地公园总体规划全面完成。四是林木保护工作有序开展。对全县6万公顷林区重点区域进行林木禁伐，对商品林进行有计划限伐，全年办理“林木采伐许可证”60份，严格控制森林资源的消耗。通过严格管护和生态补偿，全县5.15万公顷公益林没有发现盗伐、滥伐现象，没有出现森林病虫害成灾面积，没有发生森林火灾和破坏公益林林地的违法行为，生态公益林补偿资金到位率100%，公益林管护到位率100%。

【林业服务】 2016年，林业系统共协助各类单位优质办理各类申报51起，其中为7家企业单位申报省市林下经济发展扶持项目，都已通过验收；向省市成功申报野生动物驯养繁殖户32家，实现利润320万元；申报并创建成功市级绿色示范集镇、村庄、社区项目12个。一是林权服务有提升。受理林权流转12次，流转面积近万亩，办理林权贷款1370万元，新办林权证273本，办理变更177宗，注销林权证91本，林权办理工作已顺利移交至县不动产统一登记中心。二是招商引资有起色。包装申报各类引资项目8个，各项资金到位约1.2亿元，引进北大央集团投资150亿元开发青羊湖森林康养项目，培育湖南华南源生态环境发展有限公司投资2亿元建设省内知名的名优特花木苗圃基地。三是林技服务有成果。调进及培育苗木共200多万株，项目用苗良种率、林木种子生产经营许可证办结率、测土配方可查询率均为100%；林技中心的最新省级成果《珍贵树种香榧造林技术示范》获得宁乡县科学技术进步三等奖荣；建设林业技术推广示范基地43.33公顷，引种推广新品种11个，利用测土配方信息平台，为造林大户进行测土配方，完成包括矿山复绿调查在内的各类调查、验收、鉴定9项，共100多起，开展各类林技培训12次，培训林农3000多人。四是审批服务有荣誉，推行简化服务、主动服务、上门服务，全程代办建设使用林地审批48宗，林地面积82公顷，征收植被恢复1658万元，林业工作跻身县项目服务先进行列。

【省市领导义务植树活动】 3月18日，省委书记徐守盛、省长杜家毫等省市领导到宁乡县参加义务植树活动，此活动带动全县共计84万人参与，义务植树400万株。宁乡建设县以上义务植树基地3个。

【全市造绿复绿现场观摩】 6月16日，市委书记易炼红、市长胡衡华率市四大家领导、各市直部门主要负责人以及各区县(市)负责人到宁乡县，对造绿复绿项目进行现场观摩。易炼红被宁乡绿化成效所吸引，主动要求新增一个观摩点，并对宁乡高速公路出入口广场及亮月湖公园两个样板点乃至全县造绿复绿工作都给予充分肯定。

【承办全市林业生物应急演练】 6月30日，长沙市林业生物灾害应急演练在宁乡县香山国家森林公园举行，长沙市政府副市长陈中及省林业厅领导到会，各区县(市)负责人等近500人观摩宁乡县的生物灾害应急演练，活动受到省市领导、专家高度评价。

（蒋生强）

水　务

【概况】 2016年，宁乡县水务系统共有干部职工842人，其中在职630人(局机关64人、局属二级单位566)，离退休人员213人。局机关内设办公室、防汛抗旱指挥部办公室(内设水建办)、财务科、政工人事科(内设计生办)、法规安监科、规划计划科、监察审计科、水务建设科、水务管理科、行政审批科等10个科室。下设田坪水库管理所、洞庭水库管理所、韶山灌区花明楼管理所、水土保持预防监督局、水利建设投资开发有限公司、河道堤防管理站、机电排灌堤垸城市防洪管理站、城乡供水总站、水利水电建设总公司、水利水电勘察设计院、沩溪水电站、滩山铺电站、防汛抗旱服务中心、水利水电工程质量监督站等14家二级机构。

2016年，县水务局紧扣水利建设主题主线，顺应民意民情，在应对挑战中抢抓机遇，在经受考验中矢志赶超，开创经济社会又好又快发展的崭新局面。防汛救灾工作荣获“湖南省抗洪抢险先进集体”荣誉称号；水闸除险加固项目在全省水利建设与管理工作会议上作为典型发言，全省经验推广。2016年，县水务局共争取中央、省、市各级资金1.87亿元，争项目资金力度在全省县级中排第一。

【水利建设】 2016年，宁乡县水务局共铺排建设18个项目，完成珍洲、立新、云山、滩山铺4座大型水闸除险加固工程、官桥河综合治理工程、道林古镇水系整治工程、黄材河水系整治工程、花明湖扩建工程、沩水珍洲、袁家河河段治理工程、2015年小农水重点县项目、枫木桥渡槽拆除重建、2015农业综合开发水土保持工程等重点水利项目建设。农村安全饮水工程实施双江口镇、煤炭坝镇、金洲镇、大成桥镇四个乡镇的整镇推进建设及部分省级贫困村农村自来水建设项目，新增农村自来水入户人口5.36万人。同时积极配合宁乡县“三大建设”，助力道林古镇、炭河里古城的建设，完成沩江河道、楚江河道、粟溪河道的治理和八家湾水库的建设，助推县域经济发展。

【防灾减灾工作】 2016年7月，宁乡县天气极端，几次出现200毫米以上的大暴雨。7月3日至7月5日，全县平均降雨量247毫米，最大为双江口闸坝湖432.9毫米，且降雨集中、强度大，其中煤炭坝最大24小时降雨达到316.5毫米；沩江中上游遭遇超特大洪水。多座水库水量直逼警戒水位，多条河流同时发生超历史纪录洪水，多处堤防出现严重险情，一些城镇、村组和农田遭受洪水袭击。全县近35万人受灾，接近总人口的四分之一，紧急转移安置群众近5.6万人，倒塌和损坏房屋近1.1万间，水稻受灾1.33万公顷，烟叶严重受灾800公顷，水毁工程645处，公路损毁49条，部分城镇、乡村公共设施和社会事业遭到重创，直接经济损失10多亿元。县防办全力以赴救灾止损，全力确保将灾情损失降到最低。一是及时发布预警。水务局防汛抗旱指挥部办公室密切注视天气和水情的变化，保持高度敏感，及时传递防汛应急响应和各类指令，预警信息"覆盖最后一公里"。根据汛情发展，及时启动Ⅲ级应急响应、Ⅱ级应急响应。二是协调调度有力。及时召开全县防汛会商会，积极协调各部门和乡镇，层层落实各级防汛责任制，对全县水库的值守情况和水位情况进行全面的督查。科学调度雨洪资源，黄材水库两次调度50立方米/秒、100立方米/秒，田坪水库调度10立方米/秒。三是险情处置及时。全局派出5个督查组连夜奔赴各乡镇指导防汛工作。同时组织专业技术人员到各重大险工险段指导，迅速提出切实可行的对策和措施。各重大险情均得到有效控制，沩水右岸资福洪旺段、沩水历泉河入口、朱良桥小河等这些有可能会造成重大损失的险情出现时，专业技术组人员第一时间到位研究科学处险方案，人员和物资及时调配到现场，险情均在最短时间内得到有效控制。四是物资保障充分。及时调配人员、物资、设备，保障防汛需求。出动5台大型移动抽水设备、其他抽水设备18台、分布7万编织袋到各救灾现场进行救援；派出300人、冲锋舟6台、皮划艇105艘、机械排水机泵15台对城区5处严重内涝地段、排水地段排涝进行救援。五是踏灾勘灾迅速。7月5日，暴雨基本停止，县水务局迅速组织5个勘灾组，奔赴各乡镇进行勘灾统计，及时收集水毁工程情况，精准摸排，迅速上报，并立即整理出恢复方案。在宁乡人民的共同奋斗下，全县没有发生一起人员伤亡事故，全县3座大中型水库、161座小型水库及主要河道万无一失。

【水生态治理】 2016年，县水务局全面贯彻党中央关于加强生态文明建设的重大决策，倡导广大人民群众科学用水、节约用水，加强水资源保护、增强群众的水法制意识。一是大力宣传，夯实基础。以"世界水日""中国水周"宣传活动为契机，悬挂横幅、设置咨询台、制作大型水法宣传专题展板、利用新闻媒体电视专栏、出动宣传车辆进行水法律法规宣传，同时发放水法律法规1000多份，发放《法律法规规章汇编》《公民法律指南》400余本。二是持续稳固做好退投工作。3座大中型水库在2014年退出投肥养殖，目前水质已达到饮用水源二类水质标准；道林镇和大屯营镇靳江流域29户网箱养鱼户全部完成退投工作，全县161座小型水库全部退出投肥养殖，水质得到根本好转。三是全面整治河道采砂。按照县政府全面整治河道采砂工作要求，县水务局组织全体水政监察大队队员昼行夜出，强力整治。全县沩水12个标段26个上砂点全面实现停产，所有采砂船只全部上岸，上砂点全面拆除；所有标段全部签订《解除〈宁乡县沩江河段河道砂石开采权有偿出让合同〉协议书》或《终止河道砂石开采权协议书》，整治工作获得全面的胜利。

【队伍建设】 2016年，县水务局不断强化"促工作必抓党建，保民生必强队伍"的理念，把党建工作和行政业务同部署、同检查、同考核。围绕"两学一做"学习教育主题，局党委组织开展党员冬春训，组织中层以上60多名党员骨干赴长沙市廉政警示教育基地参观学习。党的建设得到加强，锻炼和培养一大批德才兼备的优秀干部职工队伍。 （罗芳）

黄材水库灌区管理局

【概况】 长沙市黄材水库灌区管理局(以下简称黄水局)为副县级公益一类事业单位，局机关设办公室、工程科、财务科、人事科、纪检监察室、安监科、水资源管理科、水政执法大队、工会等9个科室，下设大坝管理所、横双灌区管理所、煤炭坝灌区管理所、沙河灌区管理所、水利经济中心、电站等6个二级法人单位。2016年，全局系统总人数637人，其中在职干部职工410人，离退休142人，遗属伤残人员85人。

【防汛抢险救灾】 2016年7月2日至4日，黄材水库灌区范围遭受1969年以来最大洪灾，降雨339.5毫米，仅比1969年少9.1毫米。黄材灌区共出现各类灾情175起，直接经济损失4370万元。7月8日，黄水局组织召开防汛抢险救灾推进会，将水毁工程抢修任务明确到各管理所，组织30多台挖掘机械，300多名施工人员平行施工，日夜奋战2个星期，于20日应急处险工程基本完成，总干渠全线通水，确保抗旱工作的顺利实施。

【项目工程建设】 2016年，黄水局争取项目投入1.44亿元，实施的项目有：灌区节水续建配套与节水改造、溢洪道除险加固、鸡子湾水闸除险加固、祖塔联合锰矿废弃矿渣重金属污染治理、水库枢纽大坝白蚁防治、水库大坝安全监测和防洪预警系统、农业水价综合改革项目。

【精准扶贫】 2016年，黄水局联点村为黄材镇新桥村。全局系统共捐献和向上争取扶贫资金39.4万元，对新桥村涓水桥进行维修、涓水河疏浚4公里。在新桥村开展40公顷油茶林建设、养殖肉牛等产业扶贫，组织干职工捐款3.4万元，帮助栽种红柚5000株，《湖南日报》对此进行报道。

【饮用水源地保护】 2016年，黄水局投入400万元对祖塔联合锰矿废弃矿实施渣重金属污染治理，生态放养鱼苗5.5万公斤，编制《沩水、黄材水库饮用水源地安全保障达标建设方案》。

【鸡子湾除险加固项目启动】 黄材灌区鸡子湾水闸是一座以灌溉为主的大(二)型水利工程。由于存在坝体和坝基渗漏、消力池和护坦全部冲毁、闸门破损严重等严重的安全隐患，2016年，黄水局争取水利部将鸡子湾水闸列入水利工程除险加固项目计划，该项目总投资3634万元，2016年10月动工，计划2017年6月竣工投入运行。 （姜磊人）

农业机械管理

【概况】 2016年，宁乡县农业机械管理局(以下简称县农机局)内设办公室、政工科、管理科、科教科、财务科及购机补贴办6个科室，下设农机安全监理站、农业机械化学校、农机化技术推广服务站、农业机械化服务中心、农机技术推广站、农机产品技术监督工作站6个下属单位。共有干部职工113人，其中在岗48人，下岗65人，离退休51人。担负着全县农业机械化发展规划制定实施、农机监督管理、农机安全监理、农机技术推广、农机驾驶人员培训、农机购置补贴等重要职能。至2016年底，全县农机总动力175万千瓦，有各种农业机械23万余台(套)，其中大型农业机械2万余台套，大中型旋耕机4111台，盘式拖拉机8800台，联合收割机5737台，插秧机638台，走在全省前列。

【新机具新技术推广】 2016年，县农机局大力实施供给侧结构性改革，积极推广农业机械化新机具、新技术。通过鼓励扶持、项目带动、技术培训等措施，全县全年推广高速插秧机38台，机插秧面积6000公顷。截至2016年底，全县拥有各型插秧机638台套，其中高速插秧机120台，机插秧面积呈逐年增加趋势，机插秧推广的成效十分明显。此外，通过系列措施，在全县推广烘干机115台(套)，推广收割机碎草装置560台。

【农机合作社建设】 2016年，县农机局注重农机合作社建设，新增农机合作社36家。至2016年末，全县共有150家农机合作社，辐射带动农户1800户，服务农户达到8000余户。2016年入选省“千社工程”的农机合作社有24家，居全省前列。

【农机购置补贴】 2016年，县农机局公布实施《宁乡县2016年农机化推广补贴管理实施方案》，农机购置补贴惠及民生。全县全年受理各类机具补贴申请2112台，补贴金额2231万元，带动农民购置新型机具7900多万元。农机局从规范运行机制、科学设置补贴程序入手，实行补贴申报、补贴办理、补贴监管、上牌上户“一条龙”服务的工作模式，落实补贴政策，严格监督机制，全心服务群众。

【农机安全监理】 2016年，县农机局通过落实县、乡、村三级农机安全生产责任，构建县、乡、村三级农机安全监管网络；以农机培训和考试发证为抓手，进一步规范农机培训和考试发证程序；严格安全生产监督检查，全年进行安全生产大检查18次，开展“农机安全月”活动4次；积极创建“平安农机”，49家现代农机合作社成功创建“平安农机”示范社。全年上牌上户拖拉机、收割机、工程机械1038台，年检拖拉机2913台。全县农机安全生产保持良好态势，未发生一例重特大农机事故。

【农机技术培训】 2016年，农业机械化学校通过创新培训方式，送培训下乡，全年共举办培训班10期，组织新型职业农民培训2期，培训各类农机驾驶员、新型农民1520名。切实服务三农，提高农机手参训率、持证率和挂牌率，为“平安农机”构筑第一道安全防线。

【农机产业发展】 2016年，宁乡县有农机生产企业5家，年产值2.8亿元。主要产品有盘式拖拉机、小型耕整机、履带式旋耕机、移动组合加工机等产品。全年全县有5家农机生产企业的6种产品评选进入《湖南省农机购置补贴目录》。2016年，宁乡县现有农机销售企业30家，年销售额达1.85亿元。其中，规模较大、销售业绩较好、服务较完善、已经成为购机补贴定点经销商的企业达18家。 （肖向阳）

能源服务

【概况】 2015年10月，县农村能源办公室和县能源局、县能源管理办公室合并，成立宁乡县能源服务局(以下简称县能源局)，整合能源管理、节能监察、再生能源管理等职能。县能源局内设办公室、人事财务科、新能源和可再生能源科、能源管理科、法规科5个科室。局机关有在岗干部职工13人。能源局二级机构县能源技术服务中心(自收自支)10人。2016年,县能源局在县委、县政府的正确领导和上级能源主管部门的具体指导下,能源管理工作和能源产业亮点纷呈。

【节能减排成效明显】 2016年,县能源局认真贯彻落实国家节能减排政策,加强节能宣传,大力推进企业和公共机构节能,单位GDP能耗实现大幅下降。前三季度,全县单位GDP能耗同比下降10.21%,超过全年下降4%的计划目标。增加节能投入,加强节能管理,进一步加大节能工作力度。全年全县在节能减排方面的投入达2000多万元,其中节能专项资金投入307万元。在节能管理方面,不断完善固定资产投资项目节能评估与审查工作体系。不断推进各领域节能,可再生能源建筑应用国家级示范县稳步推进。配合美丽乡村建设,在全县打造1个公共机构节能示范点,公共机构人均电耗、水耗、油耗同比分别下降45.6%、3.61%和17.8%。在组织能源项目申报方面,重点抓好中央预算内资金项目、市节能专项资金项目、省市农村能源及农村生态建设专项资金项目的争取;为谷力新能源、湖南优卓牧业、大龙畜牧、沙龙畜牧等企业争取中央项目资金720余万元:共组织申报2017年度长沙市节能专项资金项目25个;省级农村能源资金项目3个,市级生态农业项目15个。

【紧抓农村电网改造】 2016年,县能源局主导2016年全县农村电网升级改造工作,共计投资1.3亿元,新建改造10千伏线路141.94千米,新建改造配电变压器台区384台,新建改造低压线路324.776千米,“一户一表”改造25.19万户。共分为14个工程批次,2016年完成11个。

【能源结构不断优化】 2016年,县能源局通过能源消耗总量控制,加快新能源和可再生能源发展,持续推动能源结构优化,能源消费品种逐步向清洁能源靠近,原煤消费比重逐步降低。与此同时,新能源和可再生能源得到快速发展。一是清洁能源入户稳步推进。全年新建户用沼气56口,宁乡大龙畜牧有限公司和湖南优卓牧业有限责任公司大型沼气工程建设实现竣工投产;通过策划实施宁乡县“村村亮、路路亮”LED太阳能路灯示范工程,引导市场化推广太阳能热水器(太阳能光伏路灯)5600台(盏),省柴节煤炉灶200台:精心打造双凫铺镇摇篮坡景区等5处精品能源示范片。清洁能源入户工程建设获得省市能源主管部门的充分肯定,县能源服务局被评为省市农村能源建设先进单位。二是新能源利用成效明显。积极推进风电资源开发,三一花明楼观音阁风电项目完成主机安装16台,成为长沙地区第一个竣工投产的风电项目;龙田风电项目取得省局批复,完成国家能源局立项,年末完成部分前期审批工作(测风、可研、水土保持、能评、安评等);金盆山项目全面启动,东湖塘、横市项目开展前期工作;谷力新能源一期2500千瓦机组建成发电运行良好,第二期项目启动;协助湖南二木新能源汽车有限公司新能源汽车充电设施建设工作,全县营运公交车辆150台运行良好;新建60~80千伏安光伏发电站10个,10月全部并网发电。

【服务体系再获佳评】 2016年,宁乡县生态能源网络化服务体系建设获高度评价。生态能源网络化服务作为为民办实事工作任务,列入长沙市对宁乡县绩效考核,下达建设任务10处、居全市之首,10月,宁乡提前完成全年建设任务。县能源局在原有网点基础上进行优化组合和提升,实现技术、人力、装备等资源的有效整合。10处服务网点覆盖全县10个重点乡镇12538户沼气农户,全年各网点共入户开展维修、回访服务15600人次。10月30日,长沙市农业委、市统计局、市实事办联合组织对宁乡县进行验收考核,给予高度评价。

中央预算内投资农村沼气项目如数落实。2015年度项目100口沼气池,补助资金全部下拨到位,共计完成投资60万元;宁乡大龙畜牧科技有限责任公司和湖南优卓牧业有限公司2处池容800立方米大型沼气工程建设实现竣工投产,已完成投资632万元;大龙养猪合作社、钰龙养殖2处2016年度大型项目完成设计评审。

“千池回访复查”活动成效明显。“千池回访复查”活动是2015年“大培训大回访”活动的深入与继续,也是服务群众的重要举措,旨在送沼气技术进村入户、现场培训、安全宣传和检查、沼气池故障诊断排除等,使沼气利用上台阶。活动从2月开始至11月底结束,分日常回访和集中回访服务,共组织30名以上的沼气技术骨干,集中选择部分沼气池进行一次回头看。一些老、旧、坏池通过换件维修保养等措施,恢复利用;一些符合报废条件的老池进行安全处理。活动同时,通过免费发放安全知识挂图和实用技术资料、画册等开展现场培训,进一步增强沼气用户沼气综合利用和日常安全管理的知识。整个活动,县乡两级共派出参与人员60人,入户2100户,开展维修、回访服务3580人次,排除沼气故障587个,指导农户换料454户,发放安全须知及宣传图册2000余份。结合回访复查现场培训农户1200人次,举办太阳能安装技术、网络服务等技能培训班3期,培训技术员120人次。

【美丽能源服务万家】 2016年,

县能源局自觉投身和服务美丽乡村建设。作为美丽乡村建设成员单位，结合自身职能职责，制定实施方案，在全县美丽乡村建设方面争取和投入项目资金达3400余万元，重点支持生态能源典型示范小区建设，沼气池、太阳能等清洁能源入户推广。结合美丽乡村建设，开展精品能源典型示范，成功创建流沙河镇苏家亭村等3个市级农村生态建设示范小区。全县5000多盏太阳能路灯点亮城乡集镇，1.98万个户用沼气池为近2万家农户提供清洁卫生的"天然气"，以"三一风电"为代表的风电企业在宁乡取得迅猛发展，新建一道亮丽的风景线。

（张石坚　肖晓莹）

气　象

【概况】　2016年，宁乡县气象局共有干部职工27人，其中在职职工20人，离退休7人。内设科室2个：综合管理办公室和防灾减灾科，直属业务单位4个：气象台、气象服务中心、防雷中心、人工影响天气中心。全年，气象局干部职工以拓展公共气象服务为引领，以改革创新、提质增效为主线，大力提升气象服务能力和保障水平，成功申报"标准化现代农业气象服务县"，荣获"全市气象部门综合目标管理优秀达标单位"荣誉称号。

【气候综述】　2016年，宁乡县年平均气温18.2℃，较历年平均偏高1.1℃；年极端最高气温38.8℃，偏低2.4℃；年极端最低气温－4.4℃，偏高6.4℃；年总降水量1841.1毫米，偏多390.4毫米，其中7月降水量485.3毫米，月总降水量仅次于1998年6月，为建站以来第二高值，7月4日日降水量214.7毫米，超建站以来极值。年日照总数1560.5小时，偏少122小时，距平百分率7.3％；暴雨日数5天，偏多1天；无霜期日数301天，偏长33.0天。

【汛期气象服务】　2016年，受超强"厄尔尼诺"和"拉尼娜"现象影响，宁乡县气候尤为异常，灾害性天气频发，汛期形势严峻，共出现16次强降雨过程，气象业务人员加强值班职守，24小时密切关注天气变化，共发布重要天气专题25期，强降水及强对流天气预警消息34次，其中暴雨天气消息10次，强降水及强对流天气消息18次，冰雹预警2次，雷暴大风等强对流天气消息4次。年内，宁乡县经历9轮全县性的大到暴雨以上强降水过程，包括7月4日的特大暴雨；4月20日、5月25日、7月18、9月10日的全县暴雨，局部大暴雨；4月16日、6月3日、7月13日、7月15日全县大到暴雨。由于预报准确，预警及时，服务到位，最大限度地减少灾害损失。防汛期间共制作发布《宁乡重要天气》等专题服务材料20期，累计发布各类气象服务短信及预警信息近240期，累计服务200万余人次，全县未出现因气象灾害造成人员伤亡事故和重大经济损失。

【公益气象服务】　2016年，县气象局始终坚持把公众服务和三农服务作为气象工作的重要任务，努力拓宽公众气象服务渠道，通过新增手机APP、微信公众号、村村响等现代化的传播方式，大大提高气象信息的覆盖面，气象服务覆盖率达到95％以上。全年累计制作发布《一周天气预报》《春运天气预报》《节假日天气消息》以及《重要天气消息》等公众气象服务材料近160期，短信服务累计300余万人次；为重大活动、重大项目工程建设提供气象保障服务18次，发布服务专题18期，服务短信20条，累计服务20多万人次。同时，以回龙铺、喻家坳、金洲、资福等乡镇为示范，全面推进基层气象防灾减灾设施建设；加强面对新型农业经营主体的"直通式"服务，制作并发布《烟叶气象》24期、《农用天气预报》22期、《农业气象灾害预警》4期、《农业气象服务专报》10期，《葡萄气象》13期，农业气象服务短信35条，农业气象灾害预警6条，有效减轻农业灾害损失，服务效益明显。

【气象现代化建设】　2016年，县气象局根据宁乡县在全省率先基本实现气象现代化的建设要求，对全县51套区域自动站进行升级更换，进一步完善气象灾害监测站网；在喻家坳烟区和田坪水库建设标准化炮点，并对人工增雨防雹高炮进行自动化升级改造，大大提高作业效率和安全系数；新增莳田、窑里2个城市气象防灾减灾示范社区，全县完成7个城市气象防灾减灾示范社区建设任务；积极探索智慧气象工作，逐步推进长沙（国家）农业科技示范园气象精细化服务项目和宁乡现代农业智能气象服务项目的建设。

（肖湘　卢雅婷）

工　业

经济和信息化

【概况】 2016年,县经济和信息化局(以下简称县经信局)机关共有干部职工188人,其中在职56人,离退休132人,内设局办公室、经济运行科、产业发展科、改制维稳办、电力与信息化科、行政审批科、组织人事科、财务科8个科室,下设宁乡县工业发展投资有限公司1个直属二级机构。2016年,县经信局荣获市"工业和信息化工作考核优秀单位"、县"五好领导班子"、项目落地年"狮子型"团队、县"综治维稳先进单位"、县"廉政建设先进单位"、县"政务公开先进单位"、县"依法行政先进单位"等荣誉。2016年,宁乡县完成规模工业总产值2023亿元,与上年同比增长13.2%;完成规模工业增加值537亿元,同比增长13.3%,新增规模工业企业72家;规模工业总产值连续5年位居全省县级第二、规模工业增加值增速位居全市四县区第二,园区规模工业增加值占全县比重达77%,工业对县域经济增长的贡献率达70.4%。规模工业企业实缴税金14.8亿元,与上年同比增长20.67%。

【打造西线工业走廊】 2016年8月17日,中共湖南省宁乡县第十二次代表大会召开,会议明确提出"四个打造"的战略部署,着力打造西线工业走廊。西线工业走廊以金沙路—站前路—龙江路为主轴线,金洲大道—玉煤大道、319国道—宁横路为平行线,串联起宁乡高新区、宁乡经开区、金玉工业集中区、煤炭坝门业园、大成桥工业园、双凫铺鞋业园、大湾岭工业园、夏铎铺机械工业园等产业集中区,沿主轴线两厢划定工业用地保护区,原则上禁止布局非工业产业项目。西线工业走廊坚持土地利用、产业布局、生态环境保护等多规合一,实现一个区域、一次规划、一张蓝图管到底。

【政策扶持】 2016年,宁乡县《工业十条》政策全面实施,从工业企业引进、建设、用工、创安、入规、技改、申高、上市、融资、促销等十个方面,给予工业企业前所未有的支持。全县全年共计发放工业企业奖励补贴资金2883万元;组织实施三批装备补贴项目申报,共有79家企业386台套装备获得补贴2874.04万元;出台《宁乡县工业企业设备抵押贷款实施办法(试行)》,先后有80多家企业与县农商行对接,累计获得设备抵押专项贷款1.3亿元。

【园区发展】 2016年,宁乡县"三区五镇"累计完成规模工业产值1853亿元,占全县规模工业总产值的80.85%;全年主导产业实现规模工业产值1884亿元,占全县规模工业产值的82.2%。宁乡经开区形成以食品、先进装备制造、新材料为主导,以妇孕婴童、保健品化妆品为特色,以现代商贸服务业为补充的"321"现代产业体系。宁乡高新区形成以新能源新材料产业为特色、先进装备制造为基础,现代服务业为支撑的产业格局。金玉工业集中区现有建设项目30个,竣工投产项目14个,规模工业企业12家。

【企业帮扶】 2016年,县经信局开展"大走访、送政策、解难题"活动,协助解决融资、项目申报等各类具体问题200多个;组织企业申报国家、省、市各类项目100多个,获批专项资金9708万元;为20多家税收千万元以上的工业企业免费制作宣传片,进行集中展示和宣传推介;编印《宁乡工业产品目录》,提升宁乡工业产品的知名度和美誉度;与华南理工大学、东南大学等高校多次进行科技成果对接,为20家企业提供技术指导、解决技术难题;成立宁乡工业企业协会,《宁乡工业》杂志第一期出刊;引进广州高新兴科技股份有限公司投资4亿元的智慧宁乡PPP项目,推动工业化与信息化融合。

【改制维稳】 2016年,宁乡县启动和完成水泥厂、水泥二厂、双狮岭建筑材料厂、无线电器材厂、造纸厂及红旗机械厂共六家企业职工3278人的身份置换工作,完成企业改制家数及置换人数均创历史新高。年内克服系统社情复杂、综治环境特殊、上访现象严重、突发情况频发等客观困难,完成各项维稳任务。　(许　岗)

电力工业

【概况】 国网宁乡县供电公司是湖南省电力公司下属的县级供电企业。2016年,公司下设三部一中心以及两个业务机构:综合管理部、发展建设部、乡镇供电所管理部、电力调度控制分中心以及运维检修部、客户服务中心。公司下辖10个农村供电所,共有主业职工184人,农电职工753人,承担着宁乡县区域面积29个乡镇以及益阳市安化县2个乡镇共52万余电力客户的供用电管理任务。

截至2016年年底，宁乡电网共拥有35千伏及以上变电站31座，其中220千伏变电站4座，主变6台、容量900兆伏安，110千伏变电站13座，主变23台、容量854兆伏安，35千伏变电站14座，主变25台、容量182.3兆伏安。35千伏～110千伏架空输电线路45条，总长630.98千米；10千伏公用配电主干线路229条，总长4200千米。全年累计供电量21.59亿千瓦时，累计售电量19.62亿千瓦时。

2016年，国网宁乡县供电公司秉承"你用电我用心"的服务理念，落实科学发展观，用改革的精神抓建设，用创新的成果求发展，持续强化规范化管理，取得较好的经济效益和社会效益，为地方经济的发展做出积极的贡献。获得"国网湖南省电力公司安全生产先进单位"荣誉称号。

【电力基本建设】 2016年，宁乡供电公司完成110千伏全民变电站投运及配套出线、110千伏宁乡变电站的扩建工程、35千伏沩山变电站改扩建，解决局部地区供电容量不足的问题；完成低电压改造项目3个批次，新增布点113个台区，改造配电台区20个，新建改造高压线路60.81千米，新建改造低压线路205.69千米。项目立项审批后，公司领导亲自带领设计人员，到各村组进行现场查勘。对设计方案和改造方案进行多次讨论和修改，确保设备选型、变压器布点等能最大程度的发挥作用。工程施工过程中，公司领导、责任部室人员多次到现场督导，确保施工的安全、质量和工期。

【电力安全管理】 2016年，宁乡县供电公司把安全管理放在首位，加强安全生产，保障人民群众可靠用电。首先是确保安全生产。始终坚持"安全第一"，以杜绝人身和电网大面积停电事故为首要任务，严抓严管，全面提升安全管理水平。其次提升供电质量。深化安全生产精益管理，完善以"五类制度"为核心的电网安全管理体制，及时消除安全隐患，确保电压合格率、供电可靠率等指标持续进步。为提高广大农村的安全用电意识，公司通过发放安全用电宣传画、悬挂横幅、出动宣传车、张贴标语、推广"掌上电力"APP等形式开展大范围农村安全用电宣传。

【电力优质服务】 2016年，宁乡县供电公司大力提升优质服务，确保客户满意政府放心，认真落实"三个十条"，督促落实好"优质服务十大举措"，主动提升服务能力、规范服务行为、践行服务承诺。一是履行社会责任，服务经济发展。共收到人大代表建议2份、政协委员提案1份。公司专门成立以公司主要负责人为组长的领导小组，制订《国网宁乡县供电公司2016年人大建议和政协提案办理工作方案》，并多次组织召开答复工作专题会议，听取各部门建议，参与提案各阶段的办理过程，公司邀请人大代表、政协委员参加2016年度人大代表、政协委员建议提案见面答复会，针对收到的建议、提案逐一进行解决落实。严格落实县政协民主监督第一组问卷调查办理工作。公司收到县政协民主监督第一组问卷调查中关于电费电价、供电服务等方面的问题，立即动员部署，制定走访活动方案，组织运维检修部、客户服务中心、发展建设部、乡镇供电所调研走访，将问题归纳总结，最终分为电费电价、预存电费、停电信息、供电质量、用电安全、抢修服务、低电压等方面进行答复。积极办理"12345"市民热线、信访、督查工作，2016年，共收到"12345"市民热线工单115件，信访局信访来访件7件，全部按时进行答复。配合督查室完成政协民主监督、行风测评、优化经济、三大建设等督查工作。二是推进社会服务创新，提供便捷便民服务。为尽可能的方便广大居民客户需求，公司在社会服务创新上不断谋求新的突破，创建并不断完善供电服务网，通过网站、"长沙供电"微信公众号快速发布停电信息、安全用电知识等电力信息。在电费缴纳方面，推行非现金缴费，通过银行代扣、自助终端、掌上电力APP缴费等方式，极大方便企业和居民，实现手机支付购电、查询停电公告等功能。强化配网抢修"五个一"，故障抢修满意率100%，故障到达现场及时率100%。完成对煤炭坝地区的供用电接管，完成沙子坡社区、楠竹村1581户计费表的统一搭火，实现正常计量收费。组织对接管的坝能公司6035户进行台区归属清理，确保接管区域的供用电安全和供用电设施的运行、维护和管理。为丰富"互联网+"供电服务和非现金缴费工作，低压用户共推行电费代扣业务24.51万户。 （万 鹏）

园区经济

国家级宁乡经济技术开发区

【概况】 宁乡经济技术开发区成立于1998年，2002年成为省级开发区，2010年升格为国家级经济技术开发区，远期规划面积100平方千米，中期规划面积60平方千米，建成区面积20平方千米，形成以食品饮料、先进装备制造、新材料产业为主导，以妇孕婴童、保健品化妆品产业为特色，以现代商贸服务业为配套的“321”产业体系，集聚加加食品、华润怡宝、青岛啤酒、湖南粮食集团、格力电器、海信电器、海尔无线、飞翼股份、东洋铝业、马克菲尔、中国建筑、中国建材、中财化建、康程护理、松井新材等近400家企业，获批首家中国食品工业示范园区、国家再制造产业示范基地、长江经济带国家级转型升级示范开发区、国家农业科技园区、湖南省食品加工特色产业园、湖南省家电特色产业园、湖南省孕婴童产业示范园区等殊荣。2016年，宁乡经济技术开发区(以下简称宁乡经开区)完成规模工业总产值970.7亿元，与上年同比增长12.8%；规模工业增加值230.4亿元，同比增长13.5%；固定资产投资194.7亿元，同比增长25.3%；财政收入23亿元，同比增长22.8%。年度绩效考核名列长沙市国家级开发区第二位，获评长沙市工业和信息化工作优秀单位。

【招商引资与项目建设】 2016年，宁乡经开区成立六个产业招商工作组，举办2016中国食业家、农业家、商业家年会和“2016蓝月谷之夏”产业活动季等活动，引进项目48个，合同引资380亿元，到位资金110亿元，海信电器湖南综合生产基地、楚天智能医疗装备、中伟新能源、格力智能制造、康程婴童国际产业园等重大项目顺利落户。新增总部经济税收5000万元。开展“百日大会战”等活动，调度项目80个，其中湖南粮食集团宁乡产业园列入省重点工程，56个项目列入市重大项目。海信区域销售中心、湖机国际、优卓乳业、洁韵卫生用品等51个项目开工建设，开工率达100%；格力暖通、中建科技一期、金健速冻、优氏乳业一期等34个项目竣工投产。启动玉屏山食品产业区片区开发PPP项目和蓝月谷东路等10条道路建设，船形山路等8条道路竣工通车。

【产业转型与创新】 2016年，宁乡经开区实施第二轮企业转型升级三年行动计划，修订完善“产业三十条”等扶持政策。获批湖南省首批、长沙市首个养老保险缴费费率过渡试点园区，每年可为44家园区企业节省2000多万元；成功推动北京合纵科技收购雅城新材、中伟新能源收购海纳新材；盘活土地73.3公顷、厂房3.2万平方米；销售商品房1293套、13万平方米。获批全国小微企业创业创新示范城市核心基地示范众创空间、湖南省留学人员高新技术创业园，举办“逐梦蓝月谷·让梦想起飞”宁乡2016创业大赛，江南大学技术转移中心宁乡分中心等技术平台挂牌运行。新增高新技术企业15家，省级企业技术中心3家、市级企业技术中心2家、市智能制造试点示范企业17家、授权专利400余项。楚天科技获批国家知识产权示范企业、国家技术创新示范企业；康程护理获批国家两化融合管理体系贯标试点企业；加加食品、湘粮科技获批中国食品工业智能制造试点示范企业。楚天科技无菌医药生产装备智能制造实验室、妙盛动力新能源汽车动力电池实验室获批省级工程研究实验室，加加食品调味品发酵工程技术研究中心获批省级工程技术研究中心。蓝月谷集团公司总资产达193亿元，融资平均成本降至5.21%。

【对外合作与贸易】 2016年，宁乡经开区启动中马国际特色食品工业园建设；加快爽尔国际婴童产业园建设；成立长沙市首家园区外向型企业协会，引进习普实业、浩通国际等外贸综合服务平台，推动宁乡火车货站开办集装箱业务。举办“湘品入俄”国际贸易交流会、中韩美丽经济博览会等活动，与俄罗斯、意大利、马来西亚、捷克、波兰、台湾等国家和地区经贸活动频繁；推动与甘肃甘南州、安徽滁州经开区、江苏泗阳经开区等战略合作。引进慕真食品、食尚大叔、大棒食品等外资企业；推动康程护理与美国百乐颂、乐福来与光明集团旗下香港万安开展对外合作。

【提标园区品质】 2016年，宁乡经开区“十三五”发展规划完成编制，宁乡食品产业发展规划、园区总体城市设计方案等通过专家评审，园区27平方千米控规获县政府批复。新增征地141.47公顷、腾地264公顷，拆迁房屋401栋，拆除违章建筑4万平方米。携手湘潭大学法学院共建法治园区，各类纠纷总量与上年同比下降22.8%，矛盾纠纷调处成功率升至98.5%，在长沙市政法综治工作考核中获评优秀等级，并再获“平安园区”称号。开展安全生产、环境执法、节能减排、消防整改等联合行动，下发责令整改通知103件、行政处罚通知10件；打造加加食品、湖南粮食集团宁乡产业园、绝味食品等10家园区首批工业旅游示范项目；实施“造绿复绿三年行动计划”，新增造绿复绿面积11万平方米。

【加强队伍建设】 2016年，宁乡经开区扎实开展“两学一做”学习教育。成立综合督查室，建立“1+5+1”绩效考核体系，组建企业党委、团工委、妇工委和关工委，完成机关党委和党支部换届选举。推动组建市属工商分局、县属市场和质量监督分局，推行企业集群注册。加快行政审批制度改革，制定三张清单和《行政审批监督管理办法》等制度，探索技术审查先行、多评合一、多图联审，推进并联审批。完成第二轮全员竞聘竞岗工作，开展“执行力提升年”专题辩论赛、学习心得体会及“执行力十佳”评选。举办第六届园区运动会、蓝月谷技工节、劳模大讲坛、首届蓝月谷工匠评选、金点子评选等活动，推动15家企业设立爱心基金，开展精准扶贫、金秋助学等爱心行动。科学运用“四种形态”，全面落实党风廉政建设责任制，认真开展“纠四风治陋习”专项整治行动。

【“魅力蓝月谷·精彩十三五”重点项目集中签约仪式】 2016年1月9日，宁乡经开区举行“魅力蓝月谷·精彩十三五”重点项目集中签约仪式，成功签约项目30个，合同引资超300亿元。项目涵盖食品饮料、先进装备制造、新材料及现代服务业等园区主导产业，其中海信电器综合生产基地、楚天智能医疗装备产业园、湖南轻工盐集团食品产业园、湖南国际保健品化妆品产业园4个项目投资均在50亿元以上；湖南粮食集团潇湘食品文化产业城投资达30亿元；好彩头湖南运营中心及物流基地、王老吉大健康产业园投资达10亿元以上。

【2016中国食业家、农业家、商业家年会】 2016年2月24日至26日，2016中国食业家、农业家、商业家年会在宁乡经开区顺利举行。来自食品、农业行业的企业家、学者、经济学家、商贸企业代表和品牌营销机构、投资机构负责人1000多人参加本次年会。年会突出“创变、融合、重构”主题，采用“全会+分行业年会+专题研讨”组织模式，从宏观经济、食品行业发展、农业产业发展、投融资等角度解析中国经济的发展现状、未来走向以及应对之策。年会发布中国食业产业“宁乡宣言”、中国农业产业“宁乡宣言”，评选出影响中国食品商业进程的30位代表人物和2015年度最具影响力20位企业领袖，并对2015中国农产品区域公用品牌价值进行评估发布。

【2016蓝月谷之夏活动季】 2016年5月7日，宁乡经开区举办中国（湖南）·俄罗斯“湘品入俄”国际贸易交流会暨“2016蓝月谷之夏活动季”启动仪式。活动季突出开放和创新主题，10月，活动结束，共引进项目30多个，格力智能制造、美盈森、洁韵等重大项目顺利落户。活动季期间，相继举办“湘品入俄”、中韩美丽健康产业园项目集中推介等活动；组成商贸团赴“丝绸之路经济带和21世纪海上丝绸之路”沿线国家举行招商推介会并达成合作协议；德国、西班牙、韩国、马来西亚等国家考察代表团相继来到园区洽谈合作；园区与湖南省贸促会签署共建湖南（长沙）国际特色食品工业园战略合作协议；与青海海东工业园区签署战略合作协议；与甘肃甘南州、新疆鄯善县、云南云龙县、江苏泗阳经开区签署区域合作协议；成立长沙市首家园区外向型企业协会；搭建中马国际特色食品产业园、湖南国际保健品化妆品产业、湖南妇孕婴童产业示范园等开放型产业平台；格力电器一期、中建科技一期、楚天科技三期、绝味食品等重大项目建成投产；举行蓝月谷工业旅游启动式、十大优秀工匠评选、“逐梦蓝月谷·让梦想起飞”宁乡县2016年创业大赛、园区第六届综合运动会等活动。

【长沙格力首台家用空调下线】 2016年6月1日，格力电器大型中央空调项目开工暨见证长沙格力首台家用空调下线活动在宁乡经开区格力电器综合生产基地举行。湖南省委常委、长沙市委书记易炼红，湖南省政府副省长张剑飞，长沙市委副书记、市长、湖南湘江新区党工委书记胡衡华等省市领导与格力电器董事长、总裁董明珠一同见证长沙格力第一台家用空调下线，易炼红宣布格力电器大型中央空调项目开工。随着格力电器长沙综合生产基地项目的投产，全球最先进的光伏新能源空调将在长沙制造。格力电器是全球唯一完全掌握光伏直驱变频离心机核心技术并实现量产的企业，光伏直驱变频离心机组可直接转化太阳能，机组拥有光伏空调系统专利的自主知识产权。长沙综合生产基地按照星级绿色工厂设计规划，采用太阳能光伏发电系统、室外绿化节水喷灌系统、雨水回收利用系统、中水回用系统、能源动力监控系统、余热回用系统等一系列环保应用方案。生产车间通过引入机器人系统，实现搬运无人化、生产区域无人化、钣金生产区域少人化；控制器车间采用德国进口全自动主板生产线等，共计投入自动化设备202台，提升自动化率24.8%。项目建成后，格力电器长沙工厂将成为全国电器生产行业自动化程度最高、智能化技术最新的工厂。

【第六届综合性运动会】 2016年10月10日,以"妙在运动中,恋上蓝月谷"为主题的园区第六届运动会在金海实验小学隆重开幕。本届运动会共95支队伍、2200多名运动员参赛,创下园区规模最大、参赛单位和运动员以及比赛项目最多的纪录。运动会赛程持续近2个月,最终决出篮球、足球、拔河、幸福向前冲、挑战步步高等8大项30小项的赛事名次,产生团体总分前8名,授予袁恒等10名"优秀运动员"、许慧等10名"优秀组织者"荣誉称号。

【康程婴童国际产业园落户】 2016年10月14日,湖南康程护理用品有限公司与美国百乐颂公司全球战略合作暨康程婴童国际产业园落户签约仪式在宁乡经开区举行。湖南康程护理用品有限公司与美国家庭护理名牌百乐颂公司合作投资20亿元建设康程婴童国际产业园,规划用地26.67公顷。项目建成投产后,将成为全球规模最大、自动化水平最高的专业婴儿及成人护理产品生产基地,预计可实现年产值80亿元。

【金健速冻食品项目正式投产】 2016年12月19日,湖南粮食集团旗下金健速冻食品项目正式投产,金健·御食秘典速冻食品新品发布及经销商大会同日进行,现场预收订货金额达6000万元,2017年全年合同订货额近2亿元。金健速冻食品是湖南粮食集团和金健米业投资兴建的宁乡食品产业园重点项目,也是首个投产项目。作为湖南省首家大规模速冻食品企业,金健速冻填补湖南速冻食品行业空白。首期产品包含定位中高端的御食秘典系列、符合区域口味的本土系列、以大米为原料的米制速冻食品系列。其独创"宫廷三清"工艺,在大众口味的基础上加以创新,去油少腻,将肥瘦比例提高到3比7,添加更加健康的食材,成为中国21世纪速冻食品产业的新引擎。

（崔浪涛）

宁乡高新技术产业园区

【概况】 2016年,宁乡高新技术产业园区(以下简称宁乡高新区)实现规模以上工业总产值825.69亿元,与上年同比增长18.7%;先进装备制造业产值达276.46亿元,同比增长13%;新材料产业产值达153.46亿元,同比增长31%;规模工业增加值185.55亿元,同比增长16.8%;固定资产投资175.88亿元,同比增长25.4%;其中工业投资141.77亿,同比增长32.7%;工业用电量约2.2亿度,同比增速超20%;工商税收12.2亿元,同比增长19.8%。在长沙市"六个走在前列"大竞赛暨绩效考核综合评价中名列省级园区第一位。

【干部队伍建设有新提升】 2016年,宁乡高新区结合日常成绩、指标任务完成情况、工作业绩等进行"四优四强"综合评价,对综合素质高、干事能力强的干部,不拘一格重用提拔,对考核不达标的严格处罚,激励干部真抓实干,勇争一流。一是干部队伍向经济化发展。年内成立宁乡高新控股集团公司和大科园资产管理公司,在全体干职工队伍中开展"十佳员工"评选和适岗性评价,鼓励管委会工作人员到经济一线任职,2016年管委会往公司流动人员达16人,占管委会机关职工总数的41%,让更多的干部了解经济工作、懂经济工作,真正打造一支懂经济、懂经营、懂产业的狮子型、专家型、创业型团队。二是监督监管向日常化发展。新落户项目第一时间组织召开任务交办会,通过责任清单制、问题销号制,对产业项目的建设部门、责任主体、交办时限等进行一一明确,确保项目按既定目标推进;纪检监察室主导出台《督察督办暂行办法》《作风建设和效能问责暂行办法》,制定《在建产业项目考核办法》《施工企业考核办法》《监理企业考核办法》,编制28期《工作铺排》和《完成情况表》,全年办结事项560多项,出台督查通报54期,谈话提醒干职工26人次。三是群团工作向规范化发展。对园区党组织和流动党员开展一次全面摸底和排查,摸底高新区党组织45个、党员735人全部登记造册,基本实现"两个覆盖";圣得西党支部开展"向党要智慧"的两学一做特色活动,与省经信委投资处支部和国家工信委消费品司支部结对共建;推选郑旗、潘剑灵、文金梅、陈颖雯等19名同志任市县"两代表一委员";完成高新区工会联合会换届、工商联换届工作,新成立高新区妇联、高新区关工委、高新区机关工会等机构。高新区党工委获市"先进基层党组织"称号。

【招商引资工作有新突破】 2016年,宁乡高新区新签约项目39个,其中10亿元以上项目4个,分别是沃特玛电芯(30亿元)、邦普年产3.5万吨三元前驱体项目(12.26亿元)、万吨四氧化三钴(10亿元)、中锂新材隔膜生产项目(10亿元)、沃特玛创新联盟产业园(10亿元);合同引资总额约284亿元,完成全年目标任务的142%。新引进银峰新能源、惠州旭能、浩润科技、中锂新材、升华科技、航盛新能源等锂电池上下游企业一同入驻,补全园区电解液企业的缺位。

【项目工程建设有新亮点】 2016年,宁乡高新区全年共调度项目84个(其中产业项目64个,政投项目20个),新开工项目40个,新竣工项目34个,新投产项目30个。金洲南路、欧洲南路建成通车；完成东城污水处理厂及其配套管网、金洲集镇污水主管工程；完成欧洲北路、金洲大道以北八条道路亮化工程；时代·奥特莱斯、中谷科技、红宇PIP等产业项目竣工投产。针对每一个项目均制定“二会一图”，倒排时间表，限时办结，全年召开各类调度会议37次，解决各类项目问题272个。完成20宗发改审批、22宗人防行政审批、198宗规划行政审批、197宗建设审批、13宗联验审批。创新推出《项目建设五方责任主体考核办法》，将项目考核纳入园区内部考核体系，纪检监察室对项目进行过程化、系统化地考核管理，对年度排名前三的优秀队伍进行项目倾斜，将年度评价为差的单位列入黑名单，进一步规范项目建设单位的行为。

【行政审批改革有新速度】 2016年，宁乡高新区结合园区产业发展实际，全面清理规范涉企行政职权。完成权力清单编制、对外公布和进窗上线工作，编制管委会权力清单204项，包括对授权或委托园区实施的162项，派驻机构入园审批的42项，其中行政许可30项，行政处罚92项，行政强制2项，行政确认3项，行政检查14项，行政征收25项，行政备案16项，其他职权22项。完成责任清单编制、对外公布和进窗上线工作，编制管委会主要责任清单195项，公共服务事项5项，事中事后监管事项26项，相关部门职责边界31项。完成流程清单编制、对外公布和进窗上线工作，编制流程清单事项51项。通过行政审批制度改革，项目手续办理最快可以压缩到15天完成。

【工业产业扶持有新举措】 2016年，宁乡高新区全年向上争资1.14亿元；实际到位融资25.94亿元，综合融资成本控制在6.2%以内；在全省率先与长沙银行合作成立10亿元产业引导基金；支持企业产业扶持、技改等方面资金8523.27万元；参（控）股的担保公司发放企业17家，放款1.13亿元。宁乡高新区通过基金支持、“多方资产收购”等方式给予企业帮扶，帮助欧乐家科技、美国新视野等企业渡过难关。新增入规企业14家；新增科技发明专利125项；赛诺生物在新三板上市；东鑫环保新获批博士后流动工作站。

【创新平台建设有新思路】 2016年，宁乡高新区进一步推进“一园一中心”建设，一期建成区面积达58万平方米；引进各类项目10余个，引进中介服务机构15家，涵盖知识产权评估、代理、交易、项目咨询、企业征信、会计事务、法律服务等全方位服务；长沙银行、中国银行正式开业；O六八新材料公共检测平台、知识产权运营服务中心、创客空间等创新平台建设加速推进；与中南大学联合举办校企对接会，中南大学柴立元等11位教授团队参会，4名教授发布最近科研成果，航天天麓等3家企业发布需求。举办特种粉末冶金及复合材料制备加工第一届学术会和第4届中国（湖南·宁乡）锂电新能源产业国际高峰论坛，4位院士、1000多位专家、学者和企业负责人参加会议。

【社会事务工作有新收获】 2016年，宁乡高新区共调处化解各类施工环境问题97次，成功调处劳资纠纷82起，解决拖欠工资金额335万余元；完成征地98.95公顷，拆迁房屋383户；精准扶贫特色开展，全区干职工坚持结对帮扶，每月一上门、每周一联络，年节慰问金额达10余万元；举行“情牵西部乡镇·助力精准扶贫”产业扶贫专场招聘会，积极组织企业参加“春风送岗”“校企招聘”“扶贫送岗”等招聘活动，累计提供工作岗位8500余个；全面实施货币化安置，安置新拆迁户543户，安置超期未安对象201户；审计完成项目76个，核减7690.97万元，核减率达24.93%，财评再核减率1.68%；“四费”支出298万元，与上年同比减少120万元，减少28.81%；完成合同清理15家，其中已进入诉讼程序或已判决的5家，15家企业收回欠款（含进入起诉程序）7111.27万元，兑现率达77%；完成非税收入回收欠款235.41万元；在国家级媒体（中国工业报）报道6篇，湖南卫视、《湖南日报》等省级媒体报道39篇，《长沙晚报》、长沙新闻频道等市级媒体报道27篇；微信更新推送396篇，网站更新99篇。

【帮扶欧乐家科技企业】 2016年，由于欧乐家科技公司在建设过程中没有考虑自身实力，导致企业资金链断裂，企业运营面临非常大的压力，宁乡高新区积极对接工商银行湖南省分行，释放部分欧乐家科技抵押资产，创新采用“多方资产收购”的方式支持企业，给予企业帮扶资金超过5000万元，重新恢复企业造血功能。

【特种粉末冶金及复合材料制备加工第一届学术会】 2017年11月11日～13日，宁乡高新区与中国有色金属协会合作，在宁乡县会议中心和通程温泉大酒店举办特种粉末冶金及复合材料制备加工第一届学术会，4位院士、100余名领域内专家和500多名学者、企业负责人参加会议，学术会举办6个分会场学术研讨会议，交流科研成果。

【第4届中国（湖南·宁乡）锂电新能源产业国际高峰论坛】 2017年11月23日—25日，宁乡高新区与中国电池网、赛迪顾问、真锂研究、中国先进电池材料及电池产业技术联盟等单位联合，在宁乡县通程温泉大酒店举办第4届中国（湖南·宁乡）锂电新能源产业国际高峰论坛，有260家企业、600余名专家、学者、教授与会并作专题讲座，天津力神、ATL、力信、比亚迪等国内知名新能源动力生产企业参会。

【PIP 可控离子渗入技术】 全球领先的金属表面可控离子渗入技术，采用该技术生产的 PIP 活塞杆的耐磨性是传统电镀铬产品的 1.5 到 2 倍，耐腐蚀性是传统电镀铬产品的 5 到 10 倍，同时产品生产过程与使用过程均无环境污染，在保证环保质量的同时，将高端零部件的品质提高到一个崭新的高度。其产品在军工、航天航空、航海、机器人、石油、天然气、工程机械、汽车等领域广泛应用。

【时代·奥特莱斯·长沙商业广场】 时代奥特莱斯一长沙商业广场位于宁乡高新区金水东路与欧洲北路交汇处东北角，项目总投资 5 亿元，总用地面积为 12.07 万平方米，建设 3 层大型商场，大约 300 个专卖商铺及餐饮，经营世界一、二线及国内著名品牌的折扣商品，还有餐饮、停车场及活动广场等配套设施，具有休闲、文化、景观等多种功能。

【市委书记易炼红调研园区】 2016 年 2 月 23 日，省委常委、长沙市委书记易炼红到宁乡高新区，调研湖南杉杉新能源。他强调，奋战“十三五”，实现开门红，要以“百尺竿头更进一步”的追求，抢抓机遇、乘势而上，推动区域经济新跨越，实现城乡品质再提升，在转型创新发展中走在前列。

【省人大常委会副主任李友志调研园区】 2016 年 7 月 8 日上午，湖南省人大常委会副主任、党组成员李友志率省人大常委会、省教育厅、省科技厅、省知识产权局等单位负责人到宁乡高新区调研。市人大常委会副主任芮英姿，湖南湘江新区管委会副主任、宁乡经开区党工委书记、县委书记谭小平，县领导贺应辉、刘永红、彭韬陪同调研。李友志对项目的建设提出五点要求：一是加快孵化中心、知识产权运营中心建设；二是加快与高校对接，争取更多项目入驻；三是坚持“高”(高端)、“新”(新兴)、“特”(特色)产业，严禁低端、落后、污染的产业进驻；四是要进一步解放思想，优化环境，用高效的服务支持企业发展；五是要对接高校，各部门、高校要积极推动科技成果转化。

【国家科技部高新司副司长曹国英调研园区】 2016 年 7 月 29 日，国家科技部高新司副司长曹国英调研宁乡高新区，充分肯定园区科技创新能力和园区建设。这是宁乡高新区创建国家级高新区的最新进展，标志着园区朝着国家级高新区迈进一步。长沙市委副书记、湖南湘江新区管委会主任虢正贵，省科技厅党组成员、副厅长鲁先华，宁乡县委副书记、县长候选人王雄文，宁乡县委常委、宁乡高新区党工委书记刘永红，宁乡高新区管委会副书记、管委会主任郑旗陪同调研。

【沃特玛创新产业联盟】 2016 年 9 月 28 日，宁乡高新区在长沙世纪金源大饭店举行项目集中签约仪式。沃特玛电池有限公司、沃特玛联盟、湖南中锂新材料有限公司的锂电池隔膜项目等 7 大项目在会上签约，总投资额达 51 亿元。长沙市委副书记、湖南湘江新区管委会主任虢正贵，中共宁乡县委书记周辉，中共宁乡县委副书记、代县长王雄文等领导出席本次活动。其中沃特玛电池项目于 10 月 2 日正式动工，仅用时 49 天就完成主体厂房建设，刷新重大项目主体竣工新的速度。

(胡逖飞)

金玉工业集中区

【概况】 2013 年 3 月，宁乡县率先在全省启动了总体规划 20 平方千米、核心区 12 平方千米、启动区 2.5 平方千米的金玉“飞地”工业集中区建设，力图通过整合工业优势资源，促进集约节约用地，协同推进美丽乡村建设，保护优质山水资源，破解乡镇发展瓶颈，致力打造乡镇工业飞地发展的全新平台、竞相发展的崭新擂台，全力推动县域经济转型创新、两型发展。宁乡县金玉工业集中区定位于飞地经济的新探索、两大主体园区的新补充、产业梯度转移的承接园、返乡人士的创业园。至 2016 年底已基本建成 2.5 平方千米启动区的各项基础配套设施，形成“四纵三横”的路网格局，水、电、气、污水处理系统、安置区初步建成完善；完成启动区征拆任务。2014 年，宁乡金玉工业集中区成功入列首批全省飞地经济试点园区，被评为全省工业发展十大亮点之一；2015 年，湖南省飞地经济试点现场会在园区召开，金玉工业集中区的运作思路以及作法在全省范围内推广。2016 年，金玉集中区进一步探索飞地经济，创新发展模式，努力实践由县域内“飞地”向县域外“飞地”拓展跨越。成功与芙蓉区隆平高科技园达成共建“飞地产业园”战略合作，扩大飞地经济合作领域，不断壮大飞地经济规模，全面提速开发建设，加快项目落地。

【招商引资】 2016 年，金玉工业园区突出招商重点，瞄准“一部一带”产业梯度转移，围绕长株潭各大主体园区主导产业上下游配套产业，实施产业链招商，重点瞄准精密智造、食品食材、新材料等主导产业及与之配套的中小项目招商，结合招商“百日竞赛”活动要求，组织召开金玉工业集中区招商引资“百日竞赛”誓师大会，出台“百日竞赛”工作方案，成立招商小分队，明确由各分管领导牵头负责的任务目标及奖惩措施。全年外出招商 30 批次，共捕捉招商信息 60 条，成功签约引进项目 15 个，合同引资 30 亿元。围绕吸引成功人士返乡创业，规划66.67公顷左右精密制造产业园，以台乔机械为代表的首批返乡创业企业正式落户并启动建设。打造返乡人士创业区迈出新步伐。

【项目落地】 2016年，金玉工业园区按照“五个一”（“一个项目、一名领导、一套班子、一套方案 、一抓到底”）工作机制推进重大项目帮扶工作，对所有入园项目分为加速开工、加速推进、加速竣工、加速投产、加速达产五类，分成若干帮扶小组，由班子成员任帮扶领导，每位干职工都明确帮扶项目，发放项目帮扶《工作日志》，推行项目帮扶日记录、周调度、月讲评、季考核机制。2016年推进新艺玻璃、沙龙畜牧等10个项目实现落地建设。新增投产项目7个，累计达到14个。

【经济指标】 2016年，金玉工业集中区新增湖南省大和水工机械有限公司、湖南汉璟真空玻璃科技有限公司、湖南佳滨机电设备再制造有限公司、长沙金山牛农业科技有限公司、长沙民德消防工程涂料有限公司、湖南婴博士儿童用品有限公司、湖南达煜新能源技术有限公司、湖南志荣农业科技发展有限公司、长沙财鼎建材有限公司、长沙缘美美容用品有限公司12个入规企业。2016年，金玉工业集中区工业产值达10亿元，完成工商税收1200万元，完成固定资产投入15亿元。

【运转要素有保障】 2016年，金玉工业集中区新征用地17.4公顷，拆迁房屋28栋，迁坟410座，启动8个组社保工作，其中2个组社保资金发放到位。加大融资力度，2016年，园区共计融资6.7亿元，其中，以人民医院为融资平台融资租赁1.45亿元，向民生银行、光大银行、邮政储蓄银行续贷1亿元，向国家开发银行申请专项建设基金7280万元，向长沙银行借款5300万元，光大银行政府购买服务3亿元。安置区正式交付使用，完成安置126户。园区新增2.5平方千米用地得到批复。路网、水、电、气基本完成并投入运行。有效确保园区开发建设正常运转。

【“飞地”模式新发展】 2016年，金玉工业集中区在园区既有发展定位上进一步提出“放大飞地效应，打造产业梯度转移的承接园”的新构想。立足“创新发展、互补发展、差异发展、共赢发展”的理念，进一步拓展飞地经济合作模式由跨乡镇向跨县域延伸，形成探索跨区域发展飞地经济的新模式。与长沙市芙蓉区隆平高科技园区达成共建“飞地产业园”的合作框架协议，并首期成功订3个投资过亿元项目，“飞地经济”新模式再次引起省内外高度关注，湖南省内各大主流新闻媒体同步播出，其中《长沙晚报》整版报道。“飞地经济”示范区展现出新成果，产业转移承接区增添新力量。

（熊尚飞）

交通·邮政·通信

交通运输

【概况】 2016年,宁乡县交通运输局(以下简称县交通运输局)局机关及下属事业单位共有干部职工419人,其中局机关69人,运政管理系统155人,公路管理系统20人,公路养护中心9人,路政管理系统57人,质量监督系统16人,公共客运系统24人,交通建设开发公司8人,交通建设投资公司27人,金朱公司6人,公汽公司28人。年内,县交通运输局紧紧围绕"三大建设"和"四个打造"战略部署,创新思路促工作,攻坚克难抓执行,圆满完成全年各项目标任务,先后荣获县"党风廉政建设先进单位""项目工程建设先进单位""优化经济发展环境模范单位""安全生产先进单位""政务公开工作先进单位""综治维稳信访工作先进单位""文明程度指数测评工作先进单位""省市重点民生实事工作先进单位"等多项荣誉。

宁乡县域境内洛湛铁路、石长铁路、长张高速、长湘高速、长韶娄高速穿越而过,G319横贯东西,S208、S209连通南北,S327(宁横线)、S218(宁灰线)、S331等6条省道贯穿县境,金洲大道直通省会长沙市,加上在建的金唐公路、金宁大道、岳宁大道、南北横线和渝长厦高铁、呼南高铁、长宁城际轻轨,构成宁乡四通八达的交通网络。截至2016年年底,全县拥有各级公路5760.63千米,其中国道24.72千米,省道172.70千米,县道589.94千米,乡道385.98千米,村道4587.27千米。

【交通项目建设】 2016年,县交通运输局始终把突破交通瓶颈制约、加快交通项目建设作为支撑之基、发展之本。2016年是宁乡的"项目落地年",也是交通项目的大干之年,计划交通项目69个,其中县交通运输局担当主体的交通项目58个,投入资金20.12亿元(含担当载体的3个PPP项目)。加上后期水毁恢复工程10余个,项目之多,投入之大,覆盖之广,不仅是全县政投之最,也是宁乡交通历史之最。一是干线公路和重大交通项目建设。2016年,县交通运输局完成龙江大道金玉段、宁乡大道北延线、炭河六路四桥古城路网、道林古镇路网、灰汤乌江大桥建设,启动金岳公路、华强大道、益娄高速田心铺互通至流沙河公路等项目建设。集中资源和优势,重点建设金唐快速干线,打造横贯东西的大动脉、中部发展的主轴线。争取益娄衡、长益复线、宁韶三条高速加快建设,增加互通8个,增加里程106千米。促成渝长厦高铁、呼南高铁和城际轻轨早日动工建设,把宁乡纳入国家八纵八横高铁体系和长株潭城市轻轨体系。积极争取88千米战备公路的落实,协调南北横线建设,年内在全市率先启动北横线宁乡大道北延线项目建设,为宁乡经济社会发展奠定交通先行的坚实保障。二是交通PPP项目建设。2016年,县交通运输局在全省首家推出干线公路PPP模式,采取"总打包、总建设、总融资"和"项目公司负责建设、政府逐年回购、财政延期支付"的方式,与中标社会资本中国建筑第五工程局有限公司与中国建筑第五工程局第三建设有限公司(联合体)在"湖南对接一带一路海外融资(香港)洽谈会"上成功签约,项目总建设里程343千米,含12条干线公路和13条园区市政道路等25个子项目,总规模约58.77亿元。宁乡交通PPP项目已创建省示范项目,正争取进入国家示范项目,启动金岳公路、人民北路、横雷公路、华强大道、灰唐公路等子项目的建设。三是民生工程项目建设。2016年,县交通运输局投入资金近2亿元,对历泉公路、黄月公路、黄崔公路等37条农村道路,早禾滩桥、灭螺河桥等6座桥梁进行新建或改造,累计里程291.16千米。对全县513.76千米农村公路安保设施进行修复,将X211、S327打造成农村公路安保工程全国示范性项目。全面加强公路建设质量监督,在农村公路质量检测验收中开展"十佳"和"十差"质量评选,反响良好。在农村公路建设过程中,创造性地采用"政府投料+群众投工"全新模式,2016年相继竣工17条民生公路,切实解决当地群众"出行难"问题。在年底召开的全国"四好农村路"运输服务工作现场会上,交通运输部党组书记杨传堂对宁乡农村公路建设工作给予高度肯定,中央电视台综合频道(CCTV1)就"政府投料+群众投工"模式进行报道推介。

【运输市场监管】 2016年,县交通运输局强化对客运、货运、驾培、维修、物流、站场等行业的监管,顺利完成春运、黄金周等重大节假日应急运输工作,连续5年被长沙市人民政府评为"春运优质服务先进单位"。开展质量信誉考核,引导和促进道路运输企业加强管理、保障安全、诚信经营、优质服务。营运车辆年审6500余台，依法注销1895户经营业户的经营许可，注销2152台车辆道路运输证，淘汰老旧车、黄标车98台，进行诚信考核2272人，吊销从业资格1人，处理商事登记数据963条。强化道路运输安全生产，集中三个月时间，组织160多人，深入开展“大排查大管控大整治”专项整治行动，排查处理各类隐患188处，解决重特大安全问题10多个，“全行业、全覆盖、纵向到底、横向到边”的安全生产监管网络日趋完善。按照“全天候、无缝隙、常态化”管理要求，加强打非治违、超限治理工作，累计检查车辆2.27万台次，查扣违规营运车辆396台次，查扣超限车辆285台次，卸载货物1808.17吨。实行案卷评查，案件实行卷卷签字、卷卷评查、卷卷过关、月月评比，交通执法实现“零事故、零投诉”，县局和运管所连续获评“省行政执法先进单位”。加强维修、驾培、站场管理，程远汽修，龙骧、成也客运等被评为AAA企业，白马桥汽车站、东城汽车站在全省客运站考核中评为二级AAA级，誉欣、星光、长宁三所驾校被评为长沙市驾培机构质量信誉考核优秀单位。

【公共交通服务】 2016年，县交通运输局新增20路、21路等4条公交线路，优化调整9路、10路等5条线路，城市公交网线进一步优化，公交线路覆盖率进一步提高。升级公交基础设施，在宁乡大道、一环路建设44座仿古式智能公交站亭，全面提升城市道路形象。对宁黄线实施公交化改造，开通118路公交车，在流沙河镇试行农村短途班线，开启宁乡镇村公交新时代，市城乡客运一体化现场经验交流会在宁乡召开。加快公交车辆提档升级，更新9路线11台城市清洁柴油公交车辆、118路线17台油电混合动力新能源车辆，与沃特玛联盟合作，购买150台新能源车辆，打造全省县级层面第一个公交电动化城市。加快推进园区公共交通建设，制定宁乡经开区、高新区公共交通实施方案。取消和清退出租车经营权费，维护行业稳定。

【党建工作】 2016年，县交通运输局坚持“基础工作抓规范，重点工作抓创新，整体工作抓推进”，不断加强党的基层组织和队伍建设，为全县交通运输事业科学发展、不断进步提供强有力的组织保证，被县委评为先进基层党组织。完成1个党总支、20个党支部换届选举及“两代表一委员”选举。加强培训教育，举办培训班10期，学习成果有效转化为思想方法、工作手段和领导能力。开展规范权力运行，创新权力管控机制，通过清理权力清单，规范运行流程，创新工作机制，强力实施监督，有效杜绝决策失误、权力失控、行为失范、干部失足等现象。创新载体，开展交通项目建设“百日竞赛”活动，掀起新一轮项目建设高潮，弘扬时代旋律，组织举办“平安交通，幸福宁乡”迎新春歌咏晚会，举办业务技能竞赛，开展“七一”表彰活动，表彰先进基层党组织6个、优秀党员5名、优秀党务工作者51名，进一步增强党员干部的凝聚力和向心力。呼应群众期盼，办理市县人大、政协提议案82件，做到答复率、满意率100%。扎实推进“精准扶贫”工作，投入道路扶贫资金近3000万元，逐步解决全县32个贫困村道路交通瓶颈问题。2016年，县交通运输局在社会公认评估(包含领导评价、电话民调、千人测评)中排名全县社会发展类单位第一。

(青百宇)

公路管理

【概况】 宁乡县公路管理局担负着宁乡县境内4条国道、12条省道、6条重要县道及金洲大道的建设、养护、管理工作，管养里程512.56千米，管养桥梁117座。2016年，全系统共有干职工512人，其中在职职工296人，退休职工216人。全局机构设置为局机关和公路养护服务中心、公路路政执法大队(含养鱼塘超限检测站、菁华铺超限检测站)2个二级机构。局机关内设办公室、人力资源科(党建办)、财务科、计划科、工程科、审计科、行政审批服务科(法规安全科)7个机构。养护服务中心内设办公室、工务科、财务审计科、工程建设科、安全生产科、养护科、机料科七个机构，下设2个集“道路养护、应急保障、便民服务”三位一体的区域中心养护站，管理11个管养站，全面构筑和完善三级养护服务网络。路政执法大队内设办公室、财务科、执法中队、路政中队、督查中队、处理中心、信息化应急处理中心、稽查中队八个机构。县治超办常设局机关。2016年，县公路管理局突出发展第一要务，强化党建第一责任，以提高宁乡县干线公路等级和路况为主攻方向，优化公路路网结构，着力保持公路稳定、和谐、发展大局。

【公路工程建设】 2016年，宁乡县计划投资10.5亿元建设15个工程项目，总里程123.3千米，年度实际建设里程119.2千米，完成投资9.7亿元。沥青砼路面公路里程达到60%，比上年度提高8%。完成宁乡林塘至东湖塘公路改建工程26.5千米、金洲大道路面大修工程2.3千米、金洲大道路面中修工程7.3千米、X097线双凫铺至偕乐桥公路提质改造工程16.3千米、X096线灰汤至老粮仓公路提质改造工程18千米、X087线道林至宗师庙公路提质改造工程5.1千米、X093线南田坪至坝塘公路提质改造工程8.41千米、X104线黄材集镇提质改造项目2.4千米、黄材至月山公路提质改造工程1.1千米、老粮仓大桥新建工程(全长156米)、县道危桥改造工程(大屯营镇大屯桥、黄材镇雷家坳桥、沙田乡西湖桥)、X091线公路安全生命防护工程32千米。启动黄材至龙田公路改建工程,工程分两部分,一部分起于灰黄公路炭河古城古阙公园外500米处,止于X106线七里山集镇,全长约27.18千米;另一部分X104(五里堆至巷子口)改建工程,起于五里堆集镇(黄龙公路K12+800处),止于巷子口汽车站,全长13.06千米。两个项目总建设里程40.24千米,总投资约5.5亿元,项目于2016年9月12日启动黄材绕镇段建设,计划2017年12月30日全线完工通车。金洲大道路面大修工程首次在宁乡县采用路面热再生循环技术,对老路的沥青混凝土及水稳层进行循环利用,在提升道路品质同时实现环保节能。金洲大道路面中修工程首次采用1厘米的MS—3沥青微处理技术,降低公路养护造价。

【公路养护管理】 2016年,宁乡国省干线公路路况优良率89.1%,比2015年提高4.1个百分点;县道公路路况优良率89.9%,比2015年提高5.9百分点,圆满完成公路养护工作目标任务。全年累计完成水泥路面换板1.1万平方米,沥青路面挖补2.52万平方米,水毁护砌挡土墙8000立方米,清除山体滑坡塌方1.73万立方米,新砌和修复水沟7000米,新建和疏通涵洞1560米,标线和设施桥梁刷漆3.15万平方米,水泥路面清灌缝、断角处理和沥青路面裂纹修补500千米,绿化植补行道树2.1万棵,全线行道树刷白两次,新装和修复标志标牌1070块,新建减速带100余组,新建和修复钢护栏1.45万米,新装和修复道口桩百米桩里程碑6600根(块),维修桥梁7座,使用冷拌料150吨、使用乳化沥青29吨。投入195万元,完成S209线地质灾害工程,完成S209线反光道钉、百米桩、道口桩工程,完成S209线(包括白马大道各路口)与乡村公路水泥路面顺接工程62处、8025平方米,完成S209线与X091线连接工程1610平方米;投入12万余元,完成X103线弃土场整治、水沟挡土墙护砌和公路顺接工程;投入140万元,完成金洲大道(历泉路口至长高集团)双幅辅道路面修复6500平方米;投入98万元,完成七里山、茅坪、煤炭坝、东湖塘4个管养站房改造维修工程。

【公路路政管理】 2016年,县公路管理局以加强路政管理为抓手,认真贯彻执行《中华人民共和国公路法》和《中华人民共和国公路安全保护条例》,规范工作程序,依法行政,依法治路。依法办理涉路施工许可7起,收取占用公路(补偿)费24.6万元;下达《责令消除违法行为通知书》248份,对公路两侧村民建房的控距审查和监管280处;处理损坏公路设施案件68起,收取公路赔补偿费37.97万元,查处6起污染公路案件,罚款6600元;积极参与部门、乡镇路域环境集中整治行动,依法拆除违法棚屋63处、非标633块、横幅72条,清理堆物占道190处(共200多立方米)、摆摊设点470处、遮挡公路标志的障碍物22处,清理公路路肩、边坡种植物50处。圆满完成市对县治超工作考核指标,将超限超载率控制在0.3%以内。全年出动执法人员8500人次,检测车辆5950台次,实施卸载410台次,卸载货物5548.32吨,实施行政处罚399台次,罚款194.84万元,拆解非法改装车辆19台次,做到查处率100%,结案率100%。在县治超办领导下,牵头全县治超工作,继续深入践行“一超四究”的治超模式,有效遏制超限运输的反弹;加强源头治理,规范商品混凝土运输和渣土运输管理;积极参加关闭非煤矿山、取缔砂石场的联合整治行动。全年9个省及16个地市的交通主管部门到宁乡县公路局考察交流,学习治超工作先进经验。2月2日,湖南省省长杜家毫专程视察养鱼塘治超站,称赞宁乡“一超四究”执法模式真正抓住治超关键。用“猛药祛疴、重典治乱”的决心和力度,在全社会形成“不敢超、不能超、不想超”的良好氛围,确实保障公路基础设施和道路交通安全,对全省各地深入推进治超工作具有很强的示范作用。菁华铺超限检测站于7月20日正式启动,该检测站所采用的不停车检测系统为国内先进的车辆载重监控系统,能有效的加强治超执法力度,遏制过境宁乡违法超限运输车辆。积极争取省市专项资金180余万元,启动科技治超项目。

【文明创建】 2016年,县公路管理局以县委、县政府“四个打造”“四个强化”为契机,坚持把文明创建与各项中心工作的推进一齐部署落实,开创公路文明建设新局面。积极开展“最美公路人”评选活动,涌现一大批先进个人。10月,在第八届全国交通运输行业职业技能竞赛湖南选拔赛暨2016年全省公路系统养护技能操作竞赛中,县公路管理局战绩突出,职工黄新林、蔡志丹、唐正文等选手获得优异成绩,作为长沙代表队的宁乡县公路管理局获得2016年全省公路系统养护技能竞赛团体一等奖,其中黄新林获得八届全国交通运输行业筑路机械操作工职业技能竞赛装载机操作第六名的好成绩。公路建设和养护事业的快速、和谐发展,赢得各级领导和社会各界的一致好评,县公路局先后获评全省公路系统“文明建设先进单位”、省公路系统十佳公路超限检测站、长沙市文明标兵单位、市公路系统养护技能竞赛团体一等奖、干线公路工作目标管理红旗单位、干线公路养护目标管理红旗单位、干线公路路政目标管理红旗单位、长沙市公路系统安全生产红旗单位、长沙市工人先锋称号等荣誉，先后涌现全省公路系统十佳公路局长（喻晓）、全省公路系统十佳养路工（郑小兵）、全省十佳技术能手（黄新林）、湖南省交通运输系统优秀选手（蔡志丹）、湖南省公路养护技术能手（唐正文）等先进个人。（肖　琼）

汽车客运

【概况】 2016年，湖南龙骧交通发展集团有限责任公司宁乡分公司（以下简称宁乡龙骧分公司）共有员工392人，离退休人员317人。该公司是一家集旅客运输、站场服务、汽车维修、旅游集散、广告发布于一体的综合性服务型窗口企业，是宁乡县最大的客运企业。2016年，宁乡龙骧分公司为合理优化组织架构，通过一系列公开、公平、公正的竞聘程序，至11月底顺利完成了机构改革和管理人员竞聘工作，重新组建一个想干事、能干事、会干事、精诚团结的管理团队。将原有的22个基层单位（部门）精简至5个生产单位和8个职能科室，从而有效地整合了资源，降低了管理成本。宁乡龙骧分公司下设白马桥汽车站和东城汽车站2个县级车站、9个乡镇客运站、2个运输单位（一车队：原6车队、18车队和30车队旅游车；二车队：原26车队、出租车队、30车队的公交车）、修理厂、多种经营管理中心等基层单位，以及“湖南新康运输有限公司”“湖南龙成公共客运有限责任公司”两家股份合作公司。宁乡龙骧分公司拥有各类营运车辆558台，其中营运客车342台（建制车和参运车），城市出租车158台，公交车58台，已开通营运线路88条，其中省际班线9条，市际班线27条，县际班线32条，县内班线20条，另开通旅游线1条。运输网络遍布湖南省各地、州、市，以及广东、江西、湖北、江苏等9个省、直辖市；2个县级车站日发班次718余次，平均日发送旅客8000余人次，共接纳各种营运客车420余台。

2016年，宁乡龙骧分公司在行业主管部门和集团公司的正确领导和大力支持下，坚持以集团的“两个中心工作、三个转型方向、四项改革任务”（即以提高经济效益和服务质量，确保安全为中心；以枢纽建设推动转型创新发展为中心；向枢纽经济转型、向道路运输上下游转型、向旅游运输方式转型；推进人事制度及机构改革、站运体制改革、运输方式改革、对外投融资管理改革）为指导思想，紧紧围绕“立足新常态，抓安全，保稳定，规范管理谋发展”的工作思路，加强安全宣传与监管力度，稳步推进站场与运输的发展，拓展第三产业渠道，并取得了良好的成绩。2016年宁乡龙骧分公司荣获宁乡县交通运输局颁发的“优秀道路运输企业”称号，司属车站被评为全省道路客运“二级甲等站”，并荣获全市道路运输企业安全生产绩效考核“先进单位”称号。

【整章建制规范管理】 2016年3月，宁乡龙骧分公司经理匡凌峰上任后，针对分公司管理现状，为严明工作纪律、转变工作作风、提高工作效率，组织中层管理干部和相关部门召开专题工作会议，从内部管理入手，制定《关于加强宁乡分公司机关工作作风建设的规定》，修订《宁乡分公司打卡考勤实施办法》，并由主管经理牵头组织考核小组定期或不定期地对各部门制度执行情况进行检查督促，通过加强制度建设来规范管理、激发员工活力、增强队伍凝聚力。同时，宁乡龙骧分公司按照“从严控制，合理支出”的原则，规范费用管理，严肃财经纪律，进一步制订并完善《关于进一步加强费用开支管理的通知》、《费用报销流程》、《票证管理制度》、《费用开支管理办法》等一系列财务管理制度和规定，加强对费用开支的管理，完善审批流程和保障程序，严格控制经费的支出，以此保证工作的正常开展，确保资金使用合理合规，促进企业经济质量和效益的提高。

【更新车辆保运输】 2016年，宁乡龙骧分公司在运输格局严峻、道路运输业严重滑坡的情况下，通过调整经营结构、转变运输方式，把重心转向城乡、城际公交发展，以确保运输主业的稳定。宁乡分公司积极与行业主管部门沟通、协调，完成118线（宁乡—黄材）17台车辆提前报废更新的行政许可工作，9月，118线（宁乡—黄材）公交线路全部更新上线，24台10.5米的油电混合动力清洁能源公交车辆运营上路，且按行业主管部门要求全部安装破玻安全系统，宁乡118线是长沙市目前唯一全车配备安装玻破安全系统的营运线路。

【提升服务树形象】 宁乡车站属公益性服务型窗口单位，也是宁乡县文明创建必检单位。2016年车站主要在“两治理，一提升”方面狠下功夫。一是候乘环境治理，根据管理中存在的问题，进一步修改完善管理规定，明确责任，集中整治，对参运车司乘人员围堵在检票口和进入候车厅内喊客、抢客、拉客的不文明行为进行有效遏制；对站场内旅客吸烟行为及时劝导，车站候乘环境得到较大改善；二是安全隐患源头治理，车站严格按“三不进站”、“六不出站”要求，加大进站旅客行包的检查力度，同时抓好车辆出站安检，对安检不合格车辆一律不得应班出站，并限期整改，督促落实，抓好安全源头管理，及时消除安全隐患，为旅客安全出行夯实基础。三是提升服务，车站特色服务班以“三优、三化”为标准，以旅客、业主满意为宗旨，为顾客提供亲情式服务，候车室内无线WIFI覆盖、特殊候车室设备齐全，并免费提供茶水、报刊和杂志阅读,全心全意为顾客提供方便、快捷、舒适的服务。

【夯实安全基础促发展】 安全工作始终是宁乡龙骧分公司生产经营工作的重中之重。2016年,公司坚持“安全第一、预防为主、全员参与、综合治理、科学管理、持续改进”方针,坚持发展速度、质量、效益与安全的有机统一,以强化和落实企业安全主体责任为重点,以事故预防为主攻方向,严格落实安全生产“一岗双责”制度,树立“安全无小事”的全员安全责任意识,并提出“七个务必”的安全工作行为准则,即目标务必明确、责任务必落实、宣教务必深入、排查务必全面、管控务必到位、整改务必过硬、问责务必从严,切实抓好安全生产日常基础管理工作,全面提升安全管理水平。在加强出站安全检查和驾驶员安全培训教育方面,宁乡分公司班子成员采取分片、分线、分车包干式的办法与驾驶员进行一对一面谈,更加深入地进行安全宣教。2016年宁乡分公司投入安全管理专项资金72万余元,加大安全宣传、安全检查、安全教育和违规处罚力度,全面深入持续推进“大排查、大管控、大整治”的“三大行动”,通过完善各项规章制度、强化措施的落实力度,有效防范和遏制重、特大事故,促进安全生产与经济效益同步协调发展。2016年,站场、综治、消防、劳动用工、房屋、食品安全事故均为零,事故次数较上年下降47%,事故费用减少30%,行车安全各项指数均控制在指标范围内。

【加强党建促文明创建】 2016年,宁乡龙骧分公司按照上级要求积极开展“两学一做”专题教育学习,分别组织全体党员重温党章党规,认真学习习近平总书记系列讲话,共组织全体学习教育5场次,专题会议10场次。通过学习,营造浓厚的学习教育氛围,增强全体党员干部的宗旨意识和奉献意识。11月底,顺利完成宁乡分公司党总支和工会的换届选举工作。2016年,宁乡龙骧分公司顺利通过四次全国文明县城的省、市级检查验收。 (伍友谊)

邮 政

【概况】 2016年,中国邮政集团公司湖南省宁乡县分公司(以下简称宁乡邮政分公司)共有职工445人,其中在职职工310人,占职工总数的69.66%,离退休(含退养)职工135人,占职工总数的30.34%。公司办公机构设置一室一部,即综合办公室、市场经营部。市场经营部下设三个中心,即代理金融中心、邮务类业务中心、运营管控中心,包括储汇专业、代理保险专业、函件专业、渠道平台部、集邮专业、报刊发行专业以及快递包裹中心。宁乡县邮政分公司共有邮政营业网点39个,邮路10条,2015年改为往返邮路,每天至网点两个频次,邮路总长度达到880千米,邮政生产用汽车19台(2016年新增2台)。投递段道86条,其中农村段道61条,城市段道25条,投递线路总长3659千米,农村3180千米,城区779千米,服务范围覆盖全县各个街道和村落。2016年,宁乡县邮政分公司全年收入完成7667.07万元,比上年增长27.29%。

【党报党刊发行紧密对接地方政府】 2016年,宁乡邮政分公司党报党刊发行工作在县委、县政府的高度重视和县委宣传部的密切关注下,在各乡镇、各单位和社会各界的大力支持下,公司始终坚持以党报党刊为发行工作重点,与宣传部门紧密配合、通力合作,定期以党报党刊发行简报的形式向各级党委反馈进度和情况,协同解决遇到的问题和困难,确保党报党刊发行工作落实到位。年内,党报党刊流转额完成140.17万元,圆满完成工作任务。

【农村电商探索新模式】 2016年,宁乡县邮政分公司新建县级农村电子商务物流集散中心一个,改建农村电子商务公共服务中心一个。组织举办全县范围内的农村电子商务培训班1场次,累计完成村级服务站建设265个,完成进销存交易额800余万元,代购1000余笔。加大县域内特色农特产品的开发力度,通过邮乐网、微店等进行宣传推广,成功试点运作左家山贡桔,源味农家等特色农产品营销推广项目,农产品上行销售额达到10余万元。积极争取县委、政府、县商务局支持,获得政府农村电商建设补贴资金73.5万元。

【快递包裹走访行动】 2016年,宁乡县邮政分公司积极开展快递包裹大走访行动,累计走访快包客户312家,共签约116家。快递包裹量从日均几百件猛升至3000件。积极推行营揽投合一、仓储一体、主动客服、邮速联合等发展模式。营揽投部实现“以投促揽,以揽带营”的氛围。揽投部共计揽收散件5.8万元,开发快递包裹18家,日收寄量达到800多件。2016年,全县累计收寄包裹快递突破100万件,实现包裹快递收入635万元。

【金融业务量质并重】 2016年,宁乡县邮政分公司邮储余额净增8.15亿元,净增增幅27.73%。理财保有量1.90亿元,本年净增8785万元;基金销售326.55万元;基金定投537户。保险本年新单保费8175.90万元,2015年新单保费为5736.23万元;同期对比增加2439.67万元。利用“疯狂周六大抽奖,抢抓余额新利器”。迎新春旺季营销,以宣传抽奖活动为切入点,私车公用助阵新春宣传,开进各村镇要道,传递最新信息、宣传各项业务、弘扬百年邮政品牌;宁乡县分公司领导分区连片,机关部门人员挂点帮扶,网点支行长、投递员、营业员齐齐上阵,全员大走访,进村组、进社区、进学校,宣传业务热情高,联络情感,细说业务,到处都留下宁邮人辛勤走访的忙碌身影。通过走访宣传,一季度共计组织10轮抽奖,发放奖券1.78万张,参与抽奖1.67万人次,揽收存款约1亿元。

【企业精细化管理】 2016年,宁乡邮政分公司财务管理持续以规范、细化、约束、严格为原则,着力压缩各项可变成本费用和管理费用,严格三公经费支出,各项成本费用开支均在预算范围内,三公经费等行政费用持续下降。加强资金预算管理,合理安排企业资金,实现利润正增长1556万元。根据县域邮件进出口处理量、生产人员数量等因素实行责任承包;成立邮件接分组,有效整合转运、分拣和投递"三合一"交叉作业,提升下行邮件的速度,从原来的邮件卸车到出班需要3个小时以上,现在1个半小时处理完毕,提早1个多小时,并且做到整车邮件进行扫描,达到提质提速的效果。不断完善安全防范设施,每月对网点进行安全检查、强化安全管理,较好地杜绝各类案件的发生,确保全年无重大安全责任事故和案件发生。工会工作始终坚持职代会制度,开展形式多样、内容丰富的评比竞赛活动,积极推介典型人物,提升窗口服务水平,树立邮政企业良好的社会形象。元旦春节"两节"期间,慰问县分公司困难职工、劳模、军属、遗属及70岁以上退休职工等共计92人。 (周思思)

电　信

【概况】 2016年,中国电信股份有限公司宁乡分公司(以下简称宁乡电信)下设综合部、销售服务部、网络部等3部。全年全公司不断创新体制机制,以差异化策略为指引,紧扣"五整"推进等关键抓手不动摇,坚持以"市场为导向、以服务为宗旨、以改革为动力、以发展为目标"的工作思路,坚韧不拔、攻坚克难,企业步入稳健、良性发展轨道。

【电信市场经营】 2016年,宁乡电信各项重点工作稳步推进。一是稳步推进三大战略。第一,推进大视屏战略。充分发挥"光纤宽带+天翼高清"强项,针对公众用户和小区用户,统筹发展ITV。第二,推进大流量战略。进攻家庭、个人、政企集团、存量等四大市场,做大4G规模。明确"129""169"及以上融合主推产品,持续推进3G升4G,结合"互联网+金融"推进手机支付应用,以天翼视讯为抓手促流量提升。第三,推进大数据战略。提升云、网能力,优化支撑队伍、转变服务模式,实现从资源销售向云网服务转型。二是全力承接"决战格局'256'任务"。第一,打造两大支柱。2016年,宁乡电信以"4G大提速,光网宽带大提速"为核心,坚持"手机+支付""光宽+电视"融合发展。通过"终端引领、异网发抢、融合提升、五整推进、客户经营"等举措,大力发展4G业务。通过以"宽带宁乡"建设工作为契机,加快"全光网决战"步伐,打造全光网城市,2016年,全县累计光网端口达30万个。投入750万元新建主干光缆78条,投入125万元新建企事业单位专用万纤光缆210条。宁乡电信已在长沙市四县中率先实现"全光网县",完全具备在全县实现三网融合的能力。第二,实现五个突破。聚焦重点突破,以政务云、园区云、社区云、互联网+、物联网、天翼高清抢占智慧城市制高点,以宽带乡村、农信服务云、天翼高清抢占农村信息化阵地。2016年,公司成功签订天网工程、智慧城市传统ICT项目共两个。第三,提升六大能力。提升网络基础能力,建好4G精品网,重点解决覆盖、感知问题。加快推进网络互联网化转型,加快实施城市光网改造攻坚,深入推进"宽带乡村"建设工作。继续加强与铁塔、厂商、渠道、民资的合作。提升网络运营能力。持续实施"1221"工程,持续打造装维精品服务窗口,六项服务承诺全面达标,完成800M网络农村优化工作。三是建立业务及IT需求、倒三角支撑、稽核、报表、自主开发等一体化IT运营支撑体系。四是提升实体、政企、电子等三大渠道网点份额向销量份额转变、单一渠道向跨界渠道转变、粗放运营向精细运营转变。2016年,新建专营门店25家,其中,新建网格专营门店16个,门店总数达到168个。五是提升四级单元服务意识、服务规范,咨询投诉量明显降低,投诉客户满意率逐步提升。

【电信管理机制】 2016年,宁乡电信持续深化人力资源改革步伐,不断加大人力资源机制创新力度,完成人力资源综合转型和架构优化调整,为企业跨越发展提供良好环境。一是统一价值观,坚持业绩导向,坚持德才兼备、业绩优秀的用人机制,实行绩效沟通制度化、内部辅导常态化,加大对员工绩效目标设定、沟通反馈以及绩效改进方面的指导与督促。二是落实责任体系,推进划小承包责任制。结合人力资源综合转型,持续推进划小承包改革,全年共完成3个地域性营业部、16个农村支局、4个政企类营业部、4个渠道部的划小承包工作。三是优化中层管理人员选拔任用和退出机制,坚持基层导向和业绩导向,打破干部终身制观念,合理引导干部退出合理配置人力资源,实行基层岗位资格证制度,作为跨岗位层级晋升、选拔后备人才的必备条件。四是为员工职业规划引导,开辟员工晋升通道,从派遣员工中招聘合同制员工,充分调动员工的积极性和创造性,确保提升企业核心竞争力。

【电信网络建设】 2016年,宁乡电信高度重视网络建设工作。第一,宁乡电信分公司自2013年底启动4G基站网络建设以来,已经开通276个4G基站(其中262个1.8G基站,14个2.1G基站),覆盖范围主要是县城区,国省道、开发区、旅游景区,乡镇集镇等主要人群密集区。2016年下半年启动LTE800M黄金频段的4G建设,建成农村区域216个基站。农村区域4G覆盖率约94%,县城区域,乡镇集镇覆盖达到98%以上。无线WIFE覆盖沩山、关山、青羊湖、回龙山、灰汤、凤凰山六个景区以及全县的所有科局及乡镇政府。第二,配合宁乡县人民政府的重点项目工程,在黄材古城、道林古镇、学府路、北横线、道善公路、金洲南路、欧洲南路、白马大道、金岳公路、岳宁大道、方特基地等政府重点基础设施项目建设工作中,以及在县城的白马社区、香山社区、新城社区、花明社区、通益等5个社区的提质改造项目工程等县政府重点工程中,及时组织进行通信线路迁改,并对不规范的老旧线路全面进行清理整治,最大限度配合政府项目工程的实施,受到项目载体单位的一致好评。

【网络维护】 2016年,宁乡电信全面提升网络及装维服务。一是2016年,宁乡电信向社会郑重推出城区光网宽带、电视六项服务承诺。承诺一:8小时装机、8小时修障(当日18:00前申报的故障当日修复),慢必赔;承诺二:真宽带、真速率、低必赔;承诺三:无条件受理,零拒单;承诺四:老用户免费提速;承诺五:新装用户免费调测无线WIFI;承诺六:7*24小时在线服务。二是夯实网络能力,以支撑发展、集约维护、提质增效、开放合作等“四个关键”为重心,以持续推进网络安全、两个精品网、两个精品窗口、精确管理“1221”工程为抓手,加快推进运维体系的集约化运营。三是严格兑现指标考核。装维人员的工作业绩严格与薪酬挂钩,各类投诉考核严格兑现,促使装维人员更加积极主动处理各类业务,促进装维水平的大幅提升。四是随着“FTTH”和“ITV”等新技术新业务的应用推广,针对“FTTH”和“ITV”装维服务,宁乡电信组织专门培训,通过培训,维护人员测评通过率和实践动手能力,得到明显提升。 (刘 艳)

移动通信

【概况】 中国移动通信集团湖南有限公司长沙市宁乡县分公司(以下简称宁乡移动)是中国移动在宁乡的县级分支机构,公司设综合部、市场部、网络部及政企客户中心、客户响应中心五个部门,截止2016年底,公司共有在职员工179人。2016年,公司以“诚信经营、满意服务”为宗旨,积极投身地方经济建设,全面推进4G网络覆盖及光宽带建设,努力发展通信业务,不断提升服务水平,推动宁乡通信事业快速、健康和可持续发展。

【移动市场经营】 2016年,宁乡移动公司上下齐心合力,把握4G发展机遇,加快移动互联网转型,实现了市场经营能力的显著提升。全年运营收入同比增长17%;客户规模同比增长6%;宽带业务发展迅猛,同比增长157%;全年上缴利税总计1800余万元。

【移动4G网络及宽带建设】 宁乡移动大力开展4G网络建设,截止2016年,公司累计开通4G站点1400余个,投入资金十多亿元,基本实现从城区到农村的无缝覆盖及城区、集镇、主要交通干道、景点、工业园的深度覆盖。2016年全年开通宽带端口7万多个,基本实现所有小区光纤分箱到户。进一步加快宽带降费提速速度,全县宽带接入由4M全面提升至100M。宽带资费降幅达80%以上。

【移动客户服务】 2016年,宁乡移动全面推进实名制登记落实,规范垃圾短信治理,全年受理垃圾短信举报拦截60多笔,较上年同期下降1.67%;监控平台拦截垃圾短信号码2700多个,较上年同期增加240%;短信停机电话回访客户1100多户,前台受理垃圾短信开机700多户,有效净化客户消费环境。通过“话费误差,双倍返还”等服务承诺,确保客户问题及时有效的解决,避免客户重复投诉。2016年客户投诉问题解决率100%,投诉客户满意率达到98%以上。

【移动信息化应用】 2016年,宁乡移动社会天网项目已完成所有银行及其所有网点的网络覆盖,并正式投入使用。无线宁乡项目完成第一期26个单位的建设,第二期项目陆续完工。智慧旅游项目:充分利用移动基站数量多、覆盖范围广、信号强的优势,结合公司短信平台,为所有进入宁乡境内的异地移动客户发送由政府统一定制的旅游宣传短信,为智慧旅游建设舔砖加瓦。

【移动企业文化建设】 2016年,宁乡移动深化开展企业文化建设。一是强化思想教育,建设学习型企业,通过学习党建知识、观看专题纪录片、交流心得体会、参加知识竞赛的方式深入开展“两学一做”专题学习教育。二是强化队伍建设,建设效能型企业,落实分层约谈制度,开展班子成员和中层骨干述职述廉,通过民主评议干部、岗位胜任力评估的方式建立能上能下,能进能出的人才管理机制。三是文明创建，担当教育常态化开展，建设文明型企业，结合学雷锋志愿者和精准扶贫等工作，全年组织开展以“我们一直在路上”为主题的爱心助学活动5次，爱心献血活动1次，文明劝导活动4次，精准扶贫30余人，有力地提升公司形象。在市党委和县文明办的指导下，积极开展文明创建工作，顺利通过“湖南省文明单位”复查。四是抓好反腐倡廉，建设廉政型企业，有效加强嵌入式风险防控，梳理风险点4处，制定可行的防控措施，成立内控小组，开展风险防控检查8次，发现问题20余条，提出整改意见18条。结合“反腐倡廉教育月”活动开展，深入开展理想信念和廉洁自律教育。（罗惠方）

联通通信

【概况】 中国联合网络通信有限公司宁乡县分公司（以下简称宁乡联通）是中国联通在宁乡县的县级分支机构，负责经营在宁乡县域行政区域内的GSM、WCDMA和FDD－LTE制式移动网络业务、固定电话业务、互联网宽带业务、国内国际通信设施服务业务、数据通信业务和增值电信业务。2016年，公司共有在职员工150余人。

【发展状况】 2016年，面对经济下行的外部环境，宁乡联通把控时局与机遇，直面竞争，以创新业务为突破口，强化4G用户有效率，全体员工团结一致，奋力拼搏，实现移网收入9600万元，移网用户16.1万户；固网收入1428万元，互联网用户达2.3万户；上缴地方税收350万元。

【综合管理工作】 2016年，宁乡联通党建工作落实“一岗双责”的总体要求，围绕“实”字做文章，通过立足“四化”（节奏化、数字化、标准化、制度化）、严抓“五实”（主业意识、关键动作、活动载体、保障机制、工作成效），开创党建工作的新局面。全年以提升员工满意度为中心，以“爱家、爱岗、爱己”为主题，创建规范型、和谐型、创新型职工之家。同时从优服务提升辅助水平、优管理提升运转效率、优感知建立最强支撑团队、优形象打造正能量团队等方面提升综合管理水平。

【网络投资建设】 2016年，宁乡联通新建3G基站42个，全县3G达到650余个，实现100%行政村的3G网络覆盖。新建4G网络基站300余个，实现全县所有乡镇、重要集镇、人口相对集中行政村的4G网络覆盖。在光纤网络建设方面，全年投资4000余万元，实现联通光纤网络对行政村100%的覆盖，为“数字宁乡”、“智慧宁乡”、“幸福宁乡”的建设提供更为优质的通信网络服务打下坚实的基础。

【客户服务】 2016年，宁乡联通为全面改善客户感知，提升服务水平，坚持“以客户为本，始终围绕客户思考和行动”，打造“精彩为您10分满意”的服务品牌，构建全方位的服务体系，提供更便捷的服务方式和个性化的服务内容。通过宣传用户满意理念、实施用户满意工程、引入互联网＋的概念，在服务上注重创新、求突破，树立优质运营商服务形象。以NPS为准心，建立常态化客户口碑提升机制，主动推出“4G＋快”四项对外服务承诺，接受客户监督。2016年客户满意度获得持续提升。

【回报社会】 联通作为中国三大电信运营商之一，宁乡联通以一个国有企业应有的担当和社会责任，在美丽乡村、智慧城市、道路提质工程、农村标线整治、精准扶贫等方面，全力支持和配合县委、县政府各项工作，保证项目的顺利推进。在智慧城市项目的建设方面，宁乡联通的优质服务以及网络质量为宁乡市民带来便利，如县文体中心、玉潭公园、沿江风光带无线WIFI的投入使用获得市民一致称赞。在抗洪救灾关键时期，积极主动组织人力、物力协助开展抗洪救灾工作，为全县抗洪救灾工作提供强劲有力的现场支援，把灾害损失降到最低。2016年，宁乡联通落实各项资金、公益性费用3万余元；新增营业网点20家，安置就业人数120余人。（肖海英）

商贸服务业

商务工作

【概况】 2016年1月至9月，县商务局共有在职人员57人，内设机构10个，领导班子成员7人。9月招商引资服务中心分出后，共有在职人员49人、内设机构9个，领导班子成员6人。全年完成社会消费品零售总额270.68亿元，同比增长14.5%，实现限上新增企业83家，超2015年47家。引进1家外贸平台，3家外贸回流企业，全年实现外贸进出口3.33亿美元，其中出口2.94亿美元；进口3890万美元。实现对外承包工程和劳务合作营业额5600万美元，对外投资8200万美元。新引进产业项目201个，其中亿元以上项目86个，合同引资581.91亿元，占全年任务的145.48%；实际到位县域外资金258.35亿元，其中市外境内资金84.15亿元，境外资金1.51亿美元。

抢抓机遇，凝聚优势，商务发展升级迈出新步伐。应势而动，释放现代服务业新潜能。紧盯一流中等城市战略目标，在新一轮大发展中努力全面提升全县现代服务业层次和水平，2016年共铺排市现代服务业试点项目22个，覆盖市场、物流、外贸、电商等领域，其中有4个项目已竣工验收，预计可获市支持资金1.75亿元。大河西农产品物流中心、奥特莱斯开门迎客，未来城开业在即，大河西汽车城形象初具，帝中仓储等物流快速推进。乘势而上，"互联网+"助力县域新经济。利用2000万中央专项资金，整合各类上级资金8000万元，实施重点项目6个，带动社会资本投入2亿元以上，建设电商县级运营中心1个、区域运营中心3个，镇级运营中心29个，成立电商村级服务站228个。成功签约阿里巴巴农村淘宝和京东，完成贫困户电商普及以及增值培训1.02万人次。2016年电子商务交易额实现12.45亿元，同比增长51%；农产品网销额实现2.2亿元，同比增长82%。荣获农村淘宝"2016年度双十一全国第五"和"2016年度优秀县域"两个大奖。主动作为，精准发力，招商引资催生发展新动能，立足引资实效，丰富招商方式。出台《委托代理招商办法》和《招商中介人奖励办法》，引进9家招商中介机构，商务局全年共捕捉投资信息80条。牵头举办"共话乡情乡韵·聚力三大建设"乡贤乡友恳谈会、宁乡县2016重大招商项目发布会，重新编制《2016年宁乡重大投资项目册》，完成招商宣传片的改版策划拍摄制作。公开征集宁乡商务LOGO、宁乡县电子商务进农村LOGO，搭建"宁乡县商务局"微信公众号，进一步扩大影响。优化引资结构，提升城市功能。邮政物流集散中心、佳原物流等服务业项目顺利签约，吸引红星美凯龙等一批高端消费品牌入驻，一流中等城市大配套格局有序拉开。善谋善成，久久为功，开放型经济试水迸发新活力，品牌升级形成效应。成功创建"国家级出口食品农产品质量安全示范区"。外贸主体发展壮大。52家企业体现进出口业绩，新增36家企业办理备案登记、4家外贸企业实现破零、9家外贸企业实现业绩倍增，进出口量过100万美元的企业增加到14家，13家企业赴境外投资项目、设立分公司、注册境外商标，建立境外营销网络。宁乡县荣获"全省商务工作(外贸)先进单位"荣誉称号。开放交流卓有成效。"湘品入俄"国际贸易交流会打通中俄贸易通道；与韩国居昌郡签订友好合作协议，双方实现互派公务员，与敬仁、龙仁松潭大学达成战略合作，与乐天签订旅游战略合作协议；马来西亚清真食品产业园顺利落户；斯洛伐克来宁开展考察。心系民生，情系百姓，商务发展惠民实现新提升，精准扶贫落到实处。"一带一户抢鲜购"电商扶贫平台正式启动，累计为贫困户销售农产品2160万元，贫困户实现人均增收1866元，解决贫困人口就业819人。组织劳务输出57人，局下拨星光村扶贫资金17.5万元，为40户贫困村民发放土鸡苗1200只，干部职工结对帮扶捐款8.78万元，为贫困大学生募集资金2.3万元，捐物资价值折合1.28万元，协调相关部门到位资金58万元。食品安全全力保证。肉蔬流通追溯体系完成23个节点建设任务，代表长沙迎接商务部验收并获高度评价，为民办实事工程获长沙第一，相关经验在湖南经视、《长沙晚报》作推介。商务系统平稳运行。完成全县110座加油站年检，全年商贸行业无人员伤亡。以心换心赢得稳定。结余资金用于关心资助困难群体，全年用于行业特困群体慰问救助资金达30万元。充分放权决而有行。编制《商务局审批事项流程清单》，完成各类审批备案等事项121项。市场秩序与行政执法喜结硕果。荣获省"市场秩序先进单位"与"行政执法优秀队伍"荣誉。

【成功获批“国家级出口食品农产品质量安全示范区”】 2016年，国家质量监督检验检疫总局正式发布《质检总局关于公布2016年国家级出口食品农产品质量安全示范区名单的公告》(2016年第90号)，全国65个新申报示范区被批准为国家级出口食品农产品质量安全示范区，宁乡县顺利入围，产品品种为茶叶和肉类制品。国家级出口食品农产品质量安全示范区的成功获批，对于全县农产品加工企业“走出去”抢占国际市场是一大利好，国家质检总局将给予国家级出口食品农产品质量安全示范区优惠措施，包括简化备案注册程序、优先对外推荐注册、便利出口检验放行、推动境外通关便利、加大技术服务力度和政策经费支持。示范区内的企业还可免费参与相关的公共平台，享受免费服务。

【商贸行业市场秩序和行政执法工作获全省先进】 2016年，宁乡县商贸业市场秩序和商务行政执法工作，在省商务厅2016年度考评中，被评为“全省市场秩序先进单位”“全省商务行政执法优秀队伍”，受到全省通报表彰。全年，县商务局紧紧围绕商务年度目标任务，突出宣传引导，从严监管市场，用心规范服务。深入开展商贸行业市场秩序规范和安全生产专项整治，扎实推进肉菜流通追溯体系建设和商务诚信体系建设，商务领域市场秩序和行政执法工作取得重大突破。全年共出动执法检查400余人次，上门走访、检查企业600余家，开展大型执法宣传3次，组织全县单用途预付卡和成品油行政执法普法培训，发放商务法规宣传手册和诚信宣传手册4000份，张贴“12312”商务举报投诉海报1000份，妥善处理商务举报投诉12起，约谈商贸企业负责人14人次，全县商务领域市场秩序得到有效规范。

【成功启动电商产业扶贫平台】 2016年8月，宁乡县“一带一户抢鲜购”电商产业扶贫平台在老粮仓镇星火养鸡专业合作社第一养殖场正式启动。县人大常委会主任贺应辉出席活动并宣布平台启动，副县长陈德奇主持仪式，县商务局、供销社、老粮仓镇等单位乡镇负责人参加活动。“一带一户”电商精准扶贫平台一方面录入贫困户的信息资源，另一方面，平台引导有对应产品需求和服务的企业、个人以及爱心人士，实现精准对接。帮扶方和扶贫对象可通过平台直接联系，也可通过农业合作社、电子商务服务站等进行间接对接，开展多功能、全方位的线上线下服务。平台开设产品预订、就业介绍、爱心捐助、技术服务、医疗健康咨询等服务功能，将消费需求与农民种养殖订单直接联系，解决供求信息不对称、拓宽就业门路，发挥生态农产品附加值。同时可针对性地为特殊对象解决子女就学、医疗健康等困难。全县电商扶贫工作将以星光村为试点，逐步向全县贫困村推广。启动仪式后，星火养鸡专业合作社为星光村42户贫困户现场免费发放1000余鸡苗，普瑞康医药有限公司预购部分产品。当天，贺应辉还慰问了贫困户李秀满，并转交了社会爱心人士捐助的一万元助学款。贺应辉勉励李秀满积极参与电商产业扶贫平台，通过勤劳脱贫、致富。

【举办2016宁乡第八届国际名车展暨豪德第三届建材家居消费节】 2016年4月，由宁乡县商务局主办，宁乡县汽车贸易商会、宁乡县豪德商会联合承办的2016宁乡第八届国际名车展暨豪德第三届建材家居消费节在豪德大市场举行。宁乡国际名车展是本地打造的品牌消费活动，旨在促消费、保增长，服务消费者。本届车展为期4天，吸引了宁乡、长沙、益阳等地百余家参展商参展，汇集了奔驰、保时捷、宝马、大众、日产、福特等数百个汽车品牌。豪德大市场百户家居、建材商家一降到底，刮起特惠旋风。据汽车商贸商会会长蔡国辉介绍，本次车展让利500万元，直接回馈消费者，工商银行、建设银行等多家银行直接入驻展会现场，让消费者享受购车、贷款、保险一条龙服务。并且在展会期间有外籍名模秀、人体彩绘等丰富多彩的助兴演出，为全县人民带来一场视觉盛宴。通过本次活动不仅有效带动本地消费增长，还吸引益阳、桃江、沅江、安化、望城、韶山、长沙等周边地区的消费者来宁消费，提升宁乡消费市场人气，带动宁乡商贸经济发展。

（姜　元）

供销合作

【概况】 2016年，县供销社机关有在职干部职工17人，机关内设办公室、合作发展科、综治维稳科、政工科、财计科、新网办6个职能科室。2016年，县供销社全面贯彻落实党的十八届六中全会和省、市、县党代会精神，以服务三农为宗旨，以综合改革为重点，推进基层组织体系建设，圆满完成全年各项工作任务，获得“全市供销系统综合业绩考核特等奖”。

【供销社综合改革】 2016年，中央、省委出台关于深化供销社综合改革的文件后，县供销社及时组织部分县直单位和所有乡镇召开中央、省供销社电视电话会议，使上级精神深入人心。同时，主动作为打好改革基础，发展乡(镇、街道)级惠农综合服务中心17家，拓展村级(社区)惠农综合服务社50家，全县基层社乡镇覆盖率达到58%；打造可学可看可持续发展的基层社标杆社3家，按照省市标准创建村级服务社星级社3家。

【农资流通与供应】 2016年，县供销社以农资公司为龙头,以农资经营大户为平台,采取业务型合作的方式,组建农资公司横市配送中心和城郊配送中心。同时,发展10家村级农资直营服务店,使供销社在全县农业生产资料配送中心总量达到9家,进一步强化农资经营的配送与储备功能。县供销社充分发挥408家村级农资综合服务站农资冬储和供应主渠道作用,切实做好大化肥淡季储备,农业生产资料公司组织完成冬储:尿素1967吨、钾肥460吨、各种复合肥5200吨,累计冬储金额1510万元。九个配送站组织销售各种肥料:尿素4200吨、钾肥1100吨、碳铵2800吨、磷肥2900吨、各种复合肥1.8万吨,累计完成销售收入5376.6万元。确保全县农资市场价格基本稳定,农资质量过硬,没发生过一起不良事例。

【基层组织健康发展】 2016年,县供销社组织农超对接:对已纳入管理的惠农综合服务中心、惠农综合服务社和农民专业合作社进行不定期走访,提供信息和帮助,解决实际问题。2016年供销社帮助成员社与市社直属企业一长沙久发连锁超市进行业务洽谈,开展农超对接,多次组织负责人进行现场观摩考察,取得信任后,开展特色农产品的交易业务。争创示范社、标杆社:2016年,县供销社组织3个基层社、3个村级服务社,3个农民专业合作社参加市标杆社、星级社及示范社创建,有道林惠农综合服务中心、夏铎铺惠农综合服务中心获市社标杆社称号,争资10万元。同时有唐辣子辣椒种植专业合作社和炎羽茶叶专业合作社2家获全国总社农民专业合作社示范社称号。发展现代农业:分别与农业企业、商贸企业、工业企业签订合作协议,开展多方位的农业社会化服务。

【发展电子商务】 2016年,县供销社通过与湖南金道云商电子有限公司进行合作,共同组建宁乡金合通供销电子商务有限公司,在22个乡镇建立50多个村级电子商务服务站,实现"工业品下乡,农产品进城"双向流通;同时借助电商平台开展电商扶贫,商务、供销联合举办的电商扶贫启动仪式在老粮仓星光村启动,取得经验后在全县范围内推广。

【开放办社】 2016年,县供销社以多种形式的土地托管和经营性土地流转,大力发展粮油生产和特色农业,2016年新领办引办农民专业合作社10家,同时,通过多方协调,选择宁乡县具有规模经营的茶叶、蔬菜两个产业组建农民专业合作社联社,打造传统扶持产业的航母,增强了市场竞争和抗风险能力。

【项目支持】 2016年,县供销社农开项目:积极组织潇湘茶叶有限公司申报全国供销合作总社农业综合开发产业融合项目,获得农开项目资金392万元。该项目总投资858.44万元,申请中央财政280万元,省财政112万元。对项目的推介、申报和实施过程全程参与,积极协调配合解决各类问题,组织农业开发部门专家现场督察和指导5次以上,协调处理招投标问题2个,同时督促项目承担单位健全项目实施资料,严格执行实施计划,目前项目进展一切顺利。农资冬储贴息:县供销社积极组织农资冬储,完成1510万元任务,获得市财政46.2万元补贴支持。

【精准扶贫】 2016年,县供销社联系双凫铺镇双凫、月华、余新、麦田4个村的21户贫困户。按照扶贫工作"七要七不要"要求开展走访,筹措资金3万余元,集中组织"春节慰问"、"金秋送暖"、"暖冬暖心"活动3次,充分摸底贫困户实际情况。一把手坚持每月到所联的三户贫困户家中走访,分管负责同志坚持每月到所联系的两户贫困户家中走访2次。在领导的带动下,干职工扶贫热情高涨,全年累计走访200余次,走访群众200余户,接待群众来访3次,解决问题5件。

【系统大局稳定】 2016年,县供销社牢记服务宗旨,切实履行职责。切实做到"件件有着落""事事有回音",2016年,共受理来访案件6件、接到群体性上访4起、排查出7个信访维稳方面的"硬骨头",综治维稳和预防邪教工作全年零事故,各类信访矛盾有效化解,确保系统大局稳定。

(荣　娜)

粮食业

【概况】 2016年,宁乡县粮食局在职干部职工人数共30人,下设办公室、政工人事科、财务科、产业发展与安全生产科、监督检查科、购储与统计调控科。全年,全县粮食行业共收购粮食28万吨,加工大米11.9万吨,面条0.8万吨,饲料38万吨,其它粮油产品12万吨,销售总额31.6亿元,实现利税1.2亿元,宁乡县获全国产粮大县奖励5008万元,保护农民利益,巩固产粮大县地位不动摇。

【加强党组织建设】 2016年,县粮食局提升干部素质,加强作风建设,全面从严治党。不断提高党员干部政治素养和理论水平,认真组织学习党的十八届六中全会、省、市、县委党代会精神和党章、廉政准则、纪律处分条例、习总书记系列讲话精神;扎实开展"两学一做"学习教育活动,召开专题学习教育部署会和专题党课、讨论会,在粮食收购工作中全面开展"发挥共产党员先锋模范作用,巩固和深化人性化服务"主题活动;认真履行"一岗双责"和贯彻执行党风廉政建设责任制有关规定，制定2016年党风廉政建设责任分工，进行廉政警示教育，举行系统廉政知识考试，开展“纠‘四风’、治陋习”专项整治工作，对县域内的粮食经营企业共800万元涉粮资金进行专项检查，整治“雁过拔毛式”腐败。

【推进精准扶贫】 2016年，县粮食局认真贯彻落实县委工作要求，精准施策，抓实、抓细精准扶贫工作。组织村民上农技课1堂、法律课1堂、党课1堂；帮助5户特困户发展养殖，每户补助资金3000元；支持村部基础设施建设，筹措社会名人捐资40多万元，群众集资50多万元，硬化公路4.2千米、维护毛家冲水库等5口、护砌塘基1200米、改造电排1座、新修五组机耕路1.2千米、亮化绿化约5千米、制作宣传壁画100平方米，支持费用3.2万元；慰问困难群众，共送去慰问近3.9万元；争取帮扶资金，从县农业局争取项目资金5万元，对口支持贫困户；积极协商县商务局，楚江村电子商务平台建设进入全县第一批建设的笼子，推动特色农产品的销售。

【履行粮政职能】 2016年，县粮食局以“守住天下粮仓”为己任，以“推进三大建设”为目标，履行粮政职能，保障国家粮食安全。一是粮食收购有实效，组织召开全县粮食收购工作会议，大力宣传收购政策和安排，全面开展预约收购，实行局班子成员与科室联点制度，开设咨询投诉电话，为企业和粮农提供优质服务，全县共计收购早稻政策性粮6.21万吨；二是粮油督管有保障，对全县粮油食品安全进行全面整治检查，开展“世界粮食日”和食品安全周活动，对63家粮食企业的《粮食收购许可证》进行全面清理，对宁直库、宁乡金霞两家企业32处库点进行2016年库存检查工作，对全县28个粮食生产乡镇、街道(玉潭街道除外)开展2016年新收获粮食质量安全监测及质量会检工作；三是统计调控有举措，每周对县内及毗邻地区粮食价格进行监测，开展社会粮食、油脂供需平衡调查和农户存粮调查，完善应急供应网点建设，实现乡镇全覆盖；四是产业发展有突破，积极向上争资，全年共争资5878万元；引导企业进行项目申报，花明米业、卫红米业申报成功并获得项目资金；推进粮食基地建设；五是项目建设有发展，湖粮集团宁乡产业园项目速冻厂12月18日正式投产，“放心粮油”工程建设新增9家粮油店(专柜)，枫木桥粮食储备库和宁直库3.4万吨仓库浅圆仓投入使用，卫红“粮食银行”建设稻谷烘干、加工兑换服务网点6个，仓储信息化建设项目二期工程视频会议系统建设完毕；六是重大项目有帮扶，全年定期对宁乡迎宾文化长廊建设、兆基君城(三期)、皇氏乳业和湖南粮食集团宁乡产业园4个项目进行帮扶，为企业排忧解难，项目均进展顺利。

【紧密联系群众】 2016年，县粮食局积极开展群众工作，维护大局稳定。关爱困难群众，开展走访慰问困难职工行动，共走访下岗职工30户、特困下岗职工13户、特困军转人员4人、军转干部59人，共送去慰问金5.69万元；推进政务公开，组织中层骨干积极参与“与群众交朋友帮基层解难题”主题活动，完成大湾岭社区12组环组公路的硬化工作；对重点信访人员提供适时援助，全年处理信访个案2起、群访事件19起，维护系统大局稳定。

(徐湘红)

粮食储备

【概况】 中央储备粮宁乡直属库隶属于中国储备粮管理总公司，担负中央事权粮油及政策性粮油收储管理。库区占地面积39.67公顷，仓容35.2万吨。直属库设综合人事科、财务科、轮换购销科、监管科、仓储保管科等五个职能科室，辖望城分库和盛湘分库两家粮食仓储库点，2016年在册干部职工178人。粮库获“全国模范职工之家”“湖南省文明标兵单位”“湖南省园林式单位”等荣誉。作为维护国家粮食安全，服务宏观调控的主力军，直属库主动适应“新常态”，全力推进“管理优先、内涵发展、两线运行、分类指导”的发展模式，继续坚持“从严治企、突出主业、强化基础、转型升级”的总要求，紧紧围绕“调结构、去库存、降风险、稳收入”，着力推进全面预算管理和统分结合的轮换运营模式，推动管理、发展上台阶。

【党群工作】 2016年，中央储备粮宁乡直属库坚持夯实基础，促进规范，推进党建工作标准化。一是加强党建标准化建设，发挥支部和党员的作用。按照基层组织建设要求，制定工作规划，落实工作责任，抓实抓细，通过抓党建促各项工作的提高。二是认真组织开展“两学一做”学习教育。三是加强企业文化建设，提高员工向心力。四是加强党风廉政建设，落实管党治党责任。

【政策性粮食收购】 2016年，中央储备粮宁乡直属库为落实国家最低价粮食收购政策，解决属地农民卖粮难的问题，保护农民种粮积极性，促进属地粮食产业化发展，严格按照有关政策，及早做好销售腾仓和宣传发动，根据产粮情况选点布局，方便农民送粮。收购过程中，严格按照质量标准定级定价，运用政策性粮食收购“一卡通”系统结算付款，杜绝白条，维护农民利益。2016年共计启动早、晚稻托市点21个，收购粮食9万吨，有效地发挥收购主力军和市场调控者的作用，为国家分忧，为农民解难。

【储备粮油管理】 2016年，中央储备粮宁乡直属库认真贯彻中国储备粮管理总公司、中储粮湖南分公司有关精神，通过做实粮油质量数量、做实仓储基础设施、做实仓储管理标准化、做实科技储粮项目、做实包仓制等"五个做实"，确保中央事权粮油账实相符率达到100%，中央储备粮油质量达标率100%，政策性粮油宜存率100%。

【内控管理】 2016年，中央储备粮宁乡直属库按照全面预算管理要求，结合实际做好年度全面预算的编制工作，并将预算管理渗透到各业务环节，预算指标分解下达到各科室(部门)、分库，签定预算管理目标责任书，粮库内控管理工作逐步走向科学化和规范化。同时，通过清理银行账户、实行资金日预算管理、全面推广网银支付、加强"银企直联"，实现帐户在线，随时监管。强化资金集中管控，确保资金管理更加高效安全。（办公室）

烟草专卖

【概况】 2016年，县烟草专卖局(分公司)内设专卖管理监督股、市场服务分部、烟叶生产经营分部、办公室、综合室、监察室、财务室、基建办、安保室和内部管理监督办10个部门科室，下辖大屯营、横市、喻家坳、流沙河、资福5个烟草站，有在岗职工136人，其中本科学历以上100人，中共党员67人。现有"国家技术能手"1名，"全国烟草技术能手"2名，"省级烟草技术能手"4名。全年，在县委、县政府和市局党组的正确领导下，县烟草局牢牢把握"稳中求进"总基调，积极应对行业难题和全省系统压力的挑战，围绕发展目标和基本定位，积极落实转型升级发展各项举措，扎实开展"两学一做"学习教育，全面推进行动计划，全局上下一心、真抓实干、攻坚克难，较好实现全年工作任务。全年完成销售卷烟5.45万箱，销售烟叶12.68万担，实现两烟销售收入17.26亿元，实现税利5.35亿元，其中税收3.1亿元(不含所得税)，同比增长5.16%，确保经济运行平稳过渡。

【烟叶生产】 2016年，宁乡烟叶产业根基进一步扎牢。全县共种植烟叶3773.33公顷，收购烟叶13.81万担，确保烟叶产业健康稳定发展。落实标准化生产，安排专业化施肥、推广食诱剂等技术推广项目10个，组织"互联网+采烤分一体化"试点，全面推进站外专业化分级，烟叶捆内纯度均达90%以上。承担省局原收原调试点工作，确定工作流程，切实做到"原级收购、原级成包、原级备货"，国家局、省局烟叶收购检查等级合格率、工商交接检查合格率均位于全省前列，线日均收购量145.3担，同比提高17.6%，烟叶收购时间最短、秩序最好、烟农满意度最高。烟基建设投入补贴资金4300万元，完成项目1000余个，完成基本烟田土地整理633.33公顷，省烟科基地建设初步成型。全面完成铁冲水库建设，2016年6月3日，全省烟草援建水源工程工作推进会在宁乡召开，认为宁乡铁冲水库项目建设进度快、工程质量好、资金管理规范到位、项目投入效益高，树立湖南省烟草水源性工程典范。

【卷烟营销】 2016年，宁乡卷烟市场信心进一步提振。认真开展"消费者在哪里，我们就到哪里"主题营销活动，走访客户2200余户、消费者1550余名，完成农村市场调查报告和灰汤镇卷烟市场潜力挖掘分析报告，重点关注量、价、存数据，有效调控市场状态。广泛宣讲稳定价格政策，引导零售客户成立价格自律小组，加大对零售客户感恩回馈力度，召开重点客户感恩答谢会、新品推介会21场，结对帮扶困难零售客户20户，有效提振客户信心。

【专卖管理】 2016年，宁乡烟叶市场进一步净化。查处卷烟违法案件301起，违规卷烟1511.09万支，同比增长146.96%，涉案总额501.43万元，同比增长133.35%。其中5万元以上(20万支以上)大、要案件37起，同比增长164.29%。成功破获国标网络案1起，涉案金额144.91万元，抓捕涉案人员3人。深入推进商事制度改革，切实提高行政审批效率，办理零售许可证开户315户、延续276户、变更6户、歇业18户、注销490户，责令暂停126户，恢复营业38户。始终坚守规范经营底线，不让治理真烟非法流通，被查获真烟数量明显减少，烟叶非法流通现象基本杜绝。

【企业管理】 2016年，宁乡烟草企业管理进一步夯实。全面提升安全防范能力，推进安全岗位达标体系建设，确保全局平安稳定。切实提高依法治企的意识和能力，深入推进法律风险防控体系建设。切实提升制度执行力，认真落实中央"八项规定"和行业要求，开展制度执行力检查4次，切实做好巡视整改工作。深入推进精益管理降本增效，圆满完成市局下达的降本增效指标。认真开展精益管理降本增效劳动竞赛，获新型实用专利2项，发明专利2项，全市系统对标课题(项目)/QC小组活动一等奖1个、二等奖2个，年度"精益十佳课题"3个。《降低密集烤房能耗成本》《提高细支烟市场占有率》获全省第37次质量管理小组代表大会一等奖，《密集烤房助燃风机保护器的研制》先后获全省系统QC小组活动成果一等奖、行业第27届质量管理小组优秀成果二等奖。（办公室）

石油业

【概况】 2016年，中国石化销售有限公司湖南长沙宁乡石油分公司（以下称宁乡石油分公司），有正式职工76人，其中内退11人，退休30人，在岗35人，聘用劳务工264人。在营站39座，全年销售油品15.1万吨，其中零售销售12.8万吨，直销批发2.3万吨，较好地完成上级公司下达的年度目标任务，与上年同期相比翻一翻，其中：零售量与上年持平，直销批发增加1.1万吨，实现非油完成营业额1761万元，完成目标任务的82%，同比上年营业额增长20%，IC卡销售，全年新发主卡7182张，充值3.65万笔，充值额1.29亿元，全年日沉淀2150万元，任务2021万元，完成目标任务的98%，相比2015年日均沉淀1906万元，增加115万元，同比上升5%，确保全年无安全事故，各项管理工作迈上新台阶。

【开展"服务一线、助力经营"专项帮扶活动】 2016年，宁乡石油分公司为提升加油站服务质量，搞好经营扩销增量，促进各项经营指标任务的完成，帮助解决加油站一些实际困难，根据市公司文件要求，片区开展"服务一线、助力经营"专项帮扶活动，成立活动领导小组，召开条线管理人员会议，管理人员深入基层帮助一线，了解和熟悉加油站的工作情况，力所能及的解决加油站的实际困难。机关管理人员下站不少于一天时间，了解加油站的基本情况，与员工进行面对面交流，听取员工的心声和建议，掌握员工的心理动态。对加油站的消防沙池及消防沙进行维修更换，对基础工作和规范管理落后的加油站进行重点督察，以结对子的方式"一帮一、一扶一"进行帮扶。着力提升加油站的整体形象。

【加强加油站违纪违规清查整治】 2016年，宁乡石油分公司根据市公司关于开展加油站违纪违规专项整治活动的统一安排，宁乡县公司展开以片区经理牵头，IC卡客户经理、财务代表、加油站站长参加的IC卡违规套现和违规开具发票行为自查行动，为整肃经营，努力维护公司的品牌形象。5月对加油站的加油卡套现、开具发票不规范等违纪违规行为进行清查整治，片区与片区之间进行相互交叉检查，大站每个站都召开站务会，小站相邻的几个站召开站务会，会上严明纪律，再次学习《加油站现场管理九大禁令》、加油站套现、发票管理制度等相关规定，传达市公司关于在加油站开展违纪违规专项整治活动的文件精神，加强站长的日常管理力度，每日对可疑流水进行筛查，核对管控和监控数据，及时发现套现行为和违规开具发票。加强发票管理，让员工清楚地认识到虚开、混开发票属于违纪违法行为，提高员工依法依规的从业意识。加油员工签订"加油站员工遵守规章纪律承诺书"。让制度约束员工的不规范行为。全面清查加油站员工卡，实行实名制分配，加强管理。建立定期核查机制，对加油站的违规行为进行监控与核查，站长将违纪违规自查工作常态化，片区每周对所辖加油站督查不少于一次。对加油站违纪违规行为加强员工教育，加大日常巡查力度，杜绝违规行为。

【抓实党建工作】 2016年，宁乡石油分公司抓好党建促经营，在市公司政工部门的指导下，片区的党建工作稳步推进，县片区人员较多，做好维护稳定工作是一项大事，通过访谈，掌握员工的思想动态。发展新党员，有2个党员经过一年的考察，已加入中国共产党。按照市公司党委的统一安排，"两学一做"学习教育全面铺开，片区召开动员会，制定"两学一做"实施方案，浓厚学习氛围，建设宁乡支部微信群，进入中国石化"两学一做"专题微党课学习，激励广大党员树形象、当先锋、做贡献，争做优秀模范党员，使全体党员积极应对经济发展新常态和低油价的叠加挑战，在当前经营压力较大的情况下，提振精气神、展示新作为。（胡俊华）

旅游业

旅游工作

【概况】 2016年,宁乡县旅游局在编干部职工10人,设办公室、行业管理科、规划产业科和市场营销科。旅游局下设旅游质监所,在编干部职工5人。全年,全县旅游工作持续加力产业开发,重点打造形象品牌,不断提质行业管理。全县实现接待游客1800万人次,旅游综合收入达260亿元,同比上年分别增长13%和30%,接待人次和旅游收入均创新高。宁乡被成功纳入国家全域旅游示范区创建县,荣登最美中国榜,获评"湖南省2016年度旅游产业发展十佳县",宁乡作为唯一的县级代表在全省旅游发展大会上作典型发言。

【景区景点开发建设】 2016年是宁乡旅游年,宁乡旅游一是产业地位进一步提升。4月,隆重召开全域旅游发展大会,印发《宁乡县全域旅游推进实施方案》《引客入宁奖励办法(试行)》等文件,规范宁乡旅游行业发展。在县第十二届党代会上,县委、政府明确将打造全域旅游景区作为县四大打造重要内容,纳入县域发展重要战略。二是项目建设进一步提速。推动炭河古城、道林古镇、创意煤城等重大旅游项目建设。精心策划并推出"重走青年毛泽东"游学路项目,以石仑关为起点,深度挖掘地方文化,探索出了小规模投入、重创意和体验,市场与资源同步可持续发展的旅游产业发展新路径。推动和组织景区景点与旅行社合作,成功推出加加工业旅游,丰收湾、湘都乡村、稻花乡里乡村旅游等新热点。三是引资开发进一步蓄势。深圳华强集团美丽中国主题文化园项目落户宁乡。宋城集团与宁乡炭河古城公司合作推出《炭河千古情》,成为宁乡旅游又一增长极。旅游发展前景看好。

【旅游宣传促销】 2016年,县旅游局一是精心打造节会,发挥节会拉动效应。重点策划组织实施一系列有影响的旅游节会,4月的全域旅游发展大会、5月关山景区武神对武绳经视直播大事件、6月沩山麦咭音乐节、7月蓝月谷工业旅游启动式、10月"金秋旅游季·花样约宁乡"系列活动、11月中俄红色旅游交流活动暨湖南省红色旅游节、12月"传奇宁乡·擎动潇湘"中国·宁乡首届汽车文化旅游节等等,指导统筹各景区举办"灰汤桃花节""灰汤温泉节""沙田油菜花节"关山"葡萄采摘季"、道林渔人居开幕、稻花乡里"年味浓"等等各类活动。这些活动在较短时间里迅速聚集人气,吸引眼球,宁乡旅游的热度迅速提升。二是主动走出宁乡,从国际视野推介宁乡旅游,策划以宁乡为首,黟县、登封、秭归、婺源、镇远附和的"华中六郡"旅游联盟,以外国人眼中最具中国特色的6个县市高位营销。组织参加北京国际旅博会和韩国国际旅博会,国际旅游推介取得新的成果。三是整体统筹资源,构建立体式宣传格局,建立与机场、高铁、高速路牌、大型商场电子屏、楼宇、电视、报纸、电台、网站、自媒体全方位合作的宣传系统。打造《宁乡旅游》知名微信公众号,全年原创发稿量240条以上,粉丝量一年上升10万以上。组织各类摄影比赛、图片征集活动。全年编撰制作针对不同群体的旅游宣传册7种,旅游宣传片9个。

【旅游市场管理】 2016年,宁乡县旅游局推动完善旅游职能职责。下大力气抓好旅游行业安全管理、行业规范、文明创建等工作,完善旅游行业联合执法管理机制,对等级景区进行地毯式检查和整治,果断关停具有安全隐患的关山景区水上游船项目和天紫漂流项目,对灰汤的拉票行为进行严厉打击。在游客集中的节日时段建立并执行旅游安全日报制度,确保一线信息有效及时传递。积极受理处理旅游投诉,提高游客满意度,全年投诉处理率100%,满意率达100%。

【宁乡全域旅游发展大会暨宁乡旅游年开幕式】 2016年4月6日,宁乡全域旅游发展大会暨宁乡旅游年开幕式在宁乡县文体中心隆重举行。湖南省旅游局党组书记、局长陈献春,长沙市委常委、宣传部长张湘涛以及省内外相关领导和国内旅游企业、景区协会、游客代表近千人出席。会上,宁乡县县长周辉致欢迎辞,长沙市委常委、宣传部长张湘涛讲话。宁乡县常务副县长刘亮与江西婺源、安徽黟县、河南登封、湖北秭归、贵州镇远6县(市)行政首长聚首并宣布"华中六郡"旅游联盟成立。副县长陈德奇发表《宁乡全域旅游发展三年行动计划》,展示宁乡旅游产业向全域旅游发展战略转变的宏伟蓝图。省旅游局局长陈献春讲话并宣布宁乡旅游年开幕,宁乡旅游传奇大戏开始。

【"武圣战武绳"直播大事件】 2016年4月30日,"传奇之地·

宁静之乡”宁乡全域旅游首场大型活动“武圣战武绳之中外‘绳’勇大决战”在长沙市宁乡县金洲镇关山景区展开，湖南经视现场直播比赛盛况。来自19个不同国家的“武圣”们精彩对决，花招百出，惊险频频又笑料不断。

【北京国际旅游博览会】 2016年5月20日至22日，“华中六郡”亮相北京国际旅游博览会，6郡代表亮相现场，展现古风特色，精彩吸睛，湖南娱乐频道、湖南卫视频道双频道播出，女主播潘潘现场主持，宁乡旅游局代表胡宇发言，并有芒果女主播宣布《华中六郡相爱千年》正式开机，现场设置520情侣模拟片场，进行“爱的拍立得”活动，电视、报纸、电台、网络、自媒体共同掀起一场“华中六郡相爱千年”全媒体传播风暴，宁乡领衔“华中六郡”成功亮相国际舞台。

【宁乡沩山麦咭音乐嘉年华】 2016年6月18日，由宁乡县委、县政府携手芒果娱乐、天娱广告、金鹰卡通共同打造的2016年宁乡沩山麦咭音乐嘉年华盛大开幕！长沙市旅游局副局长余岚，宁乡县县委副书记、县长周辉及相关人员出席开幕式。上午10:40左右，周辉发表简单而又热情洋溢的致辞，并宣布2016年宁乡沩山麦咭音乐嘉年华正式开幕，拉开此次活动的序幕。本次活动面向全湖南20所小学、幼儿园捐赠6000张家庭通行证，邀请6000个爸爸上沩山过父亲节。以“特殊的父亲节礼物”为主题的本次嘉年华，签到墙上给爸爸的“一句告白”、卡通造型的“一套合影”，以及长达百米的“一副手绘”，专门为父子档设计的13关卡的“一次合作”，都赢得了在场各位超级奶爸的欢心。活动中，3场高规格的现场音乐表演贯穿全程，引爆活动的一次次高潮！陈楚生携手中国新声代的4位当红人气童星包威尔、谢昊轩、张钰琪、曲芷含温暖献唱。沩山麦咭音乐嘉年华是全国首个深度植入VR元素的儿童音乐节，现场有超大规模的VR互动体验区，HTC vive VR 、oculus rift等VR游戏设备成了最高人气项目。同时，活动邀请到了由国内VR第一垂直媒体青亭网派出最顶尖的VR内容拍摄团队，在现场进行了VR素材录制，在乐视、爱奇艺、暴风等视频网站发布VR视频。

【宋城演艺签约宁乡炭河古城】 2016年6月21日，宋城演艺全资子公司宋城旅游发展有限公司与宁乡炭河古城文化旅游投资建设开发有限公司签订“宋城·宁乡炭河里文化主题公园”项目合作协议，开启宋城演艺轻资产运营的新模式。长沙市委副书记、市长胡衡华，市委常委、宣传部长张湘涛，市政府秘书长谭勇，市商务局局长高伟，市旅游局副局长曾卫军，宁乡经开区党工委书记、县委书记谭小平，县委副书记、县长周辉，县委副书记邓杰平，县人大常委会主任贺应辉，县委常委、宣传部长王湘云，县委常委、县委办主任彭韬，副县长钟利仁、陈德奇等领导，宋城演艺董事长黄巧灵、执行总裁张建坤、副总裁商玲霞、董事会秘书董昕，以及湖南卫视、湖南经视、《湖南日报》、华声在线、《长沙晚报》等媒体参加签约仪式。

【宁乡VR体验】 2016年宁乡旅游VR影片《动静宁乡》，是全国首个地方拍摄的VR城市旅游形象片，围绕“传奇之地、宁静之乡”主题，影片将宁乡县内密印寺、灰汤、花明楼、炭河里博物馆、关山、千佛洞、青羊湖等著名景点融入其中，生动展现宁乡的历史人文和静谧山水。

——北京VR峰会宣传活动。10月13日，2016年中国双创周(大众创业万众创新活动周)虚拟现实峰会在北京中关村国家创新示范区展示中心举办。宁乡作为全国唯一获邀的地方城市代表参会。县政府副调研员周明山及宁乡高新区、县旅游局等单位负责人出席此次峰会。此次峰会是2016年中国双创周期间唯一VR/AR主题峰会。来自全国的政府代表、行业专家学者、产业投融资机构、VR/AR全产业链从业者及权威媒体代表等300多位知名人士齐聚一堂，探讨行业未来发展趋势。在峰会现场，宁乡高新区管委会主任郑旗作为宁乡代表，向现场专家整体推介宁乡，并介绍宁乡在VR领域的积极探索。

——VR体验馆入驻长沙橘子洲。中秋节，长沙橘子洲，数万人在中秋之夜汇聚到这里，汹涌的人潮甚至一度引发交通堵塞。人们在这里赏灯，游玩之外，更多的人排起长队，去体验VR影片的震撼。这个中秋节，橘子洲灯会入口设立的宁乡旅游VR体验馆，赢得数万游客的一致赞叹。

——VR体验周政府展。10月17日至23日，宁乡旅游VR体验馆进驻宁乡行政中心大楼，大家可免费领取耳机观看宁乡旅游VR宣传片—《动静宁乡》，观看宁乡全域旅游。

【红色旅游合作交流】 2016年11月14日，2016中俄红色旅游合作交流活动暨中国(湖南)红色旅游节在宁乡正式启动。活动正式开始前，中外领导代表首先向刘少奇敬献花篮，刘少奇长孙阿廖沙携家人出席。启动仪式上，国家旅游局副局长魏洪涛、湖南省人民政府副省长何报翔、俄罗斯联邦旅游署副署长科罗廖夫出席启动仪式并致辞，湖南省旅游局局长陈献春主持启动仪式，国内外贵宾云集；全国18个红色旅游重点城市成立“全国红色旅游创新发展城市联盟”，长沙市人民政府副市长陈中上台代表联盟发布《红色旅游创新发展长沙宣言》；“青年毛泽东宁乡游学线路”旅游产品正式对外发布，全国红色旅游工作协调小组办公室副巡视员王树茂上台为"青年毛泽东宁乡游学线路"启动组织方授旗，宁乡县政府代县长王雄文接旗；"重走刘少奇留学路，从花明楼到莫斯科"中俄红色自驾游活动正式启动，湖南省政府副秘书长熊方平为"从花明楼到莫斯科中俄红色自驾游"活动授旗，湖南省自驾游协会负责人接旗。启动仪式结束后，《伏尔加河与长江——友谊之河》大型图片展览在少奇纪念馆文物馆正式开展。14 日下午，在灰汤华天城国际厅，中俄双方共聚一堂，隆重召开中俄红色旅游推介会。双方高度评价在旅游上的合作，中俄旅游合作已成为中俄关系的新亮点，成为其它国家旅游合作的典范。俄罗斯联邦旅游署副署长科罗廖夫表示，短短两天时间让他感觉无与伦比！中国将传统文化和未来发展有机融合，让他觉得非常伟大。俄罗斯联邦旅游署和中国国家旅游局积极协作落实措施，旨在确保双方互访游客的规模，提高服务质量和确保旅游安全，简化旅游出行手续。

【汽车文化旅游节】 2016 年 12 月 23 日，以"传奇宁乡·擎动潇湘"为主题的 2016 中国·宁乡首届汽车文化旅游节在大河西汽车城激情开幕，湖南省旅游局副局长高扬先，长沙市旅游局副局长陈威，省自驾游协会秘书长崔磊，省赛车协会秘书长许小华，宁乡县委书记周辉，县委副书记、县长王雄文，县人大常委会主任喻亚军，县政协主席邓杰平出席开幕式。活动还有来自越野 e 族、宁城实业集团、车展商家的代表和媒体记者共 3000 余人参加。活动由宁乡县委，县政府主办，县旅游局、县文体局、县城投集团、玉潭街道、县广播电视台、湖南宁城实业股份有限公司承办。旨在落实国务院办公厅印发的《关于进一步扩大旅游文化体育健康养老教育培训等领域消费的意见》文件精神，深入贯彻中国共产党宁乡县第十二次代表大会关于"打造全域旅游景区"的要求，结合全省首个"旅游＋汽车"产业园区——玉潭汽车文化产业园的建设，加速推动汽车文化与"旅游＋"产业融合，打造宁乡全域旅游发展的新引擎。活动时间为 12 月 23 日至 12 月 25 日，在 24 日举行的开幕式上，省、市旅游局领导和宁乡县领导分别致辞，并共同为活动启幕。长沙市旅游局副局长陈威在讲话中高度评价此次节会。省赛车协会授予大河西汽车城"湖南省赛车运动基地"称号；省自驾游协会授予宁乡县旅游局"湖南省自驾游首选旅游目的地"称号；省旅游局副局长高扬先为越野 e 族巡游宁乡景区授旗。活动期间精彩活动连连，大型车展活动既可以选购名车，又可以欣赏美女模特和文艺晚会；连续三天的汽车彩绘邀请国内、省内美术家现场献艺，以画画、书法等形式，结合中西书画文化现场描绘多彩宁乡，勾勒宁乡全域旅游大景点，涂鸦爱好者也可以现场参与互动；在 24 日开幕式后开展的越野 e 族巡游宁乡景区活动中，近 200 人，100 台车参与从大河西汽车城至沩山密印景区的巡游，并参加在密印寺举行的祈福法会；25 日上午举行的中国·宁乡"大河西汽车城"杯全国汽车场地越野邀请赛将在湖南经视《直播大事件》栏目播出。

【"青年毛泽东宁乡游学线路"】 2016 年 11 月 14 日，宁乡重点打造的红色旅游线路"青年毛泽东宁乡游学线路"正式发布。在"青年毛泽东宁乡游学线路"的首站夏铎铺石仑关，一场主题为"恰同学少年"活动精彩上演，上百名游客争相体验"青年毛泽东宁乡游学线路"旅游产品。旅游线路以 100 年前毛主席和同学萧子升利用暑假开启人生中第一次深入"安宁之乡"的游学之旅为主线：从夏铎铺、香山公园，到宁乡县城、迴龙山、云山书院，辗转沙田拜访何叔衡，再到沩山密印寺。

（代香顺）

沩山风景名胜区

【概况】 沩山风景名胜区包括沩山、黄材、巷子口、沙田、黄材水库等乡镇和单位，规划总面积 190 平方千米，区内有人口 15.8 万人。风景区有青铜文化、佛教文化、湖湘文化、红色文化和自然生态资源等风景名胜资源，分密印寺景区、炭河里·青羊湖景区、三关门景区、千佛洞景区等 4 大景区和名人古迹独立风景线，有全国重点文物保护单位 4 处，省级文物保护单位 7 处，市级文物保护单位 3 处，县级文物保护单位 12 处，AAAA 级旅游景区 1 处、AAA 级旅游景区 2 处，是一个集礼佛、度假、休闲、探险于一体的综合性景区，是"传奇之地、宁静之乡"旅游品牌最靓丽的名片。2016 年，宁乡沩山风景名胜区管理委员会（以下称县沩管会）有干部职工 23 人，其中有党组书记 1 名，主任 1 名，纪检组长 1 名，副主任 2 名，内设机构副科职领导 6 名。内设 6 个部室：办公室、财务部、经济发展部、资源环境部、规划建设部、综合执法部。

2016 年，县沩管会严格按照县委、县政府"授权管理，职位分设，以委带乡，边试边干"的精神，以"科学规划、统一管理、严格保护、永续利用"为原则，高标准规划、高质量实施、高速度推进工程建设，保护管理深入开展，景区建设全面推进，经济社会同步发展。获得省生态文明风景名胜区、县绩效考核先进单位、五好领导班子、综治工作红旗单位、宣传思想文化先进单位、依法行政先进单位、美丽乡村建设先进单位、环境保护先进单位等荣誉。凝聚发展合力，确定沩管会工作切入点、着力点、重点就是"帮扶"的全局指导思想，主动深入景区内乡镇、村组、部门企业调研、服务，把景区内护林员、监管员、林业站、国土所等职能队伍建起来、聚拢来、用上来，积极主动帮扶各乡镇向上争取项目、争取资金，共计协助风景区内各乡镇向上争资达5356.9万元，为目标任务的267.8%，充分调动一切力量，广泛凝聚推动景区发展的强大合力。保护景区资源，划定景区生态保护红线，严厉打击乱砍滥伐、烧炭等非法行为，清理环保违规项目46个并完善手续，月山村土壤污染治理列入省2017年土壤污染防治项目储备库；在沩山乡试点绿色祭祀，提倡以鲜花代烟花的祭祀方式，成功创建为湖南省首批生态文明风景名胜区。一是加强森林资源保护力度，重组护林员队伍，增加防火期工资300元/月；召开森林防火大会并组织训练，新开防火隔离带15公里，发放禁火令3.65万份，火警火灾、乱砍滥伐基本控制；完成95份承包林地合同调查并形成处理建议，发放林木补贴164户、26.22万元。二是着力管控规建，外出查勘村民建房、发布建房意见995户，手续办理528户，村民建房申请率达98%，验收合格率达90.2%。三是组建巡查队伍，制订巡查方案，建立巡查台账，联合乡镇拆除违章建筑310处、3.2万平方米，拆除遮阴棚475处，拆除广告招牌1200多块。完善规划条例，《沩山风景名胜区总体规划》经国家住建部专家再次评审，报国务院审批；《沩山风景名胜区条例》报市政府常务会议审议。促进旅游发展，拍摄制作精美宣传片、宣传画册，策划推介精品一日游、二日游线路4条，拍摄《中华成语奇遇记》电视剧；举办中国宁乡“沩山五季”旅游线路推介会暨采茶季活动启动仪式、穿越自驾游等节会营销活动，2016年实现接待游客120万人次，旅游综合收入超4.6亿元，同比分别增长141.85%、93.76%。引进重大项目，积极主动对接中国健康管理协会、中国老龄事业发展基金会，宁乡县拟纳入全国10个国家级康养示范区项目；积极协调对接北大未名集团、省林业厅，成功引进未名青羊湖国际森林康养中心项目，计划6年投入120亿元，打造森林康养等十大功能版块；与沩山乡一起引进上海百牧投资管理有限公司，拟投资1.5亿元启动高家坪民宿文化园建设。推进项目建设，主动服务、全程参与景区项目建设、手续办理，炭河里国家考古遗址公园青铜文化博物馆已于9月30日正式对外开放；宋城·炭河古城建设如火如荼推进，九折仑户外航空运动基地已办理相关开放手续，张栻家族文化博物馆启动建设；南轩生态文化园完善规划设计；青羊湖国家森林公园正式获批全国森林康养基地试点单位，沩山毛尖获批国家地理标志保护产品。深挖景区文化，《湖南省志·沩山风景名胜志》启动编修，将于2018年底正式出版；电影四羊方尊传奇之《青铜魅影》拍摄工作顺利开展。加强自身建设，坚持每周开展1次政治学习，扎实开展“两学一做”学习教育，撰写心得体会8批次120多篇，多篇理论体会文章在报刊刊发。狠抓制度、作风、责任、理念建设，大力开展政风行风建设，2016年两次政风行风监督员测评均得到一致好评，提高管委会执行能力和服务水平。办理市、县代表建议和政协委员案提7件，办复率100%。推行行政审批制度改革，公布权力清单、责任清单、流程清单。完善重大决策程序，健全项目、土地、资金、合同、人事管理制度。认真执行中央“八项规定”，坚决整治“四风”问题，稳步推进预决算公开，“三公”经费未超指标，经济责任审计整改到位。全面规范档案管理，办公用房清理到位，机关后勤管理有效加强。

【成功创建为省级生态文明风景名胜区】 2013年4月，沩山被确定为全省创建生态文明风景名胜区四个试点之一，历时三年，打造乡村绿色通道100余千米，2016年1月成功创建为省级生态文明风景名胜区。

【《中华成语奇遇记》在沩山风景名胜区拍摄】 2016年4月，电视剧《中华成语奇遇记》摄制组来到沩山风景名胜区，在千佛洞和密印寺拍摄《中华成语奇遇记》“火眼金睛”部分三集剧情。

【组织举办传奇之源生态沩山推介活动】 2016年4月，沩山年度旅游大幕正式开启——中国宁乡“沩山五季”推介会暨采茶季启动仪式在密印禅寺举行，力推沩山“以茶游学，制茶、茶艺、茶餐、茶浴、茶园观光等为主的采茶季；以自然观光、康养、摄影、亲近自然、富氧生活为主的赏花季；以动感漂流、峡谷溯溪、户外探幽、休闲运动等为主的漂流季；以佛家文化、禅茶文化、禅趣体验、修身静心为主的参禅季；以宗教信仰、密印寺资源、观音圣像、佛礼节会为主的礼佛季”5季旅游产品和线路。

【袁纯清调研风景区工作】 2016年5月5日，中央农村工作领导小组副组长袁纯清深入风景区，就农民增收工作进行专题调研。袁纯清一行先后到黄材镇炭河古城、沩山乡沩水源村和沩山茶叶基地等地，通过实地走访、查看资料、召开座谈会等方式进行调研。省领导易炼红、戴道晋，市领导胡衡华、夏建平、陈中，县领导谭小平、戴中亚、周辉、张武、彭韬、刘俊武参加调研。

【易炼红调研风景区工作】 2016年5月11日，省委常委、市委书记易炼红调研风景区工作，先后察看了炭河古城、炭河里博物馆、千手大屋、万佛灵山文化公园等项目。市委常委、市委秘书长夏建平,宁乡经开区党工委书记、县委书记谭小平,宁乡经开区党工委副书记、管委会主任戴中亚,县委副书记、县长周辉,县委副书记邓杰平,县人大常委会主任贺应辉,县政协主席喻亚军,以及刘永红、龚畅、谢圣彬、刘平、彭韬等县领导参加调研和座谈。

【建立长沙第一批市级立法基层联系点】 2016年8月24日,长沙市政府立法基层联系点启动暨基层政府法制工作座谈会在沩山召开,这是长沙市第一批3个基层单位中建立立法基层联系点的乡镇。建立立法基层联系点为宁乡县进一步推进基层立法工作,特别是为《长沙市沩山风景名胜区条例》出台提供了契机。

【《湖南省志·沩山风景名胜志》正式启动编纂】 2016年10月17日,《湖南省志·沩山风景名胜志》召开篇目评审会,正式启动编纂工作,分上下两册,约60万字,记述范围包括大沩山所涵盖范围,以宁乡沩山风景名胜区及其外围保护地带为重点,涉及周边6个乡镇及黄材水库、青羊湖国家林场两家单位所辖区域。

【电影四羊方尊传奇之《青铜魅影》举办拍摄启动仪式】 2016年11月1日,电影四羊方尊传奇之《青铜魅影》举办拍摄启动仪式,拟在炭河古城景区正式开机拍摄,计划投资3000万元,50%的镜头将在宁乡正龙古街及沩山风景名胜区内黄材月山、青羊湖(黄材水库)、沩山密印寺等地取景,拍摄时间为50天左右,预计2017年在全国公映。

【沩山毛尖成功获批国家地理标志】 2016年11月11日,国家质检总局网站发布2016年第112号公告《关于批准对龙山矿泉水等44个产品实施地理标志产品保护的公告》,正式批准沩山毛尖为国家地理标志保护产品,自即日起实施保护。

【成功获批国家森林康养基地试点单位】 2016年12月10日至11日,由国家林业局举办的首届中国森林康养与医疗旅游论坛大会在北京举办,青羊湖国家森林公园成功获批国家森林康养基地试点单位并授牌。充分利用青羊湖国家森林公园丰富的森林资源、良好的生态环境,发挥北大未名集团在理念、科技、资金、管理、人才等方面的优势,将青羊湖国家森林公园打造成"国内一流、国际知名"的森林康养示范基地。

(樊霞林)

香山国家森林公园

【概况】 2016年,香山森林公园编制25人,在编在岗12人,内设办公室、资源管理科、招商科、财务科、开发建设科5个科室。2008年,湖南香山国家森林公园管理委员会成立。2009年12月15日,森林公园获得国家林业局批准(林场许准〔2009〕061号)成立。2011年10月13日,森林公园经长沙市机构编制委员会批准(长编办发〔2011〕136号)为正科级机构,2009年到2012年底由夏铎铺镇镇政府代管,2013年1月成为县政府管理的全额拨款事业单位。

【控违拆违】 2016年,香山国家森林公园工作日实行"一日一会签、一周一安排、一月一调度"制度,建立拆违控违工作制度化、常态化、长效化机制。对核心景区195户的房屋分类造册,拍照存档,对违法违规搭建的棚亭进行清理拆除;取缔香山湖旁边的烧烤和夜宵经营摊点,并成立物业公司定期定点定人巡查督察;严格依法行政,成功拆除龙凤峡漂流公司在香山水库尾端建设的洗浴中心以及村民违章建房两栋;叫停在建的违章建房10户;对未批先建的两户违章建房走法律程序予以拆除;其他违章建房露头就打,全面消除在萌芽状态,乡镇、村、城管和公园管理处对违建管理形成工作合力。

【项目工程】 2016年,香山国家森林公园综合整治整顿,规范项目工程建设。投资600多万元的污水处理厂开工建设;核心景区一环线公路32千米"白"改"黑";龙凤峡漂流洗浴中心全部拆除,植绿护绿;香山湖水上乐园项目全部拆除;拆除项目2个(露营基地水上乐园、露天烧烤项目);叫停项目3个(露营基地玻璃桥、索滑道、印象麓山蔬菜分检中心项目);停业整顿项目3个(露营基地旱滑道项目、漂流公司漂流项目、青少年拓展基地高空体验项目)。全面做好龙凤峡漂流、青少年拓展活动中心、露营基地、印象麓山项目的摸底调查工作,为项目清退做好前期工作。

【基层服务】 2016年,香山国家森林公园创新工作载体,提升基层服务水平。公园范围的资源保护、环境卫生、景区经营等工作实行分组分片负责制,景区内的住户及农家乐屋前屋后进行综合整治,公路沿线做到序化、绿化、亮化、美化。精准扶贫36户贫困户,做到帮扶全覆盖、无遗漏,组织学习培训2次54人次,帮助贫困户联系苗木的销路,公园范围内森林全部列入市级生态公益林补偿范围,为老百姓增收21万元,人均增收120元。省林业厅将公园作为全省森林康养示范基地进行建设,挂牌为全省生态文明教育基地。

【基础设施】 2016年,香山国家森林公园香山污水处理厂项目启动建设。香山污水处理厂项目位于宁乡县夏铎铺镇香山冲村,工程建筑物主要包括设备房、值班房、调节池、曝气池、沉淀池、人工湿地池、计量井、干化池。日处理能力为 1000 m3/d，采用 HDPE 双壁波纹管（主要管道）和 PE80 给水管（部分管道）铺设污水干管 6001m，污水检查井 229 座。项目于 2016 年 12 月 9 日启动建设，总投资为 913.83 万元。该项目能有效提高香山景区水的利用效率；恢复香山片区良好水环境；降低由于污染物排放对公园环境的危害，为香山景区进一步保护青山绿水提供保障。

【精准扶贫】 2016 年，香山国家森林公园扎实做好工作，严格落实干部驻村制度，通过在夏铎铺镇凤桥社区驻村摸底调查、村民代表评议，精准认定 36 户贫困户，贫困人员 90 人，组织干部职工至少 8 次进行一对一帮扶，做到贫困户帮扶全覆盖、无遗漏。用调查研究、提意见建议的方式推动扶贫，不少建议被纳入香山公园的总体规划和决策之中。

（办公室）

炭河里遗址管理处

【概况】 炭河里遗址是湖南唯一的西周遗址，它的发现填补了湖南西周史文化缺失，对湖南地方史、南方青铜文明和早期国家社会形成等问题的研究具有非常重要的意义，形成并确立了“炭河里文化”，成就了“中国南方青铜文化中心”美誉。2016 年 10 月炭河里青铜博物馆正式对外开放。炭河里青铜博物馆主体以四羊方尊外形为设计元素，四面镶嵌人面纹方鼎人面纹像，建筑高 14.5 米，占地面积 4600 平方米，建筑面积 8662 平方米，展厅面积 2650 平方米。博物馆分地下一层、地上两层，地下一层为设备控制区，地上第一层包括展览区和公共服务区，第二层包括宁乡历史文化展厅、文物藏品区、学术报告厅和 3D 影院等，展示和珍藏文物 1000 余件套，其中国家珍贵文物 200 余件套。展厅包括主展厅、宁乡厅及 3D 影院等，主展厅以“序厅、青铜迷雾、方国都邑、方国青铜文明、尾厅”为脉络，布展采用先进的声、光、电控制技术，并配套大量的标本、图片、文字资料印证，浓缩了炭河里文化和青铜文化发展与演变历程，构成了实景与虚景、历史与现代相结合的历史文化科普科研基地。

2016 年，炭河里遗址管理处共有干部职工 9 名，内设 5 个科室：办公室、规划建设科、财务科、公园管理科、纪检监察室。全年，炭河里遗址管理处紧紧围绕县委县政府总体部署和要求，攻坚克难，凝心聚力，完成炭河里青铜博物馆内装和陈展工程、遗址本体抢险、环境整治一期、配套管理用房等工程以及文化长廊、遗址本体保护与展示、青铜重器出土点保护与展示、景观和配套附属等工程前期工作，全年完成项目投入 1.3 亿元，累计投入 2.7 亿元；全年争取国家、省、市、县级资金 1.3 亿元，相当于“十二五”期间 5 年争资总和；完成复制、返还、借展、移交等文物入馆展览工作，展示和珍藏文物近 1000 件套，其中国家一级文物 9 件；9 月 30 日，炭河里青铜博物馆于正式对外开放，累计接待游客突破 40 万人次，游客满意率达到 99.99%；炭河里遗址顺利通过国家文物局大遗址保护“十二五”专项评估，成功跻身国家《大遗址保护“十三五”专项规划》，纳入省市文化和旅游“十三五”专项规划。

【何寄华调研炭河里】 2016 年 2 月 19 日，长沙市副市长何寄华调研宁乡县炭河里遗址公园项目建设情况，并主持召开专题办公会研究项目建设有关问题。市政府副秘书长厉江华，市发改委、市住建委、市财政局、市林业局、市商务局、市文广新局、市旅游局、市园林局、市两型办、市文物局、市城投集团等相关单位负责人，宁乡县委副书记邓杰平，县人大常委会主任贺应辉，县委常委、宣传部长王湘云，副县长钟利仁等参加调研。

【炭河里新发现两处西周遗址】 2016 年 4 月，湖南省文物考古研究所和宁乡县文物局组成的文物调查勘探队，在宁乡炭河里国家考古遗址公园配套设施项目工地新发现新屋湾、钟家湾两处西周时期的遗址。其中，新屋湾遗址位于黄材镇石狮村新屋湾，距炭河里遗址约 2 公里；钟家湾遗址位于炭河里城址东北，距炭河里遗址约 1.5 公里。

【袁观清调研《炭河里遗址保护条例》落实情况】 2016 年 6 月 7 日，长沙市人大常委会主任袁观清到宁乡调研，检查《炭河里遗址保护条例》落实情况，并召开调研座谈会。市人大常委会党组书记、市人大常委会副主任、市人大常委会秘书长等市人大常委会相关领导，以及宁乡县委书记等相关领导参加调研。

【炭河里遗址出土文物进入炭河里青铜博物馆珍藏与展览】 为确保炭河里青铜博物馆国庆顺利开馆，2016 年 9 月，湖南省考古研究所、宁乡县文物局 1000 余件文物正式移入炭河里青铜博物馆。此次文物移交有从新石器时代至当代的木、石、瓷、陶、玉、纸、铁、铜、银等各类质地器物，其中具有特别重要历史、艺术、科学价值的国家一级文物 9 件，还有二级文物 6 件、三级文物 178 件。

【炭河里青铜博物馆正式对外开放】 2016 年 9 月 30 日，在学习和落实长沙市第十三次党代会、喜迎新中国成立 67 周年之际，炭河里青铜博物馆举行开馆活动，历时 4 年建设的博物馆落成竣工并正式开馆。省文化厅副巡视员何强、省文物局副局长江文辉、省文物局文物处处长熊建华、市文联副主席谢胜文、市文物局局长曹凛、市博物馆书记杨德兴、省考古所所长助理高成林、湖南大学教授向桃初,宁乡县委书记周辉、县领导邓杰平、县政协主席喻亚军、副县长刘亮、副县长刘平、县宣传部长王湘云、县委办主任彭韬、副县长钟利仁、副县长贺立权出席此次活动。炭河里青铜博物馆国庆期间接待社会各界人士免费参观共计22.42万人次

【炭河里遗址成功跻身国家《大遗址保护“十三五”专项规划》】 炭河里遗址管理处在“十二五”期间,完成《炭河里遗址保护总体规划》《炭河里遗址保护条例》《炭河里国家考古遗址公园规划》三大法规和规划体系建设,形成有规可循、有法可依的良好格局;同时,建立了遗址保护监督管理体系,确立遗址保护与利用“两区一极”发展定位,机制健全、思路明确。2016年11月,炭河里遗址顺利通过国家文物局大遗址保护“十二五”专项评估,成功跻身国家《大遗址保护“十三五”专项规划》,成为宁乡唯一纳入国家重点支持的文化遗产保护与利用项目。

【开展“我说你听·炭河里乐学善讲微课堂”活动】 2016年,炭河里遗址管理处为丰富干部职工业余生活,构造乐于学习、善于分享、团结协作、实干善为的氛围,开展“我说你听·炭河里乐学善讲微课堂”活动。活动采取“讲论评”模式,每次安排一位干部职工授课,授课结束后进行集体交流讨论、领导点评、集中综合评奖。微课堂的成功开展,丰富干部职工的精神文化生活,展现个人才华,锻炼演讲口才水平,促进思想交流碰撞,加强团队凝聚力,提升工作能力。 (喻晓辉)

宁乡县炭河古城文化旅游投资建设开发有限公司

【概况】 宁乡县炭河古城文化旅游投资建设开发有限公司(以下简称“炭河古城公司”)成立于2015年10月8日,是宁乡县县委下属国有企业,注册资本5.7亿元,经营范围包括:文化旅游产业投资与管理;企业自由资金投资;项目投资;房地产开发经营;旅游景区规划设计、开发、管理;文化活动的组织与策划;城乡基础设施建设;工程环保设施施工。公司内设综合协调部、工程技术部、内审总工室、前期部、社会事务部、招商融资部、财务计划部。2016年,公司人员共33人,其中正式人员3名,借调人员8名,聘用人员22人。公司主要项目包括炭河古城核心景区项目建设、外围配套设施项目建设、立面改造项目建设、千手大屋项目建设等。

【征拆补安工作】 2016年,炭河古城公司严格实施“阳光征拆”,主动接受社会、群众监督,没有发生因征拆工作引起的阻工、上访等群体性事件,实现征拆补安任务清零,环境维护矛盾归零,遗留问题化解归零。全年共征地106.7公顷,征拆房屋135户,完成安置区规划建筑设计、安置区土方工程及临时道路工程,并确定安置区185套住房分配方案。

【项目建设】 2016年,炭河古城公司坚持日调度、周安排、月考核制度,把规划设计和现场施工问题及时化解在一线,全速推进项目建设。截止2016年12月28日,核心景区方面,古阙公园、青羊大道辅道、古镇城门、古城东门、黄材集镇立面改造、西周王城及游客多功能服务厅主体等工程全面竣工。炭河大剧院完成4层基础主体施工。千手大屋片区完成移民大屋113户的主体建设,贫困户搬迁入住,黄材中心学校和幼儿园主体工程全面竣工。

【融资工作】 2016年,炭河古城公司创新融资手段,通过国家专项建设基金、信托融资、信用融资、抵押融资、担保贷款、资产管理计划等多种方式筹资,2016年共计实现融资到位4.53亿元,归集100公顷国有土地作为公司资产,为后阶段融资奠定坚实基础。

【手续办理】 2016年,炭河古城公司在项目建设中,始终坚守依法依规原则。组织召开炭河古城项目前期手续办理推进会,主动对接协调各相关职能部门,通过县政务中心组织相关职能部门带章集中“会审”,充分凝聚合力。严守“文物保护、耕地利用”两条红线,在国土部门的全力支持下完成100公顷土地调规及24.7公顷国有土地报批工作,取卷12.7公顷,完成26.7公顷集体土地组卷工作,文物考古勘探也顺利通过国家文物局的评审。立项、规划、环评、建设等相关行政许可按程序快速办理。工程招投标方面,完成开工招投标项目37个,其余均按政投项目有关规定严格执行。确保经得起历史和现实的检验。

【招商运营】 2016年,炭河古城公司积极参加中国收藏协会博览会、“华中六郡”旅游联盟推介会等重大活动,参加韩国国际文化观光旅游博览会,并与韩国观光旅游协会及一部分旅行社达成战略合作协议,10月12日,韩国多家旅行社相关负责人来到炭河古城项目现场,对项目给予高度评价,双方进一步达成合作意向。10月份,炭河古城公司深入考察陕西省袁家村,双方就如何把民俗文化、饮食文化与景区完美结合进行深入探讨,并达成初步合作意向。6月21日,与国内演艺

第一股、世界文化主题公园前十强—宋城集团成功签约，标志着景区运营进入新阶段。

【领导视察】 2016 年，中央农村工作领导小组副组长袁纯清，省委常委、长沙市委书记易炼红等领导先后莅临项目调研指导，对项目给予高度评价，充分肯定项目的规划定位、文化特色、运作模式，要求把炭河古城建设成全国、全省的精准扶贫示范片区，打造成 21 世纪的历史文化遗产和独具魅力的永久性文化旅游目的地。

（江学）

财政·税务

财　政

【概况】　2016年,宁乡县收入情况:全年实现一般公共预算收入65.58亿元,增长9%。收入级次情况为:完成县级收入42.68亿元,同比增长4.76%;完成上划增值税、消费税13.14亿元,同比增长24.52%;完成上划营业税、资源税、城镇土地使用税1.86亿元,同比下降26.9%;完成上划所得税7.9亿元,同比增长24.92%,其中,上划企业所得税5.13亿元,同比增长13.19%,上划个人所得税2.78亿元,同比增长54.44%。征管部门情况为:国税局完成24.78亿元,同比增长45.4%;地税局完成23.97亿元,同比下降13.08%;财政局完成16.82亿元,同比增长8.29%。支出情况:完成一般公共预算支出80.62亿元,同比增长3.17%。其中:一般公共服务支出10.07亿元,为调整预算的116.53%;国防支出1730万元,为调整预算的155.86%;公共安全支出3.19亿元,为调整预算的119.32%;教育支出13.71亿元,为调整预算的109.11%;科学技术支出5651万元,为调整预算的66.51%;文化体育与传媒支出1.29亿元,为调整预算的91.79%;社会保障和就业支出9.97亿元,为调整预算的106.59%;医疗卫生与计划生育支出9.12亿元,为调整预算的111.71%;节能环保支出1.22亿元,为调整预算的81.49%;城乡社区事务支出5.53亿元,为调整预算的98.32%;农林水支出13.07亿元,为调整预算的116.69%;交通运输支出3.25亿元,为调整预算的179.88%;资源勘探信息等支出3.32亿元,为调整预算的133.02%;商业服务业等支出6617万元,为调整预算的91.98%;金融支出899万元,为调整预算的95.44%;国土海洋气象等支出5570万元,为调整预算的87%;住房保障支出4.06亿元,为调整预算的72.74%;粮油物资储备支出790万元,为调整预算的122.67%;其他支出109万元,为调整预算的1.41%;债务付息支出6910万元,为调整预算的64.73%。平衡情况:县级收入42.68亿元,加上上级补助收入38.28亿元,地方政府债券转贷收入4.98亿元,2015年结余(含结转)6.07亿元,调入资金0.25亿元,收入合计为92.26亿元。一般公共预算支出80.62亿元,加上上解支出1.64亿元,债券还本支出2.66亿元,支出合计为84.92亿元,年末滚存结余资金7.34亿元。

【财源培植】　2016年,宁乡县发挥财政资金杠杆作用,积极支持供给侧结构性改革。突出兴工强县战略,工业发展基金提高至1亿元,力促企业转型升级。积极引导商贸旅游发展,安排全域旅游建设资金3320万元,支持旅游项目和品牌建设;兑现房交会补贴资金4000万元,激活房产市场。

【财税征管】　2016年,宁乡县应对经济持续下行和“营改增”减税的双重压力,财税部门、载体单位深度融合,充分挖掘金融业、关联企业税收;定期会商调度,一月一专题,先后开展政府平台营业税清理、房土两税清查、项目工程税收动态征管、外地企业税收清缴、欠税清理等专项行动;完善项目税收协同征管等征管机制,不断夯实增收基础。

【支出保障】　2016年,宁乡县有效保障民生需求,全年民生支出达63.08亿元,占一般公共预算支出的78.24%,保障了医疗卫生、教育文化、社保就业、三农等支出需求。积极支持环保治理,安排砂场整治资金1500万元,保护沩江生态;安排烟花鞭炮退出资金1500万元,奖补退出企业48家。稳步提高待遇水平。全面落实上级工资及津补贴调整政策,新增乡村教师支持计划资金6000万元,落实机关事业单位调资政策3500万元,村级转移支付突破1亿元,村均26万元。

【财政管理】　2016年,宁乡县出台《关于进一步加强财政资金管理的通知》,明确资金申报、审批、拨付等环节的责任和权限;以指标文形式拨付下达财政资金,规范资金拨付程序。支出把关上,全面理顺简化政府采管、财政投资评审、国库集中支付、国有资产管理等程序,严把支出关口,提升服务质量。风险管控上,加强政府性债务的动态管控,强化融资计划管理;争取政府债券置换存量债务44.5亿元,在降低风险的同时,年节约融资成本3亿元。

【财政改革】　2016年,宁乡县一是科学统筹资金,全面梳理用途相近、性质相似的项目资金,集中财力办大事,统筹资金3亿元,精准投入到经济发展和民生保障的重点领域。二是推进预算公开,出台《关于进一步推进预算公开的实施方案》,全面公开财政预决算、三公经费预决算、预算执行、专项资金拨付等情况。三是深化绩效改革,积极引入中介机构参与绩效评价,评价资金7.17亿元,同比增长41.45%。四是推进公车改革,科学制定方案,合理分配保留公车,依规处置取消公车,规范执法执勤公车管理;积极统筹资金,提供公车改革财力保障。

(办公室)

国家税务

【概况】 2016年,宁乡县国家税务局有干部职工247人,其中在职干部173人、提前离岗1人、离退休73人。局机关设有人事教育科、征收管理科、政策法规科、收入核算科、税源管理一科、税源管理二科、办公室、监察室、稽查局、纳税服务科、信息中心、机关党委办公室、工会委员会13个科室。辖玉潭、花明楼、横市、煤炭坝、偕乐桥5个税务分局。全年,县国家税务局以"为国聚财,为民收税"为使命,团结一心,大力组织收入,推进依法治税,优化纳税服务,强化队伍建设,各项工作稳步前进,在宁乡县2016年度政风行风千人测评大会上,位列全县垂直管理类单位第二名。

【国税收入】 2016年,宁乡县国家税务局通过全面推动营改增试点、加强重点税源管理、开展清理结算、强化评估稽查、规范个体征管、大力清缴欠税等一系列措施,组织收入24.87亿元。

【国税依法治税】 2016年,宁乡县国家税务局严格执行"依法治税,应收尽收,坚决不收过头税,坚决防止和制止越权减免税"的原则,在多个方面取得了风险防控的成果。多次召开营改增税源管理工作讨论会,细化工作机制,确保营改增税制转换工作平稳过渡。加强国地税联合征管,出台一系列相关文件,召开国地税税源风险管理工作联席会议,推动联合征管工作形成常态化、长效化。

【国税税收征管】 2016年,宁乡县国家税务局突出做好全面营改增试点的各项工作,围绕开好票、报好税、分析好、改进好四个环节,实现对四大行业营改增纳税人平稳过渡、有序征管。加强对重点行业、重点项目的征管,成立房地产课题小组,对全县房地产行业进行重点检查;对食品行业、建筑行业等开展调研,对摩托车、药店等行业进行清理。进一步完善税源管理征收台帐,对全县一般纳税人、纯所得税户进行全面摸底,及时补充登记主要涉税信息。进一步推动个体税收"阳光征管"、普通发票邮政代开和乡镇税收委托代征等工作,新增豪德市场、鑫佰家商场2个民主评税示范市场,加强对个体和零散税收的征管力度。推出实名制办税动漫宣传片,大力宣传纳税人实名制登记。

【国税纳税服务】 2016年,宁乡县国家税务局继续开展"便民办税春风行动",全面落实《全国县级税务机关纳税服务规范3.0》。营改增期间,通过开辟专区、增开窗口、设立绿色通道等方式,确保纳税服务高效运转。深化国地税融合,逐步推广"一窗一人"办税服务模式;圆满完成办税服务厅搬迁市民之家各项工作,升级为"进一家门,办多家事"。扎实做好"需求大征集、服务大走访"活动,进一步了解需求、改善服务,有力促进征纳和谐。扎实开展税收宣传月活动,与县地税局联合开展"诚信税收·健康同行"大型税收宣传活动,普及营改增知识。成立政策法规专家讲课团队,"营改增"期间累计为纳税人3100人次授课37小时。进一步规范手机APP、微信、QQ群、网站客户端等信息渠道管理,2016年累计在线服务纳税人700余人次,解决涉税问题1500余个。

【国税党建工作】 2016年,宁乡县国家税务局以"两学一做"学习教育为载体,结合"三员"身份意识教育活动,进一步加强党的领导,严格落实基层党建工作各项制度,夯实政治基础。扎实推进党风廉政建设,组织开展"三级谈话",层层传导压力,促使"一把手"、党组成员、中层骨干落实"一岗双责",牢记"两个责任",主动谋责、担责;认真组织"纪检日"活动和廉政党课,开展"我知晓·我遵守"党纪条规知识竞赛、"一周一题"有奖答题、《准则》《条例》学习;同时,加强重要节点的廉政督导,落实整治"雁过拔毛"式腐败和"纠'四风'、治陋习"等工作,筑牢干部思想上的"防腐墙"。开展个体建账户"零申报"税收执法监察专项活动,规范税收执法行为。

【国税队伍建设】 2016年,宁乡县国家税务局围绕实践"团队+"模式,队伍深度融合,打造一批有特色、有成绩、有影响的团队。积极开展"岗位大练兵、业务大比武""强党性修养、促能力提升"等专题培训,被评为长沙市国税系统"岗位大练兵、业务大比武"竞赛活动优胜单位。发挥党、团、青、工、妇等组织作用,关心干部及离退休老同志,开展春秋游、经典诵读、走访慰问、志愿服务、扶贫帮困等活动。2016年,宁乡县国家税务局团委被评为2016年度长沙市"最具活力团组织",煤炭坝税务分局通过全省国税系统"模范职工小家"验收,县局档案室成功创建档案工作规范化管理"省特级"。

(办公室)

地方税务

【概况】 2016年,宁乡县地方税务局(以下简称县地税局)有干部职工198人,其中离退休41人,在职干部职工157人。在职干部职工平均年龄43岁，本科以上学历120人，大专学历27人。下设7个科室，5个税务分局，1个办税服务中心，1个稽查局和1个信息中心。负责全县4街道5乡20镇和两个经济园区范围内6326户单位纳税人，12852户个体纳税人的地方税收征管工作。

2016年，县地税局以“稳增长、抓改革、优服务、保平安”为工作主线，稳步扩大税收收入规模，增强依法治税能力，提升纳税服务水平，队伍建设卓有成效。李宇奇被评为2016年度优秀公务员，县地税局荣获2016年省级文明卫生单位、湖南省地税系统“法治税务示范基地”、湖南省地税系统文化建设工作先进单位、长沙市“六五”普法依法治理先进集体等荣誉，被市局评为“2016年度绩效考评优秀单位”、“2016年度党风廉政建设考核第一名”，荣获市局党纪条规知识竞赛团体第一名、党纪条规知识抢答赛第二名，获评全市地税系统党建工作先进单位，并被县委、县政府评为绩效考核一等次、宁乡县党风廉政建设责任制先进单位、荣获宁乡县项目落地年“狮子型”团队提名奖，第五税务分局工会小组荣获“2016年湖南省模范职工小家”荣誉称号。

【收入质量攀新高】 2016年，县地税局干部职工迎难而上，努力克服实体经济下行、营改增试点全面推开、税收减免面广量大的多重严峻形势，攻坚克难共组织入库各项收入245920万元，剔除“营改增”和非当期影响，实际增收3.2亿元，同比增长12.8%。一是深化分析扩税基。全面落实2016年度税源调查工作，密切掌握税源变化，着力构建大分析格局，通过分税种、分行业、分区域深度分析，有效预测收入形势，及时明确收入缺口，采取针对性举措，牢牢把住收入主动权。二是细化税政挖税源。积极应对“营改增”，清零行动卓有成效，累计清理入库营业税20705万元，助推平稳过渡；完成592户企业所得税征收方式鉴定，加强汇缴及预缴工作，促企业所得税入库12762万元；超额完成12万元以上个人所得税自行申报工作，共受理个人所得税自行申报2601人，补税445人472.38万元；强化股权转让环节监控，办理股权转让136笔入库税收1266万元。多措并举促全年个人所得税入库37263万元，同比增长52.33%。三是专项清理堵漏洞。巩固深化行政事业单位个人所得税征管，税务登记面达98.95%，234户行政事业单位定期申报，入库税款2318万元；积极开展园区出租厂房专项清理，共清理工业厂房出租118户，入库税款2389万元；以非煤矿山综合整治为契机进行行业税收清理，对全县36家非煤矿山评估入库税款459万元；全面开展房、土两税信息比对和私有经营性房屋房土两税专项清理。四是依法征收保质量。严肃收入纪律，确保收入质量，加强税收收入归属监管，调整乡镇、园区收入归属2300多笔15624万元，开展3次票证检查，实现全程监管，坚持每月税费同布置同考核，依托金三系统促申报期入库率明显提高，全局收入质量稳步提升。

【税收征管焕新机】 2016年，县地税局向征管质量要收入，向税收政策要税源，规范征管，防控风险，稳步推进依法治税进程。一是征管基础有效夯实。严格依程序核定税额，通过“金三”核实未达起征点10852户，核定已达起征点个体户1082户，较上年增加160户，月定税额167万元；将欠税全部录入系统，杜绝“体外循环”，持续做好定期公告、逐户催缴等日常征管，对905户次纳税人下达责令限期改正通知书，采取催报催缴和强制措施追缴欠税，入库欠税25121万元，陈欠大幅减少，新欠有效遏制。二是征管机制逐步完善。认真落实“提升征管质效三年大行动”，深化“评估员＋管理员”模式，评估入库税款8200余万元；成立税收风险管理工作领导小组，在征管科内设风险管理中心，重点行业风险防控能力明显提升；修订征管考核办法，出台档案管理办法，促进基础信息录入、未申报催报处罚、滞纳金加收、欠税登记、资料归档处理的规范化。三是国地合作纵深推进。加强与国税沟通协作，通过比对个体税收双定清册，核实国税已定税但地税未定税、或地税定税低于国税的情况，及时进行定税调整，明确大型商场柜台出租联合定税、按实征收方案，成立联合评税小组，积极与综合治税办、乡镇等单位对接，制定下发《委托代征工作税收管理员联乡镇管理办法》《代征人员确定办法》《民主评税流程》等一系列规章制度，确保了个体户联合管理、委托代征等工作有序规范实施。同时积极开展国税窗口代开发票代征地方税费工作，共计代征税费1147万元，同比增长79.17%。四是综合治税全面加强。提请县政府制定下发《宁乡县个体及零散税收委托代征实施办法》，并将委托代征工作纳入相关单位年度绩效考核内容，共代征个体零散税收2638万元；充分依托县税收保障信息平台，与国土、房管、公安等部门实现涉税数据共享；同时严格审核党代表、人大代表、政协委员候选人税收相关情况，形成从政府到街道乡镇、从税务机关到各部门的立体征管体系。

【干部队伍树新风】 2016年，县地税局秉持“严是爱，宽是害”的理念，狠抓干部队伍管理，县局被市局评为2016年度绩效考评优秀单位。一是教育轮岗提素质。深入开展“两学一做”学习教育，大力开展全员思想整治教育，狠抓“两学一做”推进基层支部党建工作，明确每周五下午为支部学习活动日，确保理论学习"常态化"，结合岗位实际、邀请党员家属参与，确保专题讨论"实效化"，通过重温入党誓词、开办微型党课、设立党建微信群，使党课形式"多样化"，全局共上党课18堂，收集心得体会375篇，2016年度获评市局"党建工作先进单位"，三分局党支部荣获"长沙市局先进基层党组织"。开展"党内法规学习教育年"活动，在市局组织的党纪条规闭卷考试中团体平均成绩名列第一，在抢答赛中获得第二名；按上级部署积极参与"岗位大练兵、业务大比武"活动，分线开展税收业务培训，通过集中学习、以考促学，推荐干部参加全省业务大比武竞赛，获行政管理岗全省第七名。稳步实行交流轮岗，调整面达到54%，激发了干部队伍活力。二是落实制度紧内控。制定符合宁乡地税实际的绩效管理办法及指标，创新开展"日周月季"绩效管理督查考核，绩效考评结果与奖金严格挂钩，全面拉开了分配档次。严格落实财务审批权限及流程，就公务接待、工会经费、基建维修、公车管理等进行全面规范，清点查验实物资产3476件，并实现三公经费"零增长"。三是执纪问责肃行风。邀请县纪委、县检察院领导举办专题讲座，组织干部观看廉政教育警示片《黑瞳》，参观长沙市廉政警示教育基地，开办《廉政论坛》，着力增强干部"免疫力"；不定期对全局干部职工作风情况进行督查，开展明察暗访69次，通报批评14人次；认真开展"雁过拔毛"式腐败问题和"纠四风治陋习"专项整治，积极开展税收执法督查。该局以突出的成效，荣获全市系统党风廉政建设考核第一名，并获评全县党风廉政建设先进单位。四是文化建设树形象。以"宁心聚力、乐税有为"的核心文化为引领，持续开展一推行四公开，深入开展精准扶贫，组织68名干部上门走访慰问龙田镇黄泥田村91户贫困户，工会积极开展"雷锋在心间、温暖到残联"捐赠活动，为残疾人康复中心送去电脑10台。与时俱进改建县局文化展厅，扩充"宁"文化内涵，展现宁乡地税良好精神风貌，2016年地税局获评"湖南省地税系统文化建设先进单位"。

【纳税服务显新貌】 2016年，县地税局从提升品牌意识，强化服务理念方面入手，不断提升纳税服务满意度和纳税人遵从度。一是办税服务提效率。在成功启动"派驻式"办税，通过设立AB岗使纳税人"进一个门、办两家事"的基础上，全面推行"一窗全能"，实现"来一个窗，办一切事"。积极应对"营改增"，开启"5＋2"、"白加黑"工作模式，做好全局信息设备更新和系统运维，确保平稳过渡；统筹完善各办税服务厅(室)硬件，成功升级自助终端，开出全市第一份个人房产税完税证明；及时开展"营改增"、网上办税、自缴系统等专题培训，辅导纳税人2000余人次，全力打造流程更简、耗时更短、服务更佳的纳税环境。二是税收宣传促遵从。在完成省市局税收宣传任务的同时开展个性化税收宣传：成立"税收宣传志愿服务队"，联合国税局创新开展以"诚信税收、健康同行"为主题的春季马路赛；依托"宁乡地税"微信服务号，定期开展政策解读、热点答疑等辅导、提醒，推送内容25期、消息110余条；善用电视台、报纸等媒体平台，联合街道办事处、各乡镇，通过上门送达宣传手册、沿街出动宣传车等手段，对私有经营性房屋纳税人进行针对性宣传，营造良好的纳税遵从氛围。三是税收优惠助发展。开展"全员大走访"活动，班子成员带队深入1193户企业走访，广泛听取纳税人意见和建议。不折不扣执行税收优惠政策，结合宁乡实际，进一步规范减免税流程，大力支持小微企业、高新技术企业发展及重点群体创业就业，为45户纳税人依法审批减免和备案减免税费共计1516万元，助推企业健康持续发展。四是严格执法优环境。严格各类税收案件查办，稽查局全年共查补入库税款19639万元，并按"一次进户、统一检查、协同审理及移送案件"要求，重点加强国地税联合稽查，促进国地税执法深度整合。同时全面落实"一案双查双报告"制度，对存在执法过错行为的管理员严格行政问责，并按要求给予经济处罚，坚持有错必纠，有责必问，多措并举营造良好的税收秩序。（办公室）

金融·保险·证券

县金融证券工作办公室

【概况】 2016年,县金融证券工作办公室在县委、县政府的科学领导下,紧扣年初工作目标,积极推进金融工作的改革创新,通过调整结构增信贷、拓宽渠道促融资、改进方式抓服务、整顿市场防风险,金融服务实体经济的能力显著提升,为县域发展提供坚强的金融支撑。

【拓宽融资渠道】 2016年,宁乡县各项存款余额601亿元,各项贷款余额537亿元,存贷比89.3%;在继续发挥银行信贷融资主渠道的基础上,积极拓宽其他融资渠道,全县融资总量达255.2亿元,其中债券融资67.8亿元,远超历年累计额度,为"四个打造"战略提供强有力的金融支撑。(融资总量255.2亿元,主要包括:银行贷款128.54亿元(县内银行89.45亿元,县外银行39.09亿元),债券融资67.8亿元(经开区、城投、国资公司等政府融资平台发行6支债券融资53.3亿元,农商行二级资本债4.5亿元,中期票据10亿元),国家专项基金5.44亿元,融资租赁4.98亿元,信托融资26.7亿元,股权融资3.84亿元,PPP项目到位资金17.9亿元。

【创新金融产品】 2016年,宁乡县为帮助县域生产经营正常、但是暂时资金周转困难的企业渡过转贷难关,创新设立湖南省第一支转贷应急周转资金,2016年8月19日到12月31日,转贷应急周转资金完成转贷业务33笔,转贷额度达到1.91亿元。10月16日湖南卫视新闻联播对此进行了专题报道。12月底,《湖南长沙宁乡县创新设立转贷应急周转资金解决企业融资难》理论文章被省政府办公厅关注,并上报国务院办公厅秘书一局信息处。创新发放27笔设备抵押贷款和3笔知识产权质押贷款,累计额度接近1.5亿元,拓宽企业的抵质押范围和融资渠道。设立宁乡高新财富新三板创业投资基金、宁乡高新区产业发展引导基金、宁乡经开区产业发展基金3支基金,累计规模45亿元。为企业争取中央、省、市三级补助资金2671万元,缓解部分企业的资金压力。

【完善基础服务】 2016年,宁乡县红宇新材、懋天钨业、利洁生物、赛诺生物4家上市挂牌企业通过资本市场募集资金3.84亿元,红宇新材、楚天科技公布11.78亿元的定向增发计划;族兴新材创业板上市材料被证监会正式受理;飞翼股份入围新三板首批创新层企业名录,筹备IPO上市工作;新增顺泰钨业和赛诺生物2家新三板挂牌企业。

【强化风险防控】 2016年,宁乡县严格落实省市文件和会议精神,组织公安、市监等部门对全县各类投融资公司进行地毯式清查,采用司法途径合理处置企业民间借贷纠纷,规范民间投融资市场经营秩序;按照网格化管理和包片原则,对全县3317家企业进行数据采集,全面摸排集资风险;稳妥处置5·26和9·5集访事件,全力维护县域金融安全和社会稳定。 (陈春美)

中国人民银行宁乡支行

【概况】 2016年,中国人民银行宁乡支行(以下称人行宁乡支行)在长沙中支党委的正确领导下,以"两学一做"活动为载体,按照上级行各项工作会议的要求,以"促党建、促规范、促履职"为目标,正确把握经济金融形势,明确支行工作方向和标准,找准着力点、增强前瞻性,持续提升基层央行的履职成效,有力支持宁乡县域经济金融的平稳发展。

【落实货币政策】 2016年,人行宁乡支行引导金融机构增加有效信贷投入。通过季度金融形势分析会、窗口指导、信贷政策评估、专题汇报等形式,积极有效贯彻稳健货币政策,促进金融机构增加有效信贷投入。截止2016年11月末,全县金融机构各项存款余额585.96亿元,年初增加82.54亿元,增长16.4%;剔除农业银行短期票据融资业务划转的影响,各项贷款余额409亿元,较上年同期增加35.21亿元,同比增长16.16%;全县金融机构存贷比69.8%,有效地支持县域经济的发展。落实地方法人机构存款准备金动态调整政策。对宁乡农商银行和沪农商村镇银行贷款规模和信贷投放节奏实施有效引导,并严格执行农商行、村镇银行信贷投放余额监测日报制度。从3月1日起下调农商银行和沪农商村镇银行存款准备金率0.5%,同时对两家地方法人实行降低1%的存款准备金激励约束措施。7月组织农商行和村镇银行学习存款准备金平均法考核办法的规定,细心做好业务指导。8

月配合长沙中支完成对辖内两家法人金融机构的首次审慎评估。运用政策工具积极支持三农产业发展。继续定向开展农副产品加工企业金融信贷服务，满足信贷政策支持再贷款“1+N”的要求，发放给宁乡沪农商村镇银行5000万元支农再贷款，重点解决农民从事种植业、养殖业以及农副产品加工业、储运和农村消费信贷等方面的合理资金需要，发挥信贷支农的金融服务良好效应，并以此引导辖区各金融机构积极配合县委县政府特色县域经济重点县建设的战略决策，强化金融的要素保障作用。全面推进金融精准扶贫工作。2016年根据《湖南省金融扶贫2016—2020年工作规划》，支行作为宁乡县金融扶贫工作牵头单位，积极配合县扶贫办组织辖内4家金融机构成立金融扶贫领导小组，建立金融扶贫工作机制，制定宁乡县金融扶贫服务站建设实施方案，落实责任。到11月末，实现全县31个省定贫困村金融服务站全覆盖，并完成2个千手爱心大屋金融服务站的建设工作，对贫困村建档立卡贫困户评级率达100%，基本实现贫困村建档立卡贫困户授信率85%，累计发放扶贫小额贷款413笔，贷款1672.4万元。

【深化金融创新】 2016年，人行宁乡支行创新抵质押方式和优化信贷流程。年初，根据中央经济会议精神，积极争取县政府召开政府金融经济会议，明确对工业实体经济提质增效的指导思想。6月，配合实力园区出台《宁乡县工业企业设备抵押贷款实施办法》，由财政补贴50%的利息，农商银行主承办宁乡实力园区工业企业贷款，以促进实力园区工业企业转型升级。截止11月末，宁乡工业企业设备抵押贷款余额达1.3亿元。配合县政府制定《宁乡县转贷应急周转资金管理办法》，财政拿出4000万元建立转贷基金用于工业企业贷款“过桥”，至11月末，转贷基金为20多家工业企业办理转贷1.6亿元，单笔节约贷款企业成本90%以上。深入推进农村金融产品和服务方式创新。根据各涉农金融机构结合自身业务发展状况和宁乡新型农业组织和农村经济发展的实际，重点落实农村金融产品创新，包括“农村房屋抵押贷款”“家庭农场贷款”“林权抵押贷款”等多个贷款品种创新。至11月末，涉农贷款余额57.04亿元、累计投放贷款金额达155.87亿元的规模，受益涉农企业300多家、受益农户达25.2万户，全县集体土地上房屋抵押贷款累放额达13.26亿元，较上年增长2.5%，较好地支持了农村现代经济模式的发展。积极支持金融机构开展新业务。2016年积极支持宁乡农商行进入同业拆借市场开展拆借业务。宁乡农商银行通过进入同业拆借市场，提高其经营效益，提升了资金效率。12月该行又提出开办常备借贷便利业务的申请，首笔业务是7日期限借款2亿元。

【强化金融管理】 2016年，人行宁乡支行加强金融安全区建设。按照省级金融安全区的目标和要求，继续做好省级金融生态环境示范县的巩固和提高工作。广泛培养全社会的诚信意识，不断巩固金融创安成果，确保创建“信用乡镇”“信用村(社区)”活动取得实效。协助县政府办、县金融证券办等政府部门制定2016年创建信用乡镇、村(社区)任务指标和考核验收标准及其实施办法，11月初，与县金融证券办共同开展了年终检查验收工作，对全县26个乡镇及所属119个村(社区)申报创建的信用村(社区)进行现场考核验收，考核验收评定工作的开展将有力推动全县“信用乡镇”“信用村(社区)”活动的深入开展，并促使各乡镇党委政府的高度重视，积极认真扎实地开展创建活动，强化领导，注重创建内容的落实，取得实效，形成正面效应。一是加强金融风险监测分析。对辖区经济发展、结构调整和转型升级等方面的跟踪分析，关注实体经济存在的风险隐患，加强银行业机构资产质量变化趋势监测，密切关注保险资金运用风险和保险从业人员代销第三方理财产品产生的风险，及时上报辖区高风险保险机构风险情况和保险业风险事件。5月20日至5月25日，成立检查组对民生银行宁乡支行315万不良资产逐笔进行核查，并对该行509万重组贷款进行重新认定。确定10家企业为民间融资监测企业，对所有收集数据认真分析归纳并上报长沙中支，完成民间融资监测任务。二是加强反洗钱管理。继续推行以“风险为本”的监管理念，年初对辖内17家金融机构进行风险动态评估，进一步巩固评估效果。加强反洗钱宣传和培训。年内组织以反洗法颁布十周年宣传活动，组织辖区内金融机构视频培训会议，不断夯实反洗钱工作基础。三是加强支付结算服务。做好账户行政许可，严格账户行政许可和执法，不断规范账户管理工作。全年，共办理账户开立、变更、撤销等许可2409户，未发现一户利用假证或资料不全办理开销户情况，账户许可工作进一步规范。组织开展个人银行结算账户风险排查工作，进一步推进存款账户实名制的落实。推进农村支付环境建设，上线运行农村综合服务平台，并及时督促辖内助农取款布点机构加入系统平台。辖内4家机构农行、建行、邮政储蓄银行和农商行加入平台，新设助农服务网点636个，总交易2817笔，金额187.09万元。四是扎实推进人总行防范电信网络诈骗新政落地。及时组织辖区新政部署会议和视频会议，做好新政落地前期准备工作。同时及时跟进，做好现场督办工作。四是加强人民币管理服务。建立小面额人民币供应长效机制。要求辖内金融机构合理调配小面额人民币,公开承诺无条件兑换小面额人民币,并在政府网站公开主办银行和主办网点,促进辖内流通人民币券别结构的合理化。强化残损人民币兑换工作,要求辖内每个银行网点都必须承诺无条件为广大群众兑换残损币,并公开了投诉电话。圆满完成2016年贺岁普通纪念币与孙中山纪念币的公开发行工作。认真开展反假培训及考试。5月组织辖内金融机构临柜人员共180余人开展反假培训,6月15日组织143人进行了反假考试,9月、10月开展反假币、反宣币宣传工作。通过要求县农商银行假币监测点及时上报假币监测信息,要求辖内金融机构及时向人民银行和公安机构上报新版人民币假币信息,及时向金融机构反馈一定时段内辖内流通中假币主要特征,包括制作方式、主要冠字号码、面额等方式,认真做好辖内假币信息监测工作。加强各项金融执法检查力度。8月10日至20日,对宁乡农商银行、宁乡沪农商村镇银行、光大银行宁乡县支行、中国银行宁乡支行等4家机构的征信管理开展现场专项检查。9月1日至11月18日,组织对华融湘江银行宁乡县支行、宁乡沪农商村镇银行、长沙银行宁乡支行等3家银行开展涉及个人银行账户、税收入库、反洗钱、存款准备金、征信、金融统计业务、金融消费权益保护、人民币流通及反假币等八个方面的综合执法检查。严格执行检查程序,遵守检查纪律,对相关银行提出处罚意见和建议,督促其认真整改落实,进一步促进被查检银行相关基础工作和自律意识的增强。

【改进服务手段】 2016年,人行宁乡支行加大金融消费维权力度。利用消费者权益保护宣传日、9月金融知识普及月等活动,大力开展金融知识宣传,进一步提高金融消费权益保护知识的普及度,有效提高金融消费者的风险防范、维权意识。全年,金融消费者权益保护中心收到4起投诉举报,通过“事前沟通、事中协调、事后回访”三步走的方式进行妥善处理,切实保障金融消费者的权益,金融消费者权益保护工作得到稳步推进。一是优化国库服务。推进税制改革政策落地。协同财政税务,按时完成营改增和增值税中央与地方75∶25分成调整为50∶50分成等税制重大政策改革。做好便民服务。国库、财政、税务协同一致,不断优化预算收入的收纳、支出、退付等业务的办理流程、办理手续,坚持从简、高效办理原则。纳税人申报纳税可多种方式实现当天入库,支出实时到账,退付周内办结,服务效率大为提高。优化业务系统。进一步优化国库核心系统和辅助系统,国库核算明细数据和报表实现与财税的共享,国库监管数据实现全国集中,国库服务效率和质量不断提高。深入推进代理业务发展。会同财政部门重新制定下发“代理业务考核办法”,重新签订委托代理协议和资金清算协议,扩大代理平台机构,将宁乡沪农商村镇银行纳入代理银行平台,不断推进代理业务健康发展。二是强化征信服务。规范征信查询服务。为适应全县经济发展及群众信用意识增强而出现信用信息查询业务激增等特点,强化内控制度管理,规范的操作流程,明确专人管理,落实岗位职责。针对营业场地小、人流量大的特点,配设自动查询机一台,极好分流个人信用信息的查询。至11月末,共查询企业信用信息657户、个人信用信息查询报告14.26万份,发放企业机构信用代码证900户,做到了不错不乱,确保了征信业务质量。开展征信宣传,提高社会信用意识。组织辖内金融机构做好了征信知识宣传“进机关、进社区、进乡村、进企业、进校园”“信用记录关爱日”和“9月金融知识宣传月”等金融宣传,组织辖内各银行从业人员添加关注“三湘征信”,并广泛引导社会公众关注,加大宣传培训,普及征信知识,提升信用意识。（办公室）

中国工商银行股份有限公司宁乡支行

【概况】 2016年,中国工商银行股份有限公司宁乡支行(以下简称工行宁乡支行)辖属机构有:综合办公室、公司业务部、个人金融业务部、小企业金融服务中心、个人贷款中心、机构业务部、信用卡中心等7个内设机构和营业室、水晶城支行、城西支行、玉潭支行、金玉支行等5个营业网点。

【综合业务】 2016年12月末,工行宁乡支行各项存款余额达27.97亿元,比年初增长5.29亿元。其中储蓄存款余额达17.72亿元,比年初增长2.24亿元,对公存款余额达10.26亿元,比年初增长3.04亿元。各项贷款余额44.40亿元,比年初净增11.41亿元。其中:公司和小企业贷款余额18.38亿元,较年初增长8.9亿元,个人贷款余额26.03亿元,较年初增长2.51亿元。12月末不良贷款4152万元,其中公司2684万元、个贷不良余额1467万元。个人不良贷款由最高时期的近2200万元,成功压降733万元。12月末实现中间业务收入近4800万元(含返还),完成营业部下达全年经营计划目标任务3600万的133.3%。12月末实现营业收入1.33亿元,拨备后利润9518万元,完成全年任务9481万的100.39%;实现净利润7344万元,完成全年任务6420的114.39%,全额完成营业部下达经营计划目标任务。12月末完成营业、增值税及附加

1436万元。缴纳企业所得税2174.21万。

【主要经营措施】 2016年，工行宁乡支行一是抓重大项目，促业务发展。组成由行长担任组长的重大项目营销分队，制定宁乡支行《2016年上半年重点经营项目推进责任表》，同时明确13名重大项目责任人、责任领导，并对其相关责任人提出要求。各营业网点重点跟进拆迁项目，进行专项营销，通过深入市场，挖掘客户，取得较好的效果。把握宁乡强劲发展契机，做大支行个公司资产业务。宁乡连续在百强县中排名不断进位，政府投资不断增大，经开区、金洲新区（高新区）更是一片热土。及时抓住机遇，积极与经开区对接，在各行的激烈竞争中，在上级行的支持下，以较快的速度、优质的服务，建立与高开区、经开区的合作关系，为拓展高开区、经开区业务打下良好的基础，2016年实现政府购买项目贷款4亿，营销经开区海外融资10亿和即将落地的高新区标准厂房建设项目1.7亿，2016年成功发放沩东新城开发建设有限公司1.7亿，炭河里古城旅游建设开发公司4.6亿成功审批，本年度发放2亿元，余下于2017年1月发放完毕，发放宁乡城市建设投资集团公司贷款2亿元，全年实现投放13.4亿，全年净增8.78亿。在小企业贷款项目上，全年新增9120万，净增6200万。其亮点为成功办理高新区麓谷置业厂房按揭400万和即将落地的长沙集能达硬质合金有限公司和湖南梦云棉制品有限公司等厂房按揭项目。二是重点发展个人金融资产业务、信用卡分期及车分期业务，以私银客户为突破口，全力发展大个金业务。在宁乡个人业务市场，卡分期和按揭业务已建立较好的口碑和相应的市场地位，至12月末，信用卡分期发放8000万元，为支行中间业务完成任务打好基础，同时分期违约控制在营业部最好水平；全行私银客户新增27户，总资产为1.1亿。三是加大个人住房按揭贷款营销。“五加二，白加黑”成为工作常态，“以客户为中心”是工商银行坚持的服务理念，采用邀约客户或上门面签的方式，贴近客户，晚上，各位客户经理整理资料，撰写报告，输录流程。四是积极营销机构客户。在县域的服务上，政府和各职能部门对工行非常认可，除积极维护现有机构客户外，及时抓住机会，开展对财政等机构客户进行营销和挖潜，12月末财政性存款持续趋紧的情况下工行宁乡支行机构存款处于正增长状态，较年初增长1.75亿多元，同时新营销了宁乡征地拆迁事务所和宁乡征地拆迁办，宁乡电力局新建公司等多户机构客户。五是出台新的绩效考核机制，发挥每个员工的主观能动性。支行根据上级行要求，结合支行制定的高目标，落实到网点部室、分解到个人，让每个人明白近期目标，奋斗目标。考核事关全行员工收入分配的大事，支行在出台正式绩效考核办法前，班子成员多次召开办公会，认真领会上级行的政策，支行班子成员充分讨论酝酿形成草案，根据讨论的意见作进一步完善，形成正式文件，让每位员工充分理解上级行和支行的考核办法和目的，更有利于工作的推动。同时对支行新的计价办法进行精细管理，让员工营销成果可以较好地公平体现，更有利于员工积极性的发挥，更好地激发员工工作热情、积极性和主动性。六是加强支行企业文化建设，重视和完善管理。营造企业文化氛围，积极开展业务知识抢答和健身相结合的趣味性活动，指导团支部组织全行青年员工开展“奔跑吧，青春”等活动，青年工作有很大的起色。积极带头参加支行工会活动，引导全行员工增进交流，锻炼身体，对员工及其家庭的生老病死，都会上门慰问安抚，鼓励员工树立信心，战胜困难，为他们送去组织和集体的温暖。七是廉洁从业，强化案防履职，确保支行安全。“一岗二责”，既抓业务发展，又抓案防履职，一直是支行工作部署的总体要求。支行召开“三严三实”专题民主生活会，支行班子成员之间实实在在进行批评与自我批评。其次，配合营业部开展员工异常行为全面排查。重点排查全行员工是否违规参与民间集资、经商办企业和违规与客户发生资金往来，按照不低于上级行规定的频率主持召开案防暨员工思想行为动态分析会。组织全行员工认真学习工总行《员工违规行为处理规定（2016年）版》，通过该规定的学习，让员工知道什么可为，什么不可为，增强员工自我约束意识和自我保护意识。

【工作亮点】 2016年，工行宁乡支行一是立足宁乡，放眼湘江新区，努力营销上市公司及优质园区企业。“立足宁乡，放眼新区”是资产业务发展战略，不卑不亢、持之以恒营销上市公司及园区优质企业是工行宁乡支行资产业务工作措施。二是树立“领导是第一生产力”的工作理念。这个分三层意思，其一是客户层面，加强与客户高层（能决策的人员）直接对接，如县委书记、县长、董事长、董秘、财务老总等；其二是上级行层面，省、市行主要领导及相关部门老总；其三是支行层面，支行行长及营销团队主要负责人。高层会晤、对接，基层行行长直接营销，大大提高营销效率及业务合作的成功率，所以说“领导是第一生产力”。三是强化“抓大不放小”的工作思路。在强力推进公司贷款营销的同时，狠抓个人贷款的发放。由于个人贷款存量较大，2016年个人贷款客户数为1.18万户，余额为26.03万元，累放额达8.76亿元，不良额1467万元，不良率0.6%，低于营业部平均水平。个贷余额多年在全省一级支行中名列前茅。（办公室）

中国农业银行股份有限公司宁乡支行

【概况】 2016年,中国农业银行股份有限公司宁乡支行(下称农行宁乡支行)内设5个部室:综合管理部、风险管理部、运营财会部、公司业务部、个人金融部,下辖16个营业网点,5个离行式自助银行。年末在职员工214人。至2016年末,各项存款74.66亿元,比年初净增7.37亿元,其中储蓄存款56.89亿元,比年初净增5.43亿元,对公存款17.77亿元,比年初净增1.95亿元,贷款余额63.37亿元,比年初下降59亿元。存贷总规模、储蓄存款、贷款总额、利润总额,居全省前列,纳税额位居全县50强。全年无刑事治安经济案件,无重大事故,被长沙市政府评为"内保先进单位"。

【业务发展快速推进】 2016年,农行宁乡支行个人金融业务快速发展。储蓄存款业务成为全省品牌,个人贷款保持较高增长速度,电子银行业务、个人理财业务快速发展。对公业务创新发展。对公存款平衡增长,对公贷款大幅下降,原因是票据贴现收回,实体贷款实际增长7亿元,实体贷款在新常态下保持平稳增长。

【创新服务三大建设】 2016年,农行宁乡支行始终坚持服务县域经济发展、服务三农作为农行使命的发展战略,以向客户提供优质服务为宗旨,提供多样性产品,推行服务多元化,提升金融服务水平。增加华都郦景、灰汤华天两个离行式自助银行。调整贷款投向,为"三大建设"提供多样性的融资服务,为水利投、流沙河城镇建设、园区企业发放贷款4.7亿元;小微企业贷款平衡增长;发放农村生产经营、新型农业主体保险保证贷款、种养业大户、林业大户贷款1亿元;发放个体商户、个人按揭、消费贷款净增1.3亿元;积极拓展开展三农业务,先后开展社保一卡通、民生代理、惠农通惠农业务,2015年至2016年累计发行社保一卡通27万张。惠农服务点业务量大幅增长,覆盖面100%,现代服务手段提升,降低柜员工作压力,顾客排队长的现象得到根本改观。

【队伍建设有效加强】 2016年,农行宁乡支行开展"两学一做"教育活动,企业文化教育,组织高频次专业技术培训,继续开展青年员工"每周一训",对中年员工开展续航力培训,提升员工思想业务素质。重视人文关怀,各网点全部进行升级改造,工作生活条件得到根本改观,全行队伍稳定,形成了积极向上良好氛围。

【考核机制进一步完善】 2016年,农行宁乡支行强力推行综合绩效考核,季度劳动竞赛,把绩效考核作为考核员工的主要方式,制定统一考核模板,定期绩效沟通,按季考核,基本做到按业绩论英雄,进一步加强团队营销意识,激发了员工工作积极性。

(办公室)

中国建设银行股份有限公司宁乡支行

【概况】 2016年,中国建设银行股份有限公司宁乡支行(以下简称建行宁乡支行)在职员工47人,下设3个网点,一般性存款余额28.47亿元,比年初增长4.29亿元。其中公司类存款13.29亿元,比年初增长2.91亿元,个人储蓄存款15.17亿元,比年初增长1.38亿元。全行各项信贷余额34.62亿元,比年初增长3.87亿元,其中公司类贷款16.38亿元,比年初增长2.22亿元,个人贷款18.23亿元,比年初增长1.64亿元,不良贷款1303万元,贷款不良率为0.38%。实现中间业务收入1606万元,利润1.1亿元,人均创利约234万元,实现45年安全营运无事故。

【建行负债业务】 2016年,建行宁乡支行牢固树立存款立行的思想,积极面对同业竞争,加快推进负债业务健康快速发展。认真做好客户维护,实现个人存款稳步增长。一是认真做好客户维护,挖潜潜力客户。建行宁乡支行严格按照上级行和支行领导的要求,将系统中的个人客户全部分配,将支行一把手、对公业务主管行长、对公条线人员和营运条线人员全部纳入到客户维护工作中,并将客户维护工作纳入绩效考核,做到全员维护、全员营销。两节期间,各网点增设窗口,延长服务时间,尽最大力量保证客户需求,确保存量客户不流失。通过重点走访VIP和潜力客户,与客户建立良好的感情联络。二是拓展新客户,确保存款源头。积极营销新开户,注重个人存款的发展,带来一定的常态增长。三是公私联动,条线协同,拓展代发业务。县域项目拆迁,公私联动,贷款到位的同时,拆迁代发的实施方案就同时启动执行,领导带头进行高层营销,确保代发主办,网点及时跟进,做到每一笔拆迁补偿款都留在建行。同时利用公私联动,积极拓展代发客户和优质信用卡客户,并做好高端卡、公务卡及信用卡分期业务的营销工作。四是通过产品的营销带动存款的增长。全年实现分期业务6000多万元,结算通卡新增1.37万张,金融IC卡9.93万张,社保卡累计有效发放6.37万张(含2015年发卡),个人短信客户新增2.03万户,手机银行客户新增1.69万户,微信银行客户新增8136户,落实宁乡县人民医院移动金融项目,微信支付等已投入使用。公司存款较快速度增长。一是加大对财政、社保、房屋维修资金、农民工工资账户的营销。二是加强政府融资平台的战略合作,以项目为抓手,做深做透做大做强市场份额及占比。三是以产品为抓手,充分发挥建行宁乡支行自身优势,营销和拓展优质客户。

【建行信贷业务】 2016 年,建行宁乡支行在全行存款稳步增长的同时,积极向上级行争取规模,信贷余额比年初增长 3.87 亿,存贷比达到 124.33%。根据宁乡县域经济的特色,与当地政府和园区进行有力对接。一是加快重点项目贷款的推进。对宁乡经建投公司新增政府购买服务贷款 9 亿元,总授信达 22.79 亿元,向长沙格湘家电产业园投资有限公司发放贷款 2 亿元,宁乡经济技术开发区建设投资有限公司发放贷款 4 亿元,加加酱油食品股份有限公司授信 4.4 亿元。二是同时加强园区企业信贷合作,中小企业业务得到稳步发展。2016 年末中小企业贷款客户 21 户,比年初新增 7 户,主要支持的中小企业包括加加集团、长沙锦峰、长沙桑铼特等。对优质招商引资项目企业、税收良好、科技含量高的园区优质小企业客户,建行宁乡支行加大营销力度。三是加大个人贷款投放力度,实现个贷业务稳步发展。以住房按揭贷款为依托,努力营销优质楼盘,积极营销二手房交易贷款,有力支持百姓实现安居梦。2016 年,累计发放个人贷款 4.28 亿元,个贷余额 18.23 亿元,比年初新增 1.64 亿元。其中,二手房贷款余额 2.96 亿元,比年初新增 1.3 亿元。四是强化资产质量管理,保持较好的资产水平。进一步完善资产质量和信贷基础管理考核指标,确保贷前申报材料真实、合规和完整,贷中严格条件落实、杜绝风险隐患,贷后管理狠抓关键环节、强化客户贷后方案化管理和差别化管理。新发放公司类贷款继续实现"零不良"。同时加强了对个贷的管理,加大对逾期及非应计贷款的催收力度。

【建行内控管理】 2016 年,建行宁乡支行加强内控管理,坚持合规经营。充分利用晨会、周会机会进行相关会计制度、文件的学习,要求全行员工总结反思各自在日常工作中是否存在有违规行为,形成从我做起,人人按章操作的氛围。定期召开员工大会,组织员工进行党廉、双基、案防知识和《中国建设银行员工违规处理办法》的全面学习。抓好关键性岗位轮换,开展案件风险排查、民间融资风险排查、员工思想行为排查和员工违规违纪行为排查等一系列的专项整治活动,强化了员工的合规意识,促进了各项业务的发展,巩固了连续 45 年实现安全运营的良好局面。

【建行优质服务】 2016 年,建行宁乡支行响应政府号召,自觉接受市民、行风监管员的行风评议。牢固树立"以客户为中心"的服务理念,强调用心服务,突出柜面和大堂,下大功夫对窗口服务进行了优化调整、检查督促和培训提高,争创优质服务文明窗口。一是严格网点环境管理、服务规范、服务标准、服务设施摆放的规范性、统一性,规范业务标准服务用语、服务流程和产品销售行为。二是通过专题培训、座谈讨论、集中学习、不定期业务操作测试和员工自学等多种形式的培训,着力提高员工的综合素质和岗位执行力。三是通过现场服务质量检查、神秘人检查和调看录像等多种方式,促进了网点服务质量和服务水平的提升。四是继续加大电子银行的推广力度,加强对网上银行、手机银行、电话银行,短信转账等电子产品的宣传推广,通过科技手段来分流柜面客户。在全县各乡镇设立助农取款点,延伸服务半径,拓宽涉农服务,最大限度的满足农村客户的服务需求。五是积极参加全县社保卡的发放。走进单位、园区、小区和乡镇等,免费为客户办理社保卡,让广大人民群众切实感受建行细致用心的服务。

【建行团队建设】 2016 年,建行宁乡支行在队伍建设上,以改进工作作风、加强廉政建设为切入点,突出"实干兴行"理念。一是抓好班子建设。建行宁乡支行按照政治素质好、经营业绩好、作风形象好、团结协作好的"四好"班子标准,致力打造坚强领导集体。班子成员以身作则,率先垂范,廉洁自律,严格规范宁乡支行经费管理、公务接待、业务用车制度,严格落实干部选拔任用相关规章制度,带动全行员工积极工作,勇于奉献。二是抓好党员队伍建设,充分发挥基层党组织作用。全面落实"全面从严治党、从严治行"的要求,积极开展"两学一做"学习教育活动。全面落实上级行党委的要求和思路,转变发展方式,调整业务结构,改进客户服务,强化风险管控,深化内部改革,全面提升经营管理水平,提高市场竞争力。充分发挥了基层党组织在推动业务发展、服务群众、凝聚人心、促进和谐等方面的积极作用。三是抓好员工队伍建设,通过加强员工业务培训和职业道德教育,努力提高员工队伍业务素质,提高员工爱岗敬业意识、提高全行整体服务水平,依靠过硬的业务素质及优质高效的服务留住客户、拓展市场,打造建行良好的服务品牌。四是关心关爱员工,共建和谐团队。结合支行实际,建立和完善了员工慰问、祝贺标准,推行员工贴心关爱"六必访""六必贺";建好"职工之家",聘请专业人士来行举办身体和心理健康知识专题讲座,定期组织员工进行体检,开展形式多样的工会活动,促进员工身心健康。

（办公室）

中国农业发展银行宁乡县支行

【概况】 2016年,中国农业发展银行宁乡县支行(以下称农发行宁乡县支行)内设机构为办公室、客户业务部、财务会计部。年末在册正式员工19人,聘用员工4人。全年,在宁乡县委和营业部党委的正确领导下,把握总体发展战略,深入推进"贷后管理年""两学一做"专题教育和存款"百日竞赛"等活动,完成了全年各项工作任务。

【业务发展情况】 2016年,农发行宁乡县支行各项存款余额8.51亿元,较年初增加4.46亿元;各项贷款余额21.11亿元,较年初增长2.98亿元;全年累计发放贷款8.46亿元,收回贷款5.48亿元;各项贷款应收利息1.06亿元,实收利息1.01亿元,全年实现中间业务收入72.51万元;实现利润3957万元;不良贷款继续保持零余额。

【抓好传统主业】 2016年,农发行宁乡县支行紧跟国家粮棉油农产品收储政策,做到早启动、早调查、早申请,及时足额保证粮食收储资金供应。2016年,支行累计发放粮食类贷款2.09亿元。

【开办新业务】 2016年,农发行宁乡县支行支行抢抓开办基金业务这一机遇,加强与当地政府对接,加快基金项目的准入、推进和投放工作。截止12月末,累计获批并投放基金项目6个,合计3.69亿元。

【客户维护】 2016年,农发行宁乡县支行将卫红米业纳入重点客户管理,制定重点客户维护方案,通过重点帮扶和跟踪监测管理,帮助企业尽快走出困境。8月,对卫红米业采取无还本续贷方式发放贷款1750万元,有效缓解公司转贷续贷环节的资金压力。致使该公司生产经营恢复基本正常,企业能按月付息,账户管理走上规范有序的轨道。

【学习教育】 2016年,农发行宁乡县支行支部组织党员开展党章党规、习近平总书记系列重要讲话精神的再学习,以及刘云山等领导同志关于"两学一做"的讲话精神和十八届三中、四中、五中、六中全会精神;要求全体党员全篇一字不漏抄写党章,逐条学习《农发行员工违规违纪处理办法》,撰写个人心得体会;通过书面测试,组织参加"两学一做"知识竞赛等活动,将各项学习教育内容融入到"三会一课"中。

(办公室)

中国银行股份有限公司宁乡县支行

【概况】 2016年,中国银行股份有限公司宁乡县支行(以下简称中行宁乡县支行)有82名员工,下设综合管理部、公司金融部和个人金融部,在宁乡城区设有5家经营性网点(含营业部),有离行式自助银行和自助设备共9处,形成覆盖宁乡县城区主要区域,对接和辐射国家级宁乡经济技术开发区和金洲新区的布局。2016年中行宁乡县支行推行"扩规模,调结构,带队伍,重合规,防风险"的整体工作思路,年末中行宁乡县支行人民币各项存款余额32.8亿元(不含表外理财),较年初增长3.96亿元。其中,人民币公司存款余额16.59亿元,较年初增长1.23亿元,人民币储蓄存款余额15.56亿元,较年初增长2.41亿元。人民币各项贷款余额26.51亿元,较年初负增长2.16亿元。实现业务净收入9106万元,计划完成率82.58%。其中,净利息收入1.12亿元,计划完成率81.24%,中间业务收入2107万元,计划完成率75.92%。实现拨备前利润8177万元,计划完成率83.24%;实现税后净利润1294万元,计划完成率20.54%。

【负债业务】 2016年,中行宁乡县支行一是紧盯行政事业单位,提升存款份额。在市场经济不景气的情况下,结合工作要求,紧密对接县财政局、县城建投、县资源中心、县公路局、县房产局等行政事业单位,加大营销频率,将其存款作为拓展存款的重点。行政事业单位存款已达到7.2亿元的规模。二是紧盯中高端客户,挖掘潜力客户。针对加加食品、杉杉新能源等存款大户,加强客户研究和营销,以优质服务挖掘存款潜力。三是紧盯代发薪业务,稳定客户基础。紧盯重点单位工资代发和重点项目拆迁资金、棚改资金,对学校、医院、政府等行政事业单位、重点企业、项目工程公司等客户进行梳理,由网点负责人牵头营销挖掘。四是紧盯结算产品,拓展客户渠道。一方面,继续依托当前社保卡和园区卡等重大机遇,丰富产品结构,做好推广运用,落实交叉销售,补好短腿业务,努力提高产品覆盖率。另一方面,做好智能化渠道建设。除东沩支行外,所有网点已全部完成智能化升级改造。同时,利用社保卡发卡的契机,在发卡的农村地区广泛铺设"惠富通",提升了客户体验。。

【资产业务】 2016年,中行宁乡县支行一是紧跟政策导向。紧跟国家战略决策步伐,抢抓机遇,以政府购买、PPP项目、园区大型企业的项目贷款为授信业务的突破口,力促资产业务的健康发展。其次,以园区龙头企业为目标,由一把手牵头,成立专项营销小组,积极营销的大公司客户,对杉杉新能源、格力集团、银太集团、皇氏乳业等开展高层营销，二是紧盯个人贷款业务。个人贷款方面重点储备个人住房按揭贷款，对楼盘项目库进行梳理，贴近市场，及时调整，确保市场竞争力。加强个人代发项目库的梳理，持续营销，增强公司客户粘性。抓好收益高的分期业务发展，解决中长期收入增长问题。加强个人经营贷款客户的选择，重点支持有发展前景的优质个人经营贷款客户，优化个人客户结构。

【风险管理】 2016年，中行宁乡县支行一是建立考核制度，完善风控体系。一方面，严格执行问责制度。支行利用财务、稽核检查、视频查看等工具，对存在问题的业务、行为进行整改和问责，落实到责任人，并明确相关的管理责任。另一方面，网点风控得到落实。根据员工守则、员工违规处理办法、风控50条，支行进行现场和非现场检查，每季度考核差错情况，把奖励及惩罚落实到个人。二是做好贷后管理，预防信用风险。三是提升合规意识，控制操作风险。针对内控管理工作不到位、排名持续靠后的问题，积极开展合规操作培训，培育合规文化，深入扎实开展业务技能训练，不断提高一线柜员的工作效率和服务质量。四是管好信用风险，全力化解不良。严控准入门槛。面对风险高发的经济环境，支行深入了解客户的实际需求，加强贷前调查，严防虚假融资、恶意违约的风险事件。加强贷后管理。严格按照授信业务贷后管理的相关规定，逐户落实，及时发现客户潜在风险，并进行有效化解。四是管好声誉风险，维护品牌形象。加强舆情监测、突发事件的应急处理和产品代销管理，加强员工职业道德教育，全年无风险事件发生，员工的合规意识显著加强。

【企业文化】 2016年，中行宁乡县支行一是加强民主管理，增强员工凝聚力。继续推进以职代会为基本形式的民主管理工作，加强职代会的规范化、制度化建设，征集职工意见和建议。激发广大职工的主人翁责任感，在全行上下营造了一种互相关心、积极向上的良好氛围。二是深化服务管理，提升服务水平。综管部定期组织人员对网点进行文优服务检查，调阅监控录像，发现问题迅速整改。在县政风行风评议、省行服务督导组的现场考核验收和非现场监控考核中均获得较高评价。三是加强人文关怀，做好送温暖工作。四是加强人才队伍建设，促进员工职业发展。制定《宁乡支行综合柜员晋升管理实施细则》，人尽其才，各尽其能，在内部营造公平、公正、公开的氛围，达到优良的工作绩效。

【中行党建工作】 2016年，中行宁乡县支行全面推进党建工作的开展。一是建立健全支行党总支。经省分行党委批准，支行党支部已升格为党总支部，选举新一届党总支委员会委员；新建立了5个基层党支部，每个党支部都选举出各自的党支部委员。二是明确责任，加强作风建设。党总支部书记向省分行签订和递交2016年度《党风廉政建设责任书》，与支部班子成员签订2016年度《党风廉政建设责任书》，三是坚持学习，加强思想建设。为提高党支部和领导班子的政治理论素养和科学领导能力，贯彻党中心组学习要求，组织召开"三严三实"专题民主生活会，深入开展"两学一做"，推动全面从严治党学习教育活动。举行"两学一做"知识竞答赛，发动党员认真开展"手抄党章100天"活动，建立"两学一做"学习教育党员微信群，建立并执行每月两次的总支委员会会议制度。支行党总支从抓党建，推进队伍的思想建设、组织建设、作风建设，进一步提高党员干部整体素质。 （办公室）

长沙银行宁乡支行

【概况】 2016年，长沙银行股份有限公司宁乡支行（以下简称长沙银行宁乡支行）在上级行的正确指导和县委县政府的悉心关怀下，以"创新发展"为主题，深入贯彻"以创新驱动转型，以创新驱动发展"的工作思路，在业务发展、网点建设、内部管理等方面都取得可喜的成绩，风险内控不断完善，管理水平持续提升，业务发展再创新高，全面完成了各项工作目标和任务。截止12月末，长沙银行宁乡支行在职员工78人，下设3个网点——宁乡支行、宁乡金洲科技支行、玉潭支行，7家社区支行，5家自助银行。截止2016年12月31日，长沙银行宁乡支行各项存款余额52.61亿元，其中个人储蓄存款12.54亿元，公司类存款40.07亿元。各项贷款余额53.69亿元，其中表内贷款35.61亿元，表外贷款18.08亿元。连续十年被宁乡县人民政府评为金融工作先进单位，被总行授予"先进支行"荣誉称号。

【服务地方贡献突出】 2016年，长沙银行宁乡支行全面贯彻"战略转型"的工作主题，加快发展，推动各项业务逆势上扬，在支持宁乡建设、信贷投放方面，取得不错的成绩。一是服务地方政务，勇做先锋。截至2016年底，表内外授信总额为52.61亿元，其中政务授信业务合计为38.93亿元，占整个信贷规模的74%。主要投向为县廉租房项目建设、园区基础设施建设、水利设施建设等。2016年全年新增政务类贷款超额完成了县政府及金融证券办的考核指标，同时强力支持县基础设施和民生项目的建设，有效加快县城镇化发展的步伐。二是支持中小企业，勇做主力。至年底，中小微企业贷款余额占表内贷款（含贴现）的18%，远超县域银行同业。通过向中小企业推广税E融、产业基金、融意通卡等特色产品，使长沙银行宁乡支行与宁乡县各大支柱产业实现了全面深度对接。逐步在高新区、经开区等工业园区和县域各大市场、商圈形成了良好的合作共赢关系。三是保障民本民生，勇做后卫。有计划、有目标、分阶段地推出了“油多多、米多多”“奔跑吧大奖”“亲爱的，带上我”等一系列存款惠民活动，让许多储户享受到快乐和实惠。在社保方面，从2005年开始独家代理县医疗保险银行卡的发行工作，共计发放约15万张医保卡并做好配套服务。2016年更是挑起重担，发放社保卡约10万张。十二年，长沙银行宁乡支行投入大量的人力、财力、物力，尽心尽力的配合宁乡县医保、社保民生工作，诚心诚意地为县域居民提供最贴心、最周到的服务。

【网点转型加速发展】 2016年，长沙银行宁乡支行紧跟总行“三年翻一番，十年过万亿，领跑中西部，挺进十二强”的战略目标，积极部署，上下联动，通过网点转型进一步实现加速发展。一是成功打造五星标杆网点。聘请专业机构讲师引进柜面服务和客户经理服务标准化流程，对全行员工进行服务礼仪和语言的强化培训，配合后续监督考核工作，大力提升对外形象和服务质量。2016年成功打造出1家五星级标杆网点和1家四星级网点。同时开展“中层干部大堂服务体验调研”活动，组织中层干部每月在各网点值大堂经理一天，增进与客户的沟通交流，深入对一线服务工作的了解体会，切实解决服务工作中存在的突出问题和困难，客户服务体验获得较大提升。二是重点提升业务水平。延续上年的“业务大提升”活动，每周进行技能练兵和理论测试，长期坚持不懈的培训和学习，使一线员工的专业知识、技能水平、业务速度都获得很大的提高。三是优化网点布局，大力建设社区支行。始终坚持服务政务、服务市民和服务中小的核心理念，大力开展社区支行、自助银行的建设。2016年新建4家社区支行，即白马桥社区支行、灰汤社区支行、历经铺社区支行、金海社区支行，在网点分布上进一步方便县域以及乡镇广大居民，为宁乡人民打造了贴心安全的“家门口的银行”。

【严控风控夯实基础】 2016年，长沙银行宁乡支行大力加强内部管理，在业务发展的基础上，严格控制风险，努力提高资产质量，进一步夯实发展基础。一是规范信贷管理工作。制定信贷管理一系列制度，实时督促客户经理合规进行贷前调研、资料审核、完善封包、贷后管理等系列工作，并进行按时检查。同时严格贷款流程，将贷款资料的完整性、规范性，贷款办理的时效性、合规性纳入考核。二是创新风险管理手段。建立风险贷款名单制，创新非现场监管手段，积极开展担保公司担保授信业务、银票业务等专项风险排查，同时加强业务连续性管理，配合完成自助银行和收单业务连续性演练。三是加大不良贷款的预防、处置和清收力度。以“控新压旧”为中心，通过上下联动、一户一策，实行不良贷款清收责任机制、对口联系机制、动态名单制管理和诫勉谈话机制。

【安全保卫可圈可点】 2016年，长沙银行宁乡支行一是规范安保基础管理。设保卫专干一名，专门负责安保工作，规范各类台帐的建立并及时登记。每年组织全行员工进行防抢、消防实地演练并定期学习相关文件，让每位员工认识风险，了解风险，自觉防范风险，全年实现安全无事故。在县公安局进行的金融机构年度安全评估检查中，长沙银行宁乡支行安保工作位居全县前列，受到各级领导的肯定。二是落实问责制度。严格按照相关部门要求，年初组织全行员工签订安全生产责任状、消防安全责任书，要求柜员做到“三提示一护送”工作，提高员工安全防范意识，定期对员工进行风险警示教育。三是检查督导到位。对全行消防器材进行全面更换，进行了消防、防暴演习，并每季定期开展了重要岗位及重点要害人员行为排查，每月进行谈心谈话活动，有效排除内控案防安全隐患。 （办公室）

湖南宁乡农村商业银行股份有限公司

【概况】 2016年，湖南宁乡农村商业银行股份有限公司(下称宁乡农商银行)始终坚持贯彻落实创新、协调、绿色、开放、共享的发展理念，坚持稳中求进总基调，积极开展存、贷款营销，大力开展不良贷款压降，全面拓展新业务与转型业务，各项业务平稳较快发展，圆满完成年度目标任务。截止2016年末，各项存款余额211.73亿元，较年初净增36.64亿元，增幅21.01%，各项贷款余额123.18亿元，较年初净增6.53亿元，增幅5.6%，年税收贡献1.6亿元。

【强化党建引领，开启发展红色引擎】 2016年，宁乡农商银行一是严格落实党建工作责任制。各党支部均组建党建工作领导小组，切实履行好抓党建的主体责任和组织领导责任，强化主角意识和主动精神，领导完成党建工作的各项任务。同时，层层签订党风廉政建设责任状和案防责任状，严格实行案防工作“一把手”负责制，形成了人人抓案防、上下联动的防案控案工作格局。二是开展“两学一做”学习教育。总行党委把“两学一做”学习教育作为一项重大政治任务，专门召开“两学一做”学习教育动员部署会，号召全行党员积极投身党内法规和重要讲话的学习，增强党规党纪意识，并做到学与做相结合、知与行相结合。在市联社组织的“两学一做”知识抢答赛中，宁乡农商银行荣获一等奖，在市联社“四讲四有”主题演讲比赛中荣获二等奖，流沙河支行党支部荣获全省农信系统先进基层党支部称号。三是开展“雁过拔毛”式腐败问题与“纠‘四风’、治陋习”专项整治活动。宁乡农商银行召开两项整治工作动员大会，成立专门工作小组，制定两项整治工作方案，对两项整治中发现的问题进行责任追究。党委班子多次组织全行党支部书记进行廉政集中谈话，对索拿卡要、工作日中餐饮酒、违规办理红白喜事等事项进行强调，并邀请县检察院专家就预防金融职务犯罪进行警示教育。

【强化资本管理，支持全行战略转型】 2016 年，宁乡农商银行一是成功发行二级资本债券。3 月 18 日，宁乡农商银行获准在全国银行间债券市场公开招标发行了总额为 4.5 亿元二级资本债券，成为全省第一家公开发行二级资本债券的农商行。二是继续参股省内农商银行。2015 年 7 月，宁乡农商银行入股长沙农商银行 1.5 亿股。三是发起设立村镇银行。江华村镇银行已选址，相关准备工作正紧锣密鼓进行，计划在 2017 年一季度开业。四是高效运营资金，提升创利能力。完善资金业务制度建设，首设中台内控岗、全流程控制风险；开通了资管计划投资、债券借贷、匿名点击、同业拆借等新业务，拓宽包括四大国有银行在内的交易对手、大幅增加对宁乡农商银行的授信额度。在货币市场收益率大幅下行的形势下，宁乡农商银行收益率达 4.77%、实现资金营运收入 4.03 亿元，较上年增加 1.1 亿元，占营业总收入近 31%。

【强化资金组织，突破存款规模】 2016 年，宁乡农商银行一是考核激励。精心筹备，科学合理制定存款指标和考核办法，将任务明确到岗、到人，形成人人有压力、人人有动力的竞赛氛围。二是宣传推动。扎实开展走村入户、增量扩面的基础客户营销，通过电视、户外、小区、公交亭广告、微信平台推广、村村响广播和礼品派送等形式，大力宣传服务和产品优势，逐步构建稳固的客户体系。仅一季度“开门红”组织存款 27 亿元。三是服务创新。首家推出“夜市银行”延时服务模式，满足客户金融需求；配置大堂引导员，加强大堂服务，开设 VIP 绿色通道，优化柜台服务。

【强化信贷营销，提升信贷服务质量】 2016 年，宁乡农商银行一是聚焦支农支小，激发县域经济全面发展活力。全面开展农商户评级评议工作，筛选和锁定目标客户，开展针对性营销，积极支持和引导农业基地等项目、特色农业产业化项目，全年累计发放涉农贷款 150.06 亿元，涉农贷款余额 121.96 亿元，较年初净增 6.54 亿元，增幅 5.67%。同时，积极开展金融扶贫工作，建立 24 个金融扶贫服务站，为贫困农户全面开展评级授信。至 2016 年末，完成贫困农户评级 2.2 万户，评级面达 95%；授信 1.07 万户，授信面达 60%；累计发放扶贫贷款 339 户，放贷金额 1366.8 万元。二是大力支持重点项目建设，推进县域经济发展驶入快车道。积极参与县域新引进重大项目对接服务、银企座谈会、长沙市重大现代农业项目等活动，重点支持炭河古城、龙溪棚改和宁乡县殡仪馆提质改造等项目工程建设，共投放贷款 2.92 亿元。三是大力支持中小微企业发展，拉动县域经济快速前进。面对经济下行的压力，为解决小微企业资金周转问题，降低融资成本，保障实体经济正常运转，宁乡农商银行坚持不减贷、不抽贷、不压贷，合理设定提前续贷、资金循环使用的授信方案。2016 年累计为 113 户企业客户办理转贷、续贷金额 15.44 亿元，有效缓解企业“融资难”“融资贵”的问题。同时，根据客户需求推进金融产品创新，推出收费权质押贷款、设备按揭贷款、股权质押贷款等，突破企业融资瓶颈。

【强化新业务拓展，拓宽普惠金融服务面】 2016 年，宁乡农商银行一是成功开通自来水费和有线电视费代收代扣业务，有效拓宽中间业务的渠道。二是继续推广便民服务终端及自助设备，基本实现金融服务“村村通”。已上线便民终端 116 台，布放自助设备 114 台，让农村居民足不出村便可享受方便快捷的金融服务。还新设立 3 家自助银行网点和 2 家“银警亭”，进一步提升城区金融服务便捷性。三是农信通 POS 竞争优势明显，成为竞争利器。2016 年，共计营销农信通 POS324 台，实现资金沉淀 4.5 亿元。手机银行、ETC、自助银行等电子银行业务也取得不俗的成绩，联合本土优质商家开展联盟商户活动，提高用卡客户增值服务。

【强化防案控险，保障安全运行】 2016 年，宁乡农商银行一是全力推进流程银行建设试点工作。经过半年多的努力，已澄清发展战略，基本形成一套职责清晰、运行高效、控制有力的运营架构，新增 3 个职能部门，成立 17 个委员会，编写 90 个主要岗位的职责说明书，160 个流程和业务指导书，建立一套比较完善的制度流程岗责操作的规范标准，员工合规意识普遍提高。二是强化稽核监督。2016 年，开展 2015 年度会计决算真实性专项稽核；对 36 个支行行长进行履职尽职评价考核工作；加大对“九种人”的排查监管力度，对排查确认的“九种人”

逐一建立了档案，并将“九种人”全部落实总行班子成员和部门经理为监管人，实行跟踪管理，做好帮教和转化工作。三是加强安全保卫工作。继续加大安防投入，加大对头寸交接、自助银行加钞、安全值班等重点时段的安全检查；组织全行性的安全消防知识培训，进行消防演练，提高全员的消防安全意识；积极改进物防、技防设施，扩充了监控中心机房点对点呼叫；加强了对金融机构反诈骗的指导，堵截电信诈骗事件22起、金额38万余元，获得县公安局颁发的反电信诈骗贡献突出奖。全年无安全事故发生。

【强化队伍建设，凝聚团队发展合力】 2016年，宁乡农商银行一是制定员工培训计划。全年共组织各类业务培训22次，培训人次1536人次。并制定员工自学奖励制度，鼓励员工自学考取专业证书。重视青年岗位能手的培养。二是组织业务技能竞赛考试，评选出点钞、打字、传盘算、会计理论单项优秀及全能选手；组织了第三批柜员等级考试，评定中级柜员1名，初级柜员6名，员级柜员16名。按月组织支行行长、信贷内勤、客户经理及业务部室各岗位的业务知识考试，并将考试成绩在全行范围内进行公示，以此督促全行员工加强学习，提升业务技能。三是建立员工家访制度。加强与员工及员工家庭的沟通，强化员工八小时之外单位与家庭的联动。组织青年员工座谈，鼓励新员工在自己的工作岗位上修身、立学、强志，自觉抵制歪风邪气，做一个有专业素养的金融工作者。提高信贷队伍素质。

【强化企业文化建设，提升企业内生动力】 2016年，宁乡农商银行一是认真开展好为困难员工、离退休干部、内退员工“送温暖”活动。建立特困员工动态档案，对特困员工重点帮扶，对罹患重病、遭受突发事件和自然灾害影响的员工及时帮扶。把平时帮扶与节假日走访慰问相结合，切实为员工办实事解难事，推动送温暖活动的深入开展。二是积极开展文体活动，丰富员工精神文化生活。组织女职工趣味登山活动、组织机关员工参与全民健身运动春季环城马路赛、组织男子篮球队代表全省农信社参加金融工会比赛，冠名湖南勇胜篮球俱乐部等等，有力推动了文明创建和企业文化建设。三是重点支持了青山桥镇、黄材镇贫困农户“千手爱心大屋”易地搬迁项目建设，累计投放贷款200万元，捐赠220台电热水器；多次组织总行员工深入定点扶贫村沩山乡沩水源村进行结对帮扶，累计捐款近73万元，助推沩山乡实现2016年全面脱贫的目标。与宁乡关工委联合开展关爱失亲少儿公益活动，持续捐资31.3万元扶助98名少年儿童读书；捐资100多万元在流沙河、煤炭坝、金洲、大成桥等乡镇建设村民广场，支持美丽乡村建设；发动员工为困难家庭、患病儿童捐资；定期组织员工献血活动、走访慰问五保老人。这些只讲奉献不求回报的善行义举，培养员工的社会责任和奉献意识，社会形象进一步提升。（办公室）

中国人民财产保险股份有限公司宁乡支公司

【概况】 2016年，中国人民财产保险股份有限公司宁乡支公司着眼提高服务地方经济社会发展的能力，在资源配置、风险识别、理赔管控上做努力，践行“以客户为中心”的大服务理念，全面对标市场、做优车险、做强商业非车险、做好政策支持型业务、做实渠道，强化销售过程管理，确保公司销售能力、盈利能力不断提升，为打造宁乡人保服务升级版不懈努力。截至12月31号，支公司累计实现保费收入8820万，同比增长20.18%；其中车险累计实现保费收入7185万，同比增长20.04%；非车非农实现保费收入1219万，同比增长27.62%；农险实现保费收入417万。利润总额1236万，综合成本率116.15%。

【车险市场】 2016年，宁乡支公司在经历了将近半年车险增速走低的局面后，深知必须想方设法，才能跑赢市场，完成市公司下达的年度任务。一是深入“扫店行动”。从6月起，支公司分管车险副经理和车商团队成员，重新梳理宁乡县域范围内所有的车行，全力拓展与支公司还未合作的新店，已合作的车行逐家谈判，希望能提升店内份额或独家合作；强化送修资源整合，通过费用与送修资源联动进行差异化的配置，对送修权重实施动态调整，提升车商合作粘性；掌握合作动向，通过不懈努力与市分公司给予的政策支持，6月与汽车商会达成合作协议，但由于对方的不诚信等原因，制约支公司的业务发展。二是整合公司资源，力争全面开花。通过重组车商团队、积极组建地面电呼团队，推动三农营销服务部协保员参与商业车险考核，新增林业局、农业局、流沙河镇政府等8家单位。通过前期工作的发酵，在三季度车险发展出现了成效，增速30%多。

【商非业务】 2016年，宁乡支公司商业非车险项目虽然没有大的成效，但一直在进行政府营销，通过对县食药局、县住建局、县运管所、县教育局等相关职能部门的拜访，确保重点险种的推进。保持与教育局的友好合作关系，细心维护，抓住春秋两季开学的有利销售时机，积极发展校园系列保险，全年共收取校责险保费150余万元，学意险保费100万元。与县食药局保持密切的工作联动，积极参与县食药局组织的各项培训和活动，取得县食药局的大力支持和配合，实现全县农村聚餐食责险统保。4位协保员吸引进入公司，并对协保员进行农业保险条例的培训，并告诉协保员如何做车险和非车险业务，通过慢慢的训练和引导，协保员对保险销售产生兴趣。

【加强管理】 2016年，宁乡支公司严格按照市分公司下发的《考勤管理办法》《人力资源管理办法》《续保考核管理办法》等，针对实际情况制定《宁乡支公司续保考核管理办法》《营销管理系统使用考核管理办法》《考勤管理办法》《晨夕会考核细则》等，规范大家的工作习惯，提高工作效率，改正只求过得去，不求过得硬的意识，树立正确的工作作风。为了能够提高工作执行力，支公司要求分管经理将重点工作列成清单，在每次晨会上以PPT形式对全体员工进行宣导，利用约谈、电话、微信等方式进行每日追踪，各项工作的执行力有了明显的提升。

【队伍建设】 2016年，宁乡支公司地面电呼团队和车商团队各成功招募了1人，另通过58同城、县人社局逢十招聘会、微信转发、朋友转介绍等，全年千人工程的招聘达到条件并成功报名的有6人，招聘工作也在持续地推进当中。支公司还不定期地与公司员工交心，多方面了解员工的思想动态，及时帮员工解决生活和工作当中的困难，也请员工对公司的建设给予一定的建议。感恩员工对公司所做的贡献，适当的给予精神和经济上的奖励，让员工感到做与不做不一样，做多与做少不一样，做好与做坏不一样，从而积极努力工作。 （办公室）

中国人寿保险股份有限公司宁乡支公司

【概况】 2016年，中国人寿保险股份有限公司宁乡支公司（以下简称中国人寿宁乡支公司）设经理室、综合管理部、个险销售部、银行保险部、团体业务部、客户服务部6个部室，下设个险收展部1个、城区营销服务部1个、农村营销服务部13个。全公司共有人员1379人，其中机关人员51人（签订劳动合同员工34人、退休9人、劳务派遣人员8人），个人代理人1288人、银行保险部理财经理20人、客户经理13人，团体业务部客户经理7人。

【业务指标发展势头良好】 2016年，中国人寿宁乡支公司各业务线呈良好的发展态势，共完成总保费2.89亿元。其中寿险新单保费1.14亿元，短险保费1916.11万元，期交3981.09万元；风控管理良好。总保费市场份额继续领跑宁乡寿险市场。业务结构更加合理，经济效益稳步提高。

【各渠道齐头并进，后援团队紧跟其上】 2016年，中国人寿宁乡支公司个险支公司认真谋划、开拓创新。共完成保费收入1.81亿元，同比增长18.55%；完成新单期缴5068.08万元、完成十年期缴3589.44万元、完成短险719.46万、年度新增持证人力860人，架构人力达成到1496人，达成市公司考核的目标人数，月均长险举绩人力390人，长短险举绩人力636人。团险渠道精耕细作。全年共计完成短险保费收入1475.10万元，完成年度目标的84.29%，同比增长5.07%，其中意外险完成766.68万元，完成年度目标的76.67%。具体：学平险完成867.71万元，完成年度目标的99.74%，较上年同期基本持平；员工福利计划完成132.13万元，完成年度目标的55.05%，同比增长26.56%；信贷保险完成35.58万元，完成年度目标的71.16%；计生完成169.89万元，完成年度目标的56.63%；小额保险完成123.96万元，完成年度目标的61.98%。同时，完成福寿嘉年672.5万元，短险简单赔付率为39.28%，银保渠道内外兼修。宁乡银保认真贯彻落实全市系统工作会议精神和工作部署，积极应对激烈的市场竞争的挑战，在全体员工和业务伙伴的奋力拼搏下，取得了一定的成绩，也留下了些许遗憾，2016年全年达成新单保费7144.16万元，达成任务总目标的143.93%；达成期交保费323.81万元，达成任务总目标的34.1%；其中10年期目标150万元，只达成41.64万元。在人力方面，理财规划师达成架构人力141人，达成率为100%，其中2016年新增98人，月均举绩达成率达62人，达成率118.27%，较好地完成了上级公司下达的任务指标。客服、综合不甘落后。2016年客服部全年共扫描纸质投保单、电子投保单1.6万余件，短险新单录入800余件；处理保全件总件数达到3.43万件，处理了理赔案件达7500笔，共计赔付金额1400余万元，拒付和协商案件100多件，共计金额拒付和协减金额200多万元。全年完成系统内回访2.6万件，新单初审回访7000件，保全委托回访4000件，完成CC系统新单回访6400件，失效回访1600件，即将永久失效回访370件，成功追加新电话2600余件。V8系统和SLBPS系统收费1.5万笔，共收费金额1800余万元；养老发放2.5万多余笔，共发放金额650万元。对所有档案进行清理，严格按市公司的要求归档上交。全面完成了股份公司业务的历史档案扫描的档案移交工作。新《保险法》实施后的转保工作开展顺利。落实湖南保监局[2007]79号文件,确保零现金收付费的执行,从2008年起,进行新单零现金操作,全部新单实行银行转账授权、实时代扣或POS机刷卡。并对全部新单和保全委托件100%回访。对全体柜员所有系统严格用户权限和密码使用和管理原则,定期更换密码,严禁权限外借。综合部工作在公司整体经营管理过程中担负着中枢职能。2016年,在人员短缺情况下各司其职,分工不分家在工作上相互勉励、相互学习,有序并较好地完成了综合、内控、单证、财务等各项工作。

【健全管理机制】 2016年,中国人寿宁乡支公司通过"三严三实""廉洁自律""树立正确的世界观、人生观、价值观""两两回头看""两个加强、两个遏制""经营指标考核""防范和处置非法集资风险教育宣导会""反洗钱"等专题学习,开展客服技能竞赛,使全员的思想观念有了彻底的改变。并结合上级公司推行的"员工两个规范"、月度考核、工作日志填写和指纹考勤等制度,认真贯执行,将执行情况纳入月度绩效考核。每月由主管经理对本部门员工工作进行点评和计分,及时发现并解决一些问题,防范经营风险。而且内控工作也纳入全体员工本职工作考核,凡是在支公司抽查和上级公司检查发现缺陷的当事人都与月绩效挂钩,促进全员增强责任心和执行力,使制度不流于形式,落到实处。国寿"E学系统"上线以来,组织全体员工积极参与,全部如质如数按时完成在线学习及考试。党建工作有序开展。通过上党课、交流谈心、党建工作上墙等形式,使员工对党有了进一步的认训,增强公司员工的入党积极性,同时也加强了预备党员的党性修养、提高了党风、党纪观念。积极配合市工会充分保障员工福利,比如三八、六一、送温暖、送清凉、体检等活动,并组织退休老干部座谈会及农家乐钓鱼活动。积极参与县委、县政府召开的经济会议,参加人大、政协换届选举工作,普法考试、义务献血、3.15消费者协会等工作,并在全县综合治理、计划生育工作等工作考核中达标。(罗　斌)

方正证券股份有限公司宁乡营业部

【概况】 2016年,方正证券宁乡营业部内设营销部、交易部、客户服务部、合规管理部等部门,共有从业人员29人。全年营业部全体员工统一思想、扎实工作,积极提高服务水平,努力开拓经营,促进了营业部各项工作的完成。

一、业务经营增强,创新业务开展有条不紊。在证券行业创新发展的大背景下,公司倡导卓越领先的金融服务理念,整合各业务板块打造全方位、多层次的综合金融服务体系,并积极探索综合经营的发展模式。2016年,方正证券宁乡营业部根据公司大力发展金融创新业务的经营方针,积极推进保证金理财业务、融资融券业务、投资顾问业务、期货中间介绍业务、股票期权等创新业务,既盘活了存量客户,又吸引了一批新客户。方正证券宁乡营业部积极参与宁乡经济建设,与宁乡本地各银行单位建立了合作关系,为宁乡本地企业提供了投融资渠道,为证券客户创造了良好的通道环境。

二、重视内控合规管理。经公司统一审核批准,营业部按要求设立了合规管理岗位,合规管理岗位人员切实履行岗位职责,方正证券宁乡营业部充分给予了合规专员履职的独立性,确保合规专员能够享有充分履行职责所必要的知情权和调查权,及时提出制止和处理意见并督促整改,定时组织员工进行合规管理培训,合规专员及时将有关的文件、资料存档备查,对履行职责的情况作出记录。围绕"合规优先、人人合规、主动合规、合规创造价值"的理念,持续通过各种形式的合规培训和宣讲,帮助员工熟悉岗位职责和业务流程,培育合规意识,形成健康、积极的合规文化,建立良好的合规管理长效机制。2016年方正证券宁乡营业部进行两次营业部内部控制自查工作,排查合规隐患。

三、持续开展投资者教育,增强投资者风险意识。宁乡营业部根据中国证监会和公司总部的具体要求,积极开展投资者风险教育工作。营业部成立风险教育领导小组,加强员工和客户培训,一方面使员工深刻了解投资者教育工作的必要性和紧迫性,使各部门加强联系和配合,互通有无,在各自的岗位上力争将投资者风险教育工作具体落实。另一方面在客户中开展投资者教育宣传工作。在营业部的公告栏制作"投资者教育园地",在大厅显要位置张贴颜色醒目的风险提示标语,宣传栏张贴有关投资者风险警示的投资知识。客户来办理业务时,工作人员认真审核客户资料,保证投资者资料真实、准确和完整,详细解释《风险警示书》,并且做好客户风险能力测评工作,按照不同客户的特点和投资需求,给客户讲解和宣传证券市场基础知识,讲解开户和交易流程、证券投资常识与风险控制,加深与客户的了解和沟通,得到客户及上级部门的认可。

四、营业部严格按反洗钱有关的法律法规及公司制定的相关制度要求,依法合规开展反洗钱工作。结合公司指引及实际情况,制定、修改了《客户身份识别操作细则》《客户身份资料及交易记录保存管理办法》《反洗钱可疑交易处理与报告流程》《反洗钱报告、报备材料的报送流程》《反洗钱客户风险等级划分处理与报告流程》《反洗钱工作资料保存和信息保密制度》反洗钱内控制度和流程。相关内控制度和流程涵盖了客户身份识别、客户身份资料和交易记录保存、大额和可疑交易的识别分析和上报工作、洗钱案件线索报告、客户风险等级划分、协查与保密、宣传培训等内容。方正证券宁乡营业部严格遵守上述各项内控制度和流程，在反洗钱的各项具体工作中均执行到位，并加强了员工反洗钱履职行为的管理，并严格依法合规开展反洗钱工作。积极参与反洗钱知识宣传，在人民银行宁乡县支行的指导下，年内参与两次大型的反洗钱活动，在营业部现场及所在小区中开展反洗钱宣传，让广大市民对反洗钱有了一定认识。在营业部内设立了反洗钱投资者园地和反洗钱咨询台。向前来办理业务的投资者和现场客户宣传反洗钱知识、发放反洗钱手册并解答投资者有关反洗钱工作的问题。另外还结合投资报告会、客户座谈会、打击非法证券活动宣传讲座等，将反洗钱知识对投资者开展宣传教育。（办公室）

科技·教育

科技管理

【概况】 2016年,宁乡科技工作在县委、县政府的“创新驱动”战略引导下,把创新作为转变发展方式、提升产业层次的重要手段,不断完善创新体系建设,实施知识产权战略,大力推进传统产业改造升级和高新技术产业发展,全县科技创新取得了显著成果。年内,共争取国家、省、市各级科技项目189项,其中国家科技支撑计划2个、省重点研发计划2个、省培育发展战略性新兴产业专项引导资金项目申报2个、市重大专项5个、县域经济发展技术创新引导专项申报项目4个,累计到位资金达3870万元。全县新认定(引进)高新技术企业42家,全年实现高新技术产业产值1169.99亿元,增长18%,高新技术产业增加值占地区生产总值比重达到28.1%。全县创新平台总量达40多家,其中4家院士工作站,2家博士后工作站、1个省级重点实验室、12个省(市)工程技术研究中心、1个国家级工业设计中心、4个国家级(省级)企业孵化器,5个国家级(省级)园区平台、1个国家级特色创业基地。按照《宁乡县人民政府办公室关于明确2014年有关工作考核奖励项目的通知》,发放科技奖励金额402万元,其中知识产权奖励103万元。全年全县共培养30名基层科技信息员,建立5家基层科技信息服务站,专家队伍人数达50人以上,19名科技特派员,组织举办了20期网上讲座,发送信息1万多条。全县专利申请1520件,同比增长10.14%,其中发明专利申请502件,同比增长35.31%;全县专利授权988件,同比增长3.46%,其中发明专利授权180件;引进一家专利代理机构进驻宁乡经开区大楼。围绕世界知识产权日,开展了2016年宁乡县知识产权宣传周活动,组织企业进行知识产权培训;开展了4次专利行政执法,查处假冒专利和专利标识不规范案件63件。先后3次组织长沙银行等多家银行与50多家企业、评估担保机构召开银企对接会,全年促成专利质押贷款3650万元。宁乡县获评2016年湖南省知识产权工作先进县,专利工作连续4年获评省知识产权工作先进县。

【科技发展环境】 2016年,县科学技术局围绕中心,服务大局,营造大科技发展氛围,全县科技创新取得了显著成果。一是完善配套服务,规范科技服务机构,落实个人创业小额担保政策,企业孵化器提质增量,激活主体,提速企业创新。二是设置科技创新平台建设奖、科技进步奖、科技创新奖和知识产权奖等奖项,修改完善奖励办法,加大了奖励力度。制定了《宁乡县科技计划项目管理办法》,规范本级计划项目;起草了《宁乡县加快推进自主创新能力建设的意见》,为企业持续加速创新升级提供强大的政策保障。三是全力向上争资。2016年全县成功申报国家、省、市各级科技计划项目189项,转化科技成果262项,累计到位资金3870多万元。三是强化科技宣传。全县共培养30名基层科技信息员,创建5家市级科技信息服务站,专家队伍人数达50人以上,组织举办了20期网上讲座,发送信息1万多条,结合科交会、科技活动周活动、科技助农直通车、科技特派员等活动,开展了送科技进社区、进企业、进学校、进农户等社会服务活动,在全县营造科技创新的良好氛围。活动期间,共发放科普宣传资料1.2万余份,赠送科技、专利书刊5500册,宣传农业技术、知识产权保护、申报专利等科技知识,在社会上引起了强烈反响。

【科技自主创新平台建设】 2016年,宁乡县创新平台总量达40多家,其中4家院士工作站,2家博士后工作站、1个省级重点实验室、12个省(市)工程技术研究中心、1个国家级工业设计中心、4个国家级(省级)企业孵化器,5个国家级(省级)园区平台、1个国家级特色创业基地。形成了一个覆盖新材料、先进制造等主导产业的平台体系,有效促进了企业自主创新能力的提升。其中,湖南创新服务中心建设全面铺开,科技成果转化与知识产权交易中心一期建成运营,创业APP上线,厂房投入使用,入驻项目可享受零租金、零配套、零成本上市优惠政策及公共检测服务、科技创新等财政补贴,入园科技孵化项目达到41个。

【科技计划与成果工作】 2016年,宁乡县组织申报国家、省、市科技计划项目189个,争取到位资金3870多万元。至此,全县共有国家级工业设计中心1家、省级工程技术中心7家、省级工业设计中心1家、市级工程技术中心15家。全年获得省市科技进步奖11个,其中省级2项;市级9个,其中8个项目获市科技进步三等奖。在2016中国(长沙)科交会上,征集技术需求43个,融资需求14个,人才需求10个,签约项目31个,签约金额50.36亿元。湖南优氏乳业有限公司与湖南农产品加工研究所成功签约,将投资2.4亿建设“年产10万吨液态乳、乳饮品生产基地项目”。

【高新技术企业】 2016年,宁乡县43家企业申报高企,实现39家成功认定。至此,宁乡县高新技术企业总数达到104家,全县实现高新总产值1169.99亿元,同比增长18.3%;实现增加值212.33亿元,增长18.5%,高新增加值占GDP比重达到28.1%。指导全县40家企业企业申报长沙市科技创新小巨人企业,实现34家企业实施认定,为这些企业申高做好充分准备。全县新材料、先进装备制造等领域已逐渐建成高新技术产业集群,楚天科技、飞翼股份、红宇耐磨等成为国家火炬计划重点高新技术企业,精量重工、长宁炭素和海纳新材料等三家企业获省战略性新兴产业科技攻关项目支持。

【农业科技工作】 2016年,宁乡县按照一乡镇一特色的原则,突出花猪、茶叶、蔬菜、药材等特色产业,致力打造一批特色产业示范基地和特色产业镇。组织宁乡县农科园、宁乡县农技中心申报省级星创天地,国家级星创天地;全年有8家企业获批长沙市现代农业特色产业科技示范基地,创建6家农业科技示范平台;新建成长沙市助农直通车示范站4个;组织市派科技特派员团队的蔬菜组、水果组、畜牧组、林业组等专家教授下到农业基地第一线进行技术指导和培训6场次;向上争取科技项目29个,争资680万元。

【科技活动周】 2016年,宁乡县科技活动周按照省市的统一部署,以“创新引领,共享发展”为主题,3月开始到5月底结束,时间跨度约两个月,进行了一系列科技活动周主题活动。3月15日召开宁乡县2016年高新技术、专利工作业务辅导会议拉开科技活动周系列活动的序幕。4月20日召开全县知识产权质押融资银企对接会。会议在宁乡县经开区管委会会议室举行,邀请了县内拥有自主知识产权有融资需求的企业和银行进行知识产权质押融资洽谈。会上企业与银信部门进行了充分的沟通,部分企业和银行达成了合作意向,效果良好。4月26日进行的世界知识产权日宣传活动。在行政中心一楼大厅电子屏、县政府大楼前两侧墙壁、进行知识产权宣传;筛选具有突出知识产权、创新成效明显、科技投入和科技成果转化优良的10家以上企业制作展板布置于行政中心一楼大厅进行宣传,筛选了部分驰名商标企业和省著名商标企业参展。宣传活动持续了两周时间,对知识产权的宣传取得了预期效果。5月6日,宁乡县科技活动周系列活动之一的第三届“慧多星杯”科技模型体育竞赛在县文体中心隆重起航,比赛共进行了5天,科技模型竞赛对普及科学知识、培养学生科技爱好、增强学生动手能力,提高学生综合素质起到了很好的促进作用。5月18日,2016年度宁乡县科技活动周启动仪式暨科技精准扶贫技术对接会活动,在宁乡县青山桥镇群众文化活动中心隆重举行,落实2015年习近平总书记在贵州调研时就加大力度推进扶贫开发工作提出“4个切实”的具体要求,以科技活动周为契机,以这次科技活动周“创新引领共享发展”为主题,实现科技精准扶贫,让贫困地区人民情愿、主动、自信、坚定地走上脱贫致富的道路,早日建成全面小康社会,实现共同发展。

【知识产权工作】 2016年,全县专利申请1520件,同比增长10.14%,其中发明专利申请502件,同比增长35.31%;全县专利授权988件,同比增长3.46%,其中发明专利授权180件。评定2015年全县知识产权奖励项目,协助宁乡县人民政府办公室出台了《关于2015年度科学技术奖励获奖项目评定结果的通报》,全县知识产权奖励达103万元。深入贯彻实施《国家知识产权战略纲要》和《湖南省专利条例》,充分利用国家、省、市等各级科技投入政策,支持、引导全县有效开展科技创新,对全县中小微企业、专利项目承担企业、高新技术企业及县域内的相关企业开展企业自主知识产权状况摸底调查工作,上门服务企业150家。组织18家企业代表参加2016年宁乡县企业知识产权质押融资银企对接会;认真开展了软件使用情况摸底调查共收集51家机关单位2597台计算机软件使用情况。重新制订了《2016年宁乡县打击侵权假冒工作方案》全年开展专利行政执法检查4次,查处侵权假冒和标识不规范专利案件63件,超额完成省市交办的任务。组织举办创新与知识产权培训,邀请省知识产权局刘跃红进行了《创新与知识产权强国建设》专题授课。2016年宁乡县知识产权工作全市领先,并获评2016年湖南省知识产权工作先进县,宁乡县科技局局长黄岳君先后在省市知识产权局局长会议上作典型经验交流发言,专利工作连续四年获评省知识产权工作先进县。

【科技统计工作】 2016年,县科技局组织举办了宁乡县高新技术企业统计培训会议。县经信局、统计局、经开区、高新区、玉潭、夏铎铺、白马桥等部门单位的分管领导和统计员,以及宁乡县高新技术企业和准备申报高新技术企业的统计负责人共200余人参加了本次培训学习。会议就高新技术企业认定和复评、火炬统计工作、新技术企业统计数据填报、技术难题征集表和省市科技计划项目申报和科技奖励申报等进行了部署和安排。就高新技术企业申报(复评)认定及专利申请业务等进行了辅导和解读;如何进行高新技术产业增加值统计和R&D经费统计进行了业务指导,并就规模以上工业企业科技年报、企业创新情况年报、高新技术产业季报等相关问题进行了业务培训。对于提高科技相关统计工作效率和准确性具有十分重要的作用。 (办公室)

科技普及

【概况】 2016年,宁乡县科学技术协会有29个乡镇(街道)科协,278个村(社区)级科协,2个企业科协,13个县直学(协)会。全年科普经费达140万元,人均1元。2016年,宁乡县科协围绕年初工作目标任务,团结共事,各项工作有序推进,取得了初步成效,宁乡县2016年荣获中国科协首批"2016—2020全国科普示范县"称号。

【强化科技服务助推创新发展】 2016年,宁乡县科学技术协会深入实施"全国基层科普行动",积极开展基层科普行动计划优秀项目申报工作,累计成功申报市级及以上优秀项目7个,含市级6个,国家级1个,争取奖补资金58万元,助力科普惠农。科技服务精准务实,一是积极开展知识产权提升工作,2016年8月在县经开区举办专利信息推广应用培训,引导企业接触海外专利资源;二是将宁乡的院士工作站建设从初期的注重建站全面转到注重工作站作用发挥上来。对工作站从评审认定到日常管理和绩效考核等一整套的管理制度,对已建立的院士工作站实行动态指导和跟踪服务,有力保障工作站的运行质量;三是依托宁乡经开区创服中心在创业大楼设立"海智计划"工作基地办公室,成为培育海外人才项目的孵化器,助推更多海外人才回国创业;四是,县科协协助回龙铺镇金玉村开展科技帮扶活动,为帮扶村开办科普阅览室、文化广场等,全年共投入10万元支持建设村文化广场和公共设施建设。

【实施《全民科学素质纲要》大力推进科学普及】 2016年,宁乡县科学技术协会狠抓典型影响力提升,继续开展"科普惠普兴村""科普示范村(社区)""青少年科技创新县长奖"优秀项目申报表彰活动,表彰县级科普示范基地8个,县级先进农民合作组织8个,县级科普带头人8个,县级科普示范村(社区)20个,青少年创新奖10个,共发放奖补资金70万元。积极开展各类科普活动。一是开展主题科普活动。联合县教育局、县农业局、县卫计局、县科技局、县妇联等单位,在玉潭镇、东湖塘镇、老粮仓镇、大成桥镇、煤炭坝镇等地举办知识产权保护周、防灾减灾日、安全生产活动的系列社会主题大型科普宣讲活动13场;联合摄影协会举办宁乡县首届科技摄影大赛,面向社会公众征集反映宁乡科普人物、科普活动、科普成果的摄影作品,展示宁乡科学普及的成果,更好地发挥科普对经济建设的助推作用。二是抓好重点人群科学素质行动。9月6号至8号举办2016年农村妇女致富带头人科学素质(湖南第二期)培训班,动员农村妇女积极投身保护好"绿水青山"建设,提高科学文化素质,增强依靠科技致富和创业创新的本领,9月24日,以"体验科学"为主题的2016年全国科普日中国流动科技馆暨科普大篷车进校园巡展活动在宁乡启动。三是充分发挥学(协)会人才和资源优势,组织科技专家开展农村实用技术培训。积极组织县食用菌协会、县蔬菜协会、县医学会等有关专家开展送科技、送医疗下乡现场咨询活动,切切实实的让老百姓感受到党和政府的悉心关怀。创新宣传形式,科普阵地建设实现新提升。年内,县科协重点扶持建设两个示范性村级科普活动中心,在水果行业和蔬菜行业协会中各建设一个科普服务站。在回龙铺镇金玉村、朱良桥乡莲花山村建设科普服务中心,扶持"左家山创果柑橘合作社"和"东湖塘东润蔬菜种植专业合作社"建设科普惠农服务站。建设网上工作阵地,扎实推进数字科普工程实施;建立并试运行"科普宁乡"微信公众号,积极探索"互联网+"管理服务模式。在回龙铺镇金玉村设立"中国科普·乡村e站"电子阅览频,及时整合优质的科普信息,传递群众关心的科普话题,充分发挥在科普宣传和提高公众科学素质方面的积极作用。

【提升联络服务水平推动学会发展】 2016年,宁乡县科学技术协会认真做好联络服务工作。年内,召开学会工作会议,听取县直学会组织的工作报告和对科协工作意见和建议;举办学会负责人学习培训活动,还组织参会人员赴长沙市科协进行学习交流。加大指导和支持,助推学会组织发展。加大对学会的指导和支持,切实履行对学会组织的业务指导职责,组织12个学(协)会累计开展11场次内容丰富的学术活动,受众人数3000多人;支持学会开展高层次、综合性学术活动以及支持学会结合行业特点开展相关活动。

【主动适应新常态加强科协自身建设】 2016年,宁乡县科学技术协会扎实推进科协系统深化改革。召开全县科协系统深化改革座谈会,有关县级学会、企事业科协负责人等先后发言,分别谈了他们对科协系统深化改革的意见和建议。结合县科协工作实际,从"加强县科协自身建设、加大对科普工作投入、加强学会改革政策支持”等方面进行改革。加强机关作风建设。年内，开展“两学一做”教育实践活动活动，继续加强制度建设，进一步细化工作制度和规范，严格执行各项规章制度，“三公经费管理”、财务管理、会议费用、办公用品申领等制度得到有力执行，积极推进公车改革，各项费用逐步下降；教育引导领导干部加强党性修养，坚持实事求是，扎实推进作风建设，巩固党的群众路线教育实践活动成果。

（张爱群）

教 育

【概况】 2016 年，宁乡县有各级各类公、民办学校、幼儿园 589 所，其中小学 240 所（公办 236 所），初中 58 所（公办 57 所），九年一贯制学校 11 所（公办 9 所），高中 10 所（公办），完全中学 1 所（公办），职业学校 7 所（公办 1 所），特教学校 1 所（公办），幼儿园 260 所，在校学生和在园幼儿共计 18.98 万人。2016 年，是宁乡教育的“学校建设年”，宁乡教育坚持以教育教学质量为中心的发展思路，以“三个五认真”为抓手，力促“学有所教”向“学有优教”转变，办学条件全面改善、各类教育协调发展、教育党建特色鲜明、育人质量整体提升。宁乡县教育局获教育阳光服务平台建设先进单位、第三十三届湖南省青少年科技创新大赛优秀组织奖、2016 年度教师教育宣传工作先进单位、2016 年度湖南省中小学教师网络研修工作先进单位、湖南省关心下一代工作先进集体等荣誉，教育局德育课题《养成教育县域整体推进》获省基础教育成果二等奖，宁乡教育督导室被评为长沙市 2015 年度教育督导信息报送优秀单位。

教育党建创新发展。2016 年，县教育局党委深入推进“两学一做”学习教育，制定教育系统《关于加强党的建设的实施意见》，在全县学校开展教育党建“五个一”活动（一面旗帜、一墙党史、一本教材、一支队伍、一个支部），实现全县所有教室悬挂国旗党旗，所有学校党史上墙；召开党代会，调整党组织隶属关系，教育局党委接管原隶属于乡镇党委的中小学校党组织，规模以上学校成立党支部、基层党组织换届选举工作已全部完成；印发并实施《关于加强当前学校思想政治建设工作的意见》，从教育党建、师德师风、学生德育等层面进行专题部署、重点督查；党费清缴等七项党建重点任务圆满完成，菁华铺 87 岁退休党员教师杨光岳交万元特殊学费谢党恩、煤炭坝中小党支部书记谢洛克荣膺市“感动星城魅力教师”、党员教师夏福良被评为湖南省“最可爱的乡村教师”、夏铎铺党员校长李桂华被县委追授为“优秀共产党员”等典型事迹，产生良好社会影响。双凫铺中学党支部在市委对县委书记抓基层党建督查中表现出色；玉潭中小党支部被市局党委评为“优秀服务型党组织”；宁乡四中被评为全市教育系统党员培训示范基地；党建“五个一”工作得到市委常委、组织部长张宏益的高度赞赏。党建带团建工作取得实效，局党委书记殷丹获“长沙市魅力团干”称号。

办学条件显著提升。2016 年为宁乡县“学校建设年”，共投入资金 11.36 亿元，新建和改造 11 所学校，新增万个学位。全年提质改造义务教育阶段薄弱学校 43 所、建设教师公租房 500 套、建设农村公办幼儿园 15 所、农村初中校舍改造工程 5 个、其他学校建设项目 11 个、建设长沙市标准化学校 60 所。完成投资 4.54 亿元，全县 20 个乡镇（街道）成功创建教育强乡镇。全面改薄。全年争取中央、省市建设资金 2.1 亿元，全力改造农村薄弱学校。宁乡县教育局登“三查三比”项目建设竞赛活动英雄榜。宁乡县教育改薄经验在全省“全面改薄”工作视频会上作典型发言。宁乡县作为改薄先进典型，接受国务院教育督导委员会专家检查，获高度评价。教育信息化。全县学校宽带接入 100%；校园网建设率 76%；班班通安装率 70%。启动教育信息化创新应用“十百千万”工程。2016 年“一师一优课，一课一名师”活动，宁乡县部优、省级优秀课居长沙市 10 区县市第一；玉潭中心小学申报的《校园治安防控体系信息化建设》和玉潭实验小学申报的《利用“微课”促进课堂教学改革的应用探索》被列为湖南省 2016 年教育信息化试点项目。

教育质量硕果丰登。2016 年，宁乡教育坚持以教育教学为中心的发展思路，以“三个‘五认真’”为抓手（教师“备课、上课、精选与评改作业、辅导、考查”五认真，学生“预习、听课、复习、作业、应试”五认真，教学管理“听课评课、教学反馈、常规检查、组织考试、数据分析”五认真），教育质量全面提升。高考二本上线共计 3526 人，一本上线共计 1097 人，600 分以上人数 129 人，专科上线率文科 98.31%，理科 97.68%。全年师生参加各级各类竞赛获奖 5000 多人次。宁乡一中肖维同学获全国化学奥林匹克竞赛决赛金奖，与北京大学签定提前录取协议。在高考组考工作中，宁乡考区被评为长沙市优秀考区，一中、四中、十三中、实验中学、玉潭中学 5 个考点全部被评为长沙市优秀考点。学考组考工作得到市教育考试院罗方龙书记等领导专家一致好评。义务教育质量监测常态监测经验两次在省教育厅作典型发言，省基础教育质量监测中心两次将该县作为试测点进行试测。县教育督导室对 69 所中小学校和 52 所幼儿园进行素质教育综合督导评估，其中 15 所学校被评为“素质教育先进校”、10 所幼儿园被评为“素质教育先进园”。

各类教育齐头并进。2016

年学前教育。学前一年入学率100%,三年毛入学率达90.4%。深入推进普惠性幼儿园建设,评估认定普惠性民办幼儿园81所,占比68.8%;宁乡县幼儿园承办省级课题《乡村幼儿游戏课程推广与应用机制研究》观摩会,在全省学前教育年会上作典型发言。双江口白玉幼儿园被评为湖南省优质民办学前教育机构,宁乡县金砺幼稚园被评为"长沙市一级普惠性幼儿园"。义务教育。分类施策消除"大班额"。教育质量监测经验《突出"七抓",力求落实》在全省教育质量监测实施工作会议上交流和推广。成立加强未成年人思想道德建设(少先队)名师工作室、创建各级各类少年宫37所,新建图书馆25所,新增特色学校10所,其中新增的3所学校为教育部认定的校园足球特色学校。大成桥中小足球、实验中学美术被评为市级区域教育推进学校。高中教育。按照特色发展思路,高中教育基本形成"一校一特"良好局面。一中的田径、四中的柔道、十三中的科技创新、十中的定向越野、六中的文史、实验中学的剪纸、玉潭中学的摔跤都是全省全国知名的特色品牌。高中债务全面化解。民办教育。加强管理,依法停办三所无证幼儿园;依法取缔四处无证办学机构。宁乡县金砺幼稚园被评为"湖南省骨干民办幼儿园";玉潭中学小学部被评为全国学校体育工作示范校。职业教育。深入推进香山教育城建设,县职业中专创建为省卓越中等职业学校,获"湖南省第四届炎黄职业教育奖",与韩国敬仁女子大学、龙仁松潭大学签订合作协议。社区教育。举办"宁乡县全民终身学习周"活动,加强市民学习平台建设,获"全国2015年全民终身学习活动周优秀组织奖"。回龙铺镇获"全国社区教育示范街道(乡镇)",回龙铺镇白云新村社区、青山桥镇青山桥社区和檀木桥镇檀木桥社区3个学习中心获市级"市级示范性学习中心"。7. 特殊教育。虎山特殊教育学校被评定为"2016年长沙市安全文明校园"学校;在菁华铺中小新建特殊教育资源教室;义务教育阶段三类残疾儿童入学率96%。

队伍建设内涵提质。2016年,面向全国招聘中小学优秀教师418名,重点充实乡村教师师资力量;成功签约30多名免师生。教师培训。推进明星教师培训工程,实施教师5年360学分制培训计划,全年组织5562人次教师参加国、省、市、县培训,培训率62%,教师参训率100%,合格率100%;完成对167名市级骨干、500名县级骨干教师的培训。县师训工作在全国教师进修学校联盟大会上推广,《人民教育》以《教师进修学校存在的意义》为题推介县师训工作。刘小平老师被评选为2016年"湖南最可爱的乡村教师",谢洛克、蔡嫦辉老师入选"感动星城"魅力教师。教师交流。2016年,宁乡县符合交流条件的教师和校长1656人,实际交流人数626人,占比37.8%。教师"支教"。派19名教师到武冈,1名教师到西藏进行支教。

校园治理平安稳定。2016年2月,宁乡县在全省11个创建县市区中以排名第二的成绩获得全省首批"平安校园建设先进县市区"授牌、城北中学被评为全国禁毒教育先进单位。宁乡县校车安全管理"三个清单"建设在全市作典型经验推介;学校安全管理经验在全省推介,宁乡县成为全省平安校园创建观摩现场。"三大"活动。全县范围内开展校园安全工作"大排查、大整改、大教育"督查,教育局班子成员带队检查学校360余所,交办问题420多条,下发整改通知书320份,约谈相关责任人6名。全面推进"明厨亮灶"工程,基本实现校园监控覆盖100%。

教育改革全面推进。乡镇教育管理体制改革实现教育管理"扁平化"。2016年7月,实施乡镇教育管理体制改革,撤销了原来的33个乡镇中心学校,明确29个基地学校,推行基地学校带管本乡(镇、街道)中小学校的管理模式。新组建10大学区,推行基地学校督导室统筹,责任督学挂牌的督导模式。严控"大班额"。严格落实"公办不择校,择校到民办"政策,小学严格实行公示学区、划片招生、注册入学,并按照相对就近的原则,合理划分每所小学的学区范围。初中招生实施"相对就近、免试入学"政策,按照"单校划片"或"多校划片"的原则进行招生。严格执行消除大班额三年行动计划,从秋季开学开始严控制起始班额,中小学起始班额不超过55人、50人,全县无违规现象。高效课堂建设。五里堆中学深化"三一五"课改模式研究,科学构建师生高效课堂培训方式及小组评价方式,师生课改积极性进一步提高。金海中学的"533闪光课堂"、东湖塘中小的"335"课堂、枫木桥中学的"双主四环"、实验中学的"真精活乐"、玉潭实小的"六载三段"从不同的角度出发,优化课堂结构,引导合作交流,激发探究激情。城郊九年制学校的《"三一五"服务型课改实践和研究》课题荣获省教育教学成果三等奖。

教育服务全面升级。2016年,县教育局以"公开透明、依法行政、规范高效、廉洁公正、强化监督、注重实效"为基本原则,规范政务公开要求,丰富政务公开内容,创新政务公开形式,提高政务公开水平,建立与群众沟通的绿色通道,切实保障人民群众的知情权、参与权和监督权,让教育在阳光下成长,努力办好党和人民满意的教育。教育局获2016年度长沙市阳光服务平台建设一等奖。在2016年7月召开的长沙市阳光服务工作推进会上,城郊街道阳光服务站代表该县阳光服务基层站点作经验发言。2016年,宁乡教育工会在"事业所需、党政所想、群众所盼、工会所能"

的机制下，开展“工会四季”工作，组织全县教职工乒乓球、羽毛球、气排球等三大体育比赛活动，实现“医疗互助”全覆盖，组织全县9727名教职工的全员体检。

精准扶贫成效显著。2016年县教育局和市工务局、市知识产权局一道，投入人力物力财力，压缩机关办公支出，每年挤出经费20余万元，帮助灰汤镇杏村硬化公路、修整水渠、发展产业，全力推进精准扶贫。在杏村的扶贫工作中，县教育局投入近30万元改善杏村小学的办学条件，投入100万元支持杏村幼儿园的建设，调派3名新聘教师优化杏村小学的师资。县直学校、城区基地学校对灰汤镇其他村176户建档立卡的贫困户进行帮扶。县教育局还免费赠送雏鹅、土花猪仔并进行“大雁鹅”、“土花猪”喂养技术培训。精准扶贫经验《发挥教育优势助力脱贫攻坚》在《湖南日报》发表。

【毒品预防教育】 2016年1月6，国家禁毒办、教育部在云南省曲靖市召开全国学校毒品预防教育经验交流暨“6·27”工程推进会议。国家禁毒办副主任、教育部基础教育一司副司长俞伟跃宣读全国学校毒品预防教育工作先进单位、创新单位和优秀组织单位名单。宁乡县城北中学获全国学校毒品预防教育工作先进单位。

【民办教育协会年会】 2016年1月，宁乡县民办教育协会三届四次理事会年会召开。大会审议并通过年会工作报告和监事会工作报告，提名并通过协会理事、常务理事、副会长单位和增选协会理事、常务理事，表决并通过《宁乡县民办教育行业自律公约》。

【七中女足闯全省四强】 2016年1月，在娄底市五中举行的湖南省青少年(女子甲组)足球锦标赛中，宁乡七中女子足球队勇闯全省四强，9名队员获得国家高水平运动员资格。

【全县学校建设县长办公会】 2016年2月，全县学校建设县长办公会举行，会议专题研究2016年全县学校建设计划。县教育局党委书记、局长戴晓成就2016年学校建设项目计划、各项目建设单位就所负责的项目，分别作详细汇报；各相关单位作表态发言。县委副书记、县长周辉指出：2016年是学校建设“项目落地年”，各项目建设单位要加快项目推进，确保顺利完成学校建设工作任务，推动全县教育事业再上新台阶。

【教育系统工作会议】 2016年3月5，教育系统工作会议召开，会议宣读2015年度教育系统先进单位和优秀个人表彰奖励文件，通报2016年春季开学工作检查。教育局党委书记、局长戴晓成作《立足高起点抢抓新机遇为办好党和人民满意的教育而努力奋斗》的讲话。他从“教育教学质量、教师队伍建设、办学条件改善、教育协调发展”四个方面总结2015年系统工作亮点、特色，在教育教学、队伍建设、办学条件、强化管理、和谐发展五个中心工作上全面部署2016年度教育工作重点。县人民政府副县长钟利仁深入分析教育改革与发展的重点和方向，就该县教育的高位发展，作出重要指示。

【宁乡一中入选北大清华认定的湖南省十大名校】 2016年，依据北京大学博雅计划、清华大学领军计划2015年的资格初审数据，在湖南省153所省级示范性高中中，北大、清华认定的湖南名校共12所，宁乡一中名列其中。

【宁乡一中教师赴新加坡讲学】 2016年2月17日至3月4日，宁乡一中数学教师黎国之作为新加坡教育部“杰出教育家交流计划”受邀名师，前往士林中学主讲三角函数数学课、以“创新、实践、能力”为课题的公开课；在新加坡教育部门主任交谈会发表演讲；向新加坡教育部的领导、专家与同行们介绍中国的教育改革情况，特别是新课程理念在中国的实践与成效；展示自己的教学科研成果。在“杰出教育家交流计划”分享会上，曾有为司长代表教育部为其颁发嘉奖证。

【承办省“平安校园建设”创建现场观摩活动】 2016年3月，45名来自邵阳市、永州市、郴州市、怀化市、张家界市、常德市、湘西州等市州区县教育局分管学校安全工作的负责人、“平安校园建设先进县市区”立项县教育局主要负责人抵达宁乡，参加由宁乡县承办的湖南省“平安校园建设”创建现场观摩活动。

【中韩合作办学】 2016年3月，省商务厅驻韩办事处首席代表张宏峰一行到宁乡县职业中专学校考察。5月17日至21日，宁乡县人民政府副县长钟利仁一行对韩国龙仁松潭大学、仁川敬仁女子大学及居昌郡升降机大学进行友好访问。6月21日，韩湘合作办学研讨会、联谊会在宁乡县职业中专隆重举行。宁乡职业中专学校和韩中职业教育开发院，分别与韩国敬仁女子大学、韩国龙仁松潭大学签订合作办学协议。三方就师生交流互换、教师技能提升、学生文化交流、海外实习场地的提供、短期技能培训等方面达成合作意向。

【宁乡县2016年学校食品安全工作联席会议】 2016年4月，由县市监局和教育局联合召开。教育局喻汉科做了《用责任和智慧构筑学校食品安全防火墙》的工作报告，市监局张家泽做了《多措并举、强化监督、携手共治，推动全县学校食品安全工作再上新台阶》的工作报告。教育局综治科长黄为明解读了“学校食品安全管理人员培训”“学校明厨亮灶工程实施”“学校特种设备安全监管”“民办培训机构监管”四方面工作。

【应若平调研宁乡教育信息化建设】 2016年4月,省教育厅副厅长应若平到宁乡调研教育信息化建设,详细了解了智慧宁乡、智慧教育建设的整合,教育信息化建设市场化运作等,观看了局校园安全监控指挥调度中心网络管理、校车管理、视频监控管理等情况。她认为宁乡经验值得推广。

【徐宪平来宁乡调研教育工作】 2016年7月,在省教育厅调研工作座谈会上,宁乡县教育局党委书记、局长戴晓成作为全省市州县区代表作典型发言,介绍宁乡教育发展情况。7月10日,国务院参事室参事徐宪平一行来宁乡调研教育工作。

【道林中学柔道项目获国家级奖励】 在2016年全国中学生柔道锦标赛中,道林中学由潘志强老师带队袁章鑫、童宇阳、杨淮湘三位学生代表长沙队参加。袁章鑫、童宇阳、杨淮湘分别获得全国冠军、季军和第七名;袁章鑫同学获得个人最佳技术奖;长沙代表队获得全国团体总分乙组第二名和体育道德风尚奖。

【湖南首个农村特级教师工作站】 2016年9月,长沙市特级教师宁乡南田坪中学工作站授牌仪式暨示范课送教活动在宁乡县南田坪中学举行。该工作站系湖南首个农村特级教师工作站,由长郡梅溪湖中学副校长、特级教师胡志辉担任站长。

【学前教育教研交流】 2016年10月,第二届全国学前教育教研工作交流会现场观摩活动在宁乡县县幼儿园举行。该交流会14日在长沙开幕,为期4天,以“名园教研观摩研讨与环境参观”为主题,全国300多名各地幼儿教育专家、名园园长参加。此前,宁乡县县幼儿园乡村游戏课题荣获国家教育部基础教育教学成果二等奖。

【国务院教育督导委员会到宁乡县督导“全面改薄”工作】 2016年12月,国务院教育督导委员会到宁乡县督导“全面改薄”工作。宁乡县人民政府副县长钟利仁从科学谋划布局、扎实高效推进、高位促进均衡、后段工作思路等方面汇报了宁乡县“改薄”工作的做法。国家督学吴正宪认为,无论是城区教师,还是乡村教师,宁乡的老师状态非常好,教师有职业幸福感。宁乡作为一个农业大县,教育工作做得很扎实,很到位,印象很深刻。她用“很不错,很难得,很感动”来评价宁乡的“全面改薄”工作。同时,专家们就教育投入、教师编制、教师交流、学校管理、大班额化解等方面进行了探讨与交流。

【2016年湖南省高中语文课堂教学竞赛】 2016年11月30日至12月2日在宁乡县第一高级中学举行。本次比赛活动由湖南省教科院、湖南省中语会主办,宁乡县教育局承办,长沙市中语会、宁乡一中协办,来自14个地州市的17位教师选手进行现场教学比武,来自全国范围内的500余名教师与会听课。宁乡一中罗妞老师以92.33的高分斩获一等奖第一名。 (办公室)

县职业中专学校

【概况】 县职业中专学校占地14.33公顷,建筑面积约8万平方米,主体建筑17栋,总投资2.1亿元。实建筑总面积1.05万平方米,实训设备总值2652万元。拥有校内实训基地2个,实验实训室44个,在三一重工(宁乡)、中联重科、格力电器、楚天科技、炭河里古城等15家企业建立顶岗实习基地。在籍学生3954人,教师职工252人。开设机械加工技术、汽车制造与检修、电子电器应用与维修、会计、计算机应用、焊接技术、旅游服务与酒店管理、电子商务、制冷空调、汽车整车与配件营销等11个专业。2016年,学校成功立项湖南省卓越中等职业学校。在长沙市素质教育督导评估中,学校获中职系列第一名,全项综合优秀;学校荣获“湖南省第四届黄炎培职业教育优秀学校奖”“2016年湖南省学校心理健康教育先进单位”、2016年湖南省职业院校技能竞赛中职酒店服务一等奖(中式铺床)、国家职业院校技能竞赛中职酒店服务三等奖、“长沙市两型示范单位”“宁乡县教育教学质量先进单位”“宁乡县绩效先进单位”“宁乡县综治安全工作先进单位”“宁乡县计生先进单位”称号;被授予“湖南省教育学会学校心理教育专业委员会团体理事单位”“长沙市优化经济发展环境监督测评点”。2016年,学校工作亮点纷呈:一是学生管理、对口升学、技能竞赛、教研教改等成绩可圈可点,教育教学教研常规工作均有新的突破;二是师生活动丰富多彩,电视台开播、微信平台运转、社团活动开展,传递校园正能量;三是部室特色日趋明显,专业课程建设、中高职衔接、现代学徒制等稳步推进;四是拓宽合作空间,校企合作、培训合作、校际合作、中韩合作均有较大进展;五是《中国教育报》的报道,省卓越校的成功立项,市素质教育督导的综合优秀,省黄炎培职业教育优秀学校奖、省心理健康教育先进单位、市两型示范单位等荣誉的获得,提高学校办学声誉。六是学校得到县党政领导的重视和支持,在县长现场办公会上,县长表态支持学校建设产教融合培训实训中心,实现学校进一步扩容提质。

【教学工作】 2016年,县职业中专学校加强教学常规工作督查和通报,学籍与信息管理规范;组织教师参加市"创新杯"教师信息化大赛和"星城杯"教师教学和技能展示竞赛;校内开展教师微课制作竞赛。全年组织师徒结对公开课共62节,促进青年教师快速成长;全员听课170节,评选优秀课36节。积极组织学生考证,740人参加湖南省英语应用能力考试,1222人参加计算机等级考试,119名同学顺利通过"会计从业资格证考试";收集市"文明风采"竞赛作品41件。以赛促练,专业部、教研组围绕主题组织全校性学生竞赛;学生在学科、科技、专业类竞赛中获得市县荣誉20多项。208人参加高考,二本上线62人,单招116人,综合升学率为99%。上线人数和上线率再创新高。在学生技能竞赛中,获国家级三等奖1个,省一等奖1个,省二等奖2个,省三等奖2个。长沙市学生专业技能竞赛获一等奖5个、二等奖29个、三等奖58个,6个团体奖。

【科研工作】 2016年,县职业中专学校成立第一届学术委员会,制定教科研方案与制度。汽车制造与检修专业(特色专业)成功通过湖南省重点项目建设验收,机电装备制造专业群申报市特色专业群。开展"我是这样上专业操作课"的赛课活动;学生基本功训练分部室开展;组织教师参加信息技术、普通话培训,赴长沙高新、汨罗职专学习交流。创建"谭颖"中职教育名师工作室。省职成教重点科研课题《农村中职学校培养乡村旅游人才的探索与实践》通过中期检查;《"双创"国策下"四位一体"模式开发中职生创业潜力的实践研究》立项为市级课题并开题;5个课题结题后申报省教育教学改革研究项目。教师论文44篇次获奖,8篇文章发表在《湖南教育》等杂志刊物上。"共读一本书"评优20人次;"教师沙龙"校本培训定期开展;积极编印校本教材和《南轩湖文集》,校内9本校本教材立项,《数字电子技术基础》由中南大学出版社出版。

【管理工作】 2016年,县职业中专学校一是抓好班子队伍建设,学校根据工作需要改革人事制度,创新用人办法,调整人事选聘,健全行政班子;领导班子团结务实、率先垂范,坚持行政值周,深入一线听课、评课,落实卫生包干责任,倾听一线教师心声,重视各线行管队伍建设,各分管工作成效突出。加强党建工作,开展"两学一做""四讲四有"专题教育实践,重视党课学习、交流研讨和谈心谈话,对行政人员签订党风廉政责任状;组织廉洁体检,将党风廉政建设工作落到实处。发挥监督委员会、教代会作用,坚持集体决策,民主监督。实行校务公开和阳光教育服务,规范校长信箱管理,加强行政督办和行风建设,确保校园风清气正,全年无教职工违纪违规现象。二是部室管理特色明显,三个部室创新方法,加强教育教学管理,特色日益彰显。机电部,坚持课堂教学与实训教学并重、技能竞赛与对口高考并重,强化专业阶段实训,组建技能兴趣小组,师生作品评比提高专业技能,2名学生获国家级荣誉;实行党员联班,创建"书香部室""名师工作室""技能大师工作室"推进建设,学生顶岗实习、就业指导效果好。汽车部,加大对中青年教师的培训力度,加强教育教学指导和考察学习;落实教学常规管理,注重技能训练,学生技能水平快速提高,获技能竞赛市一等奖3个;试点中高职衔接,"三元导示"模式获好评。商贸部,将精细化理念运用到跑操、"三十秒整理"、卫生、着装等方面的管理,学生习惯养成好;重视问题学生心理疏导和学生实践能力培养;建立教师考核台账;高考二本上线46人,超学校任务指标24人;4人次获得省级以上技能竞赛荣誉;学生从业资格证考试初次过级率达53.36%,超县平均水平约20个百分点。"学生说话能力"训练取得成效。三是财务后勤管理严格规范,做到开源节流,财务管理制度不断健全,按时发放教师职工基本工资、绩效工资、各项补助,搞好五险一金结算工作。为教师职工专心搞好本职工作提供物质保障,保证学校工作的正常运转。由教代会和工会小组成员参与财务审计,规范各部门收费行为。后勤管理责任落实到位,开源节流,规范采购和招投标管理,为教育教学提供优质服务。四是做好招生、人事、宣传、接待、档案工作,办公室能如质如量完成上级交办的人事、党务工作,协助纪检监察日常工作,接受局纪委工作检查,及时进行整改。组织党风廉政建设学习、廉洁体检,开展"廉政文化月"活动,做好纪检监察工作台账。校内各科部室宣传渠道畅通,宣传推介形成常态;与86级、93级8个班的271名毕业生建立联系,推介毕业生典型14名,加强对学校微信公众平台管理与信息推送,使公众号保持6800人以上的总用户数,进一步扩大学校知名度和影响力。阳光教育服务工作规范到位,未出现越级上访和集体上访现象。全年共接待上级领导、兄弟学校60多批次。五是推进工会和督查工作,加强民主监督管理,工会组织举行球类竞赛、跳绳比赛、合唱舞蹈、太极拳、趣味运动会、城市定向越野赛等文体娱乐活动,丰富教师职工业余生活。重视对离退休教师的慰问,为教师购买大病互助医疗保险;加强对教师办公室、教职工宿舍卫生评比;组织全校教职工进行体检,对子女参加高考的困难教师开展金秋助学活动;组织新教师座谈会,和党政办一起制定新教师生活手册,解决新教师在工作与生活中的实际困难。学校督查室紧紧围绕学校的中心工作,采取日常检查和专项督查相结合的形式来开展各项工作,加强对行管系列的专项督查,加强对各科部室过程管理和考核,对班子副职进行第三方考核评价,积极组织市素质教育督导评估迎检验收工作,对上届教工提案进行督办、落实和通报。六是德育管理成效明显,组织开展学雷锋、校园文化艺术节、技能节等丰富多彩的主题活动,各类竞赛活动定期开展;大课间跑操活动吸引长沙信息职业技术学校等兄弟学校观摩。校团委建设“职专周视界”校园电视台,弘扬校园正能量;12 个社团活动开展经常,学生参与面广,校内德育基地——巧艺工作室手工作品拍卖,引导贫困生校园创业助学;组织青年志愿者服务经开区运动会;校团委接受团市委对团员调控工作的调研获好评;定期组织团课和党校培训。加强学生实习、就业教育和指导,为学生实习就业进行职业指导和心理疏导;德育研究和心理咨询工作常态化。学生管理工作常抓不懈,校风学风良好,无重大安全责任事故发生,确保校园平安稳定。七是拓宽合作平台,与楚天科技、格力电器、沃特玛等企业的合作走向深度融合,组建通程班、楚天班、炭河里宋城班等冠名班级 9 个;毕业生就业率为 99.2%,本地就业率 98%,对口就业率 89%,订单培养率达 41%,实习稳定率达 72%,企业对毕业生满意率达 95% 以上。开展“百名职教人服务企业”的活动,调研 158 家园区企业。培训中心加强与科局部门的培训合作,全年职业培训共计 4842 人,包括职业技能培训、电子商务培训、继续教育培训、企业培训等类别。技能鉴定考核和各项培训基地申报工作有序推进。(谢道远)

宁乡一中

【概况】 2016 年,宁乡县第一高级中学(以下简称宁乡一中)有高中教学班 82 个(其中高一年级 693 班至 719 班共 27 个班,高二年级 666 班至 692 班共 27 个班,高三年级 638 班至 665 班共 28 个班),学生 4953 人,教师职工 382 人。学校曾连续六届被评为“中国百强中学”。在美国的中国研究中心推出的“中国 260 大最佳高中”中排名第 65 位。2016 年 3 月,宁乡一中被清华北大认定为湖南省中小学十大名校之一。5 月 26 日,宁乡一中学子何江,在哈佛大学毕业典礼上作为优秀毕业生代表发表演讲,成为登上此演讲台的中国大陆第一人;此后,又成功入选“福布斯俊杰榜”。7 月,国务院参事徐宪平和北大光华管理学院院长、省教育厅厅长一行到宁乡一中考察调研,对宁乡一中给予高度评价。美国加州州立大学马克院长和美中交流协会葛斌会长来校洽谈合作交流,广州 65 中、80 中、龙山高中、岳云中学、宜章一中等到校学习交流。9 月,在中国杭州举行的 G20 峰会上,湖南省出席峰会的企业界代表仅有 4 人,其中戴立忠、黄文宝两位就是宁乡一中毕业的学生!10 月,在《中国自主招生网》公布的 2016 年自主招生全国 500 强中学排行榜上宁乡一中位列第 31 位,湖南第 6 位。12 月,在《学科竞赛网》发布的 2016 年清华北大自主招生 500 强高中排行榜上名列湖南第 10 位。

【教师队伍建设】 2016 年,宁乡一中一是教师参加各级各类业务能力竞赛硕果累累。参与教育部“一师一优课一课一名师”活动成效卓著,获省优课 20 堂,部优课 12 堂,部优课数量居省内第一,全国所有中小学第 65 位;参加第五届全国高中语文教师教学基本功展评暨教学观摩研讨会,5 位老师获得一等奖,2 位获得二等奖;罗妞获省中语会赛课一等奖;数学、物理教师参加省解题大赛,均获市团体一等奖。二是课题研究成绩突出。课题《高中动态课堂的生成与教学手段运用策略的研究》获国家一等奖,课题《离异高中学生的家庭教育指导的研究》获省一等奖;省级重点课题《普高学生社会责任感研究》有序推进;成功申报《高中学生语文学习心理优化的实践与研究》等 3 个市、县级重点资助课题。三是名师工作室建设卓有成效。刘科中语文名师工作室、彭建伦英语名师工作室充分发挥了引领示范作用。彭建伦英语名师工作室申报省网络名师工作室,侯志宏申报县高中化学名师工作室成功。四是教师积极撰写教研论文。本年度教师共计发表论文 39 篇,获奖论文 120 多篇。6 月 20 日,《湖南日报》刊发专栏文章《学术筑基 责任铸魂 创新展翅》一文,面向全省推介宁乡一中教育教研等方面的经验。五是积极推进师德师风建设。认真落实局师德师风办的各项工作,深入开展“讲道德、明是非、守纪律”主题教育活动,学校未出现违反师德师风的问题,师德师风建设效果好。六是高度重视教师培训。按要求完成各级各类教师培训工作,实现全员参培,全校教师均修满 2016 年度所需学分。

【德育教育】 2016 年,宁乡一中注重培育社会主义核心价值观,将德育红线贯穿于日常教育之中,实现全员参与德育、全程优化德育,校风、学风进一步浓厚,养成教育、责任教育、安全文明教育、女生教育、心理健康教育等特色进一步彰显。学校全年未出现欺凌、暴力等事件,无消防、安全责任事故。宁乡一中被评为“市平安建设单位”“市公安局内保工作先进单位”“市网上学法守法竞赛优胜单位”“市、县消防工作先进单位”“县教育系统综治安全工作红旗单位”。

【教学质量】 2016 年,宁乡一中高考学考抽考三丰收。高考二本以上首次上线1403人，全省第1名；一本首次上线709人，全省第8名；600分以上人数108人；谢阳成为宁乡县高考总分突破700分的第一人。学考正考全科合格率98.65%，居全省前列。高一年级参加全县抽考，成绩在县内遥遥领先。

【特色教育】 2016年，宁乡一中艺体教育成绩斐然。学生参加全国中田赛获全国第14名，参加湖南省中学生田径运动会获全省第1名。参加其他各类体育比赛共获得国家级5金3银8铜，省级25金20银15铜。参加长沙市中学生文艺汇演获一等奖；参加市三独比赛获3个一等奖、10个二等奖、7个三等奖；所有艺体生高考上线率达到98%以上。学科竞赛、科技创新成绩骄人。在学科竞赛网发布的《2016年中国学科竞赛120强高中排行榜》中，宁乡一中名列全国第67位，省内第5位，其中肖维获化学奥赛决赛金牌并与北大签约。在第九届国际发明展、全国青少年外语能力竞赛、"周有光杯"全国语文大赛、全国作文大赛、第30届全国青少年科技创新大赛、第十五届"明天小小科学家"等活动中，宁乡一中均获得多项国际、国家大奖，名列全国前茅。

【其他工作】 2016年，宁乡一中工会工作温馨暖人。工会全年召开了4次教代会，认真做好了公租房分房、教职工全员健康体检、教职工阳光运动会等一系列工作，获评长沙市教育系统"标兵工会"称号。团委工作充满活力。加强组织建设，规范团队管理，积极开展"社会主义核心价值观"等主题教育活动，进行健康向上的舆论导向，打造特色鲜明的个性化校园文化。宁乡一中团委工作得到上级充分肯定，被授予"县团委考核一等奖"，书记卢文敏被授予"2016年宁乡县十大杰出青年"称号。督导工作成绩辉煌。认真完成了2016年省督导评估网络空间建设工作；5月，迎接省教育督导评估专家组的视导，受到专家领导高度评价；10月，迎接长沙市素质教育督导评估，被评为综合优秀，并奖励10万元。2015至2016学年度网上督导评估被评为优秀。校友联络和学生资助中心工作认真务实，成绩显著。切实加强基金管理，严格实行三级审批制度，财经手续健，基金会年审合格。全年共筹集资金195.1万元，认真开展奖扶活动，奖扶资金共计81.1万元。学生资助工作有序开展，严把扶困助学关，全年资助学生2419人次，金额265.3万元。

（朱建华　龙　潇）

宁乡四中

【概况】 2016年，宁乡四中有教师职工201人，在校学生3058名。全年，全校师生围绕"建设师生幸福成长的理想学校"的目标，大力推进思想治校，切实加强内部管理，努力提高教育质量，取得更新更好的办学业绩。学校接受湖南省示范性普通高中现场督导评估，高考学考质量再获优秀，在全县系统年度目标管理考核中被评为"先进单位"，办学声誉进一步提高，学校氛围进一步优化。

【人文环境】 2016年，宁乡四中以建设学生喜欢、教师幸福、社会满意的理想学校为目标，深入推进思想治校，优化人文氛围。一是思想治校更加深入。坚持落实思想治校策略，举办暑假思想学习培训班、召开春季开学工作动员大会和每周工作例会，引导全校教职工坚守教育信仰，坚守内心准则，努力办好适合每个学生成长的理想学校。二是人文氛围更加优化。全年投入600余万元，着力改善办学条件。新建1栋2400平方米的教师公租房，改造1栋旧教职工住房，较好地解决教师住房问题；以"迎省督"为契机，新建电子阅览室、改造化学实验室，对校园环境进行全面整修，学校人文环境更加优化。

【师资素质】 2016年，宁乡四中坚持学校的生命力来源于教师成长的理念，切实加强队伍建设，激发队伍活力，全年有50多篇教师业务论文获得市级以上奖励；有10多名教师在县级以上业务技能竞赛中获得奖励。一是师德师风更加优良。以师德建设为核心，完善师德评价机制，开展师德专题教育并充分利用例会、典礼等各种契机，切实加强师德建设，培植优良师风。全年有100余人次的教师获得上级主管部门授予的各类荣誉称号，其中，孙有为老师被评为县"师德标兵"。二是学习培训蔚然成风。深入开展校际交流，一年来，先后有广州市及县内多所高中来校交流，同时，选送多批次教师赴北京、长沙、株州、浏阳等地学习培训，全年达近百人次。三是专业水平不断提升。切实加强教学研讨，大力推进教研组、备课组建设，促进教学水平的提高，得到县教研室的高度评价。特别是在迎省督导期间，所听18堂课中有10堂被评为优秀课。强化新教师培养，开展师徒结对工作，组织新教师教学汇报展示活动，促进新教师成长。

【德育工作】 2016年，宁乡四中坚持德育为首，育人为本的理念，切实加强和改进德育工作，德育品牌进一步彰显。2016年11月，湖南省高中德育副校长提高班学员80余人来校交流学习，学校作典型经验介绍，得到与会领导和学员的高度评价，一致认为是农村高中德育教育的榜样和示范。一是常规管理继续加强。健全班级量化评价机制，坚持以班级综合评比为抓手，以养成教育和培养学生行为习惯为重点，全面加强常规管理。充分发挥学生能动性,积极推进学生自主管理,促进学生自我完善、自主发展、自我提高。二是序列教育更加丰富。加强德育队伍建设,召开全校德育工作大会,组织班主任开展研讨培训。主题教育更加丰富,充分利用各种契机,开展学雷锋义卖、成人仪式、庆祝建党95周年、成长心连心、法制教育等系列活动,进一步丰富校园文化,促进学生精神成长。三是德育研究不断拓展。积极推进德育研究,学校被评为全国和谐德育年会“2016年全国德育科研先进实验学校”、16名教师被评为“先进工作者”或“优秀实验教师”。同时,《以微德育促进农村高中生素养提升的研究》立项为省级子课题,举行开题报告会,制定研究计划,各项工作有序推进。四是安全工作常抓不懈。坚持安全第一,全面加强安全管理,认真落实各项安全制度,每月开展安全隐患排查,专题开展心理及校园暴力等整治和教育,学校保持和谐稳定。

【教育教学】 2016年,宁乡四中坚持以促进学生和谐成长,提高教育教学质量为主业,切实加强常规管理。2016年高考一二本上线482人,其中一本90人,二本上线率超过45%。学业水平考试全科合格率达到93.74%。学校获得全县“高中教育教学质量优胜奖”。一是切实加强教学常规。坚持以教育局要求为指导,全面深化常规管理。每月开展教学常规检查,每天对教学情况进行巡查督导,大力加强包干组建设,认真做好潜能生辅导和转化工作,为提高质量奠定坚实的基础。二是不断推进教育科研。注重以课题为抓手,加强教育研究。2016年度,《高中语文情境作文序列训练教学法的研究》等3个课题立项为省级规范化课题。三是深化综合素质培养。全面推进素质教育,大力开展体艺、科技、社团、竞赛等各类活动,学生综合素质得到培养,全年有500多人次的学生获得县级以上作文、书画、艺术、学科等各项竞赛奖励。四是全力巩固特色成果。科技创新教育再创佳绩,两项学生作品获第三十七届全省青少年创新大赛二等奖,学校获得全国“青少年科学调查体验活动示范单位”称号。柔道特色成果突出,在2016年全省和全国中学柔道锦标赛中分别获得2金3银和4金2银4铜,8名柔道特长学生升入高等院校。

【内部管理】 2016年,宁乡四中一是加强作风建设。明规挺纪,正风清源,大力加强和改进工作、生活作风,深入开展“廉政文化进校园”建设,营造风清气正的校园环境。二是提高管理水平。推进民主建设,学校重要事项都通过集体讨论并以适当方式面向全校师生公开。以公开竞聘、民主测评的方式选拔学生科长等中层干部,顺利完成工会换届选举。强化制度管理,坚持依法依规办事,得到教职工拥护和认同。切实规范办学行为,全面取消择校学生,得到家长和群众的理解和支持。三稳健推进党建工作。加强党员教育和管理,深入开展“两学一做”学习教育,开展3次专题党课,组织党员春训和组织生活会,组织全体党员赴浏阳文家市和胡耀邦故居接受革命传统和理想信念教育,党员党性意识进一步增强。推进支部建设,落实“三会一课”等常规制度,支部凝聚力得到增强。全面加强党风廉政建设,切实加强师生廉政教育,组织开展教职工廉洁体检,廉洁从教意识进一步深化。 (办公室)

国网湖南省电力公司管理培训中心

【概况】 2016年,国网湖南省电力公司管理培训中心在职职工96人,招聘员工232人,退休职工49人。占地面积20公顷,主体建筑群5万多平方米。学员宿舍330间,600个床位;拥有12个大中小培训教室,2个餐厅,可容纳600学员同时就餐;体育中心占地3万多平方米,拥有室内游泳馆,室内标准网球(羽毛球)场、篮(排)球场等。

【培训质效稳步提升】 2016年,国网湖南省电力公司管理培训中心共完成培训班130期,累计培训9434人次,培训3.85万人天,培训质量、综合服务满意率均达100%,完成年度培训任务的112%。专注打造品牌培训项目,创新科级干部培训模式,构建“7+N”第一课堂与第二课堂相结合的办班模式,建立集中讲授与团队分组讨论相结合的“1+1”培训方式,实施“组织需求+个人需求”的课堂模式,科干班的品牌价值逐渐体现。五个二类项目立项开发,实现中心课题项目研发零的突破,利用二类项目建设平台,开展内训师培训,组建培养12名具有一定基础的兼职内训师队伍,形成涵盖电力体制改革、行动学习、职场礼仪等拥有自主知识产权的相关课件14个,内训师走上培训讲台20多次,获得广泛好评。制定完善《培训管理文件汇编》《班主任工作手册》《班主任带班工作日志》等系列规章制度。推出“培训管家”计划,主动与公司本部14个专业部室进行沟通,协助拟定公司2017年教育培训储备计划,获得各部室的高度赞扬。狠抓外部师资库的建设,分别与湖南大学、中南大学、省委党校等省内知名学府以及百年基业、清华厚德、华润等国内知名咨询公司建立良好的师资合作关系。

【后勤保障稳步提高】 2016年,国网湖南省电力公司管理培训中心安全基础更加牢固。开展“安全月”和“7.4”安全日活动,提高安全意识。制定应急预案，开展演练，应急处置能力不断提高。建立定期安全检查制度，加大检查排查力度，消除各类问题、隐患48项。开展设备隐患治理，确保正常稳定运行。硬件设施更趋完善。反腐倡廉教育基地、网络教室、多媒体教室、培训教室投入使用，心理关爱工作室、测评中心相继成立，完成部分绿化提质等项目，后勤保障能力明显提高，校园环境得到改善。后勤一体化建设平稳推进。积极推行培训餐饮业务外委管理模式，努力降低用工风险，提高管理效率。加强服务、安保、保洁、绿化、维修、设备运行等专业队伍建设，整合后勤保障力量，不断提升协调运营能力。服务品质明显提升。始终坚持"服务至上"的理念，在服务全过程植入"感动文化"，爱心触角无限延伸，感动文化深入人心。成功接待中电联高级技师评审会、国网经研体系科技进步奖评审会、公司"两会"、年中会等大型会议，圆满完成国网公司华北地区离退休老干部健康休养的接待，老同志们送上"真诚服务，温暖如家"的锦旗。全年收到致谢卡800余张，感谢信150多封。在餐饮服务上依托菜品创新、在住宿服务上凭借细心周到，强化"温馨细微"的个性化服务，受到省公司领导、培训学员的一致好评。职工食堂达到省公司"健康食堂"标准。

【精益管理持续推进】 2016年，国网湖南省电力公司管理培训中心全面落实省公司党组关于巡视自查和整改落实工作的部署，对"三重一大"决策、会议接待管理、ERP系统科目明细等情况一一梳理，逐条整改，确保整改取得实效。扎实开展培训经费管理审计，集体企业管理专项监督，防范风险。推动"营改增"政策落地执行，开展"两金"占用专项清理，预收账款余额压降78.1%，应付账款余额压降41%，存货压降80%。全年组织开展管理效能提升、行动学习、通用制度等内部培训171次，员工队伍综合能力稳步提升。全面推行6S管理，制订6S管理实施方案和推广工作手册。完成47间办公室整顿，编制6S物资需求表，制作安装部门工作看板14块，6S定置图14张，各种定位标识标签1000余个。通过清理整改，中心员工精益管理意识显著增强，各部门办公环境明显改观，各项基础管理标准化、规范化、精益化水平全面提升。

【"三个建设"成绩突出】 2016年，国网湖南省电力公司管理培训中心扎实开展"两学一做"学习教育、"三亮三比三无"主题活动、党员心得征文、党课课件开发等系列活动。道德讲堂、党日活动主题突出，特色鲜明。"两学一做"技能竞赛，展现各支部"学"与"做"的成效。廉政"暖心"工程深入推进，反腐倡廉教育基地接待参观实训115批，4579人次，推动廉洁文化入脑入心。餐饮成本管理效能监察项目获省公司优秀奖。体现中心员工爱岗敬业，无私奉献的节目"忠诚"走进公司职工文化成果展舞台。"最美声音"普通话比赛，用诚信、责任、担当诠释管培人的风采。微电影《特殊的全家福》被选送国网故事汇，并获上级部门频频点赞。时间最长、规模最大的气排球联赛，凝聚力量，丰富生活。"读享"活动的开展，为培训学员打造非同寻常的"文化大餐"，为推进文化底蕴深厚、培训特色鲜明的"学习型企业"奠定良好基础。"向上吧，青年"等系列活动在青年员工中深入人心。开展"精准扶贫，健康助力"健康体检，"微笑你的童年"关爱留守儿童行动，联合省文联举办"笑满三湘——精准扶贫到花山，电力关爱到身边"等系列精准扶贫活动，帮助贫困群众减轻就医实际困难，为留守老人孩子带去心理关爱，把央企责任送进村民心里，获社会与公司党组高度认可。

2016年，中心顺势而为，以创建"两个一流"为目标，全体员工齐心协力，奋发有为，中心各方面工作取得明显突破。雅源书屋喜获"全国职工书屋示范点"荣誉称号；工会被评为公司"先进工会"，并在公司"巾帼建功"技能大赛中荣获"先进集体"；中心在公司法治企业建设知识竞赛中获"优秀组织奖"；第一党支部被评为"公司十佳电网先锋党支部"；财务资产部被评为"芙蓉电力标兵岗"；管培部梁玉荣被评为省公司劳模；1名职工被评为公司"芙蓉电力明星"；省公司"两学一做"技能竞赛，中心个人取得一等奖、二等奖，助力中心机构联队取得团体第五的好成绩。

（朱平华　李良君）

文 化

文化体育

【概况】 2016年,宁乡县文化体育广播电视局机关设6个科室:办公室、规划财务科、文化科、体育科、产业科、行政审批服务科。下辖9个二级单位:文化市场综合执法局(正科级单位)、文物管理局(副科级单位)、图书馆、文化馆、演出管理站、电影公司、剧院、文体事业发展服务中心和文体中心管理处。局系统干部职工215人,有中高级职称的17人,待岗人员112人。主要承担文体阵地建设、文体活动组织、文化传承保护、文化产业发展和文化市场管理等工作职能。2016年县文化体育广播电视局在县委县政府的正确领导下,紧紧围绕省、市、县党代会和政府工作报告精神,以打造群众幸福家园、实现文体事业让"民生更爽"为主题,以开展"两学一做"学习教育活动为抓手,增强文化自信,实施文化强县、体育强县战略,努力建设更加完善的现代公共文化体育服务体系,人均拥有公共文化体育设施面积3.62平方米,村(社区)文体器材实现村村全覆盖,不断适应人民群众不断增长的文化体育需求,为建设更加富饶美丽幸福的安宁之乡提供文化支撑和智力支持。2016年县文化体育广播电视局获全省农家书屋工作先进单位、湖南省文化行政审批示范窗口、省体育局2016年度县级体育彩票工作销售贡献奖、长沙市文明单位、市"六个走在前列"绩效考核先进单位等荣誉,县文物局被评为市不可移动文物安全管理合格单位;县电影公司总经理刘晓青被省新闻出版广电局、省版权局评为2016年度全省新闻出版广电(版权)工作先进个人,文化馆副馆长罗汇灵被评为湖南省"欢乐潇湘"大型群众文化活动先进个人。

【文体阵地日臻完善】 2016年,县文化体育广播电视局创建省级现代公共文化服务体系示范区和建设现代体育公共服务体系三年计划(2015—2017)有序推进。一是阵地建设全面加强。新建和提质6个乡镇综合文化站,10个示范性社区(村)公共文化服务中心、8个乡镇(户外)全民健身中心、51家党建文化养老服务中心、30个示范性文化屋场和30个示范性农家书屋;为各乡镇配备文体设施设备300余套;获批市级固定电影放映点9个;县图书馆添置24小时自助图书馆。二是文体活动蓬勃开展。组织大型文体活动50余场,完成公益电影放映4680场、送戏下乡30余场;开展"楚沩公益讲坛"活动15场;开展图书流动服务342次;引进湖南首支职业篮球俱乐部,开展全国男子篮球联赛(NBL)13场;组织政府购买服务活动100余场;县文体中心免费或低收费对外开放,两馆一中心全年开放时间达到362天,累计服务70余万人次,接待前来考察、学习的县市、单位30余批次。三是文体队伍不断扩大。全县已登记注册文艺团队38支,文化协会1支,体育协会19支,健身俱乐部19家;成立宁乡县文化志愿服务中心,开展文化志愿服务活动近50场;举办文体专干培训50场,共培训3000余人次。

【传统文化深入传承】 2016年,县文化体育广播电视局始终坚持文化资源的保护、传承、发展与利用并重。一是文物保护不断加强。扎实做好文物安全工作,圆满实现文物安全年目标;争取中央省市各级文保资金3500多万;与湖南大学签订《保护发展张浚张栻思想框架协议》;完成何叔衡故居消防、安防和兰花屋场综合利用工程;何叔衡、谢觉哉故居展陈已顺利完成国家文物局立项;罗家冲遗址、炭河古城考古取得重大突破;灵鹫峰进士文化园完成发改立项;出版《拓片宁乡》《古国迷踪》书籍。二是"三个中心"特色凸显。举办全县花鼓小戏、民间皮影戏大赛,成功申报市级非遗项目4个;举办非遗知识培训班6期,开展"非遗进校园"等活动;恢复成立宁乡县花鼓戏剧团;创作《宁乡吟》《绿水青山我的家》等文艺作品30余个,《宁乡吟》获得"欢乐潇湘"市金奖、省铜奖。

【文体产业提档加速】 2016年,宁乡县获批区域性全民健身中心2个并进入了国家"十三五"项目规划笼子,被确定为2017年市政府实事工程;协助推进华强项目、香山景区、道林古镇等文化平台建设;炭河里青铜博物馆2016年国庆开门迎客;启动影剧院装修;宁乡新媒体艺术中心进入方案设计阶段;文体中心成功招商建设文体游乐园、青少年艺体培训中心、体育彩票投注示范点,改造新增群众大舞台、公益培训场地等户外公共设施。现有体彩销售点40个,体育彩票销售额3800万元。

【文化市场稳定有序】 2016年,

县文化体育广播电视局一是加强执法监管。大力推行“阳光执法”,加强市场专项整治,有效净化文化市场环境;开展“健康寒假”“阳光暑假”网吧专项整治,查处35家违规网吧;开展安全生产大检查;开展“护苗2016”“清源2016”“净网2016”“秋风2016”等专项行动,开展各类专项整治执法行动共计52次,出动执法人员1938人次、执法车辆357台次,检查经营单位750余家,其中立案查处违规经营单位41家,结案41家,落实举报受理50余起。二是严格行政审批。严格各项审批程序,简化审批手续,行政审批办理行政许可112项,实地检查246家次,新闻出版市场年度核验213家,换发许可证378家,为园区企业上门服务52家次。

【全面落实党建和党风廉政建设主体责任】 2016年,县文化体育广播电视局一是党建工作深入开展。组织“两学一做”4次教育讨论活动;组织在职党员进社区、党员冬春训、民主评议党员等活动;培养入党积极分子4名,预备党员转正2名,新发展党员2名,推荐提拔副科级领导干部1名;局党委围绕结对共建、软弱涣散基层组织建设和精准扶贫工作,指导局机关和二级单位党支部实施结对帮扶活动,为灰汤镇福建村和双盆村结对帮扶的50个贫困户送去物品和慰问金合计3万余元,对灰汤镇古南桥村软弱涣散基层党组织安排帮扶资金和文体设施;文物局党支部对偕乐桥将军坪美丽乡村建设给予5万元资金支持;图书馆党支部在灰汤镇福建村开展读书活动。二是党风廉政建设深入推进。建立党委书记、局长喻国军任组长,党委委员、县纪委派驻纪检组组长黄蓉晖任副组长的局党风廉政建设领导小组,制定并下发《党风廉政建设责任分工》等文件,明确工作责任,形成“一把手”负总责、一级抓一级、层层抓落实的工作格局;邀请县纪委常委上廉政知识党课,建设机关廉政文化长廊,开展“廉洁知识抢答赛”“家风好家庭评比”;组织“第七届廉政文化周”颁奖文艺演出;严格控制“三公”经费,全面坚持民主决策,杜绝一言堂;严格干部选拔任用工作,开展预防腐败交心谈话。

【中心工作圆满完成】 2016年,县文化体育广播电视局紧靠县委、县政府工作部署,扎实推进安全生产、文明创建、综治维稳、计划生育、美丽乡村、防汛抗旱等工作开展。完善安全生产各项制度和责任落实,组织文化市场经营单位法人对执法局执法满意度测评,满意率为100%。处理县领导批示件5件信访件4件、“12345”县长热线和“12318”市民热线50余件、“红网问政湖南”投诉件2件、提案建议7件,社会各界对办理结果满意。

(廖红 黄莹)

图书发行

【概况】 2016年,湖南省新华书店有限责任公司宁乡县分公司(下称新华书店宁乡分公司)有正式在册在岗员工46人。下设经理室、综合管理部、财务管理部、图书音像业务部、教材教辅业务部。设图书销售门市部10个:玉潭镇设有中心门市部,营业面积700平方米,经营图书、音像制品、文化用品3万余种;在宁乡一中、四中、九中、十中、十一中、县职业中专校园内各设一个校园书店,经营图书、报纸、杂志;在黄材镇、双凫铺镇、流沙河镇各设一个集镇门市部,经营品种4000余种。2016年,新华书店宁乡分公司在县委县政府和省市公司的坚强领导下,主动适应经济发展“新常态”,紧紧围绕生存稳定,整合发展要素,着力务实工作,做大做强主业,引领公司各项业务稳步增长,全年完成销售码洋1.21亿元,销售规模稳居全省县级公司前列。较好地完成各项工作任务,为十三五发展规划开好局。

【教材教辅发行工作】 教材教辅发行工作是公司工作的核心,不断强化新华书店作为国有图书发行主渠道的作用。2016年,新华书店宁乡分公司始终遵循“高效、扎实、主动、细致”的工作要求,对内规范业务流程,提高工作效率,提升服务质量,按照课前到书,人手一册的要求,将春秋两季教材送达全县各学校,保证全县春秋两季开学工作的顺利进行,得到教育主管部门的充分肯定;对外加强宣传推广,领导班子成员亲临销售一线,分组带领发行小组成员深入全县城乡学校,与学生、家长开展面对面征订工作,努力做好与学校、家长、学生的沟通,争取他们对新华书店产品和服务的认可和支持,确保全年该业务有序平稳运行。

【一般图书发行工作】 2016年,新华书店宁乡分公司一般图书实现销售3300万元,同比增长10%,继续保持稳定增长。门店零售继续保持稳定增长势头。一是加强门店管理、推进门店建设。一方面,年初调整中心门店卖场布局,将柜组合并为少儿、社科文艺、教育科技三大柜组,推行竞争机制,提升服务质量。又通过在卖场搭建“阅读角”,摆设绿色盆栽、店堂覆盖WIFI、提供微信支付,为顾客提供更为舒适的阅读和购物环境;另一方面,为助推县域全民阅读工作的开展,继续推进门店建设,新建职业中专校园书店一家。二是开展营销活动、鼓励全员营销。全年开展世界读书日“你读书我买单”“书香长沙、爱心阅读”以及元旦、春节、三八妇女节及六一儿童节、国庆节等节假日营销活动,重点做好党政干部政治学习用书的营销,如紧扣“两学一做”学习教育活动,发行《习近平总书记系列重要讲话读本(2016 版)》7 万多册,码洋110 万元。中心门店承办本土打工作家喻贵南撰写的正能量童话《萧汉与狗怪的传奇》和县纪委组织文史专家深入挖掘编撰的《楚沩家风》两场新书发布仪式,在凝聚人气的同时,更提升新华书店的社会影响。大中专教材发行添新篇,除做好现有院校教材供应外,继续将触角向县域外延伸,下半年公司中标县域外某院校 2016 年至 2017 年教材供应权。全年共计实现销售 1100 万元,与上年同期相比增加 281.7 万元,同比增长 34.4%。

【文化用品销售工作】 2016 年,新华书店宁乡分公司将做好文化用品业务的重点放在积极参与招投标业务方面,通过密切关注市场动态、树立良好心态,以“新华的服务,品质的保证,永恒的承诺”尽心尽力做好此项工作,全年联营数码及招投标业务实现销售共计 800 万元。

【内控管理工作】 2016 年,新华书店宁乡分公司全面强化规章制度执行力度,内部控制管理愈加精细严格,管理水平进一步提升。一是完善制度并严格执行。为认真贯彻落实省市公司的各项规章制度,也为了使公司各项工作有章可循,能够用制度管人管事,本着从公司实际出发的原则,重新制定并完善 10 项规章制度,使之能够适应新形势、新情况,凸显管理水平的规范化。二是精细管理并强化监管。在做好财务管理基础工作之外,进一步强化费用预算,严格费用开支审批,全年几项主要可控费用中,三项主要费用同比均下降 20%以上,凸显财务事前事中严格监管成效。切实做好货款回笼工作,全年货款回笼率达 97%以上,确保了企业资金安全,防范经营风险。三是做好社会管理综合治理工作。根据安全生产和综治工作要求,严格落实安全生产各项规章制度,强化安全日常监管和重大安全隐患排查工作,定期对各部门、重点部位进行安全检查,对车辆进行保养维护,特别是在春秋两季教材教辅分送过程中,多次召开安全生产会议,保障公司人、车、商品安全。

【党组织建设和队伍建设工作】 2016 年,新华书店宁乡分公司一是精心组织专题教育。根据县委县政府和省市公司安排部署,公司党支部自 5 月中旬组织开展“两学一做”专题学习教育,聚焦“讲政治、有信念,讲规矩、有纪律,讲道德、有品行,讲奉献、有作为”开展专题讨论 4 次,组织讲党课 4 次,组织党员干部观看《不可触碰的底线》《榜样》《难忘的岁月》等教育警示片,引导党员干部明法规、严律己、知敬畏、知行止。之后,召开专题民主生活会。二是全力抓好精准化扶贫。公司结对帮扶对象为青山桥田心铺村 25 户贫困户,班子成员、职工群众多次逐户走访贫困户,了解贫困人口家庭情况、居住条件、就业渠道、收入来源等,并开展慰问帮扶,共计捐款 1.6 万元。另外,为继承和发扬新华书店厚义薄利的企业文化,倡导重视教育、支持教育、关心学生尤其是贫困学生成长的良好风尚,2016 年公司积极响应县委县政府精准扶贫号召开展“爱聚新华、书送希望”捐赠活动,共向县域贫困学校、学生捐资 20 万元、图书 40 万元,进一步树立新华书店关心教育、回馈社会的形象。三是做好党员发展工作。发展预备党员 1 名。同时及时维护更新党员信息管理系统,并按时做好党费收缴工作,2016 年根据县委组织部下发《党费收缴工作的通知》,及时补缴党费。四是加大对青年员工的培养教育,有力提升青年员工队伍整体素质,为企业的发展培养优秀的人才。 (陈思思)

县广播电视台

【概况】 2016 年,宁乡县广播电视台内设办公室、人力资源科、财务后勤科、总编室、事业技术科、安全保卫科等 6 个科室,下辖宁乡县电视台、宁乡县人民广播电台、望北峰广播电视转播台、宁乡县电视节目传输中心 4 个二级单位和长沙宁视界传媒有限公司。全台共有干职工 355 人,其中在职员工 299 人,离退休 56 人。全年,全台实现经济收入 6006 万元,其中网络收入 4105 万元,电视广告收入 1848 万元;荣获“湖南省 2016 年直播卫星户户通工程建设先进单位”“长沙市宣传创优先进单位”宁乡县“五好领导班子”“综治工作红旗单位”“优化经济发展环境模范单位”“党风廉政建设责任制先进单位”“宣传思想文化工作目标考核先进单位”“关心下一代工作先进集体”“防范和处理邪教工作先进单位”“2016 年优化经济发展环境暨政风行风测评社会发展类第一名”等荣誉称号。

【广播电视宣传】 2016 年,县广播电视台大力推进电视频道和栏目创新改革。将原有的 7 个频道整合为 5 个频道,开办《宁乡新闻》《关注》《热线在行动》《纵横》《天南地北宁乡人》(第二季)《头都大了》等栏目。开辟电台“优悦生活 945”微信公众号,开办《945 悦动听》《就是爱旅游》等广播栏目。电台节目纳入“宁视界”微信公众号“玩转宁乡”栏目,实现多平台在线收听。广播、电视、新媒体联动宣传,积极服务县委、县政府中心工作,切实履行舆论引导职责。全年共播发电视和网络新闻稿件 8200 余篇,在中央台发稿 3 篇,其中《“一线总指挥”的责任与担当——全国优秀县委书记群体风采》在央视 1 套《新闻联播》播发;在湖南卫视发稿 41 篇。电视作品共获评 10 项省、市级政府奖和专业奖,其中长消息《宁乡农民向霞光韩国媒体"秀"家乡》获评湖南广电奖三等奖和长沙新闻奖三等奖、长沙广播电视新闻一等奖;播音作品《宁乡新闻》获评湖南省广播电视播音主持作品奖三等奖。电视新闻和网络新闻作品共获评14项县级奖。

【网络覆盖传输】 2016年,县广播电视台扎实推进广播电视公共服务体系建设。加快推进广播电视"户户通"工程、高山台数字无线电视覆盖工程、"电视宽带光纤入户"工程,不断提升广播电视覆盖传输质量。全方位提升电视网络管理,进一步完善全县乡镇广电光缆网络规划图,建成全县有线主干环网,极大提高电视信号大面积中断的应急处理能力。积极配合县内重点项目建设,做好了杆线迁移和线路新建工作。全年共投入建设资金952余万元,铺设光缆2000千米,建光节点350个,在全县25个乡镇开通宽带主干链路,新发展电视客户8711户,新增宽带客户2204户。圆满完成省、市"实事工程"任务,直播卫星"户户通"工程为边远山区2000户农村群众开通电视信号。望北峰转播台安全优质转播上级节目3.5万小时、自办节目1.46万小时,安全播出。

【新媒体发展】 2016年,县广播电视台大力推进媒体融合发展。新媒体平台立足"互联网+电视+生活"定位,助力宁乡"智慧城市"和"服务型政府"建设。"宁视界"微信公众号发布解读政策、引导社会热点、通达社情民意,已纳入长沙市委宣传部"长沙发布"微信矩阵,用户突破21万户;手机台致力于打造"移动的宁乡电视台"和"个性化、社会化掌上平台",方便用户收看节目、浏览资讯、在线办事,2016年6月中旬上线,至2016年底总访问量达到408万余次。同时开发电商模块,策划推出"一月一主题"活动,举办线上线下活动共计35场。两大新媒体平台发展迅速,影响力不断提升,成为继宁乡电视台之后县委政府的重要官方媒体。

【媒体产业经营】 2016年,县广播电视台充分发挥广播电视资源优势拓展媒体经营。对房产频道节目进行改版升级,新成立活动部,成功承办全县"讲道德.明是非.守纪律"总结展演、"两学一做"学习教育家庭廉洁知识挑战赛决赛、"故事宁乡.经典演艺"文艺巡演、"传奇宁乡擎动潇湘"宁乡首届汽车文化旅游节开幕式和汽车彩绘展示活动,得到社会各界的高度评价。不断提升服务水平,创新广告经营。选定20多家客商作为广告大户进行重点攻关,量身制定宣传方案,在客户拓展方面取得较大突破。2016年在广告市场普遍低迷的情况下,完成创收1848万元,电视广告收入逆势增长,在全省县级台中稳居首位。

【自身建设】 2016年,县广播电视台全面从严治党,持续加强党的建设和党风廉政建设。按要求、分阶段开展"两学一做"学习教育,"六有六结合"的经验在全县"两学一做"学习教育督查中被作为典型进行推介。深入开展基层党组织结对共建工作和精准扶贫工作,投资12万元为青山桥、黄材"千手爱心大屋"易地搬迁群众免费开通电视信号,向结对共建村和扶贫村送去帮扶钱物共计36万元。不断提升人员素质,加强人才队伍建设。出台《自办节目实行季度讲评的方案》《学习培训和业务竞赛实施计划》《"一带一、一对红"结对学习活动实施方案》,举办新闻写作、摄影、制作等专业培训和业务竞赛。全年共组织全台性的业务培训活动3次、外出学习培训27次、二级单位内部培训233次,师徒结对培训46人次。同时多渠道引进优秀人才,对专业人才进行特殊奖励。出台《"专业技能岗位标兵"评选活动实施方案》《宣传创优奖励办法》,不断激发干职工干事创业的热情,确保全系统稳定、安全、有序运转。新媒体艺术中心建设搬迁工作取得突破性进展。

（陈　泽）

《今日宁乡》信息中心

【概况】 2016年,《今日宁乡》信息中心坚持正确的舆论导向,紧紧围绕县委、县政府中心工作,以服务全县改革、发展、稳定大局为主题,唱响"创新、实干、有为"主旋律,通过一手抓制度建设、队伍建设、作风建设,一手抓办报质量和广告创收,实现"办报质量稳步提升,收支结构稳步优化,工作阵地稳固长久"的工作目标,报社的建设与发展保持良好的势头。在中央媒体《新华每日电讯》发表文章1篇、《湖南日报》发表文章3篇、《长沙晚报》发表文章10篇。向《红网》推稿580篇,《新华网》推稿1篇、中国文明网要闻头条1篇、中国文明网地方传真46篇、湖南文明网450篇。新浪、网易、腾讯、凤凰网、今日头条转载无数。《宁乡网》被《红网》评为全省优秀分站,单位被评为全县抗洪抢险先进集体。

【抓生产,保任务】 2016年《今日宁乡》信息中心先后完成抗洪抢险、美丽乡村、新型城镇、实力园区、全域旅游、党建工作、廉政文化周、千手爱心、平安宁乡、非煤矿山实地调查、县十二次党代会、旅游精美干线精细管理、落实省市县党代会精神、项目百日大会战、喜迎两会和两会报道、工业集中报道、精准扶贫报道等近三十项县委、政府中心工作,守住新闻舆论阵地,高质、高效地完成县委、政府交办的各项工作任务。全年生产报纸270期,包括13期《党建专刊》,1140多个版面,共1100万字。在中央媒体《新华每日电讯》发表文章1篇、《湖南日报》发表文章3篇、《长沙晚报》发表文章10篇。向《红网》推稿580篇,《新华网》推稿1篇、中国文明网要闻头条1篇、中国文明网地方传真46篇、湖南文明网450篇。新浪、网易、腾讯、凤凰网、今日头条转载无数。被《红网》评为全省优秀分站、评为全县抗洪抢险先进集体。全年编印《沩江潮涌》《绿水青山我的家》两本书及第三本《工业报道集》。

【抓制度、提质量】 2016年《今日宁乡》信息中心以质量管理为核心进一步加强制度建设,完善考核机制,严格审核责任制度、优稿评奖制度,实施无差错版面评选制度,增加版面美术总监,确定版面优化的目标、路径和方法,通过编辑、美术编辑的共同努力,版面美观得到大幅提升。在全社上下树立起一种"写优稿、排优版、拍优图、做优秀新闻人"的鲜明导向。同时,更加注重科学的调度和策划,涌现一批有深度的报道、有影响的栏目、有激情的评论和有深度的文化副刊。此外,印刷质量,投递及时率和精确率都有进步和提高。

【抓创新,促转型】 2016年《今日宁乡》信息中心首先是抓广告转型。从8月开始,撤除社会商业类广告,撤除报社中缝广告,集中精力、集中版面为县委政府的中心工作服好务。广告改革以后版面版式简洁清爽,主题鲜明突出,得到广泛的认可。其次是抓文风转变,加大重点热点题材如工业、精准扶贫等的长篇深度报道,对所有宣传,将目标紧扣导向、思路紧跟县委、话筒交给群众,更加突出新闻性、时代性。全社整体文风、作品质量有较大程度的进步。再次是抓媒体融合。全社确定以报纸为基础,稳定数字报,手机报,主攻网站,兼顾两微一端和头部平台的媒体融合发展思路。对宁乡网进行全面改版,撤除多余栏目近100个,突出发展和文化主题,推出书记专题、县长专题、党建专题等八大专题,改版后的宁乡网得到网友的认可,后台注册人数突破3.5万人。

【抓管理,强队伍】 2016年《今日宁乡》信息中心切实加强支部建设,狠抓作风建设,严格落实各项纪律要求,反"四风"治陋习,队伍建设呈现新面貌。严格按照党内政治生活准则办事,坚持民主集中制,坚持三重一大的事有研究有记录,召开高质量的组织生活会,开展多轮谈心谈话,班子成员交心通气,开展批评和自我批评;严格执行党风廉政建设责任制,健全完善内控制度,履行一岗双责,落实主体责任。领导班子平时严格自律,遵章守纪,以身作则。班子带头公开办事,公道正派。同时要求编辑记者公字当头,不徇私情,不搞有偿新闻;严格执行财经纪律规定、公车管理规定,三公经费比2015年大幅下降;加强工会工作和后勤工作,保障和落实职工权益。关爱干部职工,开展节日慰问、生日慰问、住院关怀等活动,改善用餐环境,提高用餐质量,为干部职工创造良好的工作生活环境。 (办公室)

卫生·计划生育

卫生计生

【概况】 2016年，宁乡县共有医疗卫生机构943家，其中县直医疗卫生单位8家、街道社区卫生服务中心4家、中心卫生院7家、乡镇卫生院22家、民营医院12家、村卫生室412家、其它医疗机构478家。全系统共有干部职工6476人，其中在编3812人、临聘1199人、离退休1465人。全年全县医疗机构门诊193.93万人次、住院21.21万人次，病床6290张。计生统计年度全县共出生19077人，人口自然增长率5.74‰；符合政策生育率96.6%。全县卫生计生工作紧紧围绕积极建设“健康宁乡”，努力打造与“一流中等城市”相匹配的卫生计生事业，立足机构改革、推进融合发展、深化医药卫生体制改革、强化计生服务管理，服务能力不断提升，目标任务圆满完成。

【深化体制改革】 2016年，宁乡县优化“政府统筹、一院一策、节余提奖、亏欠不发”的基层医改模式，完善常用药、低价药议价购销机制，解决常用药品购买难的问题。全年为群众减免药品费用4840万元，“药占比”降至30.5%。县人民医院、县中医医院全面实施公立医院改革，取消药品加成后，每年减少的收入按照全省补偿模式，其中78.8%通过调整医疗服务价格弥补，11.2%由医院内部消化，10%由财政补助。2016年县财政补助1000万元。4月，宁乡县接受国务院医改办复评，获高度肯定，复评分数位居全省第一。9月，被省卫计委推荐代表湖南迎接国家卫计委中央转移支付项目资金的督导检查，再次获国家、省市好评。优化内部管理，加强院科两级成本核算，运营成本合理控制，3家县直医疗单位和25家卫生院实现结余。乡镇卫生院自筹、县级1:1配套，全年偿还债务1246万元。费用支出907.8万元，同比下降1.2%。加强医疗联合体建设，市一医院与双凫铺中心卫生院、市四医院与东湖塘卫生院建立了医联体，县人民医院与流沙河、花明楼、青山桥卫生院，县中医医院与龙田、历经铺、菁华铺、回龙铺卫生院建立医联体。特别是市四医院与东湖塘卫生院医联体模式，措施有力，业务量与业务收入同比增长20%。县人民医院心血管内科作为长沙市首批“名医工作室”，在流沙河、青山桥卫生院设立“名医工作站”，选派心血管、泌尿外科、骨科、普外科、妇产科专家定期坐诊，服务基层群众，全年接诊2780人次。

【公共卫生服务】 2016年，宁乡县人均基本公共卫生服务经费由40元提升至45元。创新公共卫生服务机制，推行乡村医生签约服务，多项免费公共卫生、计生服务全面落实。整合卫生、计生工作经费，改革村卫生室基药补助经费和市级专项补助的分配方式，推行计生考核模式考核公共卫生服务项目，首次实施“后三位”淘汰机制，公共卫生服务项目质量和效果明显提升。在总结提升夏铎铺镇试点的基础上，率全省之先，建立起乡镇卫计办、卫生院、村卫计专干、乡村医生、村医联络员“五位一体”的新模式，推进资金、技术、人员、工作融合，荣获省卫计委“创新项目奖”，在省对县计生年度考核中加记1.87分。加强手足口病、人感染禽流感、钩体、出血热等重点传染病防控，全年没有发生重大传染病疫情暴发流行和重大突发公共卫生事件，县疾控中心荣获湖南省疾病控制与重点传染病监测先进单位，成功创建甲等疾控中心。7月，暴雨袭击宁乡，南雅医院发生洪涝，县卫计局启动卫生应急预案，县人民医院、县中医医院积极配合，紧急转移病患236名，确保人员安全、损失降低。洪灾过后，卫生防疫工作迅速跟进，建立零报告制度、制定实施消毒防病措施，大灾之后无大疫发生，获省卫计委通报表彰。规范精神病人管理，救助住院精神病人2200名、救助金额500万元，向社会精神病人免费发放药物247万元。宁乡县荣获血吸虫传播阻断全省先进县称号。无偿献血人数居全市第一，宁乡被评为省、市先进单位。深入开展出生缺陷防治，完成免费孕前优生健康检查1.16万对，超额完成全年目标任务。免费婚检8568对，婚检率为86%，新增叶酸应服用1.81万人服用率94.09%，知晓率为97.52%。产前筛查率达到97.82%，孕产妇艾滋病、梅毒和乙肝筛查率为100%，阻断母婴传播发生。努力减轻农村群众生育负担，推行农村孕产妇住院分娩基本服务包全免费，住院分娩补助率95%。健全危重孕产妇抢救机制，积极开展产科质量建设，县人民医院、县妇幼保健院产科急救中心全年共接受危重孕产妇274名，抢救成功率为100%。积极开展农村妇女病查治，完成1.98万例“两癌”筛查，发现癌前病变 62 人，确诊癌症病例 30 人，真正实现“早发现、早诊断、早治疗”。定期开展儿童健康体检，加强托幼机构卫生保健指导，组织开展孕妇学校、家长学校、青春期课堂等方式方法，提升保健水平和覆盖面，5 岁以下儿童死亡率为 4.56‰，率先实现全面小康指标要求。依法加强行业监管，查处非法行医单位 30 家，取缔无证行医单位 18 家。推进商事登记制度改革，全年共受理卫生行政许可 1249 起，办结率 100%，县卫计局审批窗口被评为全县红旗窗口。

【计划生育工作】 2016 年，全县卫计战线人员，强化工作责任，狠抓基层基础，省级计生考核由“省合格”提升到“省良好”。公安“实时通”全覆盖，通报信息 8.3 万条，妊娠三个月内上报及时率 88.1%。全年共核查疑似信息 1.58 万条，匹配流动人口信息 22.4 万条，计生常年调查队共查实出生问题 20 多例。强力推进居民健康卡工程，完成数据采集 122.3 万条，信息采集率 99.87%，有效率达 99.88%。改“二孩生育审批”为“二孩生育登记服务”，权力下放到乡镇街道。二孩出生 9425 人，比 2015 年增加 1577 人，增长比例达 20.09%，二孩政策稳步落地。清理国家干部职工违法生育 30 例。与流出人口密集区深圳市龙华新区签订“区域协作协议”，开展亲情化、均等化服务，打造流动人口服务管理新模式。玉潭街道建立流动人口服务连心站，架设服务主体与流入人口的沟通桥梁。完成农村部分计生家庭奖励扶助、计生家庭特别扶助、城镇独生子女父母奖励、独生子女保健费、城市低保户部分计生家庭奖励扶助，以及计生家庭特别扶助专项补助和计生手术并发症扶助 7 项奖扶工作，扶助人数达 3.7 万人，金额达 2891.4 万元。为全县 3 万户 14 周岁以下的独生子女家庭、自愿放弃再生育家庭、特别扶助家庭免费赠送计划生育家庭意外伤害保险 150 万元，理赔慰问金 54.5 万元。对全县 1066 名失独、伤残和计生手术并发症人员赠送综合保险。健全基层计生协会组织网络，优化会员队伍，发展家庭服务，成功创建 88 个示范村（社区），宁乡作为全省两个全国基层群众自治示范县已上报国家卫计委。

【医疗机构建设】 2016 年，县人民医院、县中医医院先后启动三级综合医院、三级甲等中医医院的创建，县中医医院于 12 月 8 日通过国家中医药管理局三级甲等中医医院的专家评审。积极组织各医院参加省、市级科研项目的申报，推荐上报市科技进步奖 1 项，县科技进步奖 7 项。县人民医院心血管内科、泌尿外科，县中医院针灸成功创建“长沙市医学重点专科”，县人民医院、县妇幼保健院被评为长沙市产科和儿科急救中心。深入开展抗菌药物临床应用专项整治，规范抗菌药物使用。开展三基培训和操作考核，组织医生定期考核和执业培训。坚持“以病人为中心”的服务理念，深化优质护理服务。建立医疗质量控制体系，成立内科、外科等 13 个医疗质量控制中心。组织专家对各医疗机构进行督导评估，对中药饮片、放射、检验等开展专项检查，开展医技培训 30 场次，完成医疗保障 325 人次。妥善处理医疗矛盾纠纷 32 起，未发生重大医闹事件。争取中医药专项资金 190 万元，选定 16 家医院，重点推广 15 项中医适宜技术。遴选 14 名中医指导老师传承 17 名中医药基础人员。积极参加长沙市名中医评选，获评“长沙市名中医”1 人、“长沙市基层名中医”2 人。全县乡镇卫生院、村卫生室和社区卫生服务机构都能开展和应用中医药适宜技术。县中医院中医课题获省级科技进步奖，制剂楼研究生产自主品牌制剂达 32 种。朱良桥、城郊、夏铎铺、坝塘、龙田 5 所乡镇卫生院建成投入使用。启动县人民医院流沙河分院、道林卫生院整体搬迁建设。完成老粮仓卫生院扩建项目和资福镇万福村等 18 家村卫生室建设。争取上级投入 380 万元，为卫生院新配全自动彩超 16 台，实现彩超全覆盖。引进专业技术人员 162 人，其中硕士研究生 32 人，培训卫生技术人员 3200 人次，上级医院进修 175 名，培训中医药适宜技术 280 人次，培养全科医生 21 名。返聘离退休中高级职称人员 22 人。市县级公立医院下派临床骨干 46 名。选拔 50 名应届高中毕业生到长沙职业学校培训 3 年，毕业后回本地村卫生室工作。争取省卫计委投入资金 500 多万元，412 家村卫生室配发健康一体机 1 台，按村卫生室“每村一台、乡镇管理、村级使用”的原则，装配投入使用，改变村医生使用“老三样”的格局，实现村卫生室诊疗设备的升级换代，累计免费检测 12.4 万人次。落实乡村医生保障机制，向全县 1313 名老年乡村医生发放困难补助 223.35 万元。双凫铺中心卫生院、双江口朱良桥卫生院荣获全国“群众满意的乡镇卫生院”称号。（汤金平）

县人民医院

【概况】 2016 年，宁乡县人民医院在岗干部职工 1784 人，离退休 343 人，其中高级、中级技术职称人员 564 人，博士 3 人、研究生 123 人。医院坚持公立医院办院方向，按照战略发展规划，全面提升综合服务能力；加强医院内部运营管理，严格控制医疗费用增长；强化行业医德医风建设，打造优秀医疗人才队伍；推进县级公立医院医改，改善群众看病就医感受。在病人负担逐步减轻的前提下，保障医疗安全和服务质量，实现社会效益和经济效益的稳步提升。全年完成门急诊 73.4 万人次，出院 7.4 万人次，手术 1.7 万台次，体检 1.8 万人次，病床使用率 98.5%，出院者平均住院日 7.2 日。业务收入较上年增长 16.9%。

【百强县医院排名全国 42 位】 2016 年，宁乡县人民医院连续六年蝉联中国最具竞争力县级医院 100 强，名列全国排名第 42 位，全省第 1 位，荣获全国百姓放心示范医院、“2015 湖南省医院竞争力”30 强医院。

【创建三级综合医院】 2016 年，宁乡县人民医院制定《五年战略发展规划（2016—2020）》，根据《湖南省县域三级医院验收标准和细则》细化全院 30 余个科室综合目标考核标准，进行责任分解，加强全员培训，提高院前、院内急救水平，确保医疗护理质量安全，全面提升医院综合服务能力，充分做好接受三级综合医院评审的准备工作。

【推进公立医院改革】 2016 年，宁乡县人民医院积极探索分级诊疗模式，以长沙市名医工作室为抓手，加强“一室带两站”工作，与流沙河、青山桥卫生院签订对口支援协议，逐步实现专科牵头对口帮扶、双向转诊的长效机制，全年县域内就诊率达 90%以上，为确保“大病不出县”提供有力保障。制定《医院医疗联合体实施方案》，在县委、县政府主导下，投资 1.2 亿元、占地 5.33 公顷、建筑总面积 4.3 万平方米的宁乡县人民医院流沙河分院建设项目基建启动施工，建成后将成为宁乡西部医疗中心，确保宁乡西部 40 多万老百姓能享受更优质、价廉、全面、便利的医疗卫生服务。

【开展重点专科创建】 2016 年，宁乡县人民医院医院加强省、市重点专科，名医工作室的建设，心血管内科、神经内科、普外科、骨科、妇产科、感染科、护理等 7 个学科为湖南省县级医院临床重点专科建设项目。医院心血管内科成为长沙市仅 9 家的名医工作室之一，并成为继泌尿外科后成功创建的医院第 2 个市级医学重点专科。放疗中心、静脉配置中心，多学科联合门诊、名医门诊相继开业，3.0T 磁共振等大型设备投入使用，为医院新技术项目的开展提供有力保障，多项新项目、技术运用达到省内同级医院领先行列。全年申报国家级、省部级科研项目 16 项，推荐上报市科技进步奖 1 项、县科技进步奖 7 项，发表各类医学论文 180 篇，发表著作 1 部、发明实用新型专利 3 项。2016 年 7 月，医院多科联合成功实施一例重达 13 公斤的双侧巨大卵巢囊肿切除术，经湖南经视报道，在省内外引起较大反响。

【提升急诊急救水平】 2016 年，宁乡县人民医院对 120 紧急救援中心、急诊科、ICU 等进行资源整合，打造县域急救中心，进一步提升医院诊疗能力。组织突发批量交通事故伤员救治应急事件情景演练和危重孕产妇抢救演练、新生儿复苏培训、CPR 全员培训考核。开展多方、多学科联合救治，使医院整体抢救水平明显提高。开通绿色通道，规范应急处理程序，指导、参与县内其他医院危重疑难病人的抢救，积极应对食物中毒、车伤各类公共突发事件。2016 年，数十例复合伤危重病人、脑血管瘤患者、心脏骤停患者得到有效救治；抢救危重孕产妇 70 余次，抢救成功率 100%；急救中心全年受理急救 10106 人次；感染科作为全县唯一的传染病防治专科，全年收治手足口患儿 726 人，抢救 53 人次，做到零死亡。

【加强医院内涵管理】 2016 年，宁乡县人民医院完善医院管理制度和流程，落实 18 项核心制度，开展督查、问责与持续改进。整合职能科室，实行大部制管理。完善绩效考核方案，每月进行 KPI 考核。引进和运用品管圈（QCC）、平衡计分卡（BSC）、标准化流程（SOP）等现代管理工具，使用 6S 管理方法及 PDCA 等管理手段，落实 18 项核心制度，进一步提升管理水平，调动职工积极性。开展院内固定资产清查工作，实行条码管理，规范报废流程；加强欠费管理，医疗欠费大幅下降。实行成本控制预算管理，制定医院内部审计、基本建设工程项目全过程跟踪审计、经济合同审计管理办法，三公经费监察审计方案细则等，进一步加强成本控制。2016 年开展“勤俭节约、爱院如家”厉行节约活动，共建节能型医院。

【完善基础设施建设】 2016 年，宁乡县人民医院紧贴临床需要，创新后勤管理模式，提升服务效率，增设后勤一站式服务中心，建立后勤微信服务平台，临床满意度大大提高，完成锅炉煤改气、污水处理站、绿化工程、人工湖建设，地下停车场建设拆除地面围挡。启动院内道路、房屋美化，急诊科和重症监护病房提质改造等工程建设，努力打造洁净优美、便捷舒适的就医环境。不断完善计算机中心软、硬件设施和网络安全建设，提升信息化建设水平。手术麻醉管理、静脉用药调配、临床路径等相继上线运行，全院 68 台自助设备投入使用，启动掌上医疗服务，病人可用网络、微信、电话、现场等方式的预约挂号。实现自助查询，经费结算，健康管理和诊间支付等信息化功能。微信、支付宝、手机 APP 等均可进行挂号缴费。

【体现公立医院公益性】 2016 年，宁乡县人民医院为充分体现公立医院公益性，全年共为 2.7 万余例尿毒症患者减免血液透析费用 260 余万元，并免费提供便餐金额 20 万元。开设特殊人群绿色通道,优化急诊急救绿色通道的服务流程,免挂号费6.86万人次,接诊简易门诊病人6.31万人次。全年抢救处理三无及特殊公共病例41人次,为五保户、无名氏等承担医疗费用金额48万余元。在全国疾病宣传日开展保健知识普及、急救技能宣教活动15次,在玉潭、横市、资福等地开展为社区、乡村群众送医送药送健康义诊活动5次,参与县内外各项活动90余次,启动“平安进校园”服务计划,分期对全县万余名初中学生进行救护知识培训。加强抗菌药物管理,全年门诊患者抗菌药物使用比率12.9%、住院患者抗菌药物使用比率52.87%、一类切口抗生素使用率17.9%。儿科平均住院日4天,次均费用控制在1800元。全年药占比32.73%,同比下降3.74%,人均药品费下降10%,切实减轻人民群众负担。2016年医院门急诊患者满意率为94.99%,病房患者满意率为95.96%。

【党风廉政建设和政风行风工作】 2016年,宁乡县人民医院根据上级党委统一部署,扎实开展“两学一做”学习教育,组织党委书记、专家学者讲党课,发放党员读本,观看党建、廉政教育专题片。开展对口帮扶、下乡义诊活动。开展基层党建工作自查,对党员组织关系、党员档案、党代会代表和党员违纪违法情况等工作进行专项检查,开展党费收缴专项检查工作。承办县直部门单位党建工作观摩暨经验交流会,医院“五个一”特色党建工作得到高度的评价。加强医德医风考评工作,进行廉洁风险防控信息化管理建设,开展岗位风险防控、评估风险等级。对院领导使用权力、医务人员廉洁行医、后勤物资和医疗器械采购等进行全面监督。全年发放患者问卷调查16870份,通过问卷、意见箱、来信来访共收集病友对医院的意见和建议85条,行风监督员意见和建议12类共42条,全部进行调查核实,逐一整改到位。2016年医务人员退红包300次,共计14.29万元,收到锦旗112面,感谢信83封。

【文明创建和群团工作】 2016年,宁乡县人民医院工会组织召开职工代表大会,表决通过医院绩效考核方案和财务预决算。组织户外拓展、书画摄影赛、篮球友谊赛、乒乓球比赛等多项文体活动,开设瑜伽、太极拳、舞蹈等兴趣小组。参加湖南中医药大学运动会获得附属医院团体第二名,获全县卫计系统气排球比赛第一名。团委组织开展红手环、无偿献血、学雷锋等志愿者服务活动。护理部举办“感恩有您”护士家属答谢会等,开展“最美笑脸”征集展示,进一步弘扬爱岗敬业精神。门诊部获评市级芙蓉标兵岗,新生儿科、神经内科十病室分别获评市县级青年文明号,团委获县共青团工作考核一等单位,药剂科获县最美禁毒代言集体。

(龚含军 谈向阳 潘湘华 黄 莉)

县中医医院

【概况】 2016年,宁乡县中医医院在职干部职工795人,其中高级职称人员68人,中级职称人员203人;研究生74人。设有办公室、医务科、护理部、人事科、质控科、财务科、审计科、项目办、医保科、预防保健科、科教科、纪检监察室、设备科、总务科、动管科、保卫科、工会办、女工办、中医药学会办公室、客户服务中心等职能科室;有内一科、中风科、内三科、内四科、外一科、外二科、骨伤一科、骨伤二科、骨伤三科、妇产科、眼科、耳鼻咽喉科、儿科、针灸科、急诊科、急救站、门诊部、手术室麻醉科、健康管理科、皮肤科、肛肠科、肿瘤科、肾病科、治未病科等20多个临床科室;有功能科、检验科、放射科3个医技科室;有药剂科、制剂科,设司法鉴定所1个。年门急诊22万人次,住院2.8万人次;总收入2.41亿元。医院编制病床800张,实际开放567张。

【公立医院改革】 2016年,县中医医院推进公立医院改革,加强制度建设和督查力度,完善人力、财务、物资、设备、后勤等综合管理,开源节流、增收节支,同时以深入开展规范药品、医疗器械、医用耗材等专项治理为抓手,积极整顿医疗市场购销秩序,做到合理用药、合理检查、合理收费。加强临床路径管理的应用、电子病历的实施,规范常见病、多发病的诊疗流程;推进“优质护理服务先进科室”及优质护理示范病房“每月一星”评比活动,开展“学礼仪、用礼仪”护理礼仪培训等优质护理服务活动;落实无假日医院行动,促进信息化项目建设,开展义务咨询、义务导医、志愿者服务等便民惠民措施。各项效益实现不同程度的增长,其中药品零利润销售7596万元,增长11.6%。

【质量与安全】 2016年,宁乡县中医医院严防医疗差错和事故的发生,制定18项医疗安全核心制度,将8大项作为必检的内容,奖优罚劣;创办《医疗信息》,加强手术病人专项督查,严格落实手术三方核查制度;开展高风险手术职能科室介入谈话,确保手术安全和减少纠纷发生。病历书写规范、医疗核心制度、医疗卫生相关法律法规、抗菌药物的合理应用、中医经典《内经》、《伤寒论》以及中医内科学、心血管系统、呼吸系统、消化系统及脑血管病等学术讲座常规性开展;加强新生儿窒息复苏培训和爱婴医院长效管理。每周三开展业务院长行政大查房,下午内科系统主任医师疑难病例讨论;每周四开展骨伤科系统主任医师疑难病例讨论;严格落实住院病人回访制度,全院17个科室实施19个临床路径和

54个优势病种诊疗方案。保证患者合法权益，开展预防患者跌倒、坠床等意外事件和患者身份识别、药物不良反应的观察和处理程序等工作。医务科、护理部、质控、感控、药剂、医保等职能部门联合对一线科室开展检查与督导，对发现的问题及时提出整改措施，同时强化对重点科室、高危科室的监管力度，初步实现医疗质量与安全监督管理。

【队伍建设】 2016年，宁乡县中医医院新招聘专业技术人员69名，其中硕士研究生10名。新晋级高职人员12名，其中正高2名、副高10名。眼科主任医师姜尚萍获“长沙市名中医”和被确定为“长沙市名中医传承工作指导老师”，其工作室获批“长沙市名中医姜尚萍传承工作室”；骨伤科主任医师陈泽文、针灸科主任医师王应军同志均获“长沙市基层名中医”，并均被确定为“长沙市基层名中医传承工作指导老师”。举行首届中医药师承结业典礼暨第二届中医药师承拜师仪式，第一批13名中医药师承继承人顺利结业；第二批确定7名老师作为院内传、帮、带、教的导师，同步确定12位继承人。

【学科建设】 2016年，宁乡县中医医院针灸科获“长沙市医学重点专科”。眼科开展中药敷贴、中药离子导入、穴位注射、耳穴压豆、中药雾化、放血疗法等，推广运用敷贴之活血通络方和清热退翳方以及中药离子导入之外障眼病清热解毒方和内障眼病活血化淤方。耳鼻咽喉科新开展耳内镜下外耳道清洗加酮康唑曲安奈德软膏外涂治疗真菌性外耳道炎、食道异物取出术，开展鼻内镜下翼管神经切断术治疗过敏性鼻炎（含血管运动性鼻炎）等新技术。骨伤一科手法复位“U”形夹板固定治疗新鲜肱骨髁上骨折，新开展微创小切口治疗肱骨近端骨折、全髋置换术。骨伤二科开展髋膝关节置换及髋部骨折微创手术和坚持常见四肢骨折病人运用手法复位、中药外敷、夹板固定等传统正骨疗法。骨伤三科开展胸腰椎压缩性骨折椎体成形术、腰椎间盘臭氧联合射频消融术、胸腰椎压缩性骨折开放复位钉棒内固术及四肢肌腱血管神经断裂修复、四肢皮肤缺损皮瓣修复、手足部畸形矫正、功能重建、手足部肿瘤切除手术等。内二科、急诊科等科室注重急救知识的更新与操作技术的培训。内三科新开展无创呼吸机、中药雾化吸入等新治疗项目和内镜下胃肠道疾病的诊治。高压氧开展有害气体中毒、神经损伤、脑梗死后的康复等。内四科抗癌止痛方、通便方等外治方进一步应用和优化。妇产科运用中医药治疗盆腔炎、宫外孕、不孕症等形成特色。外二科成功开展肝囊肿、肝血管瘤手术切除，腹腔镜阑尾切除手术，肾结石经皮肾镜、输尿管结石的后腹膜腔镜手术等，腹腔镜胆囊切除术已成为胆囊结石胆囊炎的常规治疗手段。肛肠科建立痔、肛裂、肛瘘的中医优势病种和围手术期中医干预诊疗方案，采用中药熏洗、中药坐浴治疗、肛内塞药、热奄包（四味散）疗法、中药保留灌肠治疗、穴位注射等中医特色技术，同步以院内制剂肤痒舒、皇龙益气胶囊、将军胶囊、九华膏等均广泛应用于临床。皮肤科中药熏蒸、中药面膜、火疗等治疗皮肤病形成特色。健康管理科、急救站、内一、外一、门诊等科室在完善日常工作管理的同时，切实加强优质服务，提升管理水平。麻醉科手术室进一步严格手术病人尤其是全麻及高龄患者的术后复苏和管理。药剂科加强药品养护，保证药品质量。传染病管理同步得到加强。检验科新开展乙肝病毒DNA定量、乙肝两对半定量、胃蛋白酶原、抗核抗体、HPV检测等项目。院感方面更严格手卫生和重点部门的感控监测与管理，加强多重耐药菌监测、抗生素合理使用、预情报告、医疗废物处理等。放射科放射质量达到“三甲”要求，广泛开展三维成像、增强检查及主动脉CTA等检查。功能科积极开展神经血管肌肉组织检查、胎儿畸形检查，开展“每周一疑难病例讨论、每天一提问”提高基本技能。营养科逐步开展糖尿病等疾病的营养食谱干预指导。儿科完成门诊中医治疗室的建设，门诊中医治疗率达100%。医院制剂生产和管理符合GMP要求，中药饮片传统炮制保持原有特色，18个制剂品种完成再注册工作。

【科研教学】 2016年，宁乡县中医医院接受长沙医学院100名同学进行临床教学；接受各高等医学院校实习生163人；外出参加培训、会议68人次；业务骨干赴上级医院进修学习32人次；在国家核心期刊发表论文37篇。承办省级中医药继续项目“针灸为主治疗中风技术应用培训班”、湖南省针灸学会长沙市分会学术年会，培训乡镇卫生院医师200余人。内一科申请湖南省教育厅科研项目《皇龙益气胶囊配合西药治疗冠心病、心绞痛的临床观察》；护理部申报省级基础课题《肤痒舒中药足浴对0级糖尿病足的疗效观察》；针灸科《四海之腧取穴法结合常规康复治疗中风恢复期临床疗效观察》临床有效率达98.6%。徒手心肺复苏术、简易呼吸囊、除颤仪、气管插管的等操作培训人人过关；CPR操作培训覆盖率、“三基三严”考核合格率100%；拔火罐、针刺、艾灸、穴位注射、穴位贴敷、刮痧等中医操作培训率达100%；全院西医专业、40岁以下的临床医师及西药专业人员西学中（中医药基本知识与中医操作技能）培训全部过关。针灸专业委员会获“长沙市中西结合学会先进集体”；陶学军获湖南中医药大学、湖南中医药高专、长沙医学院“优秀教学管理工作者”；黄秋良等4人获湖南中医药大学高等医学院校“优秀带教老师”；检验科左春香获长沙市临检中心“实验室形态学竞赛”三等奖；喻之心参加长沙市中药知识与技能竞赛获二等奖；王应军等3人的论文获长沙市科学技术学术年会论文三等奖；何杰、甘治宏等14人的论文获长沙市中医学会优秀论文奖，岳志平、曾卓等4人的论文获长沙市护理学会2016年度学术年会论文三等奖与优胜奖。司法鉴定所鉴定文书获全省司法鉴定文书质量评选二等奖，熊盼盼入选《健康新语》杂志封面天使，郑婷的摄影作品《美丽天使》在长沙市首届科技摄影大赛中获铜奖，医院获市预防医学会消毒专业委员会2016年度“消毒工作先进单位”称号。

【党风廉政和行业作风建设】 2016年，宁乡县中医医院认真落实“两学一做”学习教育相关工作，换届选举党委、纪委、团委，注重从政治高度看问题、在大局之中谋发展，充分发扬民主，维护班子团结，坚持“三重一大”集体决策制度，常态开展理论教育、党性教育、道德教育，支持各职能部门及工会、共青团、妇联等群团组织发挥桥梁纽带作用，组织动员全院干群在改革发展第一线积极作为。通过讲学“绿水青山就是金山银山”、开展羽毛球比赛、春季马路赛、气排球比赛等增强活力、凝聚人心；各项荣誉纷至沓来：退休支部创“五好支部”通过初评，邓红英获县人民政府“见义勇为”奖，喻先群、戴菊良、陈建、王黎明、曹丕刚同志分别带队和代表宁乡、玉潭参加市县纪委的知识比赛3次获三等奖和一等奖，《楚沩风纪》专题推出院纪委的先进故事。团委获2016年度长沙市“最具活力团组织”。院委、党委支持纪委办案和注重日常“红脸出汗”，通过突击检查、现场查看、查阅资料等形式，核实在岗履职情况，对纪律松弛的干职工给予通报批评，全年处理相关人员36人次，2人立案并处以警告处分。着力开展“廉政文化进医院活动”，并被县纪委列为廉政文化进医院示范单位；建立医德医风电子档案，逐步完善医德医风考评机制。同时注重日常教育和监督管理，注重抓早抓小、治于初萌，通过在全院广泛开展“转作风、优服务”活动、“纠四风、治陋习”专项整治活动、“雁过拔毛”式腐败问题专项整治活动，坚决纠正损害群众利益的行为，坚决做到严明纪律，严守纪律，严肃纪律。全年共收到锦旗等30多次，退红包37次共2万多元，5人拾金不昧；涉及表扬和感谢到的医务人员有500人次。

【护理服务】 2016年，宁乡县中医医院全院优质护理服务病区推行规范化护理服务，通过落实“五个主动”，病人满意度达99%。推行“每月一星”评比和每季度一次的优质护理服务先进科室流动红旗评比。积极开展护理人才的培养，选送10多名护士分别进修重症监护、新生儿专科、手术室、呼吸专科、康复专科等。以专科护士为龙头，先后成立医院伤口护理小组、中医特色护理小组、静脉治疗小组，各小组的成员活跃于各临床科室，更好地服务病人，推动专科护理的发展。不断强化12项中西医护理技能培训考核工作、15项中医护理方案的培训推广应用和强化压疮、跌倒坠床等安全管理工作，组织每周一次护士长晚夜间查房、编写《护理简讯》，设立中医护理操作激励基金和特殊护理操作激励基金，推动中医护理的发展，全院推广中医护理操作20多种。 （喻先群）

县疾病预防控制中心

【概况】 疾控中心是由政府举办的实施疾病预防控制和公共卫生技术管理与服务的社会公益性事业单位，代表政府承担着疾病预防与控制、突发公共卫生事件应急处置、疫情报告及健康相关因素信息管理、健康危害因素监测与干预、实验室检测分析与评价等职能。2016年，宁乡县疾病预防控制中心共有207人（含退休73人），其中正高1人，副高11人，中初级89人，工勤技能人员33人。全年县疾控中心严格落实“预防为主”的工作方针，切实加强能力建设，认真履行防病工作职能，落实重大疾病防控措施，取得丰硕成果：成功创建湖南省级县级甲等疾控中心，中心管理水平、服务质量和防病能力达甲等疾病预防控制机构水平；通过中国疾控组织的微生物检测项目鼠疫布鲁氏菌抗体检测以及省疾控组织的微生物检测项目麻疹病毒等共计15个项目的能力验证考核；通过全国结核耐药检测能力验证；在长沙市职业技能竞赛中，获得团体二等奖，张鹏和周茂林分别荣获个人二等奖和三等奖；职工张鹏被评为2016长沙市“优秀工匠”。县疾控中心先后荣获湖南省“十二五”重点传染病监测先进单位，县卫计局系统“绩效考核”先进单位；夏文斌副主任被评为宁乡县防汛救灾先进个人；县疾控中心在长沙各县市区当中率先落实艾滋病随访管理下沉至乡镇卫生院工作；从业人员体检积极在乡镇设立体检点，对乡镇体检人员进行上门服务；免疫规划重点落实乡村医生绩效考核机制；结核病防治落实乡镇督导模式。

【作风建设和党风廉政建设】 2016年，县疾控中心重点开展专题教育活动，领导班子全部下沉到各支部参与授课点评。展开以中心党支部书记及纪检负责人为主的党员廉政谈话，广泛听取广大党员的意见和建议。全体干部职工均签订党风廉政建设责任书，建立党风廉政建设责任制台账。积极开展自查整改，整章建制，确保党风廉政建设从思想、行动、措施上落到实处。严格落实省委“八项规定”，县疾控中心进一步完善公务接待、公务用车等相关管理制度，严格办公经费管理，切实做到专款专用。从严格制度、督查通报、考核奖惩三大方面加大工作力度，严肃上下班纪律、着力提高办事效率和服务质量。将作风建设列入职工绩效考核范畴，每周对干职工的上下班情况进行至少一次的不定期督查通报，同时以窗口科室为督查重点，重点查摆工作中存在的“雁过拔毛”、服务群众不到位等现象，着力解决损害人民群众切身利益的突出问题，树立中心为民务实新形象，群众满意度稳步提升。

【重点传染病防控】 根据《中国疾病预防控制信息系统》报告统计，现住址为宁乡县的法定传染病9891例，其中：甲类0种0例，乙类18种3903例，死亡7例，分别为艾滋病6例、狂犬病1例；丙类6种5988例，无死亡病例。与2015年同期(7089)相比，发病数增加2802例，总发病率增加39.5%，甲乙类传染病发病数增加521例，总发病率上升15.4%；手足口病、狂犬病、细菌性痢疾等重点传染病得到有效控制，圆满完成国家级出血热、钩体病、布病的监测项目任务；鼠疫、霍乱、人感染H7N9禽流感、埃博拉出血热等烈性传染病实现疫情零发生；2016年共报告2例输入性疟疾病例并及时进行疫点处置，未发生二代病例；2016年全县结核病发现活动性肺结核病人786例，其中新涂阳病人242例，治愈215例，新涂阳病人治愈率为88.8%。DOTS覆盖率达100%，同时实现密切接触者筛查100%。艾滋病防治继续认真落实国家“四免一关怀”政策。率先在长沙各县市区当中实现县域范围内艾滋病随访管理下沉至乡镇卫生院工作，全面建立起以县疾控中心为主导，定点治疗医院为支撑，乡镇卫生院为平台的基层艾滋病防治服务新体系。

【突发公共卫生事件处置】 2016年，县疾控中心采取加强培训、开展应急演练等方式全面提升机动队伍卫生应急能力，领导班子成员和机动队员严格实行全年全天候24小时值班制。加强与公安、民政、农业、教育等部门联络，建立重点传染病联防联控机制，继续开展重点传染病预测预警工作，启动突发公共卫生事件风险评估工作。全年共对359起预警信号(上年同期260条)进行处置；共处置21起疑似突发公共卫生事件，经核实其中2起野生蘑菇中毒为一般突发公共卫生事件，其余19起为未分级事件，针对发生的多起蘑菇中毒事件，县疾控中心邀请专家开展针对性的培训，并采取多种形式进行宣传，有效提高喜欢采食野生蘑菇居民的辨别和自我保护能力。针对宁乡县近年来部分学校发生因自备井水污染导致的菌痢疫情，县疾控中心抓住自备井水进行重点防控，严格督促学校和托幼机构加强防病组织管理、认真建立防病制度，经常性地针对食品、饮用水、环境等方面开展严格检查，全县连续3年未发生一起因自备井水导致的学校和托幼机构突发公共卫生事件。全县全年未发生大的传染病暴发疫情，未发生一起因水污染导致的突发公共卫生事件。

【免疫规划】 2016年，县疾控中心在全县实施麻疹、脊灰疫苗强化免疫活动，积极开展免疫规划疫苗针对性疾病的主动监测和漏报调查工作，针对麻疹等出疹性病例及AFP、乙脑、流脑等其它疫苗针对性疾病进行主动搜索，实现全县常住儿童及流动儿童一类疫苗接种率达到95%以上，儿童建卡、建证率均达100%。开通儿童接种信息系统(金苗助手)、中国免疫规划信息管理系统和湖南省免疫规划综合信息平台，实现全县所有乡镇(中心)卫生院和有产科单位的医疗卫生单位“儿童接种信息管理系统”的全面覆盖，儿童接种信息的相关数据基本做到及时录入，及时上传，全年每月预防接种门诊扫码入库率达100%，扫码接种率达100%，不能扫码的疫苗7天内接种信息录入率达100%。

【慢病防控】 2016年，县疾控中心以巩固省级慢性病综合防控示范县为重点，积极推进慢病防控体系建设，有效降低高危人群发病风险，有力保障全县人民健康水平。一是做好慢性病相关的基本公共卫生均等化项目服务的工作落实；二是重点做好了以高血压、糖尿病、65岁以上老年人健康管理为重点的慢病综合防控工作；三是开展居民健康档案清理工作，建立居民电子健康档案维护的长效机制，确保全县健康档案信息真实、准确。

【卫生监测】 2016年，县疾控中心对辖区内共84家规模工矿企业进行摸底调查。切实掌握辖区内企业基本情况，配合安监、人社等职能部门对用人单位进行职业病危害排查治理，对78家厂矿企业进行职业危害因素现场检测与评价、对16445余名厂矿企业职工进行岗前、岗中、离岗后的健康检查，对检查出存在肺部或听力损害的职工及时通过工伤保险予以帮助，确保全年无一起职业中毒事件。全年共计对全县16家单位集中式中央空调进行监测，合格率为62.5%。对30家单位和个人进行室内空气检测，合格率为54%。对全县农村生活饮用水进行卫生监测，共计采样224件，全年合格率为93.10%。开展对全县抽检的40个蔬菜样品中砷、镉污染进行调查等项目工作。对365例食源性疾病进行监测和上报。开展春、秋季2次学校卫生工作督查，全年共计完成498所中小学校、托幼机构的水质检测。完成学生新生体检1.5万人次。联合县卫监、工商等部门对办证“死角社区”进行地毯式的联合执法，为创建国家级文明城市提供优质服务。

【健康教育】 2016年，县疾控中心以“全民健康生活方式行动”和“公民健康素养促进行动”两大健康促进与教育工程为主要着力点，充分利用结核病、高血压、无烟日、全民健康生活日等重点疾病和重点卫生宣传日，在全县范围内积极开展多场健康巡讲活动。3·24结核病日宣传活动期间，中心安排专家前往沙田敬老院针对性地开展专题讲座和义诊，全年共计发放健康教育宣传资料22种14万余份，开展咨询活动12次，咨询人数达2800人以上，开展讲座活动15场，参加人数达2500人以上，为全县人民积极宣传健康理念，传播健康知识，有力地增强群众的防病意识。

（刘 冰）

县精神病医院

【概况】 长沙市宁乡县精神病医院是一所集医疗、科研、教学、康复于一体的二级甲等专科医院，承担全县及周边邻县部分群众的精神卫生医疗、预防、康复及政府其他指令性任务。2016年县精神病医院紧紧围绕年初制定的目标和任务，不断强化服务意识，深化医院内部管理，提高医疗服务质量，狠抓管理制度的改进及创新，全面加强行风作风建设，切实维护人民群众的根本利益，圆满完成全年各项工作任务。2016年年门诊2.85万人次；新入院1231人次；出院1102人次；日均住院968.44人次；病床使用率100%；业务收入5370.8万元。2016年被评为全县卫计系统绩效考核先进单位、安全生产先进单位、增收节支先进单位。在国家重性精神障碍管理系统中，宁乡县连续三年在长沙市排名第一。

【“两学一做”学习教育及行风作风建设】 2016年，县精神病医院为了进一步加强对党员的管理和约束，通过对党章、党纪、党规的学习，促进全体党员工作作风、生活作风持续转变，按县委及县卫计局党委的统一部署，完成各阶段的学习和讨论活动，并将活动与医院工作有机结合，推进医院各项工作的开展。开展“纠四风、治陋习”和“雁过拔毛”式腐败问题专项整治，推动纠“四风”常态化、长效化。开展“转作风、有服务”主题活动。医院通过七病室的开设、新食堂的投入使用、新康乐园的开放，信息化建设，文明优质服务承诺，畅通诊疗绿色通道，引进护理公司等一系列措施，优化服务环境，提高服务水平、服务效能和服务形象。全年干部职工退红包55次，共计金额1.85万元，收锦旗16面。继续对县域内社会精神病人每两个月一次义诊，并发放基本治疗用药，2016年全年救助对象1.43万人次，免费发放药物254.7万元，有效满足绝大部分精神病人用药需求。对特困重性精神病人住院费的个人自付部分，按规定要求依程序进行住院救助，共救助2604人次，救助金额520.8万元。自编教材一套，培训精防专干36名，社区及乡村医生142名，并进行现场业务要点考试，人人过关。编辑精神卫生知识三套资料共3200份，发放到全县各乡镇精神疾病患者或家属手中。

【医疗质量管理】 2016年，县精神病医院狠抓医疗质量管理，修改完善各项医疗管理制度，强化法制及安全意识，门诊病历书写率100%，门诊处方合格率98.7%，住院病历合格率100%，入出院诊断符合率98.28%。传染病漏报率为零；严重事故率为零；急救药品齐全完好率100%；全年无重大纠纷事故发生。

（办公室）

社会生活

民政工作

【概况】 2016年,宁乡县民政局立足做好“基本民生”,保障“底线民生”,关注“热点民生”,深化改革,推动社会和谐发展的民生建设目标,全面推进民政工作。荣获全省双拥模范县、全省乡镇区划调整改革先进县、全省福利彩票发行工作先进单位、全县“绩效考核先进单位”、全县“党风廉政建设责任制先进单位”称号,民政局党委被宁乡县委评为“五好领导班子”。

【民生保障水平实现新提升】 2016年,宁乡县全年城市低保保障2476户4140人,月发低保金103.7万元,全年累计发放1560.3万元(含补发提标金74.52万),农村低保1.09万户2.25万人,月发低保金310.22万元,全年累计发放4082.97万元(含兜底1935户4330人103.99万元),月人均补差141.61元,三无人员1.27万户1.32万人,实现“应保尽保”目标,月发保障金416.6万元。全年累计发放五保供养资金5189.33万元。精神病人药物救助2.97万人次,发放救助药物价值253.6万元;对2595名重症精神病人实行免费住院,支出救助金552.1万元。大病医疗救助资金2467.6万元(不含资助参合资金607万);敬老院门诊救助129.5万元。特困家庭精准救助146户,救助就医、就学资金总计450余万元;救助青山桥千手爱心大屋易地搬迁贫困家庭81户,发放救助金16.2万元;为黄材镇千手大屋易地搬迁贫困家庭发放救助金50万元;重残特困家庭助学项目救助1206人,发放救助金123.7万元;低保家庭尿毒症救助项目救助255人次,发放救助金122.4万元;慈善高等教育助学项目救助1468人,发放救助金474.8万元;长沙慈善大病救助发放救助金90万元;受灾烟农专项救助200万元。救灾工作卓有成效。7·2特大洪涝灾害的救灾救济工作中紧急转移安置5.86万人次,争取省市县救灾资金1800万元,救灾物资65万元,完成171户全倒户和1183户重损户的灾后重建工作。完成金洲镇、坝塘镇、沩山乡、菁华铺乡4所敬老院改扩建项目,新增床位600张。救助管理工作实施人性化管理,积极开展寻亲服务和“寒冬送温暖,炎热送清凉”专项救助行动,依法救助2565人次,病危重病人91人次、智障人员341人次、精神障碍患者156人次、肢体残疾人139人次、未成年人83人次、老年人244人次,其他流浪乞讨人员1511人次,反家暴45人次。

【基层政权和社区建设】 2016年,宁乡县民政局高效完成合并村工作任务。全县减少148个建制村,超额完成6个村的任务,减幅率为40.2%。全县辖4个街道办事处,21个镇,4个乡,220个村,54个社区,宁乡被评为全省乡镇区划调整改革先进县。有序推进城区社区全面提质提档,出台《宁乡县城区社区全面提质提档三年行动计划(2016—2018年)》,成立宁乡县城区社区全面提质提档联席会议办公室。开展第二次全国地名普查工作。

【双拥优抚逐步夯实】 2016年,宁乡县民政局认真落实抚恤优待工作,全县各类优抚对象1.6万余人,其中伤残人员1100余人,三属230人,在乡复员军人1500余人,带病回乡退伍军人2631人,参战退役人员1600余人,参试人员85人,60周岁以上农村籍退役人员8640人,60岁以上错杀评反和烈士子女47人;在职国家机关工作人员118人,伤残人民警察49人。发放在乡优抚对象抚恤与生活补助、重点优抚对象居民基本医疗保险与门诊补助等经费3100余万元,企业在职改在乡伤残军人抚恤金500余万元,发放在职伤残军人、在职伤残公职人员、在职伤残人民警察抚恤金700余万元。接收退役士兵535人,需由政府安置工作岗位的对象有89人;其它自主就业的退役士兵446人;发放农村、城镇义务兵家庭优待金1200户1042.7万元。宁乡县光荣院精心服务孤寡老人,被评为全省文明优抚事业单位。宁乡县军休所举办2016年湖南省第二届军休人员运动会气排球比赛;举办长沙市“国家公祭日”主题教育活动;创建市级文明卫生单位;接受省级文明卫生单位验收。为全省创建五星级军休所提供观摩现场。

【老龄工作扎实有效】 2016年,宁乡县民政局积极落实老年优待政策,办理老年证1.21万本,全县1677名失能、半失能的老年人分别享受每人每月120元和100元的政府购买服务;享受高龄补贴80岁的1186人,90岁2964人,100岁50人。

【社会福利服务事业取得新进步】 2016年,宁乡县民政局依法依规办理收养登记20例,解除收养关系登记3例。全县共有孤儿196名,发放基本生活费133.67万元。残疾人护理补贴对象1.21万人,生活补贴对象1.44万人,全年发放两项补贴资金3181万元。摸排认定留守儿童5445名,留守妇女5724人、留守老人6127人。全县1677名失能、半失能的老年人分别享受到了每人每月120元和100元的政府购买服务,共计201.2万元。全年累计销售各类彩票1.35亿元,宁乡被评为全省福利彩票发行工作先进县。

【社会管理服务不断提升】 2016年,宁乡县民政局强力推进殡葬改革,2016年1月26日,宁乡县委常委办公会议专题研究决定,提质改造宁乡县殡仪馆,启动宁乡县孝德主题公园建设,计划总投资1.5亿元。2016年完成入园大道一期工程。全年火化死亡人员遗体1.15万具,惠民直补资金共1123万元;全年办理结婚登记9561对,离婚登记3474对,补领结婚证2315对,补领离婚证85对。婚姻登记处荣获长沙市巾帼文明岗。全县登记社会组织537家,其中民办非企业单位325家,社会团体212家。2016年登记54家,其中民办非企业单位28家,社会团体26家,备案社会组织74家。变更44家,年检455家。建立1个社会组织培育孵化基地,1个社会组织实践园。

【自身建设取得新实效】 2016年,宁乡县民政局扎实开展"两学一做"学习教育认真办理县人大代表建议5件、县政协委员提案12件。接受县委第四巡察组巡察,深入开展"雁过拔毛"式腐败问题、"纠'四风'、治陋习"两项专项整治工作,开展横市镇望北峰村驻村帮扶与菁华铺乡的113户困难户"结穷亲",一对一结对帮扶活动,2016年民政局党委被县委评为"五好领导班子"。

(张　勇　戴　兵)

移民开发

【概况】 2016年,宁乡县移民开发管理局(以下简称县移民局)共有干部职工9名,内设办公室、后期扶持科两个科室。全年,县移民局在县委、县政府的正确领导下,紧紧围绕县委、县政府的战略发展目标思路尤其是县十二次党代会的重大决策部署,深入贯彻省市移民工作会议精神,确立"全省移民工作先进单位"和县绩效考核一类单位工作目标,按照"树地位、创特色、重实效"的总体工作思路,扎实推进脱贫解困、增收致富、美丽家园三大工程建设,突出抓好"四个一批"工作重点,集中打造一批移民美丽家园,集中培育一批移民能人,集中解决一批困难移民具体问题,集中扶持一批移民产业基地。全力确保全县移民收入稳定增长、库区社会大局和谐稳定,致力打造移民群众幸福家园。

【全面夯实工作基础,提升工作地位】 2016年,县移民局通过平时抽查、定期督查、年度检查等方式,全年核减移民人口81人,确保移民政策的严肃性。整合人力、整合项目、整合资金,打捆安排项目,集中资源为重点移民乡镇、村办实事、解难题。全年共整合相关惠农支农资金1.2亿元集中投向库区,有力推动当地经济社会发展。始终秉持"小单位同样可以有大作为"的理念,注重对移民政策、移民工作的宣传推介,全年在县级主流媒体专题推介30多篇次,增强社会各界对移民工作的认知度和认可度。

【全面加强项目建设,提升项目效益】 2016年,县移民局共安排大中型水库库区和移民安置区计划项目117个,移民口直接投入资金1273.97万元,发放直补资金875.09万元。对所有项目不论规模大小、资金投入多少严格实行全程监管,严把"审批关、资金关、验收关、审计关",推进项目顺利实施,规范运行,移民真正受惠受益,确保每个移民项目安排都合法合规合理,每一笔移民资金使用都安全安稳安心。修改完善移民项目管理制度,制定《宁乡县大中型水库移民后期扶持项目管理办法》,使移民项目和资金管理更加规范。严格执行县级报账制相关规定,加强对乡镇、村财务检查。对资金和项目的安排和使用等情况,实行全方位、全过程的公开。各移民村将移民直补资金、项目资金上墙进行村务公开。及时将2016年移民项目在"阳光三农网"和"宁乡县人民政府公众信息网"上公示,让移民资金和项目在阳光下运行,接受社会监督,打造阳光政务。

【全面扶持产业发展,提升发展后劲】 2016年,县移民局全面落实大中型水库移民后期扶持政策,积极协同有关部门落实各项惠农支农政策,不断完善"公司+基地(合作社)+移民"的运作模式,加快移民产业建设,重点扶持茶叶、水果、蔬菜、宁乡花猪4大支柱产业,确保更多移民更大程度参与股份合作分红、土地合作经营收益和劳务收入,直接带动受益移民人均增收2.2万元。完成茶叶40公顷、水果133.33公顷、中药材80公顷的提质改造任务。集中培育一批移民能人,重点支持一批移民能人办实业、创家业,所办基地规模都在6.67公顷以上,吸纳当地移民就业20人以上,形成辐射带动效应。培育移民重点专业合作社18家,直接受益移民400多人;不断发展新型经营主体,新培育养蜂、养牛、苗木等专业合作社4家。

【全面改善移民民生,提升致富能

力】 2016年，县移民局全力配合跟进“千手爱心大屋”项目建设，配套支持黄材“千手大屋”建设384万元、青山桥“千手大屋”建设55万元。对口帮扶资福镇10户特困户，上门走访慰问，精准施策，精准帮扶。全年共投入近1000万元，解决“通路难、饮水难、用电难、就学难”等问题。投入400多万元在移民村兴修公路，重点解决友园、竹峰、芙峰等一批移民村的“行路难”问题；投入100多万元用于安全饮水工程，重点解决祖塔、联花等村1700多人的“饮水难”问题；投入100多万元建设学校，重点解决田坪中学、新开完小、大园希望小学等移民子弟就读学校的配套设施功能不齐的问题。投入316万元改善移民家庭人居环境，重点解决胜溪、松华等村移民群众居住环境较差的问题。常态开展慰问解难活动，进行千手大屋爱心捐赠，组织4次集中走访慰问活动，组织资金16.77万元，共慰问特困移民203户、扶贫对象22户、考上大学的移民家庭17户和失独家庭8户。加强创业就业技能技术培训，采取集中办班和委托培训的方式先后举办4期培训班，共培训移民517人次，移民实用技术水平、就业创业能力、科技文化素质明显提高。加强与宁乡经开区、宁乡高新区等园区用工需求对接，确保移民“零就业家庭”动态清零，促成移民实现家门口就业，全年新增移民就业140多人。

【全面加强移民队伍建设，提升服务水平】 2016年，县移民局突出抓好学习教育活动。按照“常态学、扎实做、认真改”的思路，及时开出党组、党支部、党员“两学一做”学习教育清单，明确学习教育的任务、目标和要求。组织开展4次大讨论，多次邀请县宣讲团来局讲党课，解读党的十八届六中全会精神，有力促进“两学一做”活动的开展和效果的提升。加强党风廉政建设和干部作风建设，修改完善14项制度，坚持以制度管人管事管钱，进一步规范干部服务行为，提高办事效率，提升机关效能。严格落实党风廉政建设责任制和“一岗双责”，全年无一人出现违规违纪行为，树立移民干部“为民、务实、清廉”的良好形象。按照“正确认识、认真查摆、扎实整改、全面提升”的要求，深入开展专项整治活动。全年共开展经济责任审计、“雁过拔毛”式腐败问题专项整治、“纠‘四风’治陋习”专项整治、省局专项稽察、县委专项巡察、委托第三方内部审计、省局专项监测评估等一系列专项整治工作，各项专项整治工作贯穿于全年工作始终，贯穿于移民工作每一个环节，达到提升思想认识，提升作风形象，提升工作实效的目的。中心工作有序推进，美丽乡村建设、整顿软弱涣散党组织工作高标准完成，办好县人大代表建议交办事项1件，答复满意。 （文　克）

民族宗教

【概况】 宁乡县是湖南省宗教工作重点县，2016年全县有佛教协会、基督教爱国会、道教协会（筹备）、宗教文化交流会4个团体，一个民间信仰联合管理办公室，佛教寺院27处（其中，密印寺为省级重点场所，白云寺为市级重点场所），道教宫观1处，基督教堂点25处，民间信仰活动场所14处（没批的200多处）。全县有比丘68人，比丘尼5人，牧师1人，教师1人，传道员1人，道士24人。宁乡县是少数民族散居县，少数民族人口以外地婚嫁到宁乡为主，外来务工少数民族流动人员逐步增加。全县共有苗族、土家族、侗族、壮族、白族、回族、瑶族、哈萨克族、维吾尔族、藏族、黎族、傣族、水族、哈尼族、畲族、朝鲜族、拉祜族、仡佬族、仫佬族、怒族、赫哲族、傈僳族、毛南族、锡伯族、京族等32个少数民族居民4000多人，占全县总人口的0.15%。宁乡县民族宗教事务局（以下简称县民宗局）有干部职工5人，县民族联谊会共有常务理事18人，理事35人。

【服务中心工作】 2016年，宁乡县重点寺庙工程稳步推进。一是白云寺提质改造。多方筹措资金，加强对市重点宗教活动场所回龙山白云寺进行提质，加强工程管理和项目进展督查，各项工程进展顺利。二是玉龙寺、关圣寺恢复重建。加强与国土、城投等职能部门沟通，协调做好玉龙寺项目用地规划，争取把玉龙寺建设成为城区内宗教地标建筑物。做好对上级宗教管理部门汇报协调，完善关圣寺各项审批手续，尽快启动关圣寺恢复重建工程。2016年，宁乡县少数民族企业实现突破。一是配合经开区，做好与省市民族工作部门对接，全力助推中马国际特色食品产业园立项，服务地方经济发展。二是主动帮扶民族企业（新疆青年阿迪力·麦麦提吐热创办的湖南梦想起航电子商务有限公司）解决具体困难问题，在政策上优惠，在发展上助力，在资金上解困。

【宗教主题活动】 2016年，宁乡县宗教主题活动开展取得成果。一是美丽宗教场所建设。在2015年基础上，以考核评比为手段，以规范管理为抓手，深入推动美丽宗教场所创建活动，积极发挥宗教界在服务美丽乡村建设中的独特优势，基本实现全县70%以上场所达到美丽宗教场所建设标准的要求。二是“两学一助”学习教育。在全县民族宗教界开展“两学一助”学习教育活动，发挥民族宗教界积极作用，积极引导民族宗教界主动与社会主义社会相适应。三是以“规范年”为主题和谐寺观教堂和“四型场所”创建。通过创建活动，宗教场所制度进一步健全，财务管理进一步规范，学习氛围进一步浓厚，全县70%以上场所基本达到“规范年”创建标准，白云寺和福音堂分别获得长沙市优秀“四型场所”表彰。

【规范场所管理】 2016年，宁乡县开创佛、道、基督“三教鼎立”新格局。道教是本土宗教，在宁乡县历史悠久，但却没有成立道教协会，对全县道教教职人员缺乏正确引导和规范管理。2016年，推动成立道教协会筹备工作领导小组，指导做好宁乡县道教协会筹备建立，努力构建宁乡佛教、道教和基督教“三教鼎立”的宗教工作格局。2016年，宁乡县开创宗教场所管理新模式。一是开创场所登记新途径。王神庙、清庵祖师殿获长沙市民宗局行政许可，分别成为2010年以来宁乡县首家获批登记的道教、佛教固定处所。二是开创场所认证新模式。在全县已登记25处佛教寺庙醒目位置悬挂“宁乡县宗教活动场所×××寺”，让广大信众区分合法和非法宗教活动场所区别。加强宗教活动场所财务监管，统一制作宗教活动功德箱标志并安装在已登记佛教、道教场所功德箱上。三是开创人员管理新举措。建立动态台账，加强对教职人员日常管理考核，分批选送白云寺僧人赴全国各大名寺学习交流，进一步提升教职人员队伍素质。

【维护宗教领域】 2016年，宁乡县维护宗教领域和谐稳定新局面。一是摸清宗教领域新情况。组织对全县各类宗教活动场所(包括民间信仰活动场所)和教职人员进行摸排，统计数据，建立动态管理台账，为下一步综合施策、有效治理奠定坚实基础。二是开创维权新案例。2009年，县基督教福音堂由国资公司负责拆迁并异地重建，但交付使用后存在没有按照协议要求办理房产证，设计不合理，教堂内回声大，饱受蚁患侵蚀，门窗、墙壁等受损十分严重等问题。县民族宗教事务局主动介入，积极协调化解因此而产生的上访问题，妥善解决福音堂后续相关问题。三是确保宗教场所安全稳定。重要节会期间，组织人员对重点宗教场所进行安全生产大检查，重点对预防宗教渗透和已建、在建场所的施工设备、用电安全等消防工作进行检查。

【落实民族政策】 2016年，县民族宗教事务局发挥民族联谊会平台纽带作用，借助民族联谊会，组织民族界代表人士赴湘西参加“缅怀革命先烈、助力精准扶贫”活动，开展结对帮扶，捐助贫困山区优秀学子，拓展贫困山区特色农产品销售渠道，尝试建立少数民族流动人口流入地与流出地的联动机制。维护少数民族群众合法权益，一是依据最新政策，做好解释说明，严把更改民族成份审批关，进一步规范民族成份的确定(变更)程序和办理工作，扎实做好35名少数民族考生的资格审查工作。二是积极做好少数民族干部的发掘推荐，联合统战部选送3名少数民族干部参加长沙市少数民族干部进修班学习。加强流动少数民族人口服务管理，下发《关于开展禁止针对部分地区少数民族群众歧视性做法检查督查的通知》，认真查处歧视少数民族的行为，切实维护少数民族同胞合法权益，实现与公安、国保、城管、教育等部门之间信息共享，共同解决涉及少数民族权益实际问题。

【加强自身建设】 2016年，县民族宗教事务局一是认真开展两学一做。按照“两学一做”学习协调小组的安排部署，成立领导机构，安排专人负责，研究制定方案，制定学习计划、列出任务清单、明确学习要求，全面开展宣传动员，层层进行安排部署，狠抓学教活动落实。全年每位党员撰写学习笔记2万字以上，心得体会6篇，调研报告3篇，帮助解决基层问题20余个。二是扎实搞好党建工作。局党组从加强党员日常管理、强化工作考评和解决群众关注的热点问题入手，健全制度，狠抓落实，扎实开展机关思想、组织、制度、作风和党风廉政建设工作。召开座谈会5次、走访调研18人次、征求意见60多条，开展学习培训4次，组织召开党员民主生活会和组织生活会2次，讲党课2次，切实加强结对共建村——菁华铺乡嶂山村基层组织建设。嶂山村合并工作已经完成，新的村支两委班子成员已经搭建。对沩山乡祖塔村进行精准扶贫。按照政策要求，选准10户帮扶对象，根据个体差异制定具体帮扶措施，全年走访50余人次，慰问2次，10户帮扶对象成功实现脱贫。(办公室)

乡镇·街道

道林镇

【概况】 道林镇位于宁乡县东南部，毗邻长沙市岳麓区和湘潭市雨湖区，湘江一级支流靳江贯穿全境，镇域面积135平方千米，辖8个村，1个社区，人口5.7万人。

2016年，道林镇实现镇域生产总值16.8亿元；完成财政税收2565万元，为年度目标任务的296.1%，增幅和进度均居全县第一，荣获"市先进基层党组织""县绩效考核一等单位""五好领导班子""狮子型团队"四项荣誉。

【道林古镇强势突破】 2016年，道林镇同步推进融资、征拆、建设、招商等多线作战，乡土中国、潇湘故事两大核心片区华丽现身，相关配套及绿化、亮化、智慧景区建设抓紧推进。积极推进景区招商运营，与深圳大观泛海公司成功签订景区整体运营战略合作协议，远大住工集团靳江稻香度假酒店启动建设。

【基础设施大步完善】 2016年，道林镇以古镇建设为契机，大举推进镇域基础设施提质改造，道林集镇及宗师庙、道林互通出口立面改造全面完成，镇区水、电、路、绿化、亮化、管网等基础设施配套项目加快扫尾。社区居民出进路及停车场建设同步启动，农贸市场规划易址新建。南东公路、道善公路、东烧公路、天龙公路的竣工通车，以及石壁公路的启动建设，使道林基本形成了以古镇为核、成环成网的高品质畅通路网格局。

【城乡管理提质提标】 2016年，道林镇围绕城乡品质提升，紧盯集镇、公路和村组等重点区域，坚持网格化管理、经常性调度，镇域环境卫生水平在古镇全面开发建设、日常保洁难度加大的巨大压力下实现整体提升，华鑫市村成功创建市级美丽乡村示范村，全镇15个村（社区）全部通过县级整洁村和生态村首轮验收。积极推进垃圾分类减量和集中处理，集镇垃圾焚烧炉建成投入使用，启仁、靳水等村日常保洁水平持续提升，为探索解决垃圾出路问题积累成功经验。充实城管队伍力量，加大日常巡查力度，全面加强集镇、公路规划控制区的控建拆违工作，违法建设势头进一步得到遏制。

【特色产业加速崛起】 2016年，道林镇继续巩固传统种粮大镇地位，狠抓高产创建、高标准农田建设，农业基础不断夯实。持之以恒推动烟叶产业良性发展，抓实备耕、生产、收购的各个环节，全年落实烟叶种植236.5公顷，送售烟叶7680担，送售金额达1057万余元，亩平产量居全县第二，烟叶收购和分级组织获全县先进，烟叶质量和效益持续稳居全县前列。同时，借力古镇开发建设，大力推动休闲旅游、生态农业发展，皇鼎兰花、好开心生态农业等特色种植基地初具雏形，个性化农业加速发展。

【精准扶贫攻坚克难】 2016年，道林镇始终坚持把精准扶贫作为头等大事来抓，精心组织，密集调度，深入发动干部、党员、人大代表、政协委员和社会贤达联户大走访，建立"一对一"结对帮扶制度，努力将精准扶贫工作做实做细，全年帮助213户、586人实现脱贫。同时，通过"公司＋农户"、"合作社＋农户"和"能人＋农户"等模式，在善山岭兰花基地、盘龙酸枣糕基地等项目中，形成雨后春笋、多点开花的产业扶贫格局，"四跟四走"的精准产业扶贫卓有成效，多次迎接省市检查受到充分肯定，湖南日报进行专题采访报道。

【民生工作扎实推进】 2016年，道林镇坚持把有限的资金优先投向民生事业发展，一批事关长远发展、惠及广大群众的重大民生项目加快实施，全年先后完成6所薄弱学校改造和多处校舍维修加固，改扩建道林中学、善山岭中学食堂，建成善山岭、石金等4家村级党建文化综合服务中心，投资近3000万元的道林卫生院启动建设，新埠头大坝实施除险加固，农村公益性墓地一期完成规划设计和征地工作，卫计融合有序推进，农村低保、危房改造等惠民政策得到全面落实。

【社会大局祥和稳定】 2016年，道林镇紧紧围绕"平安道林"创建，深入开展"一打三整"专项行动，重拳打击黄赌毒等社会丑恶现象，全力保障项目建设、换届选举等重点工作顺利推进。加强矛调中心建设，坚持矛调月结制度，全年矛盾纠纷调解率100%，调解成功率95%以上，构建基层稳定第一道防线。积极推进安全生产打非治违行动，全年实现安全生产零事故、零死亡。整合城管、国土、公安等部门力量，抓住节假日和晚上等时间节点，强力打击群众反响强烈的盗采偷采行为。

【队伍建设全面加强】 2016年，道林镇严格依法依规依程序，圆满完成党委、人大、政府换届和县“两代表一委员”选举，村级合村并帐工作按照时间节点顺利推进，实现了风清气正、大局平稳。进一步加强干部作风建设，重点对事业单位、基层站所、办事窗口工作在岗履职、服务质量开展不定期明查暗访，发现问题即交即改，政风行风有效改善。

（管　辉）

大屯营镇

【概况】 大屯营镇位于宁乡县城东南部，距离县城45千米，东邻湘潭，西接韶山，总面积106.47平方千米，其中水田3460.9公顷。2016年1月，村社区合并后辖1个社区，6个行政村，总人口4.5万人。

2016年，大屯营镇紧紧围绕“生态立足、烟叶富民、项目活镇、党建强基”工作思路，以“打造九曲靳江、建设航空新镇”为目标，迎难而上，苦干实干，创新作为，实现全镇经济社会事业稳定健康发展。2016年，大屯营镇实现镇域生产总值17亿元；完成财税收入1170万元，其中国税320万元、地税850万元，完成总目标任务的130%；实现规模工业总产值18.1亿元，固定资产投资4.9亿元；城乡居民人均收入、社会消费品零售总额均超额完成目标任务。

【项目建设】 2016年，大屯营镇1121工程全面开工，提前2个月完成年度建设任务；航空新镇学校完工，和康大道全线贯通，社区服务中心投入使用。一期拆迁户喜迁新居，二期抓紧施工。全年完成拆迁111户，新征用地近66公顷，均做到了首日清零。南拓线路基成型，新桥线征拆到位，外围水系抓紧恢复；江湾民居改造彰显水乡风韵。

【旅游产业】 2016年，大屯营镇创造性提出“九曲靳江、泛舟营里”生态休闲旅游理念，对靳江河沿线生态景观带开展生态修复，成立江湾旅游公司，举办首届龙舟赛暨九曲靳江旅游综合开发启动仪式，1万多群众全程参与，多家媒体竞相报道，靳江湿地公园获批全省首家省级湿地公园，成五一艺术馆抓紧改建，多家投资商考察洽谈。

【农业产业】 2016年，大屯营镇种植烟叶634.5公顷，送售20300担，均价27.7元/千克，烟叶种植面积、收购速度、亩平收益均位列全县第一，郁金烟叶合作社成功创建省级示范社。投资1.9亿元的华南源生态绿谷达133多公顷。谷丰苗木合作社花卉苗木达33公顷，林牧林福蜜柚等特色种植66.7公顷，天井茶场投资500多万元优改40公顷，全镇粮食、蔬菜、渔业等合作社、种养大户蓬勃发展。

【新型城镇建设】 2016年，大屯营镇新型城镇建设加快推进，投入2100万元，高质量实施绿化、美化、亮化工程，“民国风”集镇综合改造410户。双大公路拓宽提质完成，成为大屯营镇的形象大道。航空新镇建设一期建设和基础设施配套完成，成为靓丽风景。集镇秩序管理不断加强，全年取缔赶集点16处，拆除各类违章建筑及广告600余处21000平方米，石家湾喻家坪、靳兴江湾、崔家湾美丽乡村建设示范点作用持续，串点成链。环境整治持续发力，关闭非煤矿山4家，双狮岭全县首个交证，淘汰烟花爆竹企业2家，环保整治养殖场8家，启动实施环境保护三年行动计划，启动造绿复绿项目5个。基础设施明显改观。全年硬化乡村公路35千米，整修山塘37口，新建水闸1座，硬化沟渠6千米，危房改建130户，抢修水毁工程28处，地灾隐患处理9处，新建节能路灯300盏，新建道路安防设施3千米，完善道路交通警示标志38处。九韶线全线植绿，大屯桥提前三个月通车。三仙坳、梅湖党建文化养老服务中心投入使用，石家湾中学食堂改造完成，中心小学面貌焕然一新，农开项目及烟水工程顺利完工。

【综合治理】 2016年，大屯营镇社会大局和谐有序。组建“红袖章”巡防队，分组每天3次对集镇进行巡防，开展矛盾纠纷大排查，调处发生的各类矛盾纠纷54起。全面开展“一打三整”专项行动，安全整治14次，排查隐患18处；消防检查10次，排查隐患13处；打击刑事犯罪立案53起，侦破17起，刑拘10人；交通乱源整治10次，发放致群众公开信万余份，查处“黑老壳”17台，酒驾2起、超载11起、非法载货8起。狠抓安全生产监管，开展大排查大管控大整治，整改隐患200余处，立案7起，取缔非法生产经营单位21家，刑事拘留3人，行政拘留1人，全年安全生产实现零事故。

【民本民生】 2016年，大屯营镇民生福祉持续改善。“阳光民政”建设扎实推进，实施“精准服务”全年走访慰问各类困难户800余户，发放慰问金近20万元。全年共应对4次较大灾情，处置突发个案灾情25起，安置受灾人员240余人，救助180人次救助金15万余元，危房改造130户，落实危改资金320万元。城乡居民医保工作参保率达96%以上，城乡居民养保工作参保缴费率达97%以上，位居全县前列。精准扶贫扎实推进，全年脱贫600户，1177人。环境整治深入推进。计生工作创五步工作法，计生率全县第一，惠民优质服务深得民心。积极推进安全生产大排查、大管控、大整治，整改隐患200余处。推行阳光民政，精准服务。特大洪水应对科学、及时、有效，三防工作万无一失。民兵整组

60人，输送新兵13人。工青妇老干工作有序运行。

【基层党建】 2016年，大屯营镇基层党建日益夯实。坚持坚持抓责任落实、抓班子建设、抓基础夯实，全面推行"四级联动、网格管理"的模式，干部联组、党员联户，将服务工作延伸到区域管理的最末端。狠抓基层党务骨干集中培训，深入实施基层党建"361"工程，通过开展四个专题学习讨论、党委书记讲党课、召开专题组织生活会、开展民主评议等措施，掀起党员学习教育大热潮。创新"党小组＋美丽乡村建设"、"党小组＋精准扶贫"模式，坚持党小组带动，发挥群众主体作用，受到高度肯定。严把程序关、纪律关，圆满完成党委、人大、政府换届，党委换届开展各类谈心谈话125次；人大、政府换届开展各类谈心谈话活动98次，党委、纪委、人大、政府班子成员均全票当选，换出了风清气正、心齐气顺。

（党政办）

花明楼镇

【概况】 2016年，花明楼镇齐心协力，加压奋进，较好的完成各项工作任务。完成国地两税收入2085万元，招商引资累计到位资金11亿元，社会消费品零售总额提升到5.24亿元，规模以上工业总产值37亿元，居民平均纯收入2.3万元。

【项目建设进展顺利】 2016年，花明楼镇共启动项目建设10个，社会固定资产投入近9亿元。花明国际幸福城累计完成投资3.2亿元，其中污水管网已竣工，游客中心、生态停车场、旅游酒店、美食街、滚水坝、环湖游步道、绿化加紧建设。教育考试院完成征拆、清表工作。安置区部分房屋已基本建成。建成集镇停车场2个。三一风电并网发电。1121进入大规模施工阶段，集镇绿化效果显著。

【美丽乡村焕发生机】 2016年，花明楼镇认真贯彻落实生态文明建设要求，对"绿水青山就是金山银山"进行全方位、深层次、多角度地学习宣传，全域推进生态环境保护。整镇推进垃圾分类减量工作获省市先进，以杨林桥村为示范形成了系列机制和工作经验，多次在省市县媒体报道，10多个市县和兄弟乡镇来杨林桥学习取经。农村环境卫生排名全市第一，获评"市级优秀乡镇"。建成28个美丽屋场，美丽乡村建设呈现出火热场景。

【综治维稳保障有力】 2016年，花明楼镇健全矛盾纠纷调处中心，配齐配强综治力量，实行"综治、信访、司法、调解"四位一体工作机制。严厉打击刑事犯罪，查处社会治安问题。切实开展"三实一车"信息采集。安全生产切实加强。全面开展非煤矿山整治，实施安全生产"拉网式"大排查、大整治、大管控。抓实食品安全、道路交通安全等工作。全年未发生一起安全生产责任事故，确保镇域平安有序。积极开展文明村镇、文明家庭申报、推荐和评选工作。炭子冲村杨文广同志被评为"湖南省见义勇为先进个人"，荣立一等功，登上中宣部2016年度中国好人榜。

【基础设施建设不断加强】 2016年，花明楼镇修缮山塘22口，对洪灾中水毁严重的13个水毁工程进行修复。将3条灌溉渠道、5座河坝整修、23.7公顷山塘清淤纳入县以奖代补项目。治理重金属污染农田2700亩，全年产粮3.5万吨，出栏生猪85622头，家禽703万羽。国土管理不断规范。维护用地秩序，全年共报批项目用地6宗，审批村民建房用地279宗、临时用地5宗、农业设施用地2宗。新开耕地150亩，平衡耕地占补。公共交通不断优化。实施"以奖代补"，硬化、黑化村组公路37公里，提质改造石云线、花石线13公里，进一步改善居民出行条件，方便群众生产生活。

【民本民生持续改善】 2016年，花明楼镇完成农村危房改建85户，发放低保金150万元，社保卡18674张。发放粮食直补、农机购置等涉农补贴1900万元，争取"一事一议"财政奖补资金100万元。严格落实"精准扶贫"工作要求，镇村、部门和后盾单位的党员、干部积极参与扶贫济困。2016年全镇共脱贫268户，497人，完成预定目标。认真做好计生工作。征收社会抚养费56万元，采集居民健康卡信息43720条，发放奖扶资金77万元，免费赠送计生家庭意外险94800元。

【社会事业统筹推进】 2016年，花明楼镇始终把改善和保障民生作为发展的出发点和落脚点。成功创建教育强镇。完成朱石桥中学排污工程，建成教师公租房，改造花明楼中学、朱石桥中学田径场，花明楼中学和花明楼中心小学食堂和鲁塘幼儿园。积极改善群众就医条件。建成卫生院公租房，19个村级卫生室验收达标。组织湖南省胸科医院、长沙市第四医院开展义诊2次，诊治居民527人，成功处理5人以上群伤事件3次，食物中毒2次，紧急救援2次。完成高招体检1176人次，农合体检2926人。不断丰富农村文化生活。主办花明楼镇纪念少奇同志诞辰118周年系列活动，镇妇联、计生协会举办关爱妇女儿童文艺汇演，筹集善款8万元余元，救助贫困学生25人，扶助贫困妇女19人。 （党政办）

东湖塘镇

【概况】 东湖塘镇位于宁乡县东南部，全镇面积131.7平方千米，下辖8个行政村,5万人。2016年,东湖塘镇围绕"生态东湖、和谐东湖、腾飞东湖、幸福东湖"的战略部署,充分发挥交通便捷、山水资源丰富的优势,致力做美全域旅游、做特现代农业、做精新型集镇、做实精准扶贫,全镇经济社会呈现持续发展的良好局面,获得省市重点民生实事工作先进单位、长沙市现代农业发展优秀单位、长沙市农田水利建设优秀单位等荣誉。

2016年,东湖塘镇完成国地两税680万元,较2015年同比增长27%,完成财政总收入10522.84万元,较2015年同比增长36%,财政总支出10461.094万元,较2015年同比增长18%。全年完成生产总值12.14亿元,全社会固定资产投资完成7亿元,工业税收76万,社会消费品零售完成4.25亿元。

【项目招商】 2016年,东湖塘镇项目招商成效明显。一是招商引资方面,全年克服平台小,资源不足的困难,通过吃透政策灵活引资、利用乡友以商招商、发动干群全面招商等方式,外出到广州,衡阳、贵州等地招商,捕捉信息20余条。同时,强化项目包装,完成以挖掘麻山锣鼓、陶家湾民国文化、大型综合休闲等文旅、农业产业项目为主题项目包装4个,与3家公司签订项目投资合同书。全年共完成合同引资3.7亿元,实际到位资金1.8亿元,完成目标任务的180%。二是项目工程方面,东湖塘集镇棚户区改造和市政基础设施改造,共投资2491万,于2016年上半年投入使用。陶家湾小学、凫山幼儿园、敬老院建设项目全面峻工投入使用。社会投资项目千度空间已竣工投产,湘鹏食品有限公司已完成1.8公顷的土地平整。

【推进农业产业化】 2016年,东湖塘镇农业产业化加快推进。一是大力发展现代农业,努力做优特色品牌。坚持现代农业主攻方向,全面推进农业转型升级、提质增效。土地流转有序推进。在凤村、麻山村、东湖社区迅速行动,全年流转土地567公顷。农业产业有声有色。成功引进东奇农业开发有限公司、大雁鹅旺鹏养殖合作社、东润蔬菜、稻虾基地等10余家规模农业企业,超额完成全县农业招商任务。龙头企业异军突起。重点加强对发展潜力大、带动能力强的骨干企业的扶持,着力推进农业产业化经营,初步形成了"卫红米""大雁鹅""东湖菜""凌云虾""无花果"等种养品牌,彰显龙头企业的带动效应。卫红米业"粮食银行"经营模式,受到全省加快转变农业发展方式现场会的观摩。新型主体层出不穷。以湖南农广校卫红米业分校、东湖农业开发有限公司和在凤村四大扶贫产业项目单位为平台,大力推进新型职业农民培训,全年共培训1000人次,建成家庭农场9家,共发展种粮大户171户,专业合作社80余家。土地确权奋勇争先。高度重视土地确权工作,不遗余力全面推进,各村已按照进度铺排完成指界工作。退养工作迅速有力。以美丽乡村为主题,城建城管拆违为先锋,迅速完成森林公园范围内的退养工作。二是抓实全民造绿行动。始终坚持"既要金山银山、更要绿水青山""绿水青山就是金山银山""栽树就是存钱"的理念。完成镇域范围10公里绿色通道建设,重点打造燕山绿色村庄,完成面上造林33.3公顷,同时带动一大批群众家家种树、栽花,东湖塘镇获评市绿色村镇。重点打造绿色集镇。投资2400余万元,开展宁韶公路东湖塘集镇段的美化、亮化、下水道等市政配套工程,其中新栽植樟树500株,桂花树15内径80株,铺种草皮2000平方米,新建花坛240个,全部栽种杜鹃、月月桂、红叶石楠、红赤木等灌木8000余株,并在集镇入口处重点打造一处绿化广场。

【集镇建设】 2016年,东湖塘镇集镇面貌焕然一新。东湖塘集镇棚户区改造对393套临街门面进行立面改造,完成2公里集镇的黑化、亮化、绿化;完成管线入地、交通标志标线设置;完善雨污管道、停车位、公交站台等市政配套设施建设。公开招聘4名集镇管理协管员,组建集镇百姓城管队,投入80多万元与玉潭环保公司签定环卫保洁合作协议,对集镇及旅游公路实行常态化保洁。同时通过规范招牌广告、拆除违章搭建、清理店外经营等手段,有效地提升东湖塘集镇的形象。

【美丽乡村建设】 2016年,东湖塘镇美丽乡村建设亮点纷呈。一是强力推进"六化",完成村级公路17.5千米的黑化,对南凫公路、东在线、麻杨线3条镇区主公路绿化,种植各类苗木5万余株,铺种草皮1.7万多平方米,播散花种200多公斤,全镇农村公路安装太阳能路灯45.5公里,建成农村文化广场10座,彩绘美丽乡村文化墙125处,建成石塘口、神仙口两个精美绿化广场。二是打造乡村旅游景点,启动陶家湾经营田园示范点建设,有序推开旅游项目建设,完成景区的标识标牌、生态停车场、旅游民宿等大部分基础设施,挖掘地方人文物产特色,包装一批旅游商品,策划出陶家湾观竹林—燕山赏花海—麻山拜古寺的一日游路线。三是进一步优化农村环境,积极推进农村垃圾分类减量,加大对农村环卫设施投入,着力建立环境卫生长效机制,提高群众爱卫意识,普及农村垃圾分类收集与处理知识。燕山村荣获长沙市第一批垃圾分类示范村。开展集中整治,拆除各类违章建筑2150平方米,清理和拆除广告350幅,组织多部门联合执法,关停非法畜禽养殖20多处,整改问题40多个。全力推进清洁水源工程,清理、取缔影响水源地各类污染源、排污口34个，建成集中式污水处理设施1座。四是积极开展“四星村庄创建”，实现整洁村、生态村全覆盖、和美村4个、景观村1个。2016年，东湖塘镇在上半年全市环境卫生督查评比中，跻身市一类。

【民本民生工作】 2016年，东湖塘镇民生质量不断提升。一是推进教育强镇工作。陶家湾完全小学2016年秋季开学，西冲山中学改造、陶家湾小学教师公租房、凫山幼儿园改造工程全部峻工，东湖中学餐厅、月湖小学校门、中心校厕所、麻山中学教学楼等项目全部完工。二是推进危房改造工作，完成危房改建98户，补助资金210.8万元，并接受国检和省检。三是推进其他惠民工作。全面完成现代化敬老院的后续建设工作，2016年投入40万元实施院内绿化和硬件设施配套建设；全年发放各类民生资金4000多万；实施丧葬火化369例。

【精准扶贫】 2016年，东湖塘镇精准扶贫取得成效。一是帮扶单位高度重视。市政协龚振湘副主席、县政协喻亚军主席亲自到所联村在凤村召开现场办公会，就扶贫济困工作进行安排部署。5个帮扶单位（市农委、市新奥燃气、县环保局、县畜牧局、玉潭派出所）在精准扶贫上用心用情帮扶。二是结对帮扶到村到户。结合实际，按照要求，将后盾单位人员、全镇机关干部、部门工作人员与800户贫困户1757人结对帮扶，确保贫困人员全覆盖，按照精准扶贫的要求，制定“一户一策”，2016年完成456户贫困户脱贫。三是产业扶贫精准拉动。通过产业发展带动贫困人口脱贫致富。如在凤村无花果基地、湘鹏大雁鹅养殖基地、东润蔬菜种植基地、稻虾共养项目等项目，通过“公司＋农户”“合作社＋农户”“村集体经济＋农户”等模式，形成以带动贫困户脱贫为根本目的的特色农业产业，形成“雨后春笋、多点开花”的产业扶贫格局，2016年9月28日，《湖南日报》专题报道东湖塘镇产业扶贫工作。四是爱心购买精准联动。在全镇开展大美东湖“爱心购”活动，不定期组织爱心集市，号召全体帮扶责任人摸清贫困户家里特色农产品情况，然后穿针引线，做大美东湖的爱心导购员。

【社会管理】 2016年，东湖塘镇社会管理扎实推进。一是重点抓好综治维稳工作。严密组织开展“一打三整”和“红袖章”巡防工作，抓获现行犯罪6起，调解矛盾纠纷57起，现场解决群众困难58起，并着重解决节假日集镇交通拥堵问题。调处矛盾纠纷化解信访积案，成功化解成章洪等信访积案5起，调处蔡志强等一批群众反映强烈、矛盾大的纠纷12起，实现全年非访进京零目标。二是全力抓好安全生产工作。党政领导自觉履行安全生产“一岗双责”，全年领导带队检查40多次。标准化安监站建设顺利通过验收。组织安全员培训100多人次，联合各部门开展打非治违整治活动12次，重点对非法开采、非法经营运输等行为进行打击，全年共下达执法文书58次，发现问题96次，整改94次，全年无重大安全责任事故。三是卫计工作有序推进。全年完成社会抚养费征收87万元，共立案248件，法院申请执行的案件20件。全年共完成上环36例，结扎46例，流引产手术14例。镇卫生院与长沙市第四医院共建“医联体”，有效改善农村健康管理状况。此外，反邪教、社区矫正、民意调查、社会禁毒、社会稳定风险评估、护路护线、消防等社会综合管理工作稳步推进。

【加强自身建设】 2016年，东湖塘镇自身建设不断加强。一是加强基层组织建设，全面完成15个村（社区）合并为8个村（社区）的合村并账工作，整顿转化软弱涣散党组织1个，按程序和纪律要求指导做好党代表、人大代表选举工作，严肃换届纪律，圆满实现组织意图。二是坚持依法行政，自觉接受镇人大、政协的监督，深入开展“两学一做”专题学习教育，扎实推进“讲道德、明是非、守纪律”活动，全镇党风、政风、民风不断淳化。三是强化镇村干部队伍管理，严格落实中央八项规定精神，坚决整治“四风”问题，干群作风持续改进，干事创业氛围不断浓厚。加强项目管理，规范政府采购和专项资金管理，“三公”经费明显下降。全程监督农村公共资源交易2宗；镇纪委提醒谈话35人次，完成县交办信访案件5宗。 （殷 婷）

夏铎铺镇

【概况】 夏铎铺镇位于宁乡东部，是宁乡传统的东大门，是宁乡县东进融城桥头堡，全镇面积103平方千米，下辖6个行政村、3个社区，总人口4万人。2016年，夏铎铺镇狠抓工业发展、旅游产业和创新管理这三条主线，着力“四个建设”，奋力谱写跨越转型发展“四个篇章”。全镇完成规模工业总产值205亿元；新增规模工业企业5家；完成固定资产投资30.5亿元；完成服务业和工业投资26.03亿元；合同引进项目11个，共计引入资金23.1亿，到位5.1亿；全年财政税收达1.23亿元。

【加速东进融城】 2016年，夏铎铺镇谱写产业发展新篇章。一是推进载体单位项目建设，加快东进融城步伐。岳宁大道、美丽中国·长沙文化产业示范园、华强大道、金岳公路、金桥公路、金香公路建设全面推进；金岳公路征地24公顷，拆迁房屋44栋，已全面启动建设；全力服务宁乡高新区，完成提前拆迁房屋64栋，完成凤凰谷项目征地6.7公顷；华强大道1天完成34.3公顷征地协议的签订，5天内完成64户房屋腾地工作；卫职院项目1天完成80公顷征地协议的签订、2天完成88栋房屋拆迁协议的签订，12月28日顺利奠基开工，再次刷新项目建设的"夏铎铺速度"。

【服务园区企业项目建设】 2016年，夏铎铺镇致力于服务园区企业项目建设。加速推进润通环保、科美机械、清盛机械等项目厂房及附属工程建设；力促园区企业转型升级，部分企业通过多途径获得突破，金吉智能凭借科技创新，销量不断增长，润通机械将延伸产业链做大做强；长河机械全资产入股银宁机械，加速银宁科技新三板上市。推进香山景区项目建设，旅游兴镇迸发新活力。完成粮食博物馆、香山驿站、银花桥抗日纪念坊、香山社区公园、香山剧场、官桥河提质改造、香山一环线建设和房屋立面改造等项目建设；举办"恰同学少年"主题活动，中央红办授予石仑关"青年的足迹·毛泽东青年游学路线"旗帜；与湖南湘润公司进行密切合作对石仑关景区进行整体打造，更加丰富旅游开发资源要素。

【改善城乡面貌】 2016年，夏铎铺镇谱写城乡面貌新篇章。以"四星村庄"创建为抓手，全镇9个村(社区)全部通过整洁村和生态村验收，长龙新村、龙福新村、香山新村、凤桥社区成功创建和美村，天马新村成功创建景观村。力促石仑关美丽乡村示范片纳入长沙市美丽乡村建设"百里示范走廊"，省危房改造整体推进暨城乡整治现场会在夏铎铺镇设立全省唯一观摩点，得到张剑飞副省长和省各部门领导的高度肯定并在全省推广；加大对辖区内主干道整治力度，清除牛皮癣和乱堆乱放的杂物，拆除棚架、瓜棚等52处；实行"全时段、全方位、全天候"的三全保洁机制，每月组织第三方机构对各村(社区)环境卫生进行评比，积极引导垃圾分类，天马新村成功创建为长沙市垃圾分类示范村和长沙市环境卫生示范村；评选出美丽庭院127户，完成"三年造绿"行动目标，义务植树2万余株，全面完成主干道绿化，徐守盛、杜家毫等省市领导在香山社区公园参加义务植树活动。强化创新管理。进一步推行城市化管理向农村集镇延伸，成立"百姓城管"，整合城管分局、城管中队力量强化城管执法，集镇管理更加规范、有序、整洁，易炼红书记在夏铎铺镇讲"两学一做"党课时对香山小镇建设和管理给予高度肯定；强化日常巡查。认真落实"门前三包"，与集镇住户和门店签订"门前三包"责任书，按季度评选出5个示范门店进行授牌奖励；规范集镇秩序，取缔6家有损集镇形象的门店，收缴店外招牌20块，拆除户外大型广告4处，受理投诉1061例；强化执法管理。加强集镇整治，加大对高桥集镇和袁家湾集镇的整治力度，取缔店外占道经营和屠宰生猪等摊位28处。加强控建拆违工作力，建立镇、村、组三级网格化巡查机制，坚持每日一巡查，2016年共控违102户，拆违128户，共控拆面积35000余平方米。

【维护和谐稳定】 2016年，夏铎铺镇谱写和谐稳定新篇章。一是全面破解遗留问题。深入村组和企业项目走访调研，对阻碍发展的"老大难"进行全面摸排梳理，成立工作组，分层级处理化解问题和矛盾；失地农民社保工作取得实质突破，六度庵村近200户社保对象于12月29日完成退休证、退休存折办理和照相建模工作，年前资金按时支付，人民群众切身利益得到进一步保障；针对工业园遗留问题进行重点破解，工业园区污水管网建设已通过县长办公会，正由规建局出台施工方案。二是直面矛盾纠纷。深入开展矛盾纠纷"大排查、大调解"行动，2016年调解各类矛盾纠纷193件，涉案金额1749万元，无因调解不及时而导致上访和民转刑案件发生；认真落实领导干部开门坐班接访和首问责任制，共接待群众来访72件，受理信访93件，做到有接待、有台账、有回音，省纪委常委伍英来夏铎铺镇调研信访工作，对夏铎铺镇领导干部开门坐班接访和化解信访问题方法举措给予肯定。三是创新社会管理。建立"警群联合"巡防网，强化普法宣传，在各村(社区)开展警民见面和"面对面、互动式"普法宣传教育；开展"一打三整"专项整治行动，扎实推进"红袖章万人巡防促平安"活动，全年共刑事破案57起，刑拘52人，查处涉毒人员92人，辖区发案率明显下降，群众安全感得到大幅提升；狠抓安全生产，重点监管危化企业和工贸企业，全年立案7起，3次"打非治违"大行动取得良好成效，稳居全县安全生产一类乡镇前列，实现安全生产零责任事故、零死亡目标。

【谱写幸福生活】 2016年，夏铎铺镇大力开展精准扶贫，强化结对帮扶，全镇557户贫困户共落实个性化脱贫措施2135条；投入440万元新建三桥小学，完善香山冲小学、弓箭小学、天马小学、夏铎铺中学和龙凤山中学的基础设施，2016年夏铎铺镇在县的"教育强镇"复查中荣获优秀等级；投入近1200万元完成镇卫生院新院建设并于10月份完成整体搬迁；新建香山新村、六度庵村、夏铎铺社区、龙福新村4个村级卫生室；全镇636.9公顷项目区水田水分管理、石灰播撒工作和66.7公顷重金属水田治理顺利完成，1042.2公顷种子发放到位，水田种植防汛抗旱工作有序开展；清退养殖大户16家，加大巡控工作力度，秸秆禁烧工作取得良好成效；高标准提质改造镇文化站，打造1个文化屋场，文化部公共文化司副司长陈向红来夏铎铺镇实地考察并得到高度肯定;“卫计服务群众百日行”活动顺利开展,排名全县前列;65周岁以上老人体检完成率113.8%;义务献血人数达307人,完成任务数的220%;打造石仑关计生协会会员之家示范点,迎接省卫计委调研获高度肯定,在省市计生基层群众自治经验交流会上作典型发言,并在湖南日报全文刊登推广工作经验。

(刘 欣)

金洲镇

【概况】 金洲镇总面积61.3平方千米,辖2个社区、9个行政村,人口33146人,属湘江新区核心区域,是长沙市城乡一体化试点区域和宁乡县东进融城的前沿地带。

2016年,金洲镇紧紧围绕“综合实力一路走强、产业升级一派生机、城乡面貌一展新颜、全面小康一脸阳光”的工作目标,坚定走旅游兴镇的路子,实施“产业融城、借势发展、旅游兴镇、惠民共享”四大战略,全镇广大干群为实现“让美丽无处不在、让金洲遍是风景”的美好愿景,团结一心、攻坚克难、奋力拼搏、勇攀新高,推动经济社会发展迈上崭新台阶。截止12月25日,财税任务已完成4500万元,完成年度任务的107%,超额完成年初目标任务,招商引资到位资金预计完成3.8亿元,规模工业总产值8.4亿元,社会固定资产投资12亿元,同比增长18.41%,启动项目建设18个,竣工14个,克服经济下行压力,各项指标好于预期。获得“国家级生态乡镇”“长沙市绿化集镇”“长沙市美丽乡村建设百里示范走廊”“宁乡县先进基层党组织”等荣誉称号,关山景区获评“省两型旅游景区”,已通过省住建厅推荐作为长沙市唯一的村申报全国宜居村庄,镇合并村、换届选举、美丽乡村建设、旅游产业发展等多次被湖南日报、长沙晚报、湖南卫视、湖南经视省市主流媒体宣传推广。

【项目建设】 2016年,金洲镇紧抓住项目建设,在全县项目建设“百日大会战”中走在前列。建成隆平高科及白沙庄园项目,大力推进白沙液文化旅游产业园建设,紧密跟进国开行“康养社区”项目,打造镇域经济新的增长极;金朱公路全线拉通,历泉公路提质改造、沩江大堤慢行系统建设、箭楼旅游公路建设如火如荼,花猪文化体验馆和长益复线南洲互通启动建设,关山旅游公路前期手续基本完成;新建敬老院、改造集镇立面、建设集镇污水管网、实施杆线入地,推动金洲镇自来水工程建设,关山、全民两个党建文化养老综合服务中心落成使用,其中关山社区党建文化养老综合服务中心作为全县基层党建工作样板迎接各类考察45批次。

【全域旅游】 2016年,金洲镇按照县委全域旅游的整体部署,做大做强关山景区。改革管理体制,设立景区管理委员会,理顺管理服务职能,实行景区环卫、绿化外包制度;提质美化景区环境,不断加大基础设施投入,启动关山停车场、关山片区自来水及污水管网建设,开展景区整治大行动;对关山互通、关山大道进行高标准生态绿化提质建设,新建烽火台、关公雕塑观景台、古城墙、百芳园等文化精品项目,在休耕区历泉公路、金朱公路沿线大力种植绿肥油菜,扮靓景区形象;加强宣传营销力度,承办博世员工日活动,五一期间与湖南经视合作举办“武圣战武绳”大型活动,十一期间与金鹰卡通卫视合作策划了“爸爸去哪里”亲子挑战赛活动,元旦前夕经视拍制电视剧《忠义奇兵闹关山》在关山古镇正式开机,于2017年大年初一正式播出,通过一系列的节庆营销活动,景区人气大幅提升,两个小长假游客超过10万人次以上,直接经济效益近1000万元,关山景区成为宁乡县内单体体量最小但游客最多的景区,被中国旅游网、湖南卫视等重要媒体宣传推介,品牌美誉度不断提升。同时,在坚持原有规划布局、发展原有农业产业项目的基础上,以关山为核心片区,在金朱公路两侧建设了农业科技示范项目,打造了柏地葡萄、无花果基地、优享蔬菜、海尔斯水果、金洲茶叶、芦笋基地等一批绿色农业项目,把镇域内芦笋、红薯粉、茶叶、鸡蛋等农特产品全部统一包装、策划、经营,成立乡农专业合作社,注册乡农商标,让产业项目和乡村旅游有机结合,实现全产业链条,推动全域旅游发展。

【民生工程】 2016年,金洲镇坚持以人为本,持续改善民生。大力改进教育教学条件,争取县政府支持,拆除新建九年制学校小学部和同兴完小食堂三栋D级危房,争取九年制学校校门、入校道路、停车场、田径场等综合配套项目;启动同兴学校综合楼改造项目,解决过渡期学生分流安置问题;将高新区控规范围内危房纳入提前拆迁范围,切实解决群众住房困难;金朱公路、历泉公路、沩江大堤提质改造通车,极大的方便了群众出行;建好集镇污水处理管网,启动全镇自来水工程建设,切实解决水污染问题;严格落实各项社保政策,全年共发放农村低保金78.84万元,农村五保金138.72万元,突出抓好失地农民社保工作,2015至2016年已发待遇3037人。

【精准扶贫工作】 2016年,金洲镇在全镇树立“把扶贫工作做成善举、把帮扶对象当做亲人、把脱贫成功视为成就”的精准扶贫工作理念,通过“核、签、议、定、帮”五个工作步骤,实行党政领导对分管线、所联村、办公室及自身联系户“四管”制度,建立健全一户一策、一人一策工作机制。全镇183名扶贫队员开展“送米送油送关怀,问寒问暖问帮扶”的扶贫活动;政协委员、社会贤达开展结对帮扶送温暖活动,对13名贫困户送出慰问物资9000多元;组织镇村干部为县“千手大屋”易地扶贫搬迁户献爱心募捐活动,共募集4万多元资金,帮助6名搬迁户搬入新居,建设千手爱心驿站,筹建衣服90件、棉被15套、学习用品20套、米20袋、油20筒等物资,确保工作落到实处。

【公共服务】 2016年,金洲镇继续做好卫计基本公共服务项目,全面实施两孩政策,金洲镇计生率达到98.2%,征收社会抚养费51.4万元,代表全县接受省卫计工作检查,得到高度认可;推进城市管理向农村延伸,广泛开展“百姓城管”活动,带动群众积极参与;注重生态文明治理,加大环卫整治力度,构建全域治理、全面推进新格局。以“美丽”为主题,创新推进美丽乡村建设“1+1”模式,创建美丽屋场13个,美丽庭院480户,极大改善人居环境,金洲镇被纳入长沙市美丽乡村建设百里示范走廊建设范围,关山社区获评市级示范村,颜塘村获评市级特色村。

【社会治理工作】 2016年,金洲镇建立信访维稳工作一岗双责制度,压细压实各线各村信访工作主体责任和属地责任,重大特护期间,没有出现一例越级非访行为,全年没有出现一起群体性事件,信访量、非访数下降85%,社会大局和谐稳定。大力开展“一打三整”专项行动,联合有关部门开展多次集中行动,刑事拘留11人、治安拘留18人,破获刑事积案3起,抓获吸毒人员11名,极大净化了社会环境。开展矛盾纠纷“大排查、大化解”工作,建立健全“四位一体”工作机制,充分发挥三级联动作用,调处各类矛盾纠纷30余起。持续依法推进五大专项整治,取缔非法砂场2个,实现整镇非法采砂场清零。严格落实安全生产责任制,狠抓安全生产检查,全年带队检查12次,突出抓好建筑工地、道路交通、食品安全等重点领域安全监管和隐患整治,做到不留死角、不留盲区,全年没有出现一例安全生产事故。民调工作由2015年全县第24名上升至第11名。

【党建工作】 2016年,金洲镇全面加强党的建设。在合并村过程中,金洲镇采取“以大带小、以强带弱、以点带面”的方式,变考验为机遇,率先在全县平稳顺利完成;在党委换届工作中,党委班子成员和县党代表全部满票当选,组织意图和群众意愿充分实现,在全县“七一”表彰大会上被评为县先进基层党组织,相继被湖南卫视、《长沙晚报》等主流媒体专题报道;在防汛救灾过程中,金洲镇众志成城、科学应对,夺取本次抗洪抢险的全面胜利,实现“无任何人员伤亡、无任何负面舆论、无任何工作失职缺位”的工作目标,获评全县抗洪工作先进表彰;周密部署、精心组织党委及人大政府换届工作,严肃换届纪律、严密规范程序、严把人选关口、严格工作要求,坚决查处了同兴村党代表选举中一起苗头性事件,金洲镇在县级换届中,产生了一名市党代表、一名市人大代表,王辉书记当选为市第十三次党代会的代表,关山社区王艳同志当选为市人大代表。

【服务西线工业走廊建设】 2016年,金洲镇把高效服务西线工业走廊建设作为工作重中之重。2016年征地100公顷、拆迁房屋285栋,高新区历史遗留钉子户15户和谐拆迁12户。特别是在县重点项目沃特玛、邦普五期推进过程中,县下达20天完成两个项目征拆任务,金洲镇利用国庆七天假期,七天时间完成联合认证、三榜公示,两天时间完成89户拆迁清零,再次刷新了“金洲速度”,得到县委县政府的高度认可,12月23日成功迎接全市项目建设观摩活动。 (党政办)

双江口镇

【概况】 2016年,双江口镇辖13个行政村、4个社区,总面积155平方千米,总人口8.6万人。2016年,双江口镇紧紧围绕三大建设,强力实施“东接南连”战略,以“打造农耕第一镇、构建幸福新双江”为总体目标,以全域景区化为抓手,重点突出“五园五路”建设,确立“四个结合”发展方向,强化责任措施,统筹有序推进,经济社会各项事业均取得较大进步。

经济发展在深化转型中迈上新台阶。全镇全年完成规模工业产值23亿元,规模工业税收280万元,外贸出口企业1个,工业经济完成情况排名在全县前8位。固定资产投入19.4亿元,完成任务的120%;工业投资10.8亿元,完成率100%。社会消费品零售总额8亿元,人均可支配收入23145元,同比增长11%。项目工程投资7.1亿元,完成任务的355%,千万以上的新开工项目5个,千万以上的竣工项目7个。合同投资6.5亿元,完成任务的163%。国、地税收总计完成2395万元,完成任务的114%。

项目建设在全面推进中实现新突破。南方畜禽交易中心计划总投资2.4亿元,拟打造成集禽类市场、牛市场、羊市场、猪市场为一体的南方第一畜禽交易中心。2016年牛市完成建筑面积4.68万平方米,宰杀、冷链市场及水、电、路、地下管网建设稳步推进。优卓牧业生态产业园完成投资9900万元,流转土地87.2公顷,完成主体建筑面积9760平方米,首批引进500头澳大利亚奶牛,引进瑞典利拉伐各项先进设备,其余各项基础设施建设也在抓紧进行。

全域旅游在精心统筹中呈现新面貌。一是精品线路全面升级。对金朱公路全线进行绿化亮化，全面整治清理宁朱公路，沿线建成了双江口农耕文化园、长兴村鸳鸯塘等美丽乡村特色示范点。二是“四星村庄”遍地开花。全镇17个村基本达到整洁村，生态村标准，验收通过率达到百分之百。双江口社区创建成为市美丽乡村示范村，长兴村创建成为市级特色村，山园村，莲花山村完成省级示范村复查。三是美丽乡村示范推进。重点建设长兴村鸳鸯塘美丽示范点，深挖光召文化、由点扩面，环点成片，修建环组公路，着重庭前绿化，种植花卉苗木，建成光召文化科技展示馆。四是旅游路线全新规划。双江口镇抓住被纳入县全域景区化五大核心景区关山——香山景区这一契机，以现代农业科技示范区为引领，精心打造“大河西购物—农耕园怀旧—光召园求学—左家山品桔—优卓园放牧”的精品旅游路线，大力发展“农家乐”乡村旅游。

农业生产在稳步推进中迸发新活力。一是粮食生产喜获丰收。粮食生产面积继续得到巩固，集中育秧面积达539公顷，水稻种植面积达10666.7公顷，粮食总产量6.8万吨，居全县第一；开展粮食生产抽样调查，做好山园村等三个粮调点基础信息调查上报和早、晚稻测产调查，粮调点数量和粮调点产量居全县前列；二是土地资源有效治理。对重金属污染耕地进行修复治理，建设白玉村VIP＋n修复技术模式标准化千亩示范片，治理效果明显。共完成3933.3公顷、211吨早晚稻种籽发放种植，2266.3公顷生石灰撒施，4400公顷叶面阻控剂喷施，3266.7公顷优化水分管理，以及850个稻谷、土壤样品的取样监测工作。三是防汛工作落实到位。对水利设备养护更换到位，强降雨信息预警到位，强降雨期间巡查到位，村（社区）转移危房户人员到位。突出新民垸、闸坝湖垸、六座小Ⅱ型水库等重点，积极应对“7.3”强降雨，紧急处置槎梓桥新河堤、黄金坝等险情，确保度汛安全。

城乡管理在齐抓共管中开创新局面。一是全力建设新型集镇。新建双江口集镇停车场、完成朱良桥片区立面改造及配套基础设施建设、完成双江口集镇、朱良桥集镇强弱电线路网改造、完成檀树湾集镇道路提质改造工作，全力打造宜居宜兴的示范集镇；组建“百姓城管”，大力改善集镇秩序。安装电子抓拍设施，整治乱停现象。与湖南省优资人力公司合作管理集镇环境卫生，提升集镇卫生水平。二是强力开展治砂治超。开展治超专项行动，严厉查处超限超载车辆，组织联合执法12次，其中与县级联合执法6次，出动人员280人次，共处理车辆53台，严格落实“一超四究”工作，为优化经济发展环境提供坚强的保障。大力开展砂场整治，关停镇域内十一标、十二标砂场，所有采砂设备全部拆除。三是落实安全监管责任。积极落实生产安全、校车安全、食品安全及水上安全工作，深入开展“九打九治”专项行动，共出动执法检查人员1000余人次，开展联合执法检查30次，检查各类企事业单位、经营门店70家，发现隐患70起，现场整改20起，责令限期整改50起，隐患整改率达100%，大力开展烟花鞭炮整治行动，对照“六严禁”要求，重点打击无证经营、证照过期、下店上宅、前店后宅、超市经营烟花爆竹等违法违规行为，查出非法运输烟花1起，行政拘留1人，确保全镇安全生产的零事故、零死亡。四是全面稳定社会大局。积极开展“一打三整”和矛盾纠纷“大排查、大调解”专项行动，严厉打击各类违法犯罪行为。严格落实“五包一”工作，做好各类特殊群体的稳控工作，确保特护期及重大活动中无异常活动，保障双江口镇社会大局稳定。

民生事业在真抓实干中取得新进展。一是扎实开展精准扶贫工作。按照“6543”的结对要求，将县直单位、政府机关部门421名帮扶责任人对1263户贫困户全力帮扶，做到贫困户帮扶“全覆盖”。开展“滴灌式”产业专项扶贫申报核查，全镇85户贫困户申报100个产业项目，共补助资金15.1万元；开展2016年脱贫核查，全年共脱贫437户1064人。二是重点落实社会救济工作。保障农村五保2653人次，发放金额78.4万元；保障农村低保4404人，发放金额79.8万元；保障城市低保305人，发放金额9.8万元。142户危改对象全部建设竣工，且通过县、市、省三级验收，受到省、市领导的好评，荣获市级先进；圆满完成市残联“明星乡镇”创建工作，成功通过市级验收。三是扎实推进卫生计生工作。卫计指标稳中有升，出生人口符合政策生育率96.96%；新增农村计划生育奖励扶助306人，特别扶助24人，免费孕前优生健康检测832对，征收社会抚养费202.1万元；完善居民健康档案1.4万份；成功创建双青村、云济村、罗巷新村三个县级计生村民自治示范村。双江口卫生院、朱良桥卫生院进入全县先进卫生院行列。

自身建设在改革创新中得到新提升。一是强化服务意识。提高政府公信力和执行力，大力转变作风、密切联系群众，“四风问题”得到有效遏制。严格落实中央“八项规定”，以求真务实的工作作风，推动党风廉政建设和反腐败斗争的深入开展。从机关招待、公务用车、办公用房、村务公开、财务管理入手，严格按制度办事，用制度管人。二是强化责任意识。加强惩防体系建设，全年开展作风建设督查40次；发送作风建设通报6期，镇内通报批评32人次，免职1人，行政问责8人；强力推进“雁过拔毛”式腐败专项整治，立案查处1起，党内警告处分1人；高效开展

“纠‘四风’、治陋习”专项整治，已立案办结1起，拟立案处理1起。三是强化政治意识。严格落实换届纪律要求，顺利完成县第十七届和镇第六届人大代表换届选举工作。

【大河西农产品物流中心盛大开业】 大河西农产品物流中心项目于2013年引进，是长沙市政府批准的一级农产品物流中心，第一期29.3公顷的蔬菜交易市场于2016年12月16日盛大开业，社会各界反响强烈，商户入驻率达到97%，平均每日吞吐量达6000—8000吨。2016年，大河西农产品物流中心被国务院评为“全国民生示范工程”。

【稻花香里与大观泛海成功签约】 “稻花香里农耕文化园”投入资金6000万元，建成景区43.3公顷，该项目集农耕展示、农耕文化、农耕竞技、休闲娱乐于一体，2016年累计接待各类观摩考察团队100余批次，接待人数近十万人，成为长沙市精品旅游线路和双江口县全域景区对外展示窗口。2016年10月18日，“稻花香里”与深圳大观泛海集团正式签订战略合作协议，景区正式走入市场化运作轨道。合作双方将力争通过1—2年的运营推广，将稻花香里打造成为三湘第一亲子农耕园。使之成为湖南周边游、亲子农耕体验、农耕教育的目的地。

（党政办）

菁华铺乡

【概况】 菁华铺乡位于宁乡县境西北，东接玉潭镇并与宁乡经济技术开发区相临，西临益阳并与湘中煤都接壤，北达火车站及长常高速公路出口，319国道、长常高速、长石铁路、金洲西线、省道206线穿跨腹地，全乡总面积65.76平方千米。原辖10个行政村，2016年9月经合并之后，辖6个行政村，总人口3.46万人。

乡域经济稳步增长。2016年，菁华铺乡完成固定资产投入8.1亿元；规模工业企业达到12家，规模以上工业总产值17.5亿元；工业服务业投资6.2亿元；社会消费品零售总额3.2亿元；完成国地两税1300万元。经济发展呈现投入稳步增长、收入稳步增加、运行质效逐步提高的特点。

项目建设扎实推进。2016年，菁华铺乡共启动项目16个(其中民生工程项目9个)，实现投资1.58亿。彻底解决立成机械、桑铼特机械、梅花胶木等项目征拆遗留、用地手续等问题，切实解决公益墓地电力、绿化、用水等问。与桃林桥工业平台4家企业签订招商引资合同解除协议书，将平台整体移交经开区，解决群众社保等诸多遗留问题。

招商引资和服务园区建设实现突破。菁华铺乡争取中国农发重点建设项目(宁乡县煤炭坝独立工矿区菁华铺片基础设施建设项目)基金6600万元。引进聚飞环保公司，已投产试运行，预计年产值2500万元以上。引进祥华仓储物流项目。与多家企业及广大乡友保持密切联系，力促投资。2016年，菁华铺乡按期完成金玉集中区监管中心、经开区花明北路、八家湾水库、站前路项目共计237户240栋156.3公顷的征地拆迁任务，处理个案78个，所有已征拆房屋都实现24小时内签订协议，一个星期房屋全部倒地。

农业农村特色明显。2016年，菁华铺乡流转土地面积1066.7公顷，发展种粮大户15户、合作社33家。已成功培育陈家桥村2500亩中药材基地；菁华铺、桃林桥、洪仑山、嶂山蔬菜基地已成为宁乡县城主要的有机蔬菜供应地之一；龙源湖油茶展示中心已完成建设，30多家生态农庄品牌渐响。

美丽乡村卓有成效。菁华铺乡持续推进美丽乡村建设，投资1300万元，改造集镇立面约400空、基础设施1.2公里，提质路灯216盏，新建社区公园6600平方米。重点打造3个美丽屋场，1个1.5公顷的景观花海，3个小型景观点，新建垃圾分类站2座。陈家桥村成功创建2016年长沙市两型示范单位、2016年长沙市垃圾分类示范村。

社会保障及时到位。2016年，菁华铺乡累计发放农村低保五保资金268万，城镇低保9.5万，大病救助60.5万，重度残疾人生活补助和护理补助补助68.2万，发放临时救助和冬令、春荒救助资金33万，助学补助19.1万；城乡居民养老和医疗保险参保率均97%以上，医疗保险全年报销住院补助1088万；全乡遗体火化率100%，公益性墓地入葬率100%；改建危房37户并全部验收合格；将15个组945人纳入社保并全部审核通过。2016年，妇联被评为市宣传工作先进单位，陈家桥村创建省养老服务示范中心，洪仑山村创建市级农村幸福院。

精准扶贫攻坚克难。2016年，菁华铺乡实现脱贫137户369人，共有43户117人享受低保兜底，6名贫困学生在线申报了雨露计划，83名贫困学生享受助学政策，61户贫困户享受精准扶贫“滴灌式”支持，享受帮扶资金7.4万元，8户贫困户进行危房改建，77户贫困户享受产业扶贫政策。

计生工作取得实效。2016年，菁华铺乡为全乡百姓提供免费体检，为所有65岁以上老人提供免费上门医疗，对因病致贫建档立卡贫困户提供医疗救助，为17户困难流动人口家庭的留守儿童申报精准扶贫，为全乡14岁以下独生子女家庭赠送意外伤害保险，实现人口计生利益导向政策与各项惠民政策衔接促进。全面实施“三大工程”，搞好“五个服务”，强化流动人口计划生育服务管理，与益阳市赫山区衡龙桥镇开展流动人口区域协作。全乡居民健康档案建档率100%。桃林桥村成功创建省市基层群众计划生育村民自治示范村，陈家桥、菁华铺、洪仑山村成功创建县级基层群众计划生育村民自治示范村。

社会大局和谐稳定。菁华铺乡严格落实纠纷调处“三个一”工作，排查调解纠纷36起。开展“与群众交朋友，帮基层解难题”大走访活动，走访群众8659户，召开座谈32场次。开展“一打三整”和矛盾纠纷“大排查、大调解”专项行动，成立10支“红袖章”义务巡防队，组织专项整治行动8次，破获寻衅滋事案件2起，打掉吸毒团伙1个，查处交通违法行为40余起。

安全生产形势平稳。菁华铺乡狠抓校车安全工作，全年未发生一起安全事故。开展食品安全“利剑整治”十大行动，全面检查和整治食药品门店，体检和培训考试农村厨师和餐饮服务者，指导农村集体聚餐1653例，全年无一例食品中毒事件。开展“安全大排查大管控大整治”专项行动5次，检查生产经营单位350余家，排查安全隐患370余条，停产整顿23家，取缔非法经营单位4家，鞭炮经营网点6家、非法燃气点7家，立案4起。实现安全生产“两零”目标。标准安监站成功通过市局验收。

【建设菁华铺乡敬老院】 2016年9月，菁华铺乡敬老院动工建设，项目位于菁华铺乡陈家桥村皂角组，总投资为1330万元。拟分两期建设，一期建设1、2号老年公寓楼，一幢综合楼，二期建设3、4号老年公寓楼，可接纳200多位老人入住。

【修建公共避险广场】 2016年10月，菁华铺乡公共避险广场项目动工，总投资250万元，总用地面积6575平方米，该项目建成，极大地改善当地群众的居住环境，得到群众的一致好评。

（吕长生）

煤炭坝镇

【概况】 煤炭坝镇位于宁乡县中北部，与益阳市赫山区、桃江两区、县接壤，总面积72.6平方千米，辖6个行政村、2个社区、137个村民小组，人口5.06万人。2016年，煤炭坝镇以“建设湘中门都、打造创意煤城、勇夺三湘第一镇”为目标定位，大力培育门业主导产业、加大项目招商力度、丰富创意煤城业态、不断提升城乡品质、全面夯实民本民生、持续加强政府自身建设，经济社会事业呈现出良性发展态势。2016年规模以上工业总产值81.68亿元，新入园企业5家。实现招商到位资金15.25亿元，农民人均纯收入达到2.6万元。

主抓产业培育，工业经济跨越增长。2016年，煤炭坝镇始终坚定“兴工强镇”战略，抓好产业培育，在“三区五园”竞争态势中精准发力。园区实现90家门业企业落户，一年实现7家企业竣工投产，9个厂房建设项目全面启动，租赁企业入驻18家，招工就业5200多人，煤炭坝已成为湖南门业集中区和最大的门业生产基地。一是加大投入夯实园区基础。多渠道争取融资和产业扶助资金近2亿元，拉通了工业路北延线，新征工业用地26.7公顷，拆迁房屋15幢，新拓展园区1平方千米左右的发展骨架，园区水、电、路、等基础建设不断完善。二是全力招商增强发展后劲。坚持以商招商、产业招商、招大引强的招商策略。2016年共引进项目29个，其中工业项目25个，亿元以上项目3个，合同引进资金15.25亿元。三是优化服务促进项目建设。2016年启动项目工程35个，其中新建工业项目22个。全年累计投入项目建设资金13.5亿元，超额完成全年5亿元的目标任务。

主导市场运营，创意煤城稳妥推进。2016年，煤炭坝镇按照全域旅游景区建设的定位，稳妥推进创意煤城建设。一是理性投入建好基础设施。按照十大项目建设规划，完成了门图腾、煤城印象、竹山塘标志塔、五亩冲道路、集镇立面改造和集镇道路提质等主要工程，重点推进了竹山塘矿区房屋、特色门楼、工人剧院等核心区域的改造和修缮。二是引入市场主体丰富项目业态。成功引进了壹玖柒贰文化传播有限公司，投资完成了汽车影院的建设和成功运营，签约了芒果KTV、陶艺吧等十个创意项目，创意煤城的首个重点项目完全实现了市场化运营。三是注重宣传策划扩大品牌影响。通过成功的宣传策划和有效对接，以零成本成功对接了红色青春战争史诗电视剧《秋收起义》选址在镇竹山塘遗址公园等处取景拍摄。

主推建管结合，城乡品质大幅提升。2016年，煤炭坝镇以改造提质集镇、建设美丽乡村、强化城乡管理作为工作重点，全面提升城乡品质。一是提质老城，规划新城。2016年通过直接融资和向上争取项目资金，完成了集镇400户的立面改造，实施集镇道路全部黑化提质，在全县首个农村集镇完成弱电管线下地，启动镇村文化广场、集镇停车场、农贸市场建设，高标准推进2.7公里市政配套，大幅改变和提升了集镇形象。二是活用机制，美化乡村。坚持美丽乡村建设与矿山地质恢复治理紧密结合，积极向上争取支持推进美丽乡村建设。成功打造了多个美丽屋场示范点，创建了贺家湾美丽乡村示范村和砖塘美丽乡村生态村。三是发动干群，提升管理。充分利用干部联组、村干部包片的机制，深入发动群众，通过户主会议、交叉评比、义务劳动等方式，深入持续开展环境卫生整治、村容秩序整治，城乡环境卫生和管理品质得到大幅度提升。

主攻民生实事，人民生活更加幸福。2016年，煤炭坝镇按照长沙“实现基本现代化”和宁乡建设“全面小康”的战略定位，极力加大镇本级和全力支持村级对民生事业的投入，解决群众身边的难事，办好群众盼望的实事。一是农村基础设施不断完善。采取政府补贴，村为主体，群众筹资的模式，稳步推进农村通组水泥公路建设。2016年落实公路奖补资金100万元，提质公路65公里；水毁工程投入资金近千万元，修复、护砌水毁山塘渠道300多处，在全县率先启动整镇推进自来水入户工程；大力度加快农网改造，切实解决群众用电难题。二是沉陷治理积极推进。2016年完成CD级房屋拆除重建640户，只拆不建272户，争取沉陷资金4300余万元，完成天应山塌陷溶洞的治理和贺家湾避险广场的建设，完成贺家湾100公顷高标准农田建设，并新增200公顷高标准农田建设的指标。三是精准扶贫政策落实到位。实施危房改建和爱心助学等“八大举措”，实现扶贫措施具体化、精准化、实效化。全镇274户贫困户均建档立卡，2016年底脱贫100户；落实危房改造补助资金80万元，组建了美丽宁乡志愿者协会煤炭坝分会，聚集爱心人士，实现一对一帮扶镇区贫困学子52名，共计发放资助款项近10多万元。民间爱心助学、扶贫帮困、社会公益服务事业迈出了第一步。四是社会救助政策落到实处。农村合作医疗及大病救助全年共计282人次、救助金额54万余元，城乡低保救助946户、1370人，救助金额393万元，城乡居民医保和城乡居民养老保险，参合率分别达到95%和90%以上；妇女儿童权益得到保障；坚持计划生育基本国策不放松，全面落实二孩生育政策和提供生育优质服务，获得市级计划生育模范乡镇。创建了市级示范性综合文化站和市级全民健身中心，全镇民生实事、教育、医疗、文化等事业全面健康发展。

主张综合施策，社会大局和谐稳定。2016年，煤炭坝镇在安全生产、综合执法、信访排调、生态保护等工作上主张综合施策，进一步压实工作责任，确保了大局稳定。一是牢固树立安全生产底线意识。以压实企业主体责任和领导带队检查为主要手段，严格落实安全生产责任制。扎实做好非煤矿山整治和烟花鞭炮退出工作，坚决落实停产整顿、关闭取缔、上限处罚、追究法律责任“四个一律”的打击治理措施，有效遏制安全事故发生。2016年共关闭非煤矿山5家，退出鞭炮厂1家，持续加大对高危企业的检查监管力度。二是牢固树立“执法从严”法制思维。2016年共计专项巡逻300多次，拆除违章搭建54处，达4289平方米，拆除广告近700平方，开展集镇秩序整治行动40余次起。深入开展以“一打三整”为主题的“平安煤城”创建活动，强化领导干部带班接访和矛盾纠纷大排调制度，化解信访积案，处置突发事件，确保了全镇社会大局稳定。三是牢固树立“绿水青山”生态理念。抓好秸秆禁烧，强化企业环保意识，加大环保投入，综合进行环境治理，保护自然生态，开展宣传、巡查和整治，提高全民生态文明意识，全镇生态环境得到持续改观。

主动担当作为，行政效能不断提升。2016年，煤炭坝镇全面夯实基层党建工作，不断强化干部教育培训，努力提升政府行政效能。一是抓政府班子。政府领导班子主动执行“三重一大”集体决策、首问责任制等制度，带头落实党风廉政建设责任制，带头实践“强党建、促和谐”干部大走访活动，深入指导党小组开展“两学一做”教育活动，不断提高班子的战斗力和凝聚力，营造政通人和的新气象，群众满意度大幅提升。二是抓重点制度。坚持用制度管人促事，规范机关制度、机关干部绩效考核管理办法、镇对村绩效考核、镇村两级财务和村务公开等相关制度，严肃工作纪律，重点解决“不作为、乱作为、慢作为”问题；规范了执法行为和行政行为，在土地利用、环境保护、财政资金管理使用、项目审批、工程建设招投标和结算等方面切实依法依程序推进。三是抓整体队伍。通过机关干部竞岗和双向选择，逐步实行同工同酬等措施，不断提高干部干事创业的激情，通过项目一线锻炼、难点问题解决、业务知识辅导等措施，不断培养干部、发现干部，进一步提高干部科学决策、运作项目、依法行政、维护稳定的综合素质。四是抓执纪问责。构建和完善了镇、村、组三级纪检队伍，2016年镇纪委共立案28个、办结28个，承接纪检信访件8个，办理办结8个，率先在全县建设了64个组级廉情信息点，煤炭坝镇纪检监察工作荣获2016年先进单位。

【胡衡华调研煤炭坝镇独立工矿区转型发展、现代产业发展情况】 2月24日，长沙市委副书记、市长胡衡华，市政府秘书长谭勇，及市发改委、市经信委主要负责人，在宁乡县委副书记、县长周辉，县委常委、常务副县长刘亮，县人民政府副县长冯智君等陪同下，视察煤炭坝门业园，听取了煤炭坝镇镇长贺伟对门业园区建设、竹山塘工业遗址公园建设等基本情况的介绍，实地参观了正春门业、家美门业2家门业企业的厂房及生产线，现场与镇领导、门业园工作人员进行了面对面的交流指导，调研结束后胡衡华对煤炭坝镇门业园建设给予了高度肯定。

【周辉调研煤炭坝镇党风廉政建设工作】 11月9日，县委书记周辉，县委常委、县纪委书记张武，县委常委、县委办主任彭韬及县纪委相关人员到煤炭坝镇调研党风廉政建设工作。察看了贺石桥村级阵地建设以及村级小微权力开展情况，并详细询问了便民服务相关项目以及办事流程；参加了煤炭坝镇党风廉政建设座谈会，听取了煤炭坝镇党委书记宋强关于镇党风廉政建设工作和合村并账及财务专项督查检查的开展情况汇报；听取了贺石桥村和双龙村的村级发展、村级党风廉政建设、村级财务、合村并账等工作汇报；与村级监督委员会、党风政风监督员、组级廉情信息员进行了面对面的交流。周辉对煤炭坝镇党风廉政建设工作给予了高度肯定，并对下阶段工作提出了三点要求：一是落实老百姓关注的问题上要在细、小、落地方面下功夫；二是镇村的党风廉政建设要在抓常、抓长、抓坚持上下功夫；三是对村级小微权力的运行要在为民、便民、利民上下功夫。

（石海林）

回龙铺镇

【概况】 回龙铺镇地处宁乡县中部，东临白马桥镇，南连坝塘镇，西邻大成桥镇，西北与煤炭坝镇接壤，北接菁华铺镇。2016 年，下辖 1 个社区和 6 个行政村，全镇总面积 71.89 平方千米，人口 4.1 万人。交通区位优势明显，东傍长石铁路、长常高速公路和 319 国道，西临洛湛铁路；境内宁横公路（S209）、老宁横公路（X091），玉煤公路横贯东西，新竹公路和宁灰公路贯穿南北。回龙铺镇是湖南省有名的优质稻、优质鸡、优质猪“三优之乡”。“湖南第一、全国一流”的回龙铺镇现代粮食产业示范区辐射带动周边 23333.3 公顷绿色优质稻生产；是湖南省最大的商品肉鸡生产基地；年出栏瘦肉型优质猪 14 万头。

【项目建设】 2016 年，回龙铺镇突出项目建设的引领带动作用，把加速项目建设、服务“金玉”发展作为镇域工作的重中之重，全力以赴抓好项目引进、征地拆迁、环境维护等工作。一是招商引资取得突破。立足自身优势，创新招商方式，突出打好飞地经济基地乡镇以及现代农业、生态旅游和宁乡西城等招商牌，全年新引进安宁农业、鼎盛钢构二期、楚宁驾校、五养山庄养老公寓等 5000 万元以上项目 4 个，其中五养山庄总投资 6.4 亿元，是一个集养老公寓、护理医院为一体的综合性养老项目。二是征地拆迁克难推进。坚持依法拆迁、阳光拆迁，全年完成亿峰伟业、湘朋科技、台乔机械、公安局监管中心等项目征地 20.7 公顷，签订拆迁协议 28 户。金玉工业集中区没有一个项目因拆迁受到影响。积极破解征拆遗留问题，历时五年的农机机电大市场毛某户成功倒地。三是建设环境持续优化。扎实开展项目建设百日大会战，年内铺排的项目顺利推动建设，有效调处了玉菁公路、华田河污水厂、中民集团、创金项目等问题 70 余个，各大项目按照时间节点加快推进。金玉工业集中区 76 户拆迁户安置房全部分配到位，安置小区水、电、气等基础设施基本完成。

【现代农业】 2016 年，回龙铺镇现代农业实现新提升。一是农业基础不断夯实。现代粮食产业示范区建设深入推进，基础设施不断完善。成功战胜了 16 年 7 月份特大洪涝灾害，保障了人民群众的生命财产安全。高品质完成了京枫渠道扩改提质工程。二是农业技术不断加强。成功跻身宁乡现代农业示范园区乡镇。完成早稻集中育秧面积 893.3 公顷，建成袁家河片 13.3 公顷连片示范点，签订并实施专业化统防统治合同 733.3 公顷，全镇早稻生产面积达到 1866.7 公顷，基本杜绝了抛荒闲置现象。机插秧面积 600 公顷，农业机械化水平不断提高。指导农业科技示范户 40 户，辐射带动农户 800 余户，组织农技干部为大户提供技术服务与咨询 1000 多人次。扎实推进基本农田重金属污染治理，全镇两个 6.7 公顷 VIP 试验点和一个 66.7 公顷 VIP 试验点严格落实了各项技术要求。三是农业产业不断升级。全力支持合作经营，全镇登记认定家庭农场达 27 家，农民专业合作社 79 家，2016 年涌现了 2 公顷以上的种粮大户 208 户。全县率先完成农村土地确权工作任务，原森金村、左家河村和袁家河村实现整村土地合作经营，全镇土地流转达到 1666.7 公顷。支持千万以上的田园牧歌稻虾共养项目、推动林盛科技“天鹅湖农业综合体”，特色农业初见成效。

【城乡管理】 2016 年，回龙铺镇城乡管理展现新面貌。一是打造精致公路。以宁横、宁灰公路精致化建设为契机，累计投入资金 2000 万元，全面完成两条公路沿线立面改造，有效监管两厢房屋审批，强力整改县规建局交办的七大类 152 个问题，处置率达到 95%以上，得到了群众的积极呼应和广泛点赞。二是强力控建拆违。坚持“零容忍”、“零死角”、“零增长”开展控建拆违，全年共拆除各类违建 182 处，面积 4200 多平米。加强园区管理，抽调 4 名城管队员、1 辆执法车常驻金玉工业集中区，常态化开展日常控违工作，全年累计助拆和拆除园区各类房屋和违建 1.1 万多平米，14 户未批自建行为得到控制。三是抓实问题处置。以对人民群众高度负责的态度开展百姓城管，对投诉的问题做到第一时间接受，第一时间处理，第一时间反馈，全年共计处理各类投诉 2700 多条，按时完成率达到 95%以上。

【美丽乡村】 2016 年，回龙铺镇美丽乡村成为新亮点。一是精准着力推动清爽整洁。结合镇域实际深入实施全民植树、护水、清整三大行动和规模退养。全县率先推进禽畜养殖退养工作,投入近200万元,退养拆除"一江一线"规模养殖48户,复绿1.8万平米,圆满完成生态文明先行示范区建设任务。沩江河道两个标段采砂全面禁止,取缔沿线砂场3处,打击非法采砂6起,关停富丽烟花鞭炮厂,拉通集镇污水管网。新老宁横公路、宁灰、玉煤公路绿道建设全面完成。围绕两大集镇,精准发力开展环境卫生综合治理,全年开展专项整治行动11次,逢十大清整工作28次,拆除广告乱象171处,清理店外堆物375处,老集镇历史违章违建等重点环境问题得到有效解决。全年累计完成植树造林面积26.7公顷,三边四旁造林绿化15公里,建设美丽庭院、美丽屋场100处。二是定点发力打造精品景区。结合全县美丽乡村建设,成功打造丰收湾休闲度假区、白金村孝道文化广场、沩河村军民文化广场三个美丽乡村示范点,其中丰收湾示范点构思巧妙,充分融入农耕文化、传统民俗和爱情婚庆等主题元素,成为了全县近郊旅游的引爆点,被中央和省市多家主流媒体宣传推介,村庄规划获省级优胜奖。

【民生事业】 2016年,回龙铺镇民生事业得到新发展。一是社会保障更加到位。全年发放低保、五保资金267万元,大病救助189人,农村合作医疗保险参保率达到96.1%,基本养老保险参保率达到98.2%。认真做好低保对象的年审排查工作,69户新申请享受低保和五保政策户全部走访到位。31户农村危房改建和360户C、D级危房重建通过验收。认真落实精准扶贫"654321"工作机制,全年221户贫困户391人顺利脱贫。京枫渠道改造、灭螺河治理顺利完成,其中京枫渠道沿线加装了4.8公里防护栏,地质沉陷灾害防范能力加强,全年地质灾害零事故。二是社会事业协同发展。投入资金200万元新建中小幼儿园教学楼和万寿山小学食堂。新建成5个村卫生室,金玉村卫生室受到国家卫计委的指导和肯定。全面核对全员人口信息,采集健康卡数据4.1万份;认真落实全面二孩政策,扎实推进计生协会基层群众自治,计生工作年度考核全县第一,连续七年荣获市人口与计划生育工作模范乡镇。三是社会治理不断加强。切实加强农村聚餐管理,食品安全走在全县前列。积极开展"一打三整"等专项整治行动,严格落实重点区域、关键环节的综合治理,加强信访问题处理,综治维稳信访工作荣获市红旗单位。全年校车平稳合规安全运行,切实强化安全生产责任,常态化开展安全生产监管,全镇没有发生一起较大以上安全事故。

【政府建设】 2016年,回龙铺镇结合"两学一做"专题学习教育的深入开展,全力加强作风建设,切实提升行政效能。坚持以制度管权管事管人,制定完善了机关干部管理、机关财务管理、村级财务管理等一系列规章制度,做到了依法行权、按章办事、规范理财。切实加强农村"三资"交易管理监督,农村集体资产管理逐步规范。人大、政府换届顺利完成,14个村(社区)成功合并为7个村(社区)。认真落实党风廉政建设"党政同责""一岗双责",坚持有案必查、有腐必惩,为政府开展工作营造了风清气正的政治环境。

(党政办)

坝塘镇

【概况】 坝塘镇位于宁乡中部,镇域面积163.71平方千米,距县城8公里。2016年,坝塘镇总人口7.17万人,辖13个行政村,1个社区;镇党委下辖41个党支部,党员2752名;机关在职人员158人,站所122人,总人数280人;境内交通区位优越,宁韶线、宁灰线、南坝线、石大线构筑了较为完善的交通格局;山水资源丰富,有大小水库13座,骨干山塘3200多口,沩江乌江穿镇而过,森林覆盖率近50%,素有"天然氧吧"和"生态后花园"之称。

2016年,坝塘镇突出重点,全力突破,综合实力稳步提升。坚持把经济发展作为党和政府的第一要务。2016年完成GDP20.17亿元;全社会固定资产投资9.72亿元,税收入库1088万元,完成全年目标的115.7%;社会消费品零售总额6.3亿元。农民人均纯收入达到18060元,各项经济指标均圆满或超额完成。

项目招商在积极作为中实现新突破。组织招商小分队到广州、长沙、常德、岳阳等地开展招商活动,鑫磊科技、1816原生态农业基地、大禹特材等项目陆续签约落地。强化项目管理,协调服务跟进到位,大力破解建设难题,化解历史遗留问题。棚户区改造(二期)、南田坪卫生院公租房、南田坪敬老院建设,南芬塘、沿江、油麻田、金河四个村部建设等新开工项目,年内实现竣工;坝塘幸福商业街、耕之健、坝塘卫生院(迁建项目)等续建项目顺利推进;坝塘派出所、南田坪农商银行、南田坪供电所等项目启动建设。2016年全镇在建项目18个,其中新开工项目7个,续建项目7个,竣工项目8个,完成1000万元以上项目6个。

镇面貌在综合治理中展现新气象。环境卫生排名全市一类乡镇。扎实推进美丽乡村示范创建工作,金洲村获评为省、市"美丽乡村示范村";保安村获评"长沙市美丽乡村特色村""市级湿地生态示范村",环境卫生"保安模式"获市委副书记徐宏源充分肯定,工作经验全市推广;保安村、洋西村创评全市首批垃圾分类示范村。不断巩固和提升保安、金洲、洋西、乐安、军里等美丽乡村示范点的品质内涵,全年共接待学习观摩团队300多批次。集镇建管水平明显提升。切实加大投入，实施立面改造，完善基础设施，实行“门前三包”，推行“百姓城管”，集镇形象不断提升。加大对乱搭乱建、乱停乱放、流动摊贩、店外经营的综合整治。全面禁止占道赶集，杜绝了以路为市、占道摆摊等现象，乡村面貌持续改观。全力推进非煤矿山违法开采、整治规模养殖污染、整治河道非法采砂、整治投肥养殖、整治挖山取土洗沙五大专项整治行动，圆满完成了目标任务，得到了干部群众的一致好评。

产业发展在持续培育中得到新提升。工业经济运行良好。各工业企业运行平稳，势头良好，实现产销两旺。现代农业提质增效。着力打造宁韶线、宁灰线、南坝线农业示范观光走廊，稳步推进产业转型，培植农家留香、都友食品、明德蔬菜、犋犇农业、碧桂园苗木、绿洲园林、耕之健农业、盛世和园、龙马蔬菜等现代农业项目，重点培植优质稻、有机菜、油茶林、花卉苗木等主导产业，提升品牌质效，群众得到更多实惠。粮食种植面积保基数，烟叶生产良性发展，发展油菜种植333.3公顷，全面完成2016年土地合作经营、农业保险、动物防疫等工作。农机安全成功创建省级平安示范镇，并接受国家农业部的检查。科学应对两次较大洪灾，确保了未死一人、未垮一堤一坝一库，央视作专题正面报道。第三产业有新起色，乡村旅游市场正逐步打开，步云生态农庄、耕之健农庄、盛世和园、金誉嘉农庄等一批生态旅游基地正逐步崛起，对解决地方就业、发展旅游产业起到了推动作用。

【社会事业】 2016年，坝塘镇改善民生，强化保障，社会事业全面发展。做实做细精准扶贫工作。坚持“因地制宜、一户一策”，确保2016年预脱贫994人；创新实施“54321”产业扶贫战略，158名机关干部联系905户贫困户，强化“四查四具体”“两帮两促进”等工作举措。坝塘镇全体机关干职工，联合市财政局、市金融证券办、县纪委、县财政局、县公安局2016年共走访群众6123户，召开座谈会21次，收集意见234条，帮助困难群众641人，帮扶资金12.8万元。扎实抓好社会保障工作。城乡居民基本医疗保险和养老保险参保率名列前茅，农村危房改建、民政优抚、社会救助、残联工作等各项社会保障工作实现了全覆盖。卫生计生、文化教育工作卓有成效。成功创评“市流出人口工作优秀服务示范单位”。着力打造平安坝塘，开展矛盾纠纷“大排查大调解”，全年调解各类纠纷矛盾200余起，有效化解社会矛盾，全年实现了“零进京、零通报、零非访”目标。安全生产管理严格规范，全面抓好生产安全、食品安全、校车安全、道路交通安全、农机安全、建筑安全、燃气安全、消防安全，全年组织开展32次综合执法行动，实现了“零事故、零失误、零问责”目标，顺利通过“市安全生产示范乡镇”检查验收。

【队伍建设】 2016年，坝塘镇夯实基础，严明纪律，队伍建设不断优化。抓牢党建主责主业，顺利完成党委、人大、政府班子换届，合村并帐稳步推进，美丽乡村建设卓有成效，“五大整治”全面完成。组织全体机关党员开展以“听党员心声，集党员智慧”为主题的“千名党员大走访”活动。以基层党建“7+3”项重点任务为抓手，全面排查党员身份、党员档案，党费收缴情况，排查党员违纪违法线索，对13名党员给予党纪处分。开展“六好典型”评选和机关党员与党小组结对联点活动，组建支部党员微信群、党小组微信群、流动党员微信群，在美丽乡村建设、扶贫帮困、平安坝塘创建中各支部形成了各展所长、各创特色的良好局面。2016年新建的四个村部投入使用。加强党员管理教育，严把党员入口关，全年发展党员23名，评选优秀党员120名。全面开展支部党员“学六好模范，当先锋表率”系列活动。

【作风建设】 2016年，坝塘镇严肃制度纪律，干部作风日趋优化。全年制定下发7个党风廉政建设的系列文件，集中研究村级纪检监察一体化建设、“雁过拔毛”式腐败问题专项整治、农村公共资源交易项目运作、“两个清单”等工作14次，约谈干部10人次。强化镇村两级纪检人员、经费保障，支持镇纪委依纪依法查办案件，2016年，全镇立案15起，结案15起，开除党籍2人，留党察看2人，党内严重警告6人，党内警告5人。开展“千名党员大走访”活动，在全镇评选一批群众公认的“好党员、好老师、好贤达、好老板、好家庭、好少年”，组织观看《永远在路上》《黑瞳》《镜鉴》等廉洁警示教育片，通过“山水坝塘”等媒体平台宣传廉洁信息，进一步提升廉洁坝塘宣传的广度和深度。始终坚持民主集中制，对机关食堂改革、美丽乡村建设、新型城镇建设、“一江一线”退养等重大事项进行了集体研究决策。强化干部作风建设，2016年签发作风建设督查通报8期，全镇通报违纪228人次。2016年3月全市纪检监察一体化工作现场会在坝塘镇召开，纪检监察一体化工作、政府权责两个清单和村级小微权力清单等工作获省、市、县纪委集中推介。 （周　宇）

资福镇

【概况】 2016年，资福镇圆满完成了年初确定的各项目标任务，在县对乡镇绩效考核中评为一等乡镇，农业工作、烟叶生产、城建城管、教育工作、卫计工作、群众工作、信访维稳、安全生产、防汛救灾、宣传思想文化工作、老干部工作、重点民生实事等12项工作进入全县先进行列。2016年，资福镇生产总值8.09亿元；国地两税598万元；全社会固定资产投资6.3亿元，其中社会投资项目7个，累计完成投资2.5亿元，政府投资项目5个，累计投资2.3亿元；规模工业总产值1.7亿元，新增规模企业1家；社会消费品零售总额3.1亿元；农民人均可支配收入24960元。

【产业培育成效明显】 2016年，资福镇食材产业实现新发展，湘菜食材产业园4家企业基本建成。特色农业形成新优势，优质稻种植突破666.7公顷；晒黄烟种植200公顷，产烟10522担，继续稳居全县第一；丰源油茶年生产油茶1000多吨；珊瑚美女坡水果33.3公顷基地已经建成；全年新增14家农民专业合作社、1家农地股份合作社，获评县烟叶产业规模发展先进单位、县农业生产先进单位。成功承办全省“秋收冬种”农机推广现场演示会。七星寨、湘宁玫瑰园、养和农业等现代农庄加快建设，带皮牛肉、荷叶烧鸡、乌江鱼虾等特色美食吸引众多游客慕名而来。文化旅游形成新影响，成功举办首届资福窑陶文化论坛，资福窑和资福陶艺声名远播，得到社会各届广泛关注和认可，“千年窑里，资丰福厚”的文化品牌更加响亮。

【集镇管理】 2016年，资福镇完成窑里集镇和万宝山集镇的道路、管网、绿化等基础配套建设，新建新老宁灰线连接线，改建窑里清泉河连接线，建设2个停车场，设置了交通标牌标示和红绿灯，实施集镇广场及沿线亮化工程，集镇布局合理、风格统一、功能完善，成为宁灰线上的亮丽节点。集镇管理更加规范，全年开展拆违行动4次，集中整治12次，清理广告招牌400多套，集镇乱象得到全面整治。先后获评县城镇建设管理先进单位、小城镇建设市级先进单位，镇城管中队被评为县先进城管中队。

【提升乡村面貌】 2016年，资福镇美丽乡村建设全面推进，七星、合星、檀木桥、窑里、清泉河、华宝、红旗等7个村(社区)通过整洁村和生态村的县级验收。合星村鲶鱼山美丽屋场接受全县观摩，华宝村杨家山美丽屋场接受县考核验收，均获得高度好评。珊瑚大石槐、清泉河孙家湾、红旗樟树湾等美丽乡村建设呈现新的亮点。成功抵御洪涝灾害，集中展示了资福干群齐心抗洪救灾的伟大精神，获评县防汛抗洪救灾先进集体。修复大石魁、刘家湾，檀木坝、四清坝、芦口、柳枫小学等水毁工程18处，完成石鱼塘水库、柳枫水库处险加固，修复和扩容骨干山塘156口，新建修复水渠116公里，新建改造村组公路114公里，拓宽黑化白仙公路、硬化红旗董家等村组公路40余条，基本实现了村与村、组与组的互联互通。完成合星、万福两个村级活动中心建设，办公条件进一步改善。

【改善生态环境】 2016年，资福镇完成山地植绿10万余株，“两江”“两路”植绿5万余株，生态造林面积26.7公顷；大力实施生态修复与治理工程，4家非煤矿山全部实现关停；严厉打击非法采砂行动，关闭沩、乌两江沿岸砂场3家，修复河堤5处；强力推进规模畜禽养殖场拆违退养工作，“两江一线”45户养殖户全部退出养殖，拆除栏舍面积2万多平方米，有效保护了资福的青山绿水。

【社会事业】 2016年，资福镇高标准建设资福中学综合楼、食堂，拿出资金近10万元进行奖教奖学活动，获评教育工作督导优秀乡镇。卫计融合工作稳步推进，全员数据质量、免费孕前优生健康检查、流动人口服务、违法生育及性别比控制等指标全县先进。医疗卫生服务体系进一步完善，新改扩建资福卫生院和12个村卫生室，村居民健康建档率达95%。实施农村安全饮水工程4项，解决了2.1万人的安全饮水问题。获省市重点民生实事工作先进单位。群众文化活动蓬勃开展，建设农民文化活动广场5处，市级文化活动示范中心2家，新增体育设施5处100余件。征兵工作、无偿献血工作超额完成全年任务。工会、共青团、妇联、民族宗教、档案、老干部及关心下一代等工作创造了新的业绩。

【民生保障】 2016年，资福镇农村居民医保、养保全面覆盖，低保、五保落实到位，惠民资金及时准确发放，完成农村危房改建64户，启动敬老院消防工程建设。成立资丰爱心慈善协会，救助贫困学子28人，贫困家庭30户。以助农增收、脱贫致富为核心，以夯实基础与发展产业为重点，大力开展精准扶贫，全镇787户建档立卡贫困户中592户实现脱贫。创造“菜单式”产业扶贫经验，获得省市主流媒体宣传推介，接受市人大常委会主任会议成员调研观摩。

【综治维稳】 2016年，资福镇深入开展治安打防控体系建设，以“一打三整”行动为载体，先后组织开展了防范打击盗窃、暴力犯罪、“黄赌毒”和“百日行动”等一系列专项整治，整治了一批治安问题、惩处了一批违法犯罪人员。深入开展“平安资福”创建工作，完成沩江大石槐老桥、乌江大河口危桥的拆除处险和潘家渡桥、白滩老桥处险加固工作，改造道路安全隐患40余处，安装校车线路防护栏2400余米，抓好烟花爆竹、食品药品、校车安全等专项整治工作，安全生产形势保持良好，被评为全市安全生产工作先进单位。积极推进网格化管理、社会化治理，全镇社会大局持续和谐稳定,群众的安全感和满意度明显提升,民调排名全市第九,全县第四。信访办结率、息诉息访率、群众满意率稳步提高,共计接待群众来访126人次,处理案件42起,结案率100%,先后获评综治维稳信访工作市级优秀乡镇、县信访工作先进单位、县群众工作先进单位。 (党政办)

灰汤镇

【概况】 灰汤镇位于湖南省宁乡县西南部,地处宁乡、韶山、湘乡的交界地带,与伟人毛泽东故里韶山、共和国主席刘少奇故居花明楼呈"品"字形排列,2016年1月15日,灰汤镇遵循"因地制宜、合理布局、政府引导、村民满意"的原则,坚持统筹城乡融合发展,在28个村(社区)的基础上合并为16个行政村、2个社区,人口9.85万人,镇域总面积210.9平方千米,森林覆盖率46.5%。全镇以旅游业和农业经济为主。2016年,实现旅游总人数170万人次,旅游收入6亿元。2016年完成社会生产总值30.3亿元,固定资产投资32.12亿元,消费品零售总额11.05亿元,实现工商税收5827万,财政收入3.3亿元。

【产业结构持续优化】 2016年,灰汤镇旅游产业收效明显。成功举办中俄红色旅游文化节、世界旅游小姐湖南赛区总决赛、"大美湖南,畅游三湘"主题活动及温泉节、桃花节等,年游客量达170万人次,旅游收入达6亿元,入选首批"国家康养旅游示范基地"。灰建投公司升级为县级平台,争取国家专项建设资金(基金)1.2亿元,从农发行已到位水利基金4500万元。农业发展势头喜人,传统农业向现代农业转变增速。发展优质稻6666.7公顷,高档优质稻2666.7公顷,优质稻标准化示范片333.3公顷,观光农业基地566.7公顷。培养0.13公顷以上的农业大户167户,6.7公顷以上的农业大户17户。落实烟叶种植8公顷,产烟6400担,产值1060万元。湘一灰汤鸭、灰汤贡鸭、华之源生态农业、惠元科技、雪皇粮油等特色农业项目来势可观。

【招商项目平稳推进】 2016年,灰汤镇引进辉煌度假山庄、金典度假中心、鸿天康逸养老中心、大夫第等4个社会投资项目,实现合同资金20亿元,到位资金10.8亿元。政府实际投资100万元以上的项目共13个,投资1.6亿元。完成拆迁58户,征地13.3公顷,留地安置拆迁户78户200余空。启动和续建鸿天康逸养老中心、大夫第、华天养生公馆、雅居乐、灰汤·相里、省职工疗养院等6个社会投资项目;完成华天养生公馆、鸿天康逸养老中心等4个项目的建设;完成湖大天池山居、润龙温泉、辉煌度假山庄、紫龙山庄园、龙泉山庄、新康温泉酒店等6个项目的启动准备工作。

【城乡面貌明显改观】 2016年,灰汤镇城乡面貌明显改观。一是集镇景区秩序井然。投入400多万元,在集镇两侧分7个片区建设了1万平方米的停车场,增设了500多个机动车停车位、300多个摩托车停车位,完善了电子交通系统。进一步壮大城管队伍,加大景区旅游秩序、控建拆违、环境卫生等综合整治力度,拆除违章建筑4000多平方米。地热资源坚持市场化运作,限额、限时开采,联合公安机关查处温泉盗窃案件4起,水务公司全年销售额为392.17万元,既确保了可持续开发利用,又确保了公司正常运转。二是村落民居生态文明。景区复绿工程全面启动。扎实开展"四大整治"活动(即整治非煤矿山违法开采、规模养殖污染、投肥养殖、挖山取土洗砂),查处非法采石场1处,传唤涉案人员5名,查扣挖机主板2台,责令关停整顿非煤矿山企业3家;取缔采砂场5处,查处非法洗砂场3处,敦促1名涉案人员投案自首;严格依法依程序,拆除违规规模养殖场43户。及时果断处置洞庭村化工残液污染事件,协助公安、环保等部门成功侦破这一公安部督办的环保刑事案件,刑事处罚违法人员11名,有效避免了一场生态灾难。镇村垃圾运输体系和配套设施日趋完善。花果山村成功创建"市级垃圾分类示范村"。偕乐桥集镇、秦家屋场、高速公路入口处临街门面外墙立面改造圆满完成。美丽乡村随处可见,做到了"镇有示范村,村有示范组,组有示范户"。成功创建"国家卫生乡镇",花果山村、竹田村、双盆村成功获批"湖南省卫生村"。三是江河道路质优通达。乌江流域治理成效初显。主干道路宁灰线、偕双线、灰老线全面提质,道路两厢补种梧桐、红叶石楠、红桎木、杜鹃等乔灌苗木近9000株,偕双线、灰老线黑化近40公里,车窗外的风景线更加靓丽。

【民生事业】 2016年,灰汤镇民生保障精准普惠。完成新增农村劳动力转移就业3426人,新增城镇就业3287人,失业人员再就业619人,就业困难人员再就业145人,实现零就业家庭动态清零。城乡居民养老保险缴费率达到96.8%,认证通过率达100%;城乡居民医疗保险缴费1100多万元,报销医疗费用2500多万元。失地农民进社保审批711人,顺利参保455人。发放各类民政资金1450.46万元,通过现代农业、光伏发电、低保阳光行动、危房改建、大病救助、因灾救助、捐资助学、残疾人补助、退伍军人优抚、老年人养老补助等扶贫方式,去年,全镇1423户3296名建档立卡的贫困人员脱贫1397人。

【公共服务】 2016年,灰汤镇公共服务落到实处。完成原灰汤卫生院公租房、原偕乐桥教卫公租房、杨塘小学公租房和导山小学公租房建设,以及原偕乐桥棚户区改造。完成偕乐桥中心小学、农和小学、洞庭小学、杉山冲中学、枫木桥中学、洞庭中学、八石学校、双井幼儿园等8所薄弱学校提质改造。完成花果山村、新风村、山龙村、杏村村、将军村等5个养老文化服务中心建设。积极实施二孩生育政策,征收社会抚养费157万元,实现卫生计生工作深度融合,卫计服务水平明显提升。

【综治维稳】 2016年,灰汤镇公共服务"平安工程"紧抓不懈。常态化开展"红袖章"巡防促平安活动,大力压缩违法犯罪空间;"一打三整"聚焦交通、服务机构、生产性企业等领域,开展大规模联合执法4次,追查电信诈骗案件1起,刑拘5人,治安拘留2人,抓获犯罪嫌疑人3人,社会治安持续好转。高压落实安全生产工作,退出烟花生产企业2家,取缔违规储存礼花弹窝点1处、非法储存柴油窝点1处,捣毁非法储存烟花爆竹窝点1处。校车安全、食品安全、消防安全、道路安全继续保持"责任事故零记录"。信访维稳反应迅速,处置有效,全年无一起群体性非法上访行为。

【举办灰汤温泉首届养生论坛】 2016年1月7日,灰汤温泉首届养生论坛在灰汤·华天城举办,省内外著名养生专家出席现场,深入剖析了灰汤温泉的养生功效,为宣传、推介灰汤温泉,推动灰汤旅游业发展起到了积极作用。

【中共灰汤镇第十三次代表大会】 2016年4月28日,中共灰汤镇第十三次代表大会召开。大会讨论审议通过了镇党委书记张湘桥代表中共灰汤镇第十二届委员会向大会所作的题为《打造升级版争当排头兵率先达小康为建设全国旅游名镇而努力奋斗》的党委工作报告,镇纪委书记谢志强所作的题为《坚守责任聚焦主业深入推进党风廉政建设》的纪委工作报告。根据党章和中国共产党基层组织选举工作的有关规定,经到会代表充分酝酿讨论,采取无记名投票方式和差额选举的办法,选举冯亮、江波、吴胜其、张湘桥、周宇燕、黄果、黄俊峰、喻尽忠、谢志强、熊佑武、潘海军等11位同志为中共灰汤镇第十三届委员,选举李亮维、肖训强、陈奇山、黄华、黄建武、喻伯清、谢志强等7位同志为纪律检查委员会委员。

【召开纪念建党95周年暨"七一"表彰大会】 2016年6月30日,灰汤镇召开纪念建党95周年暨"七一"表彰大会。灰汤全体局镇班子、机关党员,部门单位负责人,先进党组织,两新组织及优秀个人共计350人参加了大会。大会对汤泉社区党支部等6个获得"先进基层党组织"荣誉称号的党组织,对唐乾山等115名获得"优秀共产党员"荣誉称号的同志,对周忠明等12名获得"优秀党务工作者"荣誉称号的同志现场进行了隆重表彰。

【成功创建国家卫生镇】 2016年8月30日,灰汤镇成功通过国家卫生镇评定小组的技术评估和现场验收。3月,灰汤镇召开创建国家卫生镇动员大会,全镇上下怀投入大量的人力、物力、财力,攻坚克难,最终获得了专家组的肯定。

【灰汤温泉获批全国首批"国家康养旅游示范基地"】 2016年9月,国家旅游局下文(旅办发〔2016〕238号)审定,湖南灰汤温泉荣获首批"国家康养旅游示范基地"称号。经过前期的积极申报和争取,灰汤温泉被确定为全国5个康养旅游示范基地的验收范围之一,并于2016年1月对创建工作进行了复核验收,得到了复核验收工作组的一致好评,认为灰汤发展康养旅游产业具有得天独厚的优势,"养生灰汤,度假天堂"的品牌形象深入人心。

【灰汤镇第十六届人民代表大会第一次会议】 2016年10月26日,灰汤镇第十六届人民代表大会第一次会议召开。县人民政府党组成员、副县长候选人贺立权,灰管局党组书记李志敏、灰管局局长易怀念及宁乡县换届指导组和换届风气监督组有关领导同志到会指导。大会充分讨论了《政府工作报告》、《财政工作报告》和《人大工作报告》,仔细审议了各项决议草案,酝酿了各职候选人名单,切实提出了议案、建议、批评、意见。并严格按照法定程序选举黄果同志为镇人民政府镇长,徐文同志为镇人大主席,喻尽忠、周宇燕、江波、黄俊峰、李茂桥、邹鑫、唐强等7名同志为镇人民政府副镇长,易海同志为镇人大副主席。(党政办)

双凫铺镇

【概况】 双凫铺镇地处宁乡腹地,镇域东连大成桥乡,南接坝塘、偕乐桥镇,西与横市镇接壤,北与喻家坳乡交界。东距省会长沙66公里,镇域面积87.98平方千米,省道S209线、新宁横高等级公路、县道煤双线、双偕线纵横贯穿全镇,辖7个行政村、1个社区,362个村民小组,总人口4.18万人。镇区面积6.2平方千米,镇区常住人口1.98万人,流动人口9000人。2016年,全镇固定资产总投资11亿元,同比增长22%;社会零售总额5.25亿元;规模工业总产值32亿元;实现国地两税1710万元,同比增长6%。

【招商引资】 2016年,双凫铺镇以鞋服产业招商为重点，组织招商小分队先后11次“有的放矢”招商。捕捉招商信息30余条，接待来访客商20余次。全年新引进项目6个，成功引进兴佳鞋业、富强鞋业等一批优质企业，全年引进资金3.4亿。

【项目建设】 2016年，双凫铺镇在建项目19个，其中新开工项目6个，投资千万元以上项目13个。全镇完成投资4.5亿元，中部鞋都、十里鞋城建设，政府投资2亿元，用地4公顷建设的6栋厂房、3栋公租房和由长沙创逸房地产开发公司投资3亿元开发建设，用地8公顷的创逸工业地产两大部分，政府投资项目厂房和公租房现全部竣工。福临门商业广场、摇篮坡景区、文鑫鞋业、双凫老大桥改造、棚户区改造等7个项目实现竣工。抢抓全域旅游发展契机，全面启动迴龙山景区提质改造工程，进一步做强“南楚灵山”旅游名片。在景区整体项目统筹推进，余新村与粟江村交界处大桥动工建设；拜道、麦田小镇立面改造一期、麦田学校风貌改造等项目全部完成；安置区和寺庙等项目抓紧推进。

【农村农业】 2016年，双凫铺镇农业产业发展强劲。积极探索现代农业生产方式和经营模式，引入喻氏凉茶、湘茗茶叶、食为天等农业项目在麦田、泉井等村落户，双明村建成133.3公顷油茶林示范基地，打造双凫铺镇成为中药材、茶叶及蔬菜种植加工基地。“百千万”超级稻高产攻关示范项目面积达466.7公顷，亩产达800公斤以上；发展烟农123户，种植面积204.4公顷，完成收购7049担。双燕村成为全镇烟叶种植规模村，产量达到1500担。争取部门支持启动鸡子湾大坝、前锋大坝建设，解决全镇万余亩农田的灌溉难题，满足人民群众的生产生活需求。投资600多万元，对粟溪河全线进行综合治理，彻底解决了粟溪河河道淤塞严重，行洪不畅，洪涝灾害严重的问题。

【城乡管理】 2016年，双凫铺镇按照“八无”标准，拆除了瓦子滩、迴龙山、双凫集镇、新老宁横公路违章建筑200余处共16800平米，拆除户外广告牌320余块共6400平米，清理墙体广告130余幅共3300平米，拆除公路沿线烤烟房等违章建筑1.3万平米，腾退“十场”16处，沩江沿线22家畜禽退养全面完成，腾退沙场4家，实行环卫外包，城乡环境卫生全面提升。完成了新老宁横公路提质改造和阳光大道绿化、亮化工程，集镇完成红绿灯安装并投入使用，立面改造完成。镇区污水处理厂完成建设，通过了阶段性验收，正式投入使用，集镇范围内所有下水管道得到清空和修缮；深入推进美丽乡村建设，开展“造绿大行动”，着力打造S209新宁横公路沿线景观带，

【民生事业】 2016年，双凫铺镇中心卫生院被评为国家中医药示范点、湖南省医改示范性乡镇卫生院，百福敬老院被评为长沙市示范性敬老院，薄弱学校改造全面完成，投入了1400多万元双凫完小重建，新建教师公租房、乡村医生公租房40套，新建群众户外健身广场4处，提质改造户外全民健身中心1处，江河村完成标准化村部建设。在精准扶贫方面，县直部门和镇、村干部对全镇精准扶贫户进行帮扶，全方位进行了走访慰问，并按“一人一策”制定脱贫方案，严格按照上级要求和程序对脱贫对象进行了评议、公示和走访调查，确保帮扶效果。在社会治理方面，强力推进“一打三整”活动，突出抓好“红袖章”巡防、矛盾月结、警民见面“三项”重点工作，共走访2930户、排查问题270个，镇村两级调解化解各类大小矛盾纠纷178件。在安全生产方面，坚持隐患排查，突出打非治违，首次实现全年“零事故、零伤亡”的目标，完成了“五大整治”任务，关停非煤矿山8家，腾退拆除烟花鞭炮6家。加强对企业的监管，立案7起，处罚5万元。

【S209新宁横公路沿线景观带建设】 2016年，双凫铺镇着力打造S209新宁横公路沿线景观带，全镇共拆除公路沿线烤烟房等违章建筑12600㎡，腾退“十场”16处，整治了3000余处门店的经营秩序，拉通了零散绿化带93处，修缮花池4400米，复绿造绿8300㎡，播花籽507斤，植树12.6万株。按照“五层绿化”的标准栽种了银杏树、改良法国梧桐、海桐球以及小苗、草皮等。多次受到市、县领导肯定。

【非煤矿山治理】 2016年，双凫铺镇关停8家非煤矿山。同时对关停摇篮坡范围内的全部矿业企业，结合美丽乡村建设和矿区生态环境恢复，投资800万元奋力打造摇篮坡景区。另外投资2000多万元，由湖南艾布鲁环保科技有限公司中标，对石煤采矿区重金属污染进行综合治理，对金河水库进行生态环境恢复。

【迴龙山景区建设】 2016年5月19日，县委主持召开迴龙山景区开发建设管理办公会议，全面启动迴龙山景区提质改造工程，2016年完成麦田小镇及村部、村卫生院立面改造、麦田中学、前山门、拜道、润公夜读、诸天烛照等项目；双偕公路项目实现主体通车；寺庙内诸天殿、大雄宝殿墙面装修竣工，僧寮房主体建设完工。

（李　谕）

大成桥镇

【概况】 大成桥镇位于宁乡中西部，沩江中游北岸，距宁乡县城19公里，新老宁横公路贯穿全镇，辖8个村(社区)，镇域面积58

平方千米，人口 3.5 万。2016 年，大成桥镇党委政府团结带领全镇干部抢抓机遇，求真务实，抓重点、攻难点、创亮点，全镇实现了经济持续平稳较快发展，社会各项事业全面进步。2016 年，实现财政税收 2118.81 万元，完成全年任务的 105.94%；其中国税完成 1582.26 万元，地税完成 536.55 万元，分别完成全年任务的 106.19% 和 105.21%。固定资产投资 20 亿元；社会零售品销售总额 3.7 亿元；人均可支配收入达 2.3 万元，同比增长 12%。

工业经济发展迅速。2016 年，落户工业园区企业 10 家，合同引资 6 亿元，到位资金 2.1 亿元，完成全年任务的 105%。成功引进台乔机械落户金玉工业集中区，打造数控机床产业园，关闭退出 2 家落后烟花爆竹企业。园区工业总产值 78 亿元，同比增长 15%。

农改成果持续稳固。鹊山村土地合作经营取得初步成效，“鹊山模式”入选“2016 中国改革年度案例”“长沙十大年度新闻事件”，鹊山村党支部书记陈剑被评为“2016 年度中国农村新闻人物”。湘都农业园“小花猪系列”亲子游乐项目市场反响良好，搭建四网合一与电商平台，申请产品生产加工技术相关专利 6 项，新增绿色食品认证 6 项，新增有机食品认证 4 项，接待游客突破 15 万人次，销售总额逾 6000 万元，成为现代农业一二三产业融合发展典范。2016 年发展烟农 65 户，面积 221.7 公顷，送售中上等烟叶 6957 担。发展规模种粮大户 166 户 1089.2 公顷，全年种植水稻 2635 公顷，产粮 3.36 万吨。全年无重大疫病发生、重大森林火灾发生。农田土地经营权确权颁证工作快速推进。“7.3”洪灾期间，镇村合力及时转移被困群众，迅速启动恢复重建，有力保障下半年农业生产，被县委县政府授予“抗洪救灾先进基层党组织”称号。

城乡建设扎实推进。2016 年，大成桥镇积极抓取基础设施建设，完成集镇雨污水管道改造、大成桥中学和鹊山小学薄弱学校改造、成功塘集镇棚户区改造、立新坝水闸处险、大喻公路和二泉村烟区土地整理等项目，完成、完善大小水利工程 360 余处，建成大成桥村、鹊山村党建养老文化综合服务中心和镇文化站，积极争取峨山大坝除险加固和高标准农田项目建设，金成大道、鹊山大道项目顺利启动，拆除集镇老街危房 31 座。抓美丽乡村建设，重新调整集镇规划，鹊山村美丽乡村建设规划获评全市一等奖，鹊山村、大成桥村分别通过长沙市美丽乡村示范村和特色村验收。抓城乡卫生整治，深入开展垃圾分类和环境卫生整治，联合城管局、派出所、国土所、工商所开展炭河古城片区精品旅游线路精致化管理集中整治行动多次，拆除违章建筑 10 处，在集镇建设停车位 120 个，新增集镇围栏 4200 平方米，新增垃圾桶 130 个，新增花草种植面积达 1200 多平方米，植绿补绿面积达 3000 平方米，集镇管理面貌大幅提升。抓生态环境保护，规范国土审批，有效遏制未批先建、先建后批的苗头。深入开展“绿水青山就是金山银山”宣传月活动，开展了 4 次环保违规建设项目清理整治工作，清查环保违规建设项目 58 家。全部实现“一江一线”周边规模养殖户退养，关闭沩江沿线砂场 7 座，面上造林 8 公顷，三边造林 7 公里。建制村合并调整。根据全省乡镇区划调整改革工作和全县乡镇区划调整改革工作要求，大成桥镇对辖区现有村(社区)的村级规模、发展现状、自然条件、资源分布、历史沿革、群众意愿进行了详细调研摸底，通过走访交流、调研座谈，对合并村初步预案广泛听取意见，最终确定大成桥村和玉河村合并为大成桥村。

民生福祉有效改善。大成桥镇全面推进精准扶贫。全镇贫困户人口实现帮扶全覆盖，申报滴灌式产业扶贫项目 75 户 198 人，帮助镇 22 个贫困户学生申报雨露计划项目，帮助 55 名走读中小学生申报教育扶贫专项补助，完成 175 户贫困户脱贫计划。切实完善民生保障。全面落实城乡低保政策，实现了应保尽保。大成桥敬老院被评为市级示范敬老院，成功创建长沙市特色服务敬老院。城乡养老保险和医疗保险参保率达 95% 以上。完成 22 户农村危房改建和 10 户修缮加固任务，落实危改资金 74 万元。殡葬改革工作顺利推进，无一例违法土葬事件发生。加大教育投入力度。完成教师公租房、2 座薄弱学校改造、鹊山小学围墙改建和明厨亮灶工程等教育设施建设。强化安全监管执法。组织执法检查 382 次，发现安全隐患 840 多处，取缔非法生产厂家 5 家，联合各部门处理违法人员 69 人次，立案 25 起，行政拘留 8 人；全镇 7 家烟花爆竹厂、4 个加油站和 8 家规模工贸企业全部通过三级以上标准化验收，全年被评为安全生产工作先进单位、无安全生产责任事故单位、标准化安监站达标单位。提升计生服务水平。卫计融合管理体制基本形成，优质服务到位率 100%，优生检测完成 266 人；征收社会抚养费 59 万元。公共卫生服务体系建设全县排名第 6 位，卫生服务业务量增长 12%。

社会大局和谐稳定。大成桥镇积极搞好社会治安综合治理，深入开展“一打三整”、信访矛盾“大排查、大调解”“老旧黄标车百日清零”等专项行动，大力清除社会丑恶现象，全镇社会风气和治安状况明显好转。认真抓好信访和民调工作，2016 年综合民调攀升至全县第四位。积极推行村务公开，大力推进民主法制建设，农村民主法制建设不断加强，移风易俗的“红白理事会”经验在全县推广。依法依规依程序合村，认真督促支村“两委”搞好村务公开，指导青泉社区成功创建公共服务中心建设。沉陷治理和预警巡查工作有序推进;农耕文化博物馆备受推崇。完成大成桥镇文化综合服务中心建设。建立健全“社会贤达”参政议政制度。充分发挥工会、共青团、妇联、老干、关协、残联等组织的积极作用,共同参与社会管理,为各类社会群体服务,实现了社会大局和谐稳定,人民安居乐业。

基层党建全面夯实。大成桥镇扎实开展“两学一做”学习教育,承办“全县农村党员教育培训基地授牌暨中部板块基层骨干党员“两学一做”培训班开班仪式”;严格依法依规按程序完成党委换届和县乡两级人大换届选举工作;永盛村湘都农业园和凤阳片区整合组建湘都支部,探索基层党支部企地共建。鹊山村党支部被评为“全省先进基层党组织”,陈剑被推选为省党代表、全县农村支部书记中唯一的县委候补委员、“狮子型”干部,永盛村党支部被评为“全县先进基层党组织”。全面落实党风廉政建设主体责任,加强纪检工作一体化建设,强力推动两个专项整治行动,扎实开展合村并帐督查工作。完善镇村干部考核管理办法,建立了以机关干部岗位责任制和村干部结构工资制为主要内容的激励机制。2016年共立案11起,处理党员11人,其中开除党籍5人。

【“鹊山模式”入选“2016中国改革年度案例”“长沙十大年度新闻事件”】 大成桥镇鹊山村按照明晰所有权、稳定承包权、放活经营权的要求,以土地所有权、承包权、经营权“三权分置”为前提,通过对土地经营权关系的重构,实现了农村土地的统一整合、开发、经营,探索出了土地合作经营的“鹊山模式”,受到中央有关部门及省市县领导的肯定,成为2016中国改革十大年度案例之一,入选2016年“长沙十大年度新闻事件”。 (廖　俊)

喻家坳乡

【概况】 喻家坳乡位于宁乡县中北部,全乡面积96.6平方千米,下辖8个行政村,4.1万人。2016年,喻家坳乡围绕建设“金色、秀美、幸福新喻家”这一总体目标,按照“坚持一个引领,打造两大特色,把握三个抓手,狠抓四项基础,确保五票工作”的工作思路,重点突出发展质量、发展速度、发展效益的同步提升,实现了乡域经济又快又好发展。2016年荣获“市社会治安综合治理红旗乡镇”“市统计工作先进单位”“市老干工作先进单位”,绩效考核一类乡镇、五好领导班子等荣誉。2016年全乡完成生产总值20.2亿元,规模工业产值9.87亿元,固定资产投资12亿元,社会消费品零售总额3.39亿元。完成国地两税2080万元,其中国税1433万元,地税562万元。

【项目建设】 2016年,喻家坳乡在建项目7个,其中新开工项目5个,续建项目2个,实现合同总投资38285万元,2016年计划投资14578万元,实际完成投资14220万元,完成全年目标的177.75%。一是政府投资项目。棚户区改造项目进行立面改造632空,完成投入800万元;污水处理厂完成投入500万元;学校新建及改造完成投入320万元,所有项目均即将竣工。二是社会投资项目。四一农业加快建设进度,完成投入4600万元。三是行业投资项目。中南烟草实验基地完成厂房、办公楼、智能化烤房等建设,租赁农田17.3公顷,完成投入4500万元。

【招商引资】 2016年,喻家坳乡新引进项目3个,其中1个项目落地高新区。完成合同到位资金2.3亿元,完成目标任务的153.33%;完成到位资金8000万元,完成目标任务的160%;包装油茶加工、中药材种植项目2个,捕捉招商信息12条,先后赴佛山、长沙开展招商活动2次。

【烟叶产业】 2016年,喻家坳乡种植烟叶568.7公顷,送售烟叶18128担,实现烟叶总产值2504.5万元,烟农总收入3444.4万元。荣获全县烟叶生产“烟叶产业规模发展先进单位”“烟叶生产质量管理先进单位”。在宁乡县第三届烤烟专业化分级技能竞赛中获得团体一等奖;喻家坳乡烟叶生产工作作为宁乡烟叶的典型示范点,先后迎接了浙江中烟、湖南中烟、省烟草专卖局等相关单位的现场观摩调研;金醇烟叶合作社评定为全县烟农专业合作社第一名。

【特色产业】 2016年,喻家坳乡拥有14个油茶专业合作社,种植面积达1000公顷,挂果面积过万亩,成为全省油茶培育培训学习观摩基地。继续投入3000多万元,建立药食同源的产品加工基地。沃丰牛场为长沙市市级标准化养牛场,2016年已完成排污配套设施建设工作。

【民本民生工作】 2016年,喻家坳乡注重民本民生工作,人民获得感不断增强。一是基础设施建设。煤双、喻铁、喻大公路全面提质改造;学校、卫生院、敬老院全面改善。二是城乡环境整治。开展集镇综合整治26次,更换集镇门店招牌667空,添置垃圾桶650个,规划停车位130个,摆放花盆700个。开展公路环境整治和绿化美化,拆除违章建筑3500平方米,清理墙体广告29000平方米,整治退出藕煤厂、水泥制品厂32处,绿化公路32公里。三是美丽乡村建设。打造10个美丽乡村示范点,新增绿色村庄3个,绿色庭院100户。完成荒山造林83.9公顷,中幼林抚育53.3公顷,绿化造林30公里。喻家坳村成功创建“市级美丽示范村”,全乡共有6个村成功创建“四星级村庄”。四是精神文明建设。仁泉村陈加玉被评选为好儿媳,同时,被评为2016年第三届“长沙十大孝星”提名奖,为良好家风树立了标杆。五是精准扶贫工作。2016年召开精准扶贫大型业务培训会6次、推进会12次,现场观摩培训会1次,党政负责人及办公室主任会10次。建立了精准扶贫工作方案、党建促脱贫攻坚工作方案,建档立卡贫困户台账、654321结对帮扶记录台账、一户一策入户调查台账、农村党员致富带头人台账等。全乡共计慰问困难群众790户,发放慰问资金23.4万元,发放粮油等慰问物资150份。社会贤达、企业老板、乡村干部慰问困难群众572户,慰问资金达12万元。全乡建档立卡贫困户共671户,2016年脱贫228户,536人。六是卫计工作。以乡卫生院为基地,创新公卫服务“两下一统一集中”模式。半来共服务对象1400户,节约看病成本约20元/人。开展人口与计生管理服务区域协作,加大对流动人口的管理力度。六、教育工作。成功创建“教育强乡”,成立“黄梅生助教奖学金”,助教金额达1000万元。

【社会保障】 2016年,喻家坳乡保障体系不断完善。一是社会保障救助工作。全乡低保户437户,特困人员548人,合计发放金额735万元,5798人享受养老金待遇,大病医疗救助54人,发放金额58万元,全乡共慰问优抚对象130人,发放金额2.26万元。二是敬老爱老工作。对敬老院两栋住宿楼进行了屋面改造,申报长沙市特色示范敬老院。三是残疾人工作。办理新增重度残疾人困难补助和护理补贴36人,对全乡17名困难残疾人进行了无障碍设施改造,荣获市级残疾人工作明星乡镇。四是危房改造工作。全乡共421户危户纳入全国农村住房信息系统,2016年完成危改房屋75户。

【农业农村工作】 2016年,喻家坳乡水稻种植达到3045.3公顷,新增农民合作社11家,家庭农场6家。稳步推进土地确权颁证工作,共完成外业测绘任务5个村,完成测绘任务1333.3公顷,涉及农户10000余户。2016年完成农机年审95台,完成农产品检测1500批次。

【安全生产和政法综治】 2016年,喻家坳乡社会大局和谐稳定。一是安全生产工作。全面开展安全生产“打非治违”行动,立案查处单位7家次。开展联合执法15次,按要求将5家退出的生产厂家关停到位,取缔非法生产、非法经营单位13次,累计检查各类企业265家次,共查处各类事故隐患362处,责令立即整改177处,限期整改185处,已完成整改362处,整改率达100%。二是政法综治工作。及时化解15起上访案件,联合交警部门联合打击非法营运查确保校车的安全运营。全年共查获毒品违法犯罪案件11件,抓获涉毒人员24人,其中刑事拘留6人,强制戒毒4人,社区戒毒6人。2016年乡派出所共接警418件,出警418起,打击处理民事案件68人,逮捕移诉9人,监视居住2人,刑事拘留8人,行政拘留42人,取保候审1人,严管控社区矫正对象16人,受理法律援助案件5件,帮助群众提供免费法律服务,挽回经济损失400多万元。 (陈　凡)

老粮仓镇

【概况】 老粮仓镇位于宁乡县西部,镇域面积121.99平方千米。全镇总人口6.62万人,辖3个集镇、8个行政村,2个社区,245个村民小组。有县办高中1所,镇办中学3所,公办小学9所,公办幼儿园4所,民办幼儿园4所。2016年,老粮仓镇坚持以“严守三条底线,突出三个重点,开展三个创新,强化三项措施”为工作目标和重点,不断放大发展优势,深度挖掘内生动力,为建设活力迸发、财富涌流、生态幸福的老粮仓而努力奋斗。2016年,完成财政税收959.6万。

【项目建设】 2016年,老粮仓镇共启动项目32个,实现投资2.8亿元,完成全年投资任务的140%。老粮中学、唐市完小保障性住房及教学楼、卫生院公租房投入使用;新增毛公桥中学,老粮仓镇中心小学教师公租房周转房,卫生院公共服务区黑化亮化、办公楼改造及石梁幼儿园改造,双舞幼儿园改扩建,污水处理管网建设项目投入使用;老粮、回春堂、星光、杨华江四个农村党建养老服务中心已投入使用。老粮仓大桥完成主桥建设并启动连接线工程;永丰河畔文化广场建设有序推进。三是招商引资成绩斐然。全年共接洽客商40余批次,成功引进项目5个,合同引进资金4.2亿元,到位资金2.2亿元,完成规模工业总产值8.5亿元。

【城镇管理】 2016年,老粮仓镇城镇管理提质增效。集镇卫生工作实行市场化运行,确保镇区主干道、背街小巷人工清扫全覆盖,达到了整洁有序。规范摊点设置,取缔乱搭乱建,坚决制止乱摆乱放、店外经营等现象。严肃查处乱停乱靠、违章占道等行为,创造路畅人安的良好道路交通环境。配套设施逐渐完善。老粮仓大桥移址新建项目完成主桥及连接和路基建设;污水处理厂项目投入使用;中心镇区棚户改造项目基本完成,立面改造、路面顺接、下水道铺设、背街小巷路面硬化提质和杆线下地工程、标示标牌统一建设基本完成,老粮集镇、唐市集镇交通标示正式运行,江南田园山水小镇初具雏形。

【农业工作】 2016年,老粮仓镇农业工作扎实推进。粮食生产方面:发展种粮大户143户、发展家庭农场28家、技术指导科技示范户10户,农业合作社8家,全镇土地流转面积2933.3公顷。落实粮食播种面积7733.3公顷,水稻种植面积6133.3公顷,有效遏制了耕地"双改单"现象,实现了"零抛荒"目标。烟叶生产:落实烟叶移栽335.5公顷,烟农83户,种烟村11个,收购烟叶9893担。老粮仓镇被评为2016年县烟叶产业规模发展先进单位。水利建设:冬修水利建设中对44口山塘以及50公里沟渠、河坝进行了清淤、护砌和扩容提质。动物防疫:达到3个100%,全镇没发生一起疫情。土地确权:发放宣传资料1万份,培训工作人员186人次,调查承包方18985人,全镇村(社区)完成部署开展工作、权属调查任务、调查工作底图、现场调查指界,并完成宗地图制作和农户签字确认。植树造林:在双藕村由金果林木合作社投资10万余元栽植37.3公顷杉、樟、栾树的荒山造林;由鹰窟洞合作社投资10万余元栽植16公顷杉、樟树的荒山造林;在红旺村栽植4公分大叶樟共计2100株,打造镇义务植树基地示范点4公顷。全镇三边四旁造林栽植桂花(2—3cm)1.8万株、红木石楠(3—5cm)0.8万株、大叶樟2.8万株(3—5cm)、杨树(3—5cm)1.5万株、柳树(3—5cm)5万株。全镇评选老粮社区张家湾组等绿色屋场6个,李跃强家等"绿色庭院"110户,绿色美丽村庄建设工作深入千家万户。

【民生事业】 2016年,老粮仓镇注重民生事业成果共享。一是社会保障应保尽保。全镇养老保险参保率均达84%、医疗保险参保率均达94%。通过国家低保救助556户,大病医疗救助88户,危房改造户298户,雨露计划及各项职业技术培训207人。二是精准扶贫创造特色。按"一看五评"的方式,重新对已建档立卡未脱贫对象进行划分,进一步增强精准扶贫的针对性。通过党员联户、电商平台、产业扶持、爱心协会参与等方式进行精准扶贫,全年通过社会渠道募集县内外爱心资金291万元,在藕塘湾发展布朗李等小水果基地,在金石等村建立中药材基地、在大龙实行公司+农户的形式发展花猪养殖、在星光等村发展优质水稻基地、成立养鸡专业合作社、组建电商平台实行"一户一带"等,全镇共有贫困户1630户,2016年已脱贫946户。老粮仓镇精准扶贫工作得到上级各部门的肯定,并赢得了湖南日报、湖南卫视、腾讯新闻、华声在线等媒体的关注并推介。三是农村基础有效夯实。筹措资金600多万元先后硬化公路10公里,扩宽、亮化公路7.5公里;全面启动农村公路"阶段层次建设模式"(即村民投工投劳建设路基、县镇负责路面硬化的方式),并在杨华—插花公路试运行。投入2000多万元先后完成大龙、石梁、唐市、杨华江等村小农水项目建设,毛公桥河10公里整理,藕塘湾、星光、楚江扶贫水利建设,藕塘湾、杨华江、楚江沿线水毁修复。投入500万元完成建设白马文化广场、长田绿色休闲文化带建设,通过"平安老粮"篮球赛、干部户外拓展、广场舞比赛、送电影下乡等活动,丰富了基层文化生活,凝聚了发展正能量。

【基层党建】 2016年,老粮仓镇基层党建不断加强。全镇各支部共讲授党课82堂次,各种专题讨论75堂次,开展党员义务行动20余次,参与党员达5000余人次。经组织部推荐在长沙党建微信公众号推送。创新开展"绿水青山就是金山银山""八个一"主题活动,掀起生态保护的热潮。创新"七·一"表彰形式,实行群众推荐、微信投票、宣传推介的方式,大力发挥党员先锋模范作用。在全县率先出台村级"四零"制度细则,做到了村级"零接待、零白条、零工程、零违纪",村级"四零"制度的实施,进一步落细落实了全镇党风廉政建设举措,镇纪委注重日常监督管理,加大办案力度,全年共查办案件11起,其中"四风"6起,"雁过拔毛"式腐败案件2起,处置党员干部11人,追缴违规违纪资金10万余元,形成了有效震慑。村级"四零"制度的出台,同时得到了媒体的广泛关注,2016年6月20日、30日,宁乡廉政网、长沙廉政网分别进行了典型报道,产生了良好的社会效应。

【社会综合治理】 2016年,老粮仓镇社会综合治理成效明显。一是"一站一中心"的建立。二是矛盾排查全面覆盖。建立应急处突大队,在老粮集镇坚持每日夜巡,同时,集镇巡防、矛盾月结、警民见面有序推进,确保了大局安全稳定,长沙市综治公众测评由全县第26位上升至第3位。三是安全生产有序开展。组织各成员单位联合执法31次,检查单位141家次,排除安全隐患176条,责令停产停业4家,处罚企业12家,罚没违法所得10万余元,镇内4家落后烟花爆竹企业均按照县安监局规定时间完成退出工作。计生工作落实长效,避孕措施98例,隐患排查53例,优生检测完成409对,社会抚养费征收82.64万元,立案118件。流动人口均等化服务被市评为先进,计生基层基础工作进一步夯实,3个村成功创建县级计生协会自治示范村。

【S209精致化管理工作】 2016年4月29日,S209精致化管理和X096(老灰公路)综合整治工作启动,老粮仓镇40天共拆除户外广告牌56块,清理"十场"13处2万多平方米,拆除违章建筑29处,新植绿化苗木近7万株,草皮1.4万平方米,新建绿化广场4处,整治成效显著。

【创建市标准化矛调中心和公共法律服务站】 2016年6月，老粮仓镇司法所成立了全县首家公共法律服务工作站，设有100余平米的群众接待大厅。从退休村支部书记，社会贤达中聘请了三位专职调解员，在各行政村分别聘请一名村级调解员，构建了镇村全覆盖的矛盾调解体系，并多次邀请法律专业人士及司法局业务能手对工作人员进行培训，培训累计达300余人次。2016年9月6日，工作站通过长沙市司法局工作组验收，成为全市第一家通过市司法局工作组验收的乡镇公共法律服务工作站。2016年一年共受理各类矛盾纠纷78起，调解78起，成功调解72起。收到群众自发赠送锦旗就达7面。2016年工作站接待本镇群众法律咨询200多人次，引导法律服务5人次，周边乡镇群众法律咨询15人次。通过法律服务直接间接为群众获得200多万元经济赔偿金。"一站一中心"成了以来，老粮仓镇镇治安环境得到极大改善，"平安老粮"建设深入人心，2016年全年无一例新增上访人员和进京非访事件。老粮仓司法所被评为湖南省规范化司法所。

【"四重"举措促危改】 2016年，老粮仓镇共完成危房改建和修缮298户。党政领导带队，先期深入调研，结合精准扶贫，将符合条件的D、C级危房纳入危房改造计划。2016年完成的298户危房改建中，有56户建档立卡贫困户、38户低保户、116户五保户、41户特困残疾户、17户特困大病家庭。镇村重公示，公示有创新。在镇村公开栏公开的基础上，利用3个微信平台轮番公开危改预审、信息比对名单，并根据举报信息核实和取消不符合危改对象10户。监督重实质，资金补到位。举行2次危改农户集中见面会，告知农户拟拨付资金数量以及危改补助资金到账后，危改户亲笔签写资金足额到位文书。工作重引导，社会组织多支持。发动爱心协会为本镇18户无能力改建的五保户、低保户捐款和捐献建材，落实危房改建。被评为长沙市2016年度农村危房改造工作考核一等单位。

【残联工作】 2016年，老粮仓镇共有各类残疾人3895人，已办证残疾人1492人，占全镇人口的6.2%，其中重度残疾744人。一是突出抓好精准扶贫。为残疾人家庭争取到8万元民政局自然灾害救助资金和6万元计生利益导向扶助资金；安排63户残疾人家庭进行危房改造；争取到"宁乡暖心义工"为老粮仓镇27名贫困残疾人家庭子女捐赠学费；为28户残疾人家庭子女申报高中大学等助学补助；为5名肢体残疾人申报燃油补助；居家托养9户；无障碍改造进家庭23户；为5名残疾人申请安装了假肢；辅具适配进11户家庭。二是突出抓好就业创业。镇残联举办种植养殖实用技术培训班，培训残疾人20名，并选送2名残疾人去省市培训；成立残疾人就业创业指导服务中心，指导、扶持成立三个残疾人就业基地，共安置残疾人41名；选送2名盲人参加县残联盲人按摩培训，并安排4名盲人到盲人专业按摩店就业。三是助残爱心会发展壮大。成立镇"助残爱心会"，建立"老粮仓镇助残爱心会"实名制微信群，一年来共收到善款将近30万元，帮助150名贫困残疾人家庭。精心组织开展第26次全国助残日活动，围绕"关爱孤残儿童，让爱洒满人间"主题，开展一系列扶残助残活动，杨华江爱心基金会、光明爱心基金会、唐市助残爱心会等7家爱心基金会现场捐款15000多元。2016年，老粮仓镇残联工作荣获全县残疾人工作先进单位。

（党政办）

流沙河镇

【概况】 流沙河镇辖11个行政村，2个居委会，316个村民小组，总面积140.6平方千米，总人口7.05万人。有县办高中1所，镇办中学3所，民办小学14所，镇办中心幼儿园1所，有标准一级甲等医院中心医院一座。

2016年，流沙河镇紧紧围绕建设"繁荣、美丽、尚文、幸福的中心镇"的宏伟目标，全力以赴求发展、保稳定、惠民生。2016年度完成规模以上工业总产值5.42亿元；实现固定资产投资额8.14亿元，实现财政收入1.52亿元。金融机构存款达15亿元，贷款总量超过3亿元，实现了综合经济稳中向好，财政运转稳健有序，社会大局和谐稳定的良好局面。

一、产业项目焕发生机。2016年，流沙河镇共新开工、续建和筹备各类项目20多个，总投资超过15亿；其中市重大项目一个。宁乡县人民医院流沙河分院整体搬迁项目启动建设，益娄高速建设进度和环境维护获市指挥中心高度肯定，连接线、罘罳峰游道、派出所建设等项目有条不紊推进，投资2亿元的步行商业街全面建成，世纪华联、长沙银行、农商银行等大型超市和银信机构陆续入驻营业。大力发展花猪产业，全力支持沙龙畜牧做大做强，投资1.2亿元的宁乡花猪生态养殖园场地建设逐步完善。积极探索产业扶贫，充分利用花猪产业优势，花猪产业扶贫助推第一批100多户贫困户脱贫，湖南日报、长沙晚报等媒体竞相报道。烟叶产业质效双提，全年种植烟叶445.3公顷，收购14306担，全镇烟农收入1963.85万元，备耕、移栽、结膜培土、分级收购四个阶段考核全县第一。发展后劲持续增强，以美丽乡村为基地的乡村旅游蓬勃发展，绿美康农业创新电商+旅游扶贫新模式，既吸引了人气商机，又开拓了扶贫新路。

第二、三产业发展势头强劲，特色小产业遍地开花，合兴草业、高华小水果、清江蔬菜等基地生机勃勃。

二、城乡面貌大为改观。一是城镇基础设施不断完善，完善楚江河生态治理项目，完成污水处理厂整改工程，设置镇、村(社区)道路标牌8处，流大线实现绿化、亮化、黑化，集镇道路管网基本完善。建成集镇交通管理体系，投入200万元安装了球形摄像头、测速仪、红绿灯等规范车辆停靠，管理手段更现代，交通秩序明显改善。二是加大对集镇面貌的改造力度，提升集镇品质，对赤塅、瓦子坪、花林、草冲四个小集镇261户540空临街门面外立面改造。三是加强管理控违拆违成效明显，对非法采砂和采石零容忍，组织专门队伍对主要道路两旁的养殖场、砂场、预制场、木材场等“十场”进行全面清理，累计拆除镇内违建17600平方米，百姓城管作用彰显，得到县局表扬和报道。四是突出德孝文化，积极建设美丽乡村，在大小集镇喷绘德孝文化墙，在居民集居点布局文体广场，在罘罳峰建设德孝文化基地，不断丰富群众精神文化生活。引导群众积极参与美丽乡村建设，通过党员带动、群众主动、产业推动、评比促动，打造了美丽屋场4个、美丽公路3条、美丽河流4条，黑化了道路42公里，栽种各类树木2万多株，绿化余坪空地20公顷，镇村以及群众总投入超过5000万元。

三、民生福祉不断改善。流沙河镇扎实推进精准扶贫，引导社会各界爱心人士参与各类扶贫活动。有序开展异地扶贫搬迁工作，启动易地扶贫千手大屋项目建设，积极向市政法委、金霞经济开发区、长沙银行等单位争取扶贫资金426万元，全年实现431户、1153人成功脱贫。进一步加大民生投入，完善教育基础设施，完成7座薄弱学校改造；建设教师公租房152户；全年有序发放各类民政资金500余万元。实施阳光低保工程，清理不合标准的低保户200多户，确保应保尽保。106户危房改建验收合格。20个村卫生室全面改造；合作医疗实现全面覆盖，收缴率位居全县前列。注重教学提质，宁乡七中被授予“足球特色高中”国家荣誉称号。老干、工青妇工作特色纷呈，评选了流沙河镇第六届孝子，表彰了一批优秀教师、优秀党员，全镇阳建新等6个家庭参选了县“最美家庭”。社会大局和谐稳定，成立矛盾调解中心，未出现一例非法上访，未出现一例民转刑案件；校车安全、食品安全和安全生产零事故；“一打三整”成效显著，社会治安持续好转。计生工作稳中向好，全年向人民法院起诉违法生育32例、恢复执行117例，征收社会抚养费90多万元；优生检测458例。

四、自身建设全面加强。流沙河镇不断加强基层党组织建设，按“六有”要求建立84个党小组，着力解决基层干部中“不作为、乱作为、慢作为”现象，干部作风持续好转。开展“讲道德、明是非、守纪律”集中教育活动，基层党组织先进性不断增强，党员队伍综合素质不断提高。持续加强干部队伍建设，以“两学一做”教育活动为载体，在机关单位、村社区讲党课，组织三期基层党员轮训；学习贯彻十八届六中全会和省市县党代会精神，干部队伍理论水平进一步提高。强力整治身边“四风”问题，2016年重点查办了林业站财务管理及争资返还、扶冲村村干部违规获取林业资金、荷林社区党员组长忘缴群众医保款等“四风”和腐败问题。专门聘请第三方机构对全镇20个村的村级财务进行全面清理核查，对发现的不规范问题进行全面整改、提高，严肃查处各类违法违纪案件8起、处理党员9人。

【宁乡县农村公路与桥梁建设项目现场推进会】 2016年4月1日，宁乡县2016年农村公路与桥梁建设项目现场推进会在流沙河镇召开，副县长冯智君出席会议，县政府办、交运局、流沙河镇、双江口镇等12个单位相关负责人和相关行政村支部书记参会。会上流沙河镇瓦子坪村支部书记姜慈平和长盛村支部书记尹小门，分别介绍了该村村级公路建设进度和经验做法。流沙河镇在本次公路建设试点项目中，共涉及6条村级公路，通过充分发动群众筹资筹劳，积极引导外出成功乡友捐赠资金，投入到农村公路建设中来；采取村民代表监督资金使用和施工质量，使得试点农村公路建设高效推进。会上提出，农村公路建设需注重路域环境治理，以修路修桥为契机带动美丽乡村建设；加大群众参与度，全面提升速度；切实规范运作，把握工程质量。

【中共流沙河镇第六次代表大会】

2016年4月26日，中共流沙河镇第六次代表大会胜利召开，全镇各党(总)支部114名党代表出席了会议，各村、部门单位负责人36人列席会议。县委常委、县人武部部长谢圣彬到会指导。大会讨论审议通过了流沙河镇党委工作报告、纪委工作报告；会议通过《中国共产党流沙河镇第六次代表大会关于文贡河流域综合治理提案、关于完善田坪水库五六支渠全面提质改造的决议》。大会选举成亮、陈鑫、陈敏、周宏斌、龙凤明、谢鹏、洪方圆、尹拥军、张宁博9位同志为中共流沙河镇第六届委员会委员。选举谢鹏、裴江华、罗欢、赵倩、李赞、陈勇、熊龙斌7位同志为流沙河镇纪律检查委员会委员。周泽祥、成亮、陈敏、谢鹏、洪方圆、刘志雄、李丹、李定全、喻秋生、陶仕焕10位同志当选为出席县第十二次党代会代表。

【流沙河镇农村短途公交车开通运营】 6月8日，流沙河镇农村短途公交车开始正式营业。流沙河镇及周边沿线短途公交车运营有宁乡县诚名汽车运输有限公司负责,首期开通4条公交路线,由流沙河中心集镇出发分别往返巷子口集镇、青山桥镇田坪村、山林街村、大田方村。本次农村短途公交的开通是流沙河镇中心镇建设的重要举措之一。随着近年来流沙河镇道路的不断提质,交通基础不断完善,逐步形成了“六纵六横、东西贯通、南北呼应”的交通大格局,极大的方便了流沙河镇及周边居民的出行,有效的集聚了流沙河镇中心集镇人气。

【谭小平调研流沙河镇经济社会发展情况】 2016年6月14日,县委书记谭小平,县委副书记邓杰平,县委常委、副县长龚畅,县委常委、政法委书记刘平,县委常委、县委办主任彭韬,县人大常委会副主任周泽祥,副县长刘俊武、冯智君和部分县直单位负责人来到流沙河镇,调研流沙河镇经济社会发展情况。一行人考察了罘罳峰开发、楚江游道建设、流大线白改黑项目、赤新集镇立面改造、沙湖文化园规划地、商业步行街运营情况。在调研座谈会上,长沙泰源建筑设计有限公司负责人杨建党教授介绍了流沙河镇整体规划设计情况。详细分析了流沙河镇交通区位、镇域土地利用规划、水系桥梁现状,规划楚江风光带和罘罳峰公园两个重点建设项目,充分挖掘流沙河镇的“四个千年传统”——千年花猪、千年禅院、千年米酒、千年花鼓,用象形、诙谐风格打造具有“戏曲感、喜乐感、神话感、幽默感”的美丽流沙河镇。各部门单位负责人就流沙河镇发展中的资金支持、国土规划、公路桥梁建设、水系改造、棚户区改造等发表了建议和意见。

【钟钢调研“一进二访”结对帮扶工作】 2016年12月21日上午,长沙市委常委、市政法委书记钟钢率市财政局、市交通局、长沙银行、金霞开发区等单位负责同志专程来到市政法委“一进二访”结对帮扶点流沙河镇鸿富村调研指导,看望慰问困难群众,对流沙河镇中心镇建设、政法联动应急服务中心项目建设现场调研。座谈会上,县委副书记、县长王雄文在发言中感谢市政法委长期以来对宁乡工作和流沙河镇发展以及精准扶贫工作的大力支持。流沙河镇党委书记成亮、鸿富村第一书记魏美林分别代表镇村发言。县领导王湘云、彭韬、章晓波出席相关活动。 (廖新良、唐　帅)

青山桥镇

【概况】 青山桥镇位于宁乡西南边陲,地处长沙、娄底、湘潭三市交界节点,镇域面积132平方千米,下辖8个村、1个社区,总人口5.2万人。省道S311、S209在此交汇,益娄衡高速、洛湛铁路穿境而过,长娄高速出口离青山桥集镇12公里。2016年,青山桥镇紧紧围绕“芙蓉圣地千年药都　魅力青山旅游名镇”的目标,积极保护生态环境,不断夯实民生基础,努力建设美丽乡镇,取得了较好的成绩。

【精准扶贫成效显著】 2016年,青山桥镇贫困群众脱贫308户846人,年底脱贫率累计达到69.8%。建设了千手爱心大屋房屋111套,“滴灌式产业扶贫”418户,扶持资金达459593元。完成2个农村饮水安全工程项目改造;拓宽硬化扶贫村级公路6.5公里;农村电力改造升级4.5公里;建成4个电商服务扶贫平台;完成4个就业扶贫服务站建设,1个扶贫小农水项目建设。青山桥镇千手爱心大屋,创造了“五个精”和“五个三”的先进经验,即“精选对象、精挑位置、精心设计、精打细算、精细考虑”,“三交、三不变、三免费、三解决、三提供”。2016年8月19日,湖南省首批80户易地搬迁贫困户实现了搬迁入住,走向了脱贫致富的小康路。得到了中央农办副主任韩俊、省委副秘书长赵小明、省委督察室主任刘国龙、省扶贫办主任王志群、省发改委党组成员、省湘西办主任、省联席办主任周震虹、省发改委副巡视员、省联席办副主任刘年来、省国土资源厅副厅长金章勇、长沙市委副书记徐宏源、长沙市政协主席范小新、长沙市副市长陈中等领导的高度肯定。先后在农民日报、湖南日报、长沙晚报、省发改委专题通报中予以推广。产业扶贫初显成效。利用现有的产业,积极为贫困户搭建平台,解决就业问题。九春桑蚕科技服务有限公司、白洋中药材合作社、楚沩蔬菜种植合作社等企业共解决贫困就业人口120余人,增加贫困户收入达150多万元。教育扶贫全面推进。建设完成了田坪九年制义务学校,为三个省级贫困村的学生提供了良好的就学环境,实行雨露助学帮助贫困职业中专学生18人,补助18000元;对贫困中小学生进行生活补助,帮助贫困小学生240人,补助资金96000元,帮助贫困初中生13人,补助资金6500元。

【镇村建设】 2016年,青山桥镇镇村形象全面改善。一是美丽乡村初具雏形。按照全域景区化建设的要求,充分结合自身特色,将罗家冲新石器时代遗址、桑蚕产业、芙蓉山旅游融入到美丽乡村建设中,成功打造美丽乡村示范点7处,特别是罗家冲美丽乡村示范点在全县美丽乡村观摩中得到了各级领导的肯定。按照片区打造的原则,完成栗狮村、石桥铺村、上流村、花园村、永锋村的主干道两侧进行红叶石楠和桂花树绿化,撒播花种。完成心田村3千米、造福村2千米、竹峰村3公里的路面黑化和道路两侧绿化。完成省道两侧和田心铺集镇违章建筑的整治,拆除违章房屋、棚架、广告招牌等355处，在省道S209、S311全线栽种银杏、红叶石楠、锦叶柏楠等树木，镇域省道得到了全面美化。二是集镇建管不断提升。进一步完善了集镇建设。对集镇背街小巷进行黑化，完成老集镇至中心幼儿园、围子湾中心村庄主干道1.5千米路面黑化。对集镇进行扩容提质，着力建设了青山桥中意物流商贸综合体。完成楚江流域集镇段的绿化提质改造，全线栽种锦叶白楠、樱花等树木，在楚江河堤建设沁心亭7个，美化了楚江河两岸，为群众提供了散步健身的好去处。进一步加大了集镇管理。聘用了8名城管协管队员，对集镇分路段分区域包干负责管理。在集镇中心设立办公室，安排值班人员，完善队员考勤考评制度，健全队员职责和管理制度上墙。成立以镇村干部、老协为主的百姓城管协会组织机构，集镇管理从中心集镇逐步向四个小集镇延伸。开展了常态巡查和严格执法，对各小集镇的集中清理、集中整治等行动。集镇管理逐步迈向常态化、规范化、制度化轨道。

【项目招商稳步推进】 2016年，青山桥镇启动项目15个，新建项目9个，续建项目6个，其中，省市重大项目1个，政府投资项目6个。依靠良好的山水资源优势，积极宣传推介，拓展招商平台，引进客商进行投资。成功引进德森洋楼、芙蓉山风景区建设、中意商贸物流中心、芙蓉山珍稀动植物观光园及典美生态农庄等社会投资项目。实现招商引资2.4亿元，超额完成了宁乡县1.5亿元的招商考核指标。启动S209线集镇公路提质改造、千手爱心大屋、田坪九年制学校附属工程等6个政府投资项目，均按质按量全部完成建设。

【生态整治全面推进】 2016年，青山桥镇大力推进生态整治。通过强力宣传，在全镇形成了从严打击挖山取土行为的共识；对全镇非法采砂洗砂、挖山取土点和货运车辆、挖机、装卸车建立台账；联合各部门严厉打击挖山取土行为，取缔洗砂场，成功治安拘留4人，行政处罚3人，收缴洗砂设备1套，扣留取土铲车1辆，收缴村民河道采砂工具80余件，全镇挖山取土洗砂行为基本杜绝。非煤矿山企业全部停产。通过全面发动、全面调查、全面约谈、全面处置等措施，青山桥镇6家非煤矿山企业均处于停产关闭状态。

【综治维稳】 2016年，青山桥镇深入开展“一打三整”活动，全年共排查矛盾纠纷175起，受理175起，调处成功164起。处理医患纠纷2起，意外死亡事故16起，殡葬纠纷3起，农民工工资纠纷1起。集中开展治理超限超载活动12次，共查获和处理车辆34台次。处理校园周边矛盾纠纷3起，到学校上法制教育课6堂，巡查网吧电游室13次，开展校园食品安全、校车安全、消防安全集中整治活动12次，整改34处。

【社会事务】 2016年，青山桥镇建设了千手爱心驿站，全年共接受社会捐赠的物资近70万元，为千手爱心大屋住户购置家具电器及日常生活用品；组织开展首届中华慈善日活动，联系长沙爱尔眼科医院为千手爱心大屋住户义诊；组织宁乡县慈善会现场发放因病、因灾等原因造成生活困难的家庭救助金11万元，受助对象最高的达到5万元，并对千手爱心大屋住户每户发放2000元的救助金。同时，深入开展了助残扶残活动，做好了城乡居民养老保险和新型农村合作医疗保险工作，健全城乡最低生活保障制度，加强动态管理，确保低保对象应保尽保。殡改工作。全年镇辖区内1—11月共死亡425人，火化425例，强制起棺火化3例，火化率保持100%。其他工作。农业农村工作得到进一步务实，防汛抗旱确保了一方平安，群团工作迈上新的台阶 （党政办）

横市镇

【概括】 横市镇位于宁乡县中北部，由原铁冲乡、云山乡和横市乡合并，辖11个村和1个社区。2016年全年实现财政税收1241万元，完成全年任务的154%，其中国税完成464万元，地税完成777万元；规模以上工业总产值16.4亿元，同比增长12.4%；实现社会固定资产投资12亿元；实现社会消费品零售额5.86亿元。

抓招商促项目，发展动能加速集聚。招商引资活力增强，全年实现合同招商引资4.1亿元，成功引进投资项目4个。项目建设有力推进。全年共启动项目23个，其中新开工项目11个，续建项目12个，关圣村党建综合文化养老服务中心建设、薄弱学校、铁冲公租房、喻铁公路提质改造、集镇慢行道、棚户区改造等7个项目顺利竣工，娄益高速、污水处理厂、金山大桥、人民路建设等16个项目建设稳步推进，全年实现项目总投入2亿元，有效投入持续扩大。

抓转型促升级，特色产业提质发展。农业基础再上台阶，落实烤烟630.8公顷，送售烟叶20415担，实现烟叶收入3096万元，同比增长50.7%，烟叶产业发展规模及产量稳居全县第一。农技农机广泛推广，农业现代化程度显著提升，获评2016年全县粮食生产先进乡镇，所辖向阳村、仁桥村被评为全县粮食生产先进村。工业产业转型升级，做好了10家落后烟花鞭炮企业退出工作及企业整合工作。对管理规范、规模较大、安全意识强的10家烟花鞭炮企业进一步整合，通过自主创新、技术改造深入推进烟花爆竹生产企业机械化生产装备建设，10家企业实现机械装药并完成安全技术改造。物流发展逐步壮大。物流园开发建设纳入宁乡县“十三五”商贸物流发展规划，2016年储备库仓容达3万吨，铁路线运输量可达40万吨，能满足宁乡中西部乡镇农产品储存及中转。

重建设强管理，城乡品质日臻凸显。镇村建设不断夯实，全年硬化村组公路12公里，黑化9.5公里，农村交通更加畅达；完成山塘清淤30余口，引水渠建设及高标准护砌4000余米；疏通渠圳32公里；完成河道治理3处、楚江河横市段等河道整修20公里、河坝整修治理25处；望北峰村及界头村水库扩容提质建设完成立项审批、地质勘测及初步设计并正式启动。高标准推进镇区棚改、绿化、亮化等基础设施建设，完成集镇417户776空商户棚户区改造；S209、宁沩线横市段、横益线两侧栽植樟树、桂花树、法国梧桐等行道树木26公里，增设3米宽彩色印花人行道2.5公里；引导群众积极参与美丽乡村建设；镇村面貌不断提升，获评“长沙市绿色示范集镇”“长沙市小城镇建设先进乡镇”，成功创建美丽乡村示范点7个，云山村获评市级美丽乡村建设示范村。城乡管理有效推进。强力推进拆违控违工作，对S209、宁沩线、横灰线、老宁黄线4条主线全面清整，集中整治道路30公里，控危拆违120处，平整土丘、土坑1000余立方米，拆除户外广告招牌6700平方米，整顿非法停车100余次，对2000余家门店进行经营秩序整治，实行“门前三包”，动员广大群众参与综合整治，发展百姓城管队伍近200人，经营秩序大为改观，管理品质日益凸显。生态环境显著改善。积极健全生态环境保护及治理机制，全面推进砂场整治，大力整顿规模养殖，“一江一线”退养16户2万余平方米，取缔砂场6处，关闭落后产能砖厂10家。

惠民生谋福祉，社会事业协同并进。精准扶贫扎实推进，成立2个“金融扶贫工作站”，联合教育部门对100余名贫困学生发放助学资金；发展特色养殖贫困户300余户，兜底帮扶特殊贫困户131户，望北峰村首次启动低保城乡一体化；投入800多万元建成3处安全饮水工程，解决3000人安全饮水问题；落实340余户危房改造并全部竣工入住；至2016年底全镇已脱贫494人，其余将于2017年底全部脱贫。社会事业不断繁荣。全镇上下众志成城战胜7.3特大洪涝灾害，灾后重建工作扎实推进，328户受灾房屋完成重建，基本民生得到保障；深入落实各项基本保障制度，民政事业蓬勃向前，城乡救助体系日益完善；教育事业取得突破，薄弱学校改造项目、公租房改造工程建设优质高效。社会治理创新提质。加强对矛盾纠纷调处中心的管理，“矛盾纠纷清零，遗留问题减量”专项行动初见成效，工作开展情况被省级媒体推介，全年积案办结率达94.3%，社会管理综合治理民调排名上升11个名次；对全镇72家经营场所实施黑名单管理、举报奖励等制度，加强32家高危企业检查力度，共下达现场检查记录704份、责令整改指令书600余份、现场处理措施决定书400余份，发现整改问题1100余处，全年立案达18次，安全体系深入健全，实现连续5年安全生产零事故，全镇社会大局稳定有序。

弘廉政转作风，自身建设不断强化。完善政府法律顾问制度，全面落实行政执法责任制，严格执行权力清单、责任清单制度，汇总公示政府责任清单123项、权力清单111项，全面完成14个村、社区36项小微权力公开工作。加强内部审计监督，加强农村集体三资的管理，坚持三榜公示，2016年因三重一大决策、作风建设、财务管理等问题提醒约谈镇村干部18人次，移送问题线索5条，给予党纪政纪处分2人。

【创建“长沙市绿色示范集镇”“长沙市小城镇建设先进乡镇”】 2016年，横市镇严格落实集镇精致化建设要求，大力推进新型城镇化建设。有效开展综合治理，集中整治道路30公里，控危拆违120处，平整土丘、土坑1000余立方米，拆除户外广告招牌6700平方米，全面实现主公路及集镇违章搭建、违章广告招牌、垃圾池“三个清零”；全面铺开绿化美化，硬化村组公路12公里，黑化9.5公里，新增绿化16.4万平方米，河道生态绿化30余公里，主线两厢栽植行道大树5000余株，建立旅游线长效管护机制，凸显绿色景观效果；日益加强集镇管理，规范标志标牌、增设停车位1500余处，规模整顿非法停车100余次，对2000余家门店进行经营秩序整治，实行“门前三包”，规划宁黄公路交通出口22处，增设红绿灯及电子监控5处，动员广大群众参与环境综合整治，发展百姓城管队伍近200人。集镇功能进一步完善，集镇品位进一步提升，横市环境更美、民生更爽，获评“长沙市绿色示范集镇”和“长沙市小城镇建设先进乡镇”。

【云山村获评“市级美丽乡村示范村”】 2016年，横市镇云山村不断深化农村生态品质、促进农村产业发展、挖掘乡村文化内涵，打造“四美”乡村。一是实行民主管理，营造风尚美。制定了党务、村务、财务等相关管理制度及村民自治章程，定期公开党务、村务、财务，利用村村响和相关会议进行宣传教育，提高群众自觉意识。二是推广新型农技，推进产业美。实行烟稻轮作186.7公顷，发展蔬菜种植28公顷，扩大水果产业种植8公顷，组织农技培训5次，培育扶植3.3公顷以上种粮大户15家，6.7公顷以上8家。三是夯实基础建设，实现生活美。总计投入1018万元，完成5600米路基拓宽、护砌、填土及2800米路面黑化，对云山书院进行维修改造，修砌水渠 1300 米，完成金南主渠浆砌粉刷 1300 米，修建老年活动室 1 间，文化广场 1 座，小学公租房 12 套，完善相关配套设施共 1100 平方米，栽种绒花、鸡冠花 20 千米，栽树 5000 株。四是加大卫生整治，创建环境美。关停采砂石场和非煤矿山 7 家，制定"环境卫生志愿者承诺书"，实行帮促责任制，建立 3 处垃圾分类回收中心，实现垃圾减量三分之二以上。2016 年云山村获评"市级美丽乡村示范村"。

（魏　阳）

黄材镇

【概况】 2016 年，黄材镇辖 16 个行政村，1 个社区居委会，273 个村民小组，1.99 万户，6.8 万人，总面积 219 平方千米，其中耕地面积 3890 公顷。2016 年，黄材镇紧紧围绕"加快建设炭河古城、率先实现全域旅游，全力打造全国文化生态旅游两型示范区"的总目标，忠诚履职，攻坚克难，务实担当，圆满和超额完成了各项目标任务。

全年财税收入同比去年增长 531.5%；签约项目——未名青羊湖国际森林康养中心入选"国家队"重点项目；千手爱心大屋易地扶贫搬迁和农村危房改造工作全省示范，省级湖湘风情文化旅游小镇、市级美丽乡村示范点、市级先进基层党组织、先进个人表彰均榜上有名；非煤矿山、投肥养鱼、畜禽养殖全面退出；项目建设推进创造新的"黄材速度"；镇党委班子获"县级五好领导班子"，炭河里青铜博物馆的开馆成为引领宁乡国庆黄金周的旅游热点。接待中央、省市县领导来镇调研 400 余人次，国务院扶贫开发领导小组、中央农办副主任韩俊，中央农村工作领导小组袁纯清，省委常委、市委书记易炼红等领导先后率队调研，各项工作得到了中央、省市县各级领导、媒体及社会各界人士的高度赞扬。

稳增长、促发展，综合实力大幅攀升。经济指标持续攀升。实现镇域生产总值 16 亿元，固定资产投资 10.4 亿元，农民人均纯收 14250 元；财税收入 7200 万元。招商项目成效明显。飞地招商引进湖南达煜新能源、亿丰伟业集团。宋城集团与炭河古城签订"宋城·宁乡炭河里文化主题公园"项目合作协议，开启宋城演艺轻资产运营的新模式。青羊湖国家森林公园与北大未名集团签署《"未名青羊湖国际森林康养中心"项目合作建设协议》，计划 6 年投入 120 亿元，将青羊湖国家森林公园打造成"国内一流、国际知名"的森林康养示范基地。旅游经济取得突破。炭河里青铜博物馆于 9 月 30 日开馆，7 天时间内接待游客 23 万余人，成为引领宁乡国庆黄金周全域旅游的最大看点。松华村启动"黄材南宋八景"之石溪钟鼓景点的打造。天紫漂流、千佛洞景区加大投入，申报创建国家级景区。碧泉月生态农庄投入 500 多万元扩容提质，荣获县级规模现代农庄。姜果农业将 200 公顷生姜辣椒种殖基地打造成旅游观光农业园。炭河古城旅游品牌影响力日益彰显。

抓落实、重推进，项目建设强势推进。炭河古城建设方面，两个星期内征地 123.3 公顷，分三批完成 213 户，159 栋房屋拆迁，三批拆迁户全部是一天签约，一个星期房屋腾退倒地。强力维护施工环境。成立应急处突大队，出动 700 余人次，训诫 50 多人次，确保良好的施工环境。全力做好协调推进。通过与上级各部门的协调，完成了千手大屋学校建设和周边基础配套设施建设。2016 年古阙公园、青羊大道辅道、古镇城门、古城东门、黄材集镇立面改造等工程全面竣工。西周王城、游客多功能服务厅主体已竣工，炭河大剧院启动主体施工。拆迁安置区路网等配套工程基本成型。益娄高速公路建设方面，征地 23.3 公顷，征拆房屋 40 栋 46 户，企业 5 家，迁坟 600 余冢，高标准建设 2 个集中安置区。黄龙公路建设，一星期内完成土地征收和房屋征拆等前期工作，分 2 批拆迁，62 户拆迁户全部是一天签约，工程 6 月 6 日动工建设。

提基础、强产业，城乡一体深度融合。完成集镇总体规划编制工作，主要公路"四纵五横"、河流水系"五河一渠"的路网水系交相辉映，实现"东西互联，南北互通"的现代交通格局；黄材大道、水景步行街、农民文化广场、文化综合楼、农贸市场、污水处理厂、集镇公租房、教卫公租房等设施齐全、功能完善；X104 横雷公路集镇段提质改造，黄沩公路、黄月公路、南崔公路、涓华公路美化亮化；投入 6.2 亿元建成千手大道、千手大屋村道、炭河大道、青羊古道。基础设施建设持续加强。投入 1.8 亿元，完成集镇背街小巷及旅游干线 1799 户的立面改造，并同步实施基础配套；污水处理厂日均处理污水 2000 吨，已投入使用。沟渠清淤疏导 95 条、163 公里，河道清淤 120 公里，田间渠道清淤 308 公里，4 座小型水库除险加固，145 口骨干山塘扩容提质；投入 120 多万元完成石狮、龙泉等村地质灾害隐患治理；硬化公路 20 多公里，镇村级主要公路硬化率基本达到了 100%。特色农业重点扶持。发展从烟村 13 个，烟农 57 户，实现产值 815 万元，烟农经济效益明显。姜果生姜新建生姜初加工厂、大型蔬菜保鲜储藏库和地下仓库。黄材干鱼、辣酱、香干等特色食品倍受青睐。粮食生产重点保障。全镇土地流转面积达到 1400 公顷。引进湘穗水稻专业合作社种植 266.7 公顷优质稻试验基地，水稻烘干设备等完成建设。

办实事，惠民生，坚决打赢脱贫攻坚。保障政策全面落实。农村"两保"参保筹资工作顺利完成。清理出不符合条件低保 456

户,803 人次,新批新增低保 121 户,259 人次,做到应保尽保;完成大病医疗救助 72 例,发放救助资金 13.2 万元;落实精神病药物救助 167 人次,住院救助 37 人次。发放残疾人生活补助、护理费用近 100 万元。以"千手爱心驿站"为载体,发放粮油等物资近 5 吨,棉被 121 床,发放救助金 50 万元。社会事业快速发展。开展关爱留守儿童活动,建立留守儿童档案,一对一联系帮扶,奖励资助优秀留守儿童。城乡医保和养老保险参保筹资工作顺利完成,参保率达 90%以上。大病医疗救助、双定补助、低保资金、特困救助等民政资金足额发放到位,重症精神病人及时得到药物救助。开展危房"清零"行动,切实做到一户一档。举办"聚焦精准扶贫,共赴小康社会"专场招聘会,50 多家企业提供的 3000 余岗位,为宁乡西部贫困户助力就业脱贫。打赢新一轮脱贫攻坚战。通过"异地搬迁"帮扶,投入 3750 万,建成"千手爱心大屋"项目,11 月 16 日,完成来自黄材、沩山、巷子口等 113 户贫困户的易地搬迁;通过"发展教育"帮扶,投入 6000 多万元建成高标准的千手大屋学校,计划明春投入使用,投入 2000 多万元对井冲中学、沩滨中学、月山完小、中心小学进行改扩建;通过"就业培训"帮扶,解决 350 个贫困户的就业;通过"发展产业"帮扶,崔坪村推动"百千万"产业发展工程,沙坪村动员贫困户在生姜基地以土地入股、务工等形式脱贫,黄材、沩滨等村发动贫困户种植烟叶,松溪村利用华塘鱼产业,养鱼脱贫;通过"社会兜底"帮扶,争取危房改造项目 509 户,免除 102 名贫困学生学杂费,291 人次实施低保兜底。精准扶贫工作于 10 月、12 月先后两次通过湖南省精准扶贫工作领导小组验收。

出重拳、严整治,"五项整治"全面推进。实施"工业退出,全面打造绿水青山"计划,在工作中结合"退、关、禁、拆、提、调、植"七个工作重点,取得明显成效。大规模整治。一江一线规模养殖户退出 43 户;关闭退出非煤矿山 5 家,烟花鞭炮厂 4 家,砖厂 13 家,精石灰厂 12 家;开展禁采、禁挖、禁伐、禁渔(毒鱼、电鱼)打击专项行动 28 次;拆除违章建筑和危旧房屋 550 处,拆除广告招牌、遮阳棚 2400 多块;对六路五河一渠道进行了综合整治提质改造;调整产业结构,发展特色农业产业 4 家,植树、栽花、种草在全镇范围内已形成常态。高规格修复。投入 220 万对整治后的企业、荒地等进行复垦复绿,对露天非煤矿山统一护砌围墙,设立警示标志标牌、宣传标语,在裸露地块上栽种波斯菊、菜籽等进行生态修复。

挖内涵、接地气,美丽乡村成效显著。推行"三个一"建设模式,建设美丽屋场 28 处,苗圃场 26 个共 10 公顷,美丽庭院 1200 个。胜溪村朱家冲示范点结合炭河里文化,打造商周古部落;石龙洞村塔子山示范点结合"乡村慢生活"文化,发展农村旅游经济;崔坪村建立生态保护长效机制,环境水平全面提升,顺利通过"省卫生村"验收;蒿溪村结合生态茶叶种植,打造千亩茶叶走廊;月山村结合古香榧群保护项目,建设香榧森林公园;沩滨村入围 2016 年长沙美丽乡村示范创建村。

强责任、有担当,各项工作统筹推进。社会管理不断创新。建立群众工作网格化管理模式。将全镇 287 个村民小组共划分为 126 个网格,明确镇、部门和村干部负责,将日常工作全部纳入网格工作考核。加强"12345 市民热线"和信访件的调查处理,全年办理 52 件,回复满意度 100%。社会大局平安稳定。深入开展"平安黄材"创建,"一打三整"专项整治,完善矛盾纠纷月排查调处机制,受理矛盾纠纷 281 起,调处率 100%。调整和充实了 370 人的"红袖章"巡防队伍,60 人的"夕阳红城管队",开展定期巡防 150 余次;建设 10 个社会禁毒活动室,办理涉毒案件 7 起,拘留吸毒人员 12 人,强制戒毒 5 人,社区戒毒 3 人。安全生产紧抓不懈。全年立案 12 起,处罚 23 万元,取缔 15 家烟花鞭炮零售店。查处"黑校车"、非法运营车辆 10 台次,共处罚 6.5 万元;开展"三大行动"专项整治,拆除非法违法采砂洗沙场 15 处,查扣非法危险化学品(柴油)营运车辆 9 台次,查封柴油 30 多吨,行政拘留 2 人。开展学校、企业周边环境专项整治,加强普法宣传教育,强化交通安全社会化管理,加大消防安全隐患排查,创建全县食品安全示范乡镇。着力卫计融合推进优质服务。完成采集健康卡信息 58107 人次,落实结扎、上环手术 66 例,完成免费孕前优生健康检查 464 对,发放计生奖扶资金、困难家庭慰问资金共计 70 余万元;政策外违法生育立案 101 起,移送法院 51 起,执行 8 例,征收抚养费 97.5 万元;黄材等 5 个村创县级基层群众村民自治示范点,符合政策生育率 95.82%,卫计工作居全县前列。"三防"工作措施到位。动物四项免疫均达 100%。组建 38 人的护林员队伍,完成植树造林 146.7 公顷,森林覆盖增长率达到 3.52%。完善防汛抗旱预案,落实 24 小时值班制度。面对 2016 年 7 月特大洪灾,镇村两级不等不靠、不怨不弃、自力更生,修复公路 140 余处、河堤 60 多处;清理山体滑坡 190 多处;维修骨干山塘 220 口、饮水工程 18 处、桥梁 12 座,在最短的时间内恢复了人民群众正常的生产生活。

八是抓党建、上台阶,全面提升队伍战斗力。结合"两学一做"学习实践教育,坚持党建统领各项工作。落实管党责任,健全机制抓党建。圆满完成镇党委、人大、政府换届工作。开展农村基层党员轮训、党小组长会议、集镇党员群众大会,引导党员发挥先锋模范作用;严格落实村干部值班制和村民事务全程代理制，打通联系服务群众最后一公里。严格目标管理，夯实基础抓党建。坚持一手立规矩、建制度，一手抓执行、抓落实。建立季度考核机制，定期开展作风建设督查，批评教育11人次，约谈2人，处置不合格党员13名，查办村干部违纪案件4起；完成3个农村党建综合文化养老服务中心建设，坚持按标准、按程序发展党员18名。突出发展要务，服务中心抓党建。“七一”前夕，组织800余名党员参与义务劳动，共表彰优秀党员142名，镇党委、井冲片离退休支部分别荣获“市级先进基层党组织”，月山小学校长荣获“市级优秀共产党员”等荣誉。

【未名青羊湖国际森林康养中心项目获批国家森林康养基地试点单位】 2016年12月，未名青羊湖国际森林康养中心项目成功获批国家森林康养基地试点单位，成为首批36个入选“国家队”的成员之一。2016年4月7日，省林业厅与北大未名集团签署了战略合作框架协议；9月24日，在吉林长白山举行的2016年中国森林旅游投资与服务洽谈会上正式签署《未名青羊湖国际森林康养中心项目合作建设协议》，计划6年内投入120亿元，打造“国内一流、国际知名”的森林康养示范基地。

【黄材镇千手爱心大屋交付使用】 黄材镇千手爱心大屋坐落在黄材村炭河里遗址公园西北部，项目占地2.3公顷，总建筑面积9694.91平方米，6种户型，共计113套，安置353人。于2016年1月6日动工，2016年11月10日交付使用，搬迁入住的贫困户来自黄材、巷子口、沩山等三个乡镇。（宋灵芝）

沩山乡

【概况】 沩山乡下辖4个行政村、1个社区，总人口1.8万人，总面积75.2平方千米，其中耕地面积1481公顷。2016年，沩山乡以“特色小城镇，旅游新沩山，产业富群众”为目标，以“禅都小镇·生态沩山”为定位，较好地完成了年初各项目标任务。2016年，乡村两级共获得国家级荣誉5个，省市级荣誉10个，县级荣誉23个。成功创建“国家卫生乡镇”“全国美丽宜居小镇”，精准扶贫创国家经验，沩山茶叶获批“国家地理标志保护产品”，全市首批政府立法基层联系点，“禅都小镇·生态沩山”获评湖南省生态经济十优示范案例，获评市精准扶贫、综治维稳信访优秀乡镇，创县“五好领导班子”、绩效考核一等乡镇，绩效考核分值位居全县第一。

经济实力进一步增强。2016年，沩山乡实现乡域生产总值4.85亿元，规模工业产值完成2.83亿元，全社会固定资产投资6.23亿元；新增限上商贸企业2家；税收收入完成1020万元，提前2个月完成全年任务；农民人均收入达到13823元，超额完成上级下达的各项指标任务。

产业发展进一步提质。旅游产业方面。全年实现旅游收入1.3亿元，旅游人数36.8万。成功举办了“传奇之源·生态沩山”五季旅游线路推介会暨采茶季启动仪式、麦咭音乐节等系列节会活动；拍摄了《因沩有你》、《山水怀德》等形象宣传片，旅游路线、资源、产品第一次全方位在省级媒体进行专题报道；沩水源、祖塔、同庆获批全国乡村旅游扶贫重点村。茶叶产业方面。全乡茶园面积保持在1100公顷以上，其中生态茶园面积613.3公顷，茶叶产量共计56万斤；茶业企业实现半自动化。3、果蔬产业方面。完成6.7公顷猕猴桃、20公顷沙梨、66.7公顷生姜、10公顷高山有机蔬菜基地建设；全力支持沩印农业建设成为集种植、养殖、生态农业体验、农产品销售等为一体的农业产业化企业。

招商项目进一步推进。定向招商，成功打造沩山品牌。全年以“禅都小镇，生态沩山”为定位，引进符合沩山长远发展、有助于形成产业聚集和产业升级效应的项目。围绕“佛山茶海”这一特色，通过成功申报国家地理标志产品，将千年贡茶——沩山毛尖做出品牌效应，并启动建设了沩山茶叶精深加工厂；制作招商手册积极外出招商，捕捉招商信息；围绕旅游促项目签约和落地。定点发力，积极推进项目建设。按照项目落地年及“四个打造”精神，立足沩山实际，扎实推进项目建设，全年共完成征地13.47公顷，拆迁11户，解决历史遗留问题30多个，共引进并启动项目13个。截止年底，沩山乡集镇棚改、沩水源开福路、金沙集镇改造、回心桥党建文化综合服务中心4个项目已全面竣工，其余项目推进顺利。

生态建设进一步优化。环境整治方面。沩山乡先后开展了“一河一溪一湖百渠”专项治理，完成3.9千米沩水河道整治，建成十里垂柳水景，完成青洋湖同庆祖塔境内尾库垃圾清理；取缔集镇流动摊贩、店外经营187处，清理乡村主干道沿线52.6公里、2461户房前屋后卫生死角；开展全民拒塑行动，效果良好。成功创建国家卫生乡镇。沩水源村获评“市垃圾分类示范村”、同庆村获评“湖南省卫生村”、沩山卫生院获评“市无烟单位”。造绿护绿方面。以绿水青山为主旋律，“五大美丽”建设完美收官。建成沩水村、八角溪村、同庆村三个美丽村庄；建成挂榜山、庙湾、同庆村部、金沙集镇、西元孙家段5个美丽屋场；完成开福路延伸线2公里和巷沩公路打造；完成沩水之源美丽景点打造；完成沩水源村美丽乡村规划的编制及评审。完成13公里长公路沿线的花草种植、松土施肥，对23处裸露地块、脏乱地块等进行了生态修复建设,补植花卉苗木5万余株,撒播花籽200斤。资源保护方面。在全乡范围内进行了三次地毯式林业清理,严肃查处了24起乱砍滥伐、2起乱征乱占林地违法行为;确保了重点节日和重点地段的森林资源安全。实现了全年全乡无一例火灾。“禅都小镇·生态沩山”获湖南省环境保护厅“生态经济十优示范案例”,沩水源村获评“市美丽乡村示范村”。

民生民本进一步改善。2016年,沩山乡共发放涉农补贴资金578万元,资金发放项目42项,发放农户38251户次;超额完成无偿献血30人;计生免费优生遗传检测排名全县第一;全年累计发放低、五保金191万多元,全乡申报大病医疗救助42人次,救助金额13.2万多元;临时救助47人次,救助金额8万多元;全乡56人考上普通全日制高校,争取到慈善助学资金18万余元;170户危改户在11月中旬全部完工。社会治理成效显著。全年共成功调处矛盾58起,成功率96%以上;完成社区矫正对象4人,重新犯罪率为零;全乡全年未发生重大刑事案件;连续两年实现零进京非访,矛盾纠纷数量稳定减少;全乡无重大安全事故,社会大局和谐稳定,党群、干群关系日益密切。获批市政府立法基层联系点。

精准发力助推脱贫。2016年,沩山乡将脱贫攻坚作为头等大事,第一民生,聚焦精准扶贫精准脱贫,通过探索“四乘四”促脱贫、“两业一助”促增收等模式,切实将助学、助医、就业创业、易地搬迁等扶贫举措做实、做细,做到群众心坎上,通过百千万工程为主体的中长期产业扶贫,1521工程为基础的中期就业扶贫,精准扶贫一元捐,扶贫互助资金、爱心仓库城乡手牵手为内容的短期爱心助跑三大举措,使三个省定贫困村成功摘帽,541户贫困户、1698人实现脱贫。沩水源村获评“湖南省脱贫攻坚示范村”。沩山乡精准扶贫工作先后顺利通过上级检查,其创造的工作经验和模式被省扶贫办多次报送国务院扶贫办,得到省市县高度肯定,荣获全市、全县精准扶贫工作优秀乡镇。

【沩水源村村级公路建设项目】 2016年10月,线路全长4.195公里的沩水源村级公路全线贯通,北起既有开福路,沿西南至终点沩源景区停车场。沩水源村级公路项目建设包括路基工程、路面工程、桥涵工程、交叉工程、交通工程和沿线设施等。公路采用四级公路标准,设计时速20km/h,新建桥梁3座,设涵洞30道,全线桥涵设计车辆载荷等级采用公路—Ⅱ级。总投资约2000万元。

【举办沩山麦咭音乐嘉年华】 6月18日,为期两天的沩山麦咭音乐嘉年华主题活动在密印广场精彩开幕。约6万名来自长株潭及周边城市的游客来到活动现场,享受一场集音乐表演、亲子游乐、旅游风光、美食特产等多样元素为一体的嘉年华狂欢!活跃了沩山旅游市场。

【举办“沩山五季”旅游线路发布会暨采茶季活动启动仪式】 4月28日上午,由沩山国家级风景名胜区主办,沩山乡人民政府、沩山万佛灵山公司承办的《传奇之源生态沩山》——中国宁乡“沩山五季”旅游线路发布会暨采茶季活动启动仪式在沩山举行。开启了沩山旅游旺季。

【沩山乡敬老院项目】 2016年,沩山乡新建敬老院项目。敬老院包括建设体用房1栋、门卫室1栋、特护楼1栋,建筑面积约4926.90平方米、31.31平方米、188.76平方米,包括食堂、公共区间、医务室、办公室、双人间与四人间居室等、护理岗位、特护病房、医务室等。并配套沥青道路、雨污管网、电力管网、健身广场、休闲广场、绿化景观、消防、弱电、围墙、健身设施、环境卫生设施等。改善现有敬老院居住条件,给鳏寡孤独老人一个安详的晚年。总投资约1614.78万元。

【沩山千手爱心大屋易地扶贫搬迁集中安置区(一期)】 2016年,沩山乡新建千手爱心大屋易地扶贫搬迁集中安置区(一期)项目,项目选址沩山乡集镇,总用地面积约为17165.9平方米,建筑面积10543.12平方米,4栋,2—3层,并配套停车场、雨污管网、道路、绿化景观、电力、通讯等基础设施,并配备若干菜地,可满足92户扶贫户住房需求。

【沩山乡农贸市场项目】 2016年,沩山乡新建农贸市场项目,建设内容包括1—3#主体工程建设,规划了摊位区、仓库、管理服务用房以及配套的给排水、电力、绿化、亮化、道路、地上停车位等基础设施工程。项目总用地面积约3761.02平方米,建筑占地面积约1536.74平方米,总建筑面积约4790.06平方米,其中农贸市场建筑面积约3221.18平方米,其余为管理用房等,整个农贸市场共20个功能区。预计投资1200万元。 (黄子洋)

巷子口镇

【概况】 2016年,巷子口镇围绕建设“秀美、富裕、和谐、幸福”巷子口的目标,全镇上下凝心聚力,务实奋斗,实现了社会大局和谐稳定,各项事业统筹推进。先后荣获宁乡县先进基层党组织、综治工作考核优秀乡镇、农业农村工作先进单位等集体荣誉。

【项目建设】 2016年,巷子口镇新建项目9个,续建项目4个,各大项目均按照时间节点要求,全力推进。其中薄弱学校建设、官山幼儿园、直田中学公租房、金枫园村新屋湾桥重建、金枫园村车元公路改建、双河村朱公坝桥加固、双河村道改造均已完成建设；污水处理厂项目按照要求加紧建设；金湾商贸新城项目一期基本完成，即将启动二期建设；九折仑户外运动中心和敬老院附属基础设施建设全部完成；南轩文化园，规划一期建设"一路、一桥、一院"即书院路、官步桥、南轩书院，年内书院路、官步桥已启动建设。

【特色产业】 2016年，巷子口镇发挥资源优势，特色农业亮点凸显。充分利用巷子口镇山地资源优势，大力发展特色农业。小水果产业扩面提质：新增金枫园坝塘组、扶峰五斗冲、苏家冲水库3个基地共40公顷，提质改造长兴仑猕猴桃基地、金枫园李子基地，小水果产业质效不断提升，黄鹤黄桃产业获得丰收，8万斤黄桃销售一空，单价达到15元/斤。蔬菜产业树立品牌：以科鸿蔬菜基地为依托，在官山、巷子口社区等村大力发展蔬菜种植，并与长沙、宁乡等地的大型超市实现农超对接，蔬菜产业树立了高山生态品牌。黄鹤农产品交易中心已完成主体建设。烟叶产业稳定增收：全镇晒烟种植295户，落实晒烟种植面积66.99公顷，收购烟叶2510担，每亩增收在5000元以上；中药材产业稳步发展：重点加强以寒鹰山、孙家洞为中心的中药材基地建设，辐射带动周边100户散户参与种植。

【精准扶贫工作】 2016年，巷子口镇增强造血功能，脱贫攻坚取得阶段性胜利。扶贫工作全力推进，巷子口镇建档立卡贫困户1198户3109人，帮扶责任人、网格干部、联村领导三级负责，同时鼓励社会贤达和优秀党员等联户帮扶，层层压实了帮扶责任，因户、因人制定了脱贫措施，2016年全镇共脱贫245户601人。一是产业发展增收入。因地制宜，鼓励贫困户发展产业增收致富，275户贫困户人均种植水果0.1公顷；以基地带动100户贫困户种植中药材，并安排贫困户劳动力就业；贫困村发展68户贫困户种植烟叶12.9公顷，每亩增收5000元以上；发动55户贫困户养蜂，每户平均增收5000元以上。二是技能培训强造血。举办养蜂、水果种植、生姜种植培训班6期，培训贫困劳动力800余人次；举办育婴师培训班1期、电商扶贫培训班1期，并推荐就业，有效地增强了贫困家庭的就业能力。三是政策到位不漏户。2016年全镇共落实442名贫困户学生助学；落实164户贫困户精准扶贫"滴灌式"帮扶资金23万元；落实贫困户危房改建44户、易地搬迁23户。

【城乡建设】 2016年，巷子口镇注重管理提升，城乡环境显著改观。以"四星村庄"创建为基本标准，制定了环境卫生与美丽乡村相结合的对村考核办法。村级面貌全面提升，采取网格干部包片负责的模式，压实了环境卫生责任。官山、联花等9个村成功创建整洁村、生态村，直田、双河等5村成功创建和美村，黄鹤村成功创建景观村；官山、双河等6个村完成了村级主干道亮化、绿化、美化建设；联花、直田等5个村完成了农村环境连片整治项目；集镇管理加速提质，2016年，巷子口镇聘请五名协管队员，结合百姓城管，对集镇秩序进行全面整治，营造一个有序的集镇环境；对集镇进行绿化升级，新建垃圾中转站，购置环卫车2台、封闭式垃圾箱30个，对集镇垃圾进行分类、标准化处理，有效地维护了集镇环境卫生；控建拆违强力推进，组织对集镇区域内的乱搭乱占、违章篷架等进行了集中清理，共拆除遮阳棚165个，铁质棚架4处，对横雷公路沿线违章建筑进行强制拆除，共拆除违章建筑15处。

【民生工作】 2016年，巷子口镇切实保障民生，群众满意度大幅提升。一是社会保障工作扎实推进。城乡低保实现动态管理、应保尽保，发放低保金1.9万人次、379万元；发放优抚金140万元，各类残疾补助金108万元，保障了困难群众的基本生活；大病医疗救助376人次、132万元，确保所有符合政策的困难人员都得到了及时、有效的救助；完成危房改建154户，保障了困难群众的住房安全。二是卫计工作取得实效。2016年巷子口镇总出生566人，计划生育率94.7%。社会抚养费征收近60万元，完成免费孕前优生健康检查304对，无偿献血108人次，落实生育关怀帮扶慰问资金12.8万元，免费购买计生意外伤害保险600户，完成免费体检8700余人次。三是社会大局和谐稳定。持续深入推进"红袖章"集镇巡防，开展"一打三整"专项行动，严厉打击地下"六合彩"、"黄、赌、毒"等违法犯罪行为，社会治安得到进一步改善；深入开展"矛盾月结"活动，化解社会矛盾，共调处矛盾纠纷160多起；进一步加大平安建设、应急处突和法制宣传，加大安全生产监管力度，开展校车、食品安全联合整治行动，全年未发生一起安全事故，2016年度巷子口镇民调排名上升至全县第四位，群众满意度大幅提升。（党政办）

龙田镇

【概况】 龙田镇地处宁乡西部边陲，为长沙、益阳、娄底三市交界之地，距宁乡县城85公里，距娄底市38公里，省道311线和县道104线成"十"字型交叉贯穿东西南北，总面积71.88方千米，人口2.39万人，辖5个村、1个社区，是一个山多田少的山区乡镇。机关站所共有在职69人，其中党政班子成员11人。龙田历史悠久，地形地貌特殊，平均海拔571米，年降水量丰富，达1400毫米左右，森林覆盖率超82.6%，是全省有名的“千年药乡”，玉竹、银杏、天麻、百合、玄参、射干等药材驰名省内外。2016年，龙田镇镇域生产总值6.4亿元，同比增长10.2%；工业总产值14.3亿元，同比增长6.7%；农业总产值2.64亿元，同比增长8.2%；固定资产投资5亿元，同比增长36%；社会消费品零售总额1.9亿，同比增长9.8%；居民储蓄存储余额2.6亿元，较2015年净增2100余万元。2016年，发放各类惠农补贴和保障资金1081万元，圆满完成长沙市城乡低保一体化试点任务。

【招商和项目建设】 2016年，龙田镇完成合同引资4.8亿元，实现县域外到位资金9000万元，新签约龙之润药业银杏种植和“三一风电”两个优质项目。年内，龙田镇启动实施项目16个，总投资3.35亿元，包括集镇棚户改造、千手爱心大屋、矿区历史遗留重金属治理等工程，项目涵盖学校建设、地灾治理、新型工业等方面。其中，狮子山桥、七里山党建文化服务中心等8个项目年内建成并投入使用，月塘学校、千手爱心大屋等8个项目均已全面落地。

【产业发展】 2016年，龙田镇大力发展生态农业，着力打造“千年药乡”特色品牌，全年共新建2个银杏基地和1个红豆杉基地；蓝莓基地种植面积由400余26.7公顷扩展到40公顷。同时狠抓矿山保护开发，着力推动“资源强镇”产业转型，支持矿石深加工企业锦湘锰业发展，着力资源产业的科学有序发展，启动年产3万吨电解锰厂建设。

【集镇建设改造】 2016年，龙田镇投资1883万元实施集镇棚户区改造；对边城新区三期建设全面推进，建成门面房屋60空；完成山洪地质灾害易发区域搬迁避让项目集镇配套设施建设；清淤山塘15口、渠道12千米，护砌渠道1千米，整修河堤5座，新建机埠1座；建设毛路6.5千米，硬化公路21.4千米；对3个省定贫困村的农村电网进行改造。

【信访维稳和安全生产】 2016年，龙田镇办理行政案件43起，刑事案件47起，处罚116人，调处矛盾纠纷22件，实现矛盾纠纷动态清零、防范处理邪教“三零”和越级上访人数为零目标。年内组织执法检查78次，查出安全隐患923条，并全部整改到位，其中32条进行立案查处，实现全年安全生产零事故。（易大扬）

沙田乡

【概况】 沙田乡地处宁乡县西部边陲，属沩山风景名胜区范围。2016年，沙田乡紧紧围绕“红色旅游、生态农业、秀美乡村、富民强乡”的宏伟蓝图，打造“五个沙田”的总体工作思路，不断强化基层党建，以红色旅游为牵引，以产业升级为突破，全面打造全域旅游景区和群众幸福家园，经济社会各项事业显著提升，城乡面貌深刻变化，圆满完成2016年度各项目标任务。

【基层党建夯牢筑实】 2016年，沙田乡把抓党建工作摆在突出位置。深入推进“两学一做”学习教育，抓实学习教育“五个一”(每月一堂党课、每村追加一万元党建经费、每人一个袋子、一本学习记录本、一支笔)。创新党课方式，采取“党委书记＋党政领导＋党校老师＋优秀党员”送党课下村的形式，充分调动党员的积极性。乡镇党委换届中，沙田成为党委委员全部满票当选的全县八个乡镇之一；由原13个村合并为6个村，减幅率为54%，速度快、减幅大、社情稳，且实现了并账、并职、并责、并心预期目标，确保了各项工作的有序推进；抗击“7.2”洪灾时，全乡党员干部冲锋在前，安全度汛和灾后重建快速铺开；党员干部集体参与美丽乡村建设和环卫整治多达20余场次；成功承办了全县庆祝建党95周年表彰活动。

【经济吸附日益凸显】 2016年，沙田乡以向上争资和招商引资为突破，聚集财力物力向农业、红色旅游、特色集镇三个方面集中投入。经济指标全面实现，全年完成财税835万元，实现目标任务的134%；完成生产总值6.86亿元、全社会固定投资5.62亿元、社会消费品零售总额2.4亿元；规模以上工业总产值4.87亿元，规模以上工业税收150万余元；农民人均纯收增收12%。项目招商成效显著，新开工项目7个，竣工6个，完成1000万元规模以上3个，累计完成项目投资8270万；包装项目2个，到位资金7180万元；捕捉项目信息5条，合同引资达1.55亿元。优势产业不断壮大，共种植粮食作物1866.7公顷、晒黄烟140公顷；高标准打造“栀子花＋中药材”特色种植基地；推行烟油轮作、稻油轮作模式，大力发展冬季油菜，充分结合精准扶贫在涓水河堆资段打造80公顷的核心片区景观油菜示范基地。

【绿水青山魅力绽放】 2016年，沙田乡强化生态红线意识，加大环境卫生整治力度，规范集镇管理。投资1700余万元启动五里集镇提质改造，投资200余万元在沙田集镇及叔衡广场种植13公分的高分枝桂花树452棵；配合城市管理向乡镇延伸，在集镇安装违章停车抓拍视频监控3个，建设停车场2个；落实业主“五包”责任，发挥“百姓城管”作用，共同建设宜居宜商小镇。整合资源重点建设以谢觉哉故居至何叔衡故居的一个新型红色旅游景区，沙田、五里集镇两个新型集镇，横雷、五七、流沙巷三条美丽公路建设的“一区两点三线”核心景区。以“领导联村、干部联组、党员联户、群众自发”的工作机制，高标准建成21个美丽屋场，授牌1209户“美丽庭院”。全乡绿化村组主干道30余条，共计栽植苗木近10万株，特别是谢觉哉故居—叔衡广场涓水河段的绿化提质，形成了沙田特色景观道路。沙田乡六个村均通过县“整洁村”、“生态村”验收，长冲村、五里村成功创市美丽乡村建设特色村，沙田村创市美丽乡村建设示范村。

【民本民生全面保障】 2016年，沙田乡扎实抓好、做好三农服务工作，“三防一退”常抓不懈，建立健全抢险救灾队伍，春秋季动物集中免疫率100%，全年未发生任何森林火警。教育教学大绽光彩，基地校狠抓教育教学质量，中考综合质量再夺全县第一美誉，五里堆中学、沙田中学均荣获“县教育教学质量特等奖”，沙田中学、中心小学、邹塘小学、五里堆中学成功创建为市标准化学校。医疗卫生齐抓共管，投资560万元完成卫生院公租房建设，精心组织120余人参加无偿献血，超额完成县定目标卫生院、妇保院等单位，狠抓医疗质量管理和优质服务，12大项45小项基本公共卫生服务项目惠及民生。社会保障全面落实，全年共发放临时救济11万余元，144户农村危房改造任务全面完成。强力推进“两险”工作，城乡居民医疗保险参合率达97%，养老保险参保率达98%。成功创建省级城乡居民养老保险经办服务示范乡镇、市级残疾人工作“明星乡镇”。

【精准发力增效创收】 2016年，沙田乡完善综合性扶贫政策措施，在思想认识上提高度，在精准施策上出实招，在管理方式上有创新，坚持产业富民，把培育壮大产业作为增加群众收入、实现脱贫致富的突破口。率先制定并印发了《沙田乡2016年产业扶贫实施方案》，专项划拨3个省定贫困村各20万元，其他3个村各10万元；集中整合市、县资金120万元，自筹产业扶贫资金90万元，对贫困户自力更生发展特色种养殖业的按标准给予适当产业扶贫补贴。率先创建全县第一家沙田乡“千手爱心”精准扶贫智能管理系统，真正实现了贫困对象的动态性、帮扶到位的具体性、社会扶贫的长效性以及帮扶措施的系统性管理。

【旅游特色竞相彰显】 2016年，沙田乡加快核心景区建设，积极构筑“一轴一带一廊三基地”(故居景观轴、涓水河风光带、现代农业观光走廊、红色文化教育基地、党史教育基地、谢觉哉法学思想研究基地)发展格局，何叔衡故居、谢觉哉故居两个“国保”单位入选全国红色旅游经典景区名录。南横线沙田乡连接线建设已完成设计，旅游互动日益明显。打造全长6公里的红色文化长廊，串点成线，以线带面，规模化推进，特色化发展。投入90万元打造美丽河流涓水河，完成涓水河道护砌、绿化提质；土地综合开发利用稳步推进，在涓水河堆资段沿线大力发展冬季油菜，现代农业观光走廊雏形初现。宁乡最大户外生态运动公园博兵寨完成投资2000余万元，已于去年正式对外开放，低空滑翔、滑草、攀岩、越野、宿营、滑索等项目精彩纷呈。

【作风建设持续改进】 2016年，沙田乡以相互制约促效果保障，科学设置问责工作，出台《沙田乡关于加强和严肃问责工作的通知》，将政法综治、组织宣传统战等工作纳入问责范畴；将管党治党责任落实在行动上，固定每月党风廉政建设专题例会制度、廉政风险防控体制机制、权力清单与责任清单，将党委班子成员民主生活会落到实处。公开公示政府112项权力清单和138项责任清单及村级财务清理，将权力关进制度笼子。创建宝云、沙田两村一体化建设示范点，探索村级小微权力责任清单，规范权力运行。坚持把制度建设作为治本清源的主要工作来抓，林业系统“雁过拔毛”专项整治、“纠四风治陋习”专项整治、农村危房改造专项整治、村级财务专项监督检查四个专项整治行动贯穿全年执纪问责工作始终，一步一个脚印，形成了执纪必严、违纪必究的正风肃纪高压态势。

【社会事业亮点纷呈】 2016年，沙田乡“计生百日行”赢得开门红，取得综合排名全县前列的好成绩，优生检测、奖扶工作全县排名第二，社会抚养费省征缴系统立案到位率100%。实施网格管理、模拟民调、网格巡防，民调工作排名全县第一；召开大型信访听证会，省交办的“千案攻坚”付玉华信访积案，历时4年最终圆满解决，得到了省、市、县信访部门的充分肯定并予以经验推介；“一打三整”扎实推进，禁毒工作宣传、打击到位。落实道路交通安全、食品安全、校车安全、安全生产等安全监管责任，全年执法检查112次，检查企业和经营门店35家，整改各类问题27起，维护了全乡保持平稳的安全生产工作发展态势，成功创建市级安全生产示范乡镇，食品安全全县示范。

(周　婷)

白马桥街道

【概况】 白马桥街道位于宁乡县城南端，总面积20.4平方千米，耕地面积761公顷，辖3个社区2个村，总人口2.6万人。2016年，白马桥街道紧紧围绕“山水洲城、幸福白马”战略目标，全面加强党的建设，突出项目落地、社会治理、城乡建设、民生改善四个重点,实现了经济发展平稳增长,社会民生持续改善,各项事业协调发展的良好局面。2016年,白马桥街道完成生产总值49亿元,规模工业产值98亿元,固定资产投资35.6亿元,同比增长9%;社会消费品零售总额9.8亿元,同比增长62.2%;入库税收1.33亿元,各项指标均圆满或超额完成任务。

大力推进项目建设,发展后劲明显增强。一是招商引资实现突破。扎实开展招商引资"双百"活动,大力优化招商投资环境,全年共捕捉招商信息25条,接待省内外客商30余批次;精心策划包装五福广场、白马湖等项目5个;先后签订白马龙城、财鼎建材、世纪华联、金盆空调等项目5个,合同引资18亿元。二是项目建设成效明显。白马桥街道围绕加速竣工一批、强力推进一批、帮促启动一批、招商引进一批的要求,压实领导干部项目帮扶责任,积极对接、精心帮扶、精准发力,先后启动建设项目18个,竣工项目12个,完成项目建设投入10.5亿元。实施阳光征拆,依法公正有序征地49万平方米,拆迁房屋125户,确保了城投白马片区、孝德文化园、汽车主题公园、车驾管中心、五福广场等项目用地需求。三是项目服务精准到位。白马桥街道面对稳增长、调结构的严峻形势,深入一线走访,采取有效措施,协助爽洁、可可槟榔、多多面业等企业申报装备补贴、贴息贷款等各类资金300万元;协调帮助大和机械、缘美饰品等企业办理相关手续,强力优化爱琴湾、缇香美岸、皇庭尚品、溜子洲大桥、白马大道提质等项目环境。爽洁、加加白马公司、多多面业等企业产销两旺;大和机械、锅烧百味成功入规,缘美饰品、百人忆二期、财鼎建材等企业全面建成投产,爱琴湾、缇香美岸、皇庭尚品销售火爆,有效支撑了域内经济发展。项目工程工作荣获县先进。

全面加强社会治理,发展环境明显优化。一是全力维护安全稳定。白马桥街道严格落实安全生产责任制,联合相关部门开展了工业企业、危险化学品、烟花爆竹、道路交通、消防、建筑等重点行业和领域的安全生产专项整治行动。对农村聚餐、校园及周边、小作坊和餐饮店食品安全进行重点管控。加强社会治安综合治理,深入开展"一打三整"和矛盾纠纷"大排查、大调解"两大专项行动,打击"盗骗赌毒"等各类违法犯罪分子64人次,解决拆迁遗留问题70余起,化解矛盾纠纷286起,工作经验在全县作典型推广,安全生产工作获评县先进。二是全力化解信访突出问题。坚持每周一主要领导接访和联席会议制度,集中交办群众反映突出问题和代表、委员意见建议90余项,实行重点信访对象包案限期化解机制,妥善处置李美玲、何春清等信访积案4起,信访工作获县先进。三是全力加强文明创建。坚持一张图纸绘到边,干部负责管到底工作机制,切实压实文创责任,强力整治五小门店,深入开展文明劝导,经常开展助残、助学、居家养老等帮扶活动,倡导文明新风,提高市民素质,提升文明程度,不断擦亮全国文明村镇品牌。

稳步推进城乡建设,街道品质明显提升。一是全力整治市容市貌。白马桥街道以控建拆违、市容秩序、道路保洁、绿化管护、公用设施管护、片区清整等为重点,推进实行最严城市管理。组织集中拆违行动36次,拆除整栋违章13栋,拆除违章建筑50000多平米。深入推进"百姓城管"工作,成立"百姓城管"协会,组织4支专职队伍分成四个片区,对10项乱象和主次干道进行综合整治,处置百姓城管投诉7720件,城乡管理不断加强。二是全力保护生态环境。白马桥街道以加强沩水河和白马湖的生态保护为重点,不断增强居民生态保护意识,进一步落实"创建新型城镇和美丽乡村"三年行动,强化干部联组责任,强力推进环境卫生大清整;投入300余万元,对辖区农田水利设施及7·4洪灾损毁设施进行全面修复;大力推进规模养殖污染等专项整治,清退规模养殖户10家,关停非法采砂场1家,完成珍洲片区改水改厕,不断巩固国家级生态乡镇品牌。三是全力打造宜居新城。白马桥街道在建地产项目7个,新建面积逾15万平米,爱琴湾、皇庭尚品、缇香美岸、龙泉美墅等楼盘成为宁乡生态宜居小区的典范。汽车特色街区品牌汇聚,联发物流车水马龙,正龙古街加速建成,沩水河、白马湖、珍洲岛资源独特,玉潭公园、沿江风光带游人如织,山水洲城特色不断彰显。

全力改善民本民生,幸福指数明显提升。一是基础设施逐步完善。完成了白马大道提质改造、立面综合改造、背街小巷硬化等工程;以打造精品旅游干线为契机,争取多方支持,投入近2000万元,对域内18处9.85万平米的裸露地块进行综合整治,完善了沿线文化、亮化、绿化等配套设施,高标准建设了白马桥市民公园、停车场、白中西路、白龙路污水管网、瑞良路、浅水东路人行道等工程,进一步完善了学校消防及周边道路交通安全设施,电力、水利、道路等基础设施得到改善,群众的归属感和获得感明显增强。二是社会保障全面提升。白马桥街道完成661名失地农民参保工作,发放城乡低保275户461人98万余元;全面完成13户危房改造;基本养老、医疗保险全覆盖;残联工作成功创建市级"明星街道",正农、白马社区成功创建市级"明星社区";创新开展居家养老志愿服务活动24期2956小时,正农社区成功创建省级"养老服务示范点";为159户贫困户建档立卡,精准施策,切实推进贫困户脱贫攻坚,群众满意率大幅提升。三是社会事业统筹推进。白马桥街道积极开展医疗卫生和计生服务，白龙村成功创建省级“计划生育基层群众自治示范村”，卫计工作获市级模范单位；坚持教育优先发展，顺利通过“教育强街道”复查验收；深入开展社会主义核心价值观宣讲教育，关心关注青少年成长成才，编辑《放飞希望》学生读本；积极开展形式多样的文体活动，创建科普示范村一个；落实各项惠农政策，引进4户种粮大户，实现土地流转66.7公顷，有序推进土地确权颁证、农业普查、重金属治理、农产品检测、动物防疫、森林防火等工作，切实保障农业增效和农民增收。

聚力全面从严治党，第一责任明显强化。一是强化班子建设。白马桥街道进一步规范议事决策程序，抓好“三重一大”集体决策制度落实，建立健全财务、学习、工程、考核、会议等管理制度，注重加强对班子成员的教育、监督和管理，定期组织召开班子民主生活会，增进沟通交流，形成工作合力，提升整体效能，提高领导水平，争创“五好”班子。二是强化基层组织建设。白马桥街道围绕全面从严治党，深入学习贯彻《准则》和《条例》要求，强力推进服务型基层党组织建设。突出书记第一责任，认真组织各支部深入开展“两学一做”、十八届六中全会和省市县党代会精神的学习讨论，扎实开展党员冬春训、民主评议和处置不合格党员等系列活动，表彰先进典型，强化党小组建设，严格党员发展，精选后备力量。实行季度走访和月例会制度，确保民意畅达，政令畅通。强化党建七项重点工作，创新“党小组+N”模式，推进在职党员进小区，强力推进白马社区提质提档工作，推动党建工作全面提升。三是强化干部队伍建设。白马桥街道注重干部教育和培养，经常性邀请教授、讲师来街道授课，5名同志得到提拔重用。严格干部管理，制定干部岗位责任制，实行“一日一签到，一周一汇总，一月一点评”的督查管理机制，严格落实“八个严禁和八个不准”。关心干部，注重沟通，善于听取干部意见，注重大学生村官队伍建设，最大限度地激发干部活力，形成工作合力，提供发展动力。四是强化民主法治建设。白马桥街道切实做好党员代表、县党代表、县人大代表换届选举工作和县政协委员推荐考察工作，统筹做好宣传、统战、武装、工会、共青团、妇联、老干关协等各项工作。代表宁乡接受了省委督查组和市人大常委会对县乡人大换届选举工作的现场调研，认真做好县政协对街道工作的评议和社会贤达作用的发挥，组织普法宣传和考试，凝聚各方力量，推进民主法治进程，创优社会生态环境。

【白马大道提质改造】 2016年8月8日，白马大道改造正式动工，于2016年11月28日施工完毕。改造后的白马大道为双向六车道，路幅宽度从17米到25米不等，总投资约4500万元，全长2.14公里。

【白马社区提质改造】 2016年，白马社区对金龙公路进行了路基固化、全面黑化，总长达2.1公里，实现了道路的全民亮化，并对公路沿线进行了绿化建设，为社区绿化扩容6万平方米。同时，通过在金龙公路上设置多个文化墙，以“马”为设计元素，重点宣传“社会主义核心价值观”、“中国梦”和“马上就办”等精神，成功打造出了“白马”精神文化内涵，进一步突出社区的文化气息。

【白马片区棚户区及外部配套基础设施项目】 白马片区棚户区及外部配套基础设施项目分两期，其中第一期2015年下半年启动从白马大道殡仪馆入口至白马桥派出所，共投入373万余元。第二期2016年上半年启动，从派出所至粤宁路加油站共投入891万余元。两次共改造房屋855空，主要对外墙、屋面、门窗、空调架、线路等进行改造。

【孝德文化园项目】 2016年1月26日，孝德文化园项目一期启动建设。项目以县殡仪馆、县烈士陵园、县万寿陵园为依托进行建设，项目总用地23.87公顷，总投资1.5亿元。9月基本完成一期建设，建设内容包括新修入园大道一条，长576米，宽30米，新建广场5634平方米，新建生态停车场6400平方米。二期还将建设悼念厅10个，餐厅1栋，改建招待所1栋，新建综合大楼1栋，新建烈士陵园大门，新建骨灰寄存塔1座，新建墓地10公顷及相关的水、电、路等配套设施和整体硬化。（党政办）

历经铺街道

【概况】 历经铺地处宁乡东北部，居沩江下游东岸，东北邻金洲镇，南接夏铎铺镇，西与白马桥街道、玉潭街道相连，北与城郊街道、双江口镇隔江相望。2016年末，历经铺街道总人口3.17万人。辖区东西最大距离10.86千米，南北最大距离9.66千米，总面积36.88平方千米。辖南太湖、新宝塔、历经铺、群星、紫云、大湾岭、净土庵等7个村民委员会和金南1个社区居委会（2017年析置东城社区，南太湖村、新宝塔村改为南太湖社区、新宝塔社区），下设81个村民小组和13个居民小组。2016年，历经铺街道牢牢把握“建设美丽历经铺，构筑幸福新东城”的宏伟目标，锐意进取、克难攻坚，主要经济指标平稳增长，基础设施建设扎实推进，公共服务能力持续增强，社会大局和谐稳定。经济社会持续健康发展。

【经济快速发展】 2016年，历经铺街道税收收入首次过亿元，达到1.14亿元，增长11.8%；其中国税5044万元、地税6346万元。规模工业总产值62亿元；社会消费品零售总额27.3亿元；固定投资完成18.2亿元。居民人均收入达36714元；依法公平公正推进阳光征地拆迁，打下了一场场漂亮的攻坚战，2016年共计启动10批次拆迁，做到批批清零，拆除房屋615栋、783户。逐步解决影响项目建设的历史遗留拆迁问题，按政策拆除违章建筑一条街。再创了“历经铺速度”，为项目的顺利推进提供强有力的保障，树立了全县拆迁的标杆，得到县委县政府的高度肯定大力推广；新引进项目10个，合同引资17.4亿元，新开工项目13个，扩建和续建项目8个，完成项目投入14.62亿元。历泉路提质改造项目竣工，岳宁大道、沩江大道一期基本竣工，交通路网新格局进一步形成；总投资1.8亿，占地4公顷，建筑面积3万平方米的东城中学竣工；投资达2.13亿元的南太湖水厂完成一期工程建设，二期建设开始启动；房地产项目来势喜人，宁邦广场项目完成天悦豪庭1幢建设；东城首座三期两栋竣工，正大广场、东方红郡香樟园二期、义乌小商品城二期启动建设。成功摘得长沙市十强乡镇，绩效考核工作居全县第三。

【街道村展现新面貌】 2016年，历经铺街道启动全域范围内亮化工程，安装太阳能路灯600盏。控建拆违取得了显著成绩。共拆除违章建筑646户，拆违面积50100平方米。通过强硬的措施及对新增违建“零容忍”的态度，有效的遏制违章建筑的“再生”现象。围绕环境脏、乱、差现象严重的突出部位，对症施治，消灭死角。圆满完成创文明卫生县城国检复审任务、环境治理工作得到了领导群众的一致好评。高度重视美丽乡村建设，采取党政领导联村、干部联组、美丽屋场“一对一”联点的工作模式，美丽乡村建设工作在全街道7村1社区全面铺开。

【民生普惠有新成效】 2016年，历经铺街道加大民本民生投入，五保低保做到了应保尽保，共计140户281人享受农村最低生活保障，149户152人享受农村五保；城乡居民养保参保率97.5%，居全县第一，并通过了长沙市城乡居民养老保险街道经办服务示范点验收；投入200余万元的冬修水利全面完成，为历联河、曾家河、右干渠、谭家山主渠等疏导除杂36.2公里；为老河及主渠清淤30公里；山塘清淤近3.3公顷；处险工程50余处；护砌整坡50余处；移动土石方20万立方。加大教育投入力度，教育基础不断夯实。学前一年教育率达100%，学前三年教育入园率达到了95%。九年义务教育完成率达100%，初中毕业生升入高中阶段学习的比率达97.57%。文化事业蓬勃发展，500平米高标准的综合文化站建设完成。村(社区)文化活动中心5个，广播电视入户率100%。

【综治维稳有新局面】 2016年，历经铺街道综治维稳成效明显，及时调解矛盾纠纷，实现矛调月结；组建红袖章治安巡防队伍，分片分时段开展巡逻任务，形成群防群治的巡防网络格局；全街道干部、民警主动亮剑、主动作为，“一打三整”成效显著，提高了群众安全感。落实“五包一”监控，特护期没有发生一起进京、赴省和群体性上访事件。坚持“一岗双责”“党政同责”的规定，党政领导带队检查安全生产工作120余次。深化打非治违专项行动，组织专项行动10余次，取缔非法采砂点7处，烟花鞭炮非法经营店14个。计生率达到98.01%，新增立案26例，各项指标均居全县前列；配合国家流动人口动态监测在沙河市场和大湾岭村进行入户调查，申报创建市级群众自治示范村1个、县级示范村2个，扎实开展了各类工作创新。

【干事创业有新成绩】 2016年，历经铺街道获得的上级先进荣誉称号：“长沙市经济社会发展综合实力十强乡镇街道”“长沙市人口和计划生育优秀单位”“长沙市政务服务中心标准化建设优秀单位”“长沙市综治工作考核先进乡镇(街道)”。大湾岭村获得“湖南省综合减灾示范村”“长沙市卫生村”“长沙市计生协会示范村”“长沙市老年网络课堂示范村”。

（谭　檀）

城郊街道

【概况】 城郊街道位于宁乡县城北部，2016年辖11个村(社区)，总面积37.42平方千米，常住人口约6万人。2016年，城郊街道紧紧围绕年初既定的目标任务，牢固树立和贯彻落实新发展理念，街道上下和衷共济、勠力同心，以踏实肯干、务实求真的责任意识和担当精神，顶住压力，抢抓机遇，排除万难，真抓实干，坚定不移推进年度各项工作任务，经济社会事业呈现平稳健康有序发展的良好态势。

【城乡建设】 2016年，城郊街道城乡建设取得“新提升”。一是阳光拆迁连续清零。严格落实“三榜公示”阳光拆迁模式，全力做好了经开区蓝月谷路项目、城投集团天宁热电一二期、宁乡大道北沿线、人民北路、滨江棚改纸厂片区、花明北路延伸线、中马国际项目等项目征拆工作，合计征地面积66.67万平方米，拆迁房屋574户。连续8个项目实现首日签约“清零”，创造了城郊阳光征拆新记录。二是城市管理提质增效。2016年，城郊街道共开展控建拆违行动28次、参与人数275人次，拆除违章建筑227户，拆除违章建筑面积达40866.25 ㎡，在全县率先完成年度目标。街容市貌方面，高速公路入口广场、渣土车停车场、火车站广场建设和宁乡大道旅游干线实现精致化管理，蓝月谷湘味风情街立面改造全面竣工。签定门前三包责任书954户，60家门店被评为示范门店，街道面貌焕然一新。“百姓城管”城郊分会作用发挥好，累计处置市民投诉4818件次、县长热线28件次。锁匙社区公园建设得到了各级领导肯定和群众好评。环境卫生方面，加大村、社区日常保洁服务和评比力度，组织修复垃圾池261个，清扫大型的陈年建筑垃圾16处，全面塑造了街道宜居洁净的城市环境。生态保护方面，积极开展采砂洗砂整治，拆除违法洗砂场3家；对环保违规建设项目进行了摸底调查，建立了监管监测台帐；开展黄标车及老旧车专项整治行动，共查处车辆4台；协助经开区环保分局处理企业污水污染渔场事件3起，处理率100%，满意率100%。三是项目建设推进强力。2016年，城郊街道坚持以最强决心、最大力度、最实举措、最优服务促进重点项目建设，城郊卫生院、东申电器等项目如期竣工，滨江国际城一期项目有序推进，2016年全年累计新建项目19个，续建项目14个，竣工项目17个，完成项目总投资15.8亿元，年度计划开工项目开工率实现100%。

【民生建设】 2016年，城郊街道民生建设致力“新改善”。一是精准扶贫全力攻坚。坚持“一把钥匙开一把锁”的精准扶贫工作思路，采用“专人帮专户、一户施一策”的办法，对全街道150户困难户332人进行走访慰问，2016年46户对象实现脱贫，完成精准扶贫4年总体目标任务的85%以上。二是民生保障扎实推进。2016年，城郊街道全面建成小康社会步伐加快，人民群众幸福指数持续提升。全年修缮危房9户，完成自然灾害救助135户，发放城乡低保金2400户次、6000人次120万元，发放八一慰问金47户，慈善助学24人，完成残疾人护理补贴800人次，城乡医保缴费、养老保险缴费率达到97%，养老保险认证1.2万人，失地农民社会保障完成审批52个组1240人，上报、审批总量连续5年超额完成县任务数。各村（社区）均成立红白理事会，地名普查工作全面完成。全年千手爱心驿站吸纳并发放社会物资3万。“爱泽郊扬”志愿服务队全年开展志愿服务35次，获县禁毒先进集体、城郊“正能量之星”荣誉。三是社会管理和谐稳定。2016年，城郊街道对14件信访积案实行党政领导包案化解机制，3例积案实现全量化解。红袖章巡防效果明显，全年案件同比下降22.7%。警民见面活动扎实推进，警民干群关系明显改善。街道矛盾纠纷调处中心成功调解各类纠纷138起。“一打三整”作用凸显，破获各类案件15起，刑事拘留6人，强制戒毒1人，消防当场处罚13家，行政处罚1家，当场整改15家，接处警同比下降37.41%，刑事发案同比下降42.64%。信访维稳打造“城郊经验”。2016年，城郊街道坚持把信访维稳工作作为当前工作重中之重，对14件信访积案实行党政领导包案化解机制，成功全量化解3例积案，信访总量比去年减少61%，实现了六中全会期间“零非访、零登记”的目标，打造了信访维稳“城郊经验”。四是卫计文教齐头并进。2016年，城郊街道全面实施卫计融合，积极落实五项计生、十二项卫生免费服务项目，完成老年人体检1970人；完成农合体检1600个、高血压管理2010人、糖尿病人管理820人、精神病人管理132人、健康档案管理完成流动人口建档3942人；落实免费计生四项手术88例，免费孕前优生检查254例，出生缺陷干预16对；向计生家庭赠送意外伤害险1200多份；慰问困难计生家庭100多户，慰问金额达5万余元。全年计生率98%，征收社会抚养费82万。街道综合文化服务中心已落实功能用房“六室一厅”，建成三家示范社区文化活动中心，组建了100人的文化志愿者队伍，区域文化活动开展有声有色。教育投入持续增大，特别是在第32个教师节上，街道一次奖励22万余元表彰了一批先进集体和优秀个人，鼓励广大教育工作者为城郊教育事业发展做出更多更大的贡献。五是安全工作防治得力。2016年，城郊街道严格落实例会制，强力开展“打非治违”和“三大行动”，安全生产宣传月活动反响良好。全年完成7家企业标准化创建工作，关停、劝退企业、门店14家，立案5起；开展食品安全专项整治行动7次，关停门店5家；排除交通和校车安全隐患18处，设置校车停站牌17块，处罚6起，停运校车1辆。发放各类安全资料2万余份，实现了安全生产“零事故”目标。

【经济建设】 2016年，城郊街道经济建设谋求“新起点”。一是财政税收勤征挖潜。始终坚持“盘点掌控抓税源、查漏补缺抓清理、勤征细管抓入库”的工作思路，通过组织开展税源清理行动，全年国、地两税预计共入库19857万元，其中国税完成6046万元、地税完成13811万元。二是工业经济转型升级。2016年，城郊街道积极推进产业结构改革，落实“联点企业对口帮扶”制度，领导干部深入企业一线，积极协助企业解决转型问题。全年共完成规模工业总产值33.4亿元，工业投资12.5亿元；完成固定资产投入17.3亿元，社会消费品零售总额5.2亿元，投资500万元以上项目37个，新增限上商贸企业9家，新增规模以上工业企业2家。三是招商引资成效显著。2016年，城郊街道成功引进湖南豪科智能装备有限公司、长沙悦兴孕婴城等项目,累计接待客商29次,策划项目6个,成功签约8家,合同引资完成10亿元,完成向上争资1800余万。

【党的建设】 2016年,城郊街道党的建设扬帆"新征程"。全面启动了"两学一做"学习教育,在23个党组织中率先开展了多次学习讨论,共发放学习资料3000余本,制作宣传栏30余块。并结合纪念建党95周年,举办城郊"正能量之星"表彰活动,组织1500多名党员齐聚一堂,评选表彰5个先进基层党组织、80名优秀共产党员和8名"正能量之星",党员先锋模范作用日益凸显。创新加强党员教育培训方式,先后组织全体机关党员和村(社区)支部书记前往长沙廉政警示教育基地、省党史纪念馆进行了学习教育和参观,使广大党员进一步明职责、受警醒、强担当。

【效能建设】 2016年,城郊街道效能建设再获"新突破"。办理县建议提案2件,顺利完成县人大代表、政协委员换届工作。认真开展"纠'四风'、治陋习"和"雁过拔毛"式专项整治,收缴违规资金79625.65元,查办案件10起。公布街道权力清单、责任清单和村(社区)小微清单,确保权力始终在阳光下运行。办公用房规范到位,机关后勤管理有效加强。共青团、妇联、残联、工会、老干、关工委、红十字会、老龄等各项工作扎实开展,成效显著。政府执行能力和服务水平得到切实提高,"干部干事、为官有为"的氛围日益浓厚。

【开展评选"正能量之星"活动】 为纪念中国共产党成立95周年,表彰先进基层党组织和优秀共产党员,弘扬社会正能量,城郊街道党工委组织全体街道1500多名党员齐聚一堂,通过节目与表彰的形式,在基层各条战线中评选出了8名"正能量之星",并号召全体党员以他们为榜样,不忘初心、发奋努力,充分发挥"以点带线、以线促面"的党员示范作用,带动身边更多群众积极主动投身经济社会发展,为"大美宁乡""靓丽城郊"积极"代言"。 (王文祺)

玉潭街道

【概况】 2016年,玉潭街道辖八一、楚沩、合安、花明、茆田、南苑、塘湾、通益、文中、香山、新城、学庵12个社区和金星1个村,域内面积22.8平方千米,人口24.4万人。全年实现域内国内生产总值95.55亿元;实现全社会固定资产投资80亿元;完成社会消费品零售总额98.34亿元,同比增长13%;完成规模工业总产值106亿元,同比增长9.05%;实现农业生产总值3684万元,同比增长3.02%;完成国地两税10.96亿元,同比增长14.84%,其中国税5.84亿元、地税5.12亿元;城镇居民可支配收入36145元,同比增长11%,党工委书记抓基层党建测评、政风行风千人测评和县对乡镇(街道)绩效考核均获全县第一名,是全县的狮子型团队和五好领导班子。

综合实力持续增强。2016年,玉潭街道辖管企业楚天科技投入10亿元启动楚天智能医疗产业园一期建设,楚天科技、长宇科技、红太东方、新阳化工等4家企业被认定为高新技术企业,新建楚天智能机器人、长沙永塑塑胶、湖南沃开节能3家规模企业。幸福里、御园一品等商住房地产业发展良好,步行街、人民路、花明路、楚沩路、一环路等商圈日趋成熟,新增限上企业9家。粮食种植面积26.7公顷,对金星、茆田农业基础设施进行了修复,落实农业综合补贴32.3万元,完成农产品安全检测565例,动物防疫、农产品检测、农机补贴等农业农村工作效果良好。

发展基础不断夯实。2016年,玉潭街道全面实施"项目落地年",采用"一名领导、一支队伍联系一个重点项目"的项目推进模式,主动服务国资公司和城建投两大载体,全年征地120公顷、拆迁房屋1282户。成功向农发行申请15年期低息贷款10亿元,有效破解了融资瓶颈。出台招商信息奖励政策,捕捉各类信息22条,引进汽车文化主题公园、楚天智能医疗产业园一期等项目6个,招商到位资金16.5亿元。新启动或继续推进了入园路、楚天科技三期扩建工程、格林春天等项目24个,完成项目投入52亿元,大河西汽车城被评为全县项目建设百日大会战优秀项目。

城市品质有效提升。2016年,玉潭街道筹资8000万元完成新城、香山、通益、花明4个社区提质提档,建设社区公园4个,提质改造路面20万平方米,整理管线12公里,社区微循环全面畅通。拆除违法建筑7.77万平米,13595起"百姓城管"投诉全部清零处理,城乡环境卫生日常保洁优良率95%以上,完成了八一路、玉潭路标牌改造,新增绿化面积4万余平米,亮月湖公园代表全县接受全市党政领导造绿覆绿观摩。深入开展文明创建系列活动,居民素质全面提升,被评为长沙市文明创建先进街道。

社会治理创新推进。2016年,玉潭街道切实抓好"红袖章"巡防、矛盾月结、警民见面三项重点工作,强力推进"一打三整"专项整治行动。共巡查出租房屋及经营场所503次、夜宵摊点379次,盘查836人,抓获各类违法犯罪嫌疑人106人,日均处警量29起,成功调解矛盾纠纷173起,街道发案率降低23.3%,故意伤害类刑事案件下降67%、治安案件下降21%。认真落实"五包一"责任制和特护期蹲守制度,全面落实了安全生产监管责任和"党政同责、一岗双责"制度,群众安全感与满意度大幅提升。"玉潭街道"微信公众号群众工作平台作用发挥明显，群众工作代表宁乡接受市群工部群众工作检查，并获得充分肯定。深入开展“幸福家庭”评选活动，卫计工作得到省市媒体推广，金星村获评省级计生基层群众自治示范村，塘湾社区获评市级计生基层群众自治示范社区。近500名居民积极参与献血活动，242人献血成功，正能量全面释放。

民本民生得到保障。2016年，玉潭街道同时启动玉潭实小南校区、新山小学、学庵小学、县幼儿园三园四个学校项目建设，重启老一中开办紫金中学，新增学位1500多个。教师节期间，街道拿出50万元重奖“玉潭名师”。扎实做好精准扶贫工作，干部自发送去物资和慰问款95200元，扶贫信息录入工作名列全县第一。离退休总支“屋场讲德”、“小区讲德”宣讲深受欢迎，危房修缮、地名普查、低保、殡改、残联、医保、养保、就业优抚等均衡推进，工会、团委、妇联、老干、关协、武装等作用充分发挥，县党代表、县人大代表和县政协委员活动丰富多彩，获得社会广泛好评，社会贤达工作室得到省政协主席李薇薇的充分肯定。

基层建设全面加强。2016年，玉潭街道严格落实“两学一做”学习教育工作要求，出台《社区(村)党建经费管理使用暂行办法》，按要求完善了13个社区(村)的党员活动中心，组织处置失联党员76名，处分违纪违法党员7名。严格按程序完成党员代表、县人大代表选举和县政协委员推荐工作。“两学一做”探索出微信课堂、共建课堂、屋场课堂、实践课堂等学习模式，在玉兴路打造了一面长200米、650平方的“两学一做”主题文化墙，通益社区“两学一做”得到省委常委、市委书记易炼红的肯定。全面推行“干部素质提升年”活动，开展系列培训6场，举办普通党员轮训班3期、党务骨干班1期。开展党建知识问答和“绿水青山就是金山银山”微党课竞赛活动，32名党员参与竞讲。七一总结表彰优秀党员102名，抗洪抢险表彰优秀党员50名。开展了“做最好的自己”女性沙龙、青年户外拓展、亲子阅读展演等活动，获全县气排球赛、篮球赛冠军。着力强化“制度落实年”实效，制定和落实了《玉潭街道机关管理制度》《玉潭街道“纠‘四风’、治陋习”专项整治工作方案》《关于严肃整治和查处“雁过拔毛”式腐败问题专项工作方案》，街道廉政勤政氛围不断浓厚，干部执行力全面增强。

【李微微调研玉潭政协工作】 2016年8月30日，湖南省政协主席李微微，副主席、省政协秘书长袁新华一行来到玉潭街道，调研玉潭阳光政务平台、社会贤达活动室和政协联络处工作，对玉潭政协联络处开展的民主监督、参政议政、公益活动和“三个一”扶贫活动给予充分肯定。2016年，玉潭政协联络处依托委员履职主体作用，不断探索“三服务”有效途径，充分发挥委员在开展扶贫助困、调处矛盾纠纷、参与“红白喜事”理事会、助推城市建设、争当环保志愿者和禁毒禁赌宣传等方面的作用，实现传统履职模式与新媒体紧密结合，形成了线下线上、官方与网民互动的智慧政协模式。

【易炼红现场观摩亮月湖公园】 2016年6月16日，省委常委、市委书记易炼红，市委副书记、市长胡衡华与市四大家领导班子以及市直部门、区县(市)、园区负责人一起，对亮月湖公园造绿复绿项目进行现场观摩。亮月湖水景公园由玉潭街道投资建设，占地32公顷，其中水面面积13.8公顷，最大蓄水量30万立方，绿化面积约10万平方米，栽种香樟、银杏、杨梅等各类乔木2000余株和红桎木、满天星、杜鹃等各类灌木小苗约6万平方米。公园开放后，深受群众喜爱，成为县城居民休闲锻炼的好去处。

【获评长沙市文明创建先进街道】 2016年，玉潭街道全面开展城乡环境卫生整治，扎实推行“百姓城管”，着力提升居民文明素质。设立手绘文化墙10多处，铲除清理卫生死角近2000处，处理百姓投诉近2万条，拆除违章广告、标识标牌和违法建筑7万多平方米，日常保洁优良率95%以上，门前“三包”落实率100%。投入8000万元专项资金完成新城、香山、通益、花明四个社区提质提档，建设社区公园9个，创建文明住宅小区12个，修建停车场8个，硬化背街小巷50公里。成功举办12·13长沙市“国家公祭日”主题教育活动，被评为长沙市文明创建先进街道。

【创立“玉潭街道”微信公众号】 2016年3月，“玉潭街道”微信公众号成立，由玉潭街道办事处注册登记，以“发布政务动态信息，提供基础便民服务，介绍玉潭风土人情，传递社会正能量”为宗旨，以转发县内重要信息、发布玉潭工作动态和传递社会正能量为主，拥有粉丝20多万，在宁乡县应对豪德市场火灾、垃圾焚烧发电、7·4特大洪涝灾害等应急事件处理中均发挥了积极作用，是全县影响最大的乡镇(街道)微信公众号。 (刘志坚)

人　物

何　江

何江，男，1988 年出生于湖南省长沙市宁乡县南田坪乡停钟村的一户农民家中，本科毕业于中国科学技术大学，并获得科大本科生最高荣誉——郭沫若奖学金，后去哈佛大学硕博连读，哈佛大学生物系博士毕业生。

5 月 26 日，哈佛大学 2016 年毕业典礼上，来自中国的学生何江，作为优秀毕业生代表之一登上毕业典礼演讲台，讲述中国故事。这是哈佛大学给予毕业生的最高荣誉，何江成为第一位享此殊荣的中国学生，与他同台演讲的，还有著名导演史蒂芬·斯皮尔伯格。

2017 年 1 月 3 日晚 11 时，福布斯杂志在其官网上公布了 2017 年福布斯 30 under 30(30 岁以下 30 位俊杰榜单)的名单，就职于麻省理工学院的中国学子何江成功入围医疗健康领域 30 位 30 岁以下领军人物名单。

黄新林

黄新林，男，1966 年 8 月出生，1985 年 12 月参加工作，一直奋斗在公路养护一线。他为人朴实，爱岗敬业，以路为家，乐于奉献，尤其热衷于公路养护技术探索，参加工作 32 年，他在公路养护技术方面成绩卓著，受到领导和同事们的高度评价，并多次得到各种嘉奖，为公路事业的发展作出了很大贡献。

黄新林是一名优秀的机械操作能手，还是一名优秀的机械维修手。他理论联系实际，经过多年的自学和反复操作，能熟练操作和维修所有养护机械和车辆。他多次获得全国“交通技术能手”、全省“十佳技术能手”、县局先进个人和市局嘉奖，两次荣立三等功。在全市公路养护技能比赛暨全省公路养护技能比赛选拔赛中，夺得装载机操作项目第一名。代表长沙市公路系统参加全省公路养护技能竞赛，夺得装载机操作项目二等奖，获得全省公路系统“十佳技术能手”称号，为长沙市公路系统赢得荣誉，充分展示宁乡公路人的实力和风采。2016 年分别获得全市、全省公路养护技能竞赛装载机操作项目第一名，获得全省交通运输系统优秀选手、全省技术能手荣誉。在第八届全国交通运输行业筑路机械操作工职业技能大赛中，以 82.40 分的总成绩获得个人装载机操作第六名、三等奖的优异成绩，为湖南省获得团体第七名的好成绩作出了应有的贡献。在 2016 年度宁乡“最美公路人”大型评选活动中，获得“最美公路人特别奖”；获得 2016 年度全省公路系统“十佳技术能手”称号；获得湖南省“五一劳动奖章”。

荣誉在册

获国家(部委)奖励(命名)单位名单

获奖单位	获奖(命名)	授奖(命名)单位
宁乡县人民政府	全国基层中医药工作先进单位	国家中医药管理局
双凫铺镇	全国重点镇	国家住房和城乡建设部
县工商业联合会	2015 年“全国五好”县级工商联	中华全国工商业联合会
县史志档案局	全国年鉴一等奖	国家地方志指导小组
县人民法院	全国政法英模榜	中央政法委
双凫铺镇中心卫生院	全国“2015—2016 年度群众满意的乡镇卫生院”	国家卫生计生委
双江口镇朱良桥卫生院		
县气象局	标准化现代农业气象服务县	国家气象局
县经开区	长江经济带国家级转型升级示范开发区	国家发改委

获国家(部委)奖励(命名)个人名单

获奖人所在单位	获奖人	获奖名称	授奖单位
双凫铺镇司法所	吴万能	模范人民调解员	国家司法部
县农业局	张青	全国农牧渔业丰收奖	国家农业部
县公路局	黄新林	第八届全国交通运输行业筑路机械操作工职业技能竞赛装载机操作第六名三等奖	国家交通运输部

获省(厅局)奖励(命名)单位名单

获奖单位	获奖(命名)	授奖(命名)单位
宁乡县	2016 年全省烟叶工作优秀单位	省两烟协调领导小组
宁乡县人民政府	“无偿献血工作先进县”	省卫生计生委
	“血防工作先进县”	
县卫计局	全省计生工作“创新项目奖”	
县疾控中心	全省“甲等县级疾控中心”	
县计生协会	“全省计生协会工作模范单位”	省计生协会

续表

获奖单位	获奖(命名)	授奖(命名)单位
双凫铺三医院	湖南省医改示范性乡镇卫生院	省卫生厅
老粮仓镇司法所	湖南省规范化司法所	省司法厅
县卫计局	"省级文明卫生单位"	省爱卫办
县人民法院	湖南省文明单位	省精神文明建设指导委员会
县国家税务局	湖南省文明单位	省精神文明建设指导委员会
县国家税务局	湖南省档案工作规范化管理省特级	省档案局
县房地产开发经营公司	2015 年度湖南省"守合同重信用企业"	省工商行政管理局
县白蚁防治所	湖南省白蚁防治行业 2016 年度先进单位	省房协白蚁防治委员会
湖南龙骧交通发展集团有限责任公司宁乡分公司车站	湖南省道路客运二级甲等站	省道路运输管理局
县气象局	湖南省气象部门基层党组织建设示范点	中共湖南省气象局党组党建工作领导小组
县劳动人事争议仲裁院	全省依法办事示范窗口单位	中共湖南省委法治湖南建设领导小组办公室
县劳动人事争议仲裁院	全省示范性仲裁院	省人社厅
县城乡居民养老保险中心	2016 年全省城乡居民基本养老保险经办管理服务示范点	省城乡居民社会养老保险管理服务中心
县城乡居民养老保险中心	2016 年度县级城乡居民基本养老保险基金财务管理工作优秀单位	省城乡居民社会养老保险管理服务中心
县就业服务中心	省人力资源诚信服务示范机构	省人社厅
县经开区	湖南留学人员高新技术创业园	省人社厅
县经开区财政局会计管理处	湖南省巾帼文明岗	省妇联
经开区管理委员会	湖南省中小微企业创业创新基地	省经济和信息化委员会
县公路管理局	2016 年全省公路系统养护技能竞赛团体一等奖	省公路管理局
县公路管理局	2015—2016 年度全省公路系统"文明建设先进单位"	省公路管理局
县公路管理局养鱼塘公路超限检测站	全省公路系统十佳公路超限检测站	省公路管理局
县妇联	湖南省妇联系统宣传工作先进单位	省妇联
县史志档案局	"2016 年度全省档案宣传工作先进集体"	省档案局
县史志档案局	《宁乡百年人物风云录》全省党史部门党史优秀成果三等奖	省委党史研究室
县关心下一代工作委员会	湖南省关心下一代工作先进集体	省关心下一代工作委员会
县人武部	全民国防教育先进单位	省全民国防教育委员会

获省(厅局)奖励(命名)个人名单

获奖人所在单位	获奖人	获奖名称	授奖单位
老粮仓镇	杨帆	湖南省人民政府嘉奖	省人民政府
县信访局	谢文	2010—2015 年度全省信访工作先进个人	省人社局　省信访局
县农业局	余良培	2016 年度全省农民教育培训工作先进工作者	省农民教育培训工作领导小组办公室
县城乡规划建设局	陈美华	2016 年度全省县市区防震减灾工作年度考核先进个人	省地震局
县公路管理局	黄新林	湖南省技术能手	省人社厅
		湖南省五一劳动奖章	省总工会
		2016 年全省公路系统养护技能操作竞赛,装载机操作竞赛第一名	省交通运输厅
		2016 年全省公路系统养护技能操作竞赛省交通运输系统优秀选手	
	蔡志丹	湖南省交通运输系统优秀选手	
	唐正文	湖南省公路养护技术能手	
	喻　晓	全省公路系统十佳公路局长	省公路局
	郑小兵	全省公路系统十佳养路工	
县农业局	王永辉	2016 年度湖南省农技推广工作先进个人	省农业技术推广总站
	彭泰安	老科协先进作者	省老科学技术工作者协会

获长沙市委、市政府奖励(命名)单位名单

获奖单位	获奖(命名)	授奖(命名)单位
青山桥镇	长沙市精准扶贫优秀单位	市人民政府
	长沙市政法工作先进单位	
	长沙市城乡环境卫生优秀乡镇	
玉潭街道	长沙市文明创建先进街道	市委办公厅
道林镇	市先进基层党组织	
道林镇华鑫市村	市级美丽乡村示范村	市委办公厅、市人民政府
县信访局	2016 年度信访工作目标管理考核优秀单位	市委办公厅、市人民政府办公室
中国联通网络通信有限公司宁乡分公司	2016 年度行业平安创建优秀单位	市政府

续表

获奖单位	获奖(命名)	授奖(命名)单位
湖南龙骧交通发展集团有限责任公司宁乡分公司	文明单位	市委、市政府

获长沙市委、市政府奖励(命名)个人名单

获奖人所在单位	获奖人	获奖名称	授奖单位
县信访局	唐华	长沙市信访工作优秀个人	市委办公厅 市人民政府办公厅
县委政法委	周子帆		
县公安局	朱政国		
白马桥街道	欧正坤		
县农业局	张战泓	长沙市科学技术进步奖	市人民政府
	白占冰		
	欧阳娴		
	汪端华		
	张　卓		
	刘文斌		
	郑　冰		
	杨　涛		
	李燕凌		

全县五好领导班子名单(48个)

道林镇	花明楼镇	金洲镇	菁华铺乡
煤炭坝镇	回龙铺镇	坝塘镇	喻家坳乡
青山桥镇	沩山乡	城郊街道	玉潭街道
县法院县	检察院县	编委办	县发改局
县经信局	县教育局	县公安局	县民政局
县人社局	县国土资源局	县农业局	县卫计局
县审计局	县环保局	县统计局	县委老干局
县信访局	县委党校	县广播电视台	县城乡规划办
县住保局	县政务中心	县金融证券办	黄水局
沩管会	县农科园	香山国家森林公园管理处	沩东新城
县重点办	炭河里遗址管理处	县项目办	县城投集团
县公路局	县总工会	团县委	县妇联

获得全国先进荣誉称号单位名单

国家级卫生乡镇	灰汤镇
国家康养旅游示范基地	灰汤镇
国家卫生乡镇	沩山乡

续表

国家级卫生乡镇	灰汤镇
美丽宜居小镇	沩山乡
美丽宜居村庄	金洲镇
沩山毛尖获批国家地理标志保护产品	沩山乡
县域经济与县域基本竞争力全国百强第 35 位	县统计局
全国科普示范县	县科协
优秀县级车辆管理所	县公安局
结合新型城镇化开展支持农民工等返乡人员创业试点县	县发改局
全国农村产业融合试点示范县	县发改局
国家级出口食品农产品质量安全示范区	县商务局
全国产粮大县	县粮食局
全国“五好”县级工商联	县工商联

文件选编

中共宁乡县委2016年工作要点

（2015年12月29日县委十一届七次全体扩大会议讨论通过）

宁发〔2016〕1号

1. 围绕特色产业，加快招大引强、招商引智的步伐。重点围绕食品、新材料、智能家电产业，拉长产业链条，打造千亿产业集群。宁乡经开区要依托玉屏山国际产业城等平台，紧盯韩国CJ集团、海信、美的等重大意向项目，全力引进一到两个投资过50亿元的项目。宁乡高新区要依托湖南大科园、中国金洲锂电谷等载体，打造集技术创新、科技成果转化、高新技术企业孵化、创新创业人才培养与知识产权运营等功能于一体的科技创新实验区，全力引进2个投资过20亿元的项目。

2. 加大做大做强特色专业园区的力度。县农科园要重点抓好湘粮集团宁乡食品产业园、湘品出湘、皇室乳业及现代农业产业化示范园建设，创成国家级农业科技园。金玉乡镇工业集中区要放大省级跨乡镇“飞地经济”试点园区效应，新引项目20个，投产项目30个以上，打造成为中部地区乡镇工业集中集约发展示范区。夏铎铺机械工业园、煤炭坝门业园、双凫铺鞋业园、大成桥无纺布产业园、老粮仓珠宝产业园立足现有基础，不断完善配套，全年新引进投资千万以上项目各10个以上。

3. 全面推动香山教育城建设。以华强文化产业示范园项目为引爆点，推动完善核心区规划及基础配套设施，大幅提升承载功能，加快长沙卫职院、瀚德大学及其附属学校等落户项目建设，紧盯铁职院、长职院等意向项目，引进更多职业院校布局香山教育城，形成规模效应、集聚效应，打造具有鲜明专业特色的职教大学城。

4. 以扩容提质推动城区品质提升。主动对接、融入和呼应省会长沙发展，以物流业、金融业、文化旅游业、商贸、健康养老等为重点，推进未来方舟、利和商业综合体、蓝城·宁乡文化城等项目建设，培育和壮大现代服务业。深入实施最严城市管理，突出抓好控违拆违、裸露地块、超限超载和非法营运四项整治，加快滨江棚改、城市公园等项目建设，促进城市序化净化绿化美化，形成产业布局合理、人口加快聚集、宜居宜业宜游的中等规模城市。

5. 加快打造特色城镇群落。沩山—黄材景区要以炭河古城为重点，集中打造西周遗址、西周博览、西周王宫、西周渔猎、西周作坊、西周森林、青羊人家七大板块，2016年10月1日一期开园。花明楼—道林景区要以少奇故里景区为支撑，以道林古镇开发建设为辐射带动，实现红色观光游与绿色休闲游“红绿互动”。灰汤—回龙山景区要加快雅居乐、华天城二期、省职疗拓新等项目建设，加快回龙山融入大灰汤景区步伐。关山—香山景区要依托香山森林公园和香山风情小镇，建成湘江新区生态旅游休闲基地。煤炭坝景区要做强门业产业，大力发展乡村休闲游、采煤文化体验游，带动周边乡镇共同发展。流沙河镇、青山桥镇要加快建成宁乡西部经济、文化、商贸、宜居中心。其他乡镇要大力实施“五个一”工程，力争每个乡镇都建成一条特色鲜明的靓丽街道、一座运行良好的污水处理厂、一所现代实用的合格学校、一个生态精致的社区公园、一个标准规范的农贸市场，打造独具自然风貌、乡土情怀、人文气息和文化特色的城镇旅游综合体。

6. 加快构建对外开放畅达、对内互联互通的综合交通网。全力服务益娄衡高速、长益高速复线建设，启动长韶娄高速翻江互通至沩山、长韶娄高速灰汤互通至益娄衡高速唐市互通等连接线建设。加快岳宁大道建设，主动对接枫林三路西延、湘江新区环线和长株潭外环线，促成1121工程早日投入使用。贯通人民北路、文体路，建成站前路、花明路、沩江大道、学府路，加快南坝线、回煤线、双偕线、灰老线、夏高线等乡镇路网提质改造。加快长沙南北横线宁乡段建设，建成华强大道、龙江大道，加速启动金花大道、金唐公路建设，全面畅通西、北进出城通道。

7. 深度推进美丽乡村建设。将发动群众参与放在首要位置，自己动手建设美丽家园。注重发展美丽经济，提升乡风民风，实现由表及里及深的递进。因地制宜实施农村饮水、农村道路通达、农村水利、农村环境综合治理等美丽乡村建设提升工程，加快沩水“十里画廊”、八家湾等项目建设，坚持示范点、示范片、示范户的打造，推动美丽乡村建设由点及线及面全覆盖。实施全域公园化，追求步步皆景、处处为画，将宁乡全域作为一个大观园、大花园、大公园整体策划建设。

8. 广泛开展狮子型团队和狮子型干部评选。以有激情、有定力、有办法、有格调“四有”为标准，深入开展第二批狮子型团队和狮子型干部评选，调动广大党员干部投身三大建设的热情，以此为导向全面加强党员干部队伍建设。同时，加大对党员干部的培训力度，促进全县党员干部素质和能力的提高。

9. 进一步夯实基层组织建设。加大指导、全面完成乡镇改革村（社区）的合并工作。深入实施基层党建“361”工程。按照“公、强、勤、廉”要求加强基层党组织书记队伍建设。健全完善“党小组＋”工作模式，将党小组建立在项目工程、产业培育、民生保障第一线，推动基层党建工作与三大建设深度融合；创新开展党员“积分评星”活动，强化党员身份意识。

10. 圆满完成县乡两级四大家班子同步换届。坚持“五到位五确保”完成县乡两级班子换届工作。思想引导到位，确保全县上下同心同德；程序环节到位，确保“两代表一委员”质量；标准要求到位，确保选人用人良好导向；严明纪律到位，确保同步换届平稳圆满；统筹兼顾到位，确保班子换届与经济社会发展及其他工作两促进、两不误。

11. 广泛深入开展“讲道德、明是非、守纪律”集中教育活动。以思想宣传引领，推进集中教育活动常态化，将农村精神文明建设的要求落实到16项主题活动35项子活动中，确保每一项活动抓细抓实抓出成效。以学习贯彻《准则》和《条例》为重点，加强纪律建设，坚持挺纪在前，将党风廉政建设贯穿三大建设全过程，加强廉政文化建设，严查各类违纪案件，运用纪律的利剑惩治腐败。

12. 加大对深入开展“黄赌毒骗”专项打击行动的组织和领导。对聚众赌博专案专查，重点打击诱导征拆群众参与赌博的团伙和案件；对涉毒涉黄开展全面排查、挂牌整治，严厉惩处充当保护伞的幕后组织和个人。加大涉骗案件打击力度，加强安全宣传，提高市民防骗意识。采取综合分类破解法，切实化解信访积案，减少信访存量，严控信访增量。

中共宁乡县委
关于制定宁乡县国民经济和社会发展第十三个五年规划的建议

(2015年12月29日县委十一届七次全体扩大会议讨论通过)

宁发〔2016〕2号

“十三五”时期是宁乡率先建成全面小康社会的决胜阶段和加快实现基本现代化的重要阶段。科学制定宁乡“十三五”规划,具有承前启后、继往开来的重大意义。认真学习贯彻党的十八届五中全会精神和省委十届十五次全会精神,深入研究事关发展全局的重大问题,就制定宁乡县“十三五”规划提出以下建议。

一、“十二五”时期经济社会发展取得巨大成就

“十二五”时期是宁乡发展势头好、城乡品质提升快、人民群众得实惠多的五年。面对错综复杂的国内外环境和艰难繁重的改革发展任务,全县上下坚定信心、砥砺奋进,积极应对经济下行压力,有效化解各种矛盾和困难,经济社会发展取得显著成就,总体实现“十二五”规划确定的主要目标任务。县域经济社会保持又好又快发展,呈现大步跨越态势,迎来崭新发展起点。特别是党的十八大以来,县委、县人民政府全面贯彻党的十八大、十八届三中、四中、五中全会精神,深入贯彻习近平总书记系列重要讲话精神,协调推进“四个全面”战略布局,全面加强经济建设、政治建设、文化建设、社会建设、生态文明建设和党的建设,干在实处,走在前列。经济实力大幅增强。综合实力大步跨越,攀升轨迹更加强势。主要经济指标一年一个台阶、几年一个翻番;区域排名大步进位,县域基本竞争力跃居第39位,五年上升34位,并呈现逐年加快的上升趋势。区位平台更加提升。突出打造实力园区,园区提质升级迈上新台阶;突出畅达交通体系建设,开放融城步伐加快;突出现代山水洲城建设,城市品质不断提升;突出城乡建设特色,发展基础更加夯实;城乡发展统筹推进,拉开县域发展的新格局。改革创新纵深推进。重点改革攻坚推进,精简行政审批项目、再造审批流程,财税、金融、投融资等要素市场改革继续深化,商事制度改革取得积极进展;自主创新成效显著,荣获全国科技进步先进县、国家知识产权强县工程试点县、省专利工作先进县。高新技术企业、博士后科研工作站、院士工作站数量与专利申请量成倍增长,高新技术产业增加值占地区生产总值的比重逐年增加。两型建设成效显著。坚持生态保护与经济建设并重,生态文明建设取得积极成效。生态环境持续改善,全面实施全民植树、全民护水、全民清整三个“三年行动计划”,开展美丽经济、美丽集镇、美丽公路、美丽村庄、美丽庭院创建,全面退出大中型水库投肥养鱼,开展沩江流域综合治理。节能减排成效突出,县内“五小”企业、煤矿、小瓦窑、非煤矿山全部关停,地绿天蓝水净的美丽宁乡加快呈现。民生福祉不断增进。按照“保基本、兜底线、促公平”的要求,切实保障和改善民生,建设公平普惠、共建共享的幸福宁乡。创业就业更加充分,社会事业全面进步,文化惠民步伐加快,保障体系不断健全,城乡基本医疗保险、城乡养老保险基本实现全覆盖,率先全省建设边远乡镇教卫公租房,启动乡村教师、医生和城区集镇公租房项目建设。从严治党开创新局。深入开展党的群众路线教育实践活动和“三严三实”专题教育,大力加强基层组织建设,党风政风社会风气明显好转,干事创业的精气神大大提振,政治生态更加山清水秀。这些成就来之不易,为“十三五”发展积累了丰富经验,奠定了坚实基础。

“十二五”的发展实践,呈现出经济指标、综合实力、幸福指数快速提高的上升轨迹,给我们以深刻启示:必须突出产业支撑,铸发展之基。把产业发展作为主要支撑,更加注重系统谋划,尊重经济规律,把握市场需求,筑牢优势平台,才能始终保持发展加速度,形成发展新势能。突出项目拉动,抓发展之要。经济发展新常态下,以项目促投资、以投资稳增长仍然是发展之需、民生之要,必须持之以恒、常抓不懈。突出转型创新,聚发展之力。转型创新既是国际国内新一轮发展的鲜明特点,也是宁乡所处发展阶段的必然要求,坚定推进创新驱动战略,不断改善经济增长的动力结构。突出改革开放,谋发展之势。破解宁乡发展的瓶颈制约,加快释放改革开放的新红利,积极打造经济增长的新引擎。

二、迈出率先建成全面小康加快实现基本现代化坚实步伐

(一)“十三五”时期宁乡发展面临的形势。“十三五”期间,全球经济处于缓慢复苏的深度调整期,国内经济进入换挡提质的发展新常态,我们站在了一个新的历史起点上。总体判断,“十三五”时期仍然是大有可为的重要战略机遇期。

——“一带一路”和长江经济带建设战略的实施带来重大机遇。随着“一带一路”和长江经济带建设战略的实施，有利于完善综合交通基础设施、提升对外开放水平、拓展城区发展空间，以更强的承载力集聚产业、人口、创新要素，形成内陆县域开放型经济高地的新优势。

——湖南湘江新区的加快建设发展带来重大机遇。国家级湖南湘江新区按照“三区一高地”的战略定位和“两走廊五基地”的总体格局，加快打造湖南和长江中游经济社会发展的重要引擎、长江经济带建设重要支撑点和全国“两型”社会建设先行区。宁乡城区以东园区和乡镇(街道)已列入湖南湘江新区的核心组团，沩东新城定位为湘江新区三个次中心之一，未来将成为省会长沙向西拓展的新空间、深度融入湘江新区发展的新城区。

——先进制造业和战略性新兴产业的再布局带来重大机遇。以智能化先进制造业为标识的工业4.0时代和以新能源为标识的第三次工业革命正在孕育崛起，战略性新兴产业正在全球范围内重新布局。与此同时，国家加快推进“互联网＋”和“中国制造2025”，以及国内一些特大城市着手疏解非核心功能，推动人口和产业外迁，产业转移将会加速。宁乡制造业基础扎实，新兴产业崛起迅猛，可以抢抓产业区域格局调整机遇，加快高端产业的集聚、培育和成长，形成新的经济增长点。

同时，必须看到，新常态下宁乡发展面临加快结构调整与保持经济较快增长、产业转型升级与创新动力不足、保持整体竞争力与要素成本上升等多方面矛盾，存在经济开放度不足、服务业发展不足、公共服务供给不足等短板，全面深化改革还需强力攻坚，全面依法治县的氛围还不够浓厚，各级干部的思想观念、能力素质、开放意识、创新精神还不适应新常态，公民文明素养有待进一步提高。“十三五”发展的机遇前所未有，挑战也前所未有。我们要准确把握战略机遇期内涵的深刻变化，强化机遇意识、忧患意识、担当意识，始终保持昂扬向上、奋发有为的精神状态，充分调动各方面的积极性、主动性、创造性，求新求变求突破，实干苦干合力干，努力开创“十三五”发展新局面。

(二)“十三五”时期宁乡发展的指导思想。高举中国特色社会主义伟大旗帜，坚持以邓小平理论、“三个代表”重要思想和科学发展观为指导，紧紧围绕“四个全面”战略布局，坚持创新发展、协调发展、绿色发展、开放发展、共享发展，以全面建成小康社会、加快实现基本现代化为总体目标，以改革创新开放为发展动力，以转型升级为主要任务，以增进民生幸福为根本目的，突出实力园区、新型城镇和美丽乡村三大建设，加快建设省会副中心城市，努力形成彰显楚沩文化底蕴和现代经济活力的中部县域发展新典范。

(三)“十三五”时期宁乡发展的基本原则。着力提升区域竞争力和可持续发展能力。围绕转变经济发展方式，主攻经济结构调整，充分发挥自身优势，积聚创新资源，拓展发展空间，大力推进大平台、大产业、大企业、大项目建设，强化资源集约节约和环境保护，努力保持经济长期平稳健康发展，不断提升区域竞争力和可持续发展能力。着力提升城镇功能品位。围绕打造中等规模的现代化魅力城市，完善城市规划，突出城市特色，优化城市功能。深入推进城乡统筹和新型城镇建设，强化要素集聚能力和公共服务能力，彰显城镇独特个性和文化魅力，提高城镇开放化和现代化水平。着力提升人民群众的获得感。围绕解决人民群众最关心、最直接、最现实的利益问题，全面加强社会民生建设，努力增加居民收入，提高社会保障水平，加快推进基本公共服务均等化，创新社会治理，健全民主法治，着力增强发展的普惠性和公平性，让人民群众感受到实实在在的发展变化。

(四)“十三五”时期宁乡发展的主要目标。总体目标是率先建成全面小康加快实现基本现代化。

——经济平稳较快增长。稳住增速不减势，为调结构、转方式保留操作空间。地区生产总值年均增速快于全国、全省平均增长速度，人均地区生产总值达12万元以上，财政总收入突破百亿元，经济实力再上新台阶。

——结构调整日趋优化。投资、消费协调拉动作用显著提升，全社会固定资产投资年均增长12%；社会消费品零售总额年均增长15%。现代产业体系基本形成，三次产业结构持续优化，战略性新兴产业增加值占地区生产总值比重达30%以上，服务业增加值占地区生产总值比重达25%。

——创新水平明显提高。高新技术产业增加值占地区生产总值比重达35%，全社会研发经费支出占地区生产总值比重2.6%以上，科技进步对经济增长的贡献率达67%，专利授权量年均增长15%以上。

——城乡统筹一体发展。县城空间结构更加优化，综合服务功能显著增强，文明程度进一步提高，“一体两翼”副中心地位彰显。城乡基础设施建设更趋完善，沩东新城新兴繁荣，一批中心镇(村)形成新貌，城乡“二元”结构逐步消除，城镇化率达到65%。

——生态环境持续改善。推动资源能源综合利用效率实现稳步提升，单位地区生产总值能耗、单位地区生产总值二氧化碳排放、主要污染物排放总量继续减少。城市生活污水处理率、城市垃圾无害化处理率、城市空气优良率、建成区绿化覆盖率、森林覆盖率达到省市标准。

——社会民生全面推进。各项社会事业快速发展，居住条件明显改善，社会保障和就业水平不断提升，建成覆盖城乡的公共服务体系。城乡居民可支配收入增长速度快于地区生产总值增速。城镇职工、城乡居民基本医疗保险水平进一步提升，城乡养老保险参保人数大幅增加。

——法治改革步伐加快。全面加强依法治县，逐步形成系统完备、科学规范、运行有效的制度体系和社会主义市场经济体制，政府职能加快转变，多种所有制经济持续发展，创新创业活力全面激活。力促形成完备的法律规范体系、高效的法治实施体系、严密的法治监督体系、有力的法治保障体系。

三、创新发展理念夯实发展之基绘就未来五年宏伟蓝图

(一)加快建设省会副中心城市

1. 构建内外互联互通的大交通格局。坚持交通先行先导，立足打造主动脉、打通微循环，加快重大战略交通项目建设，畅通进出城通道，完善农村路网设施，构建对外开放、对内畅达的大交通格局。

2. 形成具有现代活力的中等规模城市。立足“省会副中心”定位，主动对接、融入和借势省会城市发展，把宁乡建成与省会长沙有机对接融合同时又自成一体的中等规模城市。

3. 构建区域协同的城乡发展格局。主动对接和融入长沙作为内陆开放型经济高地、长江中游城市群中心城市、全国性综合交通枢纽等战略定位，坚持有序开发、协调发展的理念，构建产业布局合理、城乡发展协调、人口集聚加快、国土空间高效利用的发展格局。

4. 建设美丽乡村和新型城镇交相辉映的品质城乡。构筑以县城为龙头，特色小城市、中心镇为第二层级，其它集镇为第三层级的新型城镇体系，发挥城镇建设对农村发展的辐射带动，逐步缩小城乡差距，促进城镇和农村建设协调推进、共同繁荣。

(二)打造湘江新区高端制造业重要板块

1. 打造多层支撑的实力园区。大力实施园区提档升级行动，按照做大、做强、做特、做美的要求，将园区打造成为现代产业集聚区、两型社会示范区和产城融合样板区。做大做强宁乡经开区、宁乡高新区、金玉乡镇工业集中区和乡镇特色园区，实力园区成为产业经济的主要载体。

2. 打造千亿级先进制造业集群。把发展先进制造业作为我县产业结构升级、经济竞争力提升的关键抓手，抓住新一轮产业变革浪潮，贯彻落实“长沙制造2025行动计划”，显著提升先进制造业的智能化水平和集群优势。大力发展智能家电及先进装备制造、绿色食品、新材料、光电信息等产业集群。

3. 拓展传统特色产业新增长点。大力推动传统特色产业的品牌建设和品质提升，紧跟产业转型升级新趋势，发挥特色产业在完善县域产业体系、拓展多元市场、促进就业富民等方面的重要作用，形成多点支撑的复合型工业发展格局。积极扶持服饰鞋业、门业、珠宝等优势特色产业，对水泥、砖窑、造纸、化工、烟花鞭炮等落后领域中高能耗、高污染企业坚决淘汰。

(三)培育和壮大现代服务型经济

1. 打造享誉全国的精品化文化旅游目的地。依托宁乡独特的风景名胜和人文资源，放大全国旅游强县的品牌效应，坚持文化与旅游融合的产业化发展方向，加速文化旅游产业转型升级，提升重点景区景点综合服务水平，完善文化旅游产业重点扶持政策，把我县的文化积淀与文化资源不断转化为富有吸引力的文化旅游产品，转化为富有商业价值的旅游精品，推动文化旅游产业取得实质性突破。

2. 促进生产性服务业专业化。依托我县产业基础，围绕促进产业集聚、提高产业效率、降低产业成本，通过打造区域性现代物流中心，提升现代金融产业，构建人力资源服务平台，大力发展一批关联度高、带动性强的生产性服务业。

3. 推进生活性服务业多元化。围绕改善生活质量、拓展就业渠道、丰富服务产品、扩大服务供给等民生需求，优化商业发展布局和网点结构布局，推进大型城市商业综合体发展，促进房地产业平稳健康发展，支持电子商务发展，创新发展健康养老服务和文化体育产业，大力发展有助于推动消费结构转型升级、满足全面建成小康多层次多样化消费需求的生活性服务业。

(四)加快推进农业现代化

1. 健全现代农业产业体系。以市场需求为导向，以提高农业竞争力和农民收入为目标，推进高标准农田建设工程，保障粮食安全；立足湖南首批特色县域经济重点县建设基础，发展特色农副产品加工；注重特色发展、农旅结合，打造城乡互动的生态休闲生态农业新模式；加强农产品质量安全监管，构建县、乡镇(街道)、园区基地三级农产品质量安全检测体系，保障市民消费安全。基本形成产业集聚、特色鲜明、布局合理、产出高效的现代农业新格局。

2. 构建新型农业经营体系。坚持和完善农村基本经营制度，大力培育新型农业经营主体，鼓励适度规模经营，推动专业大户、家庭农场大规模、高层次联合。创新农业经营模式，大力发展水稻生产服务联产承包、大流转小承包、“粮食银行”服务、家庭农场经营等多种模式。加快构建以家庭承包经营为基础、专业大户、家庭农场、农业合作社、农业产业化龙头企业为骨干、其他组织形式为补充的新型农业经营主体。

3. 加强农业综合配套建设。着眼服务现代农业发展，构建教育培训、规范管理和政策扶持“三位一体”的新型职业农民培育体系，积极培育新型职业农民，大力培养农业专业技能型人才，稳定扩大农业技术人才队伍，推进农业科技创新，不断加强农田水利、电力、交通等基础设施建设，大幅提升旱涝保收高标准农田比重。积极发展农业保险，扩大农业政策性保险范围，争取将更多经济作物品种纳入农业保险范畴，充分发挥保险业在化解农业风险中的作用，提高农业生产抵抗风险能力，加强农业支撑体系建设，加快实现农业转型提质增效。

（五）加快信息化与三次产业的深度融合

1. 构建全域覆盖的现代信息网络。加快信息基础设施建设投入力度，统筹信息网络整体布局，实施新一代信息基础设施建设工程和信息基础管线工程，加快建设新一代宽带网络，支持开发智能化终端和数字家庭设备，加强电子商务及网络安全等方面技术研究开发，降低电信网络资费，提速网络运行速度，提高信息资源与网络资源使用效率，提高信息服务支撑能力，加强网络安全建设，提高应对网络攻击、网络入侵、网络失窃密的防范能力和预警检测、应急处理能力，确保基础信息网络和重点信息系统安全。

2. 深化信息技术与产业融合。大力实施“互联网＋”行动计划，扩大信息技术应用，推动行业跨界融合，推广“智能制造”，推动互联网与制造业融合，着力发展智能装备和智能产品，提高优势产业的核心竞争力。发展“智慧服务”，围绕研发设计、市场开拓、物流配送等方面，推动制造企业从生产型向服务型转变，形成以信息技术推进服务业高端化。发展“智慧农业”，推进农业生产流通销售方式变革和农业发展方式转变，带动经济转型升级。

3. 全面提升信息化应用水平。加速信息技术应用步伐，深化电子政务应用，规范业务、优化流程，建立覆盖全业务、全流程的电子政务体系，提高政府管理和服务质量，促进服务型政府建设。深化城市管理运行的信息技术应用，加大城市物联网传感网络建设与整合力度，逐步建立与城市快速发展相适应的智能管理体系，实现基础设施与基础资源的实时监测和高效利用，推进城市管理智能化。大力发展智慧医疗、智慧教育，不断拓展民生领域的信息化应用。

（六）强化改革创新开放的发展驱动

1. 建设充满活力的创新型宁乡。大力推进科技创新，着力增强企业自主创新能力，加快构建高素质创新型人才队伍，推动经济发展从要素驱动向创新驱动转变，建设创新体系健全、创新要素集聚、经济效益突出的创新型城市。

2. 推进重点领域的改革攻坚。正确处理政府、市场、社会的关系，充分发挥市场在资源配置中的决定性作用，着力破除转型创新发展的深层次问题和结构性矛盾，加快形成有利于市场经济、开放经济、服务经济和创新经济的科学发展体制机制，进一步增强全县发展的动力和活力。

3. 打造内陆开放型经济发展的县域高地。抢抓国家“一带一路”、长江经济带建设等战略机遇，瞄准湘江新区、长株潭城市群等重点发展区域，巩固和扩大区位优势、交通优势和特色资源优势，大力完善立体化联运通道，加快建设区域性综合交通枢纽，打造内陆开放型经济发展的县域高地。

（七）建设更具获得感的幸福宁乡

1. 大力推动扶贫济困精准化常态化。实施精准扶贫、精准脱贫，完善精准识贫机制，加强贫困人口建档立卡信息化建设，实现动态掌握贫困底数。健全“政府领导、民政牵头、部门配合、社会力量参与”的社会救助工作机制，设置“一门受理、协同办理”便民服务窗口，实现社会保障、社会救助、社会保险等统一办理。加快贫困地区全面建成小康社会、贫困群众脱贫致富步伐，到2017年，全县5.6万贫困人口实现全面脱贫，32个省级贫困村摘帽。

2. 提高就业和收入水平。坚持就业优先战略，以推进公共人力资源服务制度化、专业化、标准化和信息化建设为重点，构建覆盖城乡的公共人力资源服务网络，健全乡镇（街道）、村（社区）人力资源社会保障基层公共服务平台，实施更加积极的就业政策，完善创业扶持政策，建立经济发展与扩大就业良性互动的长效机制。推进收入分配制度改革，建立和完善居民收入与经济发展基本同步、劳动报酬与劳动生产率提高基本同步的机制，力争城乡居民收入普遍较快增长。严格贯彻《劳动法》，完善劳动者、用人单位和政府三方协商机制，妥善化解劳动争议，保护劳动关系双方合法权益，人民生活质量和水平不断提高。

3. 建设更高质量的教育强县。按照经济强县与教育强县并强、公办教育与民办教育并举、基础教育与职业教育并进、城市教育与农村教育并重的要求，健全综合教育服务体系，推进公共教育均衡发展，推进职业教育内涵发展，推动教育事业科学发展，办好人民群众满意的教育，建设现代教育强县。

4. 提高全民健康水平。按照保基本、强基层、建机制的要求，建立健全覆盖城乡的基本医疗卫生制度。健全农村县、乡、村三级医疗卫生服务网络，加强县级综合医院、乡镇卫生院、社区卫生服务中心、村卫生室等建设，扩大国家基本公共卫生服务项目。完善分级医疗、社区首诊、双向转诊模式，显著提升基层医疗服务水平，形成“小病在社区、大病进医院，康复回社区”的就医模式，建成“城区15分钟、农村30分钟医疗服务圈”。提高人口服务水平，加强计生工作改革，落实二胎放开政策，完成计划生育特殊困难家庭关怀扶助体系建设，实施人口网格化信息管理系统。完善社区公共体育配套设施，推进体育设施的便民化和可及性，构建“县城10分钟、农村30分钟健身圈”，到2020年，人均预期寿命提高到76.5岁。

5. 完善社会保障体系。把保障作为民生之基，坚持广覆盖、保基本、多层次、可持续方针，健全覆盖全县人民的社会保障体系。完善社会保险五险统一征缴机制，建立城乡社会保险的正常调整机制，稳步提高社会保险待遇水平。建立以居家养老为基础、社区服务为依托、机构养老为补充的养老服务体系，健全城乡养老服务设施。完善住房保障体系，推进以棚户区改造为主的保障性安居工程，重点改造城市集中成片棚户区、国有工矿棚户区、城中村、城镇老旧住宅区及零星棚区改造。

6. 切实推动文化惠民。大力实施“文化强县”战略，加快构建现代公共文化服务体系。确立和广泛宣传宁乡精神，凝聚和谐发展的正能量，构建宁乡人民的精神家园，围绕创建“省级现代公共文化服务体系示范区”的总体目标，加强城乡基层文化设施建设，健全现代公共文化服务体系，擦亮“楚沩大地、伟人故里”的人文品牌，传承宁乡历史文脉，彰显发展的文化软实力，加大文化遗产保护力度，保障人民群众基本文化权益，使文化成为城市之魂，成为促进民生幸福的重要源泉，成为楚沩大地的显著标志。

7. 提升妇女儿童工作水平。推动妇女儿童工作与时俱进，重视女性在经济社会转型创新发展中作用的发挥，维护妇女儿童基本权益。实施女性创业就业服务工程，健全妇女创业就业服务体系，充分发挥税费减免、就业服务补贴、小额担保贷款等就业创业扶持政策效应，提高妇女创业能力和就业竞争力。构建农村留守儿童关爱服务体系，设立农村留守儿童专项资金，建立留守儿童成长档案，持续关注和帮助农村留守儿童健康成长，切实回应妇女儿童事业的热点难点，保障和维护妇女、儿童的基本权益。

(八)构建多元社会治理新体系

1. 激发社会组织活力。加大对社会组织和社会工作者队伍发展的支持力度，完善社会组织登记管理制度，健全公共财政对社会组织的资助和奖励机制，加大政府购买公共服务的力度，鼓励社会资金支持公益事业，引导和支持社会力量参与社会治理。加强社会工作者队伍建设，健全社会工作者职业能力评估机制和薪酬制度，推进社会工作专业化、职业化。鼓励公民参与社会活动，引导市民树立社会责任意识，更多参与公益活动和社会公共事务，共同推动社会进步。

2. 打造民主法治宁乡。全面落实依法治县方略，健全和完善全社会普法宣传教育机制，深入开展法治宣传教育，弘扬社会主义法治精神，推动法治宣传教育制度化、法治化，增强全社会厉行法治的积极性和主动性，形成守法光荣、违法可耻的社会氛围，提高各领域的法治化水平，营造公开、公平、公正、可预期的社会法治环境，协调推进政治文明、物质文明、精神文明和生态文明建设。

3. 深化平安宁乡建设。大力加强国防动员建设，完善国防物资储备体系。完善公共安全应急预案体系，大力推进科技强警，建设天网工程，强化治安管理信息化建设，健全覆盖全县的社会治安视频监控网络及快速反应系统，建立完善全方位、立体化、网格化的动态治安防控体系。加强安全风险防控，健全公共安全体系，完善和落实安全生产责任和管理制度，坚决遏制重特大安全事故的发生，强化对自然灾害、公共卫生、食药安全、生态危机、生产安全等各类事故的预防预警，深入开展安全生产执法监管工作，形成较为完善的监管体系、应急救援体系和责任明晰、运转高效的应急联动机制，积极应对各种挑战，确保人民安居乐业、社会安定有序。

四、加强党的领导，确保“十三五”目标顺利实现

顺利实现“十三五”规划目标任务，关键在党。全县各级党委要深化对发展规律的认识，提高领导发展能力和水平，更好推动经济社会发展。

(一)完善党委领导经济社会发展工作体制机制。各级党委要创新领导经济社会发展工作的观念和方式方法，加强对经济社会发展的统筹协调。严格落实全面从严治党的政治责任，把纪律和规矩挺在前面，坚决贯彻落实中央重大决策部署和省、市委工作要求，确保政令畅通。提高决策科学化水平，完善党委研究经济社会发展战略、定期分析经济形势、研究重大方针政策的工作机制。各级领导干部要不断增强战略定力和发展耐力，不断提升战略思维能力、抢抓机遇能力、统筹施策能力、依法执政能力、防控风险能力，提高领导发展的本领。健全改进作风长效机制，推进作风建设常态化长效化，巩固拓展党的群众路线教育实践活动与“三严三实”专题教育成果，进一步密切党群干群关系。深化干部人事制度改革，完善绩效考核评价体系和奖惩机制，注重培养选拔政治强、懂专业、善治理、敢担当、作风正的领导干部，提高专业化水平。围绕服务发展、服务群众，不断增强创造力、凝聚力、战斗力，切实加强党的基层组织建设。切实严明党的纪律和规矩，全面落实党风廉政建设党委主体责任和纪委监督责任，强化权力运行制约和监督，努力构建不敢腐、不能腐、不想腐的有效机制，加快建设廉洁宁乡，进一步营造干部清正、政府清廉、政治清明的良好政治生态。

(二)凝聚率先建成全面小康加快实现基本现代化的强大力量。实现“十三五”规划目标，必须调动一切积极因素，团结一切社会力量，形成推动改革发展的强大合力。支持各级人大依法履行职能，依法保障人民各项权益。支持各级政协按照宪法和章程履职尽责，积极发展协商民主。巩固和发展最广泛的爱国统一战线，充分发挥民主党派、工商联和无党派人士作用，落实侨务政策，促进政党关系、民族关系、宗教关系、阶层关系、海内外同胞关系和谐。加强思想政治工作，创新群众工作体制机制和方式方法，注重发挥工会、共青团、妇联等群团组织作用，把各方面力量凝聚到宁乡率先建成全面小康加快实现基本现代化上来。

(三)确保“十三五”规划建议的目标任务落到实

处。编制“十三五”规划纲要和专项规划，要坚决贯彻党中央和省委、市委决策部署，落实本建议确定的指导思想、目标任务、重大举措。各乡镇（街道）、园区、部门要从实际出发，制定本区域和行业“十三五”规划。各级各类规划要增加明确反映创新、协调、绿色、开放、共享发展理念的指标，增加政府履行职责的约束性指标，发挥重大项目的支撑性作用，把县委十一届七次全体（扩大）会议确定的各项决策部署落到实处。

实现“十三五”时期发展目标，使命神圣，催人奋进。全县上下要更加紧密地团结在以习近平同志为总书记的党中央周围，解放思想、抢抓机遇，奋发进取、埋头实干，为顺利实现“十三五”规划目标、率先建成全面小康加快实现基本现代化而不懈奋斗！

中共宁乡县委　宁乡县人民政府
关于创新机制提升集镇治理水平的指导意见

(2016 年 1 月 21 日)

宁发〔2016〕5 号

为贯彻落实《中共中央国务院关于深入推进城市执法体制改革改进城市管理工作的指导意见》和《中共宁乡县委宁乡县人民政府关于宁乡特色城镇群规划建设的指导意见》(宁发〔2015〕21 号)精神,按照省、市要求,县委、县人民政府决定在全县农村集镇范围内深入推进城市管理机制创新,提升集镇治理水平,营造良好的城镇容貌和环境,推进城乡一体化发展和全面建设小康社会的进程。现提出如下指导意见。

一、工作目标

深入贯彻党的十八大、十八届三中、四中、五中全会及中央城镇化工作会议、中央城市工作会议精神,围绕我县"加快三大建设,实现全面小康"的发展战略,以"城乡品质倍升"为目标,理清职责关系、优化机构编制、创新体制机制,着力提高集镇治理水平,努力破解制约集镇发展的体制机制障碍,探索建立重心下移、条块结合、以块为主、整体联动、齐抓共管的集镇治理新格局。

二、基本原则

坚持以人为本、民生为重的原则;坚持标本兼治、综合施策的原则;坚持公平公正、依法治理的原则;坚持问题导向、常态长效的原则。

三、工作措施

(一)理顺管理体制

1. 明确实施范围。县城规划控制区范围外的集镇规划建设区域:道林镇、大屯营镇、花明楼镇、东湖塘镇、双江口镇、煤炭坝镇、回龙铺镇、坝塘镇、资福镇、灰汤镇、双凫铺镇、大成桥镇、喻家坳乡、老粮仓镇、流沙河镇、青山桥镇、横市镇、黄材镇、沩山乡、巷子口镇、龙田镇、沙田乡。

2. 探索城市建设管理职能向乡镇延伸。农村集镇管理的主要职责包括:市政公用设施运行管理、市容环境卫生管理、园林绿化管理等方面的全部工作;市、县人民政府依法确定的,与城市管理密切相关、需要纳入统一管理的公共空间秩序管理、违法建设治理、环境保护管理、交通管理、应急管理等方面的部分工作和在上述领域根据国家法律法规规定的部分行政处罚权。

根据上级文件,将以上处罚权下放到农村乡镇的城管中队或城管分局。具体实施内容为:市容环境卫生管理方面法律、法规、规章规定的行政处罚权,强制拆除不符合集镇容貌标准、环境卫生标准的违法建筑物或设施;城市规划管理方面法律、法规、规章规定的未获有效许可或不按许可规定范围进行建设的行政处罚权;城市园林绿化管理方面法律、法规、规章规定的行政处罚权;市政管理方面法律、法规、规章规定的行政处罚权;环境保护管理方面法律、法规、规章规定的部分行政处罚权;市场和质量监督管理方面法律、法规、规章规定的对无照商贩,以及有照但不按执照规定场地经营而进行店外经营的商贩的行政处罚权,行使对自产蔬菜和农副产品未进入政府指定地点销售的行政处罚权,行使对违规设置户外广告行为的行政处罚权,行使对破损或者残缺等影响市容的广告行为的行政处罚权;城市公安交通管理方面法律、法规、规章规定的对乱停乱放车辆、当路摆摊设点、堆物作业等侵占城市道路行为的行政处罚权;水务管理方面向城市河道倾倒废弃物和垃圾及违规取土、城市河道违法建筑物拆除等的行政处罚权;食品药品监管方面户外公共场所食品销售和餐饮摊点无证经营,以及违法回收贩卖药品等的行政处罚权。

将城市建设的部分审批权延伸到农村乡镇,具体实施内容为:将私房建设的质安监审批权交乡镇的城建办负责审批;将农村乡镇范围的强弱电管线的报建审批权交乡镇城建办负责审批。乡镇的分管领导对每一处私房,每一条杆线都要签字才能动工,私房建设和杆线建设都要先批后建。具体实施细则由县城乡规建局牵头制定。

集镇在委托权限内以委托单位名义实施行政执法行为。乡镇违法执法产生的法律后果,由委托单位承担;委托单位可以根据乡镇的过错责任大小,依法予以追偿,对乡镇违法或不当的行政执法行为予以纠正或撤销。

3. 明确组织保障。各农村乡镇设立党委书记负责的集镇管理委员会,负责辖区的城建城管向集镇延伸的工作,近期重点推进专项整治行动,迅速全面推进"百姓城管"。加强对集镇所在社区(村)的考核奖励。

（二）强化队伍建设

1. 保证执法力量。各农村乡镇应当合理设置管理岗位，根据本乡镇实际情况，配备力量充足的集镇管理执法人员。并可根据实际工作需要，配置城市管理执法协管人员。

2. 严格队伍管理。严格实行执法人员持证上岗和资格管理制度。由县法制办和县城管局牵头，组织各职能部门对乡镇负责审批和执法的执法队员进行统一培训，取得执法资格并领取行政执法证后方可上岗。

（三）加强集镇治理

1. 开展专项整治。开展拆违控违、环境卫生、渣土扬尘治理、户外广告门店招牌、裸露地块（围而未建地块）覆绿、市容秩序、门前三包、杆线整治、车辆秩序、园林绿化等10项整治。

2. 完善交通设施。在农村集镇规划区内统一设置交通标线、红绿灯、摄像头，建设停车场和公交站。

3. 公用设施管理。加强道路、桥梁、护栏、花坛、路灯、消防设施、给排水设施等的维修、维护；按照入箱、入管、贴墙、入地等方式，规范建设各类管线网线，严禁私拉乱接；建立完备的集镇公用设施城建档案，归口管理、加强管护，确保高效运行。

（四）创新治理方式

1. 引入市场机制。县环保局、县城管局牵头探索农村集镇的保洁和垃圾清运的一体化市场运作模式，可以将环卫清扫保洁和垃圾中转运输、公厕保洁、绿化管养等工作承包给专业保洁和运输公司负责，实行市场化运作。

2. 发挥社区（村）作用。充分发挥社区居委会（村委会）作用，增强社区（村）自治功能。组织居（村）民开展自我管理、自我教育和自我服务。健全和完善居（村）民共建共管公约，落实“门前三包”责任制。加大对社区（村）管理队伍业务培训力度，提升集镇管理总体水平。建立健全政府与社区（村）管理联动机制，互通管理信息。

3. 推进“百姓城管”。积极引导社会各界力量参与集镇治理，成立百姓城管志愿者协会，组织开展多形式、常态化的志愿者服务活动。组织20人以上百姓城管志愿者，全天候巡查，积极引导门店业主自治，劝导门店不文明行为，要求乡镇城管队员对不听劝导的门店进行执法，参与县对乡镇的考核，评比集镇“示范门店”；组织百姓城管志愿者开展城乡万人大清扫活动、千人大宣传活动、百人城管大讲堂活动、群众素质教育沙龙和拍摄先进典型和抓拍不文明行为的活动。

四、强化保障措施

（一）健全工作机制。由县城管委负责制定集镇管理和综合执法方面的标准，形成完备的标准体系；县城管局下设集镇管理办公室，负责对集镇管理和综合执法工作予以指导。

（二）落实经费保障。健全集镇管理经费投入保障机制。乡镇财政要将集镇管理经费列入预算，并随着集镇建设加快、规模扩大、任务增加、养护标准提高和管理手段更新而相应适度地增长、保障管理所需资金。同时制定相应的优惠政策，运用市场机制，积极鼓励和吸引社会资金参与集镇公用设施的建设、经营和管理。

五、明确工作要求

（一）加强组织领导。农村集镇管理工作是一项涉及面广、政策性强的工作，是三大建设的重要内容，必须加强领导，精心组织，制定具体方案，明确时间、步骤，细化政策措施，稳定有序推进。成立县农村集镇管理工作领导小组，领导小组组长由周辉同志担任，龚畅、吴国强同志任副组长。领导小组下设办公室（设县城管局），由丁新军同志任办公室主任。城管、规建、规划、环保、公安、交警、交运、国土、环卫、园林、市场监管、水务、电力、经信等部门为成员单位。

（二）加强宣传引导。加大舆论宣传和引导，充分利用报纸、电视、“村村响”广播系统等宣传媒体开展形式多样的集镇管理教育活动，宣传报道好典型、好经验，曝光不文明行为，以充分调动、激发与引导群众的主体作用，结合“讲道德、明是非、守纪律”专题教育活动的开展，提高群众的文明素质，形成全民动手、人人参与的浓厚氛围。

（三）强化考核监督。建立集镇管理工作目标考核制度，把抓好集镇管理工作作为乡镇党委、人民政府和有关部门党政领导干部的任期目标之一，并与党政领导干部的政绩考核挂钩。县城管委要建立健全对农村集镇管理工作的考评机制，制定考核细则，纳入绩效考核（考核分数为2分），由县城管局牵头，组织职权下放的各职能部门对农村集镇考核，并实行月评、季考、半年度观摩活动。同时，强化社会舆论监督，对群众关心的热点、难点问题建立公众听证制度。

宁乡县人民政府
关于印发《宁乡县困难居民医疗救助办法》的通知

宁政发〔2016〕67号

各乡镇人民政府、街道办事处,县直各单位:

《宁乡县困难居民医疗救助办法》已经县人民政府同意,现印发给你们,请认真遵照执行。

宁乡县人民政府

2016年12月8日

宁乡县困难居民医疗救助办法

第一章 总 则

第一条 为进一步完善城乡社会救助体系，保障困难对象获得基本医疗卫生服务，根据《社会救助暂行办法》和国家、省、市有关规定，结合我县实际，制定本办法。

第二条 本办法所称医疗救助是指通过各级财政安排资金，对困难对象医疗费用给予适当补助，以保障救助对象基本医疗需求的一种政府救助制度。

第三条 医疗救助遵循下列基本原则：

（一）与经济社会发展水平相适应；

（二）与基本医疗保险、大病保险和其他补充医疗保险相衔接；

（三）自救互助为主、政府救助为辅；

（四）属地管理，应救尽救。

第四条 凡具有本县常住户籍，已参加职工基本医疗保险或城乡居民基本医疗保险的下列对象，其医疗费用在基本医疗保险、大病保险和其他补充医疗保险支付后仍有困难的，可以按照本办法的规定申请医疗救助：

（一）特困供养人员（城乡老年人、残疾人以及未满 16 周岁的未成年人，同时具备以下条件：无劳动能力、无生活来源、无法定赡养抚养扶养义务人或者其法定义务人无履行义务能力）；

（二）最低生活保障家庭成员（以下简称低保对象）；

（三）农村建档立卡贫困户和因病致贫家庭中的重病患者（以下简称其他特殊困难人员）。

农村建档立卡贫困户是指经扶贫部门认定的困难家庭；因病致贫家庭是指发生高额医疗费用、超过家庭承受能力、基本生活出现严重困难的家庭。

第五条 本办法所指的基本医疗费用是指符合“三个目录”范围的医疗费用。即《基本医疗保险和工伤保险药品目录》《基本医疗保险诊疗目录》《基本医疗保险医疗服务设施范围》。

个人自负基本医疗费用是指在医保定点医疗机构住院发生的基本医疗费用在基本医疗保险、大病保险和其他补充医疗保险（包括企业补充医疗保险、商业医疗保险、社会互助和社区医疗保险等多种形式）支付后的医疗费用（含起付线）。

第六条 医疗救助实行各级政府负责制。

民政部门负责拟订医疗救助规划、政策和标准，负责医疗救助制度的实施和管理。

财政部门负责安排医疗救助资金和必要的工作经费，及时足额拨付到位，并加强监督管理。

卫计部门负责对提供医疗救助服务的定点医疗机构进行监督管理，规范医疗服务行为，提高服务质量和效率。

人力资源社会保障部门协助做好医疗救助信息管理系统与医保信息管理系统的对接工作；协助做好医疗救助“一站式”即时结算服务的有关工作；做好对特困供养人员和低保对象参加城乡居民基本医疗保险的个人缴费部分实行适当补助的相关工作。

审计、监察部门负责对医疗救助资金的管理、使用情况进行审计和监督。

其他有关部门在各自职责范围内做好医疗救助的相关工作。

第二章 救助内容

第七条 本办法规定的重特大疾病病种包括：先天性心脏病、白血病、乳腺癌、宫颈癌、肝移植、肾移植、恶性肿瘤、艾滋病机会性感染、肾功能衰竭（尿毒症透析的门诊统筹费用视为住院费用，以医保结算单为依据）等 9 种疾病。

第八条 本办法规定的特殊慢性病包括：高血压病、糖尿病、帕金森病、系统性红斑狼疮、类风湿关节炎、再生障碍性贫血、重症肌无力、垂体瘤、血友病、肺结核病等 10 种疾病。

第九条 重特大疾病医疗救助是指对患第七条规定 9 类大病的对象给予的救助。普通疾病医疗救助是指对患有第七条规定 9 类大病之外的疾病给予的救助。

第十条 特困人员医疗救助

（一）资助参保：特困人员参加城乡居民基本医疗保险的个人缴费部分由财政全额补助。

（二）门诊救助：

1. 敬老院集中供养的特困人员,按每人每年1000元的标准拨付到敬老院,由敬老院统筹使用,用于集中供养特困人员的医疗费用支出;

2. 分散供养的特困人员患第七条规定9类大病和第八条规定10类慢性病病的,按门诊实际发生额进行救助,年度累计救助限额为800元。

(三)住院救助:特困供养人员在县内医保定点医疗机构住院的,其个人自负基本医疗费用,予以全额救助。在县级以上医疗机构或者异地就医的,普通疾病和重特大疾病分别按50%和70%进行救助,救助限额为5000元和10000元。

第十一条　低保对象医疗救助

(一)资助参保:低保对象参加城乡居民基本医疗保险的个人缴费部分由财政全额补助。

(二)门诊救助:

低保对象患第七条规定9类大病和第八条规定10类慢性病且发生费用在400元以上的,按门诊实际发生额的50%进行救助,年度累计救助限额为800元。

(三)住院救助:低保对象在县内医保定点医疗机构住院的,其住院个人自负基本医疗费用,按70%的比例予以救助;低保对象在县级以上医院或者异地就医的,其住院个人自负基本医疗费用,按50%的比例予以救助。普通疾病住院救助年度累计救助限额为5000元;重特大疾病住院救助年度累计救助限额为10000元。

第十二条　其他特殊困难人员医疗救助

其他特殊困难人员在医保定点医疗机构住院且个人自负基本医疗费用超过10000元的给予救助。

(一)普通疾病住院救助。个人自负基本医疗费用10000元以外的部分,按20%的比例予以救助,年度累计救助限额为3000元。

(二)重特大疾病住院救助。个人自负基本医疗费用10000元以外的部分,按60%的比例予以救助,年度累计救助限额为4000元。同一对象,既因普通疾病住院,又因重特大疾病住院,且年度内住院总费用达10000元的,按重特大疾病进行住院救助。

第十三条　下列情形不予救助:

(一)因违法犯罪、自杀、自残、打架斗殴、酗酒、吸毒等原因致死致伤发生的医疗费用;

(二)因整形、整容、保健等非基本医疗发生的费用;

(三)因交通事故、医疗事故以及其他应由他方承担赔偿责任的医疗费用;

(四)超越医保规定的基本药品目录、诊疗项目范围、服务设施标准实施诊治的费用;

(五)拒绝民政部门依法依规调查、隐瞒或不提供家庭真实收入、出具虚假证明的。

第三章　救助程序

第十四条　门诊救助程序

(一)门诊救助:对象向户口所在地乡镇人民政府提交医疗救助的书面申请(也可委托社区居民委员会、村民委员会代为申请),同时提交救助对象户口簿、居民身份证、《低保证》(《特困供养证》)复印件并出示原件,县级以上医院开具的疾病诊断证明书、医保定点医院门诊发票(药店票据不认可)原件等。乡镇对申请人提交的材料进行审验,符合救助条件的,填写困难居民医疗救助申请审批表,乡镇签署意见报县民政局审批;不符合救助条件的,下发不予救助的书面通知书。县民政局对乡镇上报的困难居民医疗救助申请审批表和相关材料进行复查审核,符合救助条件的,在困难居民医疗救助申请审批表中签署审批意见;不符合救助条件的,下发不予救助的书面通知书。

(二)门诊救助公示:医疗救助对象和救助金额于审批当月在对象所在社区(村)张榜公示。敬老院集中供养对象门诊医疗救助资金使用情况按月在敬老院公示。

第十五条　住院救助程序

(一)"一站式"结算:住院救助原则上实行"一站式"即时结算服务。对象凭书面申请、疾病诊断证明书、定点医院入院通知书向乡镇申请办理准予救助通知单,并将准予救助通知单交所住医院。出院结算时,医疗救助系统直接生成困难居民医疗救助结算单,救助对象签字确认救助金额后即可办理出院。

(二)住院医后救助:未办理"一站式"即时结算服务的对象,住院医疗救助按照重特大疾病门诊救助的程序进行。但救助对象在申请救助时还需提供住院通知书、住院医疗费用结算凭证、必要的病历资料和医保结算支付凭证,其他特殊困难人员还需提供家庭共同生活成员签名的诚信承诺及授权声明及所有成员的身份证复印件并出示原件。乡镇审核时还需组织对其他特殊困难人员进行入户调查和居民家庭经济状况核对。医疗救助原则上只对当年度医疗费用进行救助,但医保结算时间在12月的医疗费用,可延期至次年的一季度进行。

(三)住院救助公示:实行"一站式"即时结算的医疗救助对象名单和救助金额于民政部门与定点医院结算的当月在对象所在社区(村)或敬老院张榜公示。医后救助对象名单和救助金额于审批当月在对象所在社区(村)或敬老院张榜公示。

第十六条　医疗救助资金由县民政局在审批的下月通过银行发放。实行"一站式"结算的,由县民政局与定点医院定期结算,敬老院门诊医疗救助资金由县民政局定期拨付给敬老院。

第十七条　低保对象和其他特殊困难对象年内

申请普通疾病住院救助、重特大疾病住院救助和门诊救助，累计救助金额不超过重特大疾病住院救助限额。

第十八条　民政部门根据需要，可以采取入户调查、邻里访问、信函取证以及居民家庭经济状况核对等方式，对申请人的医疗支出情况和家庭经济状况等进行调查核实。有关单位、组织和个人应当如实提供相关情况，配合民政部门的调查。

第十九条　民政部门应当在对象提交的医疗救助申请材料真实有效和完备的前提下及时受理，并在 30 个工作日内办结审批手续。

第四章　救助资金

第二十条　医疗救助所需资金除中央和省市下拨的专项医疗救助资金外，其余部分由县本级财政承担，并列入财政预算。

第二十一条　医疗救助资金纳入社会保障基金财政专户，实行专户储存，专账管理，专款专用。县财政部门在财政社保基金专户中建立医疗救助资金专账，用于办理资金的筹集、核拨等业务；民政部门设立医疗救助资金发放专户，用于办理医疗救助资金的汇集、核拨和支付等业务。敬老院医疗救助资金设立专账，反映医疗救助资金收入、支出、结余情况。

第五章　监督管理

第二十二条　民政、人力资源社会保障、卫计、财政、审计、监察等部门应依法依职责对医疗救助资金使用情况和定点医疗机构医疗服务情况定期进行检查，发现违纪违法行为应及时依法处理。

第二十三条　民政部门应将医疗救助政策、办事程序、保障对象和资金发放等情况向社会公示，并设立投诉举报电话，接受社会监督。

第六章　法律责任

第二十四条　违反本办法规定，有下列情形之一的，由上级行政机关或者监察机关责令改正；对直接负责的主管人员和其他直接责任人员依法给予处分：

（一）对符合申请条件的医疗救助申请不予受理的；

（二）对符合救助条件的医疗救助申请不予批准的；

（三）对不符合救助条件的医疗救助申请予以批准的；

（四）泄露在工作中知悉的公民个人信息，造成后果的；

（五）不按照规定发放医疗救助资金的；

（六）在履行医疗救助职责过程中有其他滥用职权、玩忽职守、徇私舞弊行为的。

第二十五条　违反本办法规定，截留、挤占、挪用、私分医疗救助资金的，由有关部门责令追回；有违法所得的，没收违法所得；对直接负责的主管人员和其他直接责任人员依法给予处分。

第二十六条　采取虚报、隐瞒、伪造等手段，骗取医疗救助资金的，由有关部门决定停止医疗救助，责令退回非法获取的医疗救助资金，可以处非法获取的医疗救助款额 1 倍以上 3 倍以下的罚款；构成违反治安管理行为的，依法给予治安管理处罚。构成犯罪的，依法追究刑事责任。

第七章　附　则

第二十七条　已按《湖南省卫生和计划生育委员会湖南省民政厅湖南省财政厅关于规范部分新农合重大疾病按病种付费工作的实施意见(试行)》(湘卫合管发〔2015〕2 号)有关规定享受医疗救助待遇的，不再重复享受本救助。精神病人医疗救助按《长沙市精神病人医疗救助办法》(长政办发〔2011〕101 号)予以救助。

第二十八条　本办法自公布之日起执行。原《宁乡县城乡特困家庭重大疾病医疗救助制度实施办法(试行)》(宁政发〔2005〕6 号)文件同时废止。

宁乡县人民政府
关于印发《宁乡县政府投资建设项目管理若干规定》的通知

宁政发〔2016〕73号

各乡镇人民政府、街道办事处,县直各单位:

现将《宁乡县政府投资建设项目管理若干规定》印发给你们,请认真遵照执行。

宁乡县人民政府
2016年12月28日

宁乡县政府投资建设项目管理若干规定

一、总　则

第一条　为进一步规范政府投资行为，健全政府投资管理机制，提高政府投资质量和效益，根据国家和省、市有关法律法规及文件精神，结合本县实际，制定本规定。

第二条　县政府投资建设项目管理领导小组办公室（以下简称“县政投办”）设县发改局，负责政府投资项目日常管理、稽察、考核等工作，由县发改局局长任办公室主任，同时设立专职副主任，代表县人民政府履行管理职责，负责政府投资建设项目的全过程监管。

县发改局为政府投资主管部门，负责本级政府年度投资计划编制、投资项目审批和项目资金计划下达等综合监督管理。

县财政局负责政府投资项目资金预算编制、资金拨付审核、政府采购管理、财务活动监督等工作，并对工程项目施工图预算、竣工结（决）算进行审核、批复。

县规划、国土、环保、规建、交运、水务等其他相关职能部门，按各自职责对政府投资项目进行管理和监督。

第三条　政府投资是指使用下列资金（或资产）进行的固定资产投资：

（一）本级财政预算资金；

（二）上级部门专项补助资金；

（三）国债资金；

（四）国际金融组织和国外政府贷款等政府主权外债资金；

（五）通过政府信用贷款或政府承诺偿还的方式（含 PPP）所筹资金；

（六）其他政府性资金或资产。

第四条　项目基本建设程序：

（一）立项（项目建议书）审批，可同时核准勘察和设计招标方案；

（二）规划选址、用地预审以及根据项目情况按规定必须完成的相关审查批复；

（三）可行性研究报告的批复，同时核准招标方案；

（四）用地审批、工程规划许可、详细勘察、初步设计审查、概算审查等；

（五）施工图审查、预算评审；

（六）依法招标采购；

（七）中标合同审查、签订和备案；

（八）施工许可，开工建设；

（九）竣工验收备案；

（十）结算、决算审查和资金支付；

（十一）资产移交。

二、计划管理

第五条　严格实施项目年度计划管理和时序管理制度。

第六条　项目申报。各部门、乡镇（街道）、园区依据全县国民经济和社会发展中长期规划以及经有关权属部门批准的行业、区域发展规划拟订未来三年建设项目，向县发改局申报。县发改局组织相关职能部门和专家对申报项目进行初审，初审费用由县财政局统一安排，通过评审的项目经分管副县长批准后纳入县政府投资储备项目库，并下达前期工作计划。

符合下列条件之一的政府投资项目，不再进行初审，直接纳入储备项目库：

（一）已列入全县国民经济和社会发展五年规划纲要；

（二）已列入国家或省、市、县政府批准的专项建设规划。

第七条　前期论证。项目通过评审后，建设单位应立即开展立项、规划论证选址、用地预审、环境影响评价、节能审查、社会风险评估、可行性研究论证、初步设计、概算审查、用地许可、规划许可等前期工作。前期工作应在六个月内完成，由县发改局定期通报前期工作完成情况。

第八条　计划审定。县发改局会同县财政局在每年第四季度根据下年度政府投资可用财力总规模、入库项目轻重缓急、政府投资外其他资金来源落实和前期工作完成情况，征求相关部门意见，拟订下年度政府投资项目及时序建议方案，报县政府常务会议审定后向社会公示，进一步征求意见后报县人大常委会批准，由县人民政府下达计划。纳入年度政府投资计划的项目必须纳入储备项目库并完成相关前期工作。

符合下列条件之一的政府投资项目,直接纳入年度计划:

(一)已列入国家或省、市当年下达的投资专项计划;

(二)经县委常委会、县政府常务会、县委书记办公会或县长办公会研究决定实施的项目。

第九条　计划执行。严格执行政府年度投资计划,因特殊原因需调整的,由行业主管部门每季度末向县发改局申报,县发改局会同县财政等相关部门拟订调整方案,报县政府常务会议或县长办公会议研究确定,任何单位不得擅自调整。未按年度计划或经批准的调整计划完成项目建设的单位,须向县政府常务会议和县人大常委会议说明原因。未列入年度投资计划,经县委常委会、县政府常务会、县委书记办公会或县长办公会研究决定实施的项目,凭会议纪要办理相关手续。

三、项目审批

第十条　立项和可研批复。纳入年度计划的项目,投资500万元以下的,由县发改局初审项目建议书,并报分管副县长和常务副县长审定后下达立项批复;投资500万元以上(含500万元)的,由县发改局初审可行性研究报告,并报分管副县长、常务副县长和县长审定后下达可研批复。投资500万元以上1000万元以下建设项目或简易维修、原址改扩建等项目,简化可行性研究报告评审;投资1000万元以上项目,可行性研究报告必须达到国家规定深度,由县发改局组织相关部门、专家或委托中介机构评审。

第十一条　初步设计及概算审查。政府投资项目应选择符合要求的设计单位和造价咨询单位编制初步设计和项目概算。初步设计按照估算控制概算的原则进行限额设计。设计概算超过投资估算(除征地拆迁费)10%的,必须重新报批可行性研究报告或修改初步设计。

政府投资的房建、市政、交通、水利等项目的设计概算分别由行业主管部门审查,并报县发改局会签;其他政府投资项目的设计概算由县发改局审查。设计概算作为投资控制限额,一经批准,必须严格执行,不得擅自修改或调整。

第十二条　预算评审。30万元以上的政府投资项目费用及工程预算应报县财政局审定,其中预算2000万元以上的受理1个月内完成审查,预算2000万元以下的受理15个工作日内完成审查,未经财政预算审定的项目不得组织采购、招标和拨付资金。建设单位须严格按照有关权属部门批准的投资概算编制施工图预算,项目上报施工图预算经县财政局审核,核减额度达预算总额10%或200万元及以上的,必须向县政府常务会议说明原因,并按本规定第三十二条处理。

四、招标投标

第十三条　招标实施。严格按照国家和省、市相关法律法规进行招投标。取消现场报名,实行资格后审制,投标人直接从宁乡公共资源交易监管网下载招标文件并按照《中华人民共和国招标投标法实施条例》规定缴纳投标保证金。前期手续办理不到位、资金安排不到位、土地征拆不到位的项目不得进行招投标。

对《湖南省实施〈中华人民共和国招标投标法〉办法(2014修正版)》规定规模以下各类政府投资项目的招投标,按《中华人民共和国政府采购法》及《中华人民共和国政府采购法实施条例》或宁乡县小额政府投资项目招标投标管理规定实施。

招标挂网前,根据财政预算评审结论进行招标方案申请和报批。招标金额500万元以下的项目须报分管县领导和常务副县长批准;招标金额500万元以上(含500万元)的项目须报分管副县长、常务副县长和县长批准。

第十四条　投标单位法人承诺。由投标人的法定代表人亲笔签署统一格式的书面承诺书。对投标行为的合法性、规范性和真实性予以承诺,并保证中标后严格履行合同条款。承诺书、无商业贿赂记录证明、项目部关键岗位人员证照及相关资料由投标人的法定代表人到投标现场提交。

第十五条　标后监管。行业监管部门应严格落实标后监管责任制,项目实施后,每月一次到现场开展对中标单位履约情况的监督检查,严禁中标企业转包和非法分包,严格按中标价签订合同,工程款只能支付到中标人基本账户;发现未履约的,责令中标人限期改正,逾期不改正,依法依规予以处罚,并列入投标人黑名单,三年内不得参与本县政府投资项目投标和建设。招标人应依法要求中标单位严格履约,招标人违反有关法律、法规,允许投标人资质挂靠或变更项目负责人的,对招标单位的主要责任人和直接责任人依法给予处理。监察部门、县政投办对行业监管部门和招标单位标后监管行为进行抽查。

五、施工管理

第十六条　项目代建。积极推行项目代建,代建管理办法根据省、市相关办法另行制定。

第十七条　合同管理。项目基本建设环节、中介服务、代建、项目法人招标等必须签订合同。合同签订后,施工、监理单位依照合同约定向建设单位提供履约保函。合同实行标准文本,500万元以上政府投资项目合同文本须报县政府法制办进行合法性审查,并报分管副县长批准。合同签订后须报行业主管部门、县财政局和县政投办备案。规建、交运、水务等相关行业主管部门根据行业特点统一推行标准合同文本。工程未签订施工合同、未获得施工许可的不得动工建设。

施工、设计、勘察、监理等合同签订时,应将下列条款写入合同的约定中:

（一）钻探点所在位置的实际地质情况与勘察报告不符的，每一个钻点扣除该项目勘察费的5%。因勘察失误引起工程变更造价增加金额在施工合同价10%以上的，不支付勘察费。

（二）因设计失误引起工程变更造价增减金额在施工合同价5%－10%的，扣除30%的设计费。因设计失误引起工程变更造价增减金额在施工合同价10%以上的，不支付设计费。因设计单位原因造成低价中标高价结算的，设计单位应该承担工程价款的增加额。

（三）监理单位弄虚作假、超越权限，导致虚增工程量、多计价款的，不支付监理费，并由行业主管部门给予处罚；给项目业主造成损失的，依法承担经济和法律责任。

第十八条　工程变更。任何单位和个人不得随意变更设计文件、施工图等。

工程确需变更，且绝对值累计超过工程合同价格10%或100万元的，变更提出方须拟订两套以上变更方案，编制造价对比分析表，经项目建设单位、设计单位、监理单位、行业主管部门初审，县政投办现场确认后报县政府常务会议审定。紧急处险或其它严重影响工程进度的，可经分管副县长同意，县政投办现场确认并保存工程变更图片、影像等资料后实施，项目建设单位须向县政府常务会议说明情况。

工程变更须先批准再实施，并严格按照规定程序办理审批。变更审批件是办理竣工结算的依据。未按规定办理变更审批手续的，变更增加的工程费用不得进入工程结算。

县政投办定期通报工程变更管理情况。工程变更管理细则依据本规定另行制定。

第十九条　现场签证。工程现场签证须由建设单位、施工单位、监理单位同时进行现场计量、现场签证、现场录入。如特殊紧急情况不能保留现场的，须及时做好和保存现场草签记录、影像等完整资料，7个工作日内补充完善相关程序和手续，事后补签不予认可。建设单位签证人员必须为正式在职在编人员。

30万元及以上的隐蔽工程，隐蔽前建设单位需向县政投办报备，并保存相关影像资料。

第二十条　建设工程监理。严格执行工程监理制，监理单位应根据有关法律、法规、规程、工程设计文件和监理合同以及其他工程建设合同，对工程建设进行监理。

第二十一条　联合验收。项目竣工验收后，由行业主管部门组织发改、财政、审计等相关部门按各自职责进行验收，验收结束后印发联合验收纪要。

第二十二条　工程质量保证金。项目建设单位在工程法定质保期满后必须进行项目后评价，并将评估报告报县政投办审核。工程质量保证金根据项目后评价评估意见支付。对提前支付的工程质量保证金，由建设单位按要求予以追回，并对相关责任人进行追责。

第二十三条　工程质量终身负责制。政府投资项目建设、施工、监理、勘察、设计单位的相关责任人，根据各自职责对工程质量终身负责。

六、工程结算和财务决算

第二十四条　工程结算。项目建设单位在项目竣工验收后一个月内，完成工程结算编制工作。结算金额在10万元以上的项目需送县财政局审查。项目上报工程结算经县财政局核减额度达10%或200万元及以上的，按本规定第三十二条处理。县财政局应及时审查，其中工程结算1000万元以下项目须在二个月内出具审查意见，1000万元以上项目须在四个月内出具审查意见。

项目完成工程结算后，由县财政局整理后报县政投办备案，结算金额超合同金额的，由县财政局每年定期向县政府常务会通报情况。

第二十五条　财务决算。建设单位应在工程结算完成15个工作日内按财务制度相关规定编制财务决算报告报县财政局。县财政局应在三个月内完成评审并出具审查报告。

第二十六条　建设资金管理和支付。政府投资项目资金必须设立专账，专款专用，由县财政局根据批准的年度投资项目计划和预算，按工程建设进度分期拨付，统一支付标准和支付流程。政府投资项目实行直接拨付资金制度。使用财政预算资金的项目，项目建设单位凭项目投资计划批复文件和批准开工的有关文件，以及设计、施工、监理等相关合同和建设单位负责人签署的拨款申请，到县财政局办理拨款手续。县财政局按程序审核后直接向设计、施工、监理或设备供应等单位拨付建设资金。政府投资采用资金补贴形式的，由县财政局直接拨付给项目单位。使用政府投资公司融资资金的项目，由政府投资公司参照财政预算资金拨付模式实行直接拨付资金制度。实行代建制的项目资金拨付程序按《湖南省政府投资项目代建制管理办法》执行。

工程预付款不得超过合同金额的10%；工程结算报告出具前累计支付资金不得超过合同金额的60%，确需超比例支付的，必须经县财政局审查并出具意见，报常务副县长批准。严禁超概、预算支付。工程质量保证金必须按合同金额的5%以上预留。

工程变更增加部分在工程结算报告出具前不得进行单独支付。

七、监督及责任追究

第二十七条　工程建设项目再抽审管理。审计、监察部门对已完成的工程建设项目进行再抽审。投资5000万元以上项目必须审查，其它项目抽审率不低于10%。所审工程建设项目结（决）算核减额度达5%或200万元及以上的，按本规定第三十三条处理。

第二十八条　中介机构管理。中介机构及其从业人员违规操作、出具严重失实报告或结论等行为的，行业主管部门将其不良行为记入信用档案并予通报；情节严重的，三年内不得参与宁乡县政府投资中介业务；造成经济损失的，依法承担赔偿责任；涉嫌犯罪的，依法追究刑事责任。

第二十九条　考核后评价管理。建立政府投资稽察、年度绩效考核和后评价机制。考核和稽察评价纳入全县绩效考核范围，作为单位和干部考核的重要依据。项目绩效评估结果向县政府常务会议通报。后评价管理办法另行制定。

第三十条　质量安全管理。政府投资项目的相关行政负责人、项目法定代表人和勘察、设计、施工以及监理单位的相关责任人，按各自的职责对工程质量终身负责。发生质量或安全生产事故的，除依法追究参建单位、项目建设单位法定代表人和直接责任人法律责任外，还应依法追究项目相关管理部门负责人及经办人的行政责任；构成犯罪的，依法追究刑事责任。

第三十一条　项目公开管理。政府投资项目实行全程档案管理和信息公开，在县政务内网全面公开项目相关信息，项目建设单位应在项目现场显著位置设立永久标识，详细载明竣工日期、建设单位、施工单位、设计单位、勘察单位、监理单位及相关责任人等信息，广泛接受公众监督。

第三十二条　建设单位管理。项目建设单位有下列行为之一的，按照《宁乡县人民政府行政问责办法》，对单位和相关责任人进行问责；构成违纪的，给予相应纪律处分；涉嫌违法犯罪的，移送司法机关依法进行处理。

（一）未履行基本建设程序的；

（二）擅自提高建设标准、扩大投资规模、改变建设内容和故意漏项、报小建大的；

（三）故意肢解工程规避招投标或者未依法组织招投标的；

（四）转移、侵占或挪用建设资金的；

（五）未经验收或验收不合格即交付使用的；

（六）所报工程概算经审核部门核减额度达20%或500万元及以上的，预结算经县财政局核减额度达10%或200万元及以上的；

（七）工程法定质保期满后未申请后评价的；

（八）利用虚假工程、虚假项目、虚假签证等行为套取建设资金的；

（九）未建立政府投资项目信息档案的；

（十）其他违反本规定和相关法律、法规的行为。

第三十三条　行政部门管理。政府行政管理部门有下列行为之一的，按照《宁乡县人民政府行政问责办法》，对单位和相关责任人进行问责；构成违纪的，给予相应纪律处分；涉嫌违法犯罪的，移送司法机关依法进行处理。

（一）对未履行基本建设程序行为未制止或制止不力的；

（二）违反国家相关规定和基本建设程序进行立项、环评、可研、勘察设计和概算、规划用地等批复或许可的；

（三）违反规定批准超规模、超标准、超估算和概算的；

（四）干预、干涉、插手招投标活动的；

（五）违反规定拨付资金的；

（六）因工作程序不到位致使审查或监督结论失实或弄虚作假的；

（七）其他违反相关法律、法规的行为。

八、附　则

第三十四条　本规定自公布之日起施行。此前印发的有关办法或规定与本规定不一致的，按本规定执行。

统计资料

宁乡县 2016 年主要经济指标

表 1　　　　单位:万元

指标＼时间	2015 年	2016 年	±%
GDP 总值(现行价)	10021715	10983525	11.0
一产业	1097188	1201564	4.4
二产业	6755512	7264322	11.5
其中:工业	6131051	6606463	12.3
三产业	2169015	2517639	12.9
规模以上工业总产值	20232862	22361972	13.2
农业总产值(现行价)	1684037	1845472	4.5
财政总收入	601586	655800	9.0
其中:公共财政预算收入	407355	426756	6.7
财政总支出	778780	806227	3.2
社会消费品零售总额	2364476	2754969	16.5
全社会固定资产投资总额	8420886	9487534	16.2
金融部门存款余额	5034187	6017641	19.5
其中:城乡居民储蓄余额	2980466	3653303	22.6
金融部门贷款余额	4624992	4522685	−2.2
农村居民人均可支配收入(元)	21469	23145	7.8
在岗职工年平均工资(元)	54521	62157	14.0
城镇居民人均可支配收入(元)	33929	36714	8.2
实际利用县域外资金(万美元)	2435300	2583500	6.1

(县统计局)

2016年乡镇人口和土地面积情况

表2

乡镇名称	土地面积(平方千米)	年末总户数(户)	年末总人口	男性	女性	城镇人口	乡村人口	人口密度(人/平方千米)
总　计	2905.92	458511	1422530	723347	699183	661161	761369	489.5283
玉　潭	22.84	30588	75095	37031	38064	75095	——	3287.872
白马桥	20.44	10528	25686	12737	12949	25686	——	1256.654
历经铺	36.88	10952	31726	15414	16312	31726	——	860.2495
城　郊	37.42	13318	33639	16630	17009	33639	——	898.9578
道　林	135.11	19554	56867	29334	27533	22770	34097	420.8941
花明楼	113.56	17837	50900	25724	25176	22303	28597	448.2212
东湖塘	131.68	15781	49777	25632	24145	21244	28533	378.0149
夏铎铺	103.25	12732	42182	21075	21107	42182	——	408.5424
双江口	155.04	26411	85976	44183	41793	43812	42164	554.5408
煤炭坝	72.6	16891	50658	26055	24603	21963	28695	697.7686
坝　塘	163.71	22260	71696	36493	35203	12153	59543	437.9451
灰　汤	210.9	30798	98552	49774	48778	23086	75466	467.2926
双凫铺	87.98	13482	41340	21199	20141	16806	24534	469.8795
老粮仓	121.99	20336	66196	34082	32114	23117	43079	542.6346
流沙河	140.6	21722	70542	36610	33932	28576	41966	501.7212
巷子口	105.73	14057	47795	24491	23304	16663	31132	452.0477
龙　田	71.88	7725	23891	12372	11519	8069	15822	332.3734
横　市	124.12	16898	57172	29261	27911	21779	35393	460.6188
回龙铺	71.89	12937	41014	20550	20464	30311	10703	570.5105
黄　材	219.01	19926	67627	34652	32975	23973	43654	308.785
大成桥	58.79	10783	34716	17452	17264	23549	11167	590.5086
青山桥	132.32	16627	51848	26635	25213	17734	34114	391.838
大屯营	106.47	14072	45279	23027	22252	18540	26739	425.2747
金　洲	61.31	11156	33146	16431	16715	33146	——	540.6296
资　福	88.54	12454	40106	20548	19558	4602	35504	452.9704
菁华铺	65.76	10482	34645	17465	17180	18637	16008	526.84
喻家坳	96.64	12208	40597	20778	19819	——	40597	420.0849
沙　田	74.29	10393	35640	18319	17321	——	35640	479.7416
沩　山	75.17	5603	18222	9393	8829	——	18222	242.4105

2016年乡镇综合经济指标

表3　　　　　　　　　　　　　　　　　　　　　　　　　单位:万元

乡　镇	生产总值(GDP)	农业总产值	规模以上工业总产值	社会消费品零售总额	全社会固定资产投资
总计	7124596.099	1845472	9645880	2683769	4551012
玉　潭	955465.5818	4076	1064244	983406.7	800000
白马桥	493668.8573	31425.68	981737.3	109448.2	356166
历经铺	495511.798	41666	620346.8	273140.1	181680
城　郊	379190.3289	31879.01	259757	72172.9	190000
大屯营	170033.995	67027	180743.1	36029.1	49070
道　林	168261.95	62202	59349.2	55097.7	90726
花明楼	274982.059	62528	367497.6	52356.3	209426
东湖塘	121402.798	62318	133810.7	42462	70000
夏铎铺	601280.5956	57989.74	2049705	94901.9	304703
金　洲	143692.1425	53798.87	84781.2	27240.1	120000
双江口	260884.267	135326	230552.8	80124.1	193786
菁华铺	148219.5435	51243.33	174122.1	32020	80597
回龙铺	165425.0221	73372.66	199531	41914.3	80466
煤炭坝	333015.1291	60023.35	816801.9	75747	240000
坝　塘	201658.689	125391	251194.8	63091.6	97205
资　福	80975.34061	58714.69	16920.4	31498.4	63030
灰　汤	302836.224	166038	42704.5	110490.5	321197
双凫铺	295047.3843	65156.85	330913.1	52492	110110
大成桥	307558.4093	65030.8	788606.9	37481.3	200000
喻家坳	202434.111	69602	98718.7	33891.4	120053
老粮仓	150197.655	64946	85001.1	54598.8	100000
流沙河	120786.9767	89052	54187.35	65605.8	81400
青山桥	139784.8016	66056.07	165642.7	51527.4	50400
横　市	172957.613	63912	163924.9	58596.1	120000
黄　材	159999.725	88357	79292.2	52691.6	104000
巷子口	84968.4452	41478.22	144137	36588	56000
沙　田	68641.38982	32671.28	48738.6	23999.8	56150
龙　田	64220.96156	26430.7	126433.9	19785.1	50847
沩　山	61494.305	27760	26484.6	15370.3	54000

宁乡县 2016 年各乡镇耕地面积及粮食总产量统计表

表 4

乡 镇	耕地面积(公顷)	水田面积(公顷)	稻谷播种面积(公顷)	稻谷产量(吨)
合 计	94085.13	79577.33	122070	812506
玉 潭	141.6	117.9467	106.6667	706.4
白马桥	761.12	708.7333	993.3333	6580.6
历经铺	1483.29	1315.4	2266.667	15011
城 郊	821.23	771.7333	1193.333	7909.6
道 林	4394.73	3861.6	6426.667	42583.1
花明楼	4108.73	3481.467	5840	38688.9
东湖塘	4109.33	3456.333	5813.333	38498.8
夏铎铺	3059.83	2715.6	4626.667	30689.6
双江口	7195.75	6376.467	10446.67	69306.8
煤炭坝	2322	1865.533	3093.333	20490.1
坝 塘	5495.64	4971.467	8300	55104
灰 汤	7113.33	6320	10453.33	69321.7
双凫铺	2798.87	2355.8	3760	24900.6
老粮仓	4604.71	3777.8	6073.333	40254.4
流沙河	4858.75	3895.6	6013.333	39823.3
巷子口	2704.93	2349.267	1982.667	13947.5
龙 田	1891.84	1407.2	1028.667	7480.8
横 市	3654.87	2924.6	4640	30728.4
回龙铺	3143.27	2892.8	4426.667	29365.1
黄 材	3890.14	2702.867	3287.333	22198.1
大成桥	2420.39	2082.067	3413.333	22604.8
青山桥	4262.36	3114.133	4373.333	28962.4
大屯营	3796.29	3460.867	6000	39735
金 洲	2475.16	2274.4	3506.667	23222.9
资 福	3056.98	2660.267	4486.667	29733.2
菁华铺	2690.63	2171.667	3293.333	21810.1
喻家坳	3008.3	2478.733	4066.667	26976.5
沙 田	2340.11	1935.333	1649.333	11675.4
沩 山	1481	79577.33	508.6667	4196.5

2016 年国家级媒体有关宁乡报道题录(部分)

表 5

媒体名称	发布时间	作　者	标　题
人民日报	2016.01.10	——	农民获得感如何“水涨船高”
光明日报	2016.01.17	龙军	长沙:“山水洲城”入画来
光明日报	2016.02.23	龙军　禹爱华　童纪源	全面增强党员干部示范带头作用
人民日报	216.02.24	孙超	宁乡将建国际清真食品产业园
光明日报	2016.04.18	龙军　禹爱华	美丽乡村　美丽乡品　美丽乡韵
光明日报	2016.05.26	郭俊锋	创建卫生文明村
光明日报	2016.06.01	王传军	拥抱每一个成长的机会
人民日报	2016.07.15	——	用新体验赢得游客点赞
人民日报	2016.07.15	周凯波　周新湘	美了乡村　富了老乡
新华每日电讯	2016.11.13	刘良恒	宁乡:“千手大屋”开启贫困户新生活
央视 1 套	20160702	——	“一线总指挥”的责任与担当

2016 年省级媒体有关宁乡报道题录(部分)

表 6

媒体名称	发布时间	作　者	标　题
湖南日报	2016.01.06	李治　施泉江	宁乡:百姓日子有盼头
湖南日报	2016.01.13	施泉江　邓利良	宁乡阳光征拆人心暖
湖南经视	2016.01.20	——	并村工作事无巨细,听民意解民忧
湖南日报	2016.01.20	徐德荣　李英姿　李生成	衡阳宁乡入列
湖南日报	2016.01.23	施泉江　陈洪波	宁乡低收入家庭喜迁新居
湖南日报	2016.01.26	施泉江　邓利良	拆除篱笆奏“合”弦
湖南日报	2016.01.26	聂廷芳　施泉江	金洲并村　众心归一
湖南日报	2016.02.06	金慧　邓颖卓	村庄的美丽,靠村民的努力
湖南卫视	2016.02.12	——	40%减幅率并出发展活力
湖南日报	2016.02.14	李曼斯	加快“三大建设”　实现全面小康
湖南日报	2016.02.15	李曼斯　施泉江	宁乡:乡贤聚首话发展
湖南日报	2016.02.18	田甜	把五大发展融入三大建设
湖南日报	2016.02.25	陶芳芳　刘文	长沙到宁乡将添新通道
湖南卫视	2016.03.02	——	宁乡:3812 万元重奖园区建设功臣
湖南日报	2016.03.10	周月桂	绿化　美化　彩化
湖南卫视	2016.03.17	——	宁乡:“三合一”打造新灰汤旅游强镇

续表

媒体名称	发布时间	作　者	标　题
湖南卫视	2016.03.28	——	宁乡县:片区联运协作　打通基层纪检工作“神经末梢”
湖南日报	2016.04.02	施泉江　童纪源	宁乡龙田镇:道德课堂凝心聚力
湖南日报	2016.04.03	施泉江　青百宇	修路修桥群众“点菜”
湖南日报	2016.04.07	李曼斯	“华中六郡”缔结旅游联盟
湖南日报	2016.04.14	李国斌	宁乡炭河里新发现两处西周遗址
湖南日报	2016.04.14	李曼斯　周新湘	醉人美景遍宁乡
湖南日报	2016.04.20	李国斌　孙丙丽	汉代“两室一厅”夫妻合葬墓现宁乡
湖南日报	2016.04.29	陈永刚　施泉江	沩山样本
湖南日报	2016.04.29	陈永刚　施泉江曾迪	玩转沩山
湖南卫视	2016.05.02	——	企业和爱心人士下乡认购
湖南日报	2016.05.02	毛敏轩　童纪源	爱心认购花猪“扶贫”
湖南日报	2016.05.03	杨振华　王珊　文雪曼	“四式”扶贫打造“宁乡样本”
湖南日报	2016.05.03	施泉江	宁乡:重用“狮子型”干部
湖南卫视	2016.05.04	——	“公”字当头　选拔“狮子型”干部
湖南日报	2016.05.04	施泉江　刘蜜	宁乡县:乡镇党委换届风清气正
湖南日报	2016.05.15	施泉江	全省首家干线公路“PPP”项目签约
湖南日报	2016.05.16	肖长湘　陈伟民刘宏科吴晴	“城”载梦想
湖南日报	2016.05.18	姚学文　施泉江李曼斯	引力　活力　实力
湖南日报	2016.05.18	——	群雄崛起耀宁乡
湖南卫视	2016.05.21	——	长沙宁乡县打造美丽乡村,加速全域旅游景区化
湖南卫视	2016.05.24	——	宁乡县政府表彰“十大功勋企业家”
湖南日报	2016.05.25	陈惠芳　何国庆　文宇名	爱学生爱到了骨子里
湖南日报	2016.05.26	李曼斯　周云武	如画家园寄乡愁
湖南日报	2016.05.27	周月桂	“宁乡故事”征服哈佛毕业典礼
湖南卫视	2016.05.28	——	瞄准全域旅游,宁乡县推出“古镇＋旅游”计划
湖南日报	2016.06.02	潘湘华	做基层百姓的“护心人”
湖南日报	2016.06.02	张颐佳	格力电器大型中央空调项目长沙开工

续表

媒体名称	发布时间	作　者	标　题
湖南日报	2016.06.08	姚学文　李曼斯施泉江张旭明	种粮大户“抖”起来
湖南日报	2016.06.17	陈中	土地制度改革方向的积极探索
湖南日报	2016.06.17	聂廷芳　肖玉泉　周伟	百战“山头”斩穷根
湖南日报	2016.06.21	李曼斯　周云武	宁乡之变:项目力量
湖南日报	2016.06.21	李曼斯　周云武	态度,决定速度
湖南日报	2016.06.21	施泉江	炭河里青铜博物馆10月迎客
湖南日报	2016.07.09	李曼斯	留得青山展笑颜
湖南日报	2016.07.10	田甜　夏似飞	“三权分置”唤醒“沉睡资本”
湖南卫视	2016.07.12	——	宁乡:“火线”入党
湖南日报	2016.07.18	施泉江　童纪源	葡萄熟了,心儿醉了
湖南日报	2016.07.22	王晗	煤炭坝的“花样年华”
湖南日报	2016.07.22	李国斌	炭河里古城附近发现同时代建筑遗迹
湖南日报	2016.07.25	周小雷　毛主亮	一名党员就是一道堤坝
湖南日报	2016.08.02	施泉江	宁乡县3万基层党员接受示范培训
湖南日报	2016.08.05	谌艳芳　李曼斯	绿得快,靓起来
湖南日报	216.08.18	邓武龙　李曼斯	宁乡兴工强县力推智能制造
湖南日报	2016.08.20	李曼斯　周云武	“马上就办”
湖南卫视	2016.09.05	——	宁乡县“千手爱心基金”开展救助活动
湖南日报	2016.09.23	张胜	不忘初心　振兴农机　服务“三农”
湖南日报	2016.09.24	施泉江	宁乡玉潭建“连心站”方便流动人口
湖南卫视	2016.09.26	——	宁乡县:加快打造长沙西线工业走廊
湖南日报	2016.09.29	施泉江　刘小林	拟斥资百亿打造创新创意示范区
湖南日报	2016.09.30	喻志强	大屯营镇:计生创新“五步工作法”
湖南日报	2016.10.01	田超　陈永刚	长沙北横线首发工程通车
湖南卫视	2016.10.03	——	宁乡炭河里青铜博物馆开馆,上千件文物对外展出
湖南日报	2016.10.05	李曼斯　邓利良	宁乡部署打赢扶贫攻战
湖南日报	2016.10.12	施泉江	宁乡第六届宜居文化节盛装启幕
湖南日报	2016.10.15	陈大勇　姜仁顺卢帅	特色发展看宁乡　稻花香里说丰年
湖南日报	2016.10.21	隆文辉　苏建中　施泉江	宁乡构建省内首个全电动公交城

续表

媒体名称	发布时间	作　者	标　题
湖南日报	2016.10.25	李曼斯　周云武	宁乡工业　辟出“西线走廊”
湖南卫视	2016.10.26	——	2016 中国湖南红色旅游节 11 月在宁乡举行,中俄共推八大活动
湖南日报	2016.10.27	张斌　陈红兵　王天花	清廉家风沐楚沩
湖南卫视	2016.10.31	——	宁乡县与芙蓉区共建“飞地产业园”
湖南经视	2016.11.01	——	周辉书记谈学习十八届六中全会精神
湖南日报	2016.11.01	施泉江	29 个项目牵手宁乡
湖南日报	2016.11.04	黄建铭泽	打造宁乡新门户　魅力城郊入画来
湖南卫视	2016.11.06	——	宁乡县老粮仓镇:能人帮扶助脱贫
湖南日报	2016.11.11	铭泽	营造风清气正良好政治生态
湖南日报	2016.11.12	李曼斯　周新湘	宁乡:良辰美景心安处
湖南日报	2016.11.12	张福芳　成军	寻味千年今更香
新华每日电讯	2016.11.13	刘良恒	宁乡:“千手大屋”开启贫困户新生活
湖南卫视	2016.11.14	——	中俄红色旅游合作交流活动在长沙启动
湖南日报	2016.11.15	王茜　李曼斯	中俄红色旅游合作交流活动在长举行
湖南日报	2016.11.16	李曼斯　周云武	用“中心城市”的巨笔描绘宁乡工业地图
湖南日报	2016.11.16	李曼斯	用“中心城市”的巨笔描绘宁乡工业地图
湖南卫视	2016.11.23	——	第四届中国锂电新能源产业国际高峰论坛在宁乡开幕
湖南日报	2016.11.24	施泉江	第四届锂电“达沃斯”论坛在宁乡开幕
湖南卫视	2016.11.25	——	宁乡县:打造省会副中心
湖南日报	2016.11.26	李曼斯　陈洪波	宁乡“房票”助居民出“棚”进“楼”
湖南卫视	2016.11.29	——	宁乡:挺进全国二十强
湖南日报	2016.12.07	李银波　王天花	成党风廉洁建设“观察哨”
湖南日报	2016.12.07	陈伟民　陶跃军熊平原	“三级五点”模式获首肯
湖南日报	2016.12.07	李曼斯　刘胜华	宁乡建成多个“医联体”
湖南日报	2016.12.12	李曼斯　贺美容	于细微处,触摸幸福
湖南日报	2016.12.13	成志强　汤金平　周小雷	宁乡分片轮训农村基层党员
湖南日报	2016.12.14	施泉江	国家公祭日　勿忘国耻
湖南日报	2016.12.18	施泉江　石媚	长沙大河西农产品物流中心在宁乡建成

续表

媒体名称	发布时间	作　者	标　题
湖南日报	2016.12.18	戴亮	资福镇创新集镇管理模式　城市管理向农村集镇延伸
湖南日报	2016.12.26	李曼斯	宁乡首届汽车文化旅游节开幕
湖南日报	2016.12.29	李曼斯　周新湘	追寻自由旅途

2016 年旅游业情况

表 7

指标名称	计量单位	2016 年	2015 年	为上年的(%)
接待游客总数	万人次	1811.24	1642.06	110
接待境外游客(含港澳台)	万人次	38.85	35.01	111
旅游总收入	亿元	261.3	200.64	130
外汇收入	亿元	5.83	5.13	116
旅行社总数	个	3	4	75
风景名胜区	个	1	1	100
5A 级景区数	个	1	1	100
4A 级景区数	个	3	3	100
5 星级宾馆数	个	0	0	100
4 星级宾馆数	个	1	1	100
3 星级宾馆数	个	0	1	100

2016 年科技发展情况

表 8

指标名称	计量单位	2016 年	2015 年	为上年的(%)
高新技术企业数	个	84	65	129.2
高新技术企业总产值	亿元	1170	1194.27	97.97
高新技术企业增加值	亿元	308.53	288.05	107
占地区生产总值的比重	%	28.09%	28.74%	——
国家高级技术产业化基地	家	1	1	100
国家级科技企业孵化器	家	1	1	100
博士后科研工作站	家	2	2	100
院士后工作站	家	4	4	100
省级科技企业孵化器	家	3	3	100
省级工程技术研究中心	家	7	7	100

续表

指标名称	计量单位	2016 年	2015 年	为上年的(%)
市级工程技术研究中心	家	5	3	166.7
全年申请专利数	件	1520	1380	110.1
当年获专利授权数	件	988	955	103.46
其中:发明专利数	件	180	146	123.29

2016 年文化体育事业发展情况

表 9

指标名称	计量单位	2016 年	2015 年	为上年的(%)
公共图书馆	个	1	1	100
藏书量	万册	22.1256	21.2627	104
群众文艺团队	个	400	400	100
全年公益演出	场	25	20	125
全年公益电影放映	场	4680	4800	97.5
文化馆个数	个	1	1	100
文化馆面积	平方米	3000	3000	100
文化广场个数	个	180	153	118
文化广场面积	平方米	312000	285000	109
体育场馆个数	个	13	11	118
体育场馆面积	平方米	23135751	18008356	128
体育协会	个	19	17	111
年内举办运动文体活动场次	场	50	40	125

2016 年卫生事业发展情况

表 10

指标名称	计量单位	2016 年	2015 年	为上年的(%)
卫生机构	家	943	935	101
其中:县直医卫单位	家	8	8	100
街道社区卫生服务中心	家	4	4	100
乡镇(中心)卫生院	家	29	29	100
民营医院	家	12	12	100
村卫生室	家	412	412	100
其他卫生机构	家	478	470	102
床位数	张	6290	5600	112

续表

指标名称	计量单位	2016 年	2015 年	为上年的(%)
卫生人员	人	6476	6327	102
其中:执业医师	人	1296	1183	110
执业助理医师	人	765	692	111
注册护士	人	3113	3074	101
药师	人	668	634	105
技师	人	594	589	101
其他	人	40	155	26
疾病预防控制中心	个	1	1	100
疾病预防控制中心卫生预防人员	人	28	24	117
乡村医生	人	412	412	100
5 岁以下儿童死亡率	‰	4.56	4.8	95
婴儿死亡率	‰	3.1	2.6	119
孕产妇死亡率	10 万分之	5.63	17.3	33
产妇住院分娩比率	%	100	100	100
全年门诊人次	万人次	193.93	188.9	103
全年住院人次	万人次	21.21	20.1	106
出生人口数量	人	19077	18621	102
人口自然增长率	‰	5.74	6.12	94

2016 年劳动就业和社会保障情况

表 11

指标名称	计量单位	2016 年	2015 年	为上年的(%)
全社会从业人员合计	万人	86.6	86.14	101
按就业身份:	——			
在岗职工	万人	5.71	6.92	83
个体工商户	万人	6.32	5.31	119
私营企业从业人员	万人	2.95	2.64	112
农村从业人员	万人	71.4	71.03	101
其他从业人员	万人	0.22	0.24	92
按产业分:	——			
一产业	万人	29.46	30.40	97
二产业	万人	28.27	27.76	102

续表

指标名称	计量单位	2016 年	2015 年	为上年的(%)
三产业	万人	28.87	27.98	103
按经济类型:	——			
国有经济	万人	2.57	2.56	100
集体经济	万人	0.30	0.35	86
私营及个体经济	万人	80.67	78.98	102
其他经济	万人	3.06	4.25	72
城镇新增就业人员	人	12296	12316	100
城镇登记失业人员	人	4875	4554	107
城镇登记失业率	%	2.91	2.91	100
安排下岗失业人员再就业	人	3120	2765	113
下岗失业人员再就业培训	人	1735	1998	87

2016 年民政工作和社会救助情况

表 12

指标名称	计量单位	2016 年	2015 年	为上年的(%)
登记结婚数	对	9561	10406	92
登记离婚数	对	3474	2853	122
各类收养性社会福利单位床位数	张	7215	6679	108
各类收养性社会福利单位收养人员数	人	3600	3800	95
财政预算安排“低保资金”	万元	1000	2689	37
社会救济总人数	人	39786	44435	89
居民最低生活保障人数	人	26611	30739	87
其中:城镇居民最低生活保障人数	人	4140	5324	78
农村居民最低生活保障人数	人	22471	25415	88
农村“三无”人员低保	人	13175	13696	96
其他特困人员低保	人	无	无	——
接受社会捐赠资金	万元	1982	3544	56
销售社会福利彩票	万元	13449	12336	110
基本养老服务补贴覆盖率	%	100%	100%	100
已发放基本养老服务补贴人数	人	1675	2068	81

2016 年交通运输情况

表 13

指标名称	计量单位	2016 年	2015 年	为上年的(%)
辖区内通车公里里程	千米	6161.73	5979.18	103
货运量	万吨	536.33	510.79	105
货运周转量	万吨千米	34861.57	33201.49	105
客运量	万人次	1454.98	1426.45	102
客运周转量	万人千米	68383.83	67042.97	102
县道	千米	530.601	348.046	150
乡道	千米	385.981	385.981	100
桥梁数	座	412	408	101
境内铁路里程	千米	68	68	100

2016 年教育事业情况

表 14

指标名称	计量单位	2016 年	2015 年	为上年的(%)
一、中等专业学校	所	5	6	83.34
1. 中等专业招生数	人	2274	2119	107.3
2. 中等专业毕业生数	人	1423	1389	102.4
3. 中等专业学校在校学生数	人	6358	6780	93.78
4. 中等专业学校教职工数	人	418	390	107
二、普通中学学校	所	81	81	100
1. 普通中学招生数	人	22308	23034	96.85
2. 普通中学毕业生数	人	22270	21701	103.6
3. 普通中学在校学生数	人	66345	66988	99
4. 普通中学教职工数	人	5360	5208	103
三、小学学校	所	233	239	97
1. 小学在校学生数	人	77050	77162	99.86
2. 小学教职工数	人	3882	4019	96.6
四、特殊学校	所	1	1	100
1. 特殊学校在校学生数	人	151	142	106
2. 特殊学校教职工数	人	34	33	103
五、幼儿园	所	267	222	120
1. 幼儿园在园幼儿数	人	33263	39405	84

续表

指标名称	计量单位	2016 年	2015 年	为上年的(%)
2. 幼儿园教职工数	人	2426	2073	85.1
六、学龄儿童入学率	%	100	100	100
其中:女童入学率	%	100	100	100
农村学龄儿童入学率	%	100	100	100
七、初中入学率	%	100	100	100
初中巩固率	%	94.83	94.69	100.15
初中升学率	%	97.72	97.24	100.49
八、高中入学率	%	96.25	97.49	98.73
高中阶段缀学率	%	2.9	2.91	99.66
大学升学率	%	86.18	85.95	100.27
高考参考人数	人	9009	8320	108.28
九、农村中小学危房改造面积	平方米	7628	12872	60
十、农村现代远程教育普及率	平方米	92.5%	91.8%	100.77

2016 年工商登记企业情况

表 15

指标名称	计量单位	2016 年	2015 年	为上年的(%)
工商登记年末数合计	户	10394	8203	127
1. 农林牧渔业	户	3004	2553	117
2. 采矿业	户	101	100	101
3. 制造业	户	1356	1178	115
4. 电力、热力、燃气及水生产和供应	户	51	43	119
5. 建筑业	户	481	311	155
6. 交通运输、仓储和邮政业	户	145	111	131
7. 信息传输、软件和信息技术服务业	户	252	188	134
8. 批发和零售业	户	1757	1283	137
9. 住宿和餐饮业	户	73	57	128
10. 金融业	户	310	286	108
11. 房地产业	户	289	247	117
12. 租赁和商务服务业	户	996	749	133
13. 科学研究和技术服务业	户	1106	764	145
14. 水利、环境和公共设施管理业	户	71	50	142

续表

指标名称	计量单位	2016 年	2015 年	为上年的(%)
15. 居民服务、修理和其他服务业	户	199	139	143
16. 教育	户	22	21	105
17. 卫生、社会保障和社会福利业	户	29	18	161
18. 文化、体育和娱乐业	户	152	105	145

2016 年工商登记个体情况

表 16

指标名称	计量单位	2016 年	2015 年	为上年的(%)
工商登记年末数合计	户	48390	41974	115
1. 农林牧渔业	户	902	676	133
2. 采矿业	户	58	57	102
3. 制造业	户	1912	1675	114
4. 电力、热力、燃气及水生产和供应	户	11	11	100
5. 建筑业	户	70	62	113
6. 交通运输、仓储和邮政业	户	4226	3335	127
7. 信息传输、软件和信息技术服务业	户	277	253	109
8. 批发和零售业	户	31533	28669	110
9. 住宿和餐饮业	户	4114	2793	147
10. 金融业	户	1	0	——
11. 房地产业	户	19	12	158
12. 租赁和商务服务业	户	714	583	122
13. 科学研究和技术服务业	户	167	146	114
14. 水利、环境和公共设施管理业	户	1	1	100
15. 居民服务、修理和其他服务业	户	3849	3267	118
16. 教育	户	13	13	100
17. 卫生、社会保障和社会福利业	户	128	106	121
18. 文化、体育和娱乐业	户	395	315	125

2016 年气象情况

表 17

指标名称	计量单位	2016 年	2015 年
年平均气温	℃	18.2	18.0
年内极端最高温	℃	38.8	36.9

续表

指标名称	计量单位	2016 年	2015 年
极端最低温	℃	－4.4	－0.5
年降水量	毫米	1841.1	1458.6
最大日降水量	毫米	214.7	91.3
降水量≥1.0mm 日数	天	121	125
平均相对湿度	%rh	79	82
年日照时数	小时	1560.5	1408.3
平均海平面气压	百帕	1015.4	1015

2016 年房地产事业情况

表 18

指标名称	计量单位	2016 年	2015 年	为上年的(%)
房地产开发投资额	亿元	42.38	35.25	120
房屋建筑施工面积	万平方米	656.36	591.41	111
房屋建筑竣工面积	万平方米	278.84	260.39	107
商品房销售面积	万平方米	138.43	102.99	134
商品房销售额	亿元	54.55	43	127
商品房均价	元	4391 元/㎡	4239 元/㎡	103.59
物业服务企业个数	家	91	85	107.06
物业管理总面积	平方米	143.28 万	118.94 万	120.46
当年归集公积金	万元	47907.35	35400	135.3
累计归集公积金	万元	232570.84	197170	117.9
累计归集公积金余额	万元	134362.36	108700	123.6

2016 年环境污染治理情况

表 19

指标名称	计量单位	2016 年	2015 年	为上年的(%)
一、环境污染治理本年投资总额	万元	3405.3	3626.2	94
二、环境设施情况	——			
废水治理设施	套	83	67	124
三、工业“三废”排放情况	——			
1. 工业废水排放总量	万吨	373.72	1215.46	31
2. 工业废气排放总量	万标立方米	505732.35	471835.6	107
3. 工业固体废物产生量	吨	155958.76	142247.93	110

续表

指标名称	计量单位	2016 年	2015 年	为上年的(%)
工业固体废物综合利用量	吨	145639.89	134788.23	108
四、城市环境质量状况	——			
1. 地表水质达标率	%	100%	100%	——
地表水水质满足Ⅲ类标准的断面比例	%	100%	100%	——
地表水水质满足Ⅳ类标准的断面比例	%	0	0	——
2. 空气质量达标率	%	98.1%	97.81%	——
城市全年空气质量良好以上天数	天	359	357	100

2016 年环境卫生事业情况

表 20

指标名称	计量单位	2016 年	2015 年	为上年的(%)
一、完成工作量	——			
收运垃圾	万吨	17.79	16.1	110
清扫街道	万平方米	393	393	100
保洁从业人数	人	980	800	122
二、环卫专用设备	——			
垃圾运输车	辆	33	31	106
扫路车	辆	6	5	120
洒水车	辆	15	14	107
三、环卫设施	——			
公共厕所	座	75	73	103
其中:本年新建	座	2	9	22
垃圾站	个	105	100	105
其中:本年新建	个	5	24	20

2016 年园林绿化情况

表 21

指标名称	计量单位	2016 年	2015 年	为上年的(%)
园林绿化覆盖面积	万平方米	1780.58	1766	101
绿化覆盖率	%	36.04	35.89	100
绿化面积	万平方米	1667.32	1654	101
新增绿地面积	万平方米	13.32	——	——
绿地率	%	33.75	33.62	100

续表

指标名称	计量单位	2016 年	2015 年	为上年的(%)
公园个数	个	7	6	117
公园面积	万平方米	319.75	318	101

备注:2015 年城区面积按 49.2 平方千米计算;2016 年城区面积按 49.4 平方千米计算。

索 引

说明:

一、本索引把年鉴的条目(特载、宁乡概况、大事记、荣誉在册、统计资料、文件选编和各单位概况除外)用主题分析的方法,按照英文字母顺序排列。

二、分目标题用黑体字标明。

三、索引名称后的阿拉伯数字表示所在的页码,英文字母(a、b、c)表示栏别(从左至右)。

F

G

N

P

Q

R